Über dieses Buch

Charlotte Bühler, weltbekannt durch ihre Forschungen über Probleme
der Entwicklungspsycholgie und der Dynamik des Lebenslaufes
sowie ihrer Anwendung in der klinischen Psychologie, gibt in diesem
Buch ein weitgespanntes Bild vom Werden, Wesen und Wirken der
modernen Psychologie. Darüber hinaus zeigt sie, welch entscheidende
Bedeutung die Psychologie für unsere Zeit und für das Leben
jedes einzelnen hat, wie sie für den Menschen von heute die einzige
Grundlage der Selbsterkenntnis und der Selbststeuerung bildet, auf
die er sich verlassen kann.
In den drei großen Teilen ihres Werkes: Das Individuum, Die
Gesellschaft, Die Praxis, bietet Charlotte Bühler einen ausgezeichneten
Überblick über die Ergebnisse und Probleme der Psychologie von
heute – von den biologischen Wurzeln seelischen Geschehens bis zur
Psychotherapie. Dabei werden stets nicht nur die neuesten
Erkenntnisse dargestellt, sondern auch Beispiele in Wort und Bild
gegeben, die selbst Schwierigstes verständlich werden lassen.
Hinter jeder Zeile des Werkes spürt man die große Forscherin, die
große Menschenkennerin, die mit diesem Buch ihren Mitmenschen
nicht allein Wissen vermitteln will, sondern Verständnis – eine Richtschnur für das Handeln, eine Lebensphilosophie.

Von der Autorin bearbeitete Taschenbuchausgabe
mit 116 Abbildungen
© 1962 Droemersche Verlagsanstalt
Th. Knaur Nachf. München/Zürich
Umschlaggestaltung Atelier Blaumeiser
Gesamtherstellung Richterdruck Würzburg
Printed in Germany
ISBN 3-426-00269-8

  1.– 30. Tausend Januar 1972
31.– 45. Tausend März 1972
46.– 60. Tausend August 1972
61.– 72. Tausend Februar 1973
73.– 86. Tausend Mai 1973
87.– 94. Tausend Februar 1974
95.–105. Tausend Juli 1974
106.–117. Tausend Januar 1975

Annemarie Wesemann

Charlotte Bühler:
Psychologie im Leben unserer Zeit

Mit 116 Abbildungen

Droemer   Knaur

Meinen Kindern
Ingeborg und Alf-Jörgen Åas
Rolf und Mary Bühler
und meinen Enkelkindern
Audün und Erlend
Ingrid, Craig, Brooke und Alice
gewidmet

Inhaltsübersicht

Vorwort

Das Buch über ›Die Psychologie im Leben unserer Zeit‹ wurde unter einem ganz bestimmten Gesichtspunkt konzipiert und geschrieben.

Es soll nicht, wie mancher Leser annehmen könnte, ein leichtverständliches Lehrbuch für Anfänger auf dem Gebiet der Psychologie und für sonstige Wißbegierige sein, obwohl es, wie ich glaube, als solches verwendet werden kann. Jedoch ein neues elementares Lehrbuch zu schreiben, wäre kaum gerechtfertigt, da es viele solcher Werke gibt.

Das Buch ist auch nicht entstanden als eine feuilletonistische Zusammenstellung von ›Interessantem‹ aus der Psychologie. Auch solche Bücher gibt es, aber mir als Wissenschaftlerin liegt dieser Gesichtspunkt fern. Dies schließt jedoch nicht aus, daß ich versucht habe, allgemein interessierendes Material auszuwählen und es leicht lesbar darzustellen

Der eigentliche Zweck dieses Buches liegt jedoch in ganz anderer Richtung. Meine Überschau und Zusammenschau will meinen Zeitgenossen zeigen, wieviel sie für ihr *persönliches Leben* aus der modernen Psychologie gewinnen können.

Das erscheint mir wichtig aus verschiedenen Gründen. Meine Tätigkeit und meine Erfahrungen als Kinderpsychologin in mehreren Ländern und in verschiedenen Kulturkreisen haben mich davon überzeugt, wie sehr heute Eltern und Lehrer darum ringen, ein richtiges Verständnis und die richtigen Behandlungsmethoden für ihre Kinder und Schüler zu finden, die in einer ungeheuer schwierigen Zeit heranwachsen. Es schien mir wünschenswert, ihnen Entwicklungs- und Erziehungsprobleme in dem größeren Zusammenhang alles dessen darzustellen, was wir heute über unser Seelenleben wissen.

Meine Tätigkeit und meine Erfahrungen als Psychotherapeutin von Erwachsenen ließen mich zweitens von Tag zu Tag deutlicher sehen, daß wir in einer Zeit leben, in der ein vertieftes Verstehen unserer selbst sowie der Probleme unserer menschlichen Existenz zu einem immer stärker und immer allgemeiner empfundenen Bedürfnis wird. Sinn und Wert des Lebens sind niemals so grundsätzlich und von so vielen in Frage gestellt worden wie heute. Neben der Erörterung von Selbstverwirklichungstheorie, Existentialismus und Logotherapie entwerfe ich deshalb versuchsweise meine Ideen zu einer Lebensphilosophie, die sich mir aus psychologischen Überlegungen ergibt. Zunächst jedoch stelle ich alles zusammen, was einem modernen Menschen zu besserem Selbstverstehen helfen kann.

Drittens habe ich als Mensch, der in der Zeit größter kultureller Umwälzungen lebt, das Bedürfnis empfunden, mir und meinen Mitmenschen ein Bild dessen auszuarbeiten, was, psychologisch betrachtet, in unserer Kultur und in anderen Kulturen vor sich geht. Indem ich bei Soziologen und Anthropologen in die Schule ging, versuchte ich mir und anderen klarzumachen, wie das menschliche Zusammenleben sich unter verschiedenen Bedingungen gestaltet. Nur von dorther können wir, glaube ich, letzten Endes zur Bewältigung des Problems friedlicher Lösungen von Konflikten unter den Menschen gelangen, sei es in kleinen oder in großen Gruppen dieser Welt.

So stellt dieses Buch die Psychologie in erster Linie unter dem Gesichtspunkt dar, wie sie dem *Verstehen des menschlichen Lebens* und der inneren Zusammenhänge dienen kann. Aber es ist natürlich außerdem auch *informierend*. Diese Information ist nicht als bloße Vermittlung von Tatsachen aufzufassen, sondern als eine Darstellung, wie sie sich aus dem *Durchdenken der Tatsachenzusammenhänge* ergibt.

Wenn in dieser Weise das vorliegende Buch nicht zu rein akademischen Zwecken geschrieben ist, wenn es statt dessen mehr erzieherische, klinische und humanistische Belange verfolgt, so habe ich doch auf der anderen Seite alles getan, um Tatsachenkenntnisse, Theorien und problematische Angelegenheiten mit größtmöglicher *Objektivität* und in relativer, durch den gegebenen Rahmen begrenzter *Vollständigkeit* zu bringen. Das heißt, ich habe mich bemüht, alle wichtigen Dinge und Auffassungen zu behandeln und alle bedeutenden Forscher zu Wort kommen zu lassen.

Um mich nirgends auf mein Urteil allein zu verlassen, habe ich eine größere Anzahl europäischer sowie amerikanischer Kollegen gebeten, die einzelnen Kapitel kritisch zu lesen und mir ihre Kommentare zu geben. Infolge meiner begrenzten Kenntnisse auf gewissen Gebieten und infolge der Ausgedehntheit der Literatur habe ich außerdem eine Anzahl von Experten ersucht, mir bei der Zusammenstellung der entsprechenden Literatur behilflich zu sein. Auf diese Weise glaube ich den Leser gegen die Beschränkungen durch Einseitigkeit und Spezialisierung gesichert zu haben, ohne dem Buch die Einheit der Gesamtkonzeption zu nehmen.

Ohne diese wertvollen, sachkundigen Helfer hätte ich mein Buch niemals schreiben können. Ihnen gebührt daher mein erster, tiefstgefühlter Dank.

Wie immer gab mein Mann, Karl Bühler, mir seinen klugen Rat und schenkte mir sein nie versagendes, liebevolles Interesse.

Das Buch ist meinen Kindern und Enkelkindern gewidmet, die Wesentlichstes zur Erfüllung meines eigenen Lebens beitrugen und denen es in ihrer Zukunft gedanklich und menschlich beistehen möge.

Los Angeles, im März 1962   CHARLOTTE BÜHLER

1. Unsere Zeit braucht die Psychologie

In der Geschichte der Menschheit kommen und gehen die Völker und die Kulturen. Blicken wir zurück, so sehen wir, wie die kontinuierlich sich wandelnde und sich entwickelnde Menschheit den Erdball Schritt für Schritt in Besitz genommen hat und jetzt eben sich anschickt, über ihn hinaus in den Weltraum und zu den Gestirnen vorzudringen.

So imponierend dieser Prozeß zunehmender Bemeisterung der uns umgebenden Welt uns erscheint – ein entsprechender Fortschritt in der Selbstbemeisterung der Menschheit hat nicht stattgefunden. Trotz aller Errungenschaften der Zivilisation, trotz zunehmender Verfeinerung unserer Lebensweise und unserer Sitten, trotz zunehmender Kenntnisse auf allen Gebieten der Wissenschaft und Technik, der Industrie, des Handels, des Verkehrs – trotz all dem sind wir in hohem Grade noch immer dieselben Menschen, die wir waren: von Ängsten bis in die Träume verfolgt; von Leidenschaften und Begierden angetrieben; von Sorgen geplagt; von Problemen und Konflikten zerrissen; von Leid und Schuld gebeugt. Noch immer vernichten wir einander in Krieg und Verbrechen. Noch immer gelingt es uns nicht, unsere Geschicke konstruktiv und kooperativ zu lenken, aufbauend in planvoller Zusammenarbeit. Und noch immer stehen wir ohne Antwort vor der ewigen Frage: Was ist der Sinn des menschlichen Daseins?

Von jeher hat die Menschheit versucht, sich ein geistiges Werkzeug zu beschaffen – Aberglaube und Religion, Philosophie und Wissenschaft –, um die Gottheit und sich selbst zu verstehen, um sich zurechtzufinden in dieser Welt und im eigenen Innern, und um es fertigzubringen, ein gutes, sinnerfülltes Leben zu führen.

Immer wieder ist diese Hoffnung der Menschheit betrogen worden. Die letzte und bitterste dieser Enttäuschungen, den Ausbruch zweier Kriege und den teilweisen Niederbruch unserer westlichen Kultur, haben viele von uns miterlebt, und zur Zeit stehen wir alle mit angehaltenem Atem vor dem überwältigenden Phänomen der ungeheuren Bewegungen, in die riesige Völkermassen über den ganzen Erdball hineingeraten sind. Offenbar gibt es nichts, was wir dagegen tun könnten. Das einzige, was wir sinnvollerweise unternehmen können, ist, daß wir daran arbeiten, uns ein besseres Verständnis der Vorgänge in der Welt zu verschaffen, um uns einen Standpunkt zu sichern und eine Richtschnur für unser Handeln zu gewinnen, eine Lebensphilosophie.

Soweit wir dazu ein Verständnis des äußeren Geschehens in der Welt benötigen, hilft uns das, was Zeitung und Zeitschrift, Buch, Funk und

Fernsehen aus allen Gebieten der Politik, der Wirtschaft, der Kultur berichten. Aber soweit die inneren Vorgänge in Betracht kommen, das, was in uns selbst geschieht, so gibt es heute nur eine sinnvolle, zuverlässige und zweckdienliche Methode, die dem Selbstverständnis und der Selbstbestimmung helfen kann: das ist *die Psychologie.* Und deshalb braucht unsere Zeit die Psychologie, deshalb braucht der Mensch unserer Zeit sie als die einzige Grundlage der Selbsterkenntnis und Selbststeuerung, auf die er sich verlassen kann.

In der folgenden Darstellung wird der Versuch gemacht, weiten Kreisen unserer Zeitgenossen einen Zugang zu psychologischem Verstehen und Selbstverstehen zu vermitteln und dabei auch ein Bild von dem umfassenden Arbeitsbereich der modernen Psychologie zu geben. Ihr Zweck wäre erreicht, wenn es gelänge, dem Leser durch dieses Buch zu Kenntnissen und Einsichten zu verhelfen, mit deren Hilfe er sich einem Verständnis von Leben und Welt und der großen Aufgabe der Lebensbemeisterung in höherem Maße gewachsen fühlt als vor der Lektüre dieses Buches.

2. Was ist und was umfaßt die Psychologie?

Psychologie ist die Lehre vom *Seelenleben.*

Dieses Seelenleben, das wir alle kennen, ist uns direkt zugänglich. Zunächst einmal erfahren wir es im ständigen Fluß unseres Fühlens und Denkens, unseres Erinnerns und Hoffens, unserer Wahrnehmungen und anderer ähnlicher Erlebnisse.

Dann, auf einer tieferen Stufe, erleben wir beunruhigendere und folgenreichere Dinge, wie zum Beispiel Probleme und Konflikte, verborgene Wünsche, Angst- und Schuldgefühle, Kummer und Glück.

Und wenn wir noch tiefer blicken, so geraten wir in den Bereich jener Lebensrätsel, denen wir so hilflos und auf ewiger Suche nach Sinn und Zusammenhang unserer Existenz gegenüberstehen.

All dies und noch mehr ist unser Seelenleben, dessen Tiefen die Denker und Dichter der Menschheit von jeher zu erforschen getrachtet haben.

Die moderne wissenschaftliche Psychologie beschränkte sich in ihren historischen Anfängen mit Gustav Theodor Fechner (1801–1887) und Wilhelm Wundt (1832–1920) auf die Erforschung jener inneren Vorgänge, die der unmittelbaren Beobachtung zugänglich sind und heute seelische *Funktionen* genannt werden. Bald jedoch nahm die Psychologie eine ungeahnte Entwicklung nach vielen Richtungen hin. In die Breite gehend, erfaßte sie nach und nach alle Gebiete des modernen Lebens, auf die der Mensch Einfluß hat oder die auf das menschliche Innere einwirken.

So gibt es *Funktions- und experimentelle* Psychologie, *Entwicklungs-, Persönlichkeits-* und *Sozial*psychologie; *Betriebs-, Erziehungs-, Schul-* und *Alters*psychologie, *Wehr*psychologie und Psychologie im *öffentlichen Dienst.*

Gleichzeitig aber drang die Psychologie auch in die Tiefe vor. Aus der Auseinandersetzung mit der modernen *Psychiatrie* und *Philosophie* und aus der Zusammenarbeit mit diesen Disziplinen ergaben sich die neuen Richtungen der *klinischen Psychologie* und der *existentialistischen Psychologie.*

Diese Ausdrücke bedürfen einiger Erklärung. Die Psychiatrie ist eine *medizinische Disziplin,* die sich ursprünglich im wesentlichen mit dem kranken Seelenleben befaßte. In der Neuzeit entwickelte die Psychiatrie ein zunehmendes Interesse am Vergleich des *kranken* mit dem *gesunden* Seelenleben. Dies gilt sowohl von der neuesten *Typenforschung,* die durch Ernst Kretschmer (1888–1964) begründet wurde, wie in noch höherem Maße von der modernen *Tiefenforschung,* die mit Sigmund Freuds (1856–1939) *Psychoanalyse* begann.

Beide Forschungszweige – der eine, der für die Idee von Menschentypen eine wissenschaftliche Basis schuf, ebenso wie der andere, der die menschliche Motivation aus den Tiefen des Unbewußten ans Licht förderte – wurden von Psychologen weiter in der Richtung des Studiums gesunder Entwicklung und Persönlichkeit verfolgt. Heute arbeiten der medizinisch ausgebildete, psychologisch orientierte *Psychiater* und der im Studium des normalen wie des kranken Seelenlebens geschulte *klinische Psychologe* vielfach Hand in Hand, wenn es um *Diagnose, Beratung* und *Behandlung menschlicher Lebensprobleme* geht. Hierbei verwenden beide Disziplinen tiefenpsychologische Methoden und Gesichtspunkte.

Der *Existentialismus* schließlich ist eine moderne Philosophie, welche *Fragen der menschlichen Existenz* untersucht. Auch dieser Problembereich wird heute in die Psychologie einbezogen und besonders von klinischen Psychologen bearbeitet.

Er ist unter den Psychologen der Spezialist, der sich mit Problemen des menschlichen Lebens und der menschlichen Existenz befaßt.

3. Die heutige Psychologie

Das hier vorgelegte Buch besteht aus drei Teilen: einem über die Psychologie des Individuums, einem über die Psychologie von sozialen Beziehungen und Gruppen, und einem über die praktische Anwendung der Psychologie. Diese drei Teile haben in unserem Buch ungefähr gleiches Gewicht. Oder anders ausgedrückt: die Bedeutung der Psychologie für das Verständnis des Gemeinschaftslebens und des praktischen Lebens hat sich sozusagen verdoppelt gegenüber ihrem anfangs vorwiegenden Interesse an den Problemen des Individuums.

Aber auch in ihrer Rolle bei der Erfassung des Individuums hat die Psychologie sich völlig verändert. Im Vordergrund steht heute die psychologische Interpretation des menschlichen Lebens, der menschlichen Persönlichkeit, der menschlichen Entwicklung und der seelischen Gesundheit oder Krankheit, während die früher dominierende Lehre von den seelischen Funktionen und Leistungen als eine isolierte Problemstellung in den Hintergrund getreten ist.

Das heißt nun keineswegs, daß diese historisch wichtige Periode in der Geschichte der Psychologie sich als überflüssig oder gar irrig erwiesen hätte. Durchaus nicht. Im Gegenteil: Ohne die ungeheure Sammlung von Tatsachenkenntnissen, die die Funktionspsychologie zusammengetragen hat und an deren weiterem Ausbau sie noch immer arbeitet, hätten wir überhaupt nicht die Möglichkeit, unsere heutige Forschung derart weit auszudehnen, wie wir das tun. Die Funktionsforschung ist und bleibt ein Fundament des Gebäudes der modernen Psychologie. Denn wenn wir nicht wüßten, wie unsere Sinnesorgane, unser Wahrnehmungsapparat, unsere Denkprozesse, unsere Motorik, unser Gefühlsleben arbeiten – wie könnten wir überhaupt irgend etwas über den Menschen als handelndes, sich entwickelndes, die Umwelt bemeisterndes Wesen aussagen?

Andererseits ist aber auch die Funktionspsychologie rückwirkend von der Entwicklung auf den anderen Gebieten beeinflußt worden. Das Verständnis des menschlichen Handelns, besonders der Motivation; das Verständnis des Geschehens innerhalb menschlicher Gruppen, vor allem dank der ungeheuren Entwicklung der Anthropologie und des experimentellen Studiums von Gruppenvorgängen; die Aufzeigung der praktischen Rolle der Psychologie, speziell in Gesundheitslehre, Erziehung und Wirtschaft – all das hat sich rückwirkend als von größter Bedeutung auch für die moderne Funktionspsychologie erwiesen. In der Erforschung der Wahrnehmungen zum Beispiel kamen ganz neue Tatsachen ans Licht, sobald der Einfluß der Motivation, das heißt der Ziele, denen sie dienen, berücksichtigt wurde.

I Die biologischen Wurzeln

Biologie ist die Lehre vom Leben. Unser Leben vollzieht sich in unserem Körper. Mit diesem, einem außerordentlich komplexen, mit den mannigfaltigsten Organen und Mechanismen ausgestatteten Gebilde, werden wir geboren. Doch bereits bevor der Mensch geboren wird, entwickelt und betätigt er seinen winzigen, aber schon dann hochkomplizierten Körper normalerweise neun Monate lang im Mutterleib.

1. Das Leben ist primär aktiv

Das Wichtigste, was über das beginnende Leben gesagt werden kann, scheint mir die Tatsache zu sein, daß schon von seiner ersten, noch keimhaften Existenz an dieses Leben bereits *aktiv* ist. Wir nennen diese Aktivität *primär*, das heißt, mit ihr beginnt die Lebensbewegung, bevor noch irgendein Reiz zur Wirkung gelangt ist. Obwohl für neun Monate lang ein Teil des Mutterleibes – von ihm umschlossen und mit ihm zur Versorgung des neuen Organismus durch die Nabelschnur verbunden –, obwohl noch unfähig, selbständig zu atmen oder sich zu ernähren, hat das winzige neue Individuum von allem Anfang an bereits sein eigenes Leben, das nach wenigen Monaten von der Mutter deutlich verspürt wird.

1 Bereits der Embryo im Mutterleib
zeigt Aktivität

2. Das Neugeborene ist bereits ein Individuum

Schon von Anfang an gilt für diesen winzigen neuen Organismus, was später eine der Hauptregeln des Lebensvorganges ist: die Tatsache, daß das Leben einerseits nach gewissen *allgemeinen Gesetzen* verläuft, andererseits aber immer auch *individuell* ist.

Von Anbeginn an sind zum Beispiel alle Neugeborenen aktiv. Jedoch sind dann schon sehr verschiedene *Grade der Aktivität* festzustellen, die offenbar angeboren und nicht veränderbar sind. Mit diesen Aktivitätsgraden scheint auch ein angeborenes *Tempo* Hand in Hand zu gehen.

Alle Neugeborenen, so hört man immer wieder sagen, sehen ganz gleich aus. Und in der Tat benutzt man in den Kliniken oft kleine Armbandstreifen mit Namen, damit die Babys nicht verwechselt werden.

Trotz solcher oberflächlichen Ähnlichkeit und trotz der Gleichartigkeit vieler Verhaltensweisen gibt es jedoch vom ersten Schrei an, von den ersten Reaktionen auf Nahrung, Licht und Schall, auf Temperatur und Druck ein schon individuell ganz verschiedenes Ansprechen auf die Umwelt. Und bei genauem Hinsehen findet man oft auch einen unterschiedlichen Gesichtsausdruck.

3. Vererbtes und Erworbenes fließen von Anfang an zusammen

Die Frage, bis zu welchem Grade ein Individuum in seiner Entwicklung von Angeborenem, also vom *Ererbten,* und bis zu welchem Grade es von *Umgebungseinflüssen* bestimmt ist, hat Denken und Handeln der Menschen immer wieder stark bewegt. Wir alle wissen, welch verhängnisvolle Folgen radikal überspitzte Ansichten über die Rolle der Vererbung in der jüngsten Vergangenheit gezeitigt haben. Heute schließen die Befunde der Wissenschaft jeden extremen Standpunkt hinsichtlich der Rolle des Vererbungs- ebenso wie des Umgebungsfaktors aus.

Diese Erkenntnisse, die man bei Erziehungsexperimenten in modernen Instituten gewonnen hat, sowie die überwiegend günstigen Resultate von Adoptionen bedeuten für jeden Unvoreingenommenen eine lebendige Demonstration der außerordentlich formenden Kraft einer erzieherisch günstigen Umgebung. Und zwei neueste Erkenntnisse der Wissenschaft erscheinen in diesem Zusammenhang besonders wichtig. Im ersten Fall handelt es sich um Forschungsergebnisse über das Verhalten der *Gene,* jener ultramikroskopisch kleinen Strukturen, die die Träger der Vererbung sind. Die Gene wurden seit der Begründung der Erbwissenschaft im Jahre 1900 für unwandelbare und unbeeinflußbare, die Entwicklung bestimmende Grundeinheiten gehalten. Jetzt stellt sich heraus – und dies ist sicher einer der sensationellsten Befunde der modernen Biochemie –, daß die Gene in ihrer Funktion bis zu gewissem Grade und unter gewissen Umständen in den allerfrühesten Stadien der Entwicklung beeinflußbar sind. Aber mehr noch werden wir durch eine zweite Erkenntnis aufgerüttelt: Es gibt eine große Zahl biochemischer sowie neurologischer Befunde, die beweisen, daß vom ersten Augenblick des Lebens an, das heißt *sofort nach erfolgter Befruchtung, Einwirkungen aus der Umgebung das werdende neue Menschenkind mitbeeinflussen.*

Wenn wir sagen ›mitbeeinflussen‹, so wollen wir damit ausdrücken, daß dieses winzige neue Wesen nun nicht etwa völlig von der Umwelt geformt wird, wie es gewisse Soziologen extremen Standpunkts lehren. Der wirkliche Tatbestand ist vielmehr der, daß vom Moment der Befruchtung an ein ›*angeborenes Gefüge*‹, wie es durch das vielfältige Mosaik der Gene gegeben ist, wirksam wird. Diese Aktivität, die ihm eigen ist und auf die Ludwig von Bertalanffy als einer der ersten hinwies, ruft jedoch sofort eine Gegenwirkung aus der *Umgebung* hervor, in der sie stattfindet, und diese Gegenwirkung beeinflußt sofort das angeborene, genetische Gefüge. Das heißt, von Anfang an findet eine *Wechselwirkung* statt, und in dieser dauernden ›Interaktion‹ mit der Umgebung wächst das werdende Baby heran, erst in der Mutter dann außerhalb der Mutter in der Welt.

4. Vererbung kann leichter nachträglich festgestellt als vorausgesagt werden

Die neuen Ergebnisse dürfen nicht dahingehend mißverstanden werden, daß es überhaupt keine Vererbung gebe. Natürlich gibt es Vererbung, jedoch ist die Variabilität ererbter Züge viel größer, als man früher angenommen hat. Die Zahl absolut feststehender ererbter Züge ist sehr viel eingeschränkter, und die Voraussagbarkeit dessen, was tatsächlich zu erwarten ist, außerordentlich gering. Wesentlich häufiger scheint es möglich zu sein, nachträglich festzustellen, daß diese oder jene Eigenheit, Begabung, Krankheit ererbt wurden, als vorauszusagen, daß sie vererbt werden würden, weil die wirklich sich ergebende Kombination der Erbanlagen bei der Verschmelzung der Keimzellen sowie die Veränderung durch Umgebungseinflüsse unvoraussagbar sind.

Versucht man, etwas allgemeinere Regeln über die häufiger und die seltener vererbten Eigenschaften aufzustellen, so ergibt sich etwa folgendes Bild: Am regelmäßigsten scheinen gewisse *körperliche Eigenschaften* durch Vererbung weitergegeben zu werden. Beispiele sind die Tendenz zu Lang- oder Kurzlebigkeit, zu größerer oder geringerer

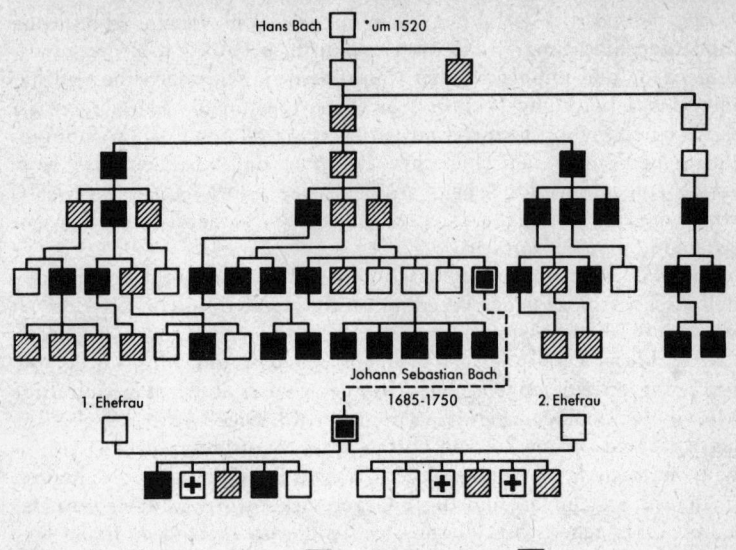

2   Die Stammtafel der Familie des Thomas-Kantors Johann Sebastian Bach zeigt eine überraschende Häufung musikalischer Begabungen. (Von den Kindern Johann Sebastian Bachs sind nur die Söhne aufgeführt)

Wachstumsgeschwindigkeit und zu einem bestimmten Körpertypus, eine von dem berühmten Psychiater Ernst Kretschmer nachgewiesene Tatsache. Ferner sind vererbbar die Anlage zur Zeugung von Zwillingen oder Drillingen, die Disposition zu gewissen organischen Schwächen oder Defekten und zu manchen Krankheiten, besonders auch zu solchen Geisteskrankheiten, die eine physische Grundlage haben. Häufig ererbt sind Reaktionsgeschwindigkeit, körperliche und technische Geschicklichkeit oder Ungeschicklichkeit, Eigenheiten der Bewegungen, Aktivitätsgrad, Sinnesschärfe und Sensitivität, Intelligenz und spezifische Talente.

5. Für die Entwicklung der Persönlichkeit ist Umwelt von entscheidender Bedeutung

Als wesentlich ist festzustellen, daß das, was die Persönlichkeit ausmacht, von allem Anfang an mindestens ebenso oder mehr durch Umgebungseinflüsse als durch Vererbung bestimmt wird.

Wenn wir sagen, ›von Anfang an‹, so schließen wir damit auch die Schwangerschaftsperiode ein. Wir wissen heute, daß das winzige neue Lebewesen vom Augenblick der Empfängnis an in seinem Wachstum, seiner Gesundheit und seiner gesamten körperlich-seelischen Ausstattung weitgehend durch die Umstände, unter denen die Schwangerschaft stattfindet, beeinflußt und geformt wird. Ein Unfall der Mutter, eine Infektionskrankheit oder länger dauernde schwere seelische Aufregung oder Depression können das Kind körperlich oder seelisch ungünstig beeinflussen.

In noch höherem Grade aber ist während der ersten Lebensjahre eines Kindes das Gesamtverhalten der Mutter von allergrößtem Einfluß. Zwar sagten wir, daß das Neugeborene bestimmte Grade der Aktivität und Passivität, der Sensitivität und Reizbarkeit sowie anderer Eigenschaften auf die Welt mitbringt. Jedoch kann von Anfang an die liebende Mutter dadurch einen günstigen Einfluß ausüben, daß sie gewissen Schwächen in richtiger Weise entgegenarbeitet. Nehmen wir zum Beispiel ein wenig aktives Baby, das sich beim Trinken passiv verhält, also, wie man sagt, ›faul‹ ist und wenig Anstrengungen macht, Nahrung zu bekommen. Von der ersten Stunde seines Lebens an wird es weitgehend von der Geduld und dem Verständnis der Mutter oder Pflegerin abhängen, ob dieses Baby genug Nahrung erhält oder nicht und ob es durch Geschick und Liebe sogar zu lebhafterem Saugen veranlaßt werden kann.

In dieser Weise können viele Fehlentwicklungen in die rechte Bahn gelenkt oder weniger günstige Anlagen in ihrer Bedeutung für die Entwicklung des Kindes abgeschwächt und sogar unwirksam gemacht werden. Bei falschem Verhalten jedoch kann das Gegenteil eintreten, indem ungünstige Anlagen verstärkt werden. Darüber wird später an verschiedenen Stellen dieses Buches noch mehr zu sagen sein.

Immer wichtiger aber werden die Einflüsse aus der Umwelt, je mehr der Organismus heranwächst.

6. Grundtatsachen des Wachstums und des Alterns

Wachstum und biologische Reifung gehören zu den wichtigsten Grundtatsachen allen Lebens. Hier mag es genügen, einfach an Hand der Tatsachen festzustellen, worin Wachstum und Reifung bestehen.

Das *Wachstum* besteht, wie jedermann weiß, in der Tatsache einer stetigen *Gewichts- und Größenzunahme* des Kindes, die individuell verschieden, mehr oder weniger regelmäßig, schneller oder langsamer vor sich geht und etwa um das 20. Lebensjahr normalerweise zum Stillstand gelangt. Ein Alter von 25 Jahren ist der späteste Termin, bis zu

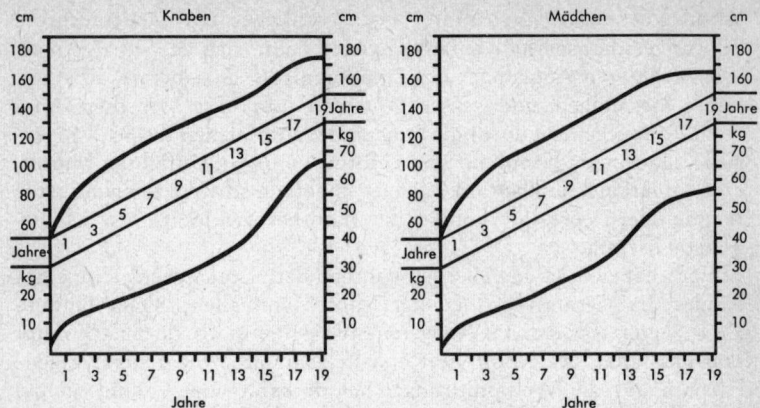

3–4 Kurven des Längenwachstums (oben) und der Gewichtszunahme (unten) bei Knaben (links) und Mädchen (rechts). Die Kurven sind Mittelwerte aus Messungen an über hunderttausend bayerischen Kindern. (Nach Keller-Witkott, Lehrbuch der Kinderheilkunde)

dem dieser oder jener Mensch – stets handelt es sich um seltene Fälle – noch wächst.

Jede Mutter weiß, daß die regelmäßige Gewichtszunahme ihres Säuglings von allergrößter Wichtigkeit für dessen gesunde Entwicklung ist. Der dem zunehmenden Alter entsprechenden Gewichtszunahme nach dem ersten Lebensjahr des Kindes meinen allerdings viele Eltern nicht mehr dieselbe Aufmerksamkeit widmen zu brauchen wie während der ersten zwölf Monate. Es ist deshalb wichtig, darauf hinzuweisen, daß die neuere Medizin einen engen Zusammenhang von Körpergewicht und seelischer Gesundheit festgestellt hat. Sowohl in der Kindheit wie später im Leben sind allzu großes Übergewicht ebenso wie erhebliches Untergewicht oft Anzeichen nicht nur physischer Krankheit, sondern auch seelischer Störung.

Weniger kennzeichnend ist das Längenwachstum, das individuell und oft dem Familien>schlag< folgend variiert. Vor allem in der Pubertät.

Kurz nach der Pubertät endet das Größenwachstum. Dies bedeutet jedoch nicht das Ende des Wachstums überhaupt. Vielmehr finden im Organismus das ganze Leben hindurch Wachstumsprozesse statt, deren wichtigster die Erneuerung der Zellen ist. Jedoch spricht man von Wachstum im engeren Sinn als von der Periode, in welcher der *Aufbau* des Körpers den *Abbau* überwiegt. Das Wachstum wird *stationär* genannt in der mittleren Lebensperiode, in der beide Prozesse – Aufbau und Abbau – ins Gleichgewicht gekommen sind. Demnach kann man

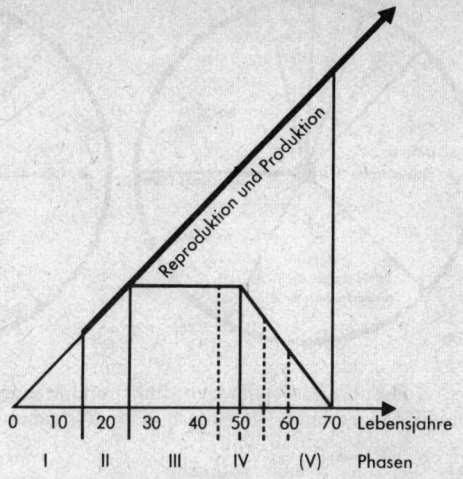

| 0 | 10 | 20 | 30 | 40 | 50 | 60 | 70 | Lebensjahre |

| I | II | III | IV | (V) | Phasen |

5 Biologische Lebens-Kurve: Die Horizontale entspricht einer schematisch angenommenen Lebensdauer von 70 Jahren, die Unterteilungen stellen die (ebenfalls schematisch angesetzten) Lebensphasen dar, wobei die punktierten Linien die Variationsbreite von Beginn und Ende der vierten Phase angeben. Die auf- bzw. absteigende Linie zeigt die Richtungswechsel vom Aufbau zum stationären Wachstum und von diesem zum Abbau oder Verfall. — Die den Aufstieg fortsetzende Linie repräsentiert das Wachstum der Produkte des Lebens, mit denen sich das Individuum von einem gewissen Zeitpunkt an zunehmend identifiziert und die das Individuum überleben. Die vertikale Linie, welche die Linie der aufsteigenden Produkte mit der abgestiegenen eigenen Lebens-Kurve verbindet, soll andeuten, daß zu diesem Zeitpunkt zwar einerseits das Individuum sein eigenes Leben beendet, daß es aber andererseits in seinen Produkten — Kindern, Werken oder sozialer Nachwirkung der Persönlichkeit — weiterlebt.

von einer Lebenskurve sprechen, die, schematisch dargestellt, bis zum Alter von etwa 25 Jahren aufsteigt, dann bis zu etwa 50 Jahren auf derselben Höhe bleibt und schließlich abfällt.

Dies ist allerdings sehr schematisch gesprochen, da bei der heutigen, durch die Fortschritte der Hygiene und der medizinischen Kenntnisse verbesserten Lebensweise nicht nur die Lebensdauer zunehmend verlängert, sondern auch der Abbau offenbar verzögert wird. Niemand weiß vorläufig noch genau, wie eigentlich das *Altern* zustande kommt. Eine der heute am weitesten verbreiteten Theorien ist die von H. Selye, nach der jeder Organismus durch *Spannungen* erschöpft wird, denen er sich zunehmend weniger anzupassen vermag: Selye spricht von einer Erschöpfung der ›*adaptiven Energie*‹.

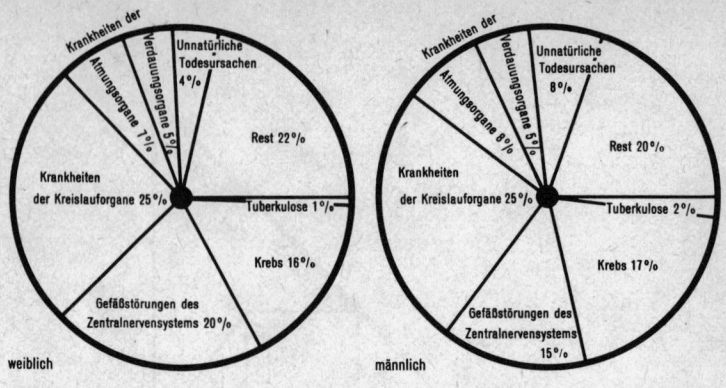

6–7 Todesursachen bei Frauen (links) und Männern (rechts) in der Bundesrepublik Deutschland. (Vereinfacht nach ›Wirtschaft und Statistik‹, 1961)

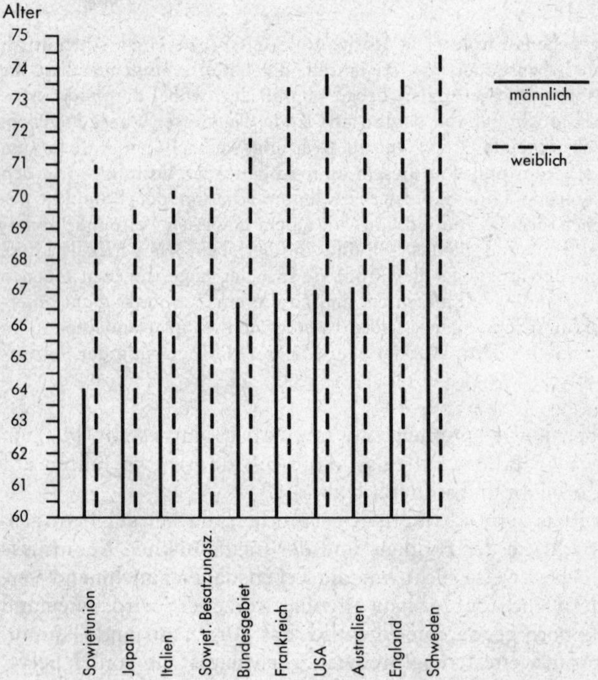

8 Die Lebenserwartung in einigen Ländern der Erde. (Vereinfacht nach ›Wirtschaft und Statistik‹, 1961)

Außer der Erschöpfung des Organismus spielen mit steigendem Alter *Krankheiten* eine zunehmende Rolle als *Todesursachen.* Heutzutage sind Herz- und Gefäßerkrankungen sowie Krebs die häufigsten Krankheiten, die einen vorzeitigen Tod herbeiführen. Verfrühter Tod in anderen Altersstufen hat zum großen Teil andere Ursachen. Für den Tod von Säuglingen gibt es eine große Reihe von Ursachen; in den übrigen Lebensaltern spielen nach einer neuesten amerikanischen Statistik *Unfälle* verschiedenster Art eine Hauptrolle, ganz besonders in der Jugend unter 24 Jahren und im höheren Alter über 65 Jahren.

Eines jedoch steht fest: Gesundheit und Krankheit sowie die zu erwartende Lebensdauer sind von großer Bedeutung für unser Lebensgefühl.

7. Grundtatsachen der biologischen Reifung

Viel schwerer zu überschauen als die Tatsachen des Wachstums sind die der biologischen Reifung. Wegen ihrer außerordentlichen Tragweite für den Verlauf des Lebens verdienen sie sorgfältigste Betrachtung. Unter *Reifung* verstehen wir eine bestimmte Art von Veränderungen, die in den körperlichen Strukturen und Funktionen ebenso wie im Verhalten von Lebewesen ihr ganzes Leben hindurch stattfinden. Diese Veränderungen stellen eine *einsinnige Abfolge* oder, wie der Fachausdruck lautet, *Sequenz* dar, wobei ›einsinnig‹ bedeutet, daß die Abfolge nicht umkehrbar ist, und zwar deshalb, weil in echten Reifungsvorgängen jede der aufeinanderfolgenden Phasen die jeweils vorausgehende zur Bedingung hat.

Zu den wichtigsten Reifungsvorgängen gehört die Reifung der *Körperbewegungen,* zum Beispiel der *Greifbewegungen.* Berührt man etwa den Handteller eines Neugeborenen mit einem Finger, so schließt das winzige Händchen sich sofort um diesen Gegenstand. Das ist der sogenannte *Greifreflex,* mit dem die Greifbewegungen beginnen. Er ist einer von unzähligen Körperreflexen, die dem Menschen angeboren sind.

Außer den Reflexen läßt das Neugeborene eine große Anzahl anderer ungeordneter und zielloser Bewegungen erkennen, die man *Massenbewegungen* nennt; es handelt sich um unspezifische Reaktionen auf alle möglichen inneren und äußeren Reize. Unter diesen Massenbewegungen gibt es auch Armbewegungen, aber sie sind ziellos, ungerichtet. Erst von etwa drei Monaten an streckt das Baby seinen Arm nach einem Gegenstand aus, den es in einiger Entfernung sieht; mit etwa vier Monaten ergreift es einen Gegenstand, den man ihm nahe hinhält, und mit etwa fünf Monaten kann es alle diese Handlungen kombinieren: das Ausstrecken des Armes in der Richtung des gesehenen, etwas entfernten Gegenstandes und das Ergreifen sowie Heranziehen dieses Gegenstandes.

Die Sequenz dieser Leistungen ist deshalb reifungsbedingt, weil jedes neue Zusammenwirken verschiedener Organe bei zunehmend komplizierten Handlungen die Entwicklung einfacherer Leistungen voraussetzt: Zunehmende *Koordination* und *Komplexität* der Handlungen kennzeichnen die Reifungsfortschritte.

Die genannten Fortschritte des Greifens sind, wie gesagt, mit etwa drei, vier und fünf Monaten zu erwarten. Aber gibt es da nicht große individuelle Unterschiede?

Hierzu muß folgendes gesagt werden: Die Sequenz als solche ist unveränderbar, weil sie durch die Entfaltungsmöglichkeiten bestimmt ist, die dem Organismus gleichsam fest eingebaut sind, weshalb man von *Struktur*gesetzen spricht. Das tatsächliche Auftreten der jeweiligen neuen Leistung jedoch setzt angemessene Umgebungseinwirkungen voraus, und zwar sowohl hinsichtlich des *Zeitpunkts* wie der *individuellen Eigenart* und der *Normalität*. Wir sprechen in diesem Fall von *Funktion* und können somit sagen, daß in der Funktion außer den Strukturgegebenheiten auch die Lebensbedingungen zum Ausdruck kommen.

Ein Beispiel: Würde ein Baby in einem völlig leeren Raum gehalten und ihm niemals auch nur ein einziger Gegenstand zum Erblicken, Betasten, Ergreifen als ›Reiz‹ dargeboten, dann würde zwar sein Organismus reifen (Strukturgesetz), aber seine Koordinationsfähigkeit (die Funktion) wäre beeinträchtigt.

8. Reifung, Erfahrung und Entwicklung

Experimente mit Kleinstkindern, die zwar nicht völlig, aber doch weitgehend solcher Reize beraubt waren, konnten von L. Danzinger und L. Frankl in Albanien durchgeführt werden. Sie fanden dort in Gebirgsdörfern Säuglinge auf schmale Holzwiegen gebunden, die in einer dunklen Ecke der Lehmhütte standen. Durch Bandagen um Arme, Beine und den ganzen Körper waren die Babys während ihres ersten Lebensjahres an jeder freien Bewegung gehindert. Nur wenn das Kind gebadet oder gelegentlich einem Besucher gezeigt wird, holt man es aus seiner Ecke und von seinem Bett.

Wie benimmt sich nun ein solches Baby, wenn es von den Banden befreit ans Licht gebracht und ihm ein Spielzeug dargeboten wird? Zunächst ist das Kind völlig inaktiv. Man muß es berühren und ermuntern, das Spielzeug zu ergreifen. Dann zeigt sich, daß zum Beispiel ein Fünfmonatiges einen Gegenstand berührt oder die Arme nach ihm nur so ausstreckt, wie das normale Dreimonatige es tut. Mit sieben Monaten ist die Greifbewegung noch schlecht koordiniert, mit zehn Monaten streckt das Kind zwar beide Hände nach einer Klapper aus, doch fahren die Hände an der Klapper vorbei, ohne sie ergreifen zu können.

Was wird nun aus solchen Kindern später? Auch an allen älteren Kindern war eine dauernde Lähmung der Aktivität und mangelndes technisches Geschick zu beobachten. Aus solchen Beobachtungen läßt sich die grundlegend bedeutsame Regel ableiten, daß die Entwicklung weitestgehend von den in der frühesten Kindheit gebotenen Entwicklungsmöglichkeiten abhängt.

Heute ist die Wissenschaft überreich an Befunden, die feinere Einzelheiten dieser Regel erkennen lassen. Wichtig ist zum Beispiel die Tatsache, daß einige Leistungsgebiete mehr, andere viel weniger von gebotenen Reizen abhängen.

Ein Beispiel relativer Unabhängigkeit von den gegebenen Umständen ist die Entwicklung des Gehens. Alle menschlichen Säuglinge laufen im Alter von ungefähr einem bis spätestens anderthalb Jahren, wenn nicht irgendeine organische oder seelische Störung sie daran hindert. Andere Verhaltensweisen hingegen, in denen es nicht nur auf die

9—12
Vier Stadien der
Fortbewegung
während des
ersten
Lebensjahres

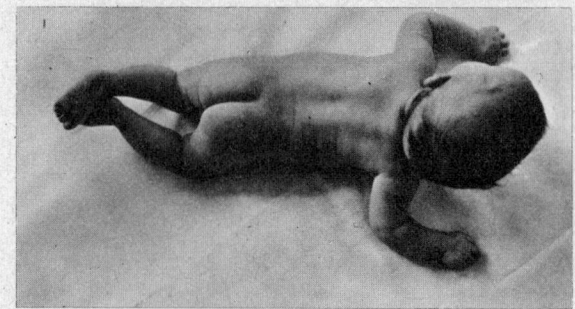

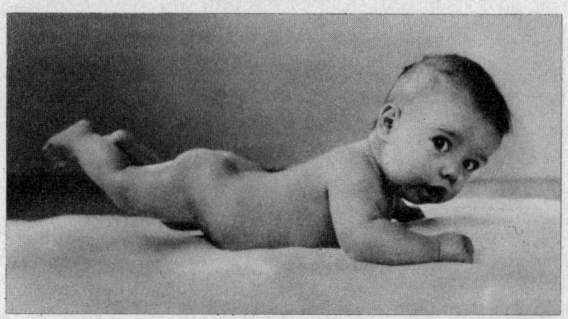

16 Wochen

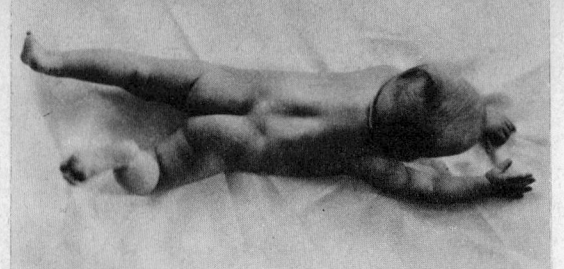

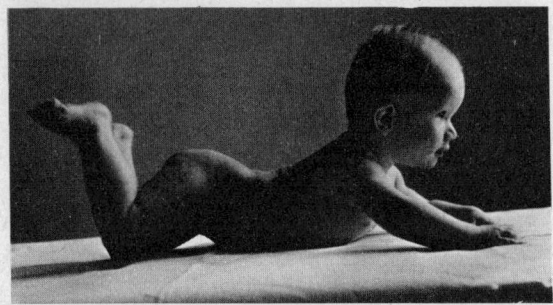

28 Wochen

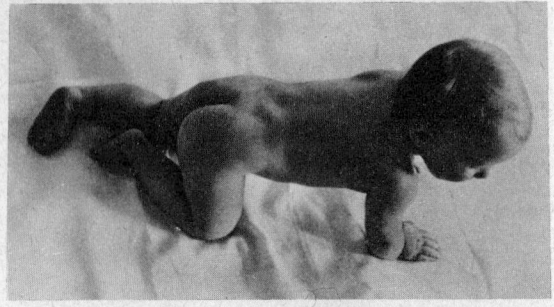

40 Wochen

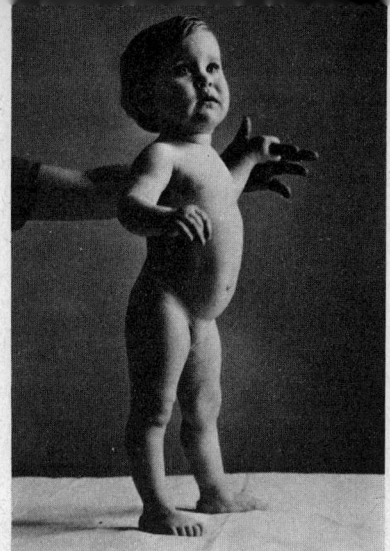

52 Wochen

Beherrschung des Körpers als solchen, sondern auf die Bemeisterung von Material, auf die Kenntnis der Dingwelt, auf das Verstehen von Menschen und auf die Entwicklung der Innenwelt ankommt, bedürfen angemessener Reize, der Unterstützung also durch Belehrung und Anleitung und des liebevollen Kontaktes mit anderen, um sich adäquat und gesund zu entwickeln. In anderen Worten ausgedrückt: Die Entwicklungsfortschritte des Menschen sind mehr noch als die aller anderen Lebewesen fast niemals ausschließlich ein Resultat der Reifung, sondern auch der *Erfahrung*. Aus diesem Grunde unterscheiden wir die Ausdrücke *Reifung* und *Entwicklung*.

Reifungsbedingt ist am Entwicklungsfortschritt, was der Organismus als solcher dazu beiträgt. Zum tatsächlichen Entwicklungsfortschritt gehört jedoch außer der Reifung auch die Umwelteinwirkung, welche die Reifung in Erfahrung umwandelt. Wie steht es nun aber mit der Reifung später im Leben?

9. Die Beeinflussung der Reifung durch die Sexualität

Das ganze Leben hindurch gibt es Reifung und Entwicklung. Einer der wichtigsten Faktoren, der das ganze Leben hindurch Reifung und Entwicklung beeinflußt, ist die *Sexualität*.

Unter *Sexualität* verstehen wir sowohl die angeborene geschlechtliche Zeugungsfähigkeit des Menschen wie die dem Geschlechtsverkehr dienenden Verhaltensweisen und Bedürfnisse. Diese gehören zu einer

23

bestimmten Gruppe angeborener Verhaltensweisen, die man *Instinkte* nennt.

Das Wort *Instinkt* wird gebraucht zur Bezeichnung von Reaktionen, die auf bestimmte Reize hin regelmäßig und in relativ unveränderlicher Form erfolgen, und zwar so, daß sie gleichsam als Kettenreaktion ablaufen. Beim Menschen kann man allerdings kaum von Instinkten in jenem strengeren Sinn sprechen, in dem der Ausdruck auf tierisches Verhalten angewandt wird. Denn beim Menschen sind die Instinkte weitgehend aufgelöst, und es bestehen nur rudimentäre Überreste angeborener Reaktionsweisen.

Das *Saugen* des Neugeborenen zum Beispiel ist ein relativ reines instinktives Verhalten, eine Kette von Reflexen: Mundöffnen, Zungen- und Schluckbewegungen. Die Reaktion kann sogar schon im dreimonatigen Fötus ausgelöst werden, und beim Neugeborenen tritt sie anfangs bei allen möglichen Reizen auf, als wolle der kleine Mensch keine Gelegenheit zur Nahrungsaufnahme ungenutzt lassen.

Die Reflexe und angeborenen Verhaltensweisen, die der komplizierten Apparatur der menschlichen Sexualität zugeordnet sind, können den verschiedensten Veränderungen und Störungen unterworfen sein. Trotzdem kann man bei der Entwicklung der Sexualität von *Reifung* sprechen, insoweit die *Abfolge* von Phasen in Frage kommt. Diese Phasen sind: die Zeit vor der Zeugungsfähigkeit; dann die Pubertät oder Reifung zur Zeugungsfähigkeit; die Phase der reifen Zeugungsfähigkeit; das Klimakterium oder die Periode des Verlustes der Zeugungsfähigkeit und schließlich die Periode nach dem Verlust der Zeugungsfähigkeit.

Man sollte annehmen, daß die Entwicklung der *Sexualbedürfnisse* dem Auf- und Abbau der Zeugungsfähigkeit parallel läuft. Weil jedoch die Sexualbedürfnisse des Menschen weitgehend losgelöst von der Aktivität des Zeugungsapparates auftreten, gibt es keinen natürlichen Rhythmus und keine Zwangsläufigkeit im Auftreten dieses Triebes oder – vielleicht besser ausgedrückt – dieser sehr komplizierten Bedürfnisse.

Es gibt zwar auch beim Sexualtrieb eine Sequenz von Verhaltensweisen, doch ist deren Manifestation in Zeit und Charakter weitgehend von den verschiedensten Einflüssen abhängig, mit anderen Worten: Beim menschlichen Sexualtrieb spielen psychologische Faktoren eine größere Rolle als biologische. Deshalb soll über die Sexualität erst später im Zusammenhang der psychologischen Entwicklung gesprochen werden.

Außerordentlich wichtig ist, wie Tierexperimente bewiesen haben, für die Reifung und Entwicklung der Faktor *Zeit*. Das heißt, gewisse Reize oder andere Einwirkungen müssen von der Außenwelt zu einem ganz bestimmten *Zeitpunkt* geboten werden, um einen Fortschritt möglich zu machen, der eben nur zu diesem Zeitpunkt erfolgen kann. Wenn zum Beispiel frisch geschlüpfte Kücken zunächst in einem dunklen Raum gehalten werden, so sind sie später für immer weniger geschickt im Picken, weil dies hauptsächlich in den ersten Tagen und Wochen gelernt werden muß.

Der Tierpsychologe Konrad Lorenz hat in berühmten Experimenten – erstmals mit Wildgänsen – gezeigt, daß ihr Verhalten zu einem gewissen Zeitpunkt eine definitive *Prägung* erfährt: Das erste lebende Wesen, das die aus dem Ei schlüpfenden jungen Gänse sehen, ›nehmen‹ sie als Eltern ›an‹ – sie folgen ihm, betteln es an. Normalerweise ist dieses Wesen eine Wildgans; ist es aber – im Versuch – ein Mensch, so bleiben die Junggänse auf diesen ›geprägt‹.

Von großer Bedeutung für Schlußfolgerungen auf Menschenkinder ist ein interessantes Experiment mit Mäusen: Junge Mäuse wurden wiederholt in einen Käfig gebracht, in dem eine zum Kämpfen trainierte, besonders starke Maus sie angriff und prompt besiegte. Je jünger die Mäuse waren, die in dieser Weise frühe Niederlagen erlitten, desto zaghafter und furchtsamer verhielten sie sich auch noch als erwachsene Tiere. Ältere Mäuse jedoch, die früher andere Erfahrungen gemacht hatten und nun solche Niederlagen hinnehmen mußten, wurden nicht in demselben Grade eingeschüchtert.

Parallele Tatsachen kann ich aus meinen psychotherapeutischen Erfahrungen berichten. Wiederholt ließ sich eine extreme Aggressivität oder ein furchtsames Sich-Zurückziehen in Kampfsituationen auf ganz frühes ›Training‹ zurückführen. Der eine Patient beispielsweise hatte eine Mutter, die schon den Zweijährigen ermunterte, zuzuschlagen, wenn ein anderes Kind ihm in den Weg kam, der andere dagegen stand unter dem Einfluß einer Mutter, die ihren Pazifismus in einem Grade vertrat, daß sie ihrem Vierjährigen verbot, sich je in eine Prügelei einzulassen, und ihm einprägte, davonzulaufen, sobald jemand ihn angreife.

Aggressivität und Furchtsamkeit haben natürlich auch noch andere Wurzeln als diese. Wichtig ist jedoch, sich der bedeutsamen Rolle früher Anregungen und Versagungen bewußt zu sein, und das um so mehr, als es sich bei solchen frühen Einwirkungen auf das Kind meist um Dinge handelt, die den Eltern durch Gebrauch und Tradition oder aus dem Kontakt mit ihrer Umgebung bekannt sind oder werden. Am wichtigsten aber sind von Anfang an gewisse *seelische* Einwirkungen, Mutterliebe vor allem, und dem jeweiligen Alter des Kindes entsprechenden Anregungen.

Doch auch später im Leben macht man immer wieder die Erfahrung, daß man gewisse Dinge zu einem bestimmten richtigen Zeitpunkt haben muß – anderfalls wird es ›zu spät‹. ›Zu spät‹ für was? Für das Zustandekommen gewisser innerer Entwicklungsfortschritte. So gehören Liebe, Ehe, Kinderzeugung, beruflicher Erfolg zu diesen grundlegenden Erfahrungen, die zu gewissen Zeitpunkten notwendiger erscheinen als alles andere. Die meisten sind seelischer Natur. Eine wichtige Ausnahme macht die Sexualität. Die Sexualbedürfnisse des Menschen sind zwar in ihrer Entwicklung durch viele Umstände bedingt, doch tragen zeitgerechte Einflüsse wesentlich zu ihrer gesunden Entfaltung bei. Dies gilt ganz besonders für die Entwicklung in der Pubertät, die durch Umgebungseinflüsse verfrüht, verlangsamt, in gesunde oder ungesunde Bahnen gelenkt werden kann.

Allgemein gesprochen kann jedenfalls nicht genug betont werden, daß für die gesunde Entwicklung die *Erfahrungen der ersten Lebensjahre von größter Bedeutung* sind.

Und zwar ist es heute erwiesen, daß erstens früh erworbene Gewohnheiten besonders beharrlich sind, und daß zweitens der Erwachsene dauernd unter dem Einfluß dessen bleibt, was er als Kind gesehen hat. Für Eltern und Erzieher ist, so scheint mir, ein solch definitiver Befund von unschätzbarem Wert.

11. Alles Geschehen ist psychophysisch

Der Ausdruck ›psychophysisch‹ wird für all solche Vorgänge gebraucht, die gleichzeitig seelisch (psychisch) und körperlich (physisch) sind. Für manches Lebensgeschehen leuchtet ohne weiteres ein, daß bei ihm Körper und Seele zugleich beteiligt sind: Jeder weiß, daß, wenn er seinen Blick auf einen Gegenstand richtet, Augen, Sehnerv und Gehirn einerseits, Aufmerksamkeit und Wahrnehmungsfähigkeit andererseits bei diesem Akt zusammenwirken. Bei anderen Vorgängen ist dies weniger leicht erkennbar. Daß selbst automatisch ablaufende Prozesse eines gesunden Organismus, das Atmen etwa oder die Verdauung, stets auch eine psychologische Seite haben, mag manchem verwunderlich erscheinen. Man denke aber nur an uraltes Volkswissen, daß ein Erlebnis ›ans Herz greife‹, einem den ›Atem raube‹ oder ›auf den Magen gehe‹. Die sogenannte psychosomatische Forschung (soma ist das griechische Wort für Körper) hat solche und viele andere Zusammenhänge nachgewiesen und damit die große Bedeutung der gesamten seelischen Verfassung eines Menschen für alle seine Körpervorgänge aufgezeigt. So weiß man heute, daß selbst bei solchen Krankheiten, bei denen früher niemand auch nur im entferntesten an psychische Einwirkungen dachte – wie zum Beispiel bei Magen- und Darmgeschwüren, bei Gicht und Rheumatismus –, die seelische Verfassung eine Rolle spielt, etwa eine dauernde innere Anspannung, Sorgen, Angst oder Haßgefühle.

Zwei Theorien hauptsächlich sind es, die das psychophysische Geschehen zu deuten versuchen; die eine spricht von der *Wechselwirkung* psychophysischer Prozesse, während die andere das psychophysische Geschehen für ein *ganzheitliches Geschehen* hält. Unter den Vertretern der Wechselwirkungstheorie meinen manche, daß der seelische Faktor die Führung habe, andere hingegen schreiben die Führungsrolle dem organischen Faktor zu. Von der Praxis her betrachtet, scheint manchmal das eine, manchmal das andere der Fall zu sein: Ein Kranker wird sich eher deprimiert und unlustig fühlen als jemand, der sich strotzender Gesundheit erfreut. Andererseits kann ein durch ein liebeleeres Leben Deprimierter zum Beispiel Müdigkeit fühlen und zu Kopfschmerzen neigen, ohne daß eigentlich ein körperlicher Grund für solche Beschwerden vorliegt.

Von allgemeinem Interesse ist dabei nur eines, daß es gut ist, sich dessen bewußt zu sein, daß alle Vorgänge in uns eine seelische und eine körperliche Seite haben, und daß wir stets beiden Beachtung schenken müssen.

12. Gesundheit und Krankheit

Eine unmittelbare Anwendung des Prinzips, sich der psychophysischen Doppelseitigkeit unseres Wesens bewußt zu sein, ergibt sich bei der Betrachtung von Gesundheit und Krankheit. Es ist noch nicht lange her, daß Gesundheit und Krankheit klare, einfache Begriffe bedeuteten. Heute weiß der Arzt und auch der Laie, daß scheinbar nur körperliche Krankheiten solche rein seelischer Art sein können.

Die Tatsache dieser Doppelnatur der Krankheiten macht – und zwar sowohl im Seelischen wie auch im Körperlichen – ihre Diagnose und ihre Behandlung zu einem wesentlich komplizierteren Problem, als es früher war.

Eine gesunde Entwicklung setzt jedenfalls nicht nur einen gesunden Körper, sondern auch eine gesunde Seele voraus. Unser Leben wurzelt zwar in den Gegebenheiten unseres Organismus, aber diese sind von Anfang an und unser ganzes Leben hindurch mit den Gegebenheiten unseres seelischen Lebens verknüpft.

II Die Funktionen

1. Die seelischen Grundvorgänge

Was sind Funktionen?

Unter dem Begriff Funktionen wollen wir alle seelischen Grundprozesse zusammenfassen, die sozusagen als Baumaterial in unsere komplexen Erlebnisse eingehen und unseren Handlungen zugrunde liegen. Dieses Baumaterial stellt ein ungeheuer kompliziertes Netzwerk von Prozessen dar, die durch innere oder äußere *Reize* ausgelöst werden und in *Bewegungen* enden. Einige dieser Reize setzen sich sofort und automatisch in Bewegungen um; diese Reaktionen werden als *Reflexe* bezeichnet. Andere dagegen werden zu *Auslösern* einer fast unübersehbaren Fülle weiterer innerer Vorgänge, bevor sie sich in *Handlungen* umsetzen.

Mit dem Wort Handlung bezeichnen wir ein Verhalten, bei dem – im Unterschied zur isolierten Reflexaktion – viele Vorgänge zusammenwirken, die sich *zielgerichtet* mit der Außenwelt befassen, statt nur, wie der Reflex, den Körper oder Teile des Körpers selbst in Bewegung zu setzen. So ist der Greifreflex des Neugeborenen ein Sich-Schließen der Hand; die Greifbewegung des Fünfmonatigen dagegen ist eine auf das Ergreifen eines Gegenstandes gerichtete Handlung. Die menschliche Handlung, sagt Erwin Straus, ist nicht eine Reaktion, sondern ein Projekt.

Die der Handlung zugrunde liegenden Prozesse lassen sich in *kognitive* und *affektive* einteilen. Dabei versteht man unter ›kognitiven‹ Prozessen alle die Vorgänge, die der objektiven Erfassung der Außenwelt dienen – von den Sinnesempfindungen über das Wahrnehmen, Erinnern, Lernen bis zum Denken. ›Affektive‹ Prozesse hingegen sind die Gefühle oder Emotionen, mit denen das Individuum auf die Einwirkungen der Umwelt reagiert und die das Individuum zu bestimmten Handlungen bewegen oder ›motivieren‹.

Das Experiment in der wissenschaftlichen Psychologie

Zu Beginn der modernen *wissenschaftlichen Psychologie* beschäftigte sich die Forschung fast ausschließlich mit dem Studium der Sinnesempfindungen und des Gedächtnisses, weil diese dem Experiment am leichtesten zugänglich waren. Man war stolz darauf, das seelische Geschehen dem messenden und zählenden, quantifizierenden *Experiment* ebenso unterwerfen zu können wie dies die Naturwissenschaften mit dem materiellen Geschehen getan hatten, wobei sie das Experiment als die einzige zuverlässige Methode zur Erlangung objektiver Kenntnisse nachgewiesen hatten. Allerdings stellte sich dabei die Frage, die von der Gruppe der *verstehenden* oder geisteswissenschaftlichen Psychologen erhoben wurde: ob im Experiment nicht die das Seelische als Wesentlichstes charakterisierende Einmaligkeit und Sinnhaftigkeit des Geschehens verlorengehe. Das Entscheidende am Experiment ist ja die Tatsache, daß in ihm künstlich erzeugte Vorgänge *wiederholbar* sein müssen. Es schließt also seiner Art nach das Einmalige und Einzigartige aus: Der Sinngehalt meines Lebens und die Tiefe des Erlebnisses, das eine Symphonie von Beethoven vermittelt, können weder gemessen noch gezählt werden.

Die Anerkennung dieser Tatbestände schließt jedoch nicht aus, daß man gewisse einfachere psychische Vorgänge dem Experiment unterwirft. Wenn auch die ›Wärme‹ oder ›Kälte‹, mit der eine Mutter ihr Kind behandelt, weder experimentell untersuchbar noch quantifizierbar ist, so haben sich doch Wege eröffnet, durch standardisierte Fragen und Verhaltensbeobachtungen einen indirekten Zugang zu dem Innenleben dieser Frau zu gewinnen. Die klinische und die Persönlichkeitspsychologie haben heute Methoden entwickelt, die indirekten Aufschluß darüber geben, welche Rolle ein Kind im Leben seiner Mutter spielt, welches Glück oder welche Last es für sie bedeutet. Das moderne psychologische Experiment, das zwar nicht auf allen Gebieten des Seelenlebens nach dem Muster des naturwissenschaftlichen Experimentes durchgeführt werden kann, hat doch insofern einen allumfassenden Einfluß auf diese Wissenschaft ausgeübt, als es der Psychologie die Grundregel auferlegte, *objektive* Forschungsmethoden zu finden.

Wenn wir uns auch in diesem Buch in erster Linie mit den psychologischen Befunden befassen wollen, die sich als von grundlegender Bedeutung für das Verstehen unseres Selbst und unseres Lebens erwiesen haben, so gebührt doch eine kurze Betrachtung jenem großen Forschungszweig, der uns in bewundernswerten Untersuchungen eingehendste Kenntnisse über die Gesetzmäßigkeiten der seelischen Grundvorgänge vermittelt hat.

2. Gehirn und Nervensystem

Das Gehirn ist das Zentralorgan

Grundlage allen seelischen Geschehens sind das Gehirn und das Nervensystem. Durch Nervenreizungen werden wir von Vorgängen in der Außenwelt und im Innern unseres Körpers in Kenntnis gesetzt.

Und durch Nervenvorgänge werden diese Meldungen weitergeleitet, ausgewertet und in Reaktionen umgesetzt. Das Zentralorgan, das diese Tätigkeiten reguliert und dirigiert, ist das Gehirn: Es ist ein ungewöhnlich kompliziert aufgebautes System von unzählbar vielen Zellen und Fasern. Von jeder dieser Ganglienzellen gehen Fasern aus, die die Verbindung zu anderen Zellen und Zellgruppen herstellen. Dieses Verbinden, das nicht nur innerhalb des Gehirns vor sich geht, sondern auch bis hin zu den Sinnesorganen und bis in die letzten Muskelfasern, geschieht durch Erregungsvorgänge; es sind dies *elektrochemische Prozesse*. Es war eine Großtat der Wissenschaft, als es dem Jenaer Psychiater Hans Berger 1929 gelang, die elektrischen Vorgänge im Gehirn zu messen. Aufbauend auf dieser Möglichkeit ist das EEG – *Elektroencephalogramm* – entwickelt worden, das zur Diagnostik von Gehirnerkrankungen herangezogen wird.

Die Erregungen verlaufen in den verschiedenen Regionen des *Gehirns*, in erster Linie in der *Hirnrinde* (dem Cortex), an der Oberfläche des Gehirns. Zwei Drittel aller Ganglienzellen des Gehirns sind hier zu finden. Und die vielfach gewundene und gefurchte Oberfläche steht in direkter Beziehung zu der fast unvorstellbaren geschätzten Zahl von zehn Milliarden Zellen; nur diese Anordnung ermöglicht es, auf kleinstem Raum eine derart große Oberfläche unterzubringen. Hier in der Hirnrinde wird das bewußte Seelenleben bestimmt und reflektiert; wenn wir etwas wahrnehmen oder denken, uns etwas vorstellen oder unsere Phantasie schweifen lassen, wenn wir träumen – alle diese Vorgänge kommen in der Hirnrinde zustande.

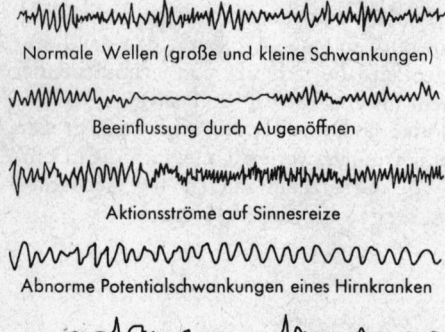

Normale Wellen (große und kleine Schwankungen)

Beeinflussung durch Augenöffnen

Aktionsströme auf Sinnesreize

Abnorme Potentialschwankungen eines Hirnkranken

Krampfströme bei Epilepsie

Krampfströme während eines Anfalles

13 Verschiedene Ableitungen von Gehirnströmen im Elektroencephalogramm. (Aus M. Oldenburg, Kleine Methodik der physikalischen Therapie und Diagnostik)

Andere Regionen – zusammengefaßt unter dem Begriff *Hirnstamm* –
regulieren Blutdruck und Atmung, bestimmen unsere Gefühle und
Affekte, vor allem auch die vitalen Triebe (im sogenannten *Thalamus*),
regeln Gleichgewicht und Muskelbewegung, kurz alles das, was für
unser Leben als Lebewesen unerläßlich ist.

Es ist das Gehirn, das uns, wie W. Grey Walter es kürzlich formulierte,
zum *Homo sapiens* macht, da es uns zu einem Denken, Wissen und
Erkennen befähigt, wie es keinem Tier in dieser Weise möglich ist. Es
sind schon die Mechanismen unseres Gehirns, die eine scharfe physiologische Trennung zwischen Mensch und Tier erkennen lassen.

Lokalisationen im Gehirn

Die Frage, ob es im Gehirn bestimmte Zentren für bestimmte Fähigkeiten gibt, wird immer wieder gestellt. Die Vorstellung, daß man
›Fähigkeiten‹ im Gehirn lokalisieren kann, findet sich zum erstenmal
bei Franz Joseph Gall im 18. Jahrhundert. Gall behauptete, mit Hilfe

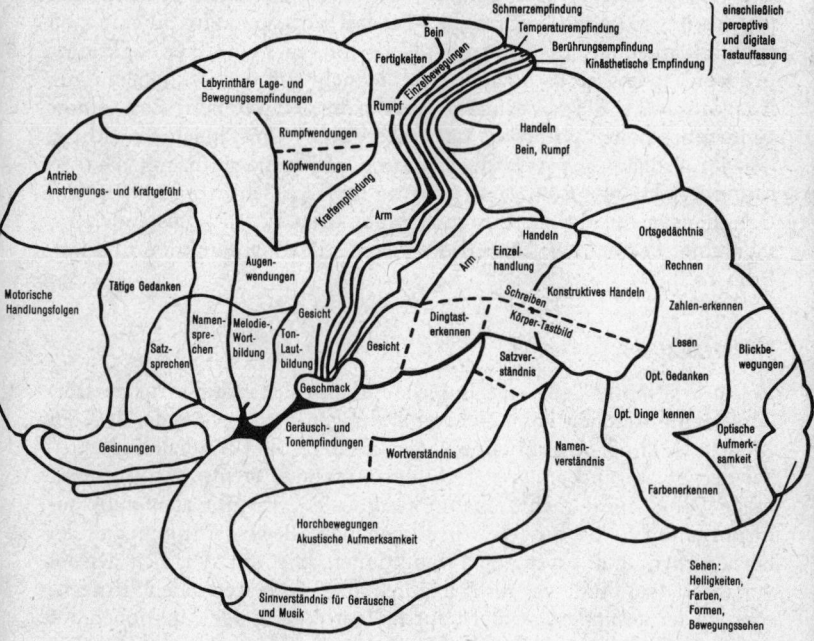

14 Lokalisationen von Funktionen in der Großhirnrinde, linke Hirnhälfte.
(Nach K. Kleist)

seiner Phrenologie, wie er seine Lehre nannte, könne er z. B. besondere Begabungen oder Charaktereigenschaften im Gehirn lokalisieren und, der Lage im Gehirn entsprechend, an der Schädelgestalt ablesen.

Gall war zwar im Irrtum, wenn er annahm, daß man ›Seelenvermögen‹ an bestimmten Gehirnstellen lokalisieren könnte, doch war etwas Richtiges an seinem Gedanken einer gewissen Zuordnung bestimmter seelischer Prozesse zu gewissen Gehirnregionen. So gibt es denn in der Tat moderne *Hirnkarten*. Wir geben als eine der neuesten die von Karl Kleist stammende Karte der linken Gehirnhälfte wieder (Abb. 14).

Sehen wir Kleists Hirnkarte an, so ist der erste Eindruck, daß sie noch viel mehr Lokalisation zeigt, als einst Gall am Schädel abgetastet hat. Das ist richtig. Entscheidend ist jedoch, daß es sich in der heutigen Lokalisationslehre nicht mehr um *›Fähigkeiten‹* handelt, sondern um *Prozesse*. Die moderne Lehre geht von psychischen Funktionen aus, die zum Beispiel bei bestimmten Hirnverletzungen fehlten oder herabgesetzt waren; *denn die Zerstörung bestimmter Gehirnzentren kann zu eng umschriebenen psychischen Störungen oder Ausfällen führen.* Das besagt aber nicht unbedingt, daß die Gehirnzentren allein das psychische Verhalten bestimmen oder daß wir ganz klare Scheidungen treffen können und im Gehirn ein Nebeneinander einzelner Funktionsgruppen vorfinden. Es handelt sich vielmehr um das Phänomen einer Rangordnung: Für bestimmte psychische Funktionen sind einige Gehirnfunktionen wichtiger als andere, unter Umständen so wichtig, daß ihr Fehlen die psychische Funktion zum Erliegen bringt. Und so formuliert Hubert Rohracher denn auch: ›Ein Gehirnzentrum ist ein Gangliensystem, dessen Erregungsproduktion für das Zustandekommen einer bestimmten körperlichen oder seelischen Funktion unerläßlich ist.‹

Hirnorganische Störungen

Wenn bestimmte Teile am Hinterhauptlappen des Großhirns zerstört sind, dann kommen keine Sehempfindungen mehr zustande, und der Mensch ist blind, obwohl seine Augen gesund sind (›Rindenblindheit‹). Bei der Zerstörung anderer Teile der Hirnrinde werden wahrgenommene Dinge nicht mehr erkannt (›Agnosie‹). Es gibt aber auch auf hirnorganische Störungen zurückgehende Beeinträchtigungen der körperlichen und psychischen Funktionen, die mit der Zeit wieder verschwinden, und zwar nicht dadurch, daß die betreffenden Hirnzentren wieder gesunden, sondern durch Übertragung der Funktionen auf andere Zellen, die vorher andere Bestimmungen hatten, unter Umständen ganz unwesentliche. Ja, es kann sogar dazu kommen, daß nun Teile des Gehirns aktiv werden, die vorher überhaupt keine Funktion zu erfüllen hatten. Diese *Plastizität des Gehirns* ist von enormer Bedeutung. Sie besagt, daß das Gehirngeschehen in der Hauptsache *ganzheitlich* geordnet ist, wie man das nennt. Es gibt übergreifende Erregungskonstellationen, die die einzelnen spezifischen Erregungen steuern; diese Ganzheiten passen sich den Anforderungen, die dem Organismus von außen gestellt werden, in zweckmäßiger Weise an.

Das Gehirn als Netzwerk

Aus diesen Tatsachen gewinnen wir das Bild eines überaus kompliziert verknüpften Netzwerks von *Beziehungen* im Gehirn, die das Ergebnis aller unserer Erfahrungen sind und die uns befähigen, neue Ziele anzustreben und uns neuen Forderungen anzupassen. Fragen wir nach dem Gefüge, dann können wir auch fragen: wie wurde ›geschaltet‹?

Die Wissenschaft der Kybernetik

Mit diesem Ausdruck ›schalten‹ befinden wir uns dann schon im Bereich der *Kybernetik* (hergeleitet von dem griechischen Wort kybernétes, der Steuermann). Diese ganz neue Wissenschaft, die besonders von Norbert Wiener (1894–1964) ausgebaut worden ist, erforscht die Regelungs- und Steuerungsvorgänge (die ›Schaltungen‹) in den Lebewesen und ihren Organen ebenso wie in technischen Systemen. Hand in Hand mit der Kybernetik arbeitet die *Informationstheorie*, ebenfalls ein ganz moderner Forschungszweig, an der Aufdeckung der Gesetzmäßigkeiten bei der Übermittlung von ›Nachrichten‹ aller Art – ob es sich nun z. B. um einen Nervenimpuls oder um einen Telegramm-Code handelt. Aus den Erkenntnissen der Kybernetik und der Informationstheorie sind dann die berühmten riesigen Elektronen-Rechenautomaten entstanden, deren volkstümlicher Name ›Elektronengehirne‹ zumindest teilweise nicht falsch ist.
Ähnliche Gedanken wie die Kybernetiker und die Informationstheoretiker – wenn auch nicht unter Benutzung so strenger mathematischer Prinzipien und Modelle – sind schon früher von den *Gestalttheoretikern* entwickelt worden. Es war vor allem Wolfgang Köhler (* 1887), der dem geordneten und sinnvollen psychischen Geschehen ein ähnlich geordnetes hirnphysiologisches Geschehen korrespondieren sah. Der Ausdruck *Gestalt* oder *Struktur* bezeichnet die ganzheitliche Ordnung, die Köhler dem Verlauf sowohl der physischen wie auch der seelischen Prozesse im Organismus zuschrieb. Bei Störungen der Gehirntätigkeit durch Schädigungen des Gehirns zeigt sich dann auch vor allem die Beeinträchtigung dieser Ordnungsvorgänge.

Berühmt geworden sind die Untersuchungen von Kurt Goldstein an hirnverletzten Soldaten des Ersten Weltkriegs; durch sie kam man erstmals zu einem klaren Verständnis für dieses Geschehen.

Was geschieht, wenn ein Hirnverletzter vor eine Aufgabe gestellt wird, zum Beispiel vier und drei addieren soll? Goldstein beschreibt, wie der Patient seine Finger nacheinander herunterpreßte und »1, 2, 3, 4«, sodann nochmals »1, 2, 3« laut abzählte; dann, nachdem er sie alle heruntergepreßt hatte, zählte er die ganze Reihe ab, »1, 2, 3, 4, 5, 6, 7« und sagte schließlich: »Vier und drei ist sieben.« Als er aber gefragt wurde, ob sieben mehr als vier sei, wußte er keine Antwort.

Was ist hier vor sich gegangen? Dieser Hirnverletzte hat das *abstrakte* Denken verloren, er kann – in diesem Fall – nicht mehr den Begriff der Mehrheit verwenden. Er kann nur *konkret* an den Fingern abzählen.

Wenn man ihn nun unter Druck setzt und sagt, er müsse doch imstande sein, diese zweite Aufgabe auch zu lösen, so kann es geschehen, daß der Patient in ungeheure Aufregung gerät und alle Selbstbeherrschung verliert. Dieses Verhalten wurde von Goldstein *Katastrophenreaktion* genannt. Die Katastrophenreaktion – heute einer der fundamentalen Begriffe auf diesem Gebiet – erklärt sich daraus, daß der Patient seine Unfähigkeit, die Aufgaben zu lösen, als tödliche Gefahr erlebt: Seine Hilflosigkeit bringt ihn zur Verzweiflung.

Nur dadurch, daß er solche kritischen Situationen, wenn irgend möglich, zu vermeiden sucht, kann der Hirnverletzte sich einigermaßen erhalten. Dabei verfährt er so, daß er allen Komplikationen aus dem Wege zu gehen versucht und sich auf möglichst einfache Verhältnisse beschränkt. Denn nur so vermag er wenigstens bis zu einem gewissen Grad jene lebenswichtige *innere Ordnung* aufrechtzuerhalten, deren weitgehende Einbuße durch den Gehirndefekt hervorgerufen ist.

Goldstein gibt weitere eindrucksvolle Beispiele. So stellt ein Gehirnverletzter, der im Büro zu kleinen Arbeiten herangezogen wird, sich täglich auf peinlichste Weise genau dieselbe Ordnung auf dem Schreibtisch her, bevor er zu arbeiten beginnen kann. Sein Bestreben ist, in einer einfachen Situation zu operieren, die er bemeistern kann. Goldstein stellt fest, daß diesen Bestrebungen die Tendenz zugrunde liege, optimal zu funktionieren und *optimale Leistungen* zustande zu bringen.

In Goldsteins klassischen Untersuchungen wird auch weitgehend deutlich, wie Gehirnverletzungen einerseits *spezifische* Defekte verursachen, beispielsweise Ausfälle von Reflexen oder von bestimmten Funktionen, etwa des abstrakten Denkens; wie sie aber andererseits auch *Gesamtstörungen* der Ordnung und der Lebensbemeisterung hervorrufen.

3. Der Sinnesapparat

Die Leistungsfähigkeit unserer Sinne

Floyd Ruch, dessen Lehrbuch der Psychologie zu den meistgelesenen gehört, leitet sein Kapitel über die Sinnesfunktionen mit folgenden Bemerkungen ein: In der Routine des täglichen Lebens sind wir ununterbrochen damit beschäftigt, unsere Sinnesorgane zu benutzen – so sehr, daß wir eigentlich gar nicht dazukommen, einmal einen Moment innezuhalten und die ganz außergewöhnliche Leistungsfähigkeit unserer Sinne zu bewundern. Unsere Augen zum Beispiel können das Aufflammen eines Streichholzes unter günstigen atmosphärischen Bedingungen noch auf eine Entfernung von dreißig Kilometern entdecken. Oder sie können einen Draht wahrnehmen, der so dünn ist, daß sein Durchmesser nur ein Fünfhunderttausendstel des ganzen Blickfeldes mißt!

Und während ich sitze und dies niederschreibe, höre ich durch das geschlossene Fenster von weit her das Bellen eines Hundes, ich genieße den Geschmack und das Aroma meiner Zigarette, die im Finger zu halten mir etwas Abwechslung bringt; gleichzeitig bemerke ich, daß der Raum etwas zu warm ist, daß aber vielleicht gerade deswegen der Duft des frischen Weihnachtsbaumes vom anderen Ende des Zimmers her zu mir dringt. Und für einen Moment halte ich inne und denke zurück an einen Weihnachtstag in Wien, als der Schnee ans Fenster wehte . . .

All dies und noch anderes kann sich gleichzeitig oder im Laufe weniger Sekunden oder Minuten in der Sinnesapparatur und im Gedächtnis abspielen, während die Gedanken mit einem ganz anderen Stoff beschäftigt sind.

Es gibt viel mehr als fünf Sinne

Neben den fünf Sinnen, die ich soeben in gleichzeitiger Aktion beschrieben habe, unterscheidet man heute noch eine ganze Reihe weiterer, ohne daß man sich auf eine genaue Zahl festlegt. Es gibt Sinne für Schmerz-, Druck- und Spannungsempfindungen, Bewegungsempfindungen, Gleichgewichtsveränderungen, Organempfindungen im Körper und anderes mehr, und für jeden dieser Reize einen *Rezeptor* als aufnehmendes Organ.

Als der wichtigste unserer Sinne gilt wohl allgemein der *Gesichtssinn*. Das Auge, das wie ein photographischer Apparat funktioniert, nimmt Form und Farbe von Objekten mit individuell variierender Sehschärfe wahr. Das *Gehör* unterscheidet Tonhöhe, Lautstärke und Klangfarbe,

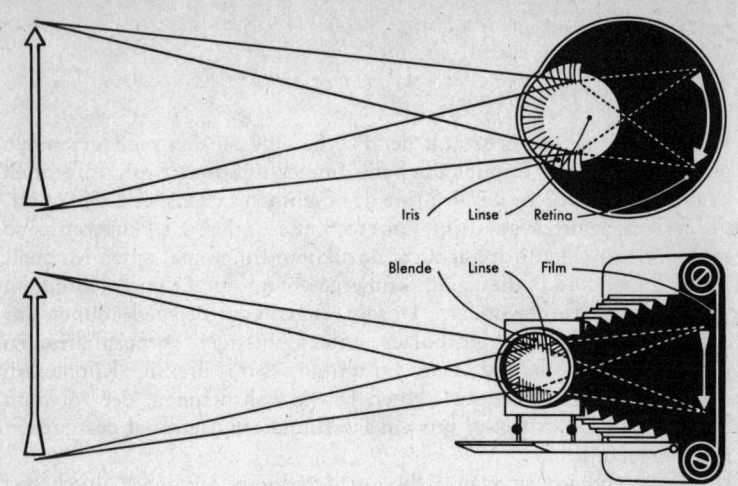

15   Das Auge funktioniert wie ein Photoapparat: Beide haben eine je nach
Stärke des Lichteinfalls regulierbare ›Blende‹ (beim Auge die Iris), beide eine
Linse, beide eine lichtempfindliche Schicht, die das Bild ›aufnimmt‹: beim
Auge ist es die Retina, bei der Kamera der Film. (Nach Ruch, Psychology and
Life, 1958)

wobei es wiederum viele individuelle Differenzen gibt. Diese sind groß
auch hinsichtlich der Reizempfänglichkeit des *Geruchs*- und des
Geschmacksorgans sowie der übrigen Sinne.

4. Die Wahrnehmungen

Was ist eine Wahrnehmung?

Was ist eine Wahrnehmung im Vergleich zu einer Sinnesempfindung?
Folgendes Experiment mag den Unterschied klarmachen.
*Vor der Beobachterin (es handelt sich um Experimente, die im Wiener
Psychologischen Institut von O. Rubinow und L. Frankl durchgeführt
wurden) liegt ein zwei Monate alter Säugling, der ihr Lächeln mit
Lächeln erwidert. Nun hält die Beobachterin eine mit Milch gefüllte
Flasche in einiger Entfernung vor Pepis Augen. Obwohl sich die
Flasche in Pepis Blickfeld befindet und er sie anstarrt, gibt er kein
Zeichen, daß er sie erkennt. Erst wenn die Beobachterin Pepi aufhebt
und ihn in gewohnter Weise in den Arm nimmt, wird er zu saugen
beginnen, noch bevor sie die Flasche in sein Blickfeld geführt hat.*

Ganz anders zwei bis drei Monate später. Nun beginnt Pepi bereits lebhaft zu saugen, wenn sein Blick auf die Spitze des Saugers der in einiger Entfernung vor ihm gehaltenen Flasche fällt. Jetzt hat das Kind die Flasche als Gegenstand *erkannt.*
Zwar bedarf es zunächst noch bestimmter Merkmale, wie der Saugerspitze, um Pepi zum Reagieren zu bringen. Er saugt nicht wenn ihm ein runder, mit Milch gefüllter Ballon gezeigt wird. Erst einige Monate später erkennt er seine Nahrung auch in Gefäßen, die in Form oder Farbe von der gewohnten Flasche abweichen. Er erfaßt allmählich die ganze Situation.

Aus dieser Beschreibung von Experimenten zur Untersuchung der ersten Ding-Erlebnisse geht eine Reihe von Tatsachen hervor: Das zweimonatige Baby sieht, hört, schmeckt und riecht, es hat Tast- und Schmerzempfindungen und vieles andere mehr. Aber es nimmt den *Gegenstand* als Ganzes noch nicht wahr. Wenn es anfängt ihn wahrzunehmen, faßt es zuerst nur bestimmte *Gestalteigenschaften* auf, wie die Spitze oder das Rundsein. Es identifiziert den Gegenstand mit manchmal unwesentlichen Merkmalen. Erst allmählich löst es die Erfassung des Dinges ›Nahrungsbehälter‹ von verschiedenen zufälligen Gegebenheiten ab. Es nimmt das Ding im Ganzen der Situation wahr, die auf die kommende Fütterung hindeutet.

Als *Wahrnehmung* bezeichnen wir demnach einen komplexen Vorgang, durch den die Außenwelt in Ganzheiten geordnet aufgenommen und gedeutet wird. Gegenwärtige Reize sowie Erfahrungen der Vergangenheit werden dabei integriert und in das Gesamtbild eingearbeitet.

Die Entwicklung der Konstanz des Gegenstandes

Der Prozeß der Entwicklung der Wahrnehmung zieht sich begreiflicherweise durch Jahre hin, müssen doch unendlich viele Merkmale erfaßt und allmählich in die Wahrnehmungen einbezogen werden. Ein Beispiel aus einem etwas späteren Stadium mag dies verdeutlichen.
Pepi ist nun drei Jahre alt und geht mit seinem Vater spazieren. Sie wandern auf einer langen, von Pappeln bestandenen Allee. »Vati«, sagt Pepi und weist mit dem Finger in die Ferne, »warum sind denn die Bäume da hinten so klein?« Der Vater versteht, daß sein Sohn die perspektivische Verkleinerung in der Distanz noch nicht zu berücksichtigen gelernt hat, und wird nun versuchen, ihm diese zu erklären.
Doch trotz dieser Erklärung wird es noch einige Jahre dauern, bis die Sinnesempfindungen unter Berücksichtigung vieler sie beeinflussender Momente vom Kind richtig, das heißt den objektiven Verhältnissen entsprechend, gedeutet werden. Dinge, die uns später selbstverständ-

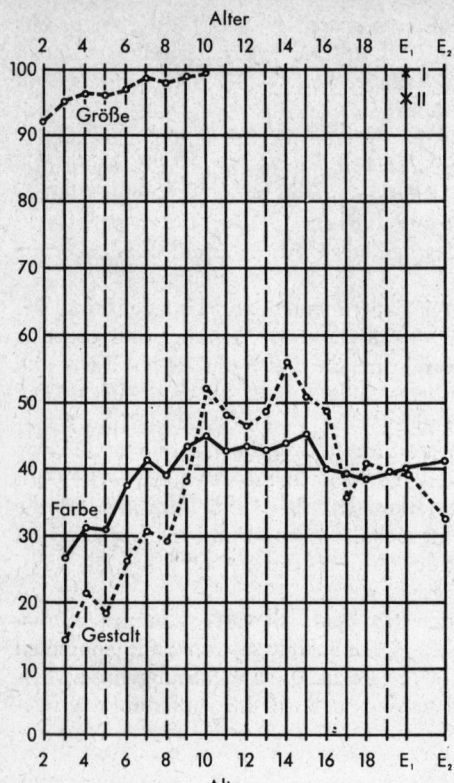

16 Nur allmählich lernen wir die Sinnesempfindungen richtig zu deuten. Die drei Kurven zeigen, daß die sogenannten Konstanzfaktoren, also die Erfassung der Konstanz von Größe, Farbe und Gestalt, erst im Alter zwischen 10 und 14 Jahren den Höhepunkt ihrer Entwicklung erreichen. (Nach Egon Brunswik und Sylvia Klimpfinger)

lich erscheinen – daß z. B. Licht und Schatten, Lage und Entfernung uns im Erkennen von Farben und Form und im Abschätzen von Größen nicht wesentlich hindern –, werden erst allmählich erlernt. Egon Brunswik und Sylvia Klimpfinger haben festgestellt, daß diese Konstanzfaktoren, wie man sie nennt, also die Erfassung der *Konstanz* von Größe, Farbe, Form, erst zwischen 10 und 14 Jahren auf den Höhepunkt ihrer Entwicklung gelangen.

Raum, *Zeit* und *Bewegung* werden im Laufe der Kindheit in die Erfahrung einbezogen und zunehmend in Rechnung gestellt. Hierbei spielen *Aufnahmevermögen*, *Gedächtnis*, *Intelligenz* eine Rolle, und auch Beweggründe oder *Motive* sind nicht ohne Einfluß auf die Art, wie wir wahrnehmen.

Optische Täuschungen

Übrigens ist trotz unserer großen Fähigkeit, all die obengenannten Faktoren zu berücksichtigen, die Wahrnehmung stets bis zu gewissem Grade bestimmten *Täuschungen* ausgesetzt. In der psychologischen Forschung haben diese eine wichtige Rolle gespielt, weil sie besonders geeignet waren, Licht auf den bedeutsamen Faktor *Gestalt* zu werfen.

Unter den optischen Täuschungen ist besonders bekannt die sogenannte Müller-Lyersche Täuschung, die als eines der zuerst entdeckten klassischen Beispiele gelten kann.

Die beiden Linien sind tatsächlich gleich lang, obwohl infolge der Anordnung der Pfeile die eine wesentlich länger erscheint.

Im zweiten Beispiel erscheint der innere Kreis viel größer, wenn er im Mittelpunkt kleiner Kreise steht, als wenn größere ihn umgeben. Tatsächlich ist jedoch der innere Kreis beide Male gleich groß.

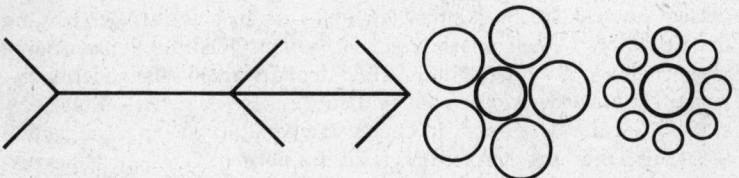

17–18   Zwei klassische Beispiele optischer Täuschung: Die linke, länger wirkende Strecke ist genauso lang wie die rechte, und der von kleineren Kreisen umgebene innere Kreis ist ebenso groß wie der scheinbar kleinere Kreis, der von fünf großen Kreisen eingeschlossen ist.

Das Phänomen der optischen Täuschungen erschien in neuem Licht durch die Untersuchungen der Gestalttheoretiker, mit deren Forschungen wir uns nunmehr etwas ausführlicher befassen wollen.

Das Gestaltprinzip

Das von Christian von Ehrenfels (1859–1932) entdeckte Prinzip der *Gestaltqualitäten*, wie er es nannte, besagte zunächst, daß in unseren Wahrnehmungen die Welt nicht als eine Summe von Einzeleindrücken erlebt wird, sondern in geordneten *Ganzheiten*. Eine Melodie, sagt Ehrenfels, ist mehr als die Summe der Töne, aus denen sie sich zusammensetzt. Sie hat eine Gestalt. Infolge dieser Tatsache, dadurch nämlich, daß sie ein Formganzes darstellt, kann sie transponiert werden.

Der in diesen Aussagen festgelegte Gedanke hat in der Philosophie eine lange Geschichte. So lesen wir schon bei Platon, Aristoteles und

Laotse, daß das Ganze vor den Teilen ist und mehr als die Summe der Teile. Auch Goethe wird oft für diesen Gedanken zitiert.

Die besonders von deutschen Psychologen intensiv betriebenen Forschungen über das Gestaltprinzip gehen nach vielen Richtungen auseinander, und die Ganzheitsidee stellt, wie Hofstätter richtig bemerkt, eigentlich das einzige, die verschiedenen Schulen einigende Band dar.

Die Figur-Grund-Reaktion und die Kippfiguren

Eine der wichtigsten Beobachtungen zum Gestaltprinzip betrifft das sogenannte *Figur-Grund-Verhältnis.* Das heißt, die Wahrnehmung wird an dem optischen Material in der Weise tätig, daß sie einen beliebigen Teil davon als *Hintergrund* zurückschiebt, während sie irgendeinen anderen Teil als *Figur* vor diesem Hintergrund sieht und ihn aus diesem heraushebt. So können wir uns zum Beispiel bei Betrachtung des Schachbrettes auf unsere eigenen weißen Quadrate konzentrieren und sie als Figur auf den Hintergrund der schwarzen sehen oder umgekehrt. Dann wieder können wir im Laufe des Spiels gewisse Konstellationen, wie die Beziehung, in der unsere Königin zu ihrer Umgebung steht, als Figur aus dem Hintergrund des übrigen Geschehens herausheben. Und so erleben wir uns mit unserem Partner als herausgehoben aus dem Hintergrund des Raumes, den wir unbeachtet lassen usw. Die Figur-Grund-Beziehung wird in unserem Erleben dauernd aktiv von uns hergestellt. Sie ist vielleicht, wie z.B. K. Goldstein annimmt, das wichtigste Ordnungsprinzip auf dem Gebiete der Wahrnehmung.

Infolge der Tatsache, daß unsere Wahrnehmung ganz außerordentlich flexibel ist, können dauernd Hintergrund und Figur wechseln. Besonders drastisch zeigt sich dies bei den sogenannten *Kippfiguren.* Ein

 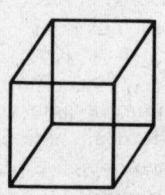 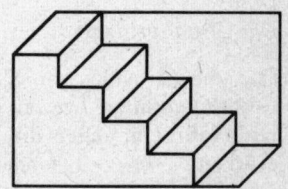

19—21 Wie der ›Neckersche Würfel‹ in der Mitte können auch die beiden anderen Figuren ›umkippen‹: Das Heft links sieht man einmal aufgeklappt, ein anderes Mal mit dem Blick auf den Rücken, und die Treppe kann man so sehen, als ob sie von rechts nach links ansteigt, aber auch so, als ob sie auf dem Kopf steht.

22 Kippfigur   23 Junge Frau   24 Schwiegermutter

22–24 Junge Frau oder Schwiegermutter? Nicht jedem wird es sofort gelingen, die Figur ›umspringen‹ zu lassen. Zur Erleichterung dienen die beiden
Abbildungen rechts, die das Bild ›auflösen‹. (Nach Krech und Crutchfield)

klassisches Beispiel einer Kippfigur ist der hier abgebildete sogenannte
Necker-Kubus, dessen vordere und hintere Wand ›umspringen‹ kön-
nen (Abb. 19–21). Ein kompliziertes Beispiel ist das Bild ›Ehefrau oder
Schwiegermutter?‹ (Abb. 22–24). Wem es gelingt, die Figur umspringen
zu lassen, der kann entweder eine nach links hinten schauende junge
Frau mit einer kleinen Nase und Kopfschleier sehen oder eine nach der
linken Seite blickende alte Frau mit großer Nase und Kopftuch.
Die Flexibilität und Vollständigkeit unserer Wahrnehmung findet sich
durchaus nicht bei allen Tieren wieder. Abb. 26, 27 zeigen, wie nach
Meinung des Tierpsychologen J. von Uexküll eine Fliege und eine
Schnecke die Welt sehen. Dafür haben manche Tiere Wahrnehmungen,
die uns fremd sind: Fledermäuse z. B. hören Töne, die für uns im Ultra-
schallbereich liegen, und manche Fische vermögen Veränderungen des
elektrischen Feldes für ihre Orientierung im Raum wahrzunehmen.
In ihrer Flexibilität ist unsere Wahrnehmung schöpferisch. Sie hat die
Tendenz, unvollkommene Gestalten in ›gute‹, ungeschlossene umzu-
sehen, indem sie auf *Prägnanz* abzielt. So sehen wir den Himmel nicht
nur übersät von Sternen, sondern wir fügen Gruppen von Sternen zu
Gestalten von ›Sternbildern‹ zusammen.
Und wie zuerst Max Wertheimer gezeigt hat, sind wir auch imstande,
in gewisse Wahrnehmungserscheinungen Bewegungen hineinzusehen.
Stroboskopische Scheinbewegungen, wie er diese nannte, werden in
kurz aufeinanderfolgende optische Gegebenheiten hineininterpretiert.
Diese Möglichkeit ist zur Grundlage des Films geworden: Durch Projektion schnell hintereinander gezeigte Einzelbilder sehen wir als bewegte Szene eines Lichtspiels.

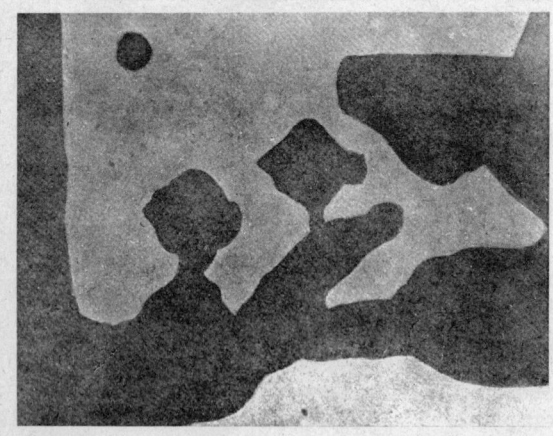

25—27 Wie eine
Fliege (Mitte) und
eine Schnecke
(unten) das Bild
einer Straße sehen.
(Aus J. v. Uexküll,
Atlas zur Bestim-
mung der Orte
in den Sehräumen
der Tiere)

Ganzheiten prägen sich dem *Gedächtnis* besser ein als Einzelheiten. Diese Tatsache wird heute vor allem beim Lesenlernen berücksichtigt. Dabei kommt allerdings außer dem Einprägungswert der Ganzheit noch ein anderer Faktor ins Spiel, das ist der *Sinn*. Wenn man ein Gedicht leichter lernt, nachdem man es als Ganzes gehört und verstanden hat, so wirken hier Gestalt- und Sinnfaktoren zusammen. Der Sinn, der in der *Erfassung von Beziehungen* besteht, ist ein Denkphänomen und wird uns als solches etwas später beschäftigen.

Das rein *mechanische* Lernen, in dem ein Wort nach dem anderen eingeprägt wird, macht von einem anderen Prinzip Gebrauch, nämlich dem der Assoziation. Unter *Assoziationen* versteht man die Herstellung von Verbindungen zwischen gleichzeitig oder nacheinander erlebten Gegebenheiten, seien sie einfache Reize oder komplexe Gegebenheiten, wie es z. B. Vorstellungen sind. In den Anfängen der wissenschaftlichen Psychologie wollte man alles Lernen und Denken durch Assoziationsvorgänge erklären. Die neueren psychologischen Schulen schreiben jedoch den Assoziationen eine wesentlich geringere Bedeutung bei oder wenden sich, wie die Gestaltpsychologie, sogar gegen die Assoziationspsychologie.

Die *Geschlossenheit* des Erlebnisses, die von unseren Wahrnehmungen angestrebt wird, ist ein diese übergreifendes, generelles Prinzip unseres Seelenlebens. Dies wurde von Kurt Lewin (1890–1947) und seiner Schule in (auf der Gestaltpsychologie aufbauenden) Experimenten gezeigt, welche die *Handlung* untersuchen. Nach Lewin ist Lernen ein *seelisches Wandlungserlebnis*. Wenn selbst ein kleiner Teil des psychologischen Lebensraums durch das Lernen einer neuen Anschauung oder einer neuen Fertigkeit erweitert wird, dann wird nicht nur der spezifische Reaktionsbereich geändert, sondern die Struktur des ganzen Lebensraumes wird umorganisiert. Durch diese Art der *inneren Verarbeitung* erklärt Lewin wichtige Wandlungserlebnisse, zum Beispiel religiöse Bekehrungen oder tiefe Einsichten eines Patienten in der Psychotherapie.

Das Grundprinzip ist, daß alle Komponenten des Persönlichkeitssystems funktionell so miteinander verbunden sind, daß Änderungen in einem spezifischen Gebiet Wandlungen in Nachbarregionen mobilisieren, ohne daß neue Erfahrungen oder Aktionen stattfinden müssen. Von Lewins Schülern liegen verschiedene Arbeiten über dynamische Abhängigkeitsfunktionen zwischen den Komponenten des Persönlichkeitssystems vor. Als klassisch gilt heute ein von der aus diesem Kreis hervorgegangenen Psychologin Zeigarnik durchgeführtes Experiment:

Die Versuchspersonen hatten an einem Tag eine Reihe von kleinen Handlungen auszuführen, die zum Teil abgeschlossen wurden, zum Teil aber so geplant waren, daß sie an diesem Tag nicht beendigt werden konnten. Nach dem, was die Versuchspersonen getan hatten, wurden sie später gefragt, um festzustellen, wieviel sie davon behalten hatten. Das Ergebnis war, daß die unerledigten Handlungen *um 50 Prozent besser behalten worden waren als die abgeschlossenen. Der dynamische Anteil, das Noch-nicht-Gelöste, wirkte weitaus intensiver auf die Gedächtnistätigkeit des Behaltens ein.*

Das Streben nach Abgeschlossenheit der Handlung, das in diesem Versuchsergebnis zum Ausdruck kommt, weist auf ein in den Wahrnehmungen ebenso wie im Gedächtnis tätiges *Grundprinzip menschlichen Handelns* hin, nämlich das, Leistungen zum Abschluß zu bringen. Es ist ein übergreifendes Prinzip, das wir später im Lebenslauf als ganzem wirksam sehen werden.

5. Gedächtnis und Lernen

Was ist Gedächtnis?

Als *Gedächtnis* bezeichnet man die Fähigkeit des menschlichen und tierischen Organismus', Erlebnisse nicht restlos verschwinden zu lassen, sondern Spuren von ihnen zurückzubehalten. ›Erfahrung‹, sagt Hubert Rohracher, ›besteht immer in der Nachwirkung vergangener Erlebnisse.‹ Diese Nachwirkungen, die man auch als *Behalten* bezeichnet, kommen bei der *Erinnerung* in *Vorstellungen* wieder zum Bewußtsein.

Vergessen ist der Verlust von Erinnerungen. Gewisse Psychologen bestreiten, daß es je ein absolutes Vergessen gebe. Viele scheinbar vergessene Tatbestände sind, wie die Psychoanalyse gezeigt hat, im Grunde nicht vergessen, sondern nur ›verdrängt‹, das heißt, absichtlich vergessen, um unangenehme Gefühle, die mit ihnen zusammenhängen, nicht wieder aufkommen zu lassen.

Außer der Fähigkeit des Behaltens hat unser Gedächtnis auch die des *Lernens*. Diese vielleicht wichtigste Fähigkeit von Menschen und Tieren besteht in einer *Veränderung des Verhaltens*, die auf Grund von *Erfolg und Mißerfolg* zustande kommt.

Schon bei der zweiten Nahrungsverabreichung verändert ein Neugeborenes sein Verhalten ein klein wenig, und zwar in Richtung der Ausschaltung störender Bewegungen, von denen es sich in den ersten zehn Lebenstagen zunehmend befreit (Hetzer-Ripin). Nach zehn Tagen setzen dann neue förderliche Bewegungen ein.

Obwohl umstritten, so wird doch als ziemlich sicher angenommen, daß schon einzellige Urtierchen ihr Verhalten unter gewissen Umständen lernend verändern.

Verschiedene Arten des Lernens

Man bezeichnet das Lernen auf Grund von Erfolg und Mißerfolg auch als ein Lernen durch *Versuch und Irrtum.* Warum oder wozu findet es statt? Offensichtlich stellt es eine *Anpassung* dar, die vom niedersten bis zum höchsten Lebewesen in der Richtung auf sichere oder bessere Nahrungsbeschaffung, Bedürfnisbefriedigung, Vermeiden ungünstiger Situationen oder, allgemein gesprochen, Lebenserhaltung vorgenommen wird. Wie Thorpe in seinem großartigen Werk über ›Lernen und Instinkt bei Tieren‹ hervorhebt, sind weder Wahrnehmungen noch Lernen mechanische Vorgänge, wie man lange Zeit angenommen hat, sondern sie sind *zielgerichtet* auf bestimmte erwartete Erfolge hin.

Versuch und Irrtum sind eine Art des Lernens, die von Mensch und Tier in gewissen Situationen angewandt wird, in denen es sich um die *Lösung von Problemen* handelt. Diese Probleme haben mit Fragen der Lebenserhaltung zu tun.

Außer dem Lernen durch Versuch und Irrtum gibt es noch das *mechanische Lernen,* das in einer Einprägung durch *Wiederholungen* besteht. Wir kennen dies am besten vom Auswendiglernen von Vokabeln oder Zahlen. Es findet jedoch auch im täglichen Leben des Menschen sowie bei Tieren statt im Zusammenhang gewisser sich ständig wiederholender Ereignisse.

Eine dritte Form des Lernens nennt man *bedingten Reflex.*

Der Entdecker des bedingten Reflexes ist der russische Physiologe und Nobelpreisträger Iwan Pawlow (1849–1936), der sich gegen Ende des vergangenen Jahrhunderts mit Untersuchungen über die Absonderung der Verdauungssäfte befaßte. Dabei fand er, daß die Speicheldrüsen ihr Sekret nicht erst abgeben, wenn sich das Futter im Maul eines Hundes befindet, sondern schon dann, wenn der Hund das Fleisch sieht oder wittert. Das war nichts Neues, denn wohl jeder, der einen Hund hält, hat schon gesehen, wie dem Hund der Speichel aus dem Maul tropft, wenn er Fleisch sieht, und von uns selbst sagen wir ja, uns ›laufe das Wasser im Mund zusammen‹, wenn wir einen leckeren Braten sehen oder riechen. Neu aber war Pawlows Feststellung, daß auch ein beliebiger anderer Reiz, der mit dem Futter gar nichts zu tun hat, ebenfalls die Speichelabsonderung auslöst, und zwar dann, wenn er öfter gleichzeitig mit der Fütterung auftrat. Wenn beispielsweise eine Zeitlang bei jeder Fütterung ein rotes Licht aufleuchtet oder eine Glocke ertönt, dann beginnt der Speichel nach einiger Zeit auch zu fließen, wenn überhaupt kein Futter gereicht wird, sondern nur das rote Licht erscheint oder eine Glocke anschlägt. Der Reflex der Speichelsekretion, der auf den natürlichen Reiz – das Futter – von selbst auftritt, erfolgt nun auch auf unnatürliche Reize – Licht oder Glockenton –, weil sie wiederholt gleichzeitig mit dem natürlichen Reiz geboten wurden. Pawlow nannte solche Reflexe ›bedingte Reflexe‹ im Gegensatz zu den ›unbedingten‹, also angeborenen und durch den natürlichen Reiz ausgelösten Reflexen.

Bedingte Reflexe lassen sich objektiv feststellen – in unserem Beispiel durch den Speichelfluß –, sie sind in gewissem Ausmaß quantitativ meßbar. So hat Pawlow in späteren Experimenten den Speichel durch eine Fistel abgeleitet und die Stärke des bedingten Reflexes an der Zahl der Speicheltropfen gemessen, die auf den bedingten Reiz hin abgesondert wurden.

Pawlow ging aber noch weiter: Einem Hund, bei dem der bedingte Reflex der Speichelabsonderung auftrat, wenn ein Lichtsignal aufleuchtete, wurde nun zugleich mit dem Lichtreiz ein akustischer Reiz geboten: zum Lichtsignal erklang eine Glocke. Wurde dies einige Male wiederholt, so begann der Speichel auch zu fließen, wenn nur die Glocke ertönte. Diesen sekundär bedingten Reflex nannte Pawlow bedingten Reflex zweiter Ordnung.

Seitdem sind viele Tausende von Versuchen über bedingte Reflexe vorgenommen worden, und es hat sich herausgestellt, daß fast jeder natürliche Reflex in einen bedingten Reflex umgewandelt werden kann. Außerdem hat man festgestellt, daß bedingte Reflexe erlöschen, wenn sie nicht von Zeit zu Zeit ›aufgefrischt‹ oder ›verstärkt‹ werden; das heißt, man muß beim Nachlassen des bedingten Reflexes den ihn auslösenden unnatürlichen bedingten Reflex wiederum zugleich mit dem natürlichen Reiz bieten, damit der bedingte Reflex nicht allmählich ›vergessen‹ wird.

Alle diese Arten des Lernens hat man in unzähligen Versuchen an Mensch und Tier immer wieder studiert. Das Lernen dürfte das in der experimentellen Psychologie am stärksten bearbeitete Gebiet sein.

Tierexperimente mit Labyrinthen

Am meisten verbreitet waren lange Zeit die sogenannten *Labyrinth-Versuche.*

Sie bestehen darin, daß einem Versuchstier – meist einer Ratte – das Problem aufgegeben wird, den schwierigen Weg durch ein nach dem Prinzip eines Irrgartens konstruiertes Labyrinth zu finden. Als Belohnung findet die Ratte nach gelungener Lösung am Ende des Weges Futter. Durch Irrtum und Erfolg lernen die Ratten allmählich den Weg zum lockenden Ziel, dem Futter, immer schneller, sicherer – also ohne

28 Das Labyrinth
von Small, 1901

29 Eine Ratte
beim Lernversuch
im Labyrinth

Abirren in Sackgassen – zurückzulegen. Es spielen dabei auch andere
Faktoren mit, wie gleich zu zeigen sein wird.
Das erste von W. S. Small im Jahre 1901 benutzte Labyrinth, entworfen
nach dem Muster des um 1700 angelegten Hecken-Irrgartens im Hampton Court Palace bei London, ist hier abgebildet.

Lerntheorien

Groß ist die Anzahl der Theorien des Lernens, doch ist eigentlich keine,
auch nicht in ihren neuesten Abwandlungen, völlig befriedigend. So
können wir auch keine allgemein anerkannte Antwort auf die Frage
bekommen, was beim Lernen eigentlich vor sich geht. Und da wir keine
Veranlassung haben, uns in schwierige theoretische Diskussionen zu
verwickeln, wollen wir uns mit einer kurzen Darstellung von zwei der
Theorien beschränken, die in letzter Zeit besonders einflußreich wurden. Es sind das die Theorien von Edward C. Tolman und von Kurt
Lewin.

Edward Tolman, einer der in den letzten Jahrzehnten führenden amerikanischen Psychologen, ging bei seiner Theorie des Lernens von zwei Tatbeständen aus. Er hatte einerseits erkannt, daß das *Verhalten* von Lebewesen *zielgerichtet* ist und daß Lernprozesse nicht ohne Berücksichtigung dieser Tatsache erklärt werden können. Andererseits wollte er aber eine ideologische Theorie vermeiden, das heißt eine, die das Lernen als der Zielsetzung dienend erklärt, wie Thorpe (s. S. 45) sie entworfen hat. Tolman will eine völlig objektive Verhaltenstheorie geben. Dies gelingt ihm, indem er den Begriff des *Zeichens* oder besser *Anzeichens* einführt: Lebewesen lernen auf Anzeichen zu reagieren und sich nach Anzeichen zu richten.

So sind die Ratten (die Tolman ausschließlich als Versuchstiere verwendet) fähig, in wiederholten Versuchen zu lernen, daß sie zu einer Futterkiste gelangen, wenn sie sich nach gewissen Wegzeichen des Labyrinths richten.

Infolge unterschiedlicher Begabung lernen in einem Versuch z. B. acht Ratten, einen neuen Futterplatz in acht Versuchen zu finden, während fünf anderen die Suche selbst in 72 Versuchen noch nicht gelang.

Voraussetzung dafür, daß die Ratte alle diese Anstrengungen macht, ist, daß sie hungrig ist. Wird Hunger, das heißt der *Trieb*, den Tolman in seine Theorie einbaut, erregt, so versetzt er das Tier in Spannung, aus der die Aktivität entspringt.

Während die Ratten sich auf die Suche begeben und sich dabei neue Wegzeichen zu eigen machen, zeigen sie ein Verhalten, das so anmutet, als bildeten die Tiere sich *Hypothesen*, das heißt *Vermutungen* über den einzuschlagenden Weg. Es zeigen sich dabei Vorstufen dessen, was auf höherer Stufe später als *Einsicht* auftaucht.

Eines jedoch ist wichtig: In allen Theorien über das Lernen der Ratten sind, wie Rohracher bemerkt, Annahmen eingebaut, welche die Forscher aus ihrer eigenen inneren Erfahrung genommen haben, die also nicht aus Beobachtungen allein abgeleitet werden können. Einen weiteren Einwand bringt Hilgard vor: Man kann das Verständnis des menschlichen Lernens, bei dem Ziele ausgelesen und Werte verfolgt werden, nicht auf eine Rattenpsychologie aufbauen.

Tiere, die vorwiegend Instinkten folgen

Übrigens liegen für viele Tierarten die Verhältnisse völlig anders als bei den Ratten. Die Vögel zum Beispiel sind, wie die moderne Verhaltensforschung – von den Forschungen Oskar Heinroths und C. O. Whitmans bis zu den heutigen von Nikolaas Tinbergen, Konrad Lorenz und

Otto Koehler – gezeigt hat, weniger in vielen ihrer Verhaltensweisen lernfähig, sondern weitestgehend durch ihre *Instinkte* bestimmt, deren Erforschung sich die (auch Ethologie genannte) Vergleichende Verhaltensforschung ganz besonders widmet.

Der Begriff Instinkt wird heute nur mit großer Vorsicht gebraucht. Man versteht darunter angeborene, das heißt nicht erlernte biologisch zweckmäßige Verhaltensweisen, die als Reaktionen auf bestimmte Reize unmittelbar erfolgen. Nach N. Tinbergen ist der Instinkt ein ›hierarchisch organisierter nervöser Organismus, der auf bestimmte vorwarnende, auslösende und richtende Impulse, sowohl innere wie äußere, anspricht und sie mit wohlkoordinierten lebens- und arterhaltenden Bewegungen beantwortet‹. Je stärker solche Instinkte vorhanden sind, desto geringer ist die Lernfähigkeit. Man spricht deshalb von der ›Starre‹ oder ›Blindheit‹ der Instinkthandlung.

Eines der vielen faszinierenden Experimente, über das Tinbergen berichtet, ist folgendes: Eine Möwe hat ihre Eier in ihr Nest gelegt. Das Nest und die Stelle, an der es sich befindet, sind der Möwe vertraut. Fliegt sie einmal fort, so findet sie das Nest mit Sicherheit wieder und brütet weiter. Nun aber nahm man der Möwe, die sich für kurze Zeit von ihrem Nest entfernt hatte, die Eier fort und legte sie außen neben das Nest. Die Möwe begab sich, ohne von den Eiern Kenntnis zu nehmen, auf das leere Nest und brütete weiter.

Der auslösende Mechanismus (wie Lorenz das nennt), der die Bruthandlung in Bewegung setzt, besteht im Erblicken des Nestes an gewohnter Stelle, nicht aber im Anblick der Eier.

Diese Instinktgebundenheit besagt nun natürlich nicht, daß es bei den Vögeln nicht auch ein Lernen und eine Anpassung an bestimmte Situationen gibt. Aber der Instinkt spielt bei diesen Tieren meist eine größere Rolle als das Lernen.

In allen modernen Untersuchungen über das Lernen wird das menschliche und tierische Verhalten im Zusammenhang einer zielgerichteten Gesamthandlung gesehen. Am weitesten in dieser Richtung vorgedrungen dürfte unter den Lerntheorien die von Kurt Lewin sein.

Kurt Lewins Lerntheorie

Lewin ging in seinem Denken hauptsächlich von der Gestaltpsychologie aus, war aber auch von Freuds dynamischer Auffassung der Motivation beeinflußt. Nur stand seine ›Topologische Psychologie‹, wie er sie nannte, in schärfstem Gegensatz zu Freuds Ansicht, daß alle Motivation aus der Kindheit stammt und infolge eines ›Wiederholungszwanges‹ letztlich immer auf die Kindheit zurückführt. Lewin sagt: »Nur die im Augenblick aktiven Gefühle des Menschen beeinflussen sein momentanes Verhalten, behauptet die Topologische Psychologie. Dagegen behauptet Freud, daß gewisse Erfahrungen im Kleinkinde einen direkten Einfluß auf seine späteren Handlungen als Erwachsener haben. Diese psychoanalytische Behauptung setzt eine außerordentliche Starrheit (rigidity) der menschlichen Persönlichkeit voraus.«

Lewin sah den Antrieb, den jede Lernhandlung ebenso wie jede andere Handlung braucht, in der Spannung, in die ein Individuum in einer bestimmten Situation gerät. Diese Situation, der jeweilige *Lebensraum* des Individuums, wird von Lewin als ein *Feld* beschrieben, in dem sich Kräfte entwickeln und aufeinander einwirken. Lewin faßt das Lernen als eine Zielveränderung auf, durch die sich die Struktur des Feldes ändert. Die in dem Felde auftauchenden Ziele haben unterschiedlichen *Aufforderungscharakter*, wie Lewin das anschaulich nennt, und verschiedene *Valenzen*, das sind Wertigkeiten, die sich beim Lernen verändern.

So kann sich für ein Kind der starke Aufforderungscharakter eines Zieles, sagen wir des Ziels, ein Spielzeug in die Hand zu bekommen, dadurch verändern, daß eine angedrohte Strafe es daran hindert, das Spielzeug zu nehmen. Das Kind lernt sich beherrschen, um die Strafe zu vermeiden.

Die dynamisch verschiedene Rolle von Belohnung und Strafe, von Erfolg und Mißerfolg beim Lernen wird in Lewins Theorie deutlich. Ihre Schwäche liegt in ihrem rein beschreibenden Charakter. Wir gewinnen zwar ein Bild der Vorgänge, aber keine Erklärung tieferer Zusammenhänge.

6. Intelligenz und Denken

Was ist Intelligenz?

Trotz der Geläufigkeit des Begriffs bildete die Definition der *Intelligenz* für lange Jahre einen Anlaß lebhafter Auseinandersetzungen. Die einzelnen Forscher waren verschiedener Ansicht, was eigentlich das Entscheidende bei der Intelligenz sei. William Stern (1871–1938) und Eduard Claparède (1873–1940) betonen schon in den Frühstadien der Diskussion, daß die Fähigkeit, *neue* Aufgaben zu lösen, *neue* Probleme zu meistern, das Entscheidende sei. Demgegenüber hoben andere, vor allem amerikanische Forscher, damals unter der Führung von Edward Thorndike (1874–1949), die *Lernfähigkeit* als solche als das Wesentliche an der Intelligenz hervor; die Fähigkeit, bisherige Erfahrungen zu verwerten, schien ihnen das Hauptmerkmal zu sein.

Außer diesem Gegensatz zwischen der Betonung der Fähigkeit,

Probleme zu lösen, und der, *Erfahrungen zu verwenden,* kam in den Diskussionen noch eine zweite Diskrepanz zum Ausdruck. Sie ergab sich aus der Frage, ob Intelligenz eine allgemeine, in allen geistigen Leistungen zur Verwendung gelangende Fähigkeit sei oder ob sie in der Ausbildung von Spezialfähigkeiten bestehe. Charles Spearman, mit ihm Charles Burt und andere englische Forscher, setzten sich für einen *allgemeinen Faktor* (bezeichnet mit g = generell) ein, während der Amerikaner Thurstone, der bedeutendste Vertreter der sogenannten *Faktorentheorie,* den Nachweis primärer, voneinander unabhängiger Faktoren im intelligenten Verfahren des Menschen zu erbringen suchte.

Alle diese Gesichtspunkte haben sich als wichtig erwiesen und müssen in gewissem Umfang auch alle im Auge behalten werden. Es gibt offenbar sowohl einen übergreifenden allgemeinen Faktor als auch Spezialbegabungen; es gibt intelligente Erfahrungsberücksichtigungen neben der Fähigkeit, neue Probleme zu lösen.

Diese, die Fähigkeit, originale Lösungen neu sich stellender Probleme zu finden, ist vielleicht das, was als die Höchstleistung der Intelligenz angesehen werden muß, obwohl es offenbar viele sehr intelligente Menschen gibt, die in erster Linie ›Lerner‹, jedoch weniger zu Originalleistungen befähigt sind.

Europäer sind meistens geneigt, bei der Beurteilung der Intelligenz dem originalen Denken den Vorrang zu geben. Wir würden etwa mit Rohracher in einer Neuformulierung der von William Stern gegebenen Definition sagen: ›Intelligenz ist der Leistungsgrad der psychischen Funktionen bei ihrem Zusammenwirken in der Bewältigung neuer Situationen.‹

Entscheidend ist hierbei, daß die *Situation* eine *neue* ist, das heißt, daß für sie weder angeborene noch erlernte Verhaltensweisen zur Verfügung stehen. In diesem Sinne hat Karl Bühler (1879–1963) die Intelligenz vom ›Instinkt‹ und von der ›Dressur‹ unterschieden. Während Ansätze zu Intelligenz im Sinne der Fähigkeit zu Problemlösungen bereits bei vielen Tieren festgestellt werden konnte, ist doch ihre höchste Stufe, das *sprachliche Denken,* dem Menschen vorbehalten.

Denken als Sinnerfassen

Es ist das Verdienst der sogenannten Würzburger Schule, die sich unter Oswald Külpe (1862–1915) während der ersten zwei Jahrzehnte unseres Jahrhunderts entwickelte, die Denkprozesse in ihrer Eigenart erfaßt und zum erstenmal experimentell studiert zu haben.

Das Denken – bis dahin von Wundt und seinen Schülern nach demselben Prinzip mechanischer Assoziationen erklärt wie das Lernen sinnloser Silben – wurde nun als ein Erfassen von *Sinneszusammen-hängen* erkannt und diese Anschauung der bisherigen gegenüberge-stellt, nach der es sich beim Lernen nur um eine Verknüpfung von Tatsachen ohne Sinnbezug (wie es etwa Zahlen oder Vokabeln sind) handeln sollte. In einer viel Aufsehen erregenden Streitschrift trat Karl Bühler 1906 der Alleinherrschaft Wundts und des Assoziations-prinzips entgegen. Von Bühler und anderen wurde in Experimenten demonstriert, daß das Erfassen und Behalten von Gedanken weit-gehend unabhängig von den zu ihrer Veranschaulichung verwendeten Bildern und anklingenden Vorstellungen erfolgt.

Karl Bühler ließ in einem seiner Experimente Gedankenpaare lernen, zum Beispiel:

Die Großmacht der Presse   Nansens Nordpolfahrt
Der Herdentrieb des Menschen   Tollkühnheit und Überlegung

Er erhielt etwa 90 Prozent Treffer für die Erinnerung des zweiten Gedankens, wenn der erste wieder genannt wurde, trotz des verhältnis-mäßig schwierigen Tatsachenmaterials, auf das in den Gedanken Bezug genommen wurde. Der Grund dafür ist der, daß Gedanken leichter erinnert werden als Tatsachen.

Im Denkerlebnis spielen, wie Bühler zeigte, Vorstellungen gar keine oder zumindest keine entscheidende Rolle. Der Gedanke blitzt auf, und bei der Erfassung der Beziehung hat der Denkende ein Erlebnis, das Bühler als ›Aha‹-Erlebnis bezeichnete. Es bedeutet ein staunendes Erkennen, eine *Einsicht.*

Der Würzburger Schule gebührt das Verdienst, die Vorherrschaft der Auffassung, unser Seelenleben sei ein rein mechanisches Geschehen, gebrochen und den Begriff des *Sinnes* in den Mittelpunkt gerückt zu haben.

Außer dem Begriff des Sinnes und der Sinnbeziehung ging auch der wichtige Begriff der *Aufgabe* aus dieser Schule hervor. Die Tatsache, daß unser Denken und, wie wir hinzufügen können, darüber hinaus auch unser gesamtes Leben von Aufgabestellungen durchwaltet ist, wurde erstmals von Narziss Ach festgestellt; K. Lewin hat diese Lehre später weiter ausgebaut.

Während sich die Gestalttheorie zunächst unabhängig von der eben besprochenen Denkpsychologie und parallel zu ihr entwickelte, wobei sie sich hauptsächlich mit Phänomenen der Wahrnehmung beschäftigte, trat später eine Verschmelzung beider Forschungsrichtungen ein. Diese ist jedoch, wie Rohracher sehr richtig hervorhebt, niemals klar durch-dacht worden.

Die heutigen Gestaltpsychologen sind der Ansicht, daß das Denken ein Prozeß der Strukturierung und Umstrukturierung innerhalb von größeren Ganzheiten ist. Bei dieser Definition wird aber vernachlässigt, daß das Erfassen von ›Sinn‹ in der Herstellung *neuer* Beziehungen besteht.

Köhlers Schimpansenexperimente

Der Auffassung, Denken sei ein Vorgang der Strukturierung und Umstrukturierung innerhalb größerer Ganzheiten, liegen vor allem die berühmten Experimente Wolfgang Köhlers mit Schimpansen zugrunde. Während man vor Köhler das Tierexperiment im wesentlichen dazu benutzt hat, die Lernfähigkeit verschiedener Tierarten zu prüfen, kam Köhler auf die Idee, Menschenaffen, und zwar undressierten Schimpansen, Denkaufgaben zu stellen. Köhler erdachte eine geniale Methode, die Tiere in Situationen zu bringen, bei denen praktische Probleme durch Denken zu lösen waren; dadurch, daß mit Schimpansen gearbeitet wurde, war der Sprachfaktor im Denkprozeß ausgeschaltet – Schimpansen haben keine Sprache im menschlichen Sinne. Ziel der Versuche war, ein eventuell vorhandenes *technisches* Denken zu ermitteln.

Ein solches Denken konnte denn auch tatsächlich festgestellt werden. Die begabtesten unter den Schimpansen, als erster Sultan, der heute geradezu als ›historische Persönlichkeit‹ gelten kann, waren fähig, sich Werkzeuge herzustellen, mit denen sie zu Gegenständen gelangen konnten, die ihnen direkt nicht erreichbar waren. In dem ersten klassischen Experiment wurde außerhalb des Käfigs von Sultan eine Banane so hingelegt, daß er sie mit der Hand nicht greifen konnte. Im Käfig lag ein Stock. Und nun hatte Sultan den Einfall, diesen Stock zum Heranholen der Banane zu benutzen.

Was war geschehen? Sultan hatte die begehrte Banane durch die Stäbe des Käfigs gesehen und die Entfernung, in der sie lag, als zu weit eingeschätzt. Dann sah er den Stock. In einer unzweifelhaft schöpferischen geistigen Leistung sah er in seiner Vorstellung den Stock als Verlängerung seines Armes – als ein bis zu der Banane hin reichendes Werkzeug.

Dieses ohne sprachliche Begriffsbildung vor sich gehende technische Denken beruht offenbar auf einer geistigen *Umstrukturierung* der gegebenen Wahrnehmungssituation. Während es seinerzeit stark umstritten war, ob es sich bei dieser Art Umgestaltung der Wahrnehmung in der Vorstellung um einen *geistig schöpferischen Prozeß* handele oder nicht, kann es wohl heute kaum mehr einem Zweifel unterliegen, daß wir es hier in der Tat mit einem solchen Prozeß zu tun haben. Er hat den Charakter einer ›Einsicht‹, was daraus hervorgeht, daß die Problemlösung, wenn einmal vollzogen, nicht wieder vergessen wird. Dies unterscheidet sie von mechanisch erlernten Problemlösungen.

Reiht man diesen Prozeß unter die Denkvorgänge ein, so besteht für mich andererseits kein Zweifel, daß die auf Vorstellungen beruhende Wahrnehmungs-Umstrukturierung etwas anderes ist als das sprachlich fundierte Sinn-Erfassen. Dies war auch die von K. Bühler geäußerte Ansicht. Um dem einen wie dem anderen Vorgang als einem Denkprozeß gerecht zu werden, erscheint es mir am richtigsten, nach Richard Meilis Vorschlag beide unter den Begriff geistiger Ordnungsprozesse einzugliedern. Gestalt und Sinn sind zwei Vorgänge, durch die wir *Ordnung* in unseren Erlebnissen herstellen und die Ordnung in der Außenwelt zu erfassen fähig sind. In beiden Vorgängen sind wir *schöpferisch* an den seelischen Gegebenheiten tätig. Kunst, Wissenschaft, Technik, alle Kultur und Zivilisation gehen letztlich aus diesen schöpferischen Betätigungen des gestaltenden und Sinn herstellenden Geistes hervor.

7. Emotionen und Antriebe

Das Gebiet der Gefühle

Das Gebiet der *Gefühle* oder Emotionen ist unübersehbar und theoretisch-psychologisch noch vollkommen unbewältigt. Gefühle, so scheint es, durchwalten unsere gesamte Existenz. Beginnend mit dem ersten Unlustgeschrei des Neugeborenen, das sich plötzlich in einer Welt von Reizen befindet, die auf das hilflose Wesen einstürmen und es zu überwältigen scheinen, bis zu dem Lustgelächter des ein Vergnügen Genießenden; von dem berauschenden Glücksgefühl der Liebe bis zu dem verzehrend bitteren Gefühl eines Hasses; von Gefühlen tiefer Befriedigung über ein gelungenes Werk oder eine gute Tat bis zu Gefühlen der Schuld und der Selbstanklage über eigenes Mißlingen oder eine andere Menschen schädigende Handlung; von der Angst des ›InsDasein-geworfen-Seins‹ (Heidegger) bis zum ekstatischen oder religiös hingegebenen Gefühl der Erhebung durch die Größe und Tiefe des Daseins – vom einen bis zum anderen Ende dieser Skala von Gefühlen scheint es keine Abgrenzung und keine Unterbrechung in dem Strom unserer Emotionen zu geben.

Während es nun nicht sehr fruchtbar erscheint, sich mit dem Versuch einer Einteilung der Emotionen zu befassen, ist es außerordentlich wichtig, sich die fundamentale Rolle klarzumachen, die sie in ihrer Einwirkung auf unsere *Antriebe* spielen. Strebungen und Gefühle sind in eigenartiger Weise ständig miteinander verknüpft. Wie der feinsinnige Psychologe Philipp Lersch sagt, sind ›die Triebe und Strebungen umkleidet von Gefühlsregungen, die Gefühlsregungen sind durchwirkt von Trieben und Strebungen‹.

Die Triebregungen

Was die Triebregungen angeht, so stellen auch diese – angefangen von den einfachsten Trieben und Instinkten bis zu den komplexesten Zielsetzungen und Wertstrebungen – ein schwer übersehbares Gebiet dar. Freud hat, wie wir im Kapitel über die Motivationen zeigen werden, eine systematische Dreiteilung des Zielstrebens und seiner Beweggründe geschaffen. Dieses System fordert jedoch dadurch zur Kritik heraus, daß es das Seelenleben aufspaltet und gewissen durchgreifenden, vom Selbst ausgehenden Grundtendenzen nicht gerecht wird.

Während wir diese fundamental wichtigen Tatsachen und Fragen in einem eigenen Kapitel behandeln wollen, sei hier abschließend über einige moderne Befunde berichtet, in denen der Einfluß von Emotionen, Triebregungen und Strebungen auf Wahrnehmungs-, Lern- und Denkvorgänge festgestellt worden ist.

Individuelle Unterschiede und die ›private‹ Welt

Seit im Jahre 1900 William Stern zum erstenmal das Thema der *individuellen Unterschiede* hinsichtlich der seelischen Eigentümlichkeiten wissenschaftlich behandelt und damit die *Differentielle Psychologie* begründet hat, sind die psychischen Unterschiedlichkeiten zwischen den Individuen nach den verschiedensten Richtungen hin weitgehend erforscht worden. Trotzdem sind wir immer wieder geneigt, die Tatsache zu vergessen, daß eigentlich jeder einzelne Mensch die Welt verschieden erlebt. ›Wenn wir die individuellen Unterschiede im Wahrnehmen verstehen‹, sagt Gardner Murphy in seinem fundamentalen Werk über die ›Persönlichkeit‹, ›so werden wir im Verständnis der Unterschiede des resultierenden Verhaltens weit gelangen.‹ Immer wieder machen die Menschen den Fehler, so fährt er fort, daß sie annehmen, die Welt werde von allen in gleicher Weise aufgenommen. Tatsächlich aber lebt jeder in dem, was Lawrence K. Frank die *private Welt* des Individuums genannt hat – jeder in seiner eigenen Welt.

Diese ›private‹ Welt beginnt sich bereits in frühester Kindheit auszubilden, zunächst dadurch, daß sich jedes Individuum von Anfang an je nach der ihm eigenen ›Vorliebe‹ in seiner Auffassung der Dinge mehr auf Farb- oder mehr auf Formeindrücke stützt, mehr auf Töne oder mehr auf Gerüche, vielleicht aber auch mehr auf die Auffassung von Bewegungen, in die es sich einfühlt.

Als *Affekte* bezeichnen wir heftige Gefühle. Wut, Begeisterung, Angst sind solche Gefühle, und jedermann weiß, wie leicht der Mensch sich von ihnen fortreißen läßt. Schon die Auffassung, die ein Kind von diesem oder jenem Menschen hat, ist, wie Heinz Werner betont, durch seine affektive Reaktion auf die Physiognomie der betreffenden Person bestimmt, und zwar dürfte dies tatsächlich schon mit etwa acht bis zehn Monaten der Fall sein, wenn das Baby emotional außerordentlich individuell auf verschiedene Personen zu reagieren beginnt. In dieser Reaktion kommt mehr zum Ausdruck, als nur Vorliebe für gewisse Gesichter oder Abneigung gegen andere. Man hört oft sagen, ein Kind fühle, ob ein Erwachsener kinderlieb ist oder nicht und daß der eine ihm wohlgewogen ist und der andere es nicht mag. Erwachsene verhalten sich ebenfalls sehr oft nicht anders. Auch bei ihnen beeinflussen Affekte die Wahrnehmung.

Die allgemein menschliche Tendenz, Ereignisse, die einen betreffen, vor allem unangenehme, darauf zurückzuführen, daß *andere* sie beabsichtigt oder verursacht hätten, hat, wie Fritz Heider hervorhebt, oft zur Folge, daß man sonstige Faktoren – zumeist die wirklich verantwortlichen – falsch einschätzt, obwohl man sie, wäre man unvoreingenommen, durchaus wahrnehmen könnte. So wird auch die Schuld an verwerflichen Handlungen oder Verbrechen leicht dem ›Unsympathischen‹ zugeschrieben.

Andere subjektive Interpretationen der Wahrnehmung

Unsere Wahrnehmung wird nicht nur beeinflußt von dem, was wir in den anderen hineinlesen, sondern auch von unseren eigenen *Bedürfnissen* sowie von unseren *Erwartungen*.

Lehrreich ist zum Beispiel eine Studie von H. Cantril, der während des spanischen Bürgerkrieges Erwachsene verschiedener Gruppen Voraussagen über den Ausgang des Krieges machen ließ. Er fand allgemein die Tendenz, das vorauszusagen, was den Wünschen entsprach.

Aber nicht nur Wünsche, sondern auch Interessen beeinflussen die Auslese der Wahrnehmungen. So fanden J. S. Bruner und L. Postman in einem ihrer vielen einfallsreichen Experimente, wie stark Studenten in ihrer Erinnerungsfähigkeit durch die Richtung ihrer Interessen und durch ihre Wertsetzungen beeinflußt waren. Sie konnten Worte, die man ihnen nur kurz genannt hatte, viel schneller und zuverlässiger wiederholen, wenn diese mit Werten zu tun hatten, die den Versuchspersonen nahelagen; andere, weniger interessante, wurden leicht vergessen.

Robert Blake hat noch eine andere Seite der subjektiven Interpretation von Wahrnehmungen studiert: wie die Beobachtung des Verhaltens anderer das eigene Verhalten beeinflußt.

Eins der amüsanten Experimente war folgendes: Bei einer Verkehrsampel in Austin (Texas) nahm ein Assistent des Versuchsleiters Aufstellung. Je nach der Aufgabe, die ihm im Versuch zufiel, wurde seine soziale Stellung dadurch gekennzeichnet, daß er entsprechend angezogen war: Einmal erschien er als wirtschaftlich und gesellschaftlich hochgestellte Persönlichkeit in eleganter Kleidung, ein anderes Mal ärmlich gekleidet mit geflickten Hosen, abgetragenen Schuhen und blauem, ungebügeltem Hemd. Nun verstieß er in einer bestimmten Anzahl von Versuchen gegen die Verkehrsregeln, indem er die Straße bei Rot überquerte, teils als ›feiner Mann‹, teils als ›armer Teufel‹. Zwar ließen sich auch dann, wenn er ärmliche Kleidung trug, einige Passanten dazu mitreißen, gleichzeitig mit ihm die Straße zu überqueren, doch stieg die Zahl derer, die im Gefolge des elegant gekleideten Herrn bei Rot über die Straße gingen, geradezu frappierend an.

Mit diesen Beispielen wird nur in aller Kürze auf das erst in den letzten Jahrzehnten eröffnete große Gebiet des Einflusses von Emotion und Motivation auf die Wahrnehmung hingewiesen. Der Motivation ist ein eigenes Kapitel gewidmet.

8. Unbewußte seelische Funktionen

Sechzehn Arten des Unbewußten

James G. Miller unterscheidet in seinem faszinierenden Buch über das *Unbewußte* sechzehn verschiedene Bedeutungen dieses Wortes. Er sagt, das einzige allen Gemeinsame ist, daß das Unbewußte ein Zustand ist, in dem man weder spricht noch Fragen beantwortet. Die Natur der unbewußten Vorgänge ist noch nicht geklärt.

Vom *Traum* nimmt man an, daß er das als Erlebnis empfundene Korrelat kurzfristiger nervöser Erregungsvorgänge ist, die während des Schlafes stattfinden. Nach weitverbreiteter Ansicht sind bei unbewußten Prozessen, besonders bei Träumen, gewisse Teile des höheren Nervensystems ausgeschaltet. *Bewußtsein* ist auf den niederen Stufen des Nervensystems offenbar nicht zu finden, obwohl es andererseits nach Miller vorläufig noch nicht gelungen ist, das Bewußtsein zu lokalisieren. Es scheint, daß das Bewußtsein, mit Cobb zu sprechen, hauptsächlich das Gewahrwerden der Impulse ist, die das höchste Integrations-Niveau eines Organismus erreichen. Wo immer in einem System gerade die größte ›Wachsamkeit‹ besteht, da gibt es Unterscheidung und damit die Möglichkeit von Bewußtsein. Das Unbewußte ist dann definiert als die Gesamtheit derjenigen Vorgänge, die zu einem bestimmten Zeitpunkt für ein Gewahrwerden nicht verfügbar sind.

Traumgeschehen als Symbol oder Prophezeiung

Unter den vielen unbewußten Vorgängen, die es gibt, sind die Träume den Menschen von jeher immer besonders interessant gewesen. Und seit ältesten Zeiten hat man Traumdeutungen vorgenommen, indem man Ereignisse, die sich im Traum abspielten, als *symbolisch* auffaßte. Außerdem sind Träume oft auch als *Prophezeiungen* angesehen worden, als Verkünder kommenden Schicksals.

Schöpferische Träume und intuitive Eingebungen

Psychologisch scheint mir das Traum-Erleben unter zwei Gesichtspunkten besonders bemerkenswert. Da ist erstens das Phänomen des *schöpferischen* Traumes. Über schöpferische Träume, solche also, in denen Lösungen von Problemen und lang gesuchte Ideen plötzlich kristallklar werden, ist immer wieder berichtet worden. Hier ein berühmtes Beispiel:

Der Chemiker August Kekulé von Stradonitz hat seine Entdeckung der ringförmigen Molekularstruktur des Benzols (1865) auf Traumphantasien zurückgeführt. Er schildert das Entstehen der Benzolformel in seinen Traumgestalten folgendermaßen: ›*Wieder gaukelten die Atome vor meinen Augen... Mein geistiges Auge, durch wiederholte Geschichten ähnlicher Art geschärft, unterschied jetzt größere Gebilde von mannigfacher Gestaltung. Lange Reihen, vielfach dichter zusammengefügt: alles in Bewegung schlangenartig sich wendend und drehend, siehe, was war das? Eine der Schlangen erfaßte den eigenen Schwanz, und höhnisch wirbelte das Gebilde vor meinen Augen. Wie durch einen Blitzstrahl erwache ich...*

Einem solchen Traum-Erlebnis ähnlich sind die *intuitiven Einfälle*, die es auch im Wachzustand gibt. Mozart hat berichtet, daß Melodien ihm plötzlich kamen, er wüßte nicht woher, und Goethe erzählt Eckermann, daß seine Verse ihm plötzlich und unbegreiflich ohne vorherige Überlegung kamen.

Träume und emotionale Verdrängungen

Die zweite bemerkenswerte Rolle des Unbewußten und insbesondere der Träume ist die ihnen von Freud zugeschriebene: daß sie *emotional verdrängtes* Erlebnismaterial enthalten, solche psychischen Erlebnisse –

Triebe, Wünsche usw. – also, die als ›unerwünscht‹ oder ›verboten‹ aus dem Bewußtsein ins Unbewußte sozusagen versenkt worden sind. Freud hat den Traum zunächst als der Wunscherfüllung dienend betrachtet, was wohl als etwas zu einseitig gesehen bezeichnet werden kann.

Aber die Frage ist natürlich, ob eine Verdrängung und eine durch sie bedingte Traumsymbolik überhaupt im Prinzip anzuerkennen sind. Streng wissenschaftlich eingestellte Forscher betonen immer wieder, daß es sich bei diesen Theorien um unbewiesene Tatbestände handelt. Im Sinne experimenteller Methodik sind sie offenbar in der Tat unbewiesen und unbeweisbar. Der Kliniker jedoch, der mit diesem Material zu arbeiten gelernt hat, wird zwar zugeben mögen, daß er es hier mit wissenschaftlich ungeklärten Vorgängen zu tun hat, wird aber nicht darauf verzichten wollen, sie zu verwenden. Wenn auch in ihrer Struktur nicht durchschaubar, so ist doch heute die interpretierende Durchleuchtung von verdrängten Erlebnissen und von Traummaterial ein unentbehrliches Rüstzeug der Psychotherapie (s. S. 365 ff.).

Träume, unbewußtes Geschehen, Motivationen und emotionale Vorgänge geben uns Hinweise darauf, wie sehr das gesamte in diesem Kapitel beschriebene Funktionsgeschehen in den größeren Zusammenhang der Persönlichkeit und des menschlichen Lebens gehört – den Hauptthemen unseres Buches, denen wir uns nun Schritt für Schritt zuwenden.

III Die Motivation

1. Was ist Motivation?

Eine alltägliche Szene soll uns einführen in die Probleme dieses Kapitels.

Als Herbert nach Hause kam und seiner Frau erzählte, er habe seine Stellung gekündigt, konnte Maria sich nicht fassen vor Aufregung. Warum in aller Welt sei das nötig gewesen, noch dazu so kurz vor Weihnachten, wo eine andere Stelle so schwer zu bekommen ist. »Sag mir bloß, warum?« – Herbert antwortete, sie wisse ja genau, daß der Bruder des Chefs ihn nicht leiden könne, daß er die ewige Nörgelei einfach satt habe, denn er verstünde seine Arbeit und wolle sich nicht ewig hineinreden lassen; in dieser Firma habe er außerdem sowieso nicht viel Aussicht auf ein Weiterkommen, im übrigen sei es erst Oktober und noch lange nicht Weihnachten, und ein guter Angestellter wie er könne noch zehnmal eine Stelle erhalten.

Doch Maria wollte von alledem nichts wissen. Sie schrie, er sei eben immer viel zu jähzornig und lasse sich hinreißen, ganz davon zu schweigen, daß er nicht an das Wohl der Familie denke, sonst hätte er es doch wenigstens noch bis nach Weihnachten aushalten müssen.

Gerade weil er an das Wohl der Familie denke – so gab Herbert zur Antwort –, wolle er eine Stelle mit mehr Zukunft haben. Aber mit Maria war nicht zu reden: Dann hätte er doch noch warten sollen... Und so ging der Streit fort – unerquicklich und unergiebig, wie solche Streitigkeiten zu sein pflegen.

Jeden Tag gibt es Hunderte solcher mehr oder minder heftiger Zusammenstöße. Analysiert man jedoch diese Debatte psychologisch, so erweist sie sich als ein kompliziertes Gefüge von Argumenten, in denen, ohne daß dies dem Ehepaar bewußt ist, eine Auseinandersetzung über Beweggründe zu einer entscheidenden Handlung und über Lebensziele stattfindet – über das, was wir *Motivation* nennen.

Das *Lebensziel,* von dem Maria spricht, ist das Wohl der Familie, das ihr Mann im Auge haben sollte; sie sieht das Wohl am besten gewahrt in der *Sicherheit* der jetzigen Stelle. Herbert hingegen hat über die augenblickliche Sicherheit hinaus eine künftige Ausweitung seiner Stellung, seines Arbeitsbereichs und seines Einkommens im Auge. Dieses Bedürfnis nach *schöpferischer Expansion,* wie wir das wissenschaftlich nennen, läßt Herbert die jetzige Sicherheit riskieren. Sein Lebensziel ist nicht so sehr Bewahrung als Entfaltung.

Marias Bedürfnis nach Sicherheit läßt es ihr wünschenswert erscheinen, sich gegebenen Verhältnissen anzupassen. *Anpassung,* so meint sie, sollte auch für ihren Mann ein wichtigerer *Beweggrund* sein, als es der Fall ist. Sie nimmt ihm übel, daß er, ihrem Gefühl nach, sich einfach vom Zorn hat hinreißen lassen. Mit anderen Worten: Ihrer Ansicht nach war sein Verhalten durch das Bedürfnis nach *Gefühlsentladung* bestimmt, während er sich hätte beherrschen sollen. Herbert dagegen behauptet, daß seine Beweggründe – seine Motivation – für sein Handeln wohlüberlegt seien, und ist durchaus nicht der Ansicht, er habe nur seinen momentanen Gefühlen impulsiv nachgegeben.

Ohne weitere Erforschung der Situation wissen wir natürlich nicht, ob er recht hat, ebensowenig, wie wir beurteilen können, ob seine *Deutung* der Behandlung durch den Bruder des Chefs richtig ist. Denn oft wird einer Situation eine falsche Deutung oder *Interpretation* gegeben, wenn eigene Wünsche oder Gefühle im Spiele sind. Das heißt, die Korrektheit der Wahrnehmung wird häufig durch die eigene Motivation beeinträchtigt. Uns geht es hier natürlich auch nicht darum, die Szene zwischen Maria und Herbert richtig zu beurteilen; sie hat nur den Zweck, aus einem alltäglichen Vorgang ein paar grundlegende Begriffe abzuleiten.

Der *Begriff der Motivation* oder der Beweggründe des Handelns dürfte wohl der zentrale Begriff in der heutigen Psychologie überhaupt sein. Im Unterschied zur früheren Psychologie, die sich auf das Studium von Verhaltensweisen, Funktionen und Leistungen beschränkte, ist die moderne Psychologie seit Freuds grundlegenden Forschungen zunehmend am Studium der Motivation interessiert. Denn nur von seinen Beweggründen her können wir einen Menschen wirklich verstehen und beurteilen. Und nur von den Beweggründen her können wir einen Menschen wirklich beeinflussen, lenken, erziehen und therapeutisch behandeln.

Mit dem Beginn der wissenschaftlichen Psychologie um die Jahrhundertwende setzten verschiedene Forschungen ein, die auf ein Verständnis der *menschlichen Zielsetzung* hinstrebten. Die bedeutendsten Ansätze dieser Art sind zu finden erstens in den Arbeiten über Gestalt- und Willensprozesse, von denen im vorigen Kapitel die Rede war, zweitens in den Studien zur Entwicklungspsychologie, die im nächsten Kapitel ausführlicher behandelt werden wird, und drittens in den Forschungen über die Motivation, die ihren Ursprung in der Psychoanalyse haben. Die letztgenannten Untersuchungen, die sich zunächst, unter dem überwältigenden Einfluß der Theorie von Sigmund Freud und des von ihm entwickelten Heilverfahrens, auf die Untersuchung des *kranken Seelenlebens* beschränkten, sind erst allmählich auch auf die Motivation des *gesunden Seelenlebens* ausgedehnt worden. Es gilt einen Augenblick zu überlegen, was das heißt.

2. Gesunde und kranke Motivation

Sigmund Freud, der im Gefolge seiner genialen Entdeckung eines modernen seelischen Heilverfahrens, der Psychoanalye, eine Motivationslehre geschaffen hat, war als Arzt in erster Linie an der Erforschung des kranken Seelenlebens interessiert. Als der systematische Denker, der er war, bemühte er sich jedoch sehr bald um den Aufbau einer sowohl den Gesunden wie den Kranken umfassenden Psychologie der menschlichen Persönlichkeit und Entwicklung.

Er war der Ansicht, es sei möglich, vom theoretischen Verständnis des seelischen Prozesses bei Kranken auch auf die Vorgänge bei Gesunden Schlüsse zu ziehen. Dieses Vorgehen hatte seine großen Vorteile, jedoch ebenso seine Nachteile. Zu den großen Vorteilen gehört, daß durch Freud zum erstenmal krankes Seelenleben verständlich wurde, während man es vorher für schlechthin unverständlich hielt; dies gilt besonders von den Psychosen, das heißt von den der Wirklichkeit entrückten schweren Geisteskrankheiten, in deren Ablauf erst von Freud ein verborgener Sinn und Zusammenhang entdeckt wurde.

Der Nachteil von Freuds Vorgehen liegt jedoch darin, daß er seine Theorie über die gesunde Motivation und die gesunde Entwicklung von seinen Erkenntnissen der kranken Motivation und Entwicklung her ableitet. Die Schlußfolgerungen, zu denen er kam, erschienen vielen Psychologen deswegen als anfechtbar, weil sie das gesunde Seelenleben für grundsätzlich verschieden vom kranken hielten. Wie dieser grundsätzliche Unterschied wissenschaftlich zu definieren sei, blieb jedoch noch lange unaufgeklärt und wird erst heute allmählich deutlich.

Schon einige der ersten Gegner unter Freuds Schülern – Alfred Adler, Carl G. Jung, Otto Rank – kritisierten die einseitige Vorherrschaft, die Freud dem Sexualfaktor zuerteilte. Sie hoben – Adler mit der Betonung des *Strebens nach Vollkommenheit*, Jung und Rank mit der des *Schöpferischen* im Menschen – zwei Faktoren hervor, die sich zunehmend als besser geeignet erwiesen, das Gesunde vom Kranken zu unterscheiden, und zwar vor allem deswegen, weil diese Faktoren eine *konstruktive Zukunftsorientierung* des Menschen ins Auge fassen, die für den Gesunden wichtig ist, während diese Bezogenheit auf die Zukunft dem Neurotiker in der dauernden inneren *Auseinandersetzung mit seiner unglücklichen Vergangenheit* verlorengeht.

Eine Illustration dessen, was hier gemeint ist, bietet die am Anfang des Kapitels beschriebene Auseinandersetzung zwischen Herbert und Maria. Die beiden besprechen seine Berufsprobleme im Hinblick auf die Zukunft der Familie. Sollten Maria und Herbert im Laufe ihrer Debatte auf die Vergangenheit zu sprechen kommen, so würde auch das wahrscheinlich in erster Linie mit Hinblick auf die Zukunft geschehen. Vielleicht würden sie sich fragen, ob er früher Fehler gemacht hat, die seine Chancen in der jetzigen Stellung verschlechtert haben, oder dergleichen. Aber sie würden sich, falls sie gesunde Durchschnittsmenschen sind, nicht im Grübeln über Vergangenes verlieren. Wenn ferner Maria um die Zukunft besorgt wäre, weil ihr Mann nicht genügend auf Sicherheit bedacht ist, so würde diese ihre Besorgnis sie normalerweise nicht an einem hoffnungsvollen Ausblick in die Zukunft hindern. Eine derartige hoffnungsvolle Orientierung ist, wie Thomas French gezeigt hat, ein wesentliches Merkmal gesunden Lebens.

Ganz anders der Neurotiker. In den Fällen von Robert oder von Alfred werden wir später in diesem Kapitel zwei Persönlichkeiten kennenlernen, denen ihr ständiges Sorgen im Zusammenhang mit ihren Leistungen den hoffnungsvollen Ausblick auf die Zukunft trübt und verbaut. Beide sind zudem stark durch vergangene Fehler bedrückt und können nicht über sie hinwegkommen. Und besonders Robert verliert viel Zeit und Seelenruhe über dem Problem, ob er in diesem oder jenem Fall richtig gehandelt hat und was seine Kollegen und Kunden von ihm halten.

Eine Psychologie, die dem wichtigsten Unterschied zwischen der Zukunftsorientierung des Gesunden und der Vergangenheitsorientierung des Neurotikers nicht hinreichend Rechnung trägt und es versäumt, die Zukunftsorientierung des Gesunden in den Vordergrund zu stellen, ist nicht geeignet, eine Grundlage für das Verständnis des normalen Lebenslaufs zu bieten.

Der Hauptgrund, warum der Neurotiker in seine inneren Probleme verstrickt bleibt und unfähig ist, das Leben und insbesondere seine eigene Zukunft in innerer Freiheit ins Auge zu fassen, ist der, daß er ein im Tiefsten *unbefriedigter Mensch* ist. Noch besser ist es zu sagen, er lebt im *Unfrieden* mit sich selbst, und diese Friedlosigkeit macht ihn *unfrei*.

Der Gesunde hingegen ist selbst dann, wenn er es mit schweren Problemen zu tun hat, die zu lösen ihm Schwierigkeiten bereiten, nicht so in sie verstrickt, daß er darüber seine *innere Freiheit* verliert. Diese innere Freiheit aber bedeutet, sich im gegebenen Augenblick jederzeit von seinen Problemen innerlich loszureißen und – unbehindert von Leidenschaft und trotz aller noch so schwer zu lösenden Konflikte – sein Leben sowie sich selbst ins Auge fassen zu können. Diese Freiheit ist natürlich nicht etwa ein Zauberstab, der es ihm ermöglicht, alles richtig zu sehen und einzuschätzen. Der Gesunde wird ebenso wie der Neurotiker Fehler machen. Aber diese Fehler sind das Resultat menschlichen Beschränktseins und mangelnder Voraussicht, nicht aber das Resultat eines durch verwirrte Gefühle getrübten Blickes.

Wie ist nun dieser Unterschied zu erklären? Freud erkannte – und darin liegt die erste und besonders wichtige seiner unvergeßlichen und grundlegenden Leistungen –, daß die emotionelle Störung des Neurotikers fast immer auf die *frühe Kindheit* zurückführt, ihren Ursprung also in einer schon damals erfolgten tiefen psychischen Gleichgewichtsstörung hat. Dies ist es, worauf in moderner Formulierung Freuds Einsicht hinausgeht.

Nun jedoch schloß Freud weiter – und hierin können wir ihm nicht mehr folgen –, diese Gleichgewichtsstörungen seien erstens immer durch unbefriedigte Bedürfnisse oder, wie er sagt, unbefriedigte Triebe hervorgerufen, und zweitens lasse sich das innere Gleichgewicht des seelisch Gesunden damit erklären, daß dieser das Problem der *Bedürfnisbefriedigung* zu lösen vermochte. Drittens kommt Freud dann zu dem Ergebnis (das den Grundstein seiner Theorie bildet), daß die *Erhaltung des inneren Gleichgewichts durch Lösung des Problems der Bedürfnisbefriedigung das Ziel des Lebens sei.*

Diese Gleichgewichtserhaltung stellt eine kontinuierliche, immer aufs neue aktuelle Aufgabe dar. Beim Normalen erfolgt und endet sie, nach Freuds Lehre, in erster Linie in der Gegenwart; beim Neurotiker dagegen führt sie dauernd in die unerledigte, unbewältigte Vergangenheit zurück.

3. Neue Theorien über Grundmotivationen

Der Theorie Freuds, deren Sinngehalt wir hier in Ausdrücke gefaßt haben, wie sie mehr unserer heutigen wissenschaftlichen Begriffsbildung entsprechen, stehen in der Gegenwart hauptsächlich zwei Gruppen mit neuen theoretischen Ansätzen gegenüber. Es sind dies die Theorien der *Humanistischen Psychologie und des Existentialismus*. Während beide in vielen Hinsichten recht verschieden sind, haben sie doch einen Unterschied gegenüber Freud und einen Grundgedanken gemeinsam. Der gemeinsame Unterschied ist der, daß diese beiden neuen Theorien nicht in der Bedürfnisbefriedigung als solcher und in der Herstellung eines inneren Gleichgewichts als solchem ein Lebensziel zu erblicken vermögen. Beide Theorien haben eine ganz andere Grundauffassung vom Leben. Und zwar ist ihnen gemeinsam der Grundgedanke: Das, worauf es dem Menschen wirklich ankommt und auch ankommen sollte, ist, das menschliche Leben ›richtig‹, das heißt *entsprechend den in ihm angelegten Gesetzen* zu leben. Wenn der Mensch in diesem Sinne ›richtig‹ lebt, so sagen besonders die Vertreter der Humanistischen Psychologie, dann ist er dem Prinzip nach sowohl seelisch gesund wie zufrieden wie auch gut. Zufriedenheit und Gutsein bilden in dieser Theorie nicht den Gegensatz, den sie für Freud bedeutet haben. In Freuds Theorie muß der Mensch, um gut zu sein, die Befriedigung von Bedürfnissen zunächst weitgehend aufgeben; seelische Krankheit entsteht bei jenen Menschen, denen dies nicht gelingt.

Bei dieser aus dem Studium der Neurose abgeleiteten Ansicht Freuds handelt es sich um die Beschreibung von Tatbeständen, die wir nie wieder aus dem Auge verlieren dürfen. Denn zweifellos gibt es in jedem Leben von Anfang an immer auch unbefriedigte Bedürfnisse, deren Befriedigung unter Umständen seelisch geradezu lebensnotwendig ist.

Für ein Kind, das – wie wir das später im Falle Roberts sehen werden – von seinen Eltern keine Wärme und wahre Zuneigung erhalten hat und außerdem noch vor schwere Anforderungen gestellt wird, ist es fast unmöglich oder zumindest ungeheuer schwer, den Weg zu dem im obigen Sinne ›richtigen‹ Leben zu finden. Wie kann es zufrieden sein, wie kann es seelischer Krankheit entgehen?

So müssen wir unbedingt die Tatsache anerkennen, daß es viele Lebensumstände gibt, die einem Menschen die Vereinigung von seelischer Gesundheit, Zufriedenheit und Gutsein fast unmöglich machen. Diese Menschen sind es ja, die wir in unserer modernen Psychotherapie zu glücklicheren Lösungen ihrer Lebensprobleme zu bringen versuchen. Und dafür war Freud ein genialer Wegweiser. Jedoch dem Prinzip nach und auch in tatsächlichen Fällen können, wie die Humanistischen Psychologen an Hand zahlreicher Beispiele gezeigt haben, Menschen ihr Leben zur Erfüllung bringen, indem sie es in innerer Freiheit gemäß den im menschlichen Leben angelegten Gesetzen leben.

4. Der Existentialismus

Der Existentialismus ist die abstrakteste der drei hier erwähnten Theorien. Diese erst kürzlich in der Psychotherapie und Psychiatrie angewandte Lehre ist eigentlich eine Philosophie, keine Psychologie der Motivation. Der Name Existentialismus bedeutet Lehre vom Dasein. Die heute besonders in Europa weitverbreitete Schule geht in ihren Ursprüngen auf Kierkegaard und Nietzsche zurück. In unserem Jahrhundert wurde die Theorie zunächst von Martin Heidegger entwickelt und ausgebaut. In der jüngsten Gegenwart haben sich in vielen Ländern des Kontinents hervorragende Forscher zum Existentialismus bekannt und ihn in verschiedenen Varianten in die Psychologie und Psychotherapie hineingetragen, unter anderem insbesondere der Schweizer Ludwig Binswanger, die Deutschen Viktor E. von Gebsattel und Erwin W. Straus sowie der Österreicher Viktor E. Frankl. In seiner Anwendung auf diesen Gebieten haben Amerikaner wie Rollo May ihn aufgegriffen und der Psychoanalyse gegenübergestellt.

Bei solcher Gegenüberstellung ergibt sich, daß der Existentialismus an die Stelle einer Theorie der Bedürfnisse oder Triebe eine Theorie über den *Sinn des Daseins* setzt. Das heißt, die Existential-Analyse besteht in einer Besinnung auf das, was als das ›Wesen‹ des individuellen Daseins bezeichnet wird. ›Werde, was du bist‹, hat Nietzsche in diesem Sinn gesagt.

Bei dieser Verwirklichung des Wesens der eigenen Existenz muß das Individuum sich der Hauptaufgabe des Menschseins bewußt werden. Es wird nämlich als die Haupteigenart der menschlichen Existenz angesehen, daß sie ›transzendent‹ ist: daß sie über sich hinausreicht und außerhalb des eigenen Lebens wirksam wird. Bei diesem Wirken ist sie dazu berufen, *Werte* zu verwirklichen.

›Werde, was du bist‹, sagte Nietzsche. In diesem Sinn berühmt geworden ist Ludwig Binswangers Fall von Ellen West, einer schwer gestörten Frau, deren schließlicher Selbstmord als eine notwendige Erfüllung des Sinns ihres Daseins aufgefaßt und anerkannt wurde, nachdem er lange vorausgesehen, besprochen und in gewisser Weise vorbereitet worden war.

Mehr im Bereich des praktischen Alltags halten sich die von Viktor E. Frankl beschriebenen Fälle. Er befaßt sich besonders mit der dem Menschen angemessenen Motivation: daß der Mensch dazu berufen sei, *Werte* zu verwirklichen. Nur Verwirklichung von Werten macht das Leben sinnvoll. Bei dieser Wertverwirklichung durch den ›Willen zum Sinn‹ soll das Individuum seine ›besten Potentialitäten‹, die in ihm bereitliegenden Möglichkeiten, entwickeln und einsetzen. Die Frage, wie das praktisch vor sich geht, bleibt bei Frankl allerdings ebenso problematisch wie bei manchen Humanistischen Psychologen, die in gewisser Hinsicht eine ähnliche Ansicht vertreten.

5. Die Humanistische Psychologie

Der Ausdruck ›Humanistische Psychologie‹ ist neu; er ergab sich in gewisser Weise zufällig bei der Begründung einer neuen Zeitschrift dieses Titels. Der Name ist jedoch gut geeignet, eine Gruppe von Forschern zusammenzufassen, die weitgehend ähnliche Ziele verfolgen.

Wir sagten zuvor, daß diese Gruppe eine Grundidee mit den Existentialisten gemeinsam hat, die nämlich, daß die menschliche Motivation von den im menschlichen Leben angelegten Grundgesetzen her verstanden werden muß: *Was will der Mensch als Mensch?* Was sind die Dinge, deren er als Mensch spezifisch fähig ist und die zu tun wichtig sind? Dies sind die Grundfragen, die beide, Existentialisten und Humanistische Psychologen, stellen.

Existentialisten und Humanistische Psychologen kommen zu etwas verschiedenen Antworten, die aber doch viel gemeinsam haben. Beide erkennen, daß der Mensch dauernd damit beschäftigt ist, *etwas aus sich herauszustellen, über den Augenblick hinaus wirksam zu sein.*

Die Existentialisten betonen dabei vor allem, wie wir sagten, die Tatsache, daß in diesem Tun der Mensch immer über sich hinausgeht, sich transzendiert, wie der Ausdruck heißt, und daß er, wenn er das tut, Werte schafft.

Die Humanistischen Psychologen betonen, daß dieses Schaffen in einem Prozeß stattfindet, den das Individuum als *Selbstverwirklichung* erlebt oder als Streben auf eine *Erfüllung* hin, in der das Schaffen von Kulturwerten sowie die eigene Entwicklung einbegriffen sind. Bei diesem Prozeß versucht der Mensch gleichzeitig, soweit wie möglich sein inneres Gleichgewicht zu erhalten, was aber ein sekundäres Ziel ist, nicht – wie in der Psychoanalyse – das Hauptziel.

Die einzelnen Vertreter dieser Richtungen betonen etwas verschiedene Punkte als die wichtigsten.

Erich Fromm war wohl der erste, der das aus der Renaissance stammende Wort ›humanistisch‹, das damals den Bewunderer und Erforscher der Antike bezeichnete, in die moderne Psychologie hineintrug und von unserem ›humanistischen‹ im Gegensatz zum ›autoritären‹ Gewissen sprach. ›Humanistisch‹ ist in Fromms Sprache und in der modernsten klinischen Psychologie das wahrhaft Menschliche, dem Menschen im besten Sinn Eigenste.

Das ›autoritäre‹ Gewissen repräsentiert die von uns akzeptierte und von uns einverleibte Vorschrift der Autorität, die ihre schärfste begriffliche Fassung in Freuds ›Über-Ich‹ gefunden hat (s. S. 188 ff.). Das ›humanistische‹ Gewissen Fromms repräsentiert demgegenüber unser eigenstes innerstes Wissen davon, ob wir ›richtig‹ handeln im Sinne der uns innewohnenden menschlichen Fähigkeiten. Wenn wir diesem Gewissen folgen, leben wir sinnvoll und entfalten unsere besten Kräfte.

Karen Horney dürfte historisch der Vorrang gebühren, als erste zu Anfang der dreißiger Jahre einige der Hauptprinzipien der neuen Richtung entwickelt zu haben. Sie betrachtet das Streben nach *Selbstverwirklichung* – ein Begriff, der von Carl Gustav Jung stammt – als Grundtendenz des normal sich entwickelnden Menschen. Unter Selbstverwirklichung versteht sie die Verwirklichung der besten Potentialitäten eines Individuums, durch deren Entwicklung es sein innerstes *Selbst* zum Ausdruck bringt und nicht nur sich, sondern auch andere fördert und sich am kulturellen *Schaffen* beteiligt. Sie sieht die seelisch kranke Entwicklung des Neurotikers begründet in innerer Unsicherheit, einer tiefen Angst, die das Resultat mangelnder Liebe und allgemein ungünstiger Umgebungsfaktoren ist.

Gordon Allport gebührt das Verdienst, als einer der ersten die Bedeutung des Selbst und der *Werte* im menschlichen Leben wieder in den Vordergrund gerückt zu haben, nachdem diese Begriffe von den Psychologen der ersten Generation dieser jungen Wissenschaft als angeblich unwissenschaftlich beiseite geschoben worden waren. In seinem ideenreichen Buch über die ›Persönlichkeit‹ bahnt er den Weg zu einer modernen Betrachtungsweise des Selbst und der Werte, wobei er den von Eduard Spranger aufgestellten Kategorien der vorwiegend theoretischen, ökonomischen, ästhetischen, sozialen, politischen, religiösen Werthaltungen einen wichtigen Platz anwies.

Das Studium der Motivation des gesunden Menschen stand im Mittelpunkt des Interesses von Abraham Maslow und Charlotte Bühler.

Abraham Maslow, heute ein Hauptvertreter der Selbstverwirklichungstheorie, hat sich besonders darum bemüht, viele konkrete Beispiele gesunder, schaffensfroher Menschen beizubringen, die in ihrer oft angestrengten Arbeit sich selbst verwirklichten. Im Gefolge Kurt Goldsteins betont er dabei, daß eine derartige *Anspannung* vom Gesunden als lustvoll erlebt wird. Kurt Goldstein und auch Charlotte Bühler wiesen wiederholt darauf hin, daß der Gesunde gar nicht immer, wie Freud das postulierte, auf *Entspannung* eingestellt ist, sondern daß in gesunder Anspannung ebensoviel Lust erlebt werden kann wie zu anderen Zeiten in der Entspannung. In das System dieser Gedankengänge gehören die wichtigen Beobachtungen Karl Bühlers, der besonders am Kinderspiel und auch an anderen wohlgelingenden Tätigkeiten die Lust der Betätigung – *Funktionslust* genannt – aufzeigte. Auch bei dieser Lust des Funktionierens wird eine gewisse Spannung aufrechterhalten.

Maslow demonstriert an einer größeren Anzahl von Persönlichkeiten, deren Biographien er studiert hat, wie die auf Wachstum eingestellte Motivation sich von einer defekten Motivation unterscheidet. Er arbeitet eine Liste von Merkmalen der sich selbst verwirklichenden Persönlichkeit heraus – zum Beispiel, daß sie mehr auf Schaffen eingestellt ist als andere, daß sie sich mehr mit den durch ihre Aufgaben bedingten als mit ihren persönlichen Problemen befaßt; daß sie sich selbst und andere zu akzeptieren bereit ist; daß sie die Wirklichkeit sehen kann, wie sie ist.

Charlotte Bühler begann, gleichfalls in den frühen dreißiger Jahren, ihre Untersuchungen über das menschliche *Lebensziel* unter Heranziehung biographischen Materials. Sie hielt den auch von ihr bereits damals in Betracht gezogenen Begriff der Selbstverwirklichung für zu einseitig, da er sich nur auf das Lebensziel gewisser Persönlichkeitstypen anwenden läßt und selbst für diese nur mit Einschränkungen gilt. Die Einschränkungen betreffen die Berücksichtigung anderer; Karen Horneys Annahme, daß, wenn jeder sich selbst in vollstem Maße verwirklicht, sich dies auch für alle anderen am besten auswirkt, erscheint ihr anfechtbar: Die Welt ist kein Paradies. Der einzelne muß, um anderen ihren Platz zu lassen, in vieler Hinsicht auf seine Selbstverwirklichung verzichten. Ein heute ebenso alltägliches wie häufiges Beispiel für die Richtigkeit dieser Auffassung bieten solche Ehen, die aufrechterhalten werden, weil Kinder da sind, obwohl die Ehepartner sich nicht mehr das Glück der Selbstverwirklichung in ehelicher Liebe versprechen.

Aber abgesehen von diesen durch die Lebensumstände dauernd auferlegten Beschränkungen der Selbstverwirklichung des Individuums gibt es viele Persönlichkeitstypen, für die Selbstverwirklichung überhaupt kein Ziel ist. Wenn wir hier noch einmal auf das am Anfang des Kapitels gegebene Beispiel von Herbert und Maria zurückgreifen, so können wir zwar in Herbert die Tendenz zur Selbstverwirklichung erkennen, jedoch keineswegs in Maria. Was erwartet denn eine Frau wie Maria vom Leben? Sie kritisiert ihres Mannes Tendenz, Sicherheit für weitreichende Pläne aufzugeben. Ihr liegt das nicht. Sie zieht bescheidenere Umstände vor, auf die sie sich verlassen kann. Warum?

Möglich ist natürlich, daß eine Frau wie Maria an zu großer innerer Unsicherheit im Sinne Karen Horneys leidet, weil ihre Umwelt ihr während der Kindheit zu wenig Liebe und Sicherheit gab. Möglich ist aber auch, daß Maria zu den nicht seltenen Menschen gehört, die sich gern und leicht in bescheidene gegebene Verhältnisse einpassen, solange ihre persönlichen Lebensumstände sie glücklich machen oder doch befriedigen. Ihr Leben mit und in ihrer Familie, ihre fürsorgende Tätigkeit für die Familie ist diesen Menschen wichtiger als Reichtum, Ruhm, einflußreiche Stellung oder das Sich-Auswirken dessen, der sich selbst verwirklichen will.

Während ich bei dem letzten Typ, für den Herbert ein Beispiel ist, eine Tendenz zu *schöpferischer Expansion* sehe, finde ich bei Menschen wie Maria die Tendenz zu *selbstbeschränkender Anpassung* vorwaltend, wie ich das genannt habe. Beide halte ich für Grundtendenzen des Lebens, denen zwei weitere an die Seite treten, die Tendenzen zur *Bedürfnisbefriedigung und zur Aufrechterhaltung der inneren Ordnung*.

Konkret ausgedrückt, ist der in erster Linie expansiv Schaffende ein Mensch, der in die Welt hinausgeht, um sie zu ›erobern‹, wie man sagt, der im Aufbau von Besitz im Schaffen von Beziehungen und maßgebenden Stellungen oder in der Herstellung von Produkten und Leistungen, die er, wenn möglich, der Nachwelt zu übermitteln hofft, mehr die Erfüllung seines Lebens sieht als in anderen Lebenswerten.

Der sich selbstbeschränkend Anpassende hingegen ist ein Mensch, dem seine erfolgreiche Einordnung in die gegebene Umwelt – in Kultur, Natur und Universum – zur Befriedigung gereicht.

Ein dritter Typ ist in erster Linie auf Befriedigung von Genüssen, Liebe, Glück und Wohlleben bedacht.

Zur vierten Gruppe endlich gehören Menschen, denen ihr Seelenfrieden, wie man sagt, am wichtigsten ist. Sie legen Wert auf innere und äußere Harmonie, auf ein gutes Gewissen, auf einen sozusagen wohlorganisierten inneren Haushalt.

Ich habe das Endziel dieser verschiedenen Strebungen *Erfüllung* genannt. Sie ist ein abschließendes Erlebnis, hervorgehend aus dem Bewußtsein des im wesentlichen gelungenen Lebens. Erfüllung beinhaltet eine Fülle des Erlebten, sowohl im Glück wie im Schmerz. Es ist ein durch Jahrzehnte hindurch erworbener innerer Reichtum, der aus dem gelebten Leben aufgespeichert wurde, wenn es gelang, in verhältnismäßig wohlproportionierter Weise Expansion und Anpassung, Befriedigung und innere Ordnung herzustellen. Erfüllung setzt voraus, daß alle vier Strebungen gefördert wurden, wenn auch der einzelne die eine oder andere bevorzugen mag und wenn auch das Leben eine volle Befriedigung aller versagt.

6. Grundtendenzen und Lebensziele

Es wird angenommen, daß die vier Grundtendenzen von Anfang des Lebens an wirksam sind. Zwar ist es so, daß zu verschiedenen Lebenszeiten die eine oder die andere Grundtendenz eine größere Rolle spielt. Das Baby und auch noch das Kleinkind sind offenbar in erster Linie *bedürfnisbefriedigend*; erst das Schulkind wird allmählich mehr *anpassend* als bedürfnisbefriedigend; der Jugendliche und Erwachsene sind in erster Linie *schaffend expansiv*; der alternde Mensch will sein Leben besinnlich überschauen und eine *innere Ordnung* herstellen; im späteren Alter mögen Leiden und Zerfall der Kräfte ihn auf die *Bedürfnisbefriedigung* der ersten Kindheit zurückwerfen.

Auch Freud nimmt für den Übergang von der frühen zur späteren Kindheit ein Umschlagen von der Triebbefriedigung, wie er das nennt, zur Anpassung an Realität und Gesellschaft an. Er sieht aber im Unterschied zu uns das Neugeborene am Beginn des Lebens ausschließlich als ein Triebwesen an. Diese Vorstellung ist auch von einem seiner jüngsten in der Kinderpsychologie spezialisierten Schüler, René Spitz, noch nicht aufgegeben worden. Im Gegensatz dazu sind wir der Ansicht, daß beim normalen Individuum vom Anfang seines Lebens an bis zu seinem Ende alle vier Grundtendenzen ständig wirksam sind, wenn auch in entwicklungsmäßig und individuell verschiedenen Graden, Anteilen und Ausprägungen. Diese Ansicht kann durch Tatsachen belegt werden.

Winzige Ansätze und Vorstadien schöpferischer Expansion liegen in jener spontanen Aktivität vor, die in Form von Körperbewegungen und einigen Sinneswahrnehmungen schon im Mutterleib beginnt. Die innere Ordnung allerdings wird auf dieser Vorstufe bewußten Lebens zunächst wohl mehr oder weniger ausschließlich durch automatische Regulationen im Organismus erhalten.

Schon kurz nach der Geburt werden offenbar die ursprünglichen und in ihren Wurzeln und Anfängen unbewußten Vorgänge allmählich in verschiedenem Maße ins *Bewußtsein* gehoben. Allerdings ist der genaue Zeitpunkt, in dem das Bewußtsein einsetzt, noch heute umstritten. Doch wir wollen uns an dieser Stelle unseres Buches noch nicht mit Entwicklungsfragen beschäftigen, sondern erwähnen die oben berichteten Tatsachen hauptsächlich unter dem Gesichtspunkt der Beschreibung dessen, was man *Motivationsstruktur* nennt. Damit ist gemeint das Gefüge von Motivationen, das beim Menschen zu allen Zeiten seines Lebens, und so auch schon von Anfang an, ein *kompliziertes* Gefüge ist, kompliziert, weil es zu allen Zeiten als eine *Mehrzahl von Antrieben* wirkt.

Freud hat die Mehrheit von Antrieben, in der er ein *Kräftespiel* sah, als *Dynamik* der Motivation bezeichnet. Wenn auch seine Energiebegriffe heute nicht mehr in dem von ihm gemeinten Sinne anwendbar sind, so wird doch allgemein sein Ausdruck Dynamik der Motivation beibehalten.

Sehen wir uns nun am Beispiel eines Kindes diese Dynamik an. Nehmen wir ein neun Monate altes Baby.

Da sitzt das kleine Annerl in ihrem Bettchen mit einer Trommel vor sich und einem Stöckchen, mit dem sie auf der Trommel herumreibt. Die Mutter kommt gerade vorbei, setzt sich einen Augenblick dazu und zeigt, wie man mit dem Stock auf die Trommel schlagen kann. Annerl beobachtet das verwundert, schaut einen Augenblick lächelnd auf, nimmt den Stock, den die Mutter ihr hinhält, und trommelt nun selbst, erst schüchtern und leise, dann lauter und heftiger, dann strahlend über die neue Errungenschaft, bald die Mutter anlächelnd, bald das neue Spielzeug bewundernd.

Was, genau betrachtet, ist hier die Motivationsstruktur? Dieses lebhaft interessiert spielende Kind ist in diesem Augenblick offenbar erstens in seinen *Bedürfnissen* völlig befriedigt und kann sich daher der Erforschung des neuen Spielzeugs widmen – und das ist eine *expansiv schöpferische Handlung;* wenn die Mutter ihm zeigt, wie man das noch besser tun kann, *paßt es sich an* und lernt das neue Spiel. Der Erfolg mit der Trommel und das Lob der freundlich zusehenden Mutter stimmen das Kind glücklich. Es ist in diesem Augenblick offenbar ganz in *Harmonie mit sich* und der Welt. Sein Streben geht dabei freilich noch nicht über diesen Augenblick hinaus in die Zukunft, und es befaßt sich auch nicht mit der Vergangenheit, obwohl beide in ihm wirksam sind.

Die Vergangenheit muß im Hinblick auf die allgemeine Befriedigung dieses Kindes relativ günstig gewesen sein, wenn es eines solchen harmonischen Spielgenusses zusammen mit der Mutter fähig ist. Und die Zukunft ist mit gewissen Potentialitäten bereits angelegt, über die wir mehr oder weniger gut orientiert sein mögen.

Wenn wir einen ähnlichen Querschnitt durch die Dynamik der Motivation während eines Augenblicks mit einem älteren Kind, einem jüngeren oder älteren Erwachsenen herstellen würden, so würde das Bild natürlich sehr viel komplizierter sein, da es durch die Vielfältigkeit gleichzeitiger Strebungen verwickelt und die Dynamik durch die Nachwirkungen aus der Vergangenheit und durch die Vorsorge für die Zukunft mitbestimmt ist. Im Prinzip aber würde sich dieselbe Grundstruktur nachweisen lassen. Jedoch tritt mit der *Vorwegnahme der Zukunft* die *Zielsetzung* prägnanter hervor, und zwar um so prägnanter, je bestimmter die Selbstbestimmung auf die Zukunft gerichtet ist.

Von einer *Selbstbestimmung auf Lebensziele und Ergebnisse hin* sprechen wir eigentlich kaum vor dem Jugendalter. Und auch dann ist die Selbstbestimmung, wie von mir in biographischen und Interview-Studien gezeigt werden konnte, zunächst nur eine *vorläufige, versuchsweise* und *unbestimmte*. Erst in einem Alter um die dreißig Jahre wird sie *endgültig* und *bestimmt*. Machen wir uns das an einem Fall klar: *Viktor, ein etwa fünfzigjähriger Professor der Rechtswissenschaften an einer kleinen Universität, ist ein Mann, dessen bisheriges Leben zwar nicht sehr ereignisreich verlaufen ist, das aber – sieht man von allerhand Enttäuschungen ab, die niemandem erspart bleiben – als gut bezeichnet werden kann. Viktor lebt in einer im wesentlichen glücklichen Ehe mit einer zehn Jahre jüngeren Frau, mit der er in gegenseitiger Liebe verbunden ist. Allerhand Streitigkeiten über die Erziehung der zwei Kinder, über die Verwendung des Einkommens, über Viktors mangelndes Interesse an gesellschaftlichen Veranstaltungen und dergleichen können ihrer guten Beziehung zueinander keinen Abbruch tun, um so mehr, als Viktor schließlich bereit ist, mit Ella zu einem psychologischen Berater zu gehen, um sich Klarheit bezüglich der Differenzen in ihrer Ehe zu verschaffen.*

Aus der Entwicklung von Viktors *Selbstbestimmung* wollen wir zunächst die Phasen der versuchsweisen und der endgültigen herausgreifen.

Viktors Vater war Schneider. Er hatte sich aus großer Armut emporgearbeitet und einen kleinen Betrieb aufgebaut, in dem seine drei Söhne früh mithelfen mußten. Viktor war schon als Zwölfjähriger als Laufbursche für seinen Vater tätig; da er gleichzeitig aufs Gymnasium ging, hatte er ein anstrengendes Leben. Viktor war der Älteste und ein begabter Junge; sein Vater, mit dem er in gutem Einvernehmen stand, erzählte ihm, wie sehr er selbst sich einst gewünscht habe, studieren zu können, wie aber Armut sowie mangelndes Verständnis seiner Eltern dies unmöglich gemacht hätten. Der Vater sprach auch davon, daß er hoffe, nun werde sein Sohn Viktor den alten Wunschtraum wahr werden lassen, obwohl er ihn durchaus nicht zum Studium drängen wolle. Dieser ebenso wohlwollende wie verständige Vater stellte es also seinem Sohn frei, zu tun, was er wolle.

Beide, Vater und Sohn, waren sich darüber einig, daß Ludwig, der zweite Sohn, viel mehr dazu berufen war, die Schneiderei zu übernehmen, da er weit mehr kaufmännische Interessen hatte, nicht aber Viktors wissenschaftliche Befähigung. Trotzdem bedeuteten der Entschluß zum Studium und die Wahl des Faches schwere Probleme für den jungen Mann, der zudem nur auf wenig finanzielle Hilfe und eigentlich auf keine Führung seitens seiner Umgebung rechnen konnte. Seine Eltern standen außerdem auf dem Standpunkt, es sei richtig, ihre Kinder schon früh zu größter Selbständigkeit zu erziehen. Viktor hat später einmal zu seiner Frau gesagt, daß er eigentlich viel zu früh vor allzu große Verantwortung gestellt wurde und allzu viele Entscheidungen selbst treffen mußte. Die Folge war eine große Unsicherheit. Er schwankte oft, ob er auch die richtige Wahl getroffen habe.

Sein Jurastudium trat er mit vielen Bedenken an. Lange Zeit war er sich nicht klar darüber, ob er Anwalt, Beamter oder Hochschullehrer werden solle. Nach einigen Jahren des Schwankens entschloß er sich für die akademische Laufbahn. Heute weiß er – und er weiß dies nun seit geraumer Zeit –, daß er das Richtige für sich gewählt hat.

Eine ähnliche Unsicherheit wie hinsichtlich seiner Berufsausbildung erlebte Viktor auch, als er vor dem Problem der Eheschließung stand. Sein Elternhaus hatte ihm natürlich keine Gelegenheit geboten, sich gesellschaftliche Erfahrungen zu verschaffen. In der Schule war er gut angeschrieben gewesen, Mädchen aber hatten sich nicht besonders für den etwas zu ernsten und zurückhaltenden Jungen interessiert, der auch nicht über sonderlichen Charme verfügte und nicht wußte, wie man mit Mädchen umgehen muß. In einem Alter, in dem alle seine Freunde bereits sexuelle Erfolge hatten, fehlten sie ihm noch völlig; erst in der Mitte der Zwanzig fand er den Weg zu einer Kollegin. Sie aber war nicht die, die er heiraten wollte. Für lange blieb das Problem einer Eheschließung ungelöst, weil verschiedene Beziehungen sich auf die Dauer nicht bewährten. Als Viktor dann, inzwischen 34 Jahre alt geworden, unter seinen Studentinnen Ella begegnete, wußte er sofort, daß dies die Frau war, auf die er offenbar unbewußt gewartet hatte, und sein Entschluß, um sie zu werben, war gefaßt.

Ella hatte trotz ihrer Jugend bereits eine stürmische und unglückliche Ehe hinter sich; auch für sie war die ihr jetzt gebotene Lösung die richtige.

Was heißt aber nun ›richtig‹, und was ist, psychisch gesehen, erreicht? Viktor selbst gebrauchte das Wort ›richtig‹, als er während der Diskussion über ihre ehelichen Differenzen von seinem Leben sprach. »Im wesentlichen«, sagte er »habe ich, glaube ich, alles richtig gemacht, trotz all der vielen Zweifel, mit denen ich meine Entschlüsse faßte – ausgenommen den Entschluß zur Ehe: der erschien mir sofort als der richtige.«

»Was meinen Sie mit ›richtig?‹«, fragte ich.

»Ach«, sagte er, »richtig heißt irgendwie so, wie es sein sollte. Ich meine, wie die richtige Lösung einer Aufgabe, eines Rätsels – vielleicht der verschiedenen Bestandteile des Lebensrätsels«, fügte er lachend hinzu.

»Aber wenn Sie es richtig gelöst haben, warum sind Sie dann hier?«

»Das ist eine gute Frage«, sagte er. »Also..., vielleicht muß ich noch weiter erklären, was ich meine. Ich bin der Ansicht, daß ich den für mich richtigen Beruf und die für mich richtige Frau gewählt habe; beide passen zu mir und geben mir Gelegenheit, mich zu entwickeln.«

»Würde der Ausdruck ›sich selbst verwirklichen‹ vielleicht auf das passen, was Sie sagen?«

»Ja, ja, das ist ein guter Ausdruck, genau das meine ich. – Mit alledem könnten wir eigentlich ein gutes Leben haben. Haben wir eigentlich auch. Aber dann streiten wir uns über die Kinder oder über Ellas Wirtschaftsführung oder über meine Abneigung, so viel auszugehen, wie sie es will. Sie hat ja recht, ich bin nicht gesellig genug, und wahrscheinlich bin ich altmodisch in vieler Hinsicht – es kommt mir kindisch vor, daß wir damit zu Ihnen kommen. Aber als Ella sagte, diese ewigen Streitereien machten sie verstimmt und ein Berater könnte vielleicht ein paar Richtlinien geben, da sagte ich mir: Nie habe ich mir als Kind den Luxus leisten können, meine Eltern um Rat zu fragen, alle Probleme mußten wir Kinder allein lösen – vielleicht ist es gut, einmal jemanden zu befragen, obwohl ich eigentlich immer großen Stolz fühlte, daß ich allein mit allem fertig wurde.«

Nachdem wir eine Weile über die Ehestreitigkeiten gesprochen hatten, kam jedoch erst die Hauptsache, nämlich Viktors Selbstkritik wegen seines unzureichenden beruflichen Erfolges.

»Ich bin nun fünfzig«, sagte er, »ich unterrichte an einer kleinen Universität und habe ein sehr mäßiges Einkommen. Ich bin nicht sehr berühmt, und ich mache mir oft Vorwürfe, daß ich es nicht weitergebracht habe. In der Schule waren meine Lehrer immer so voll des Lobes über meine Leistungen, aber später beim Studium sah ich, daß ich nicht zu den Höchstbegabten gehörte; es war nicht leicht, mir das einzugestehen.

Ich war ehrgeizig – ich bin kein guter Verlierer –, und doch will ich nicht die Sonderanstrengung machen, die mich vielleicht doch hätte weiterbringen können...«

»Finden Sie, daß das für Sie richtig gewesen wäre?«

»Ja und nein – ich weiß es nicht genau. Meine Frau sagte oft, wenn ich mehr persönliche Beziehungen gepflegt hätte, wäre ich weitergekommen. Vielleicht..., aber es liegt mir eben gar nicht... Meine Frau versteht das nicht... Wissen Sie«, setzte er nach einer Pause fort, »wenn man in mein Alter kommt, dann fängt man an, über all das zu grübeln, was man im Leben versäumt hat. Jetzt ist es eben wahrscheinlich zu spät, sich um eine bessere Stellung zu bemühen – oder sollte ich es doch versuchen? Schulde ich es mir und meiner Frau?«

Was Viktor hier sagt, bedeutet: Er ist in eine Periode gelangt, in der er sein vergangenes Leben rückschauend bewertet, eine *Bilanz* zieht und sich fragt, ob er im Sinne seiner Lebenserfüllung genügend aus sich und seinem Leben gemacht hat, genügend im Hinblick auf die ihm zur Verfügung stehenden Potentialitäten.

Viktor ist offenbar einerseits ein auf schaffende Expansion, das heißt auf Selbstverwirklichung eingestellter Mensch. Andererseits weist jedoch die Tatsache, daß er sich mit seiner kleinen Professur mehr oder weniger zufriedengegeben hat, darauf hin, daß er sich durch gegebene Verhältnisse leicht zur Anpassung bestimmen läßt, vielleicht auch, daß er die Bequemlichkeit der leichteren Anforderungen, das ruhige Leben an der kleinen Universität angenehmer findet als die Anspannung, die hohe Leistungen von ihm fordern würden. Das würde heißen, daß die Grundtendenzen zu selbstbeschränkender Anpassung und zu Bedürfnisbefriedigung seiner schöpferischen Expansionstendenz die Waage halten. Vielleicht ist es nur der Ehrgeiz seiner Frau, vielleicht sind es die Überreste des in der Schulzeit angestachelten Ehrgeizes, oder aber es ist doch ein schlechtes Gewissen wegen der vernachlässigten Potentialitäten, die seine Selbstkritik nicht zur Ruhe kommen lassen.

In der *Selbstbewertung*, dieser kritischen Rückschau, die in unserem Fall hier in die Zeit der klimakterischen Lebensphase fällt, werden alle früheren Selbstbewertungen, die seit der frühesten Kindheit den Menschen in seinem Streben begleitet haben, zusammengefaßt und zu einer großen Selbstanklage oder, in anderen Fällen, zu befriedigtem Selbstlob vereinigt.

Der Mensch begleitet sein Tun und Denken ununterbrochen mit Selbstbewertungen. Das fängt an mit Monologen, wie dem folgenden, in dem der noch nicht zweijährige Peter nachdenklich mit sich selbst über sich diskutiert: »Is er duter Junge? Is er böser Junge? – Nein, böser Junge is er«, so lautet für den Augenblick sein Beschluß – ein diesen zweijährigen Rebellen befriedigendes Selbstzeugnis. Diese Selbstbewertungen gelangen auf ihren Höhepunkt und zu ihrer entscheidenden Bedeutung im Alter von Fünfzig und Sechzig, wenn eine Art *Bilanz des Lebens* gezogen und die Frage gestellt wird: Wie weit ist es mir gelungen, mein Leben zur Erfüllung zu bringen? Wie weit muß ich endgültig verzichten auf ursprünglich Erhofftes und Erträumtes?

Diese Art der Selbstbewertung erfolgt zum Teil im Hinblick auf das, was man als seine Potentialitäten empfindet, zum Teil im Hinblick auf Wunschträume oder Ideale. Die motivierende Kraft dieser Faktoren gilt es nun kennenzulernen.

7. Potentialitäten und Werte

Unter *Potentialitäten* versteht man die einem Individuum zu irgendeinem Zeitpunkt jeweils zur Verfügung stehenden Möglichkeiten: Möglichkeiten im Sinne von Dipositionen, Lernfähigkeit und Talenten; Möglichkeiten im Sinne der Tiefe des Gefühls, der Weite des Ausblicks, der Kraft der Antriebe, die ein Individuum zu entwickeln vermag; Möglichkeiten dann weiter, wie sie bedingt sind durch die dem Individuum von seiner Umgebung gebotenen Mittel, durch seine gesellschaftliche und wirtschaftliche Situation, durch kulturelle und nationale Bedingtheiten; Möglichkeiten schließlich, bestimmt durch das jeweilige Alter, das vorangegangene Leben, die Zeitlage und anderes.

Potentialitäten sind also einerseits die im Individuum selbst jeweils gegebenen Bedingungen, andererseits die durch die Umwelt jeweils gebotenen Chancen und Möglichkeiten.

Infolge der kaum oder gar nicht zu übersehenden Vielfalt dieser Faktoren ist die Entwicklung eines Individuums vorläufig noch immer nur in begrenztem Maße voraussagbar.

Tests und Interview-Studien vermitteln uns heutzutage natürlich viele wissenswerte Kenntnisse über eine Person. Und im allgemeinen wird der erfahrene Berater und Psychotherapeut nach einiger Zeit eine Persönlichkeit, mit der er arbeitet, recht gut kennen und zu beurteilen vermögen. Aber gewisse Dinge bleiben auch dann immer noch offene Fragen. Wenn wir zum Beispiel auf den Fall von Viktor zurückblicken, so bleibt es bis zu gewissem Grad eine offene Frage, ob er seine Lebensumstände noch irgendwie drastisch verändern wird. Der Erfahrene wird sagen: wahrscheinlich nicht. Er wird das Alter und die im großen und ganzen recht angenehmen Umstände in Betracht ziehen und sich deshalb sagen, daß Viktor trotz der größeren Möglichkeiten, die seine Begabung und Erziehung ihm eröffneten, weniger auf Expansion als auf Anpassung und ruhigen Lebensgenuß eingestellt ist. Durch all diese Faktoren also sind seine Potentialitäten bestimmt.

Warum glaubt Viktor dann aber doch, daß er sich Vorwürfe machen müsse? Diese Selbstvorwürfe sind zunächst Folge seiner unzureichenden Selbstkenntnis, weil er nämlich an seine Begabung und seine umfassende Erziehung denkt, nicht aber an seine Neigung, große Anstrengungen zu vermeiden. Sodann hängen seine Selbstvorwürfe jedoch noch mit einem anderen Faktor zusammen, nämlich mit den ihn bestimmenden *Werten.*

Werte sind Bevorzugungen, die wir gewissen Dingen in der Welt geben. Diese Dinge mögen materiell oder ideell sein, Besitz oder Eigenschaften, Erfolge, Leistungen oder anderes mehr.

Wie Henry Margenau einleuchtend dargelegt hat, gibt es *faktische* und *normative* Bevorzugungen. Die faktischen Bevorzugungen sind Dinge, die wir uns wünschen – etwa Liebe, Glück oder Besitz –, die normativen Bevorzugungen sind Dinge, denen wir zuerkennen, daß sie berechtigterweise geschätzt werden, ob wir selbst sie uns wünschen oder nicht. Von diesen Werten, wie zum Beispiel Wahrhaftigkeit, Güte, Gerechtigkeit oder auch Wahrheitsliebe und Schönheit, sagen wir, daß sie einen ›Soll-Charakter‹ haben, das heißt, daß jeder sie wollen sollte.

Von früh an lernt ein Kind, an bestimmte Werte zu *glauben,* wie wir sagen. Das heißt, es glaubt, daß es glücklich sein wird, wenn es die Puppe bekommt, oder daß die Mutter es lieben wird, wenn es artig ist. Solches Glauben stammt in manchen Fällen aus den eigenen Wünschen des Kindes, in anderen, besonders dann, wenn es sich um Werte mit Soll-Charakter handelt, ist es ihm von seiner Umgebung beigebracht worden. Es gibt jedoch auch Wurzeln für *Idealbildungen,* wie wir Werte mit Soll-Charakter nennen, im Individuum selbst.

Es ist erstaunlich, wie früh Kinder sich Ziele setzen, die bestimmte Werte beinhalten.

Lange, bevor der siebenjährige Alfred seiner wohlwollenden Tante auf Befragen mitteilt, daß er Pilot werden will, hat er, ihm selbst unbewußt, schon einige viel tiefer greifende und sein späteres Leben viel entscheidender bestimmende Vorsätze gefaßt. Ein Vorsatz des Vierjährigen schon war es, daß er immer etwas mit Werkzeugen zu tun haben will. Von klein auf hat er Schäden im Haushalt mit seinen Kinderwerkzeugen repariert. Später ist er Maschinenbauer geworden. Noch wichtiger ist aber ein anderes Ideal, das Alfred vorschwebte: niemals einen Fehler zu machen, nie einen Tadel zu verdienen. Natürlich sagte der Vierjährige sich das nicht mit diesen Worten. Aber doch erinnert er sich noch heute, als Sechsundzwanzigjähriger, genau der Umstände, die ihn zu diesem Entschluß veranlaßten.

Es geschah, als er mit schlecht gewaschenen Händen zu Tisch kam und die Mutter ihn mit einem Vorwurf fortschickte. Alfred fand es uner-

träglich, zurechtgewiesen zu werden. Er wollte absolut über jeden Tadel erhaben sein. Mit zurückgehaltenen Tränen ging er auf sein Zimmer und dachte darüber nach, wie er von jetzt an alles immer ganz richtig machen könnte.

Das Bemerkenswerte ist nun weniger, daß Alfred noch heute ein ungewöhnlicher Perfektionist ist, der sich nichts gut genug macht, es sei denn, daß es wirklich vollkommen ist, als viel mehr eine ganz andere Tatsache: Die ihm daraus erwachsenden Probleme und Ängste machten ihm als Erwachsenen so zu schaffen, daß er sich in psychotherapeutische Behandlung begeben mußte.

Im Falle Viktors haben wir gehört, wie er als Knabe mit seinem Vater seine Zukunft besprochen und beschlossen hat, zu studieren, um damit den Wunschtraum, dessen Erfüllung dem Vater versagt geblieben war, sozusagen für beide Wirklichkeit werden zu lassen.

Freud nannte die Übernahme eines Ideals von den Eltern *Identifikation.* Zweifellos tragen Identifikationen, das heißt das Sich-Gleichsetzen mit einem bewunderten Erwachsenen, entscheidend zur eigenen Entwicklung eines Inidividuums bei.

Jedoch hat der Psychoanalytiker Erik Erikson in seinen neuesten Arbeiten gezeigt, daß neben der Identifikation noch vieles andere dazu beiträgt, um das aufzubauen, was er eine *Identität* nennt. Darunter versteht Erikson das, wovon ein Mensch fühlt und weiß: ›*Das bin ich selber.*‹ Zur Identität steuern zweifellos, wie Erikson zeigt, die eigensten Tendenzen des Individuums ebenso bei wie der Ausbau seiner Potentialitäten. In dem, was er schließlich ist, sind die Wertschätzungen eines Menschen beschlossen.

Viktor hat sich tatsächlich, wie wir sahen, die Wertschätzung des von ihm geliebten Vaters zu eigen gemacht und ist geworden, was sein Vater hatte aus sich machen wollen. Sein Vater ist stolz auf diesen Sohn und zufrieden mit dem Erreichten. Der Konflikt, den Viktor jetzt erlebt, indem er fühlt, daß er, um Schwierigkeiten aus dem Wege zu gehen, seinen Potentialitäten nicht gerecht wird, stammt nicht, wie das sonst meistens der Fall ist, aus seiner Kindheit. Er ist jüngeren Ursprungs und hat zu tun mit der Frage, wie Viktor seine Identität mehr oder weniger endgültig festlegen will: Wird er sich in seiner derzeitigen bequemen Lebensform gewissermaßen zur Ruhe setzen, oder will er sich zu weiterer Expansion aufraffen und erneute Anstrengungen machen?

Die Komplikationen im Falle Alfreds sind etwas anderer Art. Alfred scheint sich in seiner Wertschätzung völlig mit der seiner Eltern zu identifizieren. Man gewinnt den Eindruck, daß er dasselbe will wie sie. Tatsächlich aber ist er ja ein kleiner Bub, dem Vollkommenheit unmöglich sehr wichtig sein kann.

Ein Verhalten wie das des vierjährigen Alfred wird seit Sigmund Freud dahin interpretiert, daß er offenbar glaubt, der Liebe seiner Eltern nur dann sicher zu sein, wenn er ihren Forderungen so weitgehend entspricht. Aus diesem Grunde opfert er die Verfolgung seiner kindlichen Bedürfnisse dem Streben nach Vollkommenheit. Freud, dessen Motivationstheorie gleich behandelt werden wird, spricht hier von einem Konflikt dessen, was er das *Über-Ich* nennt, mit dem *Es* – welchen Konflikt dieses Kind im Sinne der einseitigen Vorherrschaft des Über-Ich löst.

Von unserem Standpunkt aus kann man die Frage erheben, warum ein Kind wie Alfred glaubt, daß es so weitgehende Opfer bringen muß, wenn Alfred doch, wie er als Erwachsener sagt, eigentlich der Liebe seiner Eltern ganz sicher war. Uns scheint hier ein ungewöhnliches selbstbeschränkendes Anpassungsbedürfnis vorzuliegen, demzufolge der Gehorsam gegenüber Geboten in einem von der Situation nicht geforderten Grade zum Hauptziel des Lebens geworden und geblieben ist.

8. Freuds Motivationstheorie

Bisher haben wir uns mit Motivationstheorien befaßt, in denen die Persönlichkeit als ein ungeteiltes Ganzes gesehen wird. Man spricht deshalb auch von *Ganzheitstheorien.* Besonders von Kurt Goldstein und Abraham Maslow wird betont, daß ihrer Ansicht nach die Motivation immer vom ganzen Menschen ausgeht und nur *ein* Ziel hat, nämlich das der Selbstverwirklichung. Beide Forscher machen auch keine einschneidenden Unterschiede zwischen bewußten und unbewußten Motivationen.

In Charlotte Bühlers Theorie gibt es zwar vier sich gelegentlich befehdende Grundtendenzen; wir sahen das im einzelnen besonders im Falle Viktors. Jedoch schien uns auch im Konflikt die Persönlichkeit stets als Ganzes zu funktionieren. Nur in pathologischen Fällen scheint uns ein extremer innerer Zwiespalt oder ein Auseinanderfallen vorzuliegen.

In Freuds Motivationstheorie dagegen ist die Persönlichkeit in drei Systeme aufgespalten: Das *Es,* das *Ich* und das *Über-Ich* stellen drei relativ unabhängige Antriebe und innere Welten dar.

Das *Es* – das sind die *Triebe,* unter deren ausschließlicher Herrschaft Freud sich das Neugeborene vorstellt. Solange das Es ein Individuum beherrscht, ist es sich seiner Handlungen und Antriebe nicht bewußt. *Bewußtsein* erwacht erst mit dem *Ich,* das seine Geburt der Begegnung des Individuums mit der Wirklichkeit, der *Realität,* verdankt. Solange das Individuum als ein Es funktioniert, lebt es in seinen Trieben oder

Wünschen befangen und wird der Realität gar nicht gewahr. Auf diese wird es erst später aufmerksam, wenn es in der Befriedigung seiner Bedürfnisse frustriert wird, d. h. wenn ihm die Befriedigung versagt bleibt. In diesem Augenblick erhebt sich das Problem, ob das Individuum die frustrierende Wirklichkeit annehmen kann und will oder ob es sich weiter auf die Befriedigung seiner Wünsche versteift. Dies ist der erste *Konflikt* im Leben des Babys.

Zu dem ersten gesellt sich bald ein zweiter Konflikt. Es ist der zwischen den eigenen Trieben und den Wünschen und Geboten anderer, insbesondere der Eltern. Dies ist der Konflikt zwischen dem Es und dem *Über-Ich*, das zum Teil dem entspricht, was man gewöhnlich das Gewissen nennt. Das Über-Ich repräsentiert nach Freud die vom Individuum ›internalisierten‹ Gebote der Gesellschaft – das sind Normen, Gebote und Verbote, die dem Kind von den Eltern übermittelt worden sind und die das Kind sich zu eigen gemacht hat.

Der Konflikt entsteht daraus, daß das Kind die Befriedigung seiner eigenen Triebe – seines Es – den Wünschen anderer – repräsentiert durch das Über-Ich – zum Opfer bringen muß, was es oft nicht tun kann oder will. Wenn es sich dann doch gezwungenermaßen in das Unvermeidliche fügt, kann es das nur, indem es seine eigenen unannehmbaren Wünsche ins Unbewußte ›verdrängt‹. Durch solche Verdrängungen entsteht, wenn sie besonders peinvoll sind, die *Neurose*.

Da Freud nicht nur die Psychologie und Psychiatrie, sondern auch das allgemeine Denken unserer Zeit entscheidend beeinflußt hat, scheint es geboten, uns mit einigen seiner Grundideen etwas näher zu befassen. Für eine Beantwortung der Frage, warum und inwiefern Freud eigentlich eine neue Ära des Denkens eingeleitet hat, erscheint mir (neben anderem) am wichtigsten seine eindringliche Beleuchtung der überwältigend großen Rolle des *Unbewußten* in uns. Es ist wahr, daß man schon vor Freud über das Unbewußte Kenntnis hatte. Aber die ganz außerordentliche Bedeutung, welche die Tatsache der ›*Verdrängung*‹ unliebsamer oder schwer zu ertragender Erlebnisse ins Unbewußte beim Menschen spielt, ist erst durch Freud ins richtige Licht gerückt worden. Gleichgültig, ob man Freud in allem zustimmt oder ob man mit Bedauern feststellt, daß diesem Genie die letzte Weisheit der vollen Erfassung des menschlichen Daseins abging – eines kann heute keinem Zweifel mehr unterliegen: Seine Theorien haben einen vollkommenen Wandel in unserem Selbstverstehen herbeigeführt. Bedauerlich hingegen ist die Einseitigkeit, mit der Freud das menschliche Dasein letztlich doch immer wieder nur auf einen Nenner bringen wollte, den er provozierend und anfechtbar verfocht. Diese Tatsache kann jedoch heute, da seine eigenen Schüler die Enge des Ausblicks zu sprengen wagen, der Größe seiner Leistung keinen Abbruch mehr tun.

Erst seit Freud haben wir einen wirklichen Einblick bekommen, wie komplex die Motivationsstruktur ist – ein manchmal höchst verwikkeltes Ineinander, Durcheinander und Gegeneinander unterschiedlichster Motivationen. So haben wir durch ihn zum Beispiel gelernt, daß die eine Frau, die immer wieder beteuert, wie sehr sie ihre Kinder liebe, sich vielleicht für mangelnde eheliche Liebe oder für sexuelle Frigidität eine *Kompensation*, einen Ausgleich, suchen mag in übergroßer Hingabe an ihre Kinder; oder aber daß sie in der Aufopferung für die Kinder ihren einzigen Wert sieht – den Wert, den sie sich als Person abstreitet; oder aber daß es ihr eine unechte Befriedigung gibt, sich als Märtyrerin zu fühlen, oder was der Gründe mehr sein mögen. Normalerweise braucht jeder Mensch für sich selbst mindestens ebensoviel, wie er hergibt, und Leute, die glauben, daß sie völlig im Geben aufgehen, täuschen sich über die Natur ihrer Motive in einer, wie wir seit Freuds Klarstellungen sagen müssen, naiven Weise.

Zu der genialen Entdeckung der Rolle des Unbewußten in der menschlichen Motivation sowie der damit zusammenhängenden Rolle der Verdrängung unliebsamer Erlebnisse treten noch mindestens zwei andere Erkenntnisse Freuds von fundamentaler Bedeutung.

Die eine ist die Konzeption der *Dynamik* aller dieser Vorgänge. Das heißt: Seelische Vorgänge werden nicht mehr nur als Reaktionen auf Reize aufgefaßt, sondern diese Reaktionen werden gesehen als eingebaut in *Prozesse*, die durch ein Kräftespiel bedingt sind. Wie das Kräftespiel aufzufassen ist, ist noch nicht völlig geklärt. Jedoch ist die Idee als solche allgemein anerkannt. Sie hat eine gewisse, wenn auch vorläufig lose Beziehung zu W. Köhlers und Wertheimers Vorstellung von der Dynamik der Gestaltprozesse, die im vorigen Kapitel besprochen wurde. Gemeinsam ist jedenfalls beiden Systemen die dynamische Orientierung.

Ebenfalls von nahezu allen theoretischen und praktischen Psychologen übernommen ist ein weiterer wichtiger Grundbestandteil der Freudschen Theorie: Die Erkenntnis, welch fundamentale Rolle *Erlebnisse der frühesten Kindheit* für die weitere Entwicklung unserer Persönlichkeit spielen. Hierfür bringen alle von uns berichteten Fälle Belege.

Die drei Entdeckungen der Rolle des Unbewußten und der Verdrängung, der Dynamik des Seelenlebens und der Bedeutung von Kindheitserlebnissen hängen eng miteinander zusammen. Freud machte sie gemeinsam mit Joseph Breuer 1880 im Laufe der Behandlung einer hysterischen Patientin und, wie er selbst sagt, durch ›Zufall‹ und zu ihrem beiderseitigen größten ›Erstaunen‹.

Und dies war Freuds Entdeckung bei dem seither berühmten ›Fall Anna O.‹: Die Patientin wurde von ihrer Krankheit dadurch geheilt, daß sie dazu gebracht werden konnte, sich ihrer vergessenen *trauma-*

tischen Erlebnisse zu erinnern und sich auszusprechen. ›Traumatisch‹ – das Wort kommt vom griechischen trauma = Wunde – sind erschütternde, in ihrer seelischen Nachwirkung schädigende Erlebnisse. Beim Hysteriker wird diese seelische Schädigung in ein körperliches Symptom und Leiden umgesetzt.

Was sich bei der Entdeckung, die mit dem ›Fall Anna O.‹ begann und durch weitere vorangetrieben wurde, in erster Linie zeigte, war, daß *seelische Erkrankungen* auf verdrängte und infolge der Verdrängung ›vergessene‹ Erlebnisse, und zwar hauptsächlich Kindheitserlebnisse, zurückgeführt werden konnten.

Die *Verdrängung* ist ein scheinbares Vergessen, das zwar ›absichtlich‹, aber eben doch unbewußterweise absichtlich zustande kommt. Durch dieses ›Vergessen‹ werden die vorher *bewußten* Erlebnisse *unbewußt*. Und mit dem Bewußtsein verschwindet wenigstens vorübergehend die Pein.

Verdrängt werden Erlebnisse, weil es sich bei ihnen um unerfüllte, ›strafbare‹ Wünsche handelt, die nur aufgegeben werden können, wenn das Individuum sich dazu zwingt, sie zu vergessen. Und ›strafbar‹ sind die Wünsche, weil sie auf verbotene Sexualgenüsse abzielen, deren es von früh an sehr viel mehr gibt, als irgend jemand vor Freud angenommen hatte. Die traumatische Erschütterung endlich liegt in der gesamten Erfahrung der unüberwindbar starken Wünsche, der Angst vor Entdeckung, der Schuldgefühle und der schließlichen Unterdrückung der Wünsche. Es war Freuds Ansicht, daß alle derartigen Erfahrungen letztlich mit der Sexualität zusammenhingen.

Diese Ansicht wurde zum Grundstein seines theoretischen Denkens. Auf ihr beruht seine *Libido-Theorie*, die in ihrer ursprünglichen Form besagt, daß letztlich alles Streben auf den Sexualtrieb zurückzuführen ist. Er wird von Freud als eine Kraft angesehen, und zwar als die fundamentale, die Lebensvorgänge bestimmende *Energie*, die wirksam wird in der Dynamik des Seelenlebens. Wenn auch der hier verwendete Begriff der ›Energie‹ nicht völlig klargestellt ist – ganz offenbar handelt es sich um andere als physikalische Kräfte –, so ist doch heute wohl die Idee einer Dynamik der seelischen Prozesse allgemein anerkannt.

Freuds anfänglich recht radikale Konzeption der Libido ist von ihm nach und nach mehrfach modifiziert, der Begriff Sexualität dahingehend erweitert worden, daß er alle *Lust* in weitestem Sinn umspannte. Freud nahm nun verschiedene Entwicklungsstadien und Formen dieser Lust an. Die früheste Form ist der Sauggenuß des Säuglings, *orale Lust* genannt. Eine zweite Form sind Lustgefühle beim Ausstoßen oder Zurückhalten des Stuhls, die Freud als *Anal-Lust* bezeichnete; ihr schreibt er eine wichtige Rolle im Seelenleben der Einbis Vierjährigen zu. Das Stadium der *phallischen Lust*, die sich aus der Funktion der Genitalien ergibt, setzt er als mit drei bis sieben Jahren beginnend an. Sie alle stellen Stufen im Aufbau der Sexualität dar. Freuds These war in dieser Periode seines Schaffens, daß es das Grundmotiv aller Strebungen ist, *Lust zu gewinnen und Unlust zu vermeiden*. Diesen Lusttrieb im weiteren Sinn findet Freud am wenigsten gehemmt in der frühen Kindheit; für diesen Lebensabschnitt hat er als erster die Ansätze zu sexuellen Regungen im engeren Sinn aufgezeigt.

Im Verlauf der Entwicklung und des Ausbaus seiner Theorie hat Freud ihr eine mehr wissenschaftliche Fassung gegeben, in der sie bis vor kurzem eine außerordentliche Verbreitung besonders unter amerikanischen Psychoanalytikern gefunden hat. In dieser letzten Formulierung Freuds, in der sich der Einfluß des Psychophysikers Gustav Theodor Fechner geltend macht, wird das psychologische Lust-Unlust-Prinzip durch ein mehr physikalisch gedachtes Spannungs-Entspannungs-Prinzip ersetzt. Die Theorie heißt jetzt: *Der Organismus strebt nach Entspannung, die lustvoll ist, während Zunahme von Spannung unlustvoll ist.* Unter amerikanischem Einfluß ist später diese Theorie mit der Lehre des großen Physiologen Walter B. Cannon (1871 bis 1945) von der *Homöostasis* gleichgesetzt worden. Homöostasis ist nach Cannon die in jedem Lebewesen wirksame Tendenz zur Wiederherstellung innerer Gleichgewichtszustände im Körper – die Tendenz zum Beispiel, die Körpertemperatur so zu regeln, daß sie sich, labil um das ›Gleichgewicht‹ des Normalen schwankend, auf ein Optimum einstellt. Freuds Theorie vom Spannungs-Entspannungs-Prinzip wurde als die psychologische Parallele zur physiologischen Homöostasis, zum organischen Prinzip der Wiederherstellung von Gleichgewichtszuständen im Körper also, angesehen. Die Wiederherstellung des Gleichgewichts hängt, so lautet die Annahme, psychisch ebenso wie physisch von der *Erfüllung gewisser Grundbedürfnisse* ab. Wenn diese Grundbedürfnisse lange unerfüllt bleiben, so setzt ein Zustand der Spannung ein, und schließlich kommt es zu Störungen. Diesen Vorgängen entsprechen seelische Unlusterlebnisse, Unruhe, Nervosität, Frustrationsgefühle und Schmerzen. Bleibt die Bedürfnisbefriedigung wiederholt und immer wieder zu lange aus, kann sie krankheitserzeugend wirken.

9. Ein psychosomatischer Fall

Ein Beispiel mag diese wichtige Theorie veranschaulichen. Es ist ein Fall *psychosomatischer Krankheit*.
Robert Lange, Vertreter einer Schreibmaschinenfirma in einem größeren Stadt- und Landbezirk, ist ein außergewöhnlich tüchtiger, hart

arbeitender, ehrgeiziger Geschäftsmann von 45 Jahren, ein gewissen-hafter Ehemann und Vater von zwei jugendlichen Töchtern. Seit einigen Jahren leidet er an Darmgeschwüren. Die Vorgeschichte dieser Krankheit: Herr Lange hat sich in den ersten Jahren seiner Tätigkeit als Vertreter der großen Firma nicht nur äußerst überanstrengt, sondern sich auch an keinerlei regelmäßige Essenszeiten gehalten. Reisen und Besuche bei Kunden, so behauptet er noch heute, wenn sein Arzt ihn zu regelmäßiger Nahrungsaufnahme und Ruhe ermahnt, machen es oft unmöglich, den Arbeitstag so einzuteilen, wie das im Büro möglich ist. Infolgedessen kommt es noch heute vor, daß Robert ein oder zwei Stunden hungert, bis er sich die Zeit zu einer eiligen Mahlzeit nimmt; er will nicht wahrhaben, daß die Spannung, in die er seinen Organis-mus versetzt, an seiner Krankheit schuld sei. »Andere«, so behauptet er, »leben im selben Tempo wie ich und haben keine Darmgeschwüre, und als ich mir ein Jahr lang die Zeit zu regelmäßigen Mahlzeiten genommen habe, ist mein Darmgeschwür trotzdem nicht verschwun-den.«

Die Behauptung ist insofern richtig, als Tempo und Unregelmäßigkeit der Lebensführung allein gewöhnlich nicht krankheitserzeugend wir-ken, obwohl jahrelange physische Überanspannung fast nie ohne Nervosität, Kopfschmerzen und sonstige somatische Anzeichen drohen-der oder beginnender Krankheit durchgestanden wird.

Zu der körperlichen Überanstrengung kommt jedoch, worauf der psychiatrisch gebildete Arzt seinen Patienten Robert hinwies, die seelische Belastung, unter der dieser Patient leidet, wie das gewöhnlich bei Darmgeschwüren der Fall ist.

Roberts seelische Verfassung ist gekennzeichnet durch dauernde Sorgen, Angst vor Mißerfolgen und schweres Verantwortungsgefühl. Auch ist er schnell gereizt und seinen Familienangehörigen gegenüber ungeduldig. Das heißt, daß zu der körperlichen eine starke seelische Spannung hinzukommt. In Roberts Persönlichkeit sind beide mitein-ander verwoben.

Was sind nun, um zu unseren theoretischen Betrachtungen zurückzu-kehren, die in diesem Fall unerfüllten und ins Unterbewußte verdräng-ten Grundbedürfnisse?

10. Verschiedene Ansichten über die Ursachen seelischer Erkrankung

Rein physisch gesehen, werden die Nahrungs- und Ruhebedürfnisse des Herrn Lange unregelmäßig und unzureichend befriedigt. Hinzu kommt, daß er sich übermäßig sorgt. Was bedeutet das nun unter dem Gesichtspunkt unbefriedigter und ins Unterbewußtsein verdrängter

Bedürfnisse? Bei einem Geschäftsmann könnte verschiedenes in Frage kommen: daß er sich *unsicher* und den Problemen seiner Stellung nicht gewachsen fühlt; daß er ehrgeizig, auf unerreichbare *Vollkommenheit* eingestellt und nie mit sich zufrieden ist; daß er seine *Verantwortung* zu schwer nimmt und sich durch Verantwortlichkeit zu sehr beeindrucken läßt oder ähnliches mehr.

In der Psychologie Alfred Adlers, der Freuds erster Gegner in der Auseinandersetzung um die Frage der Alleinherrschaft des Sexuellen als Erklärungsprinzip war, würde das Motiv der *Unsicherheit* und eines auf sie gegründeten Perfektionismus, das heißt einer Vollkommenheitssucht, zur Erklärung des Falles ausreichen. Auch Karen Horney sieht ähnlich wie Adler das *Streben nach Sicherheit* als ein Grundmotiv an. Beiden Psychiatern ist gemeinsam, daß sie den sozialen Faktor für wesentlicher halten als den sexuellen, während ihre Theorien sich in anderen Punkten voneinander unterscheiden. Doch würden beide, nun ebenso wie Freud, die Unsicherheit und den Perfektionismus des Herrn Lange auf *Kindheitserlebnisse* zurückführen, dabei allerdings die entscheidende Rolle anderen Erlebnissen zuschreiben, als Freud es in diesem Falle täte.

Adler und Horney würden nach frühen Erfahrungen suchen, durch die Robert als Kind unsicher gemacht wurde. In Roberts Fall würden sie finden, daß er viel von seinen Eltern, die sehr hohe Anforderungen an ihren einzigen Sohn stellten, zurechtgewiesen wurde, so daß er nie eines Erfolges sicher war, ausgenommen, er leistete geradezu Vollkommenes.

Einer meiner Patienten, der in einem solchen Elternhaus aufwuchs, erzählte mir, daß er sich genau erinnert, wie er sich mit vier Jahren vornahm, niemals einen Fehler zu machen. Wir kennen diesen Patienten bereits unter dem Namen Alfred (s. S. 77). Man denke sich ein vierjähriges Kind, das sich so klar darüber ist, wie es sich verhalten muß, um die Anerkennung seiner Eltern zu gewinnen!

»Wenn wir zum Essen ausgingen«, berichtete Alfred, »dann dachte ich, ich will sehen, was Margot bestellt. Wenn ich dasselbe bestelle wie Margot, dann bin ich sicher, daß ich keinen Fehler mache.« Margot war Alfreds ältere Schwester, die sich immer richtig zu verhalten wußte. Die Eltern der Kinder hatten das Prinzip, ihre Kinder zu Selbständigkeit, aber gleichzeitig auch zur Verantwortlichkeit erziehen zu wollen. So durften die Kinder selbst ihre Wahl auf der Speisekarte treffen, sollten sich aber gleichzeitig bewußt bleiben, daß Sparsamkeit zu ihrer Verantwortlichkeit gegenüber der Familie gehörte. Sie wurden also getadelt, wenn sie sich ein teures Gericht bestellten. Alfred erzählte mir ferner, wie wichtig es ihm schon als Vierjährigem war, im Kreis der Familie dazuzugehören und als wichtiges Mitglied der Familie zu *gelten.* »*Damals*«, *so sagte er,* »*gehörten wir scheinbar noch eng zusammen, das gab mir eine große Sicherheit. Und als mein Vater uns später verließ, machte mich das unglücklich und unsicher.*«

Alfred bestätigt hier mit eigenen Worten, daß Sicherheit ihm ganz außerordentlich wichtig war, und es ist zudem deutlich zu sehen, wie sein Perfektionismus mit seinem Bedürfnis zusammenhängt, in die Familie einbezogen zu sein. Alfreds Eltern ebenso wie die von Robert Lange haben an ihre Kinder allzu früh allzu hohe Ansprüche gestellt. Eltern wie diese machen es den Kindern schwer, sich solchen Ansprüchen gewachsen und damit sicher zu fühlen. Ansprüche, wie sie hier gemeint sind, können natürlich auch zum Beispiel einfach darin bestehen, daß den Kindern die strikte Befolgung vieler Gebote und Verbote auferlegt wird.

Ebenso wie durch zu hohe kann ein Kind auch durch zu geringe Ansprüche in Unsicherheit versetzt werden. Vollkommener Mangel an Ordnung, Regelmäßigkeit und Richtlinien stellt ein Kind vor Aufgaben, denen es mit seiner Urteilskraft und Wahlfähigkeit nicht gewachsen ist. Hier ist also ebenfalls der Anspruch, wenn auch in anderer Weise, zu hoch.

Die bisher beigebrachte Erklärung der Bedürfnisprobleme im Fall Robert Lange würde all den Psychologen als ausreichend erscheinen, die im Streben nach Sicherheit ein Grundmotiv sehen. Roberts Leiden erschiene ihnen in seinem Ursprung hinreichend aufgeklärt, wenn sie in seiner Kindheit den Einfluß strenger und ehrgeiziger Eltern nachweisen könnten.

Franz Alexander, der Freuds Theorie der unbewußten Konflikte und ihrer Dynamik auf gewisse physische Krankheiten wie Asthma, Arthritis, Hautkrankheiten, Magen- und Darmgeschwüre anzuwenden versuchte, war allerdings mit dieser Erklärung noch nicht zufrieden, sondern vertrat die Ansicht, daß ein Grad von Unsicherheit und Perfektionismus, der in eine so schwere innere Krankheit ausarte wie in unserem Beispiel, auf tiefere Ursachen schließen läßt als nur elterliche Ansprüche. Seine Meinung war, es sei in solchen Fällen immer nachweisbar, daß der Patient als kleines Kind nicht allein unter strenger Disziplin gestanden, sondern daß es ihm damals auch an genügend Liebe und Zuneigung gefehlt hat. Franz Alexander und seine Mitarbeiter haben bei Patienten mit Magen- und Darmgeschwüren immer wieder starkes Verlangen gefunden nach seelischer Abhängigkeit von jemandem, der sie betreuen sollte; dieses *Verlangen nach Abhängigkeit und Betreuung* verbunden jedoch mit *Scham* über dieses Bedürfnis, das deshalb verdrängt wird. Das heißt, daß das gleichzeitige Verlangen und Abwehren ihres Bedürfnisses diese Kranken in einen unlösbaren inneren Konflikt versetzt. Unter den deutschen Analytikern ist besonders Alexander Mitscherlich für ähnliche Interpretationen psychosomatischer Krankheiten bekannt. Mitscherlich zeigte, welche starke Rolle bei dieser Art chronischer Krankheiten das *Gefühl der Hoffnungslosigkeit* spielt, dem er ebenso wie dem der Hoffnung eine entscheidende dynamische Wirkung zuschreibt.

Bedeutet das nun, daß alle Leute, deren Kindheitsbedürfnis nach Betreuung und Liebe nicht hinreichend erfüllt worden ist und die außerdem dann noch vor hohe Anforderungen gestellt werden, später an Magen- und Darmgeschwüren erkranken werden? Natürlich nicht. Außer den seelischen schädigenden Erlebnissen müssen auch gewisse physiologische und psychische *Dispositionen*, das heißt Anlagen, vorliegen, damit es zu einer so schweren Erkrankung kommt. Solche Krankheiten setzen nämlich immer an den schwachen Stellen eines Organismus an. Die meisten Menschen haben die eine oder andere derartige Schwäche oft schon von Geburt an oder seit früher Kindheit – sei es, daß sie zu Verdauungsstörungen oder häufigen Erkältungen neigen, zu Hautausschlägen oder anderen leichten Krankheiten. Eine Erkrankung zum Beispiel infolge einer derartigen organischen Schwäche bildet dann oft den Ausgangspunkt schwerer mit der Neurose sich entwickelnder Leiden.

Alfred Adlers ursprüngliche Theorie ging übrigens von dem Zusammenhang zwischen Organminderwertigkeit und Neurose aus, den er später fallenließ. Er nahm an, daß beim Zustandekommen der Neurose immer irgendeine Schwäche vorliegt, die zu einem sogenannten *Minderwertigkeitskomplex* führt. Gleichzeitig versucht der so Betroffene, die Schwäche mit besonderen Hochleistungen auf anderen Gebieten zu *überkompensieren*. In der Tat läßt sich oft beobachten, daß etwa ein Kind, das körperlich ungeschickt ist und sportlich nichts leistet, sich sozusagen zum Ausgleich dieser Schwäche auf übertriebenes Lesen von Büchern wirft oder irgendein anderes Interesse übereifrig verfolgt.

11. Definition der Neurose und der seelischen Disposition

Die meisten seelischen, oft mit körperlichen Symptomen, wenn nicht gar Beschwerden oder Leiden verknüpften Krankheiten sind *Neurosen*. Auch die eben geschilderten Fälle Alfred und Robert Lange sind Neurosen. Wir haben gesehen, wie unzureichende Befriedigung von Bedürfnissen und Verdrängung zu Neurosen führen können. Zu einer *Neurose* gehört aber immer auch eine *seelische Disposition*. Beide Begriffe, Neurose und seelische Disposition, gilt es nun sorgfältig zu erklären, da beide nicht leicht zu verstehen sind.

Erstens finden wir beim Neurosekranken eine unzureichende Fähigkeit, mit den Ansprüchen des Lebens fertig zu werden. Und zwar handelt es sich dabei gerade um das Alltagsleben. In Situationen, die ungewöhnliche seelische Kräfte verlangen, etwa bei einer Katastrophe oder bei Existenzgefährdungen anderer Art, bei Zwangsverschleppungen zum Beispiel, sind Neurotiker oft wie verwandelt und unerwartet anpassungsfähig.

Auch im Alltagsleben erscheinen viele Neurotiker auf den ersten Blick ihren Aufgaben und Problemen völlig gewachsen. Robert Lange, den wir als Beispiel vorgeführt haben, erschien seinen Kollegen und Freunden als tüchtiger Geschäftsmann; seine Frau, die wenig Verständnis für das Innenleben ihres Mannes hatte, fand, daß »er selbst an seiner Nervosität schuld ist, weil er sich unnötig abhetzt und unnütz Sorgen macht«. Sie glauben in der Tat oft, daß diese, wie sie gern sagen, ›sogenannte‹ Krankheit gewissermaßen selbst fabriziert und eigentlich ganz unnötig sei, Angeberei oder übertriebene Zimperlichkeit. Und in der Tat, so muß man sagen, liegt gerade bei gewissen Neurotikern ein Faktor der Überempfindlichkeit vor, der dem Gesunden ›übertrieben‹ und ›gekünstelt‹ erscheint.

Tatsache ist aber, daß eine Art von *Überempfindlichkeit*, nämlich eine Überempfindlichkeit gegenüber gewissen Reizen, zu den mit relativer Sicherheit festgestellten angeborenen Dispositionen gehört. Oft geht, wie kürzlich Sybille Escalona in sorgfältigen Beobachtungen an Kleinstkindern festgestellt hat, diese angeborene Überempfindlichkeit mit sozialer Überempfindlichkeit Hand in Hand. Die seelischen Störungen, die sich beim Überempfindlichen in einer Durchschnittsumgebung einstellen, beginnen demgemäß bereits in der frühesten Kindheit und geben schon dann in vielen Fällen zu kritischen Bemerkungen der diese Reaktionen nicht verstehenden Eltern und Lehrer Anlaß.

Überempfindlichkeit ist nicht die einzige Disposition zu neurotischen Reaktionen. Freuds Ansicht war, daß übermäßige *Triebstärke*, wie er das nannte, ein Individuum unfähig mache, auf Lustbefriedigung zu verzichten und sich der Realität – der Familie, später der Gesellschaft – selbstbeschränkend anzupassen. Übermäßige ›Triebstärke‹ macht es dem schwachen Ich schwer möglich oder unmöglich, sich gegen das überstarke Es zu verteidigen. Der daraus entstehende Konflikt wird erhöht, wenn dieses schwache Ich außerdem noch von einem starken Über-Ich gedrängt wird. Dieses Über-Ich geht aus einem zweiten Konflikt hervor, den Freud *Ödipuskonflikt* nannte. Er wird in dem Lebensabschnitt zwischen drei und fünf Jahren vom Kind erlebt, und es ist nach Freud besonders entscheidend für eine normale gegenüber einer neurotischen Entwicklung, daß das Kind seinen Ödipuskonflikt zu lösen vermag.

Der Ödipuskonflikt ist von Freud so genannt in Anlehnung an die Sage vom thebanischen König Ödipus, der ahnungslos seine Mutter Iokaste heiratete. Jedes Kind, so sagt Freud, hat ein natürliches Sexualbegehren nach dem Elternteil des anderen Geschlechts – der Sohn nach der Mutter, die Tochter nach dem Vater –, versteht jedoch allmählich, daß dieser Wunsch unerfüllbar ist und aufgegeben werden muß. Bei dem normal verlaufenden Verzicht ist das Kind – immer nach Freud – fähig, das Begehren nach Besitz von Mutter bzw. Vater dadurch zu ersetzen, daß es sich die elterlichen Gebote ›einverleibt‹. Aus der sozusagen symbolischen Einverleibung geht das schon erwähnte sogenannte Über-Ich hervor. Wenn jedoch wegen zu großer Triebstärke der Verzicht nicht zustande gebracht wird, dann wird der Ödipuskonflikt nicht gelöst, sondern nur verdrängt, und es entwickelt sich der sogenannte *Ödipuskomplex*. Mit dem Wort ›Komplex‹ bezeichnet Freud die Fixierung auf einen Wunsch, der zwar ins Unbewußte verdrängt worden sein mag, aber dort weiter bestehenbleibt.

Freud nahm an, daß es sich bei der zu großen ›Triebstärke‹ um eine *angeborene sexuelle Konstitution* handele, von der er mit sehr viel größerer Unbefangenheit spricht, als es in der Wissenschaft heute möglich wäre. Denn heute benutzen wir die Ausdrücke ›angeboren‹ oder ›Anlage‹ mit großer Zurückhaltung und nur im Sinne von *Dispositionen*, die alle als durch Erfahrung weitgehend modifizierbar gelten.

An anderen Stellen seiner Werke hat Freud selbst betont, daß die vorzeitige zu starke Erregung des Sexualtriebs junger Kinder nicht ausschließlich die Folge großer ›Triebstärke‹ sein muß, sondern auch die Folge *übergroßer elterlicher Zärtlichkeit* sein kann. Er spricht von einem ›durch Verzärtelung anspruchsvoll gewordenen Sexualtrieb‹. Das heißt aber, daß er selbst unter Umständen die eigentliche Verantwortung für die Entwicklung einer Neurose als in der *Umwelt* liegend sieht.

Die heutige Psychiatrie neigte bis vor kurzem, und zwar besonders in Amerika, in extremem Maße dazu, die Schuld für neurotische Entwicklungen bei den Eltern zu suchen. Erst in letzter Zeit wird wieder die Disposition des Individuums als Teilursache ins Auge gefaßt.

Wenn wir auf einen Fall wie den Alfreds zurückgreifen, der sich mit vier Jahren vornahm, ›nie einen Fehler zu machen‹, so können wir nicht umhin, in diesem Kind eine große Überempfindlichkeit für Tadel und Kritik sowie außerdem eine ungewöhnliche Unsicherheit anzunehmen. Dies ist um so mehr zu vermuten, als Alfred weiß, daß er sich als Kind von seinen Eltern geliebt fühlte. Obwohl sie recht streng waren und ihre Kinder für Untaten bestraften, waren doch die Strafen nicht derart, daß ein Kind sich vornehmen mußte, nie wieder einen Fehler zu machen. Eine solche *Überreaktion* muß ihre Gründe also großenteils in der Eigenart dieses Kindes haben. Er identifizierte sich ungewöhnlich früh in ungewöhnlichem Maße mit seiner perfektionistischen Mutter, die zu den Kindern sagte: »Was wert ist, überhaupt getan zu werden, ist wert, daß man es gut macht.« Aber keines ihrer anderen Kinder war davon so beeindruckt wie Alfred.

Alfred beweist damit das, was man heute gewöhnlich *Ichschwäche* nennt, worunter man eine geringe Befähigung zur *Selbstbehauptung* versteht. An diesem Mangel litt Alfred auch in seinem späteren Leben, bis er als Zwanziger in die Therapie kam.

Worin bestand aber nun Alfreds Neurose? Ihre kurze Beschreibung wird uns Gelegenheit geben, die Definition des Begriffes Neurose zu beenden.

Alfred war im letzten Jahr seines Maschinenbaustudiums, als er sich entschloß, einen Psychotherapeuten aufzusuchen. Die Gründe: Er litt unter Konzentrationsstörungen und häufiger Schlaflosigkeit, fand seine Arbeitsleistung nie gut genug und vergeudete, anstatt systematisch zu studieren, unendlich viel Zeit mit allerlei Kleinkram, mit kleinen Reparaturen im Haus seiner Mutter, bei der er noch lebte, oder mit allerhand Besorgungen – durchweg Dinge, die er mit unnötiger Gewissenhaftigkeit ausführte und unnötig in die Länge zog. Obwohl er selbst sich wegen dieses Verhaltens kritisierte, war er offenbar unfähig, es zu ändern. Er tat alle diese Dinge in kompulsiver, das heißt zwanghafter Weise.

Vielleicht wollte Alfred die Liebe seiner Mutter durch seine Vollkommenheit besonders an sich fesseln. Er scheint zu Recht oder zu Unrecht gefühlt zu haben, daß er nie genug tat, um seine Mutter und sich selbst zufriedenzustellen. Noch jetzt hat er immer wieder Schuldgefühle im Zusammenhang mit Dingen, deren Erledigung seine Mutter wünscht, die er nun aber entweder in neuerwachter Auflehnung zu tun hinauszögert oder nicht vollkommen genug erledigt. Nicht minder stark sind seine Schuldgefühle, weil er meint, daß er sein eigenes Studium nicht vollkommen genug bewältigt.

In der ununterbrochenen Auseinandersetzung mit den Anforderungen seines strengen Gewissens ist Alfred immer kompulsiver, unfreier und ängstlicher in der Ausübung der vielen Pflichten geworden, die er sich großenteils selbst auferlegt.

Diese *Unfreiheit* des Handelns ist als zweites Hauptmerkmal aller Neurosen allgemein anerkannt. Wie wir schon sagten, kann ein Neurotiker in besonderen Gefahrensituationen plötzlich über sich hinauswachsen und sich selbst vergessen. Aber im allgemeinen ist er mehr oder weniger ausschließlich mit sich, seinen Problemen und Konflikten und der Auseinandersetzung mit seinen Kompulsionen beschäftigt.

30 Das Schema zeigt, wie zur Neurose disponierende angeborene Merkmale (dunkel) und aus der Umgebung und den Lebenserfahrungen herstammende schädigende Einflüsse (hell) zusammenwirken. Bei Gruppe I können selbst in günstiger Umwelt

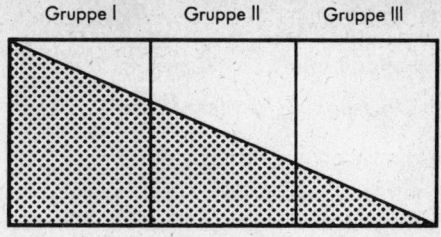

die sehr starken Dispositionen eine Neurose hervorbringen, wie dies bei Gruppe III bei verhältnismäßig sehr günstigen Dispositionen in äußerst ungünstiger Umwelt geschehen kann. (Abgewandelt nach Franz Alexander.)

Am Schluß dieses Abschnittes über die Neurose sei ein Schema von Franz Alexander in etwas modifizierter Form wiedergegeben.

Ich möchte dieses Schema so verstanden wissen, daß das dunkle Dreieck die zur Neurose disponierenden angeborenen Merkmale darstellt und das helle Dreieck die von der Umgebung und aus Lebenserfahrungen herstammenden schädigenden Einflüsse. Das Rechteck zeigt dann, daß in einem Extremfall sehr starke Dispositionen selbst in günstigster Umwelt, daß im anderen Extremfall relativ sehr günstige Dispositionen in äußerst ungünstiger Umwelt Neurosen hervorbringen können. Dazwischen liegen proportional gleitende Anteile beider Faktoren.

12. Die neue Ich-Psychologie

Freud und seine älteren Schüler haben sich nahezu ausschließlich mit seelisch Kranken und ihrer Heilung beschäftigt.

Das wurde wesentlich anders in dem gleichen Maße, in dem moderne Psychologen versuchten, Freuds System auch auf das Verständnis normaler Entwicklungen anzuwenden oder doch auf die Arbeit mit Individuen, Ehepaaren, Familien, deren Probleme und Konflikte viel leichter verständlich und lösbar waren. Hierbei zeigte sich, daß das Auftreten und die Rolle des Ödipuskonfliktes von Freud überschätzt worden war und daß statt dessen *Ichentwicklung* und *Wertfindung* im Vordergrund der Problematik des Normalen stehen. Die aus diesen Erfahrungen hervorgehende neue Ichpsychologie der Analytiker nähert sich, unter der Führung vor allem von Heinz Hartmann und Erik Erikson, sehr wesentlich der Psychologie der Nicht-Analytiker.

Die für beide Gruppen sich hier ergebenden Fragen werden im folgenden weiter erklärt und im Kapitel über Psychotherapie eingehender behandelt werden.

IV Die Entwicklung

1. Unterhaltung zweier Mütter

Jeder Mensch weiß, was *Entwicklung* ist: die parallel zum kindlichen Wachstum ablaufende *Aufeinanderfolge* und regelhaftes Auftreten gewisser Leistungen und Verhaltensweisen, die im allgemeinen bei einem gewissen *Durchschnittsalter* zu erwarten sind, und jeder Mensch weiß auch, daß die Entwicklung durch *Einwirkungen der Umwelt* beeinflußt werden kann. Sie mag beschleunigt werden durch Vorbild und Belehrung; sie kann verlangsamt sein, wenn vom Kinde zu wenig verlangt wird oder es in anderer Weise am Fortschritt gehindert wird. Und schließlich zeigen Kinder von Geburt an gewisse *individuelle Unterschiede* oder individuelle Differenzen, denen zufolge sie sich in verschiedenem Tempo und nach verschiedenen Richtungen hin entwickeln.

2. Reifung und seelische Entwicklung

Jeder, der das Wachstum, die Entfaltung, die Wandlungen, das täglich Neue im Aussehen und Verhalten seiner Kinder beobachtet hat, wird zustimmen, daß die Entwicklung zu den faszinierendsten Tatsachen des Lebens gehört. Oft scheint sie ans Wunderbare zu grenzen, besonders dann, wenn plötzlich aus einem Kinde ganz unerwartete Interessen oder Talente hervorbrechen, wenn etwa eine Zweijährige völlig richtig eine Melodie vor sich hin summt, die ihr niemand beigebracht hat – ein Zeichen für absolutes Gehör.

Zeigen sich jedoch Defekte und Fehlentwicklungen, kann dies zur Tragödie für die Eltern werden, etwa bei einem Fall von Schwachsinn.

Während Talente und Defekte oft in völlig unerwarteter Weise zum Vorschein kommen, geht im allgemeinen die *Reifung* schrittweise und regelhaft vonstatten. Unter Reifung verstehen wir die vom Organismus her bedingten Entfaltungsprozesse. Diese zeigen sich besonders deutlich in den frühen Bewegungen des Säuglings, deren Abfolge zu beobachten außerordentlich interessant ist.

Wer Gelegenheit hat, an der Wiege eines ein- bis vier- oder fünfmonatigen Babys stehen zu können, der beobachte einmal das Spiel der Finger und Hände. Von einem Tag zum nächsten kann er die zunehmende Sicherheit und Koordination, die weiter ausholenden Bewegungen und die sich allmählich einstellende Zielstrebigkeit der Bewegungshandlungen studieren.

Die *Sequenzen* oder Abfolgen der reifenden Bewegungen sind in diesem Stadium so regelhaft, daß das jeweils nächste Stadium voraussagbar ist. In der Wiener Kinderübernahmestelle, einer Anstalt, in der Kinder für eine Zeitlang aufgenommen und auf ihre spätere Adoptionsfähigkeit hin beobachtet werden, haben wir im Zuge unserer dortigen Forschungsarbeiten während der dreißiger Jahre an den uns völlig unbekannten kleinen Personen diese Abfolgen demonstriert. Indem wir von Bett zu Bett gingen, boten wir den Kindern zum Beispiel einen Satz von fünf bunten, ineinandersteckbaren Hohlwürfeln an, und wir sagten mit gutem Erfolg voraus, daß das Sechsmonatige nur *einen* Würfel ergreifen und in der Hand schwingen werde, daß das Siebenmonatige mit *beiden* Händen gleichzeitig je einen Würfel halten, das Acht- bis Zehnmonatige sie aneinanderschlagen, das Zehn- bis Zwölfmonatige sie ineinanderstecken und das Ein- bis Anderthalbjährige sie aufeinanderstellen werde.

In der Abfolge bekunden sich wichtige Fortschritte der Bewegungsbeherrschung sowie der intellektuellen Beziehungssetzung zwischen zwei Gegenständen.

Besonders der Schritt vom Ineinanderstecken zum Aufeinanderstellen zweier oder mehrerer Blöcke wurde von mir (1928) als einer der wichtigsten Schritte der menschlichen Entwicklung bezeichnet und in Parallele gesetzt zur Entdeckung der Bedeutung von Worten. Ich sah

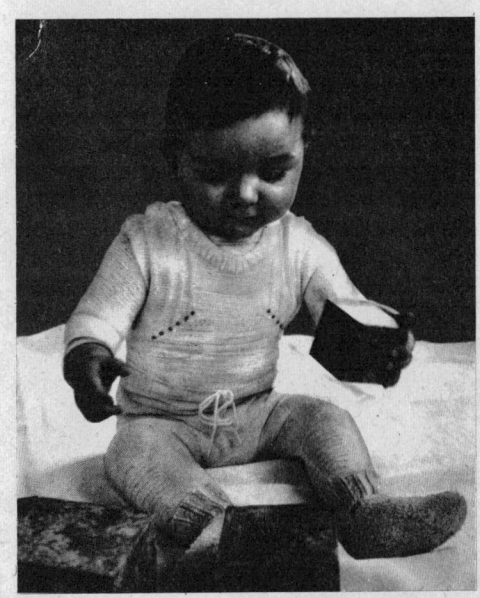

31 Die Sequenzen der reifenden Bewegungen: Ein sechs Monate altes Kind ergreift nur einen Hohlwürfel (von insgesamt fünf gebotenen) und beobachtet die Bewegung...

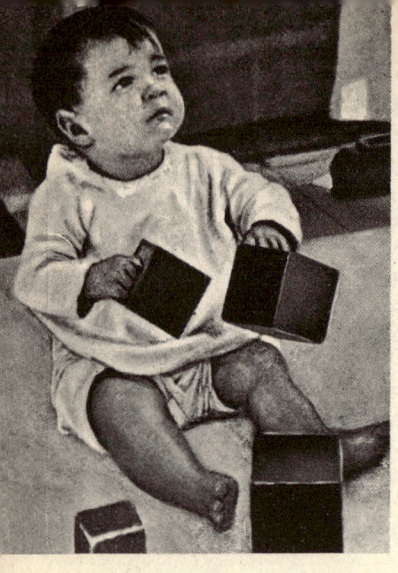

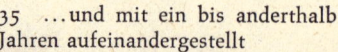

32 ...das Siebenmonatige hält mit beiden Händen gleichzeitig je einen Würfel...

33 ...das Acht- bis Zehnmonatige schlägt sie aneinander...

34 ...mit 10 bis 12 Monaten werden die Hohlwürfel ineinandergesteckt...

35 ...und mit ein bis anderthalb Jahren aufeinandergestellt

hierin den Fortschritt von der Manipulation zur ersten *Werkherstellung*, das heißt zur schöpferischen Herstellung eines neuen Gebildes. Das Bauwerk entsteht zwar am Anfang oft zufällig, doch wird das Kind bald dessen gewahr, daß es hier etwas Neugeschaffenes vor sich hat, und oft weist es triumphierend darauf hin.

Nicht viele Eltern sind sich der Wichtigkeit dieses Augenblicks bewußt. Die Bedeutung des ersten Werkschaffens wird nicht, wie sie sollte, dem Beginn des Gehens und des Sprechens gleichgestellt, und die ganz besondere Anregung, wie sie um die erste Jahreswende gerade Hohlwürfel bieten, ist leider fast unbekannt.

Überhaupt wird erst neuerlich hinreichende Aufmerksamkeit auf die erzieherische Rolle *altersgerechter* Spielsachen in den ersten Jahren des Lebens gelenkt. Hildegard Hetzer hat sich mit ihrem Arbeitsausschuß »Gutes Spielzeug« und ihrem Büchlein gleichen Titels – beide gewinnen zunehmend internationale Bedeutung – die größten Verdienste erworben.

Kinder, die ohne die Anregung durch richtige Spielsachen heranwachsen, reifen zwar auch in den anlagemäßig gegebenen Bewegungen, jedoch fehlt ihnen das Geschick und die Verfeinerung der durch Übung durchgebildeten Muskulatur.

Den außerordentlich regelhaften Reifungsforschritt der *Körperbewegungen* im ersten Lebensjahr hat mit besonderer Sorgfalt Arnold Gesell in dem berühmten Laboratorium der Yale University studiert. Dort wurden die kleinen Versuchspersonen in einen kuppelartigen Raum gebracht, in dem photographische Apparate die Bewegungen und die Körperhaltungen des Kindes von allen Seiten her aufnehmen konnten. Gesells ›Atlas des kindlichen Verhaltens‹ dürfte das vollständigste Bildinventar der Bewegungen des ersten Lebensjahres darstellen.

Es ist kein Zufall, daß das Studium der Körperbewegungen das Glanzstück der auf die Reifung konzentrierten Entwicklungsforschung darstellt, die in Gesells Forschungsarbeit den Höhepunkt der Akribie erreichte. Denn in der Motorik setzt sich der Reifefaktor relativ am wenigsten gestört durch. An und für sich beherrscht das Schema der Reifungsabfolge natürlich alle Lebensfunktionen. Zum Beispiel interessiert der Säugling sich nacheinander erst für Laute, dann für Gesichtsreize wie Farben und Formen, dann für das Greifen und für Tastreize. Oder, um ein anderes Beispiel zu nennen, er produziert die Sprachlaute in regelhaftem Nacheinander, bis er Lautkombinationen und schließlich Worte hervorbringt.

Jedoch mischen sich dann *Umgebungseinwirkungen* und *Erfahrungen* ein, und auch *individuelle Bevorzugungen* komplizieren das Bild. Wenn ein Baby etwa hochmusikalisch ist und von früh an Tönen ein

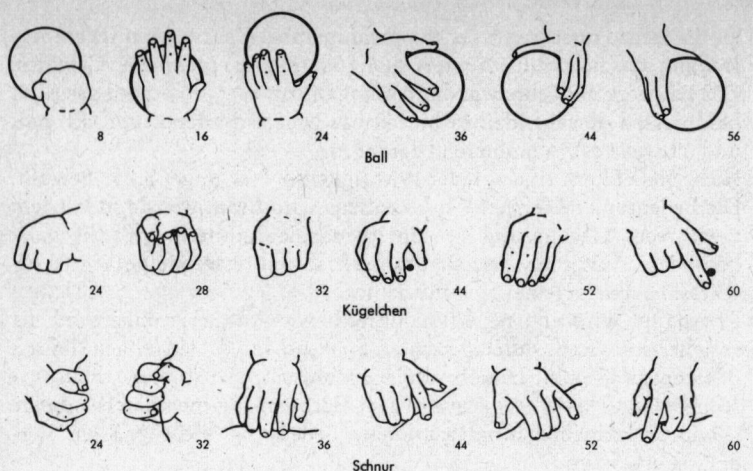

36   Die Entwicklung der Greifbewegungen, gezeigt am Beispiel des Ergreifens von Ball, Kügelchen und Schnur. Die Zahlen geben das Alter in Wochen an. (Aus H. M. Halverson, A further study of grasping, 1932)

größeres Interesse als allen anderen Reizen entgegenbringt, so kann es geschehen, daß dieses Kind sich wenig oder gar nicht mit Farben befaßt. Ein anderes Neugeborenes hingegen, das durch viele laute Geräusche und Lärm aller Art oft erschreckt worden ist, wird sich vielleicht in Angst vor allen Tönen später von jeglicher Musik abwenden.

Ich erinnere mich an den dreimonatigen Sohn einer Millionärsfamilie, den seine Eltern der Obhut einer Pflegerin unter Oberaufsicht der Großmutter überlassen hatten, weil sie sich dauernd auf Reisen befanden. Die Großmutter hatte sich ein feines Rezept ausgedacht, wie sie den künftigen Erben zu ›Harmonie‹ und ›Musikliebe‹ heranbilden könne – indem sie ihn nämlich von früh an den ›richtigen‹ Reizen aussetzte.

Ihre Vorstellung war, beides sei zu erreichen, wenn sie ihren Enkel von Anfang an dauernd schöne Musik hören ließ. Das, was dabei herauskam, war natürlich etwas ganz anderes: Schon mit drei Monaten war das Kind gegen Laute völlig abgestumpft und zeigte in keiner Weise mehr das in diesem Alter im allgemeinen besonders lebhafte Interesse für Töne.

Das am allermeisten von Umgebungseinflüssen bedingte Lebensgebiet ist das der sozialen Verhaltensweisen und der im Umgang mit Menschen sich entwickelnden Emotionen. Emotionalität und Sozialität – das

Einpassungsvermögen in die Gesellschaft – stellen hinsichtlich der Einflüsse von Reifung und Umgebung in gewisser Weise das Gegenstück zur Motorik dar. An ihnen können wir daher am besten die Rolle studieren, die die Umwelt spielt.

3. Umgebung und seelische Entwicklung

Eines der eindrucksvollsten Bücher über die Rolle der Mutter im Leben des Säuglings ist für mich John Bowlbys zusammenfassende Arbeit über ›Mütterliche Fürsorge und seelische Gesundheit‹, die er 1952 für die Weltgesundheitsorganisation geschrieben hat. In einfachen Worten werden hier Tatsachen und Zahlen beigebracht, die ein überwältigendes Bild davon geben, welch ungeheuren, grundlegenden Einfluß die längere Abwesenheit der Mutter oder einer liebevollen Stellvertreterin auf das Gefühlsleben des Kleinst- und Kleinkindes hat. Das Eindrucksvollste an diesem Buch besteht darin, daß hier das Gesamtresultat von Forschungen, die in den verschiedensten Ländern der Welt vorgenommen wurden, dem Leser in geradezu monumentaler Weise vor Augen geführt wird.
Sein Hauptergebnis ist: Kinder, die vor ihrem fünften Lebensjahr für längere Zeit ohne mütterliche Fürsorge sind, verlieren ihre Fähigkeit zu fühlen und zu lieben. Sie werden kalt, selbstsüchtig, neigen zu sexuellen Störungen und fast regelmäßig zum Stehlen. Bowlby sagt, daß einer der frühesten, 1937 von David Levy beschriebenen Fälle noch heute als Musterbeispiel gelten könne.
Levy beschreibt ein achtjähriges Mädchen, das, unehelich geboren, von einer Hand in die andere gegeben wurde, bevor sie in Pflegefamilien kam, von wo aus sie dann mit sechs Jahren adoptiert wurde. Den Adoptiveltern war es trotz aller ihrer Bemühungen unmöglich, dem Kinde nahezukommen. Es ist lebhaft, liebenswürdig und in oberflächlicher Weise anschmiegsam, es ist eine gute Schülerin und schließt Freundschaften – wenn auch wenig tiefgehende – mit anderen Kindern; aber es ist zugleich völlig verschlossen und ausweichend, lügt und stiehlt, ohne daß es für beides einen sichtbaren Grund gibt.
Schon einige Jahre vorher hatten wir, damals in Wien, an Säuglingen, die längere Zeit in Anstalten gehalten wurden, zeigen können, daß bereits ihre Gesamtentwicklung vom fünften Lebensmonat an gegenüber der von solchen Babys zurückblieb, die sogar in sehr armen Verhältnissen heranwuchsen, aber von ihren Müttern betreut wurden. Diese Befunde sind später in Dänemark, Frankreich und den Vereinigten Staaten bestätigt worden. Besonders eindrucksvoll sind die Studien, in denen René Spitz mit Katharine Wolf die Wiener Arbeiten in New

York fortgeführt hat. Er stellte schwere Depressionen an mutterlosen Anstaltskindern fest, selbst wenn diese gut, aber unpersönlich gepflegt wurden.

Es kann demnach eindeutig gesagt werden, daß Gefühllosigkeit und andere emotionelle Störungen sowie psychopathische Charakterzüge weitestgehend auf den *Mangel an Mutterliebe* am Anfang des Lebens zurückzuführen sind.

Detaillierte Angaben der in Bowlbys großer Zusammenfassung zitierten Hauptbearbeiter dieses Gebietes erlauben uns darüber hinaus noch genauere Angaben über drei der ungünstigsten Bedingungen:

1. Völlige Abwesenheit einer ›Mutterfigur‹ (d. h. der Mutter oder einer entsprechend liebevollen Vertreterin) während der ersten drei Lebensjahre,

2. Mehr als dreimonatige Abwesenheit der Mutterfigur in den ersten drei oder vier Jahren,

3. Hinundherwechsel von einer zu einer anderen Mutterfigur innerhalb derselben Periode.

Den schlimmsten Typ von gestörten Kindern stellen Fälle mit *Kindheits-Schizophrenien* dar.

Der Begriff *Schizophrenie* wurde von dem Schweizer Psychiater Eugen Bleuler für eine Gruppe von Geisteskrankheiten aufgestellt, deren gemeinsames Hauptmerkmal seiner Ansicht nach eine innere Persönlichkeitsspaltung ist, infolge deren das Gedanken- und Gefühlsleben der Erkrankten sowie ihre Beziehungen zur Realität schwer gestört sind: Sie leben in einer anderen als der tatsächlich bestehenden Wirklichkeit.

Emil Kraepelin, ein führender deutscher Psychiater und Vorgänger von Bleuler, hatte angenommen, daß die von Morel 1860 entdeckte und an dem Fall eines Dreizehnjährigen beschriebene Krankheit immer im Jugendalter beginnt, und sie daher Dementia praecox oder Jugendirresein genannt. Später zeigte sich jedoch, daß diese Krankheit in verschiedenen Altersstufen einsetzen kann, und heute ist man geneigt, in der Kindheits-Schizophrenie die Vorstufe der späteren echten Schizophrenie zu sehen.

Kraepelin und Bleuler waren der Ansicht, daß die Schizophrenie eine organische Grundlage hat; Kretschmer fand das Überwiegen einer bestimmten körperlichen Konstitution, nämlich des extrem schmalwüchsig-langgliedrigen sogenannten asthenischen Körperbaus, bei Schizophrenen; Kallmann lieferte eine starke statistische Evidenz für die Rolle des Vererbungsfaktors im Falle der Schizophrenie. Trotzdem waren selbst Kraepelin und Bleuler überzeugt, und in noch höherem Maße sind es viele andere Forscher, daß die *Umgebung* entscheidend daran mitwirkt, ob tatsächlich eine Schizophrenie ausbrechen wird oder nicht. Seit Bleuler stimmen die meisten Psychiater darin überein, daß die Schizophrenie hauptsächlich das Ergebnis fehlerhafter Reaktionen auf Frustration und Konflikte ist: Ein Individuum müsse nicht notwendigerweise schizophrene Reaktionen produzieren, wenn es nicht unter exzessiven Druck gestellt werde.

Dieser exzessive Druck besteht nun oft in *Lieblosigkeit der Mutter und Ablehnung des Kindes* durch sie. Von einer durch mütterliche Kälte unerträglich verletzenden Welt zieht das sensitive oder oft übersensitive Kind sich in sich selbst zurück. Dieses Zurückziehen ist eines der Hauptsymptome der Schizophrenie, das je nach der Schwere des Falles mit Sprachstörungen und Störungen in allen möglichen anderen Funktionen, mit Wutausbrüchen, Aggression und Unfähigkeit, irgend etwas für sich selbst zu tun, Hand in Hand gehen kann. Angesichts der relativen Häufigkeit der Schizophrenie – sie macht die Hälfte der in den Anstalten behandelten Geisteskrankheiten aus – ist es außerordentlich wichtig, darauf hinzuweisen, welch unter Umständen lebenszerstörende Rolle die Lieblosigkeit einer Mutter spielt!

Andererseits scheint eine großangelegte Beobachtungsstudie über mütterliches Verhalten, die unter Sibylle Escalona und Mary Leitch in der Menninger-Klinik durchgeführt wurde, zu beweisen, daß, sobald Mütter sich überhaupt für ihre Kinder interessieren, ihre sonstigen Schwächen sich niemals katastrophal auswirken. Allerdings ergibt sich aus Sylvia Brodys Bearbeitung des sorgfältig detaillierten Materials, daß aus der Hand nervöser Mütter schon nach wenigen Monaten nervöse, ungleichmäßig entwickelte Babys hervorgehen.

Die relative Bedeutung von *Vererbungsfaktoren*, von *psychologischen Einflüssen* und von *gesellschaftlich-wirtschaftlichen Gegebenheiten* für das Auftreten von Kindheitspsychosen wird eindrucksvoll klar aus einer Arbeit von Yerbury und Newell, die 56 geistesgestörte Kinder mit 56 Durchschnittskindern im Hinblick auf die genannten Faktoren verglichen haben.

Der sich ergebende Zahlenvergleich ist außerordentlich interessant.

In dieser Abbildung weisen die ersten fünf Zahlen auf Einflüsse hin, die aus dem Erbgut stammen oder krankheitsbedingt sind, die nächsten sechs auf psychologische Einflüsse, die letzten fünf auf gesellschaftlich und wirtschaftlich nachteilige Faktoren.

Unter den erblich bedingten Faktoren ist am auffallendsten der außerordentlich hohe Prozentsatz gestörter Geschwister, den man bei gestörten Kindern findet. Und an zweiter Stelle stehen Erbschädigungen der Eltern des psychisch kranken Kindes.

In der Gruppe der psychologischen Faktoren nehmen die beiden ersten Stellen das zerrüttete Familienleben und die Streitigkeiten der Eltern über die Erziehung ein.

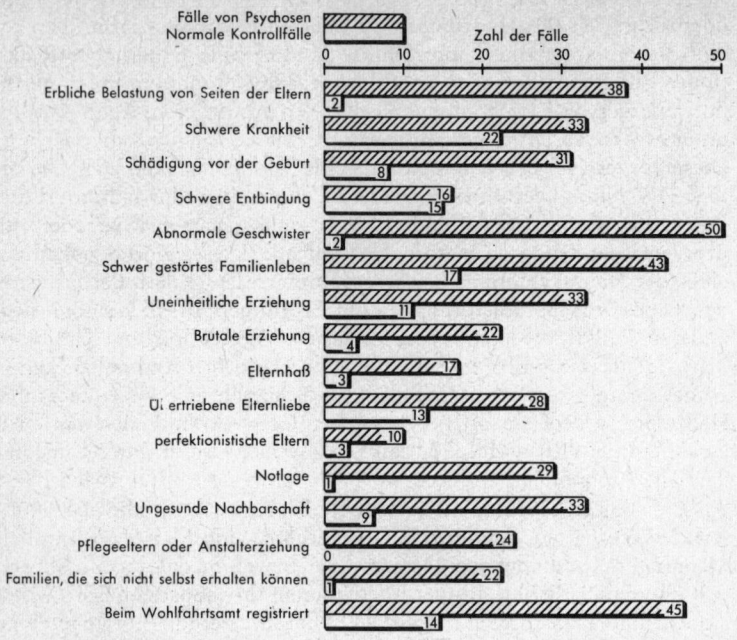

Fälle von Psychosen
Normale Kontrollfälle
Zahl der Fälle

| | 0 | 10 | 20 | 30 | 40 | 50 |

Erbliche Belastung von Seiten der Eltern 38 / 2
Schwere Krankheit 33 / 22
Schädigung vor der Geburt 31 / 8
Schwere Entbindung 16 / 15
Abnormale Geschwister 50 / 2
Schwer gestörtes Familienleben 43 / 17
Uneinheitliche Erziehung 33 / 11
Brutale Erziehung 22 / 4
Elternhaß 17 / 3
Übertriebene Elternliebe 28 / 13
perfektionistische Eltern 10 / 3
Notlage 29 / 0
Ungesunde Nachbarschaft 33 / 9
Pflegeeltern oder Anstalterziehung 24 / 0
Familien, die sich nicht selbst erhalten können 22 / 0
Beim Wohlfahrtsamt registriert 45 / 14

37 Vergleich der Auswirkung von erblich bedingten, psychologischen und gesellschaftlich-wirtschaftlichen Faktoren bei normalen und psychotischen Kindern. (Nach Yerbury und Newell)

In der dritten Gruppe sind am auffallendsten die wirtschaftliche Notlage der Familie und die ungünstige Nachbarschaft und Stadtgegend, in der das Kind aufwächst.

Es ist interessant, daß in dieser Untersuchung die *Erziehung* neben der Ungunst der Umwelt den wichtigsten psychologischen Faktor darstellt. In der Tat läßt die psychiatrische Erfahrung der letzten Jahrzehnte darauf schließen, daß mangelnde Liebe oder übertriebene Zärtlichkeit einerseits, übertrieben strenge oder mangelnde Erziehung andererseits die häufigsten Grundbedingungen *neurotischer Entwicklungen* darstellen. Jedoch gibt es immer wieder Fälle, in denen Kinder sich viel besser oder viel schlechter entwickeln, als wir auf Grund der gegebenen Verhältnisse erwarten würden.

4. Anlage und seelische Entwicklung

Dies führt uns nochmals zu dem Faktor ›Anlage‹ zurück, dessen Einfluß auf die körperliche Entwicklung und auf die Motivation wir bereits diskutiert haben. Ähnlich wie dort ist auch in der seelischen Entwicklung der Nachweis der Anlage als eines Faktors außerordentlich schwierig, und zwar ebenfalls infolge der von Anfang an sich geltend machenden Einwirkungen aus der Umgebung.

Wie schwierig es ist, zuverlässige Angaben über Anlagen zu machen, zeigt die vorangehende Abbildung: Der Prozentsatz von Geisteskranken ist zwar hoch, beträgt jedoch bei weitem nicht hundert Prozent. Dasselbe läßt sich umgekehrt für ungewöhnliche Begabungen aussagen. Noch schwieriger wird das Problem, wenn es sich um andere sogenannte ›Eigenschaften‹ handelt. Dieses Wort ›Eigenschaften‹ wird heute von Wissenschaftlern nur noch mit größter Vorsicht gebraucht. Die meisten Züge, die man früher als konstant gegeben und bestimmend ansah, werden heute als veränderbar angesehen. Diese Feststellung ist deswegen so eminent wichtig, weil sich aus ihr eine vollkommen andersartige Einstellung zu Problemen der *Umerziehung* von Menschen ergibt, als man sie früher hatte. Selbst Verbrecher werden heute weitgehend nicht als unverbesserlich betrachtet, vorausgesetzt allerdings, daß die richtigen Heilmethoden zur Anwendung gelangen. Unter ihnen stehen einerseits die Tiefenanalyse, andererseits neuerdings auch medikamentöse Behandlungen im Vordergrund. Die Frage ist in der Hauptsache die der zur Verfügung stehenden Mittel.

Der Durchschnittsmensch sollte im Hinblick auf sich und seine Familienmitglieder sowie andere ihm Anvertraute die allgemeine Einstellung haben, daß fehlerhafte und unerwünschte sogenannte *Charakterzüge* weitestgehend korrigierbar sind. Freilich sollte er sich gleichzeitig darüber klarwerden, daß die am häufigsten zur Anwendung gelangenden Mittel erzieherischer Beeinflussung oder bewußter Selbststeuerung im allgemeinen erfolglos sind, wenn es sich um die Erziehung tieferdringender Persönlichkeitsänderungen handelt. Die in dieser Weise erreichten Resultate sind entweder oberflächlich oder vorübergehend, oder aber sie bestehen in der Beseitigung gewisser Symptome, an deren Stelle sich andere entwickeln.

Zu den wissenschaftlich zuverlässigsten Untersuchungen über die Rolle der Anlagen gehören Untersuchungen an *Identischen Zwillingen*. Es sind dies jene ›Eineiigen Zwillinge‹, die sich deshalb buchstäblich ›bis aufs Haar‹ ähneln, weil sie aus einer einzigen befruchteten Eizelle hervorgegangen sind, die in einem Stadium frühester Entwicklung zwei Keimlinge aus sich hat entstehen lassen. Da solche Eineiigen Zwillinge hinsichtlich ihres Erbgutes völlig gleich sind – sie sind ja aus *einer* befruchteten Eizelle hervorgegangen und nicht, wie die ungleichen Zwillinge, aus zwei verschiedenen Eizellen, die jede für sich befruchtet wurden –, nennt man sie Identische Zwillinge. Gleiches Erbgut heißt gleiche Anlagen. Alles, was bei solchen Eineiigen Zwillingen im Laufe ihrer Entwicklung unverändert bleibt, ist also sicherlich anlagebedingt; alles, was sie voneinander verschieden werden läßt, muß von der Umwelt verursacht sein. Besonders dann, wenn Identische Zwillinge getrennt voneinander aufgezogen worden sind und trotzdem ähnliche Entwicklungszüge aufweisen, kann man mit Sicherheit auf Wirkungen des Faktors Vererbung schließen. Jedoch sind bis jetzt weder diese noch andere Befunde über angeborene Charakterzüge allgemein nutzbringend zu verwenden, weil sich vorerst nur wenige Voraussagen auf sie stützen lassen.

Lotte Schenk-Danzinger weist in einer sorgfältigen Arbeit über *Begabung und Entwicklung* wiederholt darauf hin, daß die Lebensbewährung eines Menschen auf Grund seiner Befähigung nicht voraussagbar ist, weil die *Motivation* als entscheidender zweiter Faktor die tatsächliche Entwicklung mitbestimmt. Im allgemeinen zeigen sich zwar die Hochbegabten im Berufsleben überlegen, und die Unterbegabten tragen verständlicherweise infolge mangelnder *Kritik* in prozentuell hohem Maße zum jugendlichen Verbrechertum bei, doch sind Voraussagen über die Entwicklung auf Grund von Begabung oder anderen angeborenen Eigenschaften allein nicht zuverlässig.

Die zur Zeit verfügbaren relativ erfolgreichen Voraussagen haben sich nicht mit dem Problem angeborener Merkmale auseinandergesetzt, sondern stützen sich auf sogenannte *Längsschnitt*studien von Verhaltenskomplexen.

5. Funktionen und Leistungen in der Entwicklung

Die Längsschnittstudien, mit denen wir uns noch beschäftigen werden (s. S. 148) stellen nur eine, allerdings eine der neuesten Forschungsmethoden und Betrachtungsweisen von Entwicklungstatsachen dar. Der übrige zur Zeit verfügbare und kaum mehr übersehbare Schatz von Kenntnissen auf dem Gebiet der Kinder- und Jugendpsychologie – er ist größer als der, über den wir für das Erwachsenenalter verfügen – ist mit anderen Methoden zusammengetragen worden.

Seit um die Wende des Jahrhunderts (1882) Wilhelm Preyer sein berühmtes Tagebuch über die frühkindliche Entwicklung verfaßte, Stanley Hall (1883) mit Fragebogen-Methoden Jugendliche studierte und James Baldwin (1898) die erste großangelegte Theorie der menschlichen Entwicklung entwarf, seit Alfred Binet (von 1890 an) die Stadien der Intelligenzentwicklung im Test zu erfassen trachtete und Ernst Meumann (1903) die Gedächtnisentwicklung des Schulkindes mit Experimenten untersuchte, seit Clara und William Stern (1907) ihre ersten Arbeiten über die Kindersprache und Kerschensteiner sowie Levinstein (1905) die ersten großen Sammlungen von Kinderzeichnungen vorlegten, seit John Watson (1914) das Prinzip der Verhaltensbeobachtungen aufstellte und verfocht, seit in denselben Jahren Bühler, Katz und Peters die Methoden der experimentellen Wahrnehmungsforschung in die Kinderpsychologie hineintrugen, und seit Karl Bühler die Theorie der Entwicklung erstmalig biologisch fundierte und einen ersten großen, auf Tatsachenforschung gegründeten theoretischen Entwurf der Entwicklung des Kindes ausarbeitete (1911–1918) – seit diese und viele andere das Fundament der neuen Wissenschaft legten, hat sich die kinder- und jugendpsychologische Forschung auf der ganzen Welt in geradezu gigantischem Maße ausgeweitet. Der Reichtum an Methoden und Problemstellungen vergrößerte sich dauernd. In diesem ›Jahrhundert des Kindes‹, wie Ellen Key es genannt hat, übertraf und übertrifft noch immer das Interesse an der kindlichen Entwicklung das für alle anderen Zweige der Psychologie.

Der Grund mag das im westlichen Kulturkreis stetig zunehmende Bedürfnis nach einem wissenschaftlich begründeten Selbstverstehen des Menschen sein. Je mehr hierbei die Philosophie der Psychologie den Platz einräumte, um so mehr mußte der Ursprung der Entwicklung im Kinde und später das Problem der gesamten menschlichen Entwicklung in den Mittelpunkt treten.

Unser Vorhaben ist es, aus der Fülle der Tatsachen zwei verschiedene Gruppen herauszugreifen. Eine erste Sammlung von Daten wird sich auf Angaben über die Entwicklung von Funktionen und Leistungen beschränken. Eine zweite Auswahl soll jedoch unter einem tiefergreifenden Gesichtspunkt vorgelegt werden: Es ist der Aspekt des menschlichen Lebens als eines Ganzen, zu dem wir die Entwicklung der menschlichen Persönlichkeit als ganzer in Beziehung setzen wollen. Dies wird jedoch erst nach einer Prüfung des Begriffes der Persönlichkeit möglich sein.

Die Entwicklung, wenn sie gesehen wird als *Entfaltung von Funktionen und Leistungen*, beginnt mit einem außerordentlich reichen Inventar. Schon von Geburt an verfügt der Säugling prinzipiell über den Gebrauch aller Sinnesorgane sowie über eine reiche, wenn auch anfangs noch nicht koordinierte Motorik. Diese beginnt, wie wir heute seit den maßgebenden Untersuchungen speziell von Minkowski, Bertalanffy und Tinbergen wissen, in dem sich ›selbst-startenden‹, das heißt spontan aktiven Organismus als *Massenaktivität*. Mit dieser, einer Betätigung aller Glieder und des ganzen Körpers, wirft das Neugeborene sich sozusagen ins Leben. Mit der zunächst richtungslosen Massenaktivität reagiert es auch auf viele der von überallher auf den Organismus eindringenden Reize. Gleichzeitig ist es jedoch einer großen Anzahl spezifischer Reaktionen auf Reize fähig, die zunächst hauptsächlich in Form von *Reflexen* auftreten, jener unmittelbaren, unbewußten und ungewollten Antworten auf Reize, wie wir sie z.B. vom Speichelreflex kennen, der ›automatisch‹ abläuft, wenn uns der Anblick einer appetitlichen Speise ›das Wasser im Munde zusammenlaufen‹ läßt.

Von wann ab das Neugeborene über *Bewußtsein* verfügt, ist, wie Phyllis Greenacre in sorgfältigen Untersuchungen dargelegt hat, noch immer nicht sicher.

Aber eines steht fest: daß der neue Organismus bereits während seines embryonalen Lebens Veränderungen im Sinne von Anpassungen erfährt. Das so begonnene, mit der *Reifung* verwobene *Lernen* macht es dem Säugling in wenigen Monaten möglich, die Umwelt *wahrnehmend* zu erfassen und Dinge sowohl wie Menschen zu erkennen. Wenn das Kind ein halbes bis dreiviertel Jahr alt ist, kann es normalerweise Geschmäcke und Gerüche, Töne und Geräusche, Farben und Formen, Tasteindrücke verschiedener Art sowie Gegenstände und Gesichter unterscheiden. Es *beherrscht seinen Körper* sitzend und kriechend und in Hin-, Weg- und Abwehrbewegungen verschiedenster Art. Es verfügt über ein reiches Inventar von *Emotionen*, und es setzt sich mit Schreien, Lächeln, Lachen und Weinen sowie mit *Sprachlauten* in Verbindung zu seiner Umgebung.

Um die Wende des ersten Lebensjahres ist es häufig imstande zu stehen, Schritte zu machen und erste Worte zu gebrauchen. Gleichzeitig beginnt es *denkend* Probleme zu lösen, indem es Dinge zu Werkzeugen macht.

Das heißt, am Ende des ersten Lebensjahres verfügt das Kind normalerweise über ein außerordentlich reiches Inventar seelischer Funktionen. Aus der Fülle der Tatsachen, die uns über ihre zunehmende Differenzierung und ihren Auf- und Abstieg in der Entwicklung zur Verfügung stehen, sei ein kurzer Überblick über den Verlauf in drei uns besonders wichtig erscheinenden Gebieten gegeben; es sind dies die zur *Erkenntnisentwicklung*, die zu *Spiel und Schaffen* sowie die zur *Herstellung sozialer und sexueller Beziehungen* dienenden Funktionen und Leistungen.

Die Erkenntnisentwicklung

Zu dem großen Gebiet der Erkenntnisentwicklung gehören vor allem die Entwicklung von *Wahrnehmung*, *Gedächtnis* und *Denken* mit vielen anderen zusätzlichen Funktionen.

Die *Wahrnehmung* (Perzeption) von Objekten konstituiert sich im Geiste des Kindes mit vielen Ding-Eigenschaften während des ersten Lebensjahres. Am Ende des ersten oder zu Beginn des zweiten Lebensjahres beginnt das Kind Bilder zu erkennen, während es länger dauert, bis es Belebtes und Unbelebtes unterscheidet.

Noch im Vorschulalter erkennt es Ähnlichkeit und andere Gestalteigenschaften sowie Einheiten und Mengen.

Es gewinnt auch eine erste Beziehung zu Raum und Zeit, obwohl das Erfassen von Entfernung und Perspektive sich langsamer entwickelt.

Mit der Pubertät ist die Wahrnehmungsfähigkeit voll entwickelt. Sie behält von da an ihre Konstanz, jedoch vermag von der Mitte des Lebens an die Einbuße an Sinnesschärfe in individuell verschiedenen Graden eine Verringerung der Wahrnehmungsfähigkeit (Perzeptivität) mit sich zu bringen.

Das *Gedächtnis* erweist sich von Anfang des Lebens an als wirksam zuerst in unbewußten Lernvorgängen und schon früh in kurzfristigen bewußten Erinnerungen. Wir finden diese von den ersten Lebensmonaten an indirekt in Erwartungshandlungen dokumentiert. Vom zweiten Lebensjahr an werden Ereignisse über einen Tag hinaus und bald auch Wochen und Monate erinnert. Vom dritten Lebensjahr an werden Erinnerungen über ein Jahr berichtet.

Obwohl im Kindesalter Erlebnisse des ersten und zweiten Lebensjahres nach kurzer Frist nicht mehr reproduziert werden, so scheinen doch einige frühe Erfahrungen so außerordentlich eindrucksvoll zu sein, daß sie im Unterbewußten fortleben und später unter Umständen wieder auftauchen können. Nur so sind Rückerinnerungen an sehr frühe Ereignisse im Verlaufe tiefenpsychotherapeutischer Behandlung oder unter Hypnose erklärbar. Trotz einer reichen Literatur über diese Tatbestände bezweifeln manche Forscher, daß sie einwandfrei seien. Ich selbst habe in meiner psychotherapeutischen Arbeit viele frühe Rückerinnerungen ermitteln können, darunter die frühesten bis zum zehnten Lebensmonat, wobei objektive Kriterien der Korrektheit verwendet wurden.

Ein Beispiel dafür:

Luise, in der Mitte der Dreißig, war in psychotherapeutischer Behandlung. Sie bemühte sich lange vergebens, eine klare Vorstellung von der frühesten Beziehung ihrer Mutter zu ihr ins Gedächtnis zu rufen. In dem vorgeschrittenen Therapiestadium, in dem sie sich befand, lag ihr viel daran, die Realität unverzerrt zu sehen. Schließlich gelang es unter Hypnose, drei Situationen wiederzuerleben, von denen wir später feststellten, daß sie auf ihren zehnten Lebensmonat anzusetzen waren. Als erstes erlebte sie sich als auf dem Küchenboden sitzend, während sie die Arme nach ihrer Mutter ausstreckte, die weit weg, so schien es, am Herd stand und ihr keine Beachtung schenkte. Da die Küche in Wirk-

lichkeit sehr klein gewesen war, bedeutet das Erlebnis der ›weiten Ferne‹ sowie der scheinbar hoch über ihr befindlichen Küchenbretter, die sie dann ebenfalls sah, daß sie selbst damals offenbar noch sehr jung gewesen ist.

In der zweiten Szene erlebte Luise sich als in einem vergitterten Kinderbett auf und ab hüpfend. Der Raum schien dunkel, und sie sah einen Vorhang neben dem Bett. In der Tat hatte Luise während ihrer ersten zwei Lebensjahre in einem fensterlosen Alkoven geschlafen.

In einer dritten Szene schließlich erlebte sie sich im Arm ihrer Mutter, die mit einer anderen Frau sprach und ihr wieder keine Bedeutung schenkte, obwohl das Kind sie am Ärmel zupfte.

Alle drei Erinnerungen lösten ein tiefes Gefühl von Verlassenheit aus, so daß sie bei ihrem Bericht in Tränen ausbrach, weil sie die mangelnde Zuwendung und Zärtlichkeit der überarbeiteten, mit Sorgen beladenen Mutter wiedererlebte.

Dressur und Intelligenz

Von früh an bemühen sich die meisten Eltern, das Gedächtnis ihres Kindes zu trainieren. Karl Bühler hat sich mit dieser Tatsache der frühen *Dressur* befaßt, die die Umgebung, aber auch das Kind selbst an sich vornimmt. Er stellte dieses mechanische Lernen dem Lernen durch *Einsicht* in einen Sinnzusammenhang gegenüber und bewies mit Hilfe eines Experimentes, daß von etwa zehn Monaten an einsichtsvolles Lernen möglich wird, während Dressur schon von der Mitte des ersten Lebensjahres an erfolgreich verwendet werden kann.

Das Experiment wurde einem von Wolfgang Köhler mit Schimpansen durchgeführten angeglichen. Köhler hatte, um die Intelligenz dieser Menschenaffen zu prüfen, eine Reihe von berühmt gewordenen Experimenten angestellt, wobei den Schimpansen gewisse Probleme zu lösen aufgegeben wurden. Bei dem (von Karl Bühler mit einem parallelen

38 Das gleiche Werkzeugdenken, das Wolfgang Koehlers Schimpansen zeigten ...

Experiment nachgeahmten) Versuch wurde eine Banane außerhalb des Käfigs so hingelegt, daß das Tier sie zwar nicht mit seinem durch das Gitter ausgestreckten Arm, wohl aber bei Benutzung eines Stockes erreichen konnte. Der Stock wurde in den Käfig gelegt, bevor der Schimpanse hineingelassen wurde. Die Frage war, ob er auf den Einfall kommen würde, sich dieses Stockes zu bemächtigen, um die Banane hereinzuholen.

Fast alle Schimpansen erwiesen sich als zu dieser Leistung fähig, die deswegen als eine Intelligenzleistung im strengen Sinn des Wortes aufgefaßt wurde, weil sie nicht zufällig und spielerisch, sondern zielstrebig und mit Einsicht in die Beziehung des durch den Stock verlängerten Arms zu der Banane vorgenommen wurde. Man bezeichnet diesen Vorgang als Werkzeugdenken.

Dieses selbe Werkzeugdenken stellt den Beginn einsichtsvoller Problemlösungen bei Kindern dar. Karl Bühler legte vor ein neun Monate altes, in seinem Bettchen sitzendes Kind einen Zwieback derart, daß die Kleine ihn zwar sehen, aber mit ausgestrecktem Arm nicht erreichen konnte. Am Zwieback angebracht war eine Schnur, die nahe der Hand des Kindes endete.

Es zeigte sich, daß zwar noch nicht das Neunmonatige, wohl aber das Zehnmonatige darauf kam, sich des Zwiebacks mit Hilfe der Schnur zu

39–40 ...hat Karl Bühler bei Kindern von zehn und elf Monaten als Beginn einsichtsvoller Problemlösungen festgestellt. Hier die Wiederholungen eines solchen Versuchs: Das Kind zieht den Keks, den es mit der Hand nicht erreichen kann, mit dem Band heran.

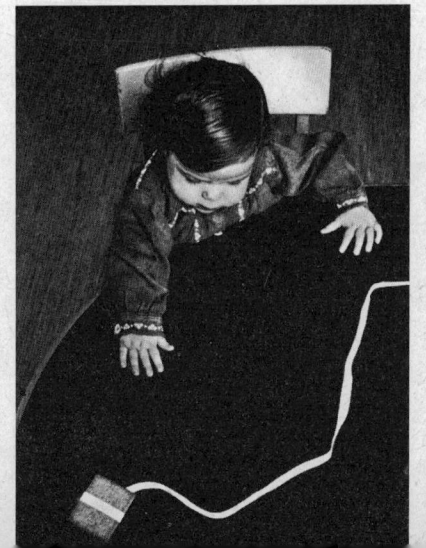
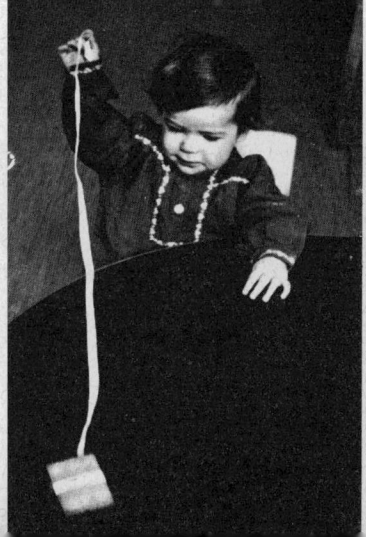

bemächtigen. Als Durchschnittsalter für derartige Leistungen wurde später der elfte Monat festgestellt.

Im Unterschied zum mechanischen Lernen, welches sich auf mehrfache *Wiederholungen* stützt, sind beim einsichtigen Lernen keine Wiederholungen nötig. Sobald der Zusammenhang verstanden ist, bleibt er im Gedächtnis haften. Lernvorgänge mit Einsicht sind auch deswegen vorzuziehen, weil sie bis in höhere Altersstufen hinauf erfolgreich verwendet werden können, während das mechanische Gedächtnis, das für das Erlernen gewisser Daten unerläßlich ist, seinen Höhepunkt schon bedauerlich früh in der Pubertät erreicht und bereits mit Beginn der Zwanzig abzunehmen beginnt. Deswegen kann ein Fachmann sich noch in vorgeschrittenem Alter neue Daten aneignen, die im Zusammenhang mit seinem Wissensgebiet stehen, während er die ihm häufig wiederholte Telefonnummer seines Arztes oder eine neue Adresse von Freunden zum Ärger seiner Frau sofort wieder vergißt.

Die Lernentwicklung

Edward Thorndike, einer der frühesten und berühmtesten Erforscher der Gedächtnisentwicklung, hat eine *Alterskurve* der Lernfähigkeit konstruiert, wobei er hauptsächlich mechanisch zu lernendes Material berücksichtigte. Wir geben die Kurve hier wieder.

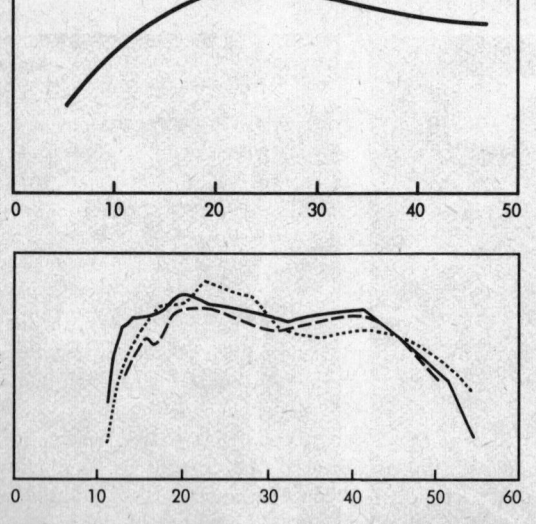

41 Die Lernfähigkeit in Abhängigkeit vom Lebensalter. Wie die Kurve zeigt, erreicht der Mensch den Höhepunkt seiner Lernfähigkeit um die Mitte der Zwanzig. (Nach Thorndike)

42 Anstieg und Abfall der Fähigkeit, den Wort- und Bildgehalt von Filmen zu behalten, in Abhängigkeit vom Lebensalter. (Nach H. Jones und Mitarbeiter 1928)
— Historischer Film;
.. Liebesfilm;
-- Wild-West-Film

Einige andere Darstellungen der Lernentwicklung mögen von praktischem Interesse sein. Harold Jones und seine Mitarbeiter studierten zum Beispiel in einem Experiment nicht das absichtliche Lernen, sondern das unwillkürliche Behalten von Ereignissen, die von den Versuchspersonen in Filmen gesehen worden waren. Interessanterweise ist diese Kurve der Lernkurve nicht völlig unähnlich.

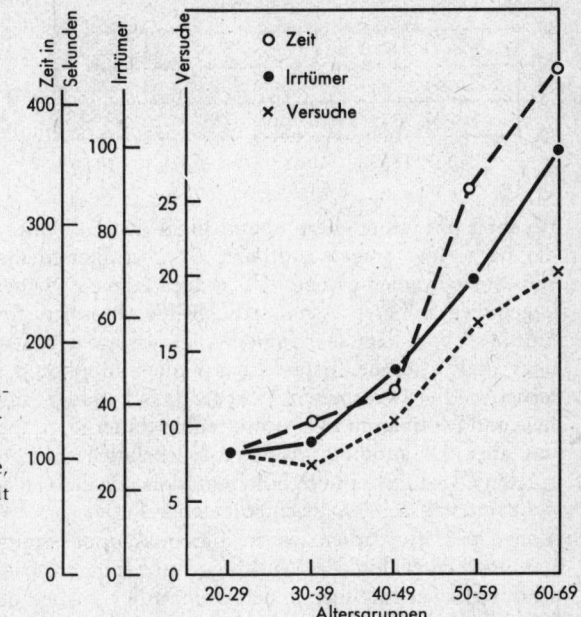

43 Mit zunehmendem Alter steigen die Schwierigkeiten beim Erlernen einer Aufgabe, die Geschicklichkeit im Umgang mit einem Motor verlangt. (Nach Welford 1951)

Ungünstiger für die höheren Altersstufen ist das Bild, das sich aus einer Arbeit von Welford ergibt, der die Zeit, die Irrtümer und die Anzahl von wiederholten Versuchen beim Lernen einer Geschicklichkeitsaufgabe prüfte. Die Aufgabe verlangte schnelle Beobachtung und geschickte Handbewegungen. Die Zunahme besonders der erforderlichen Zeit und der Irrtümer ist bereits jenseits eines Alters von 40 Jahren beträchtlich.

Andererseits produzierte die Altersgruppe von 30 bis 49 Jahren die besten Leistungen im systematischen Umlernen einer gewohnten Bewegungshandlung, wie Floyd Ruch in einem interessanten Experiment nachgewiesen hat.

Im großen und ganzen gesehen, geht es von der Mitte des Lebens an mit Gedächtnis und Lernfähigkeit abwärts. Jedoch gibt es hier, wie überall, Ausnahmen. Ich kenne Fälle von Fünfzigern, die erfolgreich

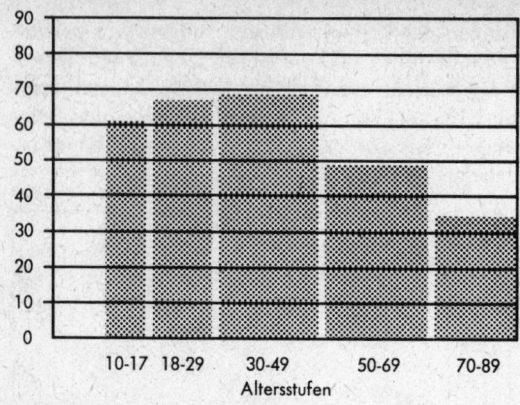

44 Die Fähigkeit des Umlernens einer gewohnten Bewegungshandlung ist am stärksten entwickelt bei Menschen der Altersgruppe von 30 bis 49. (Nach F. Ruch)

für ihr Doktorat studierten, und sogar den Fall eines Achtzigjährigen, der nach einer langen Laufbahn als Chemiker Medizin studierte und sein Staatsexamen ablegte! Überhaupt erleben wir heute, als Folge der gegenüber früheren Zeiten erheblich verbesserten hygienischen Verhältnisse, vor allem aber dank der Fortschritte der Medizin, immer häufiger, daß alternde Menschen auf allen möglichen Gebieten weiterlernen und weiterarbeiten. Was sie dazu befähigt, sind neben Gesundheit und Motivation ihre sich offenbar dauernd zwar auf Spezialgebieten, aber doch produktiv weiterentwickelnden geistigen Kräfte. Hierbei spielen allerdings in noch höherem Maße als das Gedächtnis die Intelligenz und das Denken die entscheidende Rolle.

Vom *Denken* sprachen wir in diesem Kapitel bereits im Zusammenhang mit der Fähigkeit, Werkzeuge zu benutzen. Die Entwicklung der schöpferischen Intelligenz, deren Vorstufen sich schon von Anfang an in vielen Lebensäußerungen des Kindes bekunden, gelangt mit der Erfassung von *Beziehungen* zwischen Gegenständen auf ein neues Niveau. Die Einsicht, daß man ein Ding benutzen kann, wenn man ein anderes haben will, kommt dem Kinde um ungefähr dieselbe Zeit wie die Einsicht, daß gewisse Lautgruppen als Namen zu einem Ding gehören.

Der Sprachbeginn

Mit dieser Erkenntnis ist die *Sprache* geboren, deren Entwicklung das Denken auf eine höhere spezifisch menschliche Stufe erhebt. Karl Bühler hat sich in ausgedehnten Untersuchungen mit dem *Sprachdenken* im Unterschied zum *Werkzeugdenken* sowie mit dem Unterschied zwischen *menschlicher* und *tierischer Sprache* befaßt. In einem berühmt gewordenen Modell unterschied er *Kundgabe, Auslösung* und *Darstellung* als drei Grundfunktionen der Sprache. Er zeigte, daß Tiere ihre

›Sprache‹ nur benutzen, um Bedürfnissen oder Emotionen Ausdruck zu verleihen (Kundgabe) oder aber, um an Artgenossen zu appellieren (Auslösung). Lediglich der Mensch ist imstande, sich über Sachverhalte objektiv auszudrücken, ohne subjektive Faktoren wie Gefühle und Bedürfnisse ins Spiel zu bringen (Darstellung).

Die Entwicklung der Sprache und des Sprachdenkens ist in einer außerordentlich reichen Literatur behandelt worden. So wissen wir heute, daß alle Lautäußerungen des Kleinstkindes, vom ersten Schrei des Neugeborenen an, wichtige Vorstufen für das erste Wort sind, das heißt für die ersten Silben, denen vom Kinde bewußt ein Sinn verliehen wird. In den Lauten und Silben des Vorsprachstadiums erwirbt sich das Kind sozusagen das Material, mit dem es später die Sprache aufbaut.

Der Leser, der sich für die zahlreichen Probleme der Sprachentwicklung interessiert, sei auf die Arbeiten von Dorothea McCarthy verwiesen, der wir die wohl umfassendste Bearbeitung der kaum übersehbaren Liste von Veröffentlichungen verdanken. Aus ihrer Darstellung geht hervor, daß über viele Fragen immer noch erhebliche Meinungsunterschiede zwischen den Autoren bestehen. Die Forschung arbeitet hier offenbar auf einem Gebiet, das schwerer zugänglich ist, als man meinen sollte.

So finden wir beispielsweise völlig verschiedene Ansichten über die Entwicklung des Wortschatzes von Kindern. M. E. Smith, eine der besten Kennerinnen dieser Spezialfrage, schätzt den durchschnittlichen Wortschatz durchschnittlich intelligenter Kinder auf drei Wörter am Ende des ersten Lebensjahres, auf 1222 Wörter bei drei Jahren und auf 2562 bei sechs Jahren. M. K. Smith hingegen kommt für das Vokabular eines Sechsjährigen auf 23 700 Wörter, eine Zahl, die den statistischen Mittelwert zwischen den Extremen von 6000 und 48 800 Wörtern darstellt. Diese Extreme kennzeichnen zum Teil die sich in der Sprachentwicklung besonders ausprägenden Unterschiede im sozialen Milieu, wie Hildegard Hetzer gezeigt hat: Sie fand bei ungepflegten Zweieinhalbjährigen einen Wortschatz von nur 92 Wörtern, während eine Wiener Arbeit über Kinder des gleichen Alters, aber aus besserer Umwelt, ein Minimum von 171 und ein Maximum von 1509 Wörtern feststellte.

Diese Zahlen sind deswegen von Interesse, weil im Sprachsatz mehr als irgendwo sonst sich der Reichtum des geistigen Lebens und der Kommunikationsfähigkeit mit der Umgebung bekundet. Diese Seite des geistigen Lebens bedarf deshalb aber auch mehr als jede andere der Pflege und des Interesses der Umgebung. Wenn ein zum Reden und Fragenstellen stark disponiertes Drei- bis Vierjähriges (Brandenburg zählte bei seiner dreieinhalbjährigen Tochter 11 623 Wörter am Tag, das heißt 950 Wörter in der Stunde!) – wenn dieser kleine schwatzende und fragende Quälgeist auf Unfreundlichkeit und Unverständnis stößt, wird er sich das Reden und Fragen, und vielleicht auch das Nachdenken, bald abgewöhnen.

Übrigens ist von Anfang an, und wohl auch später, das weibliche Geschlecht zu früherem und mehr Sprechen geneigt als das männliche, was ich als Zeichen des größeren sozialen Kontaktbedürfnisses der Frau deuten würde.

Während viele primitive Kulturen ihren inneren Reichtum in Werken der Kunst ausdrückten, ist unsere westliche Kultur primär wissenschaftlich orientiert. Sie ist in hervorragendem Maße eine Sprachkultur, aufgebaut auf sprachliches Denken, wenn auch gleichzeitig das nichtsprachliche Werkzeugdenken in der Technik sehr weitgehend Anwendung findet.

Erstes Nachdenken

Das *Denken* im engeren Sinn des Begriffes besteht, wie bereits mehrfach festgestellt, im Erfassen von *Beziehungen* zwischen Gegenständen. Solche Beziehungen können verschiedenster Art sein: Es kann sich um raum-zeitliche, um Ursachen- und Wirkungszusammenhänge, um logische Gründe, um Absichten und Ziele und um anderes mehr handeln.

Bei zwei Kindern, deren Sprachschatz von Anfang an bis in das dritte Lebensjahr hinein inventarisiert wurde, stellten wir die ›Wo?‹-Frage als erste beim Alter von anderthalb bzw. zwei Jahren und zwei Monaten fest; die ›Warum?‹-Frage mit eindreiviertel bzw. zweieinviertel Jahren. Die ›Wann?‹-Frage sowie die Frage ›Was ist?‹ erfolgen erst später. Mit diesen Fragen sowie mit den ersten Benennungen, Beobachtungen, Berichten, Deutungen, Schlußfolgerungen und Urteilen tritt das Kind in seinen ersten zwei bis drei Jahren in die geistige Welt seiner Umgebung ein.

Mit dem Aufbau der geistigen Welt des Kindes hat sich niemand eingehender beschäftigt als Jean Piaget (* 1896); er hat das Denken und die Weltauffassung des Kindes in vielen sorgfältigen Beobachtungen und geistreichen Experimenten studiert. Piaget notierte Fragen und Bemerkungen von Kindern, und zwar bei ihren frühesten Äußerungen beginnend, und stellte gleichzeitig selbst Fragen, die das Denken des Kindes anregten. Besonders genial erscheinen mir die Untersuchungen, in denen Piaget das kausale Denken des Kindes untersucht: Was für Vorstellungen hat das Kind eigentlich von der Welt und vom Geschehen in der Welt? Ein paar Beispiele mögen das frühe Denken illustrieren.

J. ist ein kleines Mädchen, das sich zwischen drei und fünfeinhalb Jahren viele Gedanken über die Herkunft von Menschen und Tieren macht:

Wie sie entstehen, ob sie sich selber machen und aus was sie bestehen.
»Babys«, sagt sie mit fünfeinhalb, »sind, glaube ich, erst Luft, nicht?
Sie sind so winzig, so müssen sie erst Luft sein. Aber irgendwas muß in
der Luft sein, woraus die Babys gemacht sind. Ich weiß, ein winziges
bißchen wie das« – und sie zeigt auf ein Staubkorn.
Ein anderes Beispiel ist J.s Erklärung von Naturphänomenen. Piaget
zeigt die Entwicklung ihres Denkens von Monat zu Monat und Jahr zu
Jahr. Mit dreieinhalb Jahren beobachtet sie, wie die Wolken am Him-
mel dahinziehen. »Ist die Wolke ein Tier?« fragt sie. – »Warum?« – »Es
bewegt sich doch.«
Mit viereinviertel drückt sie sich etwas vorsichtiger aus: »Die Wolken
bewegen sich von selbst, weil sie lebendig sind.« Kurz vor fünf noch
vorsichtiger: »Die Wolken bewegen sich, weil es kalt ist. Sie kommen,
wenn es kalt ist. Wenn es sonnig ist, sind sie nicht da. Wenn es kalt
ist, kommen sie zurück.« – »Wie?« – »Sie wissen es.«
Mit fünfeinhalb wird die Frage bereits wissenschaftlich richtiger ge-
stellt: »Aus was sind Wolken gemacht?« – »Was denkst du?« – »Aus
Flüssigem. Aus Wasser, aus verdampftem Wasser.«
Die Fragen, woher die Dinge kommen, woraus sie gemacht sind und
was die Ursachen von Dingen sind, beschäftigen den kindlichen Geist
schon von früh an. Wichtig ist zu wissen, daß das früheste Denken mit
der Kausalität – der Verknüpfung von Ursache und Wirkung – noch
nicht in der sozusagen wissenschaftlichen Weise operiert. Bevor das
Kind den Ablauf von Vorgängen als in sich geschlossen ins Auge zu
fassen vermag, sucht es nach persönlichen Mächten, die sie verursachen.
Dem physikalisch-wissenschaftlichen Denken gehen daher die Stadien
des *symbolischen* und des *magischen Denkens* voran.

Magisches und symbolisches Denken

In Kultur und Erziehung des Westens ist zwar die wissenschaftliche
Denkform die einzige offiziell gültige, doch spielen magisches und sym-
bolisches Denken, oft ins Unbewußte verdrängt, immer noch eine be-
deutsame Rolle. Noch größer ist diese in den meisten anderen Kulturen.
Wir müssen uns daher, um den Menschengeist wirklich zu verstehen,
kurz mit diesen vorwissenschaftlichen Denkformen befassen.
Ein *Symbol* ist etwas, das für etwas anderes steht kraft einer Zuordnung, die von jemandem unternommen wird. Dieses Etwas kann ein
Wort, ein Name, eine Handlung, ein Ding oder das Attribut eines
Dinges sein.
Wenn die ein Jahr alte Jacqueline beginnt, das Wort ›bau-wau‹ zu
sagen, sobald sie, vom Balkon hinunterschauend, einen Hund laufen
sieht, aber auch dann, wenn ein Radfahrer oder ein Pferd vorbeikommt,

so hat sie zunächst begriffen, daß ›bau-wau‹ ein Wort ist, das man gewissen länglichen, sich bewegenden Gegenständen zuordnet. Mit einem Jahr und vier Monaten jedoch — so hat Piaget festgestellt — wird das Wort nun ausschließlich und endgültig nur für Hunde benutzt. ›Bau-wau‹, so versteht Jacqueline nun, bedeutet einen Hund — vorher bedeutete es längliche, sich bewegende Gegenstände.

Wenn ein kleiner zweieinhalbjähriger Bub im Zimmer herumstolziert und ein kurzes Stückchen Holz wie eine Zigarette in den Mund steckt, dann zwischen die Finger nimmt und ›Rauch‹ herausbläst, so bedeutet dieser Akt ›Rauchen‹.

Dieses Bedeutung-Verleihen ist der Akt der Symbolgebung. Bei der Wahl des Symbols mag Ähnlichkeit eine Rolle spielen, wie bei der Benutzung des Hölzchens für die Zigarette. Aber ein Symbol kann auch willkürlich gewählt werden. Jeder weiß das von den Geheimsprachen her, die er als Kind mit anderen Kindern gesprochen hat, oder kennt es vom Lernen der Stenographie her. Ob die Menschensprachen ihre Entstehung zum Teil solchen Akten willkürlicher Zuordnungen verdanken, ist unbekannt. Kinder jedoch scheinen tief durchdrungen zu sein von dem Gefühl der Willkür der Wortbenennungen und bereichern infolgedessen die Welt der Symbole, die sie lernen, durch eigene Empfindungen.

Von den konventionell festgelegten Symbolen der Sprachsysteme und der Schlüsselsprachen ist jenes *Symboldenken* zu unterscheiden, bei dem Zeichen erfunden und benutzt werden aus Bedürfnissen des Spiels oder dazu, emotionalen Bedürfnissen Ausdruck zu verleihen. Im Kinderspiel des Drei- bis Fünfjährigen, in allem Kunstschaffen und in Riten verschiedenster Art tritt so das Symbol in den Dienst schöpferischen Denkens. Eine andere, nicht minder bedeutsame Rolle spielt es, wie Freud gezeigt hat, von früh an und dann das ganze Leben hindurch in der Sexualität und in unseren Träumen. Die Bildsprache, von der dieses Symboldenken oft Gebrauch macht, dient dabei der Verhüllung von Furchterregendem und Verbotenem, wie es auch der teilweisen Enthüllung des teilweise Unverstandenen zugute kommt. Eine ähnliche Funktion hat das Symboldenken außerdem in gewissen Geisteskrankheiten.

In diesen wird auch das *magische Denken* verwendet, das aus dem Gesichtskreis des rational denkenden Menschen der westlichen Kultur verbannt ist, wohl aber in den Zaubersprüchen und Kulten primitiver Völker sowie im Denken unserer Kinder eine wichtige Rolle spielt. Das magische Denken ist gegründet auf die Annahme geheimer Kräfte und geheimnisvoller Zusammenhänge.

Vorstufen solchen magischen Denkens finden wir schon bei einem neun Monate alten Kind, das dem heruntergefallenen Spielzeug ein zweites nachwirkt mit der offenkundigen Absicht, durch das zweite das erste zurückzubekommen. Eine andere Vorstufe ist gegeben in dem, was Piaget Evokation nennt, ein beschwörendes Herbeirufen von Gegenständen. Die von Piaget beobachteten Kinder haben einige klassische Beispiele magischen Denkens geliefert:

Mit drei Jahren sagt L.: »Siehst du, der Wagen ging dort hinüber, weil ich nicht wollte, daß er herkommt.« J. sagt mit viereinhalb: »Wenn ich aufstampfe, ist die Suppe gut, wenn ich nicht aufstampfe, ist sie schlecht.« Oder noch mit fünfeinhalb, nachdenkend, wie die Sonne sich bewegt: »Ein Riese hinter dem Berg, glaube ich, bewegt sie.«

Alles Denken ist in dem Grad schöpferisch, als im Denken Beziehungen hergestellt und Zusammenhänge gesehen werden. Man spricht von schöpferischem Denken in mehr spezifischem Sinn, wenn *neue* Beziehungen entdeckt oder erfunden werden, die vorher noch nicht gesehen oder gedacht wurden. *Entdecken* und *Erfinden* sind die beiden Vorgänge, mit deren Hilfe Neues denkend geschaffen wird. ›Neu‹ mag es zunächst für das Individuum sein, dann kann das ›Neu‹ sich auf kleinere oder größere Gruppen, auf eine ganze Kultur oder gar die ganze menschliche Gesellschaft beziehen. Neu in diesem Sinn können Lösungen von Problemen aus Praxis und Theorie sein, aber auch spielerische sowie künstlerische Schöpfungen. Neu können außerdem Verständigungen und Bindungen sein, die sich aus menschlichen Begegnungen ergeben, sowie Einsichten in seelische Zusammenhänge, die in Selbstbeobachtung oder analytischem Vorgehen gefunden werden.

Relativ oder absolut Neues in diesem Sinn bringt der menschliche Geist vom Beginn des Lebens an ununterbrochen hervor. Trotzdem sind unsere Kenntnisse über die Anfänge schöpferischen Denkens erstaunlich gering. Wir wissen einiges über die Frühstadien von Wunderkindern und frühreifen Genies, besonders in der Musik. Aber allgemein gesprochen kennen wir die Anfänge schöpferischer Denkleistungen eigentlich nur aus dem Studium der Sprachentwicklung, des Spiels und des ersten künstlerischen Schaffens im Zeichnen und Formen. Wir kennen auch die Freude des Kindes am geistigen Spiel mit Neuschöpfungen der Phantasie, wie der Zwerg und der Riese oder ›das Häuschen auf Hühnerfüßchen und mit einem Hahnenköpfchen‹ im Märchen sie darstellen. C. Bühler, J. Bilz und H. Hetzer widmeten der Beziehung der Märchenphantasie zum kindlichen Geist eine Studie.

Bei den Untersuchungen zur Entwicklung der Intelligenz, soweit diese vom *Intelligenztest* erfaßt wird, handelt es sich mehr um reproduktives als um produktives Denken. Dies ist wahrscheinlich der Grund, warum die Alterskurve der Intelligenz, wie sie sich bei Tests ergibt, der Alterskurve des Gedächtnisses recht ähnlich sieht.

Der Höhepunkt wird, wie die Kurven zeigen, gemäß den amerikani-

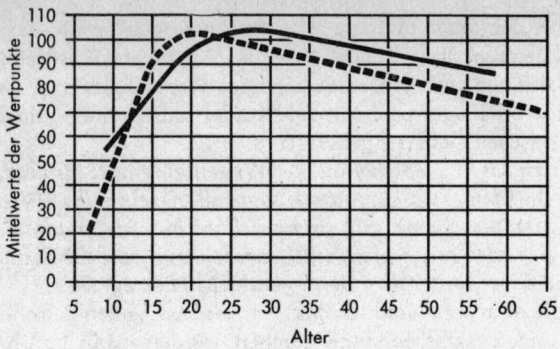

45 Entwicklungskurve der Intelligenz bei Amerikanern ‑ ‑ ‑ ‑ und Deutschen ——— für das Alter von 7 bis 65 bzw. 58 Jahren. (Nach L. Schenk-Danzinger)

schen Studien um 20, in den deutschen Studien jedoch erst zwischen 25 und 30 Jahren erreicht, während die Leistungsfähigkeit bei diesen weniger absinkt als bei jenen.
Die im engeren Sinn schöpferische geistige Produktion kulminiert jedoch später als die allgemeine Intelligenz.

Spiel, Schaffen, Leistungen und Interessen in der Entwicklung

Wahrscheinlich ist es richtig, wenn gesagt wird, daß die schöpferischen Kräfte des Kindes sich nirgends sonst so sehr ausdrücken wie in seinem *Spiel* und in seinen *bildnerischen Werken*, während sie mit zunehmendem Alter dann nach und nach in die verschiedensten Arten von *Leistungen* einströmen.
Spiele erscheinen vielen Erwachsenen als nicht ernst zu nehmende Beschäftigungen, mit denen ein Kind die Zeit verbringt, solange es ›noch nichts Besseres‹ zu tun vermag. Und viele Mütter bemessen den Wert der Spiele danach, wie weit sie ihre Sprößlinge zu fesseln vermögen, damit sie bei ihren eigenen Arbeiten nicht gestört werden. Die Tatsache, daß das Spielen zu den wichtigsten Lebens- und Lernfunktionen überhaupt gehört, ist selbst heute, trotz aller intensiven Aufklärungsarbeit, durch moderne Psychologen und Pädagogen, leider noch immer nicht genügend bekannt und gewürdigt.
Spiele sind für die Entwicklung des Kindes, aber auch später im Leben, von unschätzbarer Bedeutung. Es zeigt sich in zunehmendem Maße, daß seelische Gesundheit und Wohlbefinden recht wesentlich von einem dem jeweiligen Alter entsprechenden richtigen Gleichgewicht zwischen

spielerischer Betätigung und Arbeit getragen werden, wobei das Schwergewicht sich allmählich vom Spiel auf die Arbeit verlegt und die Inhalte beider sich wandeln.

Die Funktionslust

Das Spiel, das wir in Vorstufen ja schon im Leben der Tiere beobachten, hat ganz besonders am Anfang, ähnlich wie bei den Tieren, zunächst einmal vor allem *Übungswert*. Das Tier ebenso wie das kleine Kind lernen spielend viele Bewegungen und Verhaltensweisen, die sie später im Leben benötigen. Ihre, wie Herbert Spencer es theoretisch ausgedrückt hat, ›überschüssige Energie‹ erlaubt es ihnen, Zeit und Kraft darauf zu verwenden, sich sozusagen *versuchsweise* zu betätigen und dadurch Erfahrungen und Kenntnisse zu sammeln. Der Motor des Spiels scheint, vom Subjekt her gesehen, gleicher Art zu sein wie das Ziel: Es ist in erster Linie das Vergnügen, das den Spielenden all ihre Aktivität bereitet. Dieses Vergnügen hat Karl Bühler als *Funktionslust* bezeichnet und es der *Sättigungslust* bei der Befriedigung von Bedürfnissen sowie der *Schaffenslust* bei der Herstellung von Werken gegenübergestellt. Bei der Bedürfnisbefriedigung sowie beim Schaffen kommt es, so lehrt er, auf bestimmte Erfolge an, die erzielt werden, während beim Spiel die Funktion als solche Lust bereitet, das Spiel also um eben dieser Lust willen gespielt wird.

Strenggenommen sind allerdings fast nur die Spiele des ersten Lebensjahres rein auf Funktionslust gegründet. Bei späteren Spielen ist, wie wir sehen werden, neben einer Reihe von anderen Funktionen des Spiels häufig der Erfolg wichtig, und der Wettbewerb um den Preis oder den Sieg verändert den Charakter des Spiels; jedoch steht selbst dann die Funktionslust unzweifelhaft stärker im Vordergrund als bei der Arbeit.

Neben dieser Funktionslust, die das frühe Spiel des Kindes beherrscht, können wir oft schon im ersten Lebensjahr die Wirksamkeit des *sozialen Faktors* beobachten. Das Achtmonatige spielt mit Begeisterung ›guck-guck – da-da‹, ein Versteckspiel, bei dem die Mutter oder es selbst hinter einer Windel verschwindet und wieder erscheint. Das etwa sieben- bis achtmonatige Kleinkind mag auch wohl, wenn es zum erstenmal erfolgreich zwei Dinge zugleich schwingen oder aneinanderschlagen kann, seine Künste beglückt und stolz der herannahenden Mutter vorführen, was als ein frühes Erfolgserlebnis aufgefaßt werden muß.

Die *Bemeisterung*, deren das Kind sich hier bereits bis zu gewissem Grade bewußt wird, erhöht unzweifelhaft die Funktionslust, und zwar wächst die Lust mit zunehmender Bemeisterung, während sie nach dem Höhepunkt, auf dem volle Bewältigung erreicht ist, in Langeweile umschlagen kann. Diesen Verlauf können wir bei vielen Spielen, oft auch im Sport und in anderen durch Übung bei gleichzeitiger Funktionslust perfektionierten Tätigkeiten beobachten.

Anfänge der Bemeisterung

Bemeisterung, *Leistung* und *Erfolg* im kleinen wie im großen, im Spiel und bei der Arbeit, in menschlichen Beziehungen und in sachlichen Unternehmungen, in den einzelnen Phasen des Lebens wie im Leben als Ganzem: das sind, wie jedermann weiß, Hauptziele unseres Daseins. Die Orientierung, auf die es hier ankommt, ist offenbar sehr komplex. Den heute von der modernen Tierpsychologie so sorgfältig begrenzten und definierten Begriff ›Instinkt‹ auf diese Bemeisterungstendenz anwenden zu wollen, wie einige Theoretiker es vorschlagen, erscheint mir völlig verfehlt. Das *Könnenwollen*, das uns das ganze Leben hindurch antreibt, kann meiner Ansicht nach nur in dem größeren Zusammenhang des Lebensganzen richtig verstanden werden; an der Stelle, die der Betrachtung dieses Lebensganzen gewidmet ist, werden wir uns mit der Frage nach dem Wesen des Könnenwollens weiterhin befassen. Hier sei lediglich nochmals seine erste, zunächst nur angedeutete Dokumentation im frühen Spiel festgestellt.

Außer der Bewältigung durch Übung findet mit Hilfe des Spiels noch eine andere Art der Bemeisterung statt, die Freud gezeigt hat: Es ist die Überwindung traumatischer Erlebnisse durch *emotionale Entladung* in Spielhandlungen.

Ein Kind, dem der Arzt bei der Untersuchung der schmerzenden Kehle wehgetan hat, spielt ›Doktor‹ mit einem seiner jüngeren Geschwister, läßt den kleinen Bruder oder die Schwester den Mund aufreißen und macht diese Hilflosen leiden, wie es selber gelitten hat.

Freud sprach hier von einem *Wiederholungszwang*, womit er das merkwürdige Bedürfnis meint, sich schmerzliche Erlebnisse durch Wiederholung in Worten und Taten zu assimilieren und der mit ihnen verbundenen Angst in dieser Weise Herr zu werden. Hierin wollte Freud den Sinn des Spiels überhaupt sehen.

Robert Wälder, einer der Hauptvertreter der Freudschen Spieltheorie, gibt zu, daß nicht alle Spiele unter diese Theorie fallen, und Phyllis Greenacre, die sich viel mit der schöpferischen Phantasie in Spiel und Kunst befaßt hat, betont, daß der Wiederholungszwang im Zusammenhang mit der Assimilation von traumatischen Erlebnissen nur *eine* Form von Wiederholungstendenzen ist. Im übrigen haben wir bereits gesehen, daß die Wiederholung nicht nur der Überwindung von Angst dient, sondern in sich lustbetont sein kann, besonders dann, wenn sie in der *Bemeisterung* von Situationen gipfelt.

Bisher erwähnten wir als Faktoren, die zur Spiellust beitragen, die Funktionslust, die Lust der Bemeisterung und des Könnens, den Triumph über die Wirkung des Erfolges auf andere, das Genießen der Gemeinsamkeit im sozialen Spiel. Dazu kommen noch zwei weitere wichtige Faktoren: die Lust an der freien Betätigung der Phantasie und die Freude am spielenden und schöpferischen Herstellen.

Fiktionsspiele

Vom zweiten Lebensjahr an beobachten wir am Kind eine außerordentlich reiche Betätigung der kindlichen *Phantasie*, zunächst vor allem in Sprache und Spiel, etwas später auch im konstruktiven Schaffen. Während die *Bewegungsspiele* der frühen Kindheit sowie die späteren Sportspiele in erster Linie der Funktionslust, der Bewegungsbemeisterung und später sozialen Erfolgen dienen, während die *sozialen Spiele* vor allem auf Gemeinsamkeit sowie auf Wettbewerb abzielen, sind die *Fiktionsspiele* des Vorschulkindes, in denen es eine ›Rolle‹ spielt, sowie die späteren dramatischen Spiele von großer Bedeutung für die Entfaltung des Phantasielebens.

Gewöhnlich sieht man die Fiktionsspiele mehr unter dem Gesichtspunkt der *Nachahmung* als unter dem der Phantasiebetätigung. Es wird darauf hingewiesen, daß das Kind sich durch Nachahmen des Tuns von Vater, Mutter, Doktor, Kaufmann, Straßenbahnschaffner, Flugzeugführer oder sonst einer Tätigkeit von Erwachsenen die Rechte und Fähigkeiten der Großen in gewisser Weise anzueignen versucht. Natürlich ist das richtig. Oft sagen die Kinder ja selbst, wie schon jeder gehört hat, daß sie sein wollen wie die Mutter und können möchten, was sie kann.

Das Kind ahmt aber im Spiel nicht nur die Erwachsenen nach, es bringt sich auch die Welt der Großen innerlich näher, wenn es ihr Tun im Spiel wiedergibt. Außerdem erfolgen im Fiktionsspiel viele emotionale Entladungen im Sinne Freuds. Das heißt also, daß auch das Fiktionsspiel wie alle anderen Spielformen einer Mehrzahl von Zwecken dient. Die Phantasie, die in der Ausschmückung der den Erwachsenen vom Kind zugesprochenen Handlungen zum Ausdruck kommt, darf dabei ebenfalls nicht übersehen werden. Sie gewinnt später eine zunehmend künstlerische Rolle.

Konstruktionsspiele

Diese künstlerische Betätigung der Phantasie findet ihren stärksten Ausdruck jedoch in den kindlichen Kunstwerken, die einen wichtigen Teil seiner gestaltenden konstruktiven Handlungen darstellen. Wie schon betont, wird die große seelische Bedeutung des Spiels von vielen Erwachsenen nicht immer richtig eingeschätzt. Das gilt auch für das *Konstruktionsspiel.* Man erkennt im allgemeinen nicht hinreichend an, daß in den spielerischen Handlungen des Kindes, angefangen vom ersten mit anderthalb Jahren selbstgebauten Turm bis zur technischen Konstruktion, bis zum künstlerischen Gemälde, bis zu dichterischer oder musikalischer Komposition im Schulalter sich eine freiwillig übernommene Verantwortlichkeit einer selbstgestellten Aufgabe gegenüber dokumentiert, für die es keine Parallele in anderen Strebungen gibt. Was das Kind sich bei diesen Tätigkeiten erwirbt, ist die Fähigkeit der Hingabe an ein *Werk,* mit Einsatz von Geduld und Ausdauer, mit dem Willen, Schwierigkeiten zu überwinden und das Gebilde fertigzustellen, mit dem Reichtum an Ideen und der Lust am Schaffen, die durch kein anderes Tun im menschlichen Leben ersetzbar ist.

Das hingegeben malende, zeichnende, bildende oder technisch konstruierende Kind entwickelt bei diesen Tätigkeiten eine Einstellung auf *Leistung,* die ihm später in der Arbeit zugute kommt.

Körperliche Betätigung im Spiel und modernes Bewegungsbedürfnis

Angesichts dieser Bedeutung des frühen Schaffens erscheint es mir bedauerlich, daß heute allenthalben die Tendenz zu *körperlicher Betätigung im Spiel* die zum Gestalten weit überholt hat. Hildegard Hetzer stellte in einer interessanten Studie über Spiele und Spielzeug fest, daß sich binnen dreißig Jahren – zwischen 1926 und 1956 – der Anteil der körperlichen Betätigungsspiele am gesamten spielerischen Tun mindestens verdoppelt hat! Damit parallel geht ein überall zunehmender Mangel an Ausdauer und Konzentration, der nicht nur das konstruktive Interesse, sondern auch das an Büchern ungünstig beeinflußt.

Knabe, 4 Jahre 4 Monate   Mädchen, 5 Jahre 3 Monate   Knabe, 6 Jahre   Knabe, 7 Jahre 6 Monate

Die von Hildegard Hetzer angegebenen Zahlen, die sich auf deutsche Verhältnisse beziehen, sind vermutlich auch anderwärts anwendbar. Der Grund mag in der allgemeinen Unruhe zu suchen sein, die für unser heutiges Leben so charakteristisch geworden ist. Von Jahr zu Jahr gibt es mehr und mehr Menschen, darunter genug Kinder und Jugendliche, die an weit entfernte Stätten, in andere Länder, Kontinente und um die Erde reisen, und immer häufiger werden Arbeitsplätze und Wohnungen oder Wohnorte gewechselt.

In dieser zunehmend beweglicher werdenden Menschheit findet aber auch – und dies dürfte wohl als ein günstiger Umstand zu bezeichnen sein – ein zunehmendes gegenseitiges Kennenlernen statt. Das heißt, der *soziale Kontakt* und damit wohl letztlich auch das gegenseitige soziale Verstehen nehmen wenigstens annähernd in dem Maße zu, in dem es zu immer mehr Begegnungen und zu immer stärkerer Vermischung der Menschen über die ganze Erde hinweg kommt.

Die Individualität des Kindes und der Gestalt seiner inneren Welt erschließt sich dem Kenner nirgends mehr als in Zeichnungen, Malereien, Bildnereien und Phantasiespielen, weil in all diese Schöpfungen ebenso wie in die Träume unbewußte Gefühle und Gedanken projiziert werden und sich so in ihnen verkleidet kundgeben.

Wahrnehmung und Projektion

Zunächst ist interessant, wie das *wahrnehmende Erfassen der Welt* sich in erst schematischen, später realistischen Zeichnungen, Malereien und Bildnereien des Kindes widerspiegelt. Die Entwicklung von Wahrnehmung und Intelligenz kommt dabei so deutlich zum Ausdruck, daß mehrere Psychologen, vor allem F. Goodenough, die zeichnerische Wiedergabe einer Männergestalt als Intelligenztest standardisiert haben.

Mädchen, 8 Jahre Knabe, 9 Jahre 6 Monate Mädchen, 10 Jahre 3 Monate Knabe, 11 Jahre 5 Monate

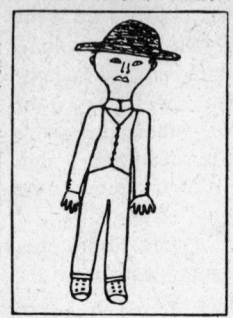

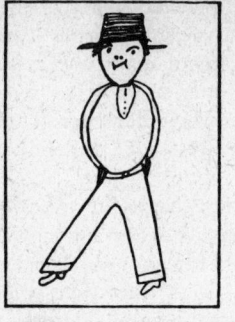

Mädchen, 12 Jahre 3 Monate

Mädchen, 13 Jahre 11 Monate

46–55 Zeichnerische Wiedergaben einer Männergestalt im Test von Florence Goodenough

F. Goodenough versucht in ihrem Test, die Darstellung der menschlichen Figur aufzufangen vom ersten Moment an, in dem die Fähigkeit zur Vergegenständlichung im Zeichnen gegeben ist. Viele Kinder sind mit vier Jahren noch im ›Kritzelstadium‹, das heißt, sie wissen noch nichts von der darstellenden Wiedergabe von Objekten. Trotzdem ergießen sie wohl bereits ihre Gefühle in ihre Kritzeleien, wie die große Verschiedenheit der Kritzelarbeiten erkennen läßt. Im Kritzelstadium bereitet das dem Menschen, wie Goethe sagt, angeborene ›Mischen, Sudeln und Manschen‹ dem Kinde eine große Genugtuung; nach Freud drücken sich in den Kritzeleien emotionale Bedürfnisse aus.
Sobald das Kind Formen herzustellen und Gegenstände darzustellen vermag, beginnt es mit jener unbewußten Vergegenständlichung persönlicher Gefühle, die wir *Projektion* nennen. Diese manifestiert sich

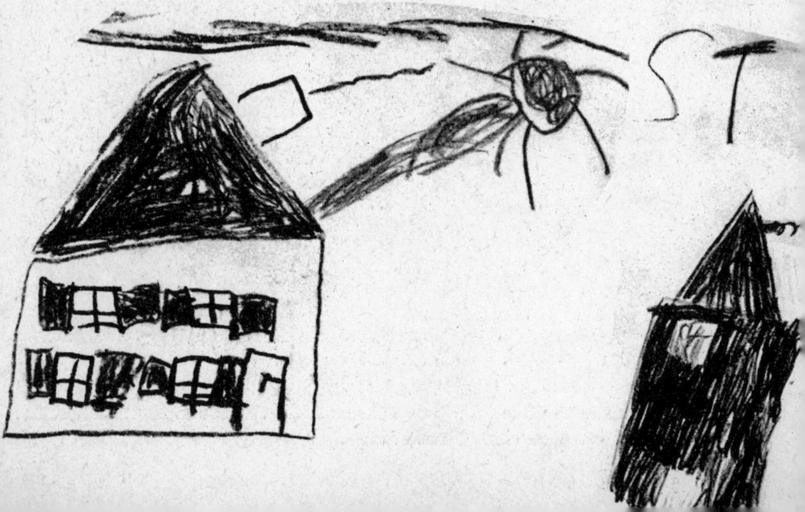

56–59 Projektion von Lebensgefühlen in Kinderzeichnungen. S. 122 von links nach rechts: Stabiles Haus — Schwankendes Haus (aus privater Praxis von L. Welty) — S. 123 oben: Geburtstag (aus Bühler, Schenk-Danzinger, Smitter, Kindheitsprobleme und der Lehrer) — unten: Donnerwolken in den Bergen (aus A. van Krevelen, De tekening)

in allem kindlichen Kunstschaffen, angefangen von der Art, wie es sein erstes Haus zeichnet, in dessen solider oder schwankender Gestalt es sich selbst personifiziert, bis zu der späteren Wiedergabe von Stimmungen in Landschaften oder Szenen.

Es ist den meisten Kindern ein natürliches Bedürfnis, ihren Lebensgefühlen im künstlerischen Schaffen Ausdruck zu geben. Mit anderen Worten: Die Malereien des Kindes und die Dichtungen des Jugendlichen werden nicht so sehr aus spezifisch künstlerischen wie aus allgemeinen Schaffens- und Gefühlsbedürfnissen hervorgebracht. Daher stellen sie für den Kinderpsychologen oft eine diagnostische Fundgrube dar. Wegen ihrer großen Bedeutung als Träger von Emotionen ebenso wie als schöpferische Leistungen sollten sie von den Erwachsenen in der Umgebung des Kindes ernst genommen werden und warme Anerkennung finden.

Die ebenfalls in der Kindheit beginnenden technischen Hervorbringungen stellen bereits die Ergebnisse mehr spezifisch gerichteter Schaffensbedürfnisse dar.

Das Schaffen des Kindes hat mit dem des Erwachsenen gemeinsam, daß es sowohl Gestaltung von Material wie Ausdruck seelischer Erlebnisse zur Verwirklichung bringt. Der Unterschied liegt nur darin, daß beim Kinde der Akzent auf der Kundgabe, beim erwachsenen Künstler auf der Formung liegt. So wird das spielerische Tun zum beruflichen Werk, und als solches wollen wir es im Zusammenhang des menschlichen Lebenslaufes besprechen.

Leistung und Arbeit

Spiel und Schaffen können aus der Psychologie des Individuums heraus verstanden werden. *Leistung und Arbeit* dagegen ergeben sich aus der Zugehörigkeit des Individuums zur Gesellschaft. Sobald ein Schaffensprodukt unter dem Gesichtspunkt hergestellt wird, daß es als Leistung und darüber hinaus als Arbeit gelten soll, bedeutet das, daß es nunmehr einen sozialen Platz beansprucht. Indem wir hervorheben, daß es sich um einen ›Gesichtspunkt‹ handelt, wollen wir andeuten, daß unter Umständen dieselbe Tätigkeit, dasselbe Produkt, das vorher nur spielerisch schaffend hervorgebracht wurde, durch soziale Bezüge zu Leistung und Arbeit werden kann. So mag das Vierjährige, das spielend und ›zum Spaß‹ mit der Mutter Staub wischt, sich erst durch ihr Lob bewußt werden, daß es eine Arbeit für sie leistet. Der Fünfjährige, der für sie zum Laden geht und sorgfältig die Milchflasche und das gewechselte Geld zurückbringt, ist bereits stolz auf diese Arbeitsleistung, die ihm glücklicherweise gewöhnlich auch Vergnügen macht.

Bald aber sieht sich schon das Kind und in zunehmendem Maße der Jugendliche und der Erwachsene vor Aufgaben gestellt, bei deren Erfüllung nicht Lust, sondern *Pflicht* im Vordergrund steht. Der Gesichtspunkt der Pflicht, die getan werden muß, selbst wenn sie unangenehm ist, wird von der erwachsenen Umwelt in das Kinderleben hineingetragen, obwohl manche Kinder ihn in sich selbst zu entwickeln scheinen, ohne daß sie ausdrücklich darauf hingewiesen werden. Sie entnehmen den Gesichtspunkt der Pflicht anscheinend der Art, wie die Umgebung handelt und sie behandelt. Aber auch dann liegt ihm eine soziale Orientierung zugrunde.

Pflichten leistet das Kind zunächst in erster Linie aus Gehorsam sowie aus dem Wunsch, zu tun, was ihm Anerkennung verschafft. Andere Motive, wie Furcht vor Strafe oder die Überzeugung, daß es sich durch Pflichterfüllung beliebt macht und als dazugehörig gilt, spielen gleichfalls in verschiedenem Grade eine Rolle. Allmählich wird bei gesunder Entwicklung Pflichterfüllung geradezu zu einem Bedürfnis, zu einem *Quasi-Bedürfnis*, wie Kurt Lewin solche anfangs unter Druck entstandenen, allmählich zur ›zweiten Natur‹ gewordenen Antriebe genannt hat.

Viele Psychologen haben sich Gedanken darüber gemacht, wie die Motivationsgrundlage der Leistungs- und Pflichtbedürfnisse zu verstehen ist. Gordon Allport spricht von der *Autonomie*, welche *erworbene Motive sekundär* gewinnen können. Der Sinn für die Vollkommenheit der herzustellenden Leistung, der von der Umgebung anerzogen wurde, verselbständigt sich und funktioniert nach einiger Zeit, ohne weiteren Ansporn zu benötigen. So erklärt Allport das Bedürfnis, etwas Gutes schaffen zu wollen. Wenigstens kann es so sein.

Im Gegensatz zur spielerischen Betätigung, bei der es hauptsächlich auf die persönliche emotionale Befriedigung der Beteiligten ankommt, liegt bei der Leistung das Gewicht von vornherein auf objektiven und von anderen bewerteten Faktoren der Qualität und Quantität.

Die Entwicklung des *Strebens nach hohen Leistungen* hängt weitestgehend von Einflüssen aus der Umgebung ab. Als am günstigsten erwiesen sich hohe Anforderungen, die früh an die Selbständigkeit und Verantwortlichkeit des Individuums gestellt wurden, dazu Strenge, die jedoch nicht autoritär sein darf. Beobachtungen dieser Art, die unter dem Gesichtspunkt der Bedeutung der Psychologie für die Erziehung interessant sind, liegen bisher allerdings nur aus den USA vor.

Es ist wichtig festzustellen, daß ein in dieser Weise entwickeltes Streben nach hohen Leistungen nun in der Tat auch zur *Verwirklichung hoher Leistungen* führt. Dies ist in zwei Untersuchungen nachgewiesen worden, die völlig unabhängig voneinander und ganz verschiedenen Zwecken dienend vorgenommen wurden – die eine an Jugendlichen in der Schule (Mary C. Jones), die andere an 200 Erwachsenen, und zwar an Ingenieuren und Buchhaltern in mehreren Fabriken (Herzberg, Mausner, Snyderman).

Die Untersuchung an den Schulpflichtigen befaßt sich mit sozialen Leistungen in der Gruppe, an den Erwachsenen mit den Arbeitsleistungen im Betrieb. Über die Ergebnisse der zweiten Studie über die Motivation zur Arbeit sei hier folgendes mitgeteilt: hohe Arbeitsmoral und gute Leistung sind eng verknüpft in erster Linie mit dem Streben nach guter Leistung und Anerkennung, mit Sinn für Verantwortung und mit dem Interesse an der Arbeit selbst, während bei minder hoher Arbeitsmoral und weniger guten Leistungen andere Gesichtspunkte eine größere Rolle spielen: Gehaltserhöhung, Arbeitsbedingungen, persönliche Behandlung und Beziehungen. Auch ist dieser Gruppe – obwohl sie kein wirkliches Leistungsstreben zeitigt – Anerkennung wichtig.

Nicht anders war es bei der Untersuchung über die sozialen Leistungen der Schulpflichtigen. Unter beiden doch so verschiedenen Bedingungen zeigt sich also, daß Höchstleistungen in erster Linie mit dem *Leistungsstreben* zusammenhängen, sodann aber auch mit dem *Streben nach Anerkennung*.

Die zweite Tatsache ist deshalb interessant, weil sie darauf hinweist, daß für Leistungen der soziale Faktor von fundamentaler Bedeutung ist. Mit anderen Worten: die Selbstverwirklichung des in der Gesellschaft lebenden Menschen hängt nicht allein von seiner Leistung als solcher, sondern auch von ihrer Anerkennung ab.

Die Beispiele führen uns deutlich vor Augen, inwieweit die Höhe der Leistungen im Leben teilweise von der Motivation, teilweise von einem sozialen Faktor abhängt. Daneben spielen Art und Grad der *Fähigkeiten* sowie die *Lebenssituationen* und günstige oder ungünstige *Gelegenheiten* eine entscheidende Rolle. Durch das Zusammenwirken dieser und anderer Faktoren kommt die *Lebensleistung* zustande.

Vitalität und Mentalität als Leistungsfaktoren

Schon zu Beginn dieses Abschnittes, als wir Auf- und Abstieg verschiedener Funktionen ins Auge faßten, wurden wir dessen gewahr, wie sehr die meisten vom Alter abhängen, und das heißt von der Lebenskraft, wenn wir einmal so sagen dürfen. Einige Leistungen, wie insbesondere Schnelligktei und Kraft der Bewegungen, erreichen ihren Höhepunkt in früher Jugend. Die Erfahrung hingegen nimmt offenbar mit dem Altern zu; Leistungen, die von der Erfahrung abhängen, sollten sich also zunehmend verbessern (falls nicht ein abnehmendes Gedächtnis oder mangelndes Konzentrationsvermögen den Nutzen der Erfahrung herabsetzt).

60 Quantitative Verteilung von Leistungen auf den Lebenslauf in vier schematischen Typen. (Aus C. Bühler, Der menschliche Lebenslauf, 1959)

Zweifellos gibt es demnach einen Unterschied zwischen mehr auf *Vitalität* und mehr auf *Mentalität* gestützten Leistungskategorien. Im allgemeinen ist zwar das Zusammenwirken beider Faktoren am günstigsten und daher die *Lebensmitte* die fruchtbarste Periode für Leistungen verschiedenster Art, wie Harvey Lehman nachgewiesen hat, doch gibt es in verschiedenen Leistungsbereichen ausgesprochen frühe ebenso wie typisch späte Höhepunkte. Diese Tatsache wurde an biographischem Material von Egon Brunswik und Else Frenkel demonstriert. Sie fanden, daß es vier verschiedene *Leistungstypen* gibt: solche, die früh ihren Höhepunkt erreichen, andere, die in der Mitte, und weitere, die spät im Leben kulminieren, sowie schließlich solche, deren Leistungshöhepunkte sich unregelmäßig über das ganze Leben verteilen. Eine Tabelle von H. Lehman gibt eine Übersicht über Höchstleistungen auf verschiedenen Gebieten.

Leistungsgebiet	Alter
Sport, Medizin	25—29
Physik, Chemie	30—34
Romanliteratur	30—39
Malerei, Medizin, Philosophie	35—39
›Bestseller‹, Romanliteratur	40—44

Das Alter, in dem die meisten Höchstleistungen erreicht wurden. (Nach Lehman)

Auf das Problem von Früh- und Spätwerken sowie auf die aus der Art des Schaffens sich ergebenden verschiedenen Struktur von Lebensläufen wird im Kapitel über den menschlichen Lebenslauf noch im einzelnen eingegangen.

Das Interesse

Bei allen Tätigkeiten, beim Spiel sowohl wie beim Schaffen und bei allen Arten von Leistung, spielt ein wichtiger Faktor eine bisher eigentlich recht ungeklärte Rolle. Es ist der Faktor *Interesse*. Was ist das eigentlich: Interesse?

Jeder Mensch weiß natürlich, was Interesse ist, dieses eigentümliche ›Dabeisein‹, Darin- oder Dazwischensein, wie die genaue Übersetzung des Wortes aus dem Lateinischen lauten würde – ein ›Dabeisein‹, das die verschiedensten Grade der Beteiligung bedeuten kann: von einer gewissen Intensität der auf einen Gegenstand gerichteten Aufmerksamkeit an bis zu enthusiastischer Hingabe.

Es ist eine Beteiligung, die bei allen sogenannten Interessen (in der Mehrzahl!) eine Rolle spielt. Auf diese ›Interessen‹ konzentrieren sich denn auch die meisten Autoren, die über diesen Gegenstand schreiben, während viele es vermeiden, sich mit dem Phänomen Interesse – in der Einzahl! – auseinanderzusetzen. Meist wird einfach gesagt, Interessen seien bevorzugte Betätigungen oder aber solche Betätigungen, denen eine besondere Aufmerksamkeit gewidmet wird (Oswald Kroh). Anne Roe ist eine der wenigen, die sich eingehender in ihren Studien über Berufe mit der Frage der *Definition des Interessenbegriffs* beschäftigt hat. Aus ihrer Übersicht geht hervor, daß die meisten Psychologen der Ansicht sind, es handele sich bei Interesse und Interessen um komplizierte Vorgänge, bei denen sowohl Aufmerksamkeit wie Vorliebe eine Rolle spielen.

Ich selbst bin der Ansicht, daß man ›Interesse‹ und ›Interessen‹ unterscheiden muß. Was ich meine, wird vielleicht deutlich, wenn wir an Stelle des Wortes ›Interesse‹ das Wort ›Interessiertheit‹ setzen. ›Interessiertheit‹ scheint mir eine zwar erziehbare Funktion, deren Entwicklung durch Beistellung von richtigem Material gefördert wird, die aber in erster Linie doch den Eindruck macht, angeboren zu sein.

Es gibt Babys, die von Anfang an sich mit intensivem Interesse den in ihrer Umgebung gebotenen Reizen hingeben, während andere gleichaltrige unbeteiligt dabeiliegen. Ob solche Interessiertheit mit größerer, gleichfalls für angeboren gehaltener Aktivität Hand in Hand geht, ist mir allerdings unbekannt. Ich glaube, daß Interessiertheit eine *geistige Betätigungslust* ist, während die Aktivität, von der man gewöhnlich spricht, mehr physische *Bewegungslust* zu sein scheint.

Ich habe manche Patienten erzählen hören, mit welchem intensiven Interesse sie ihre Träume erleben. Selbst wenn die Trauminhalte unangenehm, beschämend oder unglücklich sind, können sie sich nicht davon losreißen. Es sind dies die gleichen Menschen, die auch das Leben als solches interessant finden, und die geneigt sind, jeden Morgen, soweit nicht ausgesprochen unangenehme Dinge bevorstehen, mit Interesse zu begrüßen. Sie sind das Gegenteil von denen, die, wie das Volkslied singt, jeden Morgen mit Kummer erwarten: ›Bald kommt der Tag heran, oh, ging' er wieder‹, oder die ihn mit Gleichgültigkeit, wenn nicht gar Abscheu kommen sehen und den Erlöser Tod herbeisehnen. Die Art, wie diese Menschen sich an gewisse Verluste oder Enttäuschungen anhängen, ohne neue Interessen entwickeln zu können, weist darauf hin, daß das Interesse eine *geistig schöpferische Aktivität* ist, die den Gegenstand umformt, ja geradezu neu zu gebären scheint, ihn als einen anderen erscheinen läßt, als er war. Die Verlebendigung, die ein glänzender Redner, ein bedeutender Schriftsteller, ein begnadeter Musiker einem alten Gedanken oder Musikstück zu geben vermögen, ist das Ergebnis des Interesses, mit dem die Künstler das Thema behandeln und das sich dem Hörer oder Leser mitteilt.

Interesse möchte ich demnach als eine *geistige Verlebendigung* definieren, die einem Stoff dadurch mitgeteilt wird, daß der Interessierte stark an ihm beteiligt ist. Das Erwecken und Wachhalten von Interesse wird gewöhnlich in erster Linie unter pädagogischen Gesichtspunkten ins Auge gefaßt, denn es ist wichtig für jede Erziehung, die wohl gelingen soll. Mir scheint, daß darüber hinaus Interessiertheit einer der wichtigsten Lebensbelange des Menschen ist, da wir nur durch diese geistige Beteiligung und Verlebendigung imstande sind, unser Dasein lebenswert zu machen.

Ausgezeichnet dadurch, daß wir uns mehr als nur allgemein für sie interessieren, sind jene bevorzugten Gegenstände, die wir unsere *Interessen* nennen. Entwicklungspsychologisch betrachtet, verändern sie sich entsprechend den anfangs überwiegenden physischen und den später überwiegenden geistigen Faktoren.

Niemand wird erstaunt sein zu hören, daß alle Untersuchungen dieser Richtung mehr Interesse an Sport, Tanzen, gesellschaftlichen Veranstaltungen in der Jugend feststellen, im Alter dagegen mehr Interesse an beschaulichen Tätigkeiten, an Beschäftigung mit Musik und Kunst, mit Büchern und Blumen oder an Tätigkeit im Garten. Hinsichtlich des Besuchs von Vorträgen und Konzerten oder des Kirchgangs lassen die amerikanischen Untersuchungen keinen Alterswandel erkennen.

Soziale Funktionen in der Entwicklung

Mit drei bis sechs Wochen lächelt das Baby in die Augen des anderen Menschen und beim Hören der menschlichen Stimme. Was dieses Lächeln, genaugenommen, bedeutet, ist noch immer umstritten. Eines aber ist gewiß: Das Lächeln des Säuglings ist eine soziale Reaktion – eine Reaktion auf den anderen Menschen.

Es gibt über das Lächeln verschiedene Theorien, die zu kennen deswegen wichtig ist, weil von der Interpretation dieser ersten Reaktionen auf den anderen Menschen viel für das weitere Verständnis der Fundamente menschlicher Beziehungen abhängt.

Eine erste Frage ist, ob man die soziale Reaktion auf den anderen Menschen für *primär* hält, oder ob man annimmt, daß sie *erworben* ist. Diejenigen, die sie für primär halten, weisen darauf hin, daß der Mensch ein angeborenes Bedürfnis nach dem Zusammensein mit seinesgleichen und nach der Dazugehörigkeit zu anderen Menschen hat, und daß er deswegen positiv auf den anderen Menschen reagiert, sowie er seiner gewahr wird.

Die andere Gruppe vertritt die Ansicht, daß die soziale Reaktion auf den anderen Menschen erlernt ist, und zwar in der Weise, daß das Baby die Erscheinung der Mutter mit der von ihr gebrachten, den Säugling befriedigenden Nahrung und mit der Pflege assoziiert, die sie dem Kind angedeihen läßt. Dieser Theorie zufolge ist eigentlich die Bedürfnisbefriedigung das, was als angenehm erlebt wird, und dieses Gefühl wird sekundär auf die Pflegeperson übertragen. Ein maßgebender Vertreter der Ansicht, die soziale Reaktion auf den anderen Menschen werde *erlernt*, ist Wayne Dennis. Er versucht experimentell nachzuweisen, daß ein Baby, dessen Pfleger niemals lächelt oder spricht, von sich aus nicht zu lächeln beginnt. Das heißt in anderen Worten, daß das Lächeln nicht ein spontaner Ausdruck von Gefühlen des Babys ist, sondern eine erlernte Verhaltensweise.

Diese Auffassung kann als behavioristisch bezeichnet werden. Unter *Behaviorismus* versteht man eine von John Watson (1878–1958) begründete psychologische Schule, die eine Technik minutiöser *Verhaltensbeobachtungen* eingeführt hat und alle Schlußfolgerungen, die sich nicht durch beobachtbare Vorgänge belegen lassen, für unerlaubte Spekulationen hält. Während die behavioristische Methode als solche sich heute weiter Verbreitung erfreut, werden viele ihrer theoretischen Behauptungen von den meisten gegenwärtigen Forschern abgelehnt.

Was die Frage nach dem Lächeln betrifft: ist es eine angeborene oder eine erlernte Reaktion auf den anderen Menschen? – so ist ihre Beantwortung durch Experimente, wie Dennis sie angestellt hat, nicht möglich: Und zwar aus folgendem Grund: Viele Beobachtungen und Experimente an neugeborenen Tieren, besonders an Vögeln, haben gezeigt, daß die Tiere gewisse Instinkte verlieren, wenn die Reize, die deren Betätigung auslösen, nicht geboten werden. Ähnlich könnte es mit dem Lächeln stehen: Es könnte sehr wohl sein, daß es zwar angeboren ist, daß es sich aber nicht zu entfalten vermag, wenn der auslösende Reiz, d. h. wenn die Gelegenheit zu sozialem Kontakt nicht geboten wird. Es kann also mit Dennis' Methode weder etwas über die primäre noch über die sekundäre Natur des Lächelns ausgesagt werden.

Die psychoanalytische Theorie der Mutter–Kind-Beziehung

Eine zweite Theorie, die ebenfalls die soziale Reaktion auf den anderen Menschen als durch diesen bedingt ansieht, wird von der *Psychoanalyse* vertreten, jedoch in anderer Weise begründet, als es die behavioristische Lerntheorie tut. René Spitz, der die Theorie am sorgfältigsten durchdacht und mit brillanten Experimenten zu beweisen versucht hat, unterscheidet zwei Phasen in der Entwicklung der ersten sozialen Beziehung des Neugeborenen.

In der ersten Phase ist das Baby nach psychoanalytischer Auffassung ein reines Triebwesen und deshalb noch keiner Objektwahrnehmung fähig, sondern es erlebt nur die Befriedigung seiner Bedürfnisse und das *affektive Klima*, das die Mutter für den Säugling schafft. In diesem »affektiven Klima« findet ein Affekt-Austausch statt, in dem offenbar die Grundlagen für die emotionale Beziehung zwischen Mutter und Kind gelegt werden. ›Die psychoanalytische Theorie‹, sagt Spitz, ›hat seit ihren ersten Anfängen darauf bestanden, daß alle psychischen Funktionen, seien es Empfindungen, Wahrnehmungen, Denken und Handeln, eine libidinöse Besetzung zur Voraussetzung haben, das heißt, einen affektiven Prozeß. Das Kommunikationssystem zwischen Mutter und Kind besteht von Geburt des Kindes an in einem wechselseitigen Affektaustausch und in affektiven Vorgängen.‹ Der von Freud eingeführte Begriff der Libido widersetzt sich allerdings deswegen einer einfachen Definition, weil Freud seine Anwendung mehrfach geändert hat.

Jedenfalls ist die Libido in Freuds Theorie der *Grundtrieb*, dessen Konzeption Freud dauernd erweitert hat; in Freuds späterem Denken umschließt er den Drang nach *Lust*, *Liebe* und *Leben*. Genießen, Haben-wollen, Fühlen, Einssein und Dasein-wollen – all das fließt in diesem Zauberwort zusammen. Es repräsentiert nach psychoanalytischer Anschauung das anfängliche Begehren und die anfängliche Grundbeziehung zu allem im Leben, den ursprünglich einzigen Vorgang im Individuum, aber auch den Affekt, der diesen Vorgang trägt, aus dem er entspringt und in den er wieder mündet.

Spitz ist der Ansicht, daß diese affektiven Vorgänge formende Kräfte darstellen, aus denen sich dann allmählich eine spezifische emotionale Beziehung des Kindes zur Mutter enthebt.

61 Bei seinen Wiener Versuchen mit Säuglingen benutzte E. Kaila diese Attrappen, die unvollständige menschliche Gesichter darstellen. (Aus E. Kaila, Die Reaktionen des Säuglings auf das menschliche Gesicht, 1932)

Eine zweite Phase in dieser Entwicklung ist dann die, in der das Kind die Mutter als Objekt zu *erkennen* beginnt. Die Erforschung der Vorgänge des Erkennens wurde von Spitz gemeinsam mit Katharine Wolf in Angriff genommen, wobei Experimente, die der finnische Gelehrte Eino Kaila in Wien angestellt hatte, an größerem Material in New York fortgesetzt wurden. Die von Kaila aufgestellte, von Spitz übernommene und ausgebaute Theorie besagt, daß das Kind etwa vom dritten Monat an die Mutter oder irgendeine andere Person, die sich ihm nähert, an Gestalteigenschaften des menschlichen Gesichts erkennt, und zwar hauptsächlich an der Augen-Nasen-Partie.

Kailas interessante Wiener Experimente, die dieser Theorie zugrunde liegen, waren so angelegt, daß den Säuglingen eine Reihe von Variationen des menschlichen Gesichts gezeigt wurden, Attrappen mit Glaskugeln anstelle der Augen und mit oder ohne Nasen (siehe Abb. 61). Außerdem bekam das Baby einen lächelnden bzw. einen zornigen Blick sowie ein mit einer Maske bedecktes und dann schnell enthülltes Gesicht zu sehen.

Während Kaila und Hetzer gefunden hatten, daß Drei- bis Fünfmonatige durch einen zornigen Gesichtsausdruck oder durch Masken befremdet werden, kam Spitz zu dem Schluß, daß, solange für das Kind entscheidende Gestaltmerkmale der menschlichen Gesichtsform sichtbar werden, das Baby positiv reagiert, falls es positive Erfahrungen mit Menschen gemacht hat. Aus anderen Wiener Experimenten (Hetzer und Ripin, Frankl und Rubinow) wissen wir nun aber, daß Babys frühestens vom vierten Monat an Dinge – etwa die sich heranbewegende Flasche – erkennen. Folglich erscheint es ausgeschlossen, daß das Dreimonatige das Gesicht ›erkennt‹. Spitz ist deshalb der Ansicht, daß

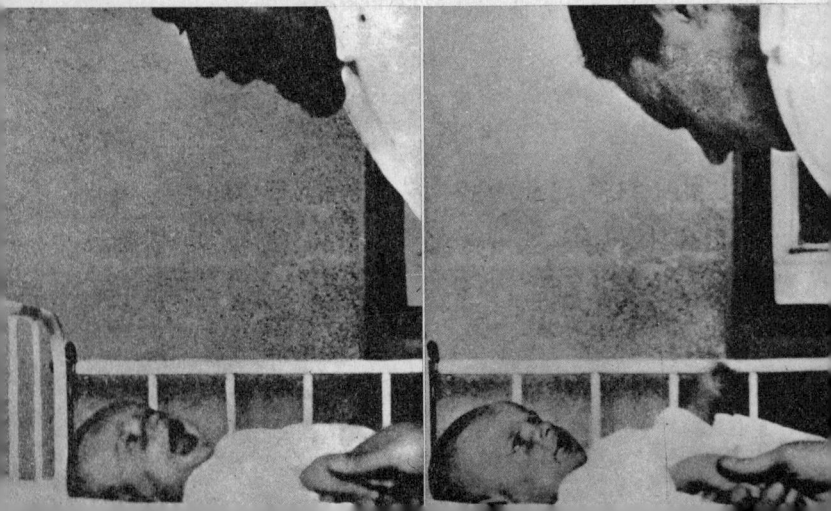

das Kind vom anderen Menschen gewisse ›Signale‹ empfängt; als solche werden, so glaubt er, die genannten sowie andere Gestaltmerkmale wirksam. Offenbar bestehen in der Empfänglichkeit für diese Signale große individuelle Unterschiede. Denn ebenso eindeutig, wie Kailas dreimonatige Versuchsperson durch die Augenmaske befremdet war (siehe Abb. 64), wird die gleichaltrige Versuchsperson von Spitz ebenso offensichtlich durch eine das ganze Gesicht bedeckende Maske nicht vom Lächeln abgehalten (Abb. 66).

Was bedeutet nun all dies? Die systematischen Untersuchungen von Spitz, aber auch die Studien von Leitch und Escalona über die Aufnahmefähigkeit von Babys und über ihre Reaktionen auf mütterliche Gespanntheit führen über die früheren Wiener Beobachtungsreihen dadurch hinaus, daß sie uns sehr viel genauer und detaillierter in die subtilen Einzelheiten der Anfänge der Mutter–Kind-Beziehung hineinblicken lassen. Die Frage ist nur, wie diese Befunde zu deuten sind. Was ergibt sich aus ihnen für die Erkenntnis der Fundamente menschlicher Beziehungen?

Ich glaube, daß der Leser an dieser Stelle bereits versteht, warum in einem Buch, das sich nicht an den Fachmann wendet, sondern an den interessierten Laien, auf solche Details der Forschung eingegangen wird, wie wir es an dieser Stelle tun. Handelt es sich doch um das für uns Menschen tiefste und wichtigste Problem, das Problem nämlich: *was liegt letztlich dem Anfang und Ursprung unserer Beziehungen zu unseren Mitmenschen zugrunde?*

Stammt alles, was wir in diese Beziehung hineintun, aus dem, was wir

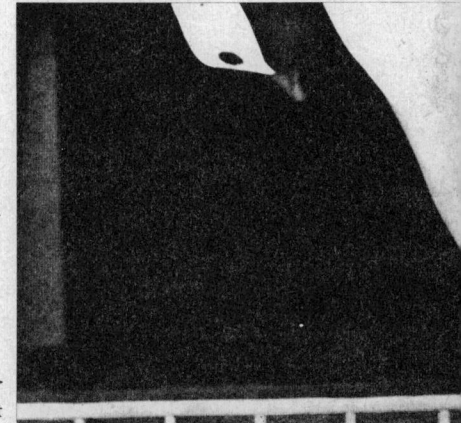

62 Der dreimonatige Herbert erwidert das Lächeln. (Aus Kaila)

63 Hier ist der dreimonatige Herbert durch Kailas zornigen Blick befremdet. (Aus Kaila)

64 Derselbe Säugling, befremdet durch die Augenmaske. (Aus Kaila)

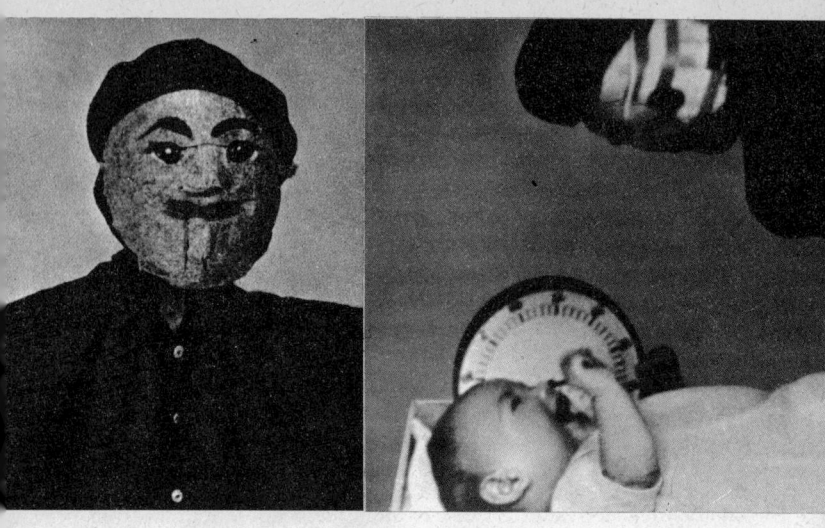

65 Ausgestopfte Puppe, welche die Babys, mit denen R. A. Spitz experimentierte, anlächelten. (Aus Spitz u. Wolf, The Smiling Response, Genet. Psych. Monogr., 1946. 66 Im Versuch von Spitz lächelt das Baby die Maske an. (Aus Spitz, Die Entstehung der ersten Objektbeziehungen, 1957)

von der Umwelt *erlernen*, so wie es die Vertreter einer allumfassenden Lerntheorie sehen?

Oder liegt der Ursprung in *Affekt-Erlebnissen*, so wie die Psychoanalyse sie als allem zugrunde liegend ansieht? Oder gibt es eine dritte Möglichkeit?

Wie wir von Spitz hörten, geht die psychoanalytische Theorie von der Annahme aus, daß das Neugeborene ein reines Triebwesen sei. ›Während der ersten drei Lebensmonate‹, so sagt er, ›sind nämlich die Erlebnisse des Kindes auf den affektiven Bereich beschränkt; das Sensorium (der Sinnesapparat), die Unterscheidungsfähigkeit und der Wahrnehmungsapparat sind, psychisch gesehen, noch nicht entwickelt.‹ Ist das wirklich so? Obwohl ich die Beschreibung, die Spitz von dem Affektaustausch zwischen Mutter und Kind gibt, für meisterhaft halte, vermag ich seiner Behauptung nicht zuzustimmen. Ich bin vielmehr der Ansicht, daß das Kind, obgleich es am Anfang noch keine Gegenstände *erkennt*, doch von mindestens einem Monat an *Wahrnehmungseindrücke* empfängt, auf die es reagiert, und sogar von vornherein in individuell verschiedener Weise.

Jean Piagets sorgfältige Beobachtungen liefern ein reiches Material.

Er weist bereits beim Einmonatigen und noch deutlicher beim Zweimonatigen Reaktionen auf Laute sowie Ansätze zu Lautnachahmungen nach. Er sieht ferner bei Kindern desselben Alters, wie sie sein sich bewegendes Gesicht fixieren und die Bewegungen nachzuahmen versuchen. Hierfür zwei Beispiele:

Piaget sagt von dem zweimonatigen T.: ›Ich machte den Laut aa. T. machte lange, erfolglose Anstrengungen, mit offenem Mund und einem kaum hörbaren Laut folgend. Dann erfolgte ein breites Grinsen und eine richtige Nachahmung.‹

Ein anderes Mal beobachtete Piaget dasselbe Kind im selben Monat, wie es einer Kopfbewegung, die Piaget machte, mit dem Blick folgte, dann lächelte und schließlich ebenfalls den Kopf etwas bewegte.

Was wir hier feststellen, sind Ansätze zu Wahrnehmungen sowie zu kontrollierten Bewegungen, ferner ein Ausdruck von Vergnügen und erste Anzeichen einer Beziehung zum anderen Menschen. Diese letzteren sind jedoch anderer Art als die Lust des saugenden Babys und der Affektaustausch, den Spitz im Auge hat. Der vergnügt grinsende kleine T. erlebt die *Lust der gelingenden Funktion*, wie Karl Bühler sie genannt und als der Art nach verschieden von der Genußlust etwa beim Saugen charakterisiert hat.

Und dieser vergnügt grinsende kleine T. erlebt ferner einen Kontakt mit dem Experimentator, indem er *Gemeinsamkeit* fühlt. Zusammen spielen sie dies Spiel – das ist der soziale Gehalt dieses Vorgangs, der eine erste echte *Interaktion* darstellt. Als Interaktion bezeichnen wir eine zwischen Menschen erfolgende gegenseitige Einwirkung, zu der beide Partner entsprechend ihrer individuellen Eigenart beitragen. Außer dem Affektaustausch gibt es also von mindestens einem Monat an die andere Form der sozialen Beziehung: die Interaktion, die eine Gemeinsamkeit fundiert.

Interaktion und gelingende Gemeinschaft

Diese Wirkung der Interaktion hat jedoch bestimmte Voraussetzungen. Wie im Affektaustausch das Erlebnis der Liebe nur entsteht, wenn tatsächlich ein Geben von Liebe erfolgt, so ergibt sich bei der Interaktion nur dann Gemeinsamkeit, wenn das Zusammentun gelingt. Dieses *Gelingen* der sozialen Beziehung scheint von früh an schon ebenso wichtig zu sein wie Liebe.

Ausgezeichnete Beispiele finden wir in Sibylle Escalonas und Sylvia Brodys minuziösen Untersuchungen an Müttern mit vier Wochen alten Babys. Hier einige Beispiele:

Da ist die erste Mutter, steif, langsam und ungeschickt in ihren Bewegungen. Es ist ihr nur wenig Zärtlichkeit für ihr Kind anzumer-

ken, nur wenig Stolz auf ihr Baby, das sie etwas starr und aufrecht hält, wenn sie es aufsetzt. Sie äußert sich auch dahingehend, daß man Babys nicht allzu viel im Arm halten sollte. Wenn sie es tut, dann hält sie den kleinen Buben immer etwas fern von ihrem Körper. Dieser Säugling war wohlgenährt, gut gepflegt und gut entwickelt. Er schien allerdings etwas unruhig in seinen Bewegungen. Der Beobachterin fiel auf, daß das Baby lächelte, als sie es aufhob, nahe an sich hielt und sanft zu ihm sprach, während es dies mit der Mutter kein einziges Mal tat.

Da ist andererseits eine Mutter der Beobachtungsreihe ›Nummer 3‹. Alles, was sie mit ihrem Baby tut, geschieht mit leichter Hand und geschickten Bewegungen. Sie spricht viel zu ihm und von ihm, oft voller Bewunderung für ihr Kind; auch in ihrem Benehmen drücken sich große Sicherheit und Verantwortlichkeit aus. Ihr Kind war kräftig und gut entwickelt; es sah älter aus, als es war, und machte viele energische und freie Bewegungen. Jedesmal, wenn die Mutter es aufnahm, lächelte und krähte es voll Vergnügen.

Mutter ›Nummer 4‹ handhabt ihr Baby sorgfältig, ohne aber dabei irgendwelche Gefühle auszudrücken. Sie spricht niemals zu ihm und schien auch nicht zu glauben, daß es bereits irgend etwas verstehen könne. Sie sagt, es sei »nichts als eine kleine Kreatur, was kann man da schon sehen«. Dieser Säugling war gesund, gut entwickelt und schien recht entspannt. Jedoch nahm dieser kleine Bub keinerlei Notiz von Menschen oder Dingen, er lächelte nicht und machte auch keine suchenden Bewegungen.

Mutter ›Nummer 5‹ ist in ihren Bewegungen etwas ruhelos und drückt allerhand Besorgnisse und Ängste aus. Sie geht sanft und geschickt mit ihrem Kind um, ist aber übermäßig auf seinen Schutz und seine Beruhigung bedacht. Sie macht sich viel Gedanken über die Gefühle des Babys, tut aber andererseits nichts, was das Kind anregen könnte. Dieses kleine Mädchen lag meist mit ernstem Gesichtsausdruck da. Sie interessierte sich für Reize und Gesichter, lächelte aber nicht. Sie reagierte überempfindlich auf Berührung und Reize.

Mutter ›Nummer 6‹ ist liebevoll und beschützend. Obwohl nicht immer geschickt, gibt sie sich doch eifrig Mühe, das Kind so zufrieden wie möglich zu machen. Ihre Ansicht ist, daß Kinder von Anfang an wissen, ob ihre Eltern sie lieben, und sie ist sehr stolz auf ihre Tochter. Dieses kleine Mädchen war besonders gut entwickelt und ausgezeichnet gepflegt, sehr entspannt und gleichzeitig interessiert für Reize. Sie starrte wiederholt auf die Gesichter von Mutter und Beobachterin, folgte ihren Bewegungen und lächelte jedesmal, wenn sie zu ihr sprachen.

Wenn wir bedenken, daß es sich bei allen diesen Beobachtungen um solche an nur vier Wochen alten Babys handelt, dann ist die große Varietät ihrer Verhaltensweisen, von denen wir nur einige Momente hervorheben konnten, außerordentlich überraschend.

Wechselseitige Steuerung

Man kann sich außerdem trotz aller Vorsicht, die man, ebenso wie Brody das tut, bei der Interpretation der Wechselbeziehungen zwischen Mutter und Kind anwenden muß, keinesfalls dem Eindruck entziehen, daß hier von Anfang an ein *Austausch* stattfindet, in dem *zwei Partner* aufeinander ansprechen. Am besten paßt vielleicht der von Karl Bühler eingeführte Ausdruck *wechselseitige Steuerung* für das, was hier vorgeht. Mutter und Kind steuern sich gegenseitig dauernd in subtiler Weise, wobei eine nach verschiedenen Richtungen hin sich entwickelnde, hier bessere, dort weniger gute Gemeinsamkeit hergestellt wird und gegenseitig gewisse Tendenzen herausgebildet werden. Das Baby benimmt sich in diesen Kontakten als Individuum, und wenn es auch unzweifelhaft von der Mutter beeinflußt wird, so bringt es doch von Anfang an seine *Eigenart* zum Ausdruck.

Während im Affektaustausch das Baby sein Lebensbedürfnis befriedigt, betätigt es im gemeinsamen Funktionieren mit einem anderen Menschen seine adaptiven – sich anpassend aufnehmenden – ebenso wie seine expansiven – auf Ausbreitung gerichteten – Tendenzen. Mit *selektiver Abgestimmtheit* auf die ihm zuströmenden Einwirkungen und mit *Vertrauen* (wie Erikson diese Grundhaltung so treffend bezeichnet hat) eröffnet das Neugeborene sich der Außenwelt, um in ihr zu funktionieren und sie zu bemeistern. Auf *Bemeisterung* gerichtet, mit Vertrauen in die gebotenen Möglichkeiten, mit Erlebnissen des Gelingens und Nichtgelingens, finden wir von Anfang an ein Streben, das ebenso fundamental ist wie der libidinöse Trieb.

Zusammenfassend können wir sagen: Die soziale Beziehung zum anderen Menschen ist in ihren Anfängen gegründet erstens auf *Affektaustausch* unstrukturierter ineinanderfließender Gefühle, die ein *affektives Klima* zwischen den Partnern herstellen; zweitens auf *Gemeinsamkeit*, die im *Zusammen-Funktionieren* zweier Partner entsteht, welche in selektiver Abgestimmtheit aufeinander sich wechselseitig steuern. Hierbei kommen offenbar primäre Dispositionen ebenso ins Spiel wie Lernvorgänge.

Die Formen der Gemeinsamkeit machen bereits im ersten Lebensjahr eine beträchtliche Entwicklung durch. In meinen Experimenten mit Babys, die ich zum Studium ihrer Kontakte in Paaren zusammensetzte, konnte ich von fünf Monaten an die verschiedensten Arten von Beziehungen feststellen. Es gab gegenseitiges Anlächeln, freundliches

Anfassen, Wegnehmen und Geben von Spielzeug sowie einseitige oder gegenseitige Angriffe, wobei Gesten und Mienen der Unterwerfung oder überlegener Aggressivität, der Rivalität und des Triumphes zu beobachten waren. Auch freundlicher Austausch von Spielzeug, Vormachen, Zusehen und Spielgemeinschaft sind in Ansätzen während des zweiten Halbjahrs festzustellen.

Sozialer Austausch zwischen Babys

So tätschelt die fünf Monate alte Isabel den Fuß der siebenmonatigen Frances, woraufhin Frances gleichfalls Isabels Fuß tätschelt und lächelnd ›da-da‹ sagt.

Der achtmonatige Arthur lacht die siebenmonatige Frances an, die ihn beobachtet, während er die Klapper vor ihren Augen schwingt und Laute der Befriedigung von sich gibt. Frances versucht schließlich, ihm die Klapper wegzunehmen. Er hält sie fest und lächelt triumphierend, während Frances schreit.

Der neunmonatige Brent und die achtmonatige Mary haben eine Klapper und eine Klingel zur Verfügung. Mary spielt sehr beglückt mit der Klingel, lallt, gibt Laute der Befriedigung; er starrt auf sie, lächelt sie an; sie lacht zurück ... sie lächeln sich an. Sie spielt, und er schaut zu. Nun wird er aktiv und stößt die Klapper zu ihr, sie nimmt sie, obwohl er ebenfalls danach greift. Er hat die Klingel und klingelt. Sie gibt ihm die Klapper und langt nach der Klingel; sie nimmt und schüttelt die Klingel. Beide Kinder strahlen. Sie gibt ihm wieder die Klingel.

Ein wirklich gemeinsames Spiel kommt zwischen dem anderthalb Jahre alten Angelus und der elfmonatigen Marguerite zustande. Er gibt ihr einen Stab und hält ihr eine Trommel so hin, daß sie darauf trommeln kann. Beide Kinder schlagen gemeinsam auf die Trommel und lachen.

Wenn wir nach der Betrachtung dieser Anfänge das ungeheuer komplexe Gebiet der sozialen und sexuellen Entwicklung etwas zu ordnen versuchen wollen, so können wir dies nach drei Hauptrichtungen hin tun. Wir können *reifungsbedingte, umgebungsbedingte* und *persönlichkeitsbedingte* Phänomene in der sozialen und sexuellen Entwicklung unterscheiden.

Reifungsbedingt sind gewisse Fähigkeiten der *Gruppenzugehörigkeit* einerseits sowie Stadien *sexueller* Bedürfnisse andererseits.

Das in freundlicher Umgebung aufwachsende Baby zeigt von seinem ersten Lächeln an Freude am Kontakt mit Menschen. Im zweiten Halbjahr wollen manche Kinder ihre Mutter überhaupt nicht fortlassen. In den letzten Monaten des ersten Jahres beginnt ihr Verständnis für soziale Spiele wie ›guck-guck‹ und das Hin- und Herrollen eines Balles.

Während im ersten Lebensjahr das Baby nur mit jeweils einer anderen Person gleichzeitig in Kontakt stehen kann, entwickelt sich die Fähigkeit der *Gruppenzugehörigkeit* in der Weise, daß im zweiten Lebensjahr das Kind bereits mit zwei Partnern spielen kann und daß es von zwei Jahren an gern ›dabei‹ ist, wenn größere Kindergruppen versammelt sind. Eine eigentliche Teilnahme an deren Spielen findet jedoch erst von drei Jahren an statt.

In spontanen Gruppierungen, wie sie in Kindergärten zu beobachten sind, finden sich erst die Vier- und Fünfjährigen in etwas größeren Gruppen zusammen. Das Schulkind erstrebt normalerweise in zunehmendem Maße Gruppenzugehörigkeit. Acht- bis Zwölf- oder Dreizehnjährige lieben es geradezu, in Horden oder Banden herumzuziehen und zu spielen. Hierbei ergeben sich bewußt oder unbewußt *Rangordnungen,* in denen dem einzelnen ein Platz entsprechend seinen sozialen Qualitäten angewiesen wird und bei deren allmählicher Strukturierung *Führer* in den Vordergrund treten. Karl Reininger hat als erster aufgezeigt, wie komplex diese Gruppengebilde im Schulalter sind und wie sie in Kämpfen um den Vorrang entstehen – Kämpfen ähnlich denen, die von David Katz schon vorher an Tieren beobachtet worden waren. Die verschiedenartigen Beziehungen, in welche die Gruppenmitglieder zueinander treten, und die *Rollen,* die der einzelne spielt, sind mannigfaltig. J. L. Moreno erdachte eine Methode, *Soziometrie* genannt, mit der diese Beziehungen nach verschiedenen Richtungen hin gemessen werden können. Von dieser Methode wird noch die Rede sein.

Die Tendenz zum Einzelgängertum muß im mittleren Schulalter als von der Norm abweichend bezeichnet werden, während in der Pubertät der Wunsch nach Alleinsein als reifungsbedingt erscheint. Die *Einsamkeit* wird – obwohl beklagt – von Dreizehn- bis Siebzehnjährigen oft gesucht. Daneben spielen Zusammenschluß in *Freundschaften* und sexuell gefärbten *Paarungen* eine zunehmende Rolle.

Die Gruppenbildungen nehmen nun allmählich den Charakter geformter, zweckbestimmter sozialer Gebilde an, in denen die Bünde, Klubs und andere Organisationen der Erwachsenen vorweggenommen werden.

Der Wunsch nach Zugehörigkeit, der das Kleinkind zur Kindergruppe führt, zieht es in noch stärkerem Maße zur *Familie.* Von frühestem Alter an will das gesunde Kind mit seiner Familie mittun und bei allem dabeisein. Es ist stolz darauf, am Tisch mitessen zu dürfen, und abends will es ungern fort aus dem Kreis der Familie, wenn es allein zu Bett gehen soll. Sein Trost ist es dann, wenn Mutter oder Vater am Bettchen sitzen und durch ›Gute-Nacht-Geschichten‹ ihre gesellige

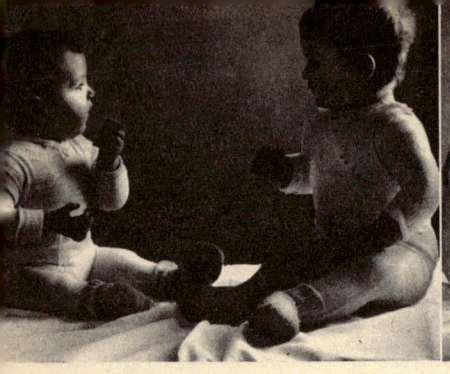

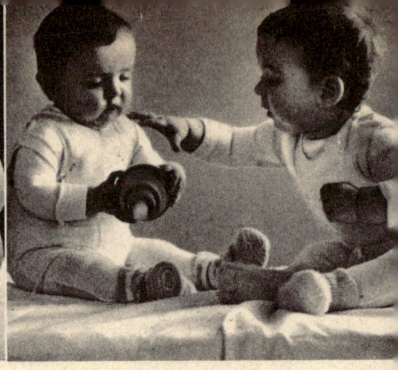

67　K 0;6 M 0;7: Blick-
begegnung und Anlächeln

68　K 0;6; M 0;7: Weg-
nehmen

69　M 1;5; K 0;11: Der
Despot rafft alles an sich

70　M 1;5; K 1;4: Anbieten

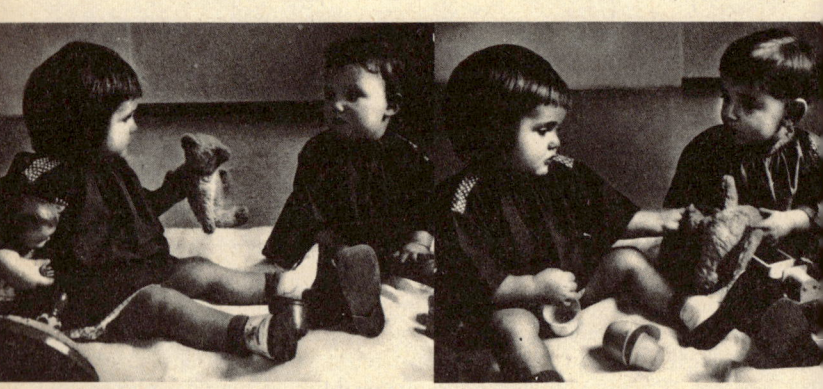

71　M 1;5; K 1;4: Spiel-
gemeinschaft

67–71　Verschiedenste Arten
von Beziehungen zwischen
Babys. Die Fotos hier entsprechen Situationen, die in
C. Bühlers Arbeit ›Sozio-
logische und psychologische
Studien über das erste Lebensjahr‹ (1927) abgebildet sind.
K bedeutet Knabe, M Mäd-
chen, 0;6 ein Alter von
6 Monaten, 1;4 ein solches
von einem Jahr und vier Monaten

Funktion bekräftigen. Die Familienrolle des Kindes variiert in den einzelnen Gesellschaftsgruppen und Kulturen stark. Sie wird uns, als durch die Gesellschaft bedingt, später beschäftigen.

Beginn der Sexualität

An dieser Stelle müssen wir uns noch mit den reifungsbedingten Stadien der *sexuellen Bedürfnisse* befassen.

Vor Sigmund Freud hat niemand daran gedacht, daß die Sexualität in der frühen Entwicklung des normalen Kindes eine Rolle spiele oder überhaupt als solche auftrete. Und niemand hat sich vorstellen können, daß die frühe sexuelle Entwicklung einen wesentlichen Faktor im Aufbau der Persönlichkeit, ganz besonders in ihren sozialen Belangen, bedeute. Es muß grundsätzlich anerkannt werden, daß wir alle in dieser Hinsicht durch Freud eines besseren belehrt worden sind, wenn allerdings auch nicht ganz in der radikalen Weise, wie es die psychoanalytische Theorie ursprünglich gelehrt hat. So ist zum Beispiel die von einigen Mitarbeitern Freuds, wenn nicht von ihm selbst, ernstlich vertretene Ansicht, daß jedes Kind mit einem seiner beiden Eltern, und zwar dem des anderen Geschlechts, tatsächlich Coitus haben wolle, wohl weitestgehend aufgegeben worden. Auch Freuds Theorie über den von ihm so genannten *Ödipus-Komplex* wird heute wohl nur noch von den Vertretern des ›klassischen‹ Freudianismus in dieser Form vertreten. Dasselbe gilt wohl auch für die Theorie des *Kastrationskomplexes* als eines allgemein zu erwartenden Reifungsstadiums, das ist die Angst vor der Kastration beim Knaben oder beim Mädchen die Überzeugung, kastriert worden zu sein als Bestrafung für die – ebenfalls als allgemein vorkommend angenommene – frühkindliche Masturbation. Wenn die Annahme, diese Komplexe seien allgemein verbreitet, abgelehnt wird, so soll damit nicht behauptet werden, daß sie niemals vorkämen. Es gibt in der Tat nicht selten neurotische Entwicklungen, in denen diese Komplexe eine Rolle spielen. Ebenso tauchen Kastrationsvorstellungen bei Kindern auf, wenn auch nicht immer mit dem tragischen Beigeschmack, den Freud diesem Erlebnis gab.

Bekannt ist die nette kleine Geschichte, in der ein kleiner Bub ein kleines Mädchen beim Baden fragt: »Abdenitten?«, *und sie antwortet:* »Immer so dewest.«

Sexuelle Teiltriebe

Während also die moderne, analytisch ausgebaute Psychologie Freuds Theorie der Komplexe nur mit Einschränkungen gelten läßt, hat sie die Theorie der *sexuellen Teiltriebe* weitgehend übernommen.

Nach dieser ebenfalls von Freud entwickelten Theorie wird die Sexualität des Erwachsenen aus Teiltrieben aufgebaut, die sich in den frühen Phasen der kindlichen Entwicklung manifestieren. Ihre Entstehung ist deshalb möglich, weil es außerhalb der Sexualorgane am Körper verschiedene sogenannte *erogene Zonen* gibt, das heißt sexuell erregbare Körperstellen, die anfangs eine größere Rolle spielen als die Geschlechtsorgane; besonders wichtig in dieser Hinsicht erschienen Freud beim Kinde die Mundregion und das Analorgan zu sein. Die Teiltriebe werden von Freud als *orale, anale* und *genitale Sexualität* bezeichnet, und seine Theorie besagt, daß diese in einer Reifungsabfolge von der Geburt bis etwa zum fünften Lebensjahr auftreten, in welchem Alter die Entwicklung der Teiltriebe der Sexualität normalerweise zum Abschluß gelangt ist.

Die Einbeziehung insbesondere der oralen Lust, das heißt der Lust des Säuglings am Saugen, in die Sexualität verlangt natürlich eine Erweiterung oder Veränderung des früheren Begriffes der Geschlechtlichkeit. In der Tat wird der Begriff des sexuellen Begehrens, der Libido, dahin erweitert, daß Freud alle Arten von Lust und Liebe einschließt. Dementsprechend faßt er weder Liebe noch Freundschaft noch das Bedürfnis nach sozialem Kontakt als von der Sexualität getrennt auf; er schreibt allen den gleichen Ursprung in ein und demselben Instinkt und allen dasselbe Ziel des Lust- und Liebesgewinnes zu. Die heutigen Neo-Freudianer neigen dazu, Liebe, Freundschaft und soziale Kontaktbedürfnisse von der Sexualität im engeren Sinne zu unterscheiden, und zwar hauptsächlich deshalb, weil sie andere, sekundäre Prozesse als für die Entwicklung dieser Beziehungen ausschlaggebend heranziehen. Jedoch ist die Ausdehnung des Sexualbegriffes auf die Funktionen erogener Zonen bestehen geblieben und hat weitgehende Anerkennung sowie Bekräftigung durch wissenschaftlich fundierte Untersuchungen gefunden.

Was die *orale Phase* betrifft, so stellt sie die erste im Leben des Säuglings dar und dauert normalerweise bis etwa in die Mitte des zweiten Lebensjahres. In dieser Phase bezieht das Baby sein Hauptvergnügen aus dem Saugen sowie aus dem Einverleiben der Nahrung. Es braucht diese Befriedigung in so hohem Grade, daß es sich Ersatzbefriedigungen verschafft, wenn es aus irgendwelchen Gründen der Lust des Saugens zu früh teilweise oder ganz beraubt wird. Ersatzbefriedigungen bestehen im Lutschen an Fingern oder Gegenständen, aber auch im Masturbieren.

Doch Freud geht noch weiter. Er nimmt an, daß starke unbefriedigt gebliebene orale Bedürfnisse sich beim Erwachsenen in Ersatzbedürfnisse umwandeln: Trunksucht zum Beispiel wird von manchen Analytikern auf einen unbefriedigten Oraltrieb zurückgeführt, und ähnliches gilt für das ›Lutschen‹ an Zigarre oder Tabakspfeife. Freud spricht in diesem Zusammenhang vom ›oralen Charakter‹ als einer in oralen Bedürfnissen steckengebliebenen unreifen Persönlichkeit.

Die *anale Phase* folgt der oralen; sie dauert normalerweise bis zu einem Alter von etwa dreieinhalb oder vier Jahren. Das Interesse des Kindes an seinen Ausscheidungen wird durch die Betonung ihrer Wichtigkeit seitens der Eltern erregt. Die Lustgefühle entstehen durch die physischen Reize selbst, die bei der Entleerung, aber auch beim Zurückhalten der Exkremente stattfinden. Freud hat übrigens darauf hingewiesen, daß es auch viele andere, und zwar mechanische Erregungen dieser Region gibt, zum Beispiel beim Schaukeln oder anderen Bewegungsspielen, und er hat außerdem darauf aufmerksam gemacht, daß wiederholte heftige körperliche Züchtigungen auf das Hinterteil leicht sexuelle Erregungen erwecken können.

Infolge der sowohl aktiven wie passiven Beteiligung der Muskulatur bei den Ausscheidungsprozessen werden *sadistische* sowie *masochistische* Regungen vorgebildet. Wie Freud in seinen berühmten ›Drei Abhandlungen zur Sexualtheorie‹ sagt, kann ›diese Form der Sexualorganisation‹ ... ›sich bereits durchs Leben erhalten und ein großes Stück der Sexualbetätigung dauernd an sich reißen‹. Das Triebgegensatzpaar, das normalerweise in annähernd gleicher Weise ausgebildet ist, begründet die von Bleuler so genannte *Ambivalenz*, die Tendenz, in zwei entgegengesetzte Triebrichtungen gezogen zu werden.

In der Entwicklung der analen Sexualität liegt nach Freud eine der Wurzeln der *Aggressivität*; eine andere liegt in Frustrationen, auf die das Individuum mit Feindseligkeit und Aggression antwortet, und einen dritten Ursprung sah Freud in einem Zerstörungs- oder Todesinstinkt, der dem Lebensinstinkt entgegenwirkt. Das Problem des Ursprungs der Aggressivität sowie ihrer eventuellen Entwicklungsphasen muß jedoch vorläufig noch als umstritten gelten.

Die Art, wie das Kind zur Reinlichkeit erzogen wird, ist nach Freud außerordentlich folgenreich für die Ausbildung gewisser Charakterzüge. In Reaktion auf den Druck, dem das Kind besonders dann unterworfen wird, wenn man es sehr früh und streng zur Reinlichkeit anhält, genießt es die Macht, die es über seine Pfleger gewinnt, indem es den Stuhl zurückhalten und sie damit in Angst und Sorge versetzen kann.

Trotz und Verstopfung werden in dieser Weise erzeugt. Auch andere Eigenschaften, die zum ›analen Charakter‹ gehören, wie Freud das genannt hat, entstehen unter diesen Bedingungen. Zum Beispiel wurden von einem so kritischen Forscher wie Robert Sears das regelmäßige gemeinsame Auftreten von Trotz, übertriebenem Ordnungssinn und Geiz in diesem Persönlichkeitstypus bestätigt gefunden. Freud nennt

diese drei Züge ›die anale Trias‹, die sich aus falscher Reinlichkeits-
dressur entwickelt. Er bringt die Lust am Schmieren bei Kindern mit
Analerotik in Verbindung.

Ein weiterer Teiltrieb der Sexualität, den Freud in die frühe Kindheit
verlegt, ist die Wahl des *Sexualobjektes*, das heißt, wie Freud sagt,
›daß sämtliche Sexualbestrebungen die Richtung auf eine einzige
Person nehmen, an der sie ihre Ziele erreichen wollen‹. Die Objekt-
wahl erfolgt nach dieser Theorie in ›zwei Schüben‹: ›Der erste Schub
nimmt in den Jahren zwischen zwei und fünf seinen Anfang und wird
durch die Latenzzeit zum Stillstand oder zur Rückbildung gebracht; er
ist durch die infantile Natur seiner Sexualziele ausgezeichnet. Der
zweite setzt mit der Pubertät ein und bestimmt die definitive Gestaltung des Sexuallebens.‹

Latenzzeit und Pubertät in Freuds Sexualtheorie

Als Latenzzeit wird die Periode zwischen etwa sechs bis zehn Jahren
bezeichnet, in welcher das Sexualinteresse zurücktritt. Freud beschäftigt sich eingehend mit der Frage, ob die Hemmungen, die in dieser
Periode der Sexualität entgegenwirken, wie Ekel, Schamgefühl, ästhetische und moralische Anforderungen, ein Werk der Erziehung sind.
Er ist der Ansicht, daß zwar die Erziehung viel dazu tut, daß diese
Entwicklung aber doch im wesentlichen eine ›organisch bedingte,
hereditär‹ (erblich) ›fixierte‹ ist, die sich ›gelegentlich ganz ohne Mit-
hilfe der Erziehung ergibt ... Die Erziehung verbleibt durchaus in dem
ihr angewiesenen Machtbereich, wenn sie sich darauf beschränkt, das
organisch Vorgezeichnete nachzuziehen und es etwas sauberer und
tiefer auszuprägen‹.

Freud interpretiert die Latenzperiode dahingehend, daß sie zweckhaft
der Ablenkung sexueller Triebkräfte auf kulturelle Leistungen dient.
Da es überall auf der Welt, auch in primitiven Verhältnissen, mindestens erziehungsähnliche Einwirkungen gibt, läßt sich nur schwer
entscheiden, in welchem Ausmaß die Latenzperiode als Reifungsvor-
gang zu betrachten ist. Denn es bestehen in der Tat offenbar große
kulturelle sowie individuelle Unterschiede entsprechend dem Maße, in
dem sexuelle Betätigungen in dieser Kindheitsperiode stattfinden.

Freud ist der Ansicht, daß erst in der *Pubertät* der Primat der *Genital-
zone*, wie er es nennt, erworben wird. Die genitale Erregtheit und die
durch die Funktion des reifen Genitalapparates erzielte ›Endlust‹ wird
durch ›Vorlust‹ eingeleitet, die sich durch die Erregung der erogenen
Zonen ergibt. Die genitale Reizung kann jedoch auch vom Innern des
Organismus her erfolgen oder durch seelische Vorgänge. Die hierbei
entstehende sexuelle Erregtheit setzt sich dann um in ›ein eigentüm-

liches Spannungsgefühl von höchst drängendem Charakter‹ und in eine Bereitschaft der Genitalien, in Erektion des männlichen Gliedes bzw. Feuchtwerden der Scheide.

Der physikalischen genitalen Entwicklung entspricht psychisch ein Fortschritt in der Entwicklung der *Objektfindung*. Diese ist eigentlich als ein Wiederfinden zu bezeichnen, weil ihr schon von frühester Kindheit an vorgearbeitet wurde.

›Als die anfänglichste Sexualbefriedigung noch mit der Nahrungsaufnahme verbunden war, hatte der Sexualtrieb ein Sexualobjekt außerhalb des eigenen Körpers in der Mutterbrust. Er verlor es nur später, vielleicht gerade zur Zeit, als es dem Kinde möglich wurde, die Gesamtvorstellung der Person, welcher das ihm Befriedigung spendende Organ angehörte, zu bilden. Der Geschlechtstrieb wird dann in der Regel autoerotisch, und erst nach Überwindung der Latenzzeit stellt sich das ursprüngliche Verhältnis wieder her. Nicht ohne guten Grund ist das Saugen des Kindes an der Brust der Mutter vorbildlich für jede Liebesbeziehung geworden‹ (Freud).

Freuds Theorie über die Entstehung der Angst

Im Zuge dieser Entwicklung sieht Freud auch die *Angst* entstehen, die seiner Ansicht nach durch Vermissen oder durch Verlust der geliebten Pflegeperson zustande kommt. Freud erzählt, wie er auf diese Deutung gekommen ist:

›*Die Aufklärung über die Herkunft der kindlichen Angst verdanke ich einem dreijährigen Knaben, den ich einmal aus einem dunklen Zimmer bitten hörte:* »Tante, sprich mit mir; ich fürchte mich, weil es so dunkel ist.« *Die Tante rief ihn an:* »Was hast du denn davon? Du siehst mich ja nicht.« »Das macht nichts«, *antwortete das Kind,* »wenn jemand spricht, wird es hell.«
Es fürchtete sich also nicht vor der Dunkelheit, sondern weil es eine geliebte Person vermißte, und konnte versprechen sich zu beruhigen, sobald es einen Beweis von deren Anwesenheit empfangen hatte.‹

An anderen Stellen sieht Freud die Entstehung der *Urangst* schon in dem Ereignis der Geburt begründet. Sein Schüler Reich baute diese Annahme zur Theorie des *Geburts-Traumas* aus, das heißt der Annahme, daß die Angst mit dem Schock des Geburtsprozesses beginnt. Andere Analytiker, zum Beispiel Fenichel, betonen mehr die Hilflosigkeit und die ›Überschwemmung‹ des neugeborenen Organismus mit Emotion als Ursachen der primären Angst.

Mit dem Zusammenströmen aller Teiltriebe in die voll entwickelte Sexualität der Pubertät sieht Freud die Entwicklung als im Prinzip abgeschlossen. Die weitere Auf- und Abbewegung sexueller Bedürfnisse im Leben betrachtet er als im wesentlichen bedingt durch Persönlichkeits- und kulturelle Faktoren. Diese spielen, wie allgemein anerkannt ist, offenbar eine so entscheidende Rolle, daß es fast unmöglich wird, die Reifungsfaktoren als solche abzutrennen.

Es gibt natürlich eine große Anzahl physischer Vorgänge, die für die Entwicklung der Sexualität wesentlich sind.

Niemand scheint jedoch wirklich genau zu wissen, wie der wechselseitige Einfluß von physischen und psychischen Faktoren auf diesem kompliziertesten aller Lebensgebiete vor sich geht.

Hormonale Einflüsse bei der Entwicklung

Als Beispiel eines physischen Faktors seien die *hormonalen Einflüsse* bei der Entwicklung genannt. Hormone sind komplizierte chemische Substanzen, die in bestimmten Drüsen erzeugt und vom Blut- und Lymphstrom zu anderen Organen befördert werden, wo sie spezifische physiologische Wirkungen hervorrufen.

Es gibt männliche und weibliche Geschlechtshormone, von denen uns hier nur das *Testosteron* und das *Oestron* interessieren sollen. Beide Hormone werden von den Angehörigen beider Geschlechter erzeugt, jedoch in verschiedenen Mengen, die sich zudem im Lauf des Lebens ändern.

In der Kindheit bis zum Alter von etwa zehn Jahren ist die Erzeugung an Sexualhormonen verhältnismäßig gering. Dann steigt sie kräftig an; bei beiden Geschlechtern gelangt die Testosteron-Ausschüttung in den Zwanzigern auf den Höhepunkt, um von da an nahezu stetig abzusinken. Während dieser ganzen Entwicklung ist die Produktion des Testosterons beim Mann wesentlich stärker als bei der Frau, jedoch findet im Alter eine Annäherung in den von Mann und Frau ausgeschiedenen Testosteron-Mengen statt.

Die Oestron-Produktion ist hingegen bei der Frau stärker als beim Mann. Ihr Höhepunkt liegt interessanterweise zwischen 30 und 39 Jahren; in den Fünfzig und Sechzig findet ein starker Abfall statt.

Die Erzeugung dieser Hormone beeinflußt die Entwicklung der Sexualorgane und das Eintreten von *Pubertät* und *Klimakterium*. Bei beiden gibt es innerhalb gewisser Grenzen Altersschwankungen, deren Ursachen noch nicht völlig aufgeklärt sind. Allgemein gesprochen, ist der Beginn der *Menstruation* bei Mädchen zwischen 11 und 14 Jahren anzusetzen, die Geschlechtsreife des Knaben etwas später, zwischen 14 und 16. Die weibliche *Menopause* – das Erlöschen der Menstruation – tritt etwa zwischen 45 und 55 Jahren auf; als Durchschnittsalter gilt heute 47.

Unsere Darstellung der sexuellen Entwicklung ist vorerst noch unvoll-

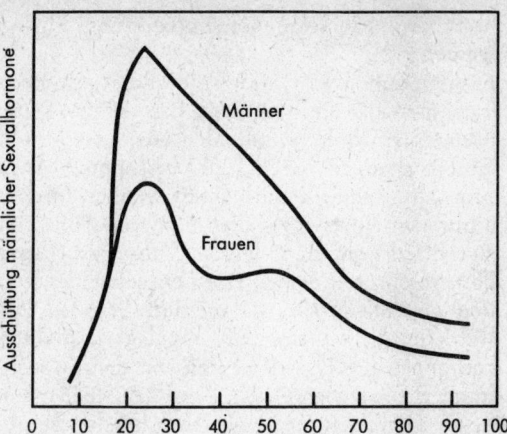

72 Das Ansteigen und Absinken der Ausschüttung männlicher Sexualhormone bei Männern und Frauen im Laufe des Lebens. (C. Hamburger)

ständig geblieben. Nicht erwähnt wurde, abgesehen von ihren Grundlagen in der frühen Kindheit, die Entwicklung der *Liebe,* dieses zentralen Phänomens im menschlichen Leben. Nicht behandelt blieben vorläufig auch alle Daten über das *Sexualleben* auf verschiedenen Altersstufen und unter verschiedenen kulturellen und sonstigen Bedingungen. Diese großen Gebiete psychologischer Forschung werden an verschiedenen anderen Stellen dieses Buches besprochen werden.

Das große, an dieser Seite schließende Kapitel über die Entwicklung von Funktionen und Leistungen war, soweit eine solche Abtrennung überhaupt möglich ist, in erster Linie den Reifungsfaktoren gewidmet, die in der kognitiven Entwicklung (das heißt, den der Erkenntnis dienenden Funktionen), in der Entwicklung von Spiel und Schaffen sowie in der sozialen und sexuellen Entwicklung wirksam werden. Bei der sozialen und sexuellen Entwicklung spielt begreiflicherweise die Umgebung eine noch viel entscheidendere Rolle als bei den ersten zwei Gruppen. Deshalb werden wir die soziale und sexuelle Entwicklung im Zusammenhang mit der Diskussion der Persönlichkeit, des Lebenslaufes und der Gesellschaft nochmals eingehend zu erörtern haben.

6. Entwicklungsforschung in Längsschnittstudien

Die im vorigen Abschnitt berichteten Tatsachen sind hauptsächlich mit Hilfe systematischer Beobachtungen und experimenteller Studien zusammengetragen worden. Dabei wird so vorgegangen, daß Gruppen von Individuen, die verschiedenen Altersklassen angehören, auf bestimmte Probleme der Entwicklung hin vergleichend untersucht werden.

Es gibt nun jedoch noch eine andere Methode zur Erforschung von Tatsachen der Entwicklung; das ist die Technik der longitudinalen Studien. Unter longitudinalen oder *Längsschnittstudien* versteht man Untersuchungen, die an einer bestimmten Anzahl von Personen mehrere Jahre hindurch fortgesetzt werden. Im einzelnen kann mit Beobachtungen, Interviews und Tests oder mit einer Kombination dieser Verfahren gearbeitet werden. Von entscheidender Wichtigkeit ist, daß das Projekt, mit dessen Hilfe ein *einzelnes Individuum* kontinuierlich und so vollständig wie möglich in allen Lebensäußerungen erfaßt werden soll, systematisch angelegt und durchgeführt wird. Untersuchungen dieser Art werden seit den zwanziger Jahren dieses Jahrhunderts an vielen Orten, besonders aber in Amerika, vorgenommen; heute ist man in der Lage, ihre Ergebnisse und ihren Wert zu überschauen sowie Nutzen aus ihnen zu ziehen. Hierbei erweisen sich, wie Hans Thomae kürzlich gezeigt hat, diese Untersuchungen, die unendlich viel Zeit und Geduld in Anspruch nehmen, doch als außerordentlich wertvoll für die Klarstellung einiger grundlegender Probleme der Entwicklung.

Das Hauptproblem ist: *Wie geht eigentlich die Entwicklung eines Individuums vor sich?* Worin besteht denn eigentlich Entwicklung? Es scheint so einfach zu sein und klingt so selbstverständlich, wenn Maxels Mutter davon spricht, wie rasch ihr Sohn sich entwickele. Aber nimmt man es einmal genau, so erhebt sich sofort die Frage: Was meint sie eigentlich, wenn sie ›Entwicklung‹ sagt? Und was meinen wir, wenn wir diesen Begriff gebrauchen?

Allmähliche und sprunghafte Entwicklung

Einerseits spricht Maxels Mutter offenbar von Veränderungen, die *allmählich* und kontinuierlich vor sich gehen. Jeden Tag lernt Maxel z. B. besser gehen oder klettern und dieses oder jenes tun, und er lernt dies in einem schnellen individuellen Tempo. Andererseits hat sie jedoch offenbar auch *sprunghafte* Veränderungen im Sinn, ohne daß sie sich das notwendigerweise klarmacht. Wenn ein Kind z. B. sprechen lernt, so kommt etwas völlig Neues in sein Leben.

Als meine kleine Tochter das erste Wort verstand, war das ein geradezu dramatisches Geschehen. Sie war eben neun Monate alt geworden; ich hatte sie auf dem Schoß und hielt ihr meine Armbanduhr ans Ohr. Dazu sagte ich spielend: »tick-tack, tick-tack«. Sie lauschte angestrengt, dann wollte sie die Uhr sehen und betasten. Ich sagte wieder »tick-tack«. Sie blickte auf meinen Mund, auf die Uhr und wieder mit

ungläubigem Staunen auf mich, in meine Augen. Ich nickte, sagte
»tick-tack«, worauf sie fragend flüsterte »ta ta?« Und als ich wieder
nickte, wiederholte sie lauter »ta, ta« und immer wieder, schließlich
mit jubelnder Stimme »ta, ta«, wobei sie die Uhr hin und her schwang.
Zum erstenmal hatte sie erfaßt, daß die Laute, die Silben zu diesem
Gegenstand gehörten und daß man mit diesem Wort von diesem Ding
reden konnte.

Nachdem das Prinzip erkannt war, lernte das Kind mit riesiger Geschwindigkeit sprechen, indem sie auf andere Gegenstände fragend
hinwies und Namen hören wollte. Mit dem Verständnis des ersten
Nennwortes eröffnet sich also sprunghaft eine neue Welt der Verständigung.

Wie bei Maxel, ging auch bei meiner Tochter der Fortschritt rasch
vonstatten. Heißt das nun aber, daß dieser Fortschritt auf allen Gebieten und zu allen Zeiten gleich rasch sein wird? Offenbar nicht. Es gibt
Gebiete sowohl wie Perioden, in denen der Fortschritt weniger rasch
ist und womöglich durch ungünstige Ereignisse aufgehalten wird.

Maxel z. B. enttäuschte seine Eltern später damit, daß er sehr rebellisch
wurde und oft bestraft werden mußte.
Dies begann damit, daß Maxel, der sehr intelligent war, sich in der
Schule langweilte. Infolgedessen trieb er allerlei Unfug und redete
während des Unterrichts mit anderen Kindern. Die Lehrerin hatte
kein Verständnis für diese Unarten und gab ihm eine schlechte Note.
Maxel fand das ungerecht; als auch eine Aussprache seiner Mutter mit
der Lehrerin diese nicht umzustimmen vermochte, rächte er sich damit,
daß er seine Schularbeiten vernachlässigte.

Die Entwicklung eines Menschen ist ja ein sehr komplizierter Vorgang
und hängt von vielen sehr unterschiedlichen Einflüssen ab. Noch weiß
niemand genau, wie die verschiedenen Züge einer Persönlichkeit
zusammenhängen und welche sich mehr verändern als andere.

Konstanz und Variabilität in der Entwicklung

Dies nennt man das Problem der *Konstanz* und der *Variabilität* in der
Entwicklung. Mit ihm haben sich viele Forscher befaßt, weil alle *Vor-*
aussagen über die Entwicklung eines Menschen davon abhängen, daß
man über dieses Thema so viel Kenntnisse wie möglich zusammen-
trägt.

Den großangelegten longitudinalen Untersuchungen, in denen seit
Jahrzehnten und an vielen Orten Material gesammelt worden ist,
verdanken wir bereits eine Reihe von Erkenntnissen. An Beispielen
seien zuerst solche aus den umfassenden Forschungsarbeiten des Psychologischen Instituts der Universität von Kalifornien in Berkeley

erwähnt. Unter der Leitung von Harold und Mary C. Jones, Jean McFarlane und Nancy Bailey sind hier unzählige Entwicklungsprobleme studiert worden. Am originellsten scheint mir die Arbeit dieser Schule über die *Zusammenhänge von Persönlichkeitszügen* zu sein. Gruppen von Verhaltensweisen oder von ›Eigenschaften‹ wurden statistisch auf ihre beständige Zusammengehörigkeit hin geprüft.

Es sei dies an einem Beispiel erläutert. Angenommen, die Untersucher wollen feststellen, ob es eine Gruppe von Verhaltensweisen gibt, die für eine ›reife‹ Person charakteristisch ist. Man spricht ja allgemein von ›reifen‹ und ›unreifen‹ Menschen, und zwar unabhängig von jedem Alter. Was ist mit ›reif‹ gemeint?

Die Beobachter versuchen beschreibend festzustellen, welche Züge auf verschiedenen Altersstufen zum Eindruck ›Reife‹ beitragen. Von einem gewissen Alter an scheinen Verhaltensweisen wie ›verantwortungsbewußt, eifrig, realistisch, sachkundig‹ immer wieder gemeinsam bei all denen beobachtbar zu sein, die den Eindruck ›reifer‹ Persönlichkeiten machen.

Eine ganz andere Gruppe beständig miteinander gekoppelter Eigenschaften besteht z. B. in Zügen wie ›übermäßig ordentlich, gezwungenes Wesen, extrem selbstbeherrscht‹.

Im großen und ganzen haben sich allerdings Voraussagen, die sich auf die Annahme einer Beständigkeit solcher Eigenschaftsgruppen stützten, nicht allzu gut bewährt.

Die großangelegten Forschungen im Fels Institute des Antioch College sind weniger an der Beschreibung von Eigenschaftsgruppen interessiert; der Leiter der Untersuchungen, Lester Sontag, ist mehr klinisch orientiert, und die von ihm aufgestellten Persönlichkeitsfaktoren stellen mehr *Bedürfniskategorien* als Verhaltensbeschreibungen dar.

Sontag ist der Ansicht, daß es vielleicht einen Grundfaktor der Persönlichkeit gibt, und zwar sieht er ihn in der *Motivation zur Leistung* als dem konstantesten, für Voraussagen der Entwicklung verläßlichsten Faktor. Die Bestimmung des Leistungsbedürfnisses wird mit Hilfe einer Reihe von Variablen vorgenommen; zu ihnen gehört der Grad emotionaler Abhängigkeit oder Unabhängigkeit eines Kindes von den Eltern, der Grad von Aggressivität, von Initiative und Lust am Wetteifer. Alle diese Motivationsfaktoren werden von mehreren Beobachtern unabhängig voneinander ermittelt.

Auf diese Weise gewonnene Voraussagen über Leistungsbedürfnisse waren zuverlässiger als Voraussagen über die Intelligenzentwicklung oder über Beziehungen zwischen körperlichem und geistigem Wachstum. Das heißt aber, allgemein gesprochen, daß Bedürfnisse und Einstellungen konstanter sind als Verhaltensweisen.

Eine dritte mit Längsschnittstudien beschäftigte Gruppe an der Universität von Minnesota hat sich besonders Fragen der Voraussage späterer *Lebensanpassung* gewidmet. Die Voraussagen stützen sich auf eine Reihe von Merkmalen, die das Kind selbst, seine Familie und seine Schulleistungen betreffen. Dabei haben John E. Anderson und seine Mitarbeiter festgestellt, daß eine sehr gute Lebensanpassung sich mit sehr viel größerer Sicherheit voraussagen läßt als das Gegenteil, daß aber auch vorzeitiges Abgehen von der Schule und verbrecherische Tendenzen bis zu gewissem Grade voraussagbar sind, vor allem aber, daß alle Arten verläßlicher Voraussagen außerordentlich umfassende und kostspielige Methoden verlangen.

Trotz dieser Schwierigkeiten wird auch in Europa an Längsschnittstudien gearbeitet: In England und in Norwegen werden Testuntersuchungen zugrunde gelegt, in der Schweiz finden wir Jean Piaget mit der Frage individueller Intelligenzentwicklung beschäftigt, während Richard Meili dem Erscheinen und der Konstanz charakterologisch wesentlicher Verhaltensweisen von den ersten Lebensmonaten an nachgeht. In einer deutschen großangelegten Längsschnittstudie werden Schulkinder hinsichtlich des Zusammenhangs zwischen ihrer Persönlichkeit und ihren Leistungen untersucht. Dabei hat Hans Thomae sowohl für die Schulleistungen wie für die Intelligenzentwicklung festgestellt, daß es im ganzen *mehr Konstanz als Variabilität* gibt und daß man demnach vielleicht berechtigt ist, vom *spezifischen Entwicklungsstil* eines Individuums zu sprechen.

Dieser ›Stil‹ kommt, wie Thomae an anderer Stelle ausführt, zum großen Teil dadurch zustande, daß gewisse Züge sich ›verfestigen‹. Diese Tatsache der *Verfestigung* im Laufe der Zeit, die von Robert Heiss als eine der Grundtatsachen der Charakterbildung behandelt wird, wird empirisch dadurch gut bestätigt, daß Longitudinalstudien mit Erwachsenen eine große Stabilität gewisser Züge aufzeigen. Dies gilt z. B. von Untersuchungen über die jeweiligen Interessen, die Edward Strong in ›Follow-up‹-Forschungen an Ingenieuren vornahm, und zwar über einen Zeitraum von nicht weniger als 19 Jahren. Und es gilt für viele andere Grundlagen, Einstellungen und Werte, für die Lowell Kelly eine Reihe von Personen um die Mitte der Zwanzig und dann zwanzig Jahre später wieder prüfte, als sie Mittvierziger waren.

Die Frage ist, wie diese Verfestigung, die man auch *Prägung* genannt hat, zustande kommt.

In dem der Entwicklungspsychologie gewidmeten dritten Band des großangelegten deutschen ›Handbuch der Psychologie‹ beschäftigt sich Hans Thomae eingehend mit dem Vorgang der Prägung. Sowohl er wie Peter Hofstätter sind der Ansicht, daß die Prägung durch ein unwillkürliches ›natürliches‹ Lernen zustande kommt, wobei das Individuum sich allmählich auf bestimmte *Verhaltensmuster* festlegt. Die Tiefenpsychologie ebenso wie die Kulturpsychologie haben außerordentlich viel Belegmaterial dafür beigebracht, wie die von den Eltern ausgehenden Einwirkungen und daneben Sitte und Brauch das Kind von früh an in bestimmte Verhaltensbahnen lenken.

Hierbei darf nun allerdings eine Tatsache nicht unterschätzt werden: daß das Individuum seinerseits auslesend auf seine Umwelt reagiert und sich je nach seinen Grundtendenzen entweder stark von ihr bestimmen läßt oder sie selbst schöpferisch formend mitbestimmt.

Einen interessanten Beleg dafür, wie der einzelne die Realität auslesend behandelt, hat neuerdings Lois Murphy in Beobachtungen über die Methoden erbracht, mit deren Hilfe Kinder Schwierigkeiten bewältigen. Bei Murphys Arbeit handelt es sich um Längsschnittstudien im Rahmen eines Forschungsprojektes der Menninger Foundation. Sie stellt fest, daß die individuellen *Methoden der Bemeisterung*, die über längere Perioden hindurch beobachtet werden, einem *Persönlichkeitsstil* entsprechen. Ein Stil der Bemeisterung ist es z. B., sich den gegebenen Verhältnissen einzupassen, ein anderer, sie schöpferisch umzugestalten. Dies entspricht gut unseren früher aufgestellten Grundtendenzen der selbstbeschränkenden Anpassung und der schöpferischen Expansion.

Die Vorstellung, daß der einzelne Mensch einen persönlichen *Lebensstil* heranbildet, demgemäß er sich entwickelt, ist wiederholt und auf verschiedene Weise vertreten worden. So sprach Alfred Adler aufgrund seiner klinischen Befunde von einer ›Leitlinie‹, der ein Individuum folge. In diesem Begriff sowie in dem der ›Stilbildung‹ wird das aktiv Schöpferische des Vorgangs der Verfestigung betont. Und Erich Rothacker sieht z. B. in der Stilisierung einen der Hauptfaktoren kultureller Entfaltung. Es wird hierbei offensichtlich an eine aktive Auslese und Gestaltung gedacht.

Hans Thomae zeigt in einer eingehenden Studie, wie sich das Individuum seine ganze Entwicklung hindurch mit diesen auf es einwirkenden Faktoren auseinandersetzt. Im Gegensatz zu der Überbetonung des prägenden Einflusses der ersten Lebensjahre, wie dies seitens der Psychoanalyse geschieht, ist Thomae der Ansicht, daß die Prägung ein durch das ganze Leben hindurch sich fortsetzender Prozeß ist.

So erfährt der Mensch, je länger er lebt, im Laufe seiner Entwicklung ein um so individuelleres Gepräge und entwickelt er einen um so individuelleren Stil. Dies gilt allerdings wohl nur von dem einigermaßen zielgerichtet und geordnet Lebenden, während der Ziellose und Ungeordnete sowie der vom Leben und vom Schicksal Überwältigte im Alter zerfällt.

8. Theorien der Entwicklung

Theoretisches Denken — wozu brauchen wir all diese Theorien? So mag mancher fragen. Ein gute Frage, denn sie verlangt eine befriedigende Antwort, und die lautet: Wir brauchen Theorien, um zunächst einmal irgendeine Ordnung in die Tatsachenfülle zu bringen, dann aber vor allem, um uns, soweit dies möglich ist, unser menschliches Leben begreifbarer, verständlicher werden zu lassen.

So haben wir schon an früheren Stellen dieses Buches über das Problem des Lebenszieles nachgedacht und über das Problem der Wandlungen, durch die wir hindurchgehen. Von allem Anfang an hat uns immer wieder die Frage beschäftigt, wie unsere eigenen Anlagen sich mit den durch die Umwelt und den Verlauf unseres Lebens bedingten Einwirkungen durchdringen. Nun wollen wir uns überlegen, welches *Modell* uns für das Verständnis und den Überblick über den Gesamtverlauf der menschlichen Entwicklung die besten Dienste zu leisten verspricht.

Hans Thomae hat in dem bereits erwähnten großen Werk über Entwicklungspsychologie eine sehr verdienstliche Übersicht über die stattliche Anzahl von Modellen gegeben, die den Überlegungen und Theorien über die Entwicklung zugrunde gelegt worden sind. Alle diese Modelle treffen wichtige Aspekte des menschlichen Werdegangs. Hans Thomae nennt den Gesichtspunkt der *Prägung,* den wir soeben besprochen haben, sodann die besonders von Heinz Werner durchgearbeitete Theorie der *Differenzierung,* die im Laufe der Entwicklung stattfindet, sowie die Gesichtspunkte der *Wiederholung* im Entwicklungsgeschehen und der ›Schichtung‹ von ›Formationen‹. Die letztere vorwiegend in der deutschen Psychologie verbreitete Lehre ist begründet in der Annahme, daß die Entwicklung in Schüben vor sich geht und daß ebenso, wie nach Peipes sich ›Schichten der Hirntätigkeit von verschiedenem Alter... überlagern‹, diese Schichtenbildung auch für das Seelische gilt.

Am zweckmäßigsten erscheint mir das von Thomae ebenfalls besprochene *Phasenmodell,* bei dem die Entwicklung als in Schritte oder Stufen aufgeteilt gesehen wird. Dieses Phasenmodell bevorzuge ich aus zwei Hauptgründen: Erstens erlaubt es besser als jedes andere Modell die Parallelisierung mit der biologischen Entwicklung, die, wenn sie auch nur einen Teilaspekt unseres Daseins betrifft, doch nie aus den Augen verlorengehen sollte. Zweitens entspricht das Phasenmodell am meisten der Art, wie wir faktisch und praktisch über unser Leben denken und es erleben. Faktisch und praktisch sind wir immerfort damit beschäftigt, unser Leben *einzuteilen*. Denn ganz gleich, ob wir über Erinnerungen oder Zukunftspläne reden – fast immer beziehen wir unsere Erlebnisse auf Lebensabschnitte.

In der Erziehung und im Beruf, in den juristischen Definitionen der Geschäftsfähigkeit, Volljährigkeit, Heiratsfähigkeit, Verantwortlichkeit, Strafmündigkeit usw., bei Fragen der Pensionierung und anderen – immer spielen bestimmte Altersgrenzen eine Rolle.

Der Gesichtspunkt der *Ordnung* unserer Erlebnisse einerseits, andererseits die Idee der *Zuordnung* bestimmter Rechte und Pflichten zum Verlauf des psychosomatischen Auf- und Abstiegs sind offenbar die Gründe für alle derartigen Einteilungen. Sie betonen allerdings mehr den Gesichtspunkt sprunghafter als den allmählicher Veränderungen. Man braucht die allmählichen Veränderungen nicht aus dem Auge zu verlieren, wenn man den sprunghaften den Vorrang gibt, um Übersicht und eine für das praktische Leben sinnvolle Ordnung zu gewinnen.

Phasenlehren der Entwicklung

Die verschiedenen *Phasenlehren* der menschlichen Entwicklung (der Terminus Phase wurde erstmals von Arnold Busemann 1925 vorgeschlagen) beziehen sich zum Teil auf Kindheit und Jugend oder auf besondere Funktionen. Beispiele sind einerseits Oswald Krohs, meine eigene oder Arnold Gesells Einteilungen von Kindheit und Jugend, andererseits Freuds Phasen der Libido-Entwicklung, Piagets Phasen der intellektuellen Entwicklung oder neuerdings Eriksons Phasen der Ich-Entwicklung.

Für Sonderzwecke sind all diese Lehren von größter Bedeutung. Für eine Gesamtübersicht jedoch, so scheint mir, sollte eine Phaseneinteilung auf ein Prinzip begründet sein, das auf das menschliche *Leben als Ganzes* anwendbar ist. Und zum zweiten sollten, wie Rudolf Bergius in hervorragend klarer Weise dargelegt hat, *adäquate Kriterien der Phasenabgrenzung* gefunden werden, das heißt, die angenommenen Stufen sollten wirklich Entwicklungsfortschritte darstellen.

Ein einfaches Prinzip, mit dessen Hilfe man theoretische Problemschwierigkeiten vermeiden kann, ist das einer vom praktischen Leben her bestimmten Einteilung. Eine solche hat Robert Havighurst gewählt, der den Begriff *Entwicklungsaufgaben* entsprechend den in jedem Alter zu erwartenden Lebensleistungen vorgeschlagen hat.

Havighurst unterscheidet unter dem Gesichtspunkt der Entwicklungsaufgaben sechs Lebensphasen: frühe Kindheit (o bis 6 Jahre), mittlere Kindheit (6 bis 12 Jahre), Pubertät und Adoleszenz (12 bis 18 Jahre), frühes Erwachsenenalter (18 bis 35 Jahre), mittleres Alter (35 bis 60 Jahre) und späteres Leben (nach 60 Jahren).

Die in jeder Phase erwarteten Lebensleistungen sind nicht begrifflich scharf abgegrenzt; die jeweils neuen Lebensleistungen ergeben sich in einer allmählichen Umgestaltung dessen, was das Individuum zu leisten und zu lernen imstande ist.

Dementsprechend wird erwartet, daß in der ersten Phase das Kind hauptsächlich lernt, seinen Körper zu beherrschen und die ersten Beziehungen zur Umwelt aufzunehmen; in der zweiten lernt es Begriffe und Geschicklichkeiten, die für das tägliche Leben notwendig sind; in der dritten beginnt es sich von den Eltern zu befreien und seine sexuelle und soziale Rolle in der Gesellschaft aufzunehmen; in der vierten wird erwartet, daß der junge Erwachsene sich einen Lebensgefährten sucht. heiratet, ein Familie gründet und seine ersten Pflichten gegenüber der Gesellschaft übernimmt. In der fünften Phase soll der ältere Erwachsene soziale und kommunale Verpflichtungen auf sich nehmen und einen bestimmten Lebensstandard etabliert haben. In der sechsten schließlich soll er fähig sein, der Tatsache ins Auge zu blicken, daß seine Kräfte abnehmen, daß oft auch der materielle Erfolg nachläßt, und soll sich an die Vorstellung seines Todes gewöhnen.

Auf- und Abstieg von Funktionen und Leistungen des Durchschnittsalters

Eine andere Art der *Beschreibung* der Entwicklung haben einige Amerikaner, insbesondere Zubek und Solberg sowie Pressey und Kuhlen dadurch, daß der *Auf- und Abstieg von Funktionen und Leistungen* mit statistischen Mitteln erfaßt und dargestellt wird.

Diese Beschreibungen von Tatsachen sind wichtig und lehrreich. Sie geben uns *Normen* für das, was wir von den Menschen auf bestimmten Altersstufen in verschiedener Hinsicht erwarten können – mit anderen Worten: diese Beschreibungen belehren uns über das jeweilige *Durchschnittsalter*.

Alle Eltern kennen den Begriff des Durchschnittsalters. Besonders am Anfang des Lebens ihres Kindes beobachtet die gewissenhafte Mutter sorgfältig die Zunahme der körperlichen und seelischen Leistungsfähigkeit des Säuglings. Viele Mütter benutzen Tagebücher mit vorgedruckten Angaben über die zu beachtenden Tatsachen, und die meisten Mütter wissen, daß ungefähr am Ende des ersten Jahres ihr Kind zu gehen und zu sprechen beginnen sollte. Psychologisch ausgedrückt, kann man sagen, daß im ersten Lebensjahr durchschnittlich alle *Grundfunktionen* erworben werden.

Weniger klare Vorstellungen haben viele Eltern davon, wann und warum ein Kind zu einem ungefähr festliegenden Zeitpunkt ›sauber‹ sein, allein essen und sich allein waschen soll oder später seine Spielsachen in Ordnung halten, sich gewisse Umgangsformen aneignen und der Mutter helfen soll.

Traditionen, Sitten und wechselnde Vorstellungen von den optimalen Entwicklungsbedingungen bestimmen die Perioden und die Umstände, unter denen die Kinder erste *Gewohnheiten* erwerben. Die Entwicklung von Reinlichkeit, Selbständigkeit, Manieren und der Fähigkeit zur Pflichterfüllung erfolgt nur selten ohne jede Anleitung. Es gibt Kinder, die nahezu von sich aus reinlich werden, die selbständig sein wollen und die gern helfen. Im allgemeinen jedoch hängt die Entwicklung von Gewohnheiten, die der Beherrschung des eigenen Körpers und der ersten Einordnung in die Gesellschaft dienen, weitgehend von der *Erziehung* und noch mehr vom *Vorbild* ab.

Im Schulalter setzt die Schule weitgehend die Normen für durchschnittlich zu erwartende Fortschritte des Lernens, der Körper- und Selbstbeherrschung und des Verhaltens in der Gruppe. Viele Eltern wünschen sich allerdings, daß ihre Kinder nicht nur überdurchschnittlich, sondern sogar frühreif sind. Frühreife ist jedoch nach unseren heutigen Erfahrungen ebenso unerwünscht wie Spätreife. Es scheint, daß das Innehalten des Durchschnittsalters bei der Entwicklung im allgemeinen mit größerer körperlicher und seelischer Gesundheit koordiniert ist. Bei allen der kulturellen Einwirkung unterworfenen Vorgängen – und dazu gehört sogar zum Teil auch die physische Reifung – kommt es freilich zu großen Schwankungen im Durchschnittsalter.

Entwicklungsaufgaben nach Havighurst

Trotzdem kann der Begriff des Durchschnittsalters auch weiterhin im Leben angewendet werden, wie Havighurst in seiner Aufstellung von ›Entwicklungsaufgaben‹ überzeugend darlegt.

Berufsbeginn, Eheschließung, Familiengründung und Einordnung in die Gesellschaft sind durchschnittlich vor dem 35. Lebensjahr zu erwarten. Die Stabilisierung von Einkommen und Lebensweise erfolgt durchschnittlich vor dem 50. Jahre. Die Loslösung der nächsten Generation, die objektiven und subjektiven Beweise für den Lebenserfolg ergeben sich durchschnittlich in den Jahren des Klimakteriums. Schließlich finden wir von der Mitte der Sechzig an Lebensformen des Sich-Zurückziehens von der aktiven Betätigung in der Gesellschaft.

Die pragmatische Beschreibung der Entwicklung unter dem Gesichtspunkt durchschnittlicher oder vom Durchschnitt abweichender Verläufe vermittelt uns nützliche Kenntnisse über das *Tatsächliche* in unserem Leben. Sie kann uns jedoch nicht befriedigen, wenn wir darüber hinaus das Leben als einen *Sinnzusammenhang* verstehen wollen.

Menschen aller Zeiten und in allen Kulturen haben immer wieder versucht, den ›Sinn‹ des Lebens zu ›verstehen‹, eine Deutung zu geben, die alle Lebensvorgänge in Beziehung setzt zu einem sie transzendierenden Prinzip, das heißt, zu einem jenseits der Vorgänge Liegenden. Als dieses Prinzip kann Verschiedenes gesehen werden, ein Zweck oder Ziel, eine Aufgabe oder eine symbolische Bedeutung. Das Bedürfnis nach einer solchen Sinngebung ist allgemein menschlich; alle Religionen und Philosophien sind in ihm begründet.

Eine Psychologie der menschlichen Entwicklung ist meines Erachtens unvollständig, solange sie nicht die *Entwicklung der Sinngebung* einschließt. Das heißt, die Entwicklungstatsachen müssen in den Sinnzusammenhängen gesehen werden, die die Menschen ihnen geben.

Wollen wir Entwicklungstatsachen in Sinnzusammenhängen verstehen können, statt sie nur als Auf- und Abbewegung von Funktionen und Leistungen zu registrieren, dann müssen wir einen neuen Begriff einführen. Es ist der Begriff der *Persönlichkeit*.

V Die Persönlichkeit

1. Was bedeutet das Wort ›Persönlichkeit‹?

Die Antwort auf diese Frage ist nicht leicht. »Er ist keine Persönlichkeit«, sagt wohl der Chef von einem Angestellten, mit dem er nicht zufrieden ist. Oder: »Was für eine Persönlichkeit die Kleine schon ist«, mag eine Mutter zur anderen bewundernd über deren Fünfzehnjährige sagen. Persönlichkeit ist nicht dasselbe wie *Person*. »Nur drei Personen saßen im Autobus«, erzählt man, und dabei meint man mit dem Begriff Person zunächst lediglich, daß es sich um ein Individuum handelt.

Aber im Ausdruck ›Person‹ steckt schon mehr, als daß es ein Individuum ist. »Hier kommt das kleine Persönchen«, ruft der Vater strahlend, als sein dreijähriges Töchterchen auf ihn zurennt. Mit diesem stolzen und freudigen Ausruf gibt er kund, daß er in Dorchen einen vollen kleinen Menschen begrüßt. Oft aber hat das Wort einen mehr oder minder abwertenden Beigeschmack. »*Das* ist eine Person ... «, sagt man wohl von jemandem, der einem aus diesem oder jenem Grunde nicht behagt.

Das Wort ›Person‹ kommt vom lateinischen ›persona‹; ursprünglich bedeutete es die vom Schauspieler benutzte Maske. Unter ›Person‹ wird somit zunächst die äußere Erscheinung und der Charakter einer *Rolle* verstanden. Später wird das Wort für ein bemerkenswertes Individuum gebraucht, das irgendeine wichtige Rolle spielt.

Ein Hund ist keine ›Person‹, obwohl man ihn als ›Individuum‹ bezeichnen und auch von seiner ›Persönlichkeit‹ sprechen kann. Wenn Herr Witte von seinem Schäferhund sagt: »Ajax ist eine ausgesprochene Persönlichkeit«, so lächelt man vielleicht über seinen Enthusiasmus, aber jeder versteht, was er meint: Ajax ist ohne Zweifel ein ›Individuum‹, nämlich eine Individualität, ein Wesen persönlicher Eigenart – er ist eben ein bißchen anders als jeder andere Hund gleicher Rasse –; aber wenn Herr Witte von Ajax als ›Persönlichkeit‹ spricht, so will er damit noch mehr sagen.

›Persönlichkeit‹: das ist außer der persönlichen *Eigenart* eines Individuums auch die Art, wie es diese zum *Ausdruck* bringt und zur *Wirkung* auf andere gelangen läßt. Mit anderen Worten: In dem Begriff ›Persönlichkeit‹ vereinigen wir nicht nur *Seins-Qualitäten* oder Eigenschaften eines Individuums, sondern auch seine *Wirkungsqualität*. Die Faktoren dieser Wirkungsqualität nennen wir in der heutigen Psychologie *dynamische* Faktoren.

Persönlichkeit ist nicht dasselbe wie Charakter. Diese beiden Ausdrücke werden von manchen gleichgesetzt. Unter ›Charakter‹ sind jedoch in erster Linie *Wertqualitäten* einer Persönlichkeit zu verstehen. Es kann jemand eine eindrucksvolle Persönlichkeit sein, aber einen schlechten Charakter haben, und jemand, der über einen bewundernswerten Charakter verfügt, kann eine wenig eindrucksvolle Persönlichkeit sein. Vom Charakter werden wir am Ende des Kapitels und auch später im Zusammenhang mit Fragen der Erziehung sprechen. Hier sei zunächst die Psychologie der Persönlichkeit eingehender betrachtet.

2. Über den Begriff der Persönlichkeit

Schon als wir das Wort ›Persönlichkeit‹ in seiner Bedeutung zu bestimmen versuchten, sahen wir, daß wir es da mit etwas recht Komplexem und Kompliziertem zu tun haben. Es ist in der Tat ungewöhnlich schwer, eine Persönlichkeit zu beschreiben, und es ist noch viel schwerer, den Begriff befriedigend zu definieren.

Bemühen wir uns zunächst darum, eine *Persönlichkeit* zu beschreiben. Nehmen wir an, jemand denke an eine Person, die er sehr gut kennt, zum Beispiel seine Mutter. Wo wird er mit der Beschreibung anfangen? Wer systematisch veranlagt ist, wird nach irgendeinem Prinzip der Einteilung suchen, vielleicht zunächst äußere Merkmale aufzählen: »Meine Mutter ist eine immer noch gut aussehende Frau, mittelgroß und recht stattlich, aber nicht dick. Sie geht an die 70, ist noch immer sehr vital und fast immer gesund.« Hier wird mit der Beschreibung der körperlichen Eigenschaften auch ein Hinweis auf das Alter verbunden.

»Sie interessiert sich für alles« – und hier geht der Beschreibende, ohne daß es ihm vielleicht zu Bewußtsein kommt, auf ›innere‹ Merkmale über, auf Wesensmerkmale, indem er Verhaltensweisen schildert, in denen diese Merkmale zum Ausdruck kommen.

Und so geht es weiter. Für diesen systematischen Schilderer gehört eigentlich zur Persönlichkeit alles, was man über eine Person sagen kann: körperliche und seelische Eigenschaften, Verhaltensweisen, der Lebenskreis und die menschlichen Beziehungen, die Ziele und Werte, die dieser Mensch zu verfolgen scheint, und das seinem Alter angemessene Leben und Handeln.

Weniger systematische Beobachter weisen oft ohne Umschweife auf irgendeine Eigenschaft hin, die ihnen besonders auffällig und charakteristisch erscheint.

»*Meine Mutter*«, sagt Linda, *eine ausnehmend glückliche und sich im Leben bewährende Frau in den Fünfzig, mit deren Lebenslauf wir uns im folgenden eingehender beschäftigen werden,* »*meine Mutter war und ist vor allem ein außerordentlich liebevoller Mensch. Diese große Liebe, die sie uns Kindern immer zeigte, war von meiner frühesten Kindheit an mein großes Glück.«*

In dieser Beschreibung wird die ganze Persönlichkeit zunächst auf einen Hauptnenner gebracht, und die so beschriebene Haupteigenschaft wird in Verbindung zur Zeit gesetzt und in ihrer Auswirkung gezeigt.

Ähnliches gilt von der gegenteiligen Charakteristik, die eine Patientin in der psychotherapeutischen Behandlung von ihrer Mutter gibt:

»Meine Mutter war eine ungeheuer selbstsüchtige Person«, sagt Wanda *in großer Erregung. »Sie hat immer riesig hohe Ansprüche an uns Kinder gestellt, und wenn wir irgend etwas taten, das ihr nicht paßte, sprach sie oft überhaupt nicht mehr mit uns. Zum Beispiel seit meiner Heirat spricht sie nicht mehr mit mir, weil wir die Hochzeit nicht so gefeiert haben, wie sie es verlangte. Mein ganzes Leben hindurch hat sie mir immer Schuldgefühle aufgeladen; auch meine Krankheit jetzt hat damit zu tun, daß ich mich schuldig fühle.«*

In dieser Beschreibung verliert alles andere an Wichtigkeit gegenüber der Persönlichkeitswirkung, die Wanda erlebt.

Während die erste Gruppe von Berichtenden mehr oder weniger alles vorbringt und einbezieht, was sie von der zu beschreibenden Person weiß, geht die zweite Gruppe zunächst von einem *zentralen* Charakteristikum aus, von dem her ihnen der ganze Mensch verständlich wird und durch das er ausschließlich bestimmt zu sein scheint.

Gordon Allport, der sich als einer der ersten modernen Psychologen mit dem schwierigen Problem der Persönlichkeit auseinanderzusetzen versucht hat und zu den führenden Forschern auf diesem Gebiet gehört, nennt die erste Gruppe *Omnibus*-Definitionen, weil diese Kennzeichnungen wie ein Omnibus alles und jedes mit auf den Wagen laden, was man nur mitnehmen kann.

Diese Art der Persönlichkeitsbeschreibungen mag zwar sehr anschaulich sein, doch besteht nach Allport ihr Fehler darin, daß sie dem Gesichtspunkt der inneren Geordnetheit der Persönlichkeit keine Rechnung trägt. Damit kommen wir auf den vielleicht wichtigsten Faktor für das Verständnis der menschlichen Persönlichkeit zu sprechen: den Faktor der *inneren Organisation.* Die menschliche Persönlichkeit, oder genauer gesagt, *die gesunde menschliche Persönlichkeit ist ein geordnetes Ganzes. Seelische Krankheit* beginnt gewöhnlich damit, daß diese innere Einheit und Ordnung verlorengeht oder doch bedroht ist.

Gilbert *zum Beispiel beschreibt seine Mutter so: »Meine Mutter hat vor allem ein furchtbares Temperament. Wenn sie dem die Zügel schießen läßt, laufen wir alle davon. ›Mutter ist schlechter Laune‹, sagt meine Schwester Martha, ›besser geh ihr aus dem Weg — sie hat wieder ihre Kopfschmerzen.‹ Und doch – zu anderen Zeiten kann sie liebevoll und freundlich sein. Dann las sie uns Kindern Bücher vor oder ging mit uns ins Museum … Verstehen konnten wir das nie, und es war nie vorauszusehen, ob sie gute oder schlechte Laune hatte.«*

Hier beschreibt ein Mann seine Mutter von ihren Gemütszuständen her, deren Unberechenbarkeit ihm noch heute, als 37jährigem, völlig rätselhaft ist, weil er sich nie über die inneren Zusammenhänge dieses Stimmungswechsels hat klarwerden können, weil er die Grundlagen ihrer inneren Zerrissenheit nicht zu erkennen vermochte. Keiner wußte, woran es eigentlich lag, daß sie, wie es schien, von ihren Gefühlen hin und her geworfen wurde.

Wie sich eines Tages herausstellte, war diese Frau sowohl seelisch als auch physisch krank. Ein Gehirngeschwür (das später erfolgreich operiert wurde) stellte eine objektive Grundlage der Schmerzen dar. Aber außerdem war diese Mutter auch eine von ihren Eltern und ihrem Mann sehr verwöhnte Person, die in ihrer Einstellung zum Leben ebenso unreif wie ziellos war. \

Von dieser Beschreibung her ergibt sich eine Reihe weiterer Punkte, die für die Bestimmung des Begriffs der Persönlichkeit wichtig sind. Die Menschen erwarten, daß eine Persönlichkeit ›verständlich‹ ist.

»*In dieser Frau ist kein Sinn*«, sagte Gilbert einmal im Gespräch über seine Mutter.

Was meint er damit?

Die *Verständlichkeit* und der *Sinn* einer Persönlichkeit ergeben sich bei genauem Überlegen daraus, daß das *Gesamtverhalten* eines Menschen bestimmte *Hauptrichtungen* aufzuweisen scheint, die das Haupt-Ordnungsprinzip darstellen. Die Hauptrichtung bei Lindas Mutter war ihre liebevolle Einstellung zu den Menschen, während für Wandas Mutter die Hauptrichtung ihre Selbstsucht war – oder wenigstens erschien dies der Tochter als ihre Haupteigenschaft.

›*Eigenschaft*‹ ist das Wort, das viele hier eher gebrauchen würden als Richtung. Aber viele moderne Psychologen wünschen dieses Wort Eigenschaft zu vermeiden, weil sie den Menschen mehr als ein *dynamisches System* auffassen und nicht als ein mit festen Merkmalen ausgestattetes Wesen. Eigenschaften sind etwas, was mehr oder weniger unveränderlich zu einem Ding gehört, wie Größe, Farbe oder Zweckbestimmung: »Der große braune Schrank ist für deine Kleider bestimmt«, mag die Gastgeberin ihrem Besuch erklären, wobei sie Eigenschaften nennt, die den Gegenstand eindeutig charakterisieren. Die selbstsüchtige oder liebevolle Persönlichkeit ist jedoch nicht ein mit diesen Eigenschaften versehenes Etwas; vielmehr stellt die Persönlichkeit ein sich dauernd in der Entwicklung befindliches, teilweise veränderliches System dar, das von einem Körper umschlossen und abgegrenzt wird, das jedoch trotzdem in dauernder Wechselwirkung mit der Umgebung steht, das ein Kräftezentrum besitzt, und das in seinem kontinuierlichen Fortschreiten vom Anfang bis zum Ende seines Daseins gewisse Ziele verfolgt. Die Art, wie das Individuum sich dabei verhält, erweckt den Eindruck, als wenn es bestimmte Eigenschaften erkennen ließe.

Dieser Eindruck ist nur insoweit richtig, als die Struktur der Zielsetzung die Voraussagbarkeit gewisser individueller Eigenheiten einer Person möglich macht. Solche Eigenheiten – die Art etwa, wie die liebevolle und die selbstsüchtige Mutter sich kundgeben und benehmen – bezeichnen wir oft als das *Wesen* eines Menschen. Und damit bringen wir die Überzeugung zum Ausdruck, daß es im Flusse des sich verändernden Geschehens und aller Wandlungen, durch die ein Mensch hindurchgehen mag, einen allem zugrunde liegenden Kerngehalt gibt, ein innerstes, undefinierbares Etwas, das letztlich jeden einzelnen zusammenhält und als Individuum bestimmt. Diesen letzten Kerngehalt nennen wir das *Selbst*.

Dieses Selbst, dessen Definition noch sehr umstritten ist, wie wir später hören werden, wird jetzt trotz seiner problematischen Natur von vielen Theoretikern als das *Zentrum* der Persönlichkeit anerkannt. Von diesem Selbst gehen die Zielrichtungen aus.

Das Selbst ist das Zentrum einer *hierarchischen Organisation* von Prozessen, die das System der Persönlichkeit ausmachen. Diese hierarchische Organisation ermöglicht die innere Einheit der Persönlichkeit. Das heißt, daß die verschiedenen Strebungen, die auf verschiedenen *Tiefenlagen* und in verschiedenen *Schichten* der Persönlichkeit gleichzeitig vor sich gehen, durch einen hierarchischen Aufbau in *Ordnung* gehalten werden. Diese Hierarchie ist nicht eine feste, unveränderliche, sondern stellt sich bis zu gewissem Grade dauernd neu her. Ein Beispiel möge dies deutlich machen:

Gilbert – *der Sohn der unberechenbar launenhaften Mutter – ist Kaufmann, Angestellter in einer Werbefirma. Ihm untersteht die Organisation der Anzeigen, die in zwei verbreiteten Wochenschriften erscheinen. Die Arbeit macht ihm viel Freude, und er ist froh, endlich einen Posten gefunden zu haben, dessen Aufgaben ihn interessieren, während er vorher viele Jahre nirgends hatte Fuß fassen können. Heute, wo er 37 Jahre alt und seit zwei Jahren verheiratet ist, hat er endlich das Gefühl, festen Boden unter die Füße zu bekommen, obwohl es, wie er genau weiß, mit allem recht spät geworden ist. Er war nicht konzentriert gewesen, hatte keine innere Ordnung gehabt – wie seine Mutter, denkt er manchmal. Ihren Einfluß auf seine Entwicklung hat er oft als sehr ungünstig empfunden.*

Heute aber glaubt oder hofft er, auf dem richtigen Weg zu sein. Die

hierarchische Organisation seiner Persönlichkeit ist im Augenblick
folgende:

Am wichtigsten ist ihm zur Zeit sein beruflicher Erfolg. Er weiß, daß
er nur mittelmäßig begabt ist, aber er glaubt, daß sein Interesse für
die Arbeit, seine Gewissenhaftigkeit und sein Fleiß, auch seine Beliebt-
heit bei den Kollegen, ihm eine gesicherte Laufbahn und ein gutes
Einkommen in Aussicht stellen. Die Zielrichtung auf eine gut einge-
paßte und sichergestellte Lebensführung steht für Gilbert an der Spitze.
Dann jedoch kommt sogleich das intensive Verlangen nach großem
Glück in seiner Ehe. Und er fragt sich tatsächlich oft, ob dies nicht
überhaupt an erster Stelle steht, ob eine gesicherte gute Laufbahn ihn
ohne sein Eheglück überhaupt interessieren würde. Oder sind beide
etwa gleich wichtig? Gilberts Hierarchie von Lebenszielen ist mög-
licherweise zweigipflig – er kann sich nicht entscheiden: Beruf? oder
Eheglück? Die Frage macht ihm oft zu schaffen, weil die Ehe vorläufig
nicht ganz so glücklich ist, wie er sich das erhofft hat. Diane liebt ihn
nicht im selben Maße, wie er sie liebt, und oft scheint sie ihm depri-
miert und reizbar. In solchen Augenblicken stellen sich bei Gilbert
sofort Magenbeschwerden ein. Ihm wird übel, er hat Panikgefühle, er
schwitzt. Sein Körper scheint solchen Prüfungen nicht standzuhalten.
Dieser Schwächen und seiner Neigung zu Unkonzentriertheit Herr zu
werden, erscheint ihm als ein drittes wichtiges Ziel. Innere Ordnung
ist, was er als Zeichen einer Persönlichkeit ansieht, die dem Leben
gewachsen ist. Gilberts Vater war in dieser Hinsicht ein viel besseres
Vorbild als seine Mutter, aber sein Vater ließ sich schon während
Gilberts Kindheit von seiner Mutter scheiden, und da er in eine andere
Stadt zog, sah er den Sohn nicht so oft, wie dieser es sich gewünscht
hätte.

Wir könnten nun natürlich fortfahren und zeigen, wie sekundäre
Strebungen, Interessen, Pflichten und Probleme des täglichen Lebens
sich in dieses Bild der führenden Zielrichtungen einfügen. Vom mor-
gendlichen Aufstehen und pünktlichen Erscheinen bei der Arbeit über
Sitzungen und gesellige Zusammenkünfte, Ärgergefühle oder berufliche Triumphe, Fragen von Appetit, Verdauung, Müdigkeit und
Schnupfen bis zum Baden und Zubettgehen spielen unzählige kleinere
und größere, mehr oberflächliche oder tiefere Anliegen die verschiedenste Rolle im Persönlichkeitsgefüge des einzelnen Menschen.

Wie wir sahen, ist ein wichtiger Faktor, den Gilbert stark berücksichtigte, seine *Anpassungsfähigkeit* an Aufgaben des Lebens sowie an
gegebene Verhältnisse. Diese Anpassungsfähigkeit wird von vielen
Theoretikern bei der Definition der Persönlichkeit berücksichtigt.

Wenn wir zum Schluß dieses Abschnittes uns nach einer brauchbaren
Definition der Persönlichkeit umsehen, so scheint mir die von Gordon

Allport gebotene am besten mit unseren Darlegungen übereinzustimmen:

Persönlichkeit ist, sagt Allport, *die im Innern eines Individuums sich ergebende dynamische Organisation derjenigen psychophysischen Systeme, welche die einem Individuum eigene, einzigartige Anpassungsweise an seine Umgebung bestimmen.*

Bei dieser Definition erhebt sich nun natürlich sofort die Frage, um was für eine Organisation, um was für ein Gebilde es sich hier handelt.

3. Der Aufbau und die Entwicklung der Persönlichkeit

Die Persönlichkeit des Menschen hat einen ganz außerordentlich komplizierten Aufbau. Dem Eindruck nach erleben wir zwar manche Menschen als ›einfach‹, andere hingegen als ›kompliziert‹. Dies hat mit der Motivationsstruktur der jeweiligen Persönlichkeit zu tun. Doch selbst die einfachsten Menschen haben, da sie Menschen sind und dies für alle Menschen gilt, einen komplizierten Persönlichkeitsaufbau.

Da ist zunächst das umfassende *Aktionssystem,* aus dem die menschliche *Handlung* hervorgeht; in ihr wirken sich die ständig durch *Lernen* umgeformten *Anlagen* aus. Wir haben dies eingehend in früheren Kapiteln besprochen. Dem Aktionssystem liegt zugrunde das komplizierte *psychosomatische Geschehen,* in dem, sei es durch Wechselwirkung oder in anderer Weise, die *körperlich* und die *seelisch* bedingten Vorgänge integriert werden.

Zweitens sind die Persönlichkeitsprozesse bis zu gewissem Grade ununterbrochenem *Wandel* unterworfen. Dieser Wandel besteht teils in *Entwicklung,* teils in anderen *Veränderungen,* unter denen zum Beispiel Erkrankungen oder sonstige Störungen des regelmäßigen Ablaufs eine Rolle spielen. Es gibt daher in der *Kontinuität* des Geschehens unter gewissen Gesichtspunkten *Diskontinuitäten* der Prozesse.

Drittens sind die Persönlichkeitsprozesse *zeit*bezogen: Die Persönlichkeit ist immer durch ihre *Vergangenheit* sowie ihre *Zukunft* mitbestimmt, während sie in der *Gegenwart* lebt. Das heißt, daß *Rückblick* und *Vorausblick* in individuell verschiedenem Grade bei den Erlebnissen und in der Behandlung der *aktuellen* Lebensprobleme zur Geltung gelangen.

Damit kommen wir viertens auf den vielleicht kompliziertesten Teil der Persönlichkeit zu sprechen, nämlich das Gefüge von Motivationen und Zielsetzungen. *Motivationen* können sowohl *unbewußt* wie *bewußt* sein. In einer eigenartigen Mischung werden bewußte und unbewußte Motive zu Determinanten des seelischen Geschehens. Aus den *Motivationen* einerseits, den gegebenen Situationen andererseits ergibt sich fünftens das ungeheuer reiche und komplizierte Gefüge der *Ziele*, mit denen der Mensch fast ununterbrochen beschäftigt ist. Obwohl individuelle Variationen im Hinblick auf die Beständigkeit, den Reichtum, die Kompliziertheit und den Horizont der Zielsetzung festzustellen sind, gibt es doch kein menschliches Dasein, in dem nicht *Zielgerichtetheit* eine grundlegende Rolle spielt.

Selbst der im Spiel oder in erholsamer Entspannung Aufgehende kann einfach nicht anders, als sich mit Zielen zu befassen, die das täglichen Leben betreffen. Er muß, wenn er vom Sonnenbad am Strande kommt, wissen, wohin er seine Schritte lenken, wann, wo und was er essen will und wie er seinen weiteren Tag zu verbringen beabsichtigt. Solange er ein Mensch ist, kommt er nicht davon weg, daß er Absichten haben muß, selbst wenn er es versuchte, ziellos dahinzuleben.

Diese Zielsetzungen finden, ebenso wie die ihnen zugrunde liegenden Motivationen in den verschiedensten Lebensbereichen, den verschiedensten *Schichten* und *Tiefenlagen* der Persönlichkeit statt.

Während der Urlauber, der vom Strand heimkehrt, sich einerseits damit befassen mag, wie und wo er seinem knurrenden Magen Befriedigung beschaffen will, ist er andererseits zwischendurch vielleicht auch mit der Frage beschäftigt, was er am Nachmittag und am Abend tun soll. Dann fällt ihm auf dem Weg zum Restaurant nebenbei ein, daß er seiner Mutter einen Brief schreiben wollte und seiner Frau einen Scheck schicken müßte. Dabei mag ihm momentan eine Geldsorge durch den Kopf gehen. Schließlich überkommt ihn vielleicht ab und zu ein Gefühl der Unbefriedigtheit, daß die Ferien eigentlich nicht interessant und anregend genug sind, nicht so, wie er es sich vorgestellt hat. Und in einer noch tieferen Schicht mag ihm, vorläufig noch unbewußt, die Sehnsucht nach einem ihm fehlenden Glücksgefühl zu schaffen machen, mit der gleichfalls noch unbewußten, weil unterdrückten Ahnung, daß ihm eigentlich das Wesentliche im Leben fehlt.

Alle diese Teilprozesse verlaufen relativ unabhängig voneinander. Diese relativ unabhängige und doch innerlich zusammenhängende Funktionsweise der *Teilsysteme* der Persönlichkeit ist ein sechstes wichtiges Merkmal ihres Aufbaus.

In den verschiedenen Theorien der Persönlichkeit werden diese Teilsysteme in sehr verschiedener Weise voneinander abgegrenzt und in ihren Operationen bestimmt. Einige Forscher, vor allem deutscher Schulen, wie Philipp Lersch, Erich Rothacker, Albert Wellek, sind mehr von den funktionellen Beziehungen tieferer und höherer Schichten im Persönlichkeitsaufbau beeindruckt, während Sigmund Freud und die in seinem Gefolge sich entwickelnden amerikanischen Persönlichkeitstheorien sich mehr mit den Konflikten der aus verschiedenen Teilsystemen stammenden Antriebe befassen.

Trotz der relativen Selbständigkeit der Teilsysteme wird aber siebtens offenbar die Persönlichkeit zu einer *Ganzheit* zusammengefaßt, und zwar in einer individuell eigenständigen Weise. Diese Ganzheit der Person ist zunächst die rein äußerlich durch die körperliche Abgegrenztheit des Individuums garantierte. Im Innern mag ihr nicht immer eine volle Einheitsbildung entsprechen.

Wo sie besteht, ist die *Integration* zur Einheit das Ergebnis einer *Leistung,* die mit integrierender Aktivität schon des embryonalen Organismus beginnt.

Über diese Anfänge sind wir heute recht gut informiert. So beschreibt Arnold Gesell die ersten Grundlagen dieser Einheitsbildung in bestimmten embryonalen Vorgängen. Er stellt fest, daß im Fötus, während er im Uterus der Mutter lebt, in der Hauptsache fünf Faktoren in richtiger Weise miteinander integriert werden müssen. Sie sind: 1. Homöostasis – das ist die Regulation des inneren Gleichgewichts aller Vorgänge (s. S. 83); 2. Atmungsvorgänge; 3. Bewußtseinszustände (die nach neuesten Befunden von Head ansatzweise bereits im Nervengewebe beginnen); 4. Muskeltonus; 5. Motorische Tätigkeit.

Vom richtigen Zusammenwirken dieser Grundfaktoren während des embryonalen Wachstums hängt die Gesundheit der psychophysischen Grundlagen für die Persönlichkeitsbildung ab. Lauretta Bender weist in ihren brillanten Studien über schizophrene Kinder darauf hin, daß die Einheitsbildung ihrer Persönlichkeit schon in ihrer Keimesentwicklung gestört erscheint, von Anfang an also. Sie spricht vom ›homöostatischen Unverstand‹ dieser Kinder. In der Tat beobachten wir ja auch später die *Unfähigkeit zu innerer Einheitsbildung* als das Hauptmerkmal der schizophrenen Persönlichkeit, die sich nie zu integrieren vermag und schließlich auseinanderfällt.

Bei schizophrenen Kindern wird von allen Beobachtern vor allem anderen ihre extreme *Angst* festgestellt. Von diesen oft kontinuierlichen Angstzuständen können sie so überwältigt sein, daß sie zu keinem geordneten Verhalten mehr fähig sind.

»Ich habe ein Loch, ich habe ein großes Loch im Bein«, schreit die dreijährige Nina, wobei sie sich in ihrem Wahnsinn die Haare rauft und im Bett herumwirft, in dem sie zum Mittagsschlaf niedergelegt worden war. Natürlich war nichts Krankhaftes am oder im Bein festzustellen, aber Nina starrte und wies zwischen ihrem Geschrei mit ihrem Finger auf das Bein, wo sie das Loch ›sah‹.

Ein derart gestörtes Körperbild ist typisch für den Verlust oder das mangelnde Zustandekommen einer Wahrnehmung der eigenen Ganzheit, wie wir es bei Schizophrenen finden.

Dem Wohlbehagen, das der Gesunde erlebt, wenn er in dem Bewußtsein inneren *Gleichgewichts,* innerer *Ordnung und Einheit* funktioniert, steht als entgegengesetztes Erlebnis die *Angst* des Kranken gegenüber, dessen Einheitsbildung mißlingt infolge *mangelnden inneren Gleichgewichts, infolge innerer Unordnung oder inneren Zerfalls.*

Zum Zustandekommen der inneren Einheit und Ordnung gehört noch ein weiterer achter Faktor, den wir nunmehr herausarbeiten müssen. Benutzen wir das Beispiel unseres Urlaubers, um ihn uns klarzumachen.

Hier kommt er, ein mittelgroßer Mann mittleren Alters, vom Strande irgendeines Badeortes. Er ist auf dem Wege zum Mittagessen. Wir wissen: Auf dem Wege beschäftigt er sich mit der Frage, wo er essen will, mit Plänen für Nachmittag und Abend, mit der Erinnerung an Brief und Scheck, die er beide erledigen muß, sodann mit Geldfragen und schließlich mit einem gewissen Unbehagen über den Verlauf des Urlaubs und dem Ablauf seines bisherigen Lebens.

Das Bild ist deutlich, die beschriebenen Erlebnisse machen den Eindruck innerer Ordnung und eines wenn auch mit einer gewissen Störung aufrechterhaltenen inneren Gleichgewichts und mit jener etwas gefährdeten, aber doch noch funktionierenden inneren Einheit mit der so viele Menschen herumlaufen. Aber etwas Wesentliches fehlt, bevor wir die Persönlichkeit dieses Mannes verstehen.

»Wie heißt er?« fragt Frau Sommer, die auf der Hotelterrasse mit anderen plaudernd sitzt, als unser Mann vorbeikommt, denn für manche Menschen ist ja der Name beim Bestimmen der Identität einer Persönlichkeit sehr wichtig. – »Herr Wiener, glaube ich«, sagt Frau Sommers Tochter Hilda. – »Ach so, er ist Jude. Na ja, das kann man ihm ja eigentlich auch ansehen«, meint Frau Arndt. – »Ist das so wichtig?« fragt Hilda. – »Ach nein, nein«, versichert Frau Arndt, »aber irgendwie kennzeichnet das doch einen Menschen.« – »Well«, sagt Hilda, die ein Jahr lang als Austauschstudentin in New York studiert hat, »rassische und kulturelle Merkmale mögen ja wichtig sein, aber für mich ist wichtiger die Frage, was für ein Mensch einer ist.« – »Also das lehren sie euch in Amerika«, ruft Frau Arndt aus, und sie kann nicht verhehlen, daß sie etwas gereizt ist. – »Was meinst du damit: ›Was für ein Mensch er ist‹?« fragt Frau Sommer ihre Tochter. – »Für mich heißt das, ich möchte wissen, was ein Mensch wirklich ist und will, ob er letzten Endes selbstsüchtig ist oder anderen zu helfen bereit ist, ob er weiß, was wahrhaft wertvoll ist im Leben, oder ob er sich an der Oberfläche treiben läßt ... solche Sachen ...« »Ich glaube, ich verstehe, was Hilda sagen will«, bemerkt Frau Sommer nachdenklich. »So wie Goethes Faust erkennen will, ›was die Welt im Innersten

zusammenhält‹, so fragt sie, was den Menschen im Innersten zusammenhält.« – »*Genau, Mutter«, sagt Hilda, »das ist es. Wir sprechen in der Psychologie von dem Selbst eines Menschen, von seinem innersten Kern.«*

Das *Selbst*, das, was letztlich die *Identität* eines Menschen ausmacht, was er letztlich ist und will – das ist es, was seine innere Einheit garantiert. Die Frage, ob es ein solches letztes Zentrum gibt und wie dieses funktioniert, ist vorläufig noch umstritten und wird, wie wir sehen werden, von den einzelnen Theoretikern verschieden beantwortet. Unserer Auffassung nach ist ohne eine derartige zentrale Instanz die Einheitsbildung unverständlich.

Nur, wenn wir eine *Zentralisation* annehmen, wird das allgemein anerkannte Faktum des *hierarchischen Aufbaus* der Ziele erklärbar. Über die Hierarchie der Zielbildungen wissen wir vorläufig noch wenig, außer, daß wir ihr Bestehen feststellen können. Diese Hierarchie ist normalerweise dem Wandel und der Entwicklung unterworfen. Es gibt außerdem *aktuelle* und darüber hinaus mehr *permanente* Zielaufbauten in ein und demselben Individuum.

So mag bei unserem Urlauber im Moment vielleicht das Mittagessen in der Hierarchie der Ziele obenan stehen. Dagegen im anderen und weiteren Zusammenhang seines Familienlebens stehen dann Brief und Scheck an erster Stelle, sowie Geldsorgen im Zusammenhang seines Berufs. Im Hinblick auf die rechte Ausnutzung der Ferienzeit drängt sich das Problem größerer Befriedigung in den Vordergrund, obwohl es im Augenblick unlösbar sein mag. Im Hinblick auf das Lebensganze aber sind die Ahnung, daß ihm irgend etwas fehlt, und die Sehnsucht vielleicht die tiefsten und letzten Ziele, obwohl unser Reisender diese vorläufig noch nicht aufkommen lassen will.

Aber solange Gefühle und Probleme ihn nicht überwältigen, beherrscht er das Getriebe dieser und noch anderer Zielrichtungen dadurch, daß er sie in Ordnung hält und bald die eine, bald die andere an die Spitze stellt.

Der seelisch Gesunde, der gut organisiert funktioniert, hat im allgemeinen eine mehr oder weniger deutliche Vorstellung davon, was seine Haupt- und Nebenabsichten sind, was seine näher und ferner liegenden Ziele. Der seelisch nicht gut Organisierte hat oft kein klares Bild von dem, was eigentlich seine Haupt- und seine Nebenziele sind. Und der seelisch Kranke wird von Konflikten zerrissen und strebt scheinbar gleichzeitig nach mehreren Zielen, deren jedes mit allen anderen unvereinbar ist.

Woher bekommt der gesunde Mensch die *Prinzipien* für die Ordnung, die er herstellt? Hier berühren wir einen wichtigen neunten Punkt. Offenbar ist jeder in dem, was ihm wichtig oder unwichtig erscheint, durch *verschiedene Gesichtspunkte* bestimmt. Im allgemeinen lernt ein Kind von seinen Eltern, was diese für wichtig und für unwichtig halten. Auch die weitere *Umwelt,* die Schule, die Gemeinde, die nationale und kulturelle Gemeinschaft sind mitbestimmend in dieser Richtung.

Die wichtigste Rolle aber spielen, wie im Kapitel über die Motivation beschrieben, die *eigenen Grundtendenzen* des Individuums. Diese Grundtendenzen, Lebenserfahrungen und dauernden Einwirkungen der Umgebung liefern dem einzelnen die Gesichtspunkte, die er auslesend verwendet, um zu bestimmen, was für ihn wichtig und wertvoll ist. Das heißt, daß die *Lebenswichtigkeit,* die ein Mensch gewissen Zielerfolgen beimißt, sowie die *Rangordnung der Werte,* die er für sich hergestellt hat, seine innere Ordnung ihrem Inhalt nach bestimmen.

Ein zehnter und letzter Faktor, die *Lebensbegabung,* wird später noch einzuführen sein. An konkreten Beispielen wollen wir ihn sowie die anderen besprochenen Merkmale verdeutlichen. Und ein Hauptfall soll ausführlicher und auch bis zu gewissem Grade in seinem Entwicklungsaufbau gezeigt werden.

Linda, deren Kindheit durch eine liebende Mutter so glücklich war, bietet ihr ganzes Leben hindurch das Beispiel einer fest gefügten, jedoch gleichzeitig sehr flexiblen Persönlichkeit. Schon als Kind hatte sie einige klare Richtlinien, die jedoch damals noch nicht – wie es später geschah – auf einen Nenner gebracht sind, das heißt, wir haben noch keine Einheitsbildung der Persönlichkeit.

Als kleines Mädchen will Linda erstens ihrer Mutter nahe sein in wechselseitiger Zärtlichkeit sowie in wechselseitiger Hilfe. Linda, die zweite von fünf Geschwistern und das älteste Mädchen, hat, als ihr jüngerer Bruder in ihrem dritten Lebensjahr ankam, Liebe genug erfahren, um ihrer Mutter in der Erziehung dieses sowie der weiteren Kinder ohne Eifersucht zu helfen. Anderen helfen und sie verstehen, das wurde für Linda schon früh ein wichtiges Ziel. Später ist es in gewisser Weise ihr Hauptziel geworden, unter das sich alle anderen fügten und eingliederten.

Ein drittes Ziel Lindas war es, viel zu wissen und zu lernen. Schon als Vierjährige ließ sie sich von ihrem geduldigen, zwei Jahre älteren Bruder Ted in die Geheimnisse des Alphabets einweihen, das er selber gerade lernte. Lindas Wißbegierde war ebenso groß wie ihre Neugierde. Ihre Mutter unterstützte und förderte ihren Lerneifer, während der Vater schon damals und später zunehmend sein Mißvergnügen darüber äußerte, daß man Linda zu einer ›Gelehrten‹ erziehe. Frauen gehörten seiner Ansicht nach ins Haus, sie sollten kochen können, und eine wissenschaftliche Erziehung würde sie nur verderben. In dieser in

Amerika seltenen Feindseligkeit gegen höhere Schulbildung kam großenteils Mr. Johnsons Enttäuschung über seine eigene Entwicklung zum Ausdruck: Brent Johnson hatte früh seinen Vater verloren, und seine Mutter war arm. So mußte er von früh an arbeiten und Geld verdienen, und unter den gegebenen Verhältnissen – die Familie lebte in Kalifornien auf dem Lande – galt es als ein großer Erfolg, daß er sich allmählich zum Manager von Farmen heraufarbeitete. Seine Erziehung war eine rein praktische, und er gehörte zu den Vätern, die der Ansicht sind, ihre Kinder sollten ebenso hart arbeiten, wie er selber es mußte, worin ein gewisser Neid und eine Ablehnung der höheren Schulbildung, die ihm selbst versagt geblieben war, zum Ausdruck kam. Zu alledem war er recht jähzornig, und es bedurfte des Taktes und des Humors seiner Frau, ihn bei guter Laune zu halten. In der Beziehung zu ihrem Vater bereitete sich für Linda bald ein Konflikt vor. Linda liebte die große Ranch, auf der sie aufwuchs und mit ihren Geschwistern herumtollte, aber sie war schon früh entschlossen, später ihren Weg in die Stadt und zur Universität zu machen.

Hierbei spielte ein anderer Persönlichkeitszug eine Rolle, den Linda von ihrer Mutter erworben hatte. Schon als sie drei bis vier Jahre alt war, hatte die Mutter ihr erklärt, daß jeder Mensch Pflichten, aber auch Rechte habe. Dieser Hinweis auf die Rechte, der von den meisten Eltern versäumt wird, wenn sie von den Pflichten sprechen, machte auf Linda großen Eindruck. Sie war, wie sie mir als Fünfzigjährige erzählte, damals tief von der Würde der menschlichen Existenz ergriffen. Es wurde zu einem der grundlegendsten Bestandteile ihrer Persönlichkeit und ihrer Lebensführung.

Linda erinnert sich an eine komische kleine Szene, ein Ereignis, bei dem sie das, was sie von der Mutter über die Rechte des Menschen gelernt hatte, zur Anwendung brachte. Die Mutter erklärte Lindas älterem Bruder Ted, daß er aufstehen müsse, wenn eine Dame ins Zimmer käme, und ihr seinen Stuhl anzubieten habe. Die vierjährige Linda, die vom Nebenzimmer her diese Erklärung mit angehört hatte, dachte, hier biete sich eine gute Gelegenheit, zu prüfen, wie es mit ihren Rechten stehe. Prompt marschierte sie in das anliegende Zimmer, und ohne Umschweife ermahnte sie den erstaunten Ted, ihr seinen Stuhl anzubieten, da sie eine Dame sei. Grinsend tat er es.

Linda wendete ihre praktische und taktische Begabung auch auf ihre Pflichten an. Sie war oft in innerem Konflikt, voll Zorn über die Engherzigkeit und die Tyrannei ihres Vaters. Aber sie machte sich allmählich die gütige Mahnung ihrer Mutter zu eigen, daß es nicht nur klüger, sondern auch ihre Pflicht sei, sich den Wünschen des Vaters zu beugen. Schon als kleines Schulmädchen, wenn ihre Lehrer das

*begabte Kind zum Eifer und zur Arbeit auf ein College-Stipendium hin
anspornten, dachte sie, daß sie trotz vorläufiger Anpassung an ihres
Vaters Wünsche später doch ihren eigenen Weg gehen würde. Hierin
wurde sie von ihrer Mutter unterstützt, die ihr Zeit zum Lesen und
Lernen gab.*

Wir sehen, daß Linda, früher als viele andere Kinder, schon in der
Schulzeit stark zukunftsbezogen lebte, obwohl sie ihr gegenwärtiges
Schulleben und das freie Leben auf der Ranch durchaus genoß. Auch
zeigte sie ungewöhnlich früh eine klare Rangordnung der Werte und
einen ebenso temporären wie zukunftsorientierten hierarchischen Zielaufbau. Das Ungewöhnlichste ist, wie früh Linda ihr *Selbst* fand. Die
Vorstellung von einem auf gute Erziehung aufbauenden Leben der
Hilfe für andere Menschen unter gleichzeitiger Berücksichtigung des
Wunsches nach eigenem Glück schwebte ihr von ihren Jugendjahren
an deutlicher vor, als wir das im allgemeinen und sonst bei jungen
Menschen finden. Sie hatte es nicht nötig, Zeiten der Unklarheit und
der Kämpfe durchmachen zu müssen, um ihr Selbst zu finden. Richtung
und Zeitpunkt des Beginns ihrer schöpferischen Expansion schwebten
ihr schon während der Jugendjahre deutlich vor. Sie war sicher, daß
sich auch die Mittel und Wege finden würden.

*Als Linda mit achtzehn Jahren die High School verließ, bot ein in
Honolulu lebender Onkel ihr dort eine kleine Stellung an. Linda teilte
ihrem Vater mit, daß sie den Posten annehmen, sich auf eigene Füße
stellen und so bald wie möglich auch an der Universität von Hawai studieren würde. Diesen Entschluß brachte sie mit einigem Bangen, jedoch
gestärkt durch den Beistand ihrer Mutter, vor, und erleichtert stellte sie
fest, daß ihr Vater eigentlich keine Macht mehr über sie hatte.*

Lindas Entwicklung zeigt uns das Bild der allmählichen Verfestigung
einer Persönlichkeit, deren Teilzielstrebungen sich ungewöhnlich früh
harmonisch zusammenfügen und in einem Hauptziel gipfeln. Infolge
der Liebe und der Hilfe ihrer Mutter werden dieser Persönlichkeit in
ihrem Aufbau schwere innerliche Konflikte erspart; der Konflikt mit
den Geboten ihres Vaters berührt sie nicht so tief, wie es der Fall
gewesen wäre, wenn sie, wie es bei vielen anderen Kindern der Fall
ist, unter der Versagung seiner Anerkennung gelitten hätte. Ungewöhnlich früh war sie fähig, zwischen seiner Liebe für sie als Tochter
und seiner Ablehnung für ihre Lebensziele zu unterscheiden und sich
durch diese Ablehnung nicht beeinträchtigt zu fühlen.

Es ist interessant, vorwegnehmend festzustellen, daß in Lindas Ehe
fast dieselbe Konstellation wiederkehrte. Der Mann, den sie liebte
und heiratete, war zwar nicht jähzornig, aufbrausend und engstirnig
wie ihr Vater. Aber auch er war starrsinnig in seinen Ansichten, in kulturellen und politischen Fragen oft gegenteiliger Meinung. Auch er

war schwierig, weil in sich gekehrt, oft launisch und im Gegensatz zu der lebensfreudigen Linda ein ungeselliger Eigenbrötler. Geschult durch ihre Kindheitserfahrungen mit dem Vater, vermochte Linda auch in der Ehe ihre Liebe für die Person von den sachlichen Schwierigkeiten mit seiner problematischen Persönlichkeit zu trennen, und ihre Gewißheit, daß sie die Situation bemeistern könne, begründete ihren Entschluß, diese Ehe nicht aufzugeben.

In Lindas Zielaufbau stand, als sie das Elternhaus verließ, zunächst der Plan, zu studieren und einen Beruf in der sozialen Arbeit zu ergreifen, neben dem Geldverdienen an der Spitze. Bald jedoch war ihr klar, daß sie natürlich außerdem, wie jedes gesunde Mädchen, das Hauptziel hat, in persönlichem Glück von Liebe, Ehe und Familie Erfüllung zu finden. Auf diesem Lebensgeleise entwickelt Linda sich etwas langsamer als die meisten ihrer Freundinnen. Linda war, wenn sie mit jungen Männern ausging, als lustiges, hübsches, blondes Mädchen recht beliebt. Aber sie verschob sexuelle Erfahrungen auf später. In Hawaii hatte sie eine erste Studentenliebe. Kurz darauf traf sie Hal, einen jungen Journalisten, in dem sie den für sie richtigen Mann erkannte, der sie liebte und mit dem sie sich nach wenigen Monaten verheiratete.

Nun war sie zum zweitenmal vor die Aufgabe gestellt, eine komplizierte Zielstruktur aufrechtzuerhalten. Sie war einerseits entschlossen, zu studieren und ihre Ausbildung zu einem Abschluß zu bringen. Andererseits mußte sie jedoch im Augenblick ihr Studium unterbrechen, um mehr Geld zu verdienen und ihrem Mann im Anfang seiner Karriere beizustehen.

Linda, die damals etwas Psychologie studierte, fragte sich, warum gerade sie wohl eine ihrem Vater in vieler Hinsicht ähnliche Persönlichkeit geheiratet hatte. Und als sie einige Jahre später einen sehr anziehenden, charmanten Mann traf, erwog sie ernstlich eine Scheidung. Aber nicht unähnlich ihrer Mutter, entschied sie sich dafür, an der bestehenden Ehe festzuhalten, weil sie Hal für wertvoll hielt und ihn trotz allem liebte. Sie besiegelte ihren Entschluß mit ihrer ersten Schwangerschaft, als sie dreißig Jahre alt war. Eine Tochter wurde geboren.

In dem hierarchischen Aufbau dieser Persönlichkeit finden wir an der Spitze die schöpferisch-expansive Haupttendenz des gesunden Menschen, sich in Liebe, Ehe, Familiengründung und eigenem Beruf voll zu entwickeln und zu verwirklichen. In einer außerordentlich konstruktiven und umfassenden Grundhaltung versucht Linda, den vielen Aufgaben gerecht zu werden, die sich aus der Mannigfaltigkeit ihrer Hauptziele ergeben. Dies gelingt ihr nur allmählich, jedoch führt es in ihren Fünfzigern in der Tat zu einem sie voll befriedigenden Lebensergebnis dadurch, daß sie dauernd flexibel und anpassungsfähig genug war, auf gewisse Erfüllungen zu verzichten oder sie aufzuschieben und stets die jeweils richtigen Ziele in den Vordergrund zu stellen.

So brachte sie ihre Ausbildung als Sozialarbeiterin tatsächlich erst mit etwa 50 Jahren zum Abschluß, da sie vorher durch finanzielle und gesundheitliche Probleme sowie durch die Ansprüche, die ihr Mann und ihre Tochter an sie stellten, immer wieder gezwungen wurde, ihre eigene Laufbahn zu unterbrechen. Aber es gelang dann der Fünfzigjährigen, einen sie außerordentlich befriedigenden Posten anzutreten mit dem guten Gefühl, daß ihr Mann zufriedener als je zuvor war und ihre soeben ins College eingetretene Tochter gut versorgt und glücklich. Sich im Helfen zu verwirklichen, war ihr Ziel gewesen; ihr tiefgefühltes Bedürfnis sowie ihre wissenschaftlich geschulte Methode hatten sie schließlich zum Erfolg geführt.

In diesem einerseits bescheidenen und einfachen, andererseits komplizierten Leben steht das Ziel umfassender Selbstverwirklichung in wissenschaftlich fundiertem Helfen und in konstruktiv erarbeitetem persönlichem Familienglück deutlich im Vordergrund. Hierbei kommen dieser Persönlichkeit große Flexibilität und Anpassungsfähigkeit sehr zustatten. Genuß im üblichen Sinne des Wortes, d. h. Vergnügen, Reichtum, Luxus, ist für diese Frau ganz unwichtig, was sie auch verschiedentlich ausspricht. Sie ist ungewöhnlich bescheiden hinsichtlich der Befriedigung von derlei Bedürfnissen. In schöpferischer Expansion mit selbstbeschränkender Anpassung, unter dauernder Aufrechterhaltung ihrer inneren Ordnung, bei wenig ausgesprochenen, zu befriedigenden Bedürfnissen stellt diese Persönlichkeit eine individuell geprägte, gesunde Struktur dar.

4. Gesunder und kranker Persönlichkeitsaufbau

In Lindas festgefügtem und doch elastischem Persönlichkeitsaufbau zeigt sich durch ihre ganze Entwicklung hindurch eine große Kraft in der Art, wie schon das Kind, dann das junge Mädchen und später die erwachsene Frau mit den Gegebenheiten ihres Schicksals fertig zu werden versteht. Diese *Persönlichkeitsstärke* verhilft Linda offenbar zu einer *Bemeisterung* des Lebens, die sie in *konstruktiver* Weise vornimmt. Vielleicht ist der Ausdruck ›Lebensbegabung‹ ein guter Begriff, um darin zusammenfassend die Fähigkeiten der Bemeisterung, der Konstruktivität, der Kraft der Richtunggebung und Anpassung auf einen hypothetischen Nenner zu bringen – hypothetisch deswegen, weil dieser Begriff vorläufig nur ein Wort ist, dessen reale Grundlage der Überprüfung harrt. Von psychoanalytischer Seite wird in diesem

Zusammenhang zwar das Wort ›Ichstärke‹ weitgehend verwendet, doch ist es noch ziemlich unklar, was darunter zu verstehen ist. Unser Wort ›Lebensbegabung‹ würde einen umfassenderen Begriff bieten, der allerdings noch nicht festlegbar ist. Aber er mag als nützlich hier eingeführt werden, da er uns zu bequemer Verständigung dienen kann. Seine hypothetischen Teilfaktoren wurden schon genannt: die Fähigkeit der Bemeisterung, Konstruktivität, Kraft der Richtunggebung und Anpassung.

In diesem Sinn wollen wir ›Lebensbegabung‹ als zehnten unter den Faktoren anführen, die beim Zustandekommen der inneren Einheit und Ordnung wirksam sind. Diese Lebensbegabung trägt durch Lebensbemeisterung zum Aufbau der gesunden Persönlichkeit bei; fehlt sie oder ist sie nur mangelhaft ausgebildet, so wird das Leben nicht bewältigt, und die Persönlichkeitsstruktur weist Zeichen der Krankheit auf.

Die kranke Persönlichkeitsentwicklung wird im Gegensatz zu der gesunden im allgemeinen schon sehr früh in der Kindheit dadurch hervorgerufen, daß die einem Individuum gegebenen Umstände zu schwierig sind, als daß sie von ihm ohne Einbuße bewältigt werden könnten. Einige Formen kranker Persönlichkeitsstrukturen von Menschen, deren Lebensbegabung den Umständen in verschiedener Weise nicht gewachsen waren, seien im folgenden kurz beschrieben.

Eine Ausprägung neurotischen Persönlichkeitsaufbaus ist die der *rigiden*, starren Persönlichkeit. Ein Beispiel mag uns am schnellsten eine Vorstellung der rigiden Struktur geben:

Heinrich war Ende der Dreißig, der Besitzer einer sehr erfolgreichen Maschinenbaufirma, die er aus dem Nichts aufgebaut hatte. Er kam in psychotherapeutische Behandlung, weil er trotz seines ungewöhnlichen Erfolges nicht die geringste Lebenslust empfand und an Nervosität und Schlaflosigkeit litt.

Er gab an, daß er seit frühester Kindheit, als er und seine verwitwete Mutter oft hungern und sich mühselig durchs Leben schlagen mußten, nur einen einzigen Gedanken hatte: eines Tages viel Geld zu verdienen. Da er sehr begabt war, beschloß er, mit Hilfe eines Stipendiums Ingenieur zu werden und seine Kenntnisse sowie sein Erfindertalent als Maschinenbauer dahingehend zu nutzen, sich so früh wie möglich selbständig zu machen.

Da Heinrich Tag und Nacht arbeitete, ohne sich auch nur die geringste Erholung oder irgendein Vergnügen zu gönnen, verwirklichte er sein Ziel früh. Er heiratete nach Abschluß seines Universitätsstudiums eine entfernte Verwandte. Die junge Frau, Käthi, bewunderte ihn sehr, hatte aber wegen ihres nicht sonderlich guten Aussehens Minderwertigkeitsgefühle. Käthi brachte etwas Geld in die Ehe, mit dem Heinrich seine erste kleine Werkstatt gründete. Heinrich dachte, daß er Käthi liebe, jedenfalls fühlte er sich als ihr Beschützer und Helfer, und für eine kurze Weile glaubte er, daß sie beide glücklich würden. Aber bald fand Heinrich, daß Käthi ihn langweile. Beide wußten wenig miteinander anzufangen, und das um so weniger, als beide weder Liebhabereien noch Erfahrungen in gesellschaftlichem Umgang mit anderen hatten. Käthi kam aus einem kleinbürgerlichen Haushalt, in dem sie kochen und schneidern gelernt hatte, in dem es jedoch, außer Kino und Fernsehen, keinerlei kulturelle, gesellschaftliche oder sportliche Interessen gab. Nach kürzester Unterbrechung kehrte Heinrich wieder in seine Tretmühle ununterbrochener Arbeit zurück, und obwohl allmählich sein Wohlstand ihn aller Sorgen enthob, konnte er noch immer kein anderes Ziel ins Auge fassen als eines: Geld erwerben. Liebe, Ehe, später eine Familie mit zwei Kindern bedeuteten ihm nichts oder nur wenig, Unterhaltungen verschiedener Art, mit denen er es versuchte, vermochten ihn nicht zu fesseln, und zwangsläufig kehrten all seine Gedanken dauernd zu seiner Arbeit in seiner Fabrik zurück. Heinrichs Persönlichkeit bietet das Beispiel eines starren Aufbaus einer *kompulsiven Persönlichkeit,* deren eines Hauptziel, gesicherter Reichtum, *zwanghaft* überhaupt keine anderen Ziele neben sich aufkommen und keine Umorganisation zustande kommen läßt. Diese Art Persönlichkeit ist ohne lange und tiefe Psychotherapie keiner Veränderung fähig.

Ein anderer Typ eines neurotischen Persönlichkeitsaufbaus ist der des *zerrissenen* Menschen. Zerrissenheit der Zielsetzung kommt in den verschiedensten Formen vor. Entweder kann jemand zerrissen werden, weil er zwei unvereinbare Ziele gleichzeitig verfolgen möchte. Oder er zerreißt sich dadurch, daß er, während er ein Hauptziel verfolgt, nicht glaubt, es je erreichen zu können, und daher immerfort alles aufgeben will.

Der bekannte Roman ›Die drei Gesichter Evas‹ von C. H. Thigpen und H. M. Cleckley (der Roman ist auch verfilmt worden) gab ein gutes Bild des ersten Typs eines zerrissenen Menschen. Zielzerrissenheit, weil gleichzeitig mehrere, miteinander nicht zu vereinbarende Ziele angestrebt werden, ist außerordentlich häufig. Sie kommt in leicht neurotischen ebenso wie in schwer neurotischen Formen vor. Da ist der Mann, der einerseits ein angenehmes, leichtes Leben führen, andererseits Erfolg haben will. Da ist die Frau, die sich nach Liebe sehnt, aber nicht die Sicherheit ihrer Ehe aufgeben will, obwohl keiner der Gatten den anderen liebt. Da ist der Mann, dessen Ehrgeiz ihn zwingt, unehrliche, ihn selbst beschämende Geschäfte zu betreiben, der aber andererseits gern ein ehrlicher Mensch sein will. Und da ist die Frau, die zugleich eine tugendhafte Frau und eine in sexueller Leidenschaft sich Auslebende sein möchte.

Außer den häufig zerrissenen Persönlichkeiten beginnen auch diejenigen Probleme des Aufbaus der Persönlichkeit bereits in der Kindheit, die in *Ziellosigkeit* oder *mangelnder Zielverfestigung* und *Zielverfall* münden.

Ein Beispiel von Ziellosigkeit bietet Philipp, der mit seinen sechsundzwanzig Jahren weder weiß, was er werden soll, noch wofür er leben will. Nachdem er seine Kindheit und Jugend hauptsächlich mit heftigem Widerstand gegen die Herrschaft und die Maßregeln seiner Mutter verbracht hatte, fand er sich völlig ohne Plan und Ziel, als er mit achtzehn Jahren sein Elternhaus verließ. Er wußte überhaupt nicht, was er mit sich anfangen sollte. Zunächst ließ er sich von einer Gruppe Halbstarker einfangen, mit denen er in Kaffeehäusern herumsaß, trank und lärmte und sich in vager Feindseligkeit gegen die Gesellschaft ausließ. Da Philipp nichts gelernt hatte, eine Lehrstelle auch nicht annehmen wollte, brachte er sich als ungelernter Arbeiter durch. Dabei war sein einziges Streben, so wenig wie möglich zu tun, um gerade eben auskommen zu können.

Als er schließlich unbefriedigt mit sich und der Welt in psychotherapeutische Behandlung kam, gestand er, niemals auch nur im geringsten über Lebensziele oder über seine Zukunft nachgedacht zu haben.

Während Philipps zwanghafter Widerstand und die daraus hervorgehende Ziellosigkeit eine relativ rationale Basis hatten und er als Neurotiker behandelt werden konnte, bietet der folgende Fall mangelnder Zielverfestigung das Bild einer *Psychose*.

Der Student Erich, ebenfalls ein 26jähriger, wurde, als er in die Psychotherapie kam, als Grenzfall einer Schizophrenie diagnostiziert. Er war insofern ein Grenzfall, als er zuzeiten und in gewissen Lebensbereichen rational funktionieren konnte, während er in anderen die Realität völlig aus den Augen verlor.

Dies geschah in allen menschlichen Beziehungen, sobald seine extreme Empfindlichkeit auch nur auf das allergeringste verletzt wurde. Eine ungeschickt gestellte Frage, die mindeste Andeutung von Kritik oder Zweifel, ein scheinbar unfreundliches Wort – all das versetzte Erich in furchtbare Aufregung und Panik, so daß er sich für Stunden und Tage nicht fassen konnte. Andererseits konnte er, wie jeder andere Student, in der Vorlesung sitzen; solange ihn nicht Nachbarn oder unangenehme Geräusche störten, schrieb er mit und lernte in rationaler Weise. Er war auch tatsächlich ein sehr scharfer Denker, und in guten Zeiten sprach er davon, er wolle Anwalt werden. Dann aber kam eine Störung, und jedes Lebensziel war aus den Augen verloren. Die Persönlichkeit schien dann in nichts als in Angst zusammengeballt.

Erich hatte schon als Kind jene extrem verletzbare, keiner Anpassung fähige Persönlichkeit gezeigt, die wir bei einer Gruppe von *Kindheits-*

schizophrenien finden. In dieser Gruppe, die weniger extrem als die auf S. 166 beschriebene ist, spielt, wie Gabriel Langfeldt kürzlich zusammenfassend dargestellt hat, die angeborene extreme *Hypersensitivität* eine entscheidende Rolle. Infolge ihrer Unfähigkeit, sich an die Realität anzupassen, sind diese Persönlichkeiten schon von früh an zerrissen und diffus. Wir werden von ihnen noch mehr hören.

Unsere relativ zahlreichen Beispiele wurden so zusammengestellt, daß dem Leser die Mannigfaltigkeit und Einzigartigkeit der Persönlichkeitsbildung des Menschen recht deutlich zum Bewußtsein kommen sollte. Auch die Tatsache der vielen Merkmale, die den Aufbau der menschlichen Persönlichkeit charakterisieren, sollte an Hand von Fällen aus der Praxis anschaulich werden.

Als Abschluß dieses Teiles nennen wir nochmals unsere zehn Faktoren des Persönlichkeitsaufbaues, deren Aufstellung wohlgemerkt als vorläufig und versuchsweise zu betrachten ist, und zwar deshalb, weil wir auf dem Gebiet der Persönlichkeitserfassung noch keine endgültigen Erkenntnisse besitzen. Die verschiedenen Forscher greifen diese Probleme vorläufig noch in ganz unterschiedlicher Weise an, wie sogleich im nächsten Abschnitt gezeigt werden wird. In unserer eigenen Bestimmung der Momente des Persönlichkeitsaufbaues unterschieden wir – wie wir im engen Anschluß an konkrete Fälle zeigten – zehn Faktoren: 1. Das *Aktionssystem* der Persönlichkeit mit dem ihm zugrunde liegenden psychosomatischen Geschehen; 2. den *Wandel* der Persönlichkeitsprozesse, der durch Entwicklung und andere Veränderungen bedingt ist; 3. die *Zeitbezogenheit* der Persönlichkeit, die in der Gegenwart existiert, aber durch Vergangenheit und Zukunft mitbestimmt ist; 4. das bewußte und unbewußte *Motivations*gefüge; 5. die *Zielgerichtetheit* der Prozesse; 6. die *Teilsysteme* und Teilprozesse in verschiedenen *Schichten* und *Tiefenlagen*; 7. die *Ganzheit*, Integration zu *Einheit*, innere *Ordnung* und *Einzigartigkeit* der Struktur; 8. die *Zentralisation* im *Selbst* und der *hierarchische Aufbau* der Ziele; 9. die *Ordnungsprinzipien* der *Lebenswichtigkeit* und *Rangordnung der Werte*; 10. die ›*Lebensbegabung*‹, definiert als *Persönlichkeitsstärke* und Fähigkeit zu konstruktiver *Bemeisterung*.

5. Persönlichkeitsforschung und Persönlichkeitstheorien

In unserer Darstellung des *Aufbaues* der Persönlichkeit sind wir so vorgegangen, daß wir möglichst alles, was das System und die Funktionsweise der Persönlichkeit betrifft, zusammengestellt haben. Noch nicht berührt haben wir aber die Frage, wie die *Persönlichkeit als Ganzes* zustande kommt, wie sie zusammengehalten wird und wie sie funktioniert. Diese Frage wird von den verschiedenen Forschern sehr unterschiedlich beantwortet, und zwar aus zwei Gründen: Erstens ist die Persönlichkeitsforschung ein noch sehr junger Zweig der Psychologie und unser Wissen entsprechend bruchstückhaft. Und zweitens kann man infolge der sehr komplexen Struktur der menschlichen Persönlichkeit von ganz verschiedenen Seiten her und mit verschiedenen Methoden an die Aufgabe herangehen, sie zu verstehen. In einem von Hall und Lindzey herausgegebenen Werk über die Theorie der Persönlichkeit werden nicht weniger als zwölf verschiedene Theorien aufgeführt. Sie decken sich aber keineswegs mit den in einem großen deutschen, von Lersch und Thomae herausgegebenen Sammelband dargestellten Theorien. Und sie decken sich auch nicht mit einer dritten internationalen Sammlung von Theorien, die von H. P. David und H. von Brakken herausgegeben wurde.

Nun kann es nicht die Aufgabe dieses Buches sein, den Leser durch das Gewirr der verschiedensten theoretischen Auffassungen zu führen. Wohl aber soll ihm in Kürze ein Eindruck von der Mannigfaltigkeit möglicher Betrachtungsweisen vermittelt werden. Zu diesem Zweck seien sechs sehr verschiedenartige Ansätze kurz vorgeführt.

Schichtentheorien der Persönlichkeit

Im deutschen Sprachraum entwickelten die phänomenologisch orientierten Theoretiker Erich Rothacker und Philipp Lersch eine Modellvorstellung der Persönlichkeit, die man als Schichtenlehre bezeichnet. Sie besagt, daß verschiedene Seinsweisen des Individuums in vertikaler Unterteilung angenommen werden, wobei diese Übereinanderlagerung nicht im eigentlichen Sinne räumlich gedacht, sondern eben nur als Modellvorstellung gemeint ist.

Ähnliche Annahmen über die Struktur der Persönlichkeit gehören zu den ältesten Vorstellungen der Psychologie. Platon spricht von einer Begierdeseele (*Epitymia*), einer Mutseele *(Thymos)* und einer Verstandesseele *(Logistikon)*, Aristoteles in etwas anderer Setzung der Akzente von einer vegetativen, einer animalischen und einer vernünftigen Seele. Die moderne Schichtentheorie freilich beruft sich weniger auf jene alten Vorstellungen als auf drei moderne Ansätze aus den Gebieten der philosophischen Ontologie, der Tiefenpsychologie und der Hirnphysiologie.

Nach dem Philosophen Nicolai Hartmann gliedert sich die reale Welt in ihrem Aufbau in vierfacher Schichtung: in Materie, Leben, Seele, Geist, wobei die jeweils tieferliegende Schicht als notwendige, aber nicht zureichende Bedingung der höheren, die ihre eigenen Seinsgesetze hat, zu verstehen ist. Weitere Anregungen erfuhr die Schichtenlehre durch Sigmund Freuds Psychoanalyse, die drei – allerdings kaum übereinanderlagernd vorstellbare – Bereiche der Persönlichkeit unterscheidet: Es, Ich und Über-Ich – und die moderne Hirnphysiologie, der es gelang, die somatischen Grundlagen der seelischen Funktionen und Kräfte in bestimmten Zentren des Hirns zu ermitteln. Es zeigte sich, daß Wahrnehmung, Sprachfähigkeit, Intelligenz und zielgesteuertes Handeln im Großhirn, Triebhaftigkeit und Affektivität im Stammhirn lokalisiert zu denken sind.

Direkt an diese Erkenntnisse anknüpfend, spricht E. Stransky von einer *Thymopsyche* und einer *Noopsyche*, Fr. Kraus von einer *Tiefenperson* und einer *Kortikalperson*. Diese Zweiteilung blieb in den Ansätzen von Rothacker und Lersch, wenn auch in sich differenziert, gewahrt.

So unterteilt Rothacker die weitgehend unbewußte Tiefenperson vierfach ›in Leben in mir‹, ›Tier in mir‹, ›Kind in mir‹ und ›emotionale Schicht‹, während er die Kortikalperson in ›Persönlichkeit‹ und ›Ich‹ aufgliedert. Dabei sind die erstgenannten Schichten als die sowohl phylo- als ontogenetisch frühen, die letztgenannten als die späten und somit allein dem Menschen zukommenden anzusehen.

Lersch benennt die beiden seelischen Schichten als ›*endothymen Grund*‹, welcher Stimmungen, Gefühle, Affekte, Gemütsbewegungen, Triebe und Strebungen umfaßt, und als ›*personellen Oberbau*‹ – den Bereich des Denkens und bewußten Wollens. Diese seelischen Schichten werden auf einer körperlichen Basis, dem ›*Lebensgrund*‹, aufruhend gedacht.

Dieses zunächst sehr statisch anmutende Bild erfährt Dynamik durch die *Wechselwirkung* der Schichten. So kann etwa die höhere Schicht durch ihre kontrollierende und steuernde Funktion in Konflikt mit der dranghaften tieferen geraten und die Persönlichkeit in einen ›Lebenszwiespalt‹ (R. Heiß) stürzen. Sind die Schichten ungenügend miteinander verflochten, so besteht die Gefahr der ›Dissoziation‹ (Lersch), des Auseinanderfalls der Persönlichkeit.

Eine Gefahr des Schichtenmodells liegt in der möglichen Gleichsetzung des Höheren mit dem moralisch Wertvolleren. Um ihr zu entgehen, ersetzt J. Rudert das Bild des Niederen und Höheren durch das ›genetisch Frühe‹ und ›genetisch Späte‹.

Gestaltpsychologische Theorien der Persönlichkeit

Im Kapitel über die Funktionen wurde der Leser mit der Gestaltpsychologie sowie mit einigen ihrer Begründer und Vertreter bekannt gemacht. Zum Aufbau einer Persönlichkeitstheorie hat am erfolgreichsten Kurt Lewin das Gestaltprinzip in seiner *Feldtheorie* verwendet. Durch Lewin wurde das Gestaltprinzip, ursprünglich hauptsächlich zur Deutung von Wahrnehmungs-, Gedächtnis- und Denkvorgängen benutzt, auf das Gebiet der menschlichen *Handlung* angewendet. Die Handlung wird verstanden als Vorgang in einem *Feld*, in dem Person und Umgebung in wechselseitige Beziehungen treten, und zwar ist das psychologische Feld der *Lebensraum*, in dem Person und Umgebung aufeinander wirken.

Ein konkretes Beispiel wird am schnellsten zum Verständnis der Lewinschen Theorie führen.

Nehmen wir an, ein Kind geht an einem Konfektladen vorbei, guckt in das Schaufenster und wünscht sich eine Tüte Bonbons. Das heißt, der Anblick der Süßigkeit erweckt in ihm ein Bedürfnis, und nun ereignet sich dreierlei. Erstens löst das Bedürfnis Energie aus, und damit entsteht Spannung im Innern der Persönlichkeit, das heißt, in dem sich Bonbons wünschenden System. Zweitens teilt das Bedürfnis dem Feldgebiet, in dem die Bonbons sind, eine positive Bewertung mit, die Lewin Valenz nennt. Drittens gebiert es eine Kraft, die das Kind in die Richtung der Süßigkeiten zieht; diese gerichtete Kraft wird von Lewin Vektor genannt. Nehmen wir an, das Kind möchte nun in den Laden gehen, hat aber kein Geld. Dann wird die Grenze zwischen ihm und dem Laden zur Barriere. Das Kind, das so gern die Bonbons haben will, preßt seine Nase an die Fensterscheibe des Ladens, wagt aber nicht, hineinzugehen. Die Abbildung 73 gibt ein Bild dieser Situation.

Die Sache kann nun komplizierter werden. So mag zum Beispiel das Kind sagen: ›Ich gehe zur Mutter und lasse mir Geld geben.‹ Dieser Wunsch, sich das Geld zu holen, wird von Lewin Quasi-Bedürfnis genannt. Nehmen wir an, die Mutter weigert sich, und das Kind geht nun zu einem Freund, um sich das Geld zu borgen, so stellt die Mutter eine neue Barriere dar, und eine neue Richtung muß eingeschlagen werden.

Das Beispiel dieses Kindes gab uns Gelegenheit, Lewins Grundbegriffe einzuführen. In seiner Theorie ist die Persönlichkeit ein Kräftesystem in einem Kraftfeld, und das Verhältnis der Persönlichkeit zur Umgebung wird im wesentlichen als ein Kräftespiel gesehen. Hierbei über-

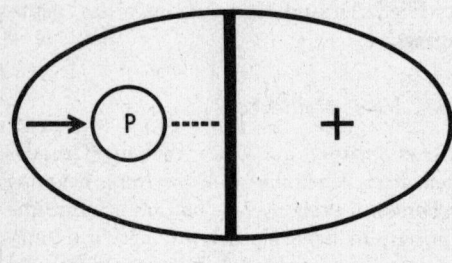

73 Das Kind vor dem Süßwarenladen: Im Schema (nach Lewin) ist P die Persönlichkeit, der Pfeil ist der Druck oder Zug, der den Wunsch ausübt, der dicke schwarze Strich die Fensterscheibe, die hier zur Barriere wird. Das Pluszeichen gibt die positive Anziehungskraft der Bonbons in der Auslage an

nehmen die *Organisation* und die *Differentiation* innerhalb der Persönlichkeit eine wichtige Rolle. Lewin sieht die Entwicklung hauptsächlich im Lichte zunehmender Differenzierung. Die von Zeit zu Zeit erfolgende *Regression* im Laufe der Entwicklung, das heißt, das Zurückfallen auf frühere oder primitivere Verhaltensstufen – ursprünglich ein Freudscher Begriff –, wird von Lewin experimentell nachgewiesen als Resultat von *Frustrationen*, also Wunschversagungen.

In unserem Beispiel ist das ›Kein-Geld-Haben‹ eine Frustration, die eine das Kind zurückhaltende Kraft darstellt. Es kommt nun zu einer Konfliktsituation, in der das Kind sich fragt: soll es sich das Geld von der Mutter oder von dem Freund erbitten. Der schließlich gewählte Weg zur Mutter wird zum ›ausgezeichneten Pfad‹.

Den Grad der Überzeugtheit, mit dem das Kind seinen Wunsch bei der Mutter vorbringt, oder in anderen Fällen den Grad des Ehrgeizes, mit dem ein Ziel verfolgt wird, hat Lewin das *Anspruchsniveau* genannt. Ein anderer wichtiger Begriff ist der der ›resultierenden Kraft‹; das ist die, die sich unter allen Gesichtspunkten als am stärksten erweist. Hiermit wurden ganz moderne theoretische Ideen über Integrationsvorgänge in Systemen vorweggenommen. Lewins theoretische Versuche, psychologische Vorgänge, zum Beispiel Konflikte oder Angstzustände, durch mathematische Modelle quantitativ zu erhellen, führten dazu, daß er seiner Psychologie – in Anlehnung an die mathematische Topologie – den Namen ›Topologische Psychologie‹ gab. Diese interessante Methode, mathematische Modelle für psychologische Vorgänge zu entwickeln, wird heute von Dorwin Cartwright weitergeführt. Historisch lassen sich Lewins theoretische Beiträge klar als einer der Keime für die heutige *Systemtheorie* in den Verhaltenswissenschaften erkennen.

Die Systemtheorie ist eine neue Disziplin, bei deren Begründung Ludwig von Bertalanffy mit brillanten Arbeiten führend voranging. Es handelt sich bei dieser Wissenschaft um das Auffinden und Feststellen von allgemeinen Gesetzen, die für die verschiedenen Schichten der Realität gültig sind, sowie um die Untersuchung der Beziehungen, in denen bei streng wissenschaftlicher Betrachtung zum Beispiel die physikalische Welt zu der des Seelischen oder der des Sozialen steht. Solche Beziehungen werden in der Systemtheorie logisch-mathematisch ausgedrückt.

Obwohl Lewins Denksystem besonders in Amerika von außerordentlichem Einfluß ist und wegen seiner experimentellen Fruchtbarkeit sehr anregend auf die Untersuchung speziell von Gruppenprozessen gewirkt hat, ist sie als Persönlichkeitstheorie doch viel kritisiert worden. Die wichtigsten Einwände sind folgende: Erstens wird durch Lewins Methode zwar eine neuartige Darstellung von Handlungen geboten, es werden aber keine neuen Kenntnisse über Verhaltenszusammenhänge vermittelt; zweitens ist die rein formale Beschreibung des Handlungsverlaufes ohne Berücksichtigung von eigentlichen Tatsachen der Umwelt oder aus der Geschichte des Individuums nicht aufschlußreich genug, und drittens ist Lewins Gebrauch physikalischer und mathematischer Begriffe irreführend, weil sie nur gleichnishaft verwendet werden.

Faktorentheorien der Persönlichkeit

Die Faktorentheorien sind das Ergebnis quantitativer, das heißt messender und zählender Forschungen. Die diesem statistischen Verfahren zugrunde gelegten Daten können gewonnen werden durch Beobachtung, Befragung und Experiment.

Die Idee dessen, was man *Faktorenanalyse* nennt, geht in der Hauptsache auf den Engländer Charles Spearman zurück, der bei seinen Untersuchungen der Intelligenz als erster auf das Bestehen von ›Faktoren‹ hinwies. Faktoren sind *Grunddimensionen,* die nicht in weitere Bestandteile zerlegbar sind. Werden zwei beliebige intellektuelle Leistungen geprüft – etwa das optische Gedächtnis und das Vokabular einer Person –, dann stellt man in diesen Leistungen immer zwei ›Faktoren‹, einen allgemeinen und einen spezifischen, fest. Der *allgemeine Faktor* ist zum Beispiel die allgemeine Intelligenz eines Individuums oder das Erziehungsniveau. Der *spezifische Faktor* ist beispielsweise eine besondere Sprachbegabung oder ein gutes visuelles Gedächtnis. Thurstone entwickelte die Zweifaktorentheorie weiter, indem er neben allgemeinen und spezifischen noch *Gruppenfaktoren* nachwies, die in ihrer Verbreitung zwischen den spezifischen und allgemeinen stehen.

Die heute am meisten diskutierte Persönlichkeitstheorie, die auf der Faktorenanalyse beruht, ist die von H. J. Eysenck. Ihm ist es vor allem zu danken, daß die Faktorenanalyse in das klinische Gebiet hineingetragen wurde.

Eysenck unterscheidet in seiner Persönlichkeitstheorie vier Sektoren, die er *kognitiven Sektor* (Intelligenz), *conativen Sektor* (Charakter), *affektiven Sektor* (Temperament) und *somatischen Sektor* (Konstitution) nennt. Die Einheiten, die er statistisch zu bestimmen sucht, nennt er *Persönlichkeitszüge* und *Persönlichkeitstypen.* Beispiele der von Eysenck untersuchten Züge sind etwa ›Abhängigkeitsgefühl‹, ›Energiemangel‹, ›Depression‹, ›Apathie‹, ›Angst‹ usw. Die von Eysenck untersuchten Typen sind hauptsächlich die von Ernst Kretschmer und von Carl Jung aufgestellten. So hat er *Extraversion* und *Introversion* geprüft, worunter Jung die mehr nach außen bzw. die mehr nach innen gekehrte Persönlichkeit versteht.

In dem neurotischen Introvertierten findet Eysenck folgende Züge vereinigt: Tendenz zu Angst, Depression, fixen Ideen, Reizbarkeit, Apa-

thie und Labilität des vegetativen Nervensystems. Die Introvertierten geben zu, daß ihre Gefühle leicht verletzt, daß sie befangen und nervös sind, daß sie zu Minderwertigkeitsgefühlen und zu Launenhaftigkeit neigen, daß sie leicht in Tagträume verfallen, sich bei geselligen Gelegenheiten im Hintergrund halten und an Schlaflosigkeit leiden. In ihrem Körperbau sind sie eher hoch als breit. Sie produzieren wenig Speichel. Ihre Intelligenz ist verhältnismäßig hoch, ihr Vokabular ausgezeichnet, und sie sind ausdauernd, meist genau, jedoch langsam. Hervorragend geeignet sind sie für tüftlige Arbeiten. Bei unverhältnismäßig hohen Ansprüchen an die eigenen Leistungen neigen sie zu Unterschätzung dessen, was sie zustande bringen. Sie sind ziemlich starr. Auf ästhetischem Gebiet bevorzugen sie ruhige, altmodische Bilder; in ihrer eigenen künstlerischen Produktion neigen sie zu Zeichnungen realer Dinge. Sie haben wenig Sinn für Humor, und besonders sexuelle Witze sind ihnen anstößig. Ihre Handschrift ist deutlich...

Man muß zugeben, daß der Reichtum der Charakteristik, der hier auf objektivem Wege mit statistischen Mitteln gewonnen wurde, überraschend und außerordentlich informativ ist. Die *psychometrisch* gewonnenen Persönlichkeitszüge sind definiert durch wechselseitige Beziehungen zueinander.

Als letztes Ziel seiner Persönlichkeitsforschung nennt Eysenck ›die Konstruktion eines mathematischen Modells der Persönlichkeits-Organisation und die Ableitung nachprüfbarer Hypothesen von diesem Modell mit Hilfe der hypothetisch-deduktiven Methode‹. Die Faktorentheorien haben unzweifelhaft den Vorzug, daß sie empirisch gesicherte Tatsachen auf einem der empirischen Forschung sonst nur schwer zugänglichen Gebiet beigebracht haben.

Von den Einwänden, die gegen diese Theorien erhoben werden, seien zwei erwähnt. Erstens weist zum Beispiel besonders Allport darauf hin, daß die aus Faktoren zusammengesetzte Persönlichkeit ein Kunstprodukt ist, dessen innerer organischer Zusammenhang verborgen bleibt. Ein Bündel von Zügen ist noch nicht ein lebender Mensch. Als zweiter Einwand wird vorgebracht, daß die Benennung der Züge, die zur Untersuchung herausgegriffen werden, willkürlich erscheint und daß selbst die verschiedenen Faktorenforscher sich nicht über sie einigen können.

Die Typen, die wir soeben aus der Faktorenforschung hervorgehen sahen, beruhen auf statistischer Grundlage. Die gewöhnlich als Typologien bezeichneten Theorien sind älteren Ursprungs als die mathematisch fundierten Untersuchungen, in denen Typen empirisch empfunden werden. Die Typologen, die wir nunmehr ins Auge fassen, gründen sich auf die Annahme *konstitutioneller,* das heißt angeborener *Typen.*

Die Lehre von den Konstitutionstypen geht zurück bis auf die klassische griechische Periode. Hippokrates lehrte, daß es entsprechend den vier Grundelementen Luft, Wasser, Feuer, Erde vier menschliche Temperamente gäbe, die infolge unterschiedlicher Mischung von Körpersäften zustande kommen. Der römische Arzt Galenus hat, auf dieser Idee weiterbauend, vier Typen aufgestellt, deren Benennungen noch heute üblich sind: die des *Sanguinikers,* des *Phlegmatikers,* des *Cholerikers* und des *Melancholikers.*

Unter den vielen modernen Typenlehren nimmt Ernst Kretschmers Konstitutionslehre den ersten Platz ein; in Amerika wurde sie von William Sheldon weiter ausgebaut. Kretschmer hat seine Konstitutionstypologie zunächst an Geisteskranken entwickelt. Dem großen Psychiater Ernst Kraepelin folgend, unterscheidet er zwei Grundarten seelischer Erkrankungen, das *schizophrene* und das *manisch-depressive Irresein.* Die Schizophrenie haben wir bereits kennengelernt als eine Geisteskrankheit, bei der die *Beziehung zur Realität* schwer gestört ist infolge abnormaler Verläufe in Gefühlsleben und Denken. Das manisch-depressive Irresein besteht in extremen Schwankungen der Affekte zwischen Erregung und Depression. In der manischen Phase sind Überaktivität und Ideenflucht feststellbar, während in der depressiven Phase Angst und Selbstmordtendenzen auftreten. Kretschmer fand nun, daß diese zwei Geisteskrankheiten sich oft in Verbindung mit bestimmten Körperbauformen zeigen.

In weiterem Vordringen vom Pathologischen zum Normalen stellte er dann fest, daß auch bei geistig Gesunden Tendenzen in der Richtung zu gewissen ausgeprägten Körperbauformen und mit ihnen zu gewissen geistigen Grundhaltungen zu beobachten sind. Und zwar unterscheidet Kretschmer drei Körperbautypen. Er nennt sie den *pyknischen,* den leptosomen oder *asthenischen* und den *athletischen* Typ.

Mit der pyknischen Körperbauform, die beschrieben wird als mittelgroße, gedrungene Figur mit Fettansatz am Bauch, grazilem Bewegungsapparat, weichem, breitem Gesicht, geht die *zyklothyme* Wesensart Hand in Hand. Diese besteht in Neigung zu Stimmungswechseln einer vorwiegend von Gefühlen bestimmten Persönlichkeit. Weiterhin wird dieser Typ als ›weich‹, gutmütig und gesellig beschrieben.

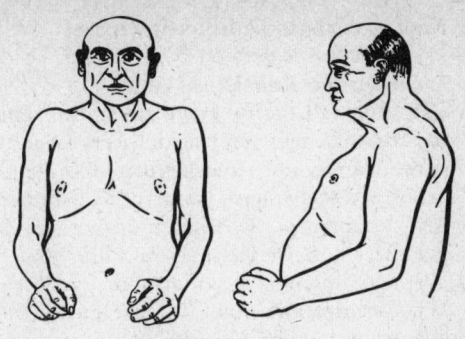

74 Mit der pyknischen Körperbauform geht die zyklothyme Wesensart Hand in Hand. (Aus Kretschmer, Körperbau und Charakter)

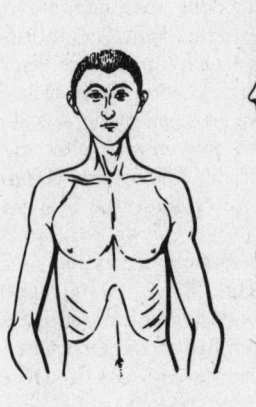

75 Mit dem leptosomen oder asthenischen Typ ist die schizothyme Wesensart verbunden. (Aus Kretschmer)

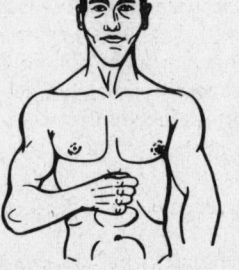

76 Dem athletischen Typ wird das sogenannte ›visköse‹, zähflüssige Temperament zugeordnet. (Aus Kretschmer, Körperbau und Charakter)

Den leptosomen oder asthenischen Typ schildert Kretschmer als schmalschultrig, mit schwacher Muskulatur an den Armen, schlanken Händen, Tendenz zu unvermindertem Längenwachstum, jedoch zu geringem Dickenwachstum, mit schmalem Brustkorb, länglichem Gesicht bei gesteigerter Nasenlänge. Mit dieser Körperform sieht Kretschmer die *schizothyme* Wesensart verbunden, die in Überempfindlichkeit, Kühle, einer nach innen gerichteten, ungeselligen, kritischen Haltung besteht. Weitere Merkmale sind Schärfe und Abstraktheit des Denkens, Ausdauer, oft rücksichtsloses Wollen.

Der athletische Typ neigt zu starker Entwicklung von Skelett und Muskulatur, zeigt breite Schultern, ist mittel- bis hochgewachsen, hat derbe Hände und einen derben Hochkopf. Den zu diesem Körperbau gehörigen seelischen Typ nennt Kretschmer *viskös*. Er beschreibt dieses Temperament als zwischen Phlegma und Explosivität schwankend, als beharrlich im Denken, schwerfällig und mit mangelndem Schwung, aber auch anhänglich, solide und zuverlässig.

Die Konstitutions- und Temperamentsforschung hat viele Anhänger, aber ebenso viele Kritiker gefunden. Einer der Haupteinwände ist, daß Durchschnittsmenschen selten voll und ganz dem einen oder anderen Typ entsprechen. Eysenck und andere Statistiker von Persönlichkeitszügen sind oft zu völlig abweichenden Resultaten hinsichtlich ihrer Zusammenhänge gekommen. Die in Kretschmers Theorie einbeschlossene Annahme, gewisse körperliche Erscheinungen seien mit gewissen seelischen in der Art verbunden, daß die einen notwendigerweise die anderen zum Gefolge haben, ist höchst umstritten. Offenbar wissen wir noch nicht genug, um diese Zusammenhänge genauer zu bestimmen.

Mit den Lehren von den Konstitutions- und Temperamentstypen sind wir zu einer Gruppe von Theorien übergegangen, die von der Gruppe der ersten drei prinzipiell abweicht. In diesen drei nämlich wird die Funktionsweise der Persönlichkeit mit abstrakten Begriffen beschrieben und in Komponenten aufgelöst, aus denen der ganze Mensch nachträglich erst wieder zusammengesetzt werden muß.

In der mit der Konstitutionslehre beginnenden Gruppe von Theorien wird der Mensch hingegen mehr als ein Ganzes betrachtet und mehr in konkreten Lebenszusammenhängen gesehen. Dies ist besonders der Fall in der nun zu besprechenden Kategorie der sozialpsychologischen Theorien.

Sozialpsychologische Theorien der Persönlichkeit

Hall und Lindzey behandeln in ihrer ausgezeichneten Übersicht über die Persönlichkeitstheorien unter dem obigen Titel die Lehren von Alfred Adler, Erich Fromm, Karen Horney und Harry Stack Sullivan. Gemeinsam ist allen Vertretern sozialpsychologischer Theorien der Persönlichkeit, daß sie der *Wechselbeziehung zwischen den Menschen* und den Einwirkungen der *kulturellen Umwelt*, das heißt, allgemein gesprochen, dem *sozialen Faktor* die entscheidende Rolle bei der Persönlichkeitsentwicklung zuschreiben. Sie gehen somit in gewisser

Weise von dem entgegengesetzten Ende aus wie die Konstitutions-forscher, die in erster Linie die *Vererbung* für die Persönlichkeits-struktur verantwortlich machen. Gemeinsam ist den vier genannten Forschern, daß sie das *soziale Bedürfnis* des Menschen allen anderen voranstellen und der Ansicht sind, daß er als einzelner sich *isoliert* und *allein, unsicher* und einer potentiell feindlichen Welt *hilflos* aus-gesetzt fühlt.

Fromm bezeichnet diese spezifisch menschliche innere Einsamkeit als ›*die menschliche Situation*‹, weil kein Tier sie in dieser Weise erlebt. Er sagt, daß der Mensch sich um so einsamer fühlt, je größere Freiheit er sich durch die Jahrtausende erworben hat. Infolge der Unerträglich-keit dieser Einsamkeit und der Verantwortung als Individuum fühlt sich der freie Mensch zu einer ›*Flucht vor der Freiheit*‹ getrieben.

Da der Mensch das Bedürfnis nach Verwurzeltheit, nach Identifikation mit anderen und nach enger Beziehung zu anderen hat, hängt er in der Entwicklung seiner besten Potentialitäten von der *Gesellschaft* ab, in der er lebt. Wäre die menschliche Gesellschaft so, daß der einzelne sich brüderlich geliebt und gefördert sähe, so würde sie ihm über seine Verzweiflung und Entfremdung hinweghelfen. Sie würde auch die Entwicklung seiner *schöpferischen Kräfte,* die bereits Adler in dem-selben Zusammenhang betont hat, begünstigen. Statt dessen beein-trächtigt und enttäuscht die Gesellschaft das Individuum, das gezwun-gen ist, sich ihr anzupassen. Für Fromm folgt aus diesen Feststellungen die Forderung nach einer neuen Art der Gesellschaftsbildung.

Karen Horney drückt sich über den schädlichen Einfluß der Gesellschaft noch betonter aus, indem sie im Gegensatz zu Freud erklärt, daß Kon-flikte nicht im Individuum angelegt sind, sondern daß die Gesellschaft für sie verantwortlich ist, indem sie den Menschen in Konflikte versetzt.

Während die älteren sozialpsychologischen Theorien der Persönlichkeit ›die Gesellschaft‹ ganz allgemein erörtert und teilweise angeklagt haben, sind neuere Forschungen, vielfach im Gefolge von Margaret Mead und anderen Anthropologen, mit der Untersuchung *spezifischer kultureller Umwelten* in ihrem spezifischen Einfluß auf die menschliche Persönlichkeit beschäftigt. Hiervon wird im Kapitel über die Kulturen mehr zu sagen sein.

Die Betonung der ungeheuren Bedeutung sozialer und kultureller Um-gebungseinflüsse auf die Entwicklung der Persönlichkeit des Indivi-duums erweist sich mehr und mehr als eine außerordentlich frucht-bringende Betrachtungsweise. Viele Fehlentwicklungen, die man früher dem Individuum zur Last gelegt hat, sind, wie neuerlich besonders die amerikanische Sozialpsychiatrie in ausgedehnten Studien nachweist, mehr oder weniger ausschließlich auf soziale und kulturelle Bedingun-gen zurückzuführen.

Jedoch gehen insbesondere die Bahnbrecher der sozialpsychologischen Theorien gar zu leicht über die Frage hinweg, warum verschiedene Individuen von ein und derselben Umgebung nicht in gleicher Weise betroffen werden. Auch heute ist es ein noch umstrittenes Problem, in welcher Weise das Individuum selbst und bis zu welchem Grade die Umgebung die sich entwickelnde Persönlichkeit bestimmen.

Ein weiterer Einwand, der gegen die Vorstellungen von Adler, Fromm und Horney erhoben wird, ist der, daß sie ein allzu vereinfachtes Bild von der menschlichen Natur und von den Möglichkeiten einer Reform der Gesellschaft entwerfen. Weder ist die menschliche Existenz als solche ohne Angst, wie besonders die Existentialisten gezeigt haben, noch scheint es realistisch sich vorzustellen, die Menschheit werde je einheitlich und rational genug sein, sich eine wirklich vollkommene Gesellschaft formen zu können.

Die tiefenpsychologischen Theorien

Trotz aller wichtigen Beiträge, die von den bisher erwähnten Theorien zur Persönlichkeitsforschung geleistet worden sind, erscheint mir die tiefenpsychologische Methode als die am weitesten vordringende und am meisten versprechende. Der Grund zu dieser Behauptung ist folgender: Wir glauben, daß letztlich nur von der Motivation des Individuums her die Persönlichkeit des Menschen zu verstehen ist.

Im engen Rahmen dieses Kapitels müssen wir uns auf einige spezielle Punkte beschränken, die uns wesentlich erscheinen, wenn sie auch manchen Leser als willkürlich herausgehoben beeindrucken mögen.

Als erster Hauptpunkt sei kurz über Freuds Auffassung von der Motivationsstruktur der Persönlichkeit berichtet. Die Persönlichkeit des Menschen verfügt nach Freud über *drei Motivationssysteme,* die einerseits unabhängig voneinander sind, sich aber doch andererseits wechselseitig beeinflussen, und die von früh an in *Konflikte* miteinander geraten. Wie Peter Hofstätter in seiner Darstellung der tiefenpsychologischen Persönlichkeitstheorien sagt, haben sie es alle ›letzten Endes mit der Tatsache der inneren Zwiespältigkeit und Zerrissenheit des Menschen ... zu tun‹.

Die Freudsche sogenannte *Triade* oder Dreiheit von Antrieben werden von ihm das *Es,* das *Ich* und das *Über-Ich* genannt. Die eigenartigen Beziehungen, die zwischen den drei Systemen bestehen, werden besonders anschaulich vor Augen geführt in einer von Healy, Bronner und Bowers entworfenen schematischen Darstellung.

Aus der bildhaften Darstellung wird ersichtlich, daß Freud als den Hauptbestandteil der Persönlichkeit das völlig unbewußte *Es* angesehen hat. Dieses Es, das Reservoir des Lebens- ebenso wie des Todesinstink-

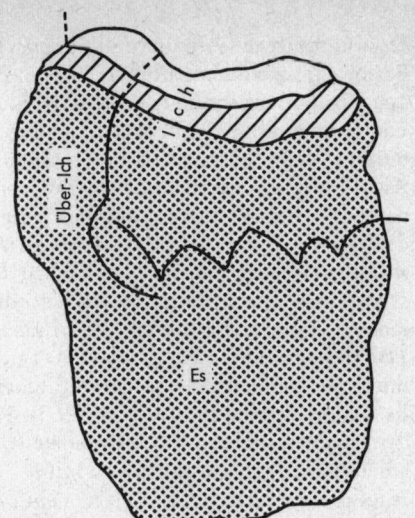

77 Topographische Darstellung der Beziehungen von Freuds Bewußtem, Unbewußtem, Vorbewußtem und des Es, des Ich und des Über-Ich. — Unbewußtes: punktiert; Vorbewußtes: schraffiert; Bewußtes: hell. (Nach Healy, Bronner und Bowers)

tes, ist die Quelle fast aller psychobiologischen Energie. Das Es will – nach der ursprünglichen Auffassung Freuds – *Lust*. Außerdem hat es *aggressive* Tendenzen. Es hat keine Beziehung zu Zeit oder Realität. Folglich will es nichts als Befriedigung von Liebe und Haß. Freud ist der Ansicht, daß am Anfang des Lebens der Säugling nichts ist als ein Es.

Dieser Zustand dauert jedoch nicht sehr lange, da schon nach kurzer Zeit sich die *Realität* bemerkbar macht, hauptsächlich durch *Versagungen*. Diese führen zur Bewußtwerdung. In anfänglicher Abwehr und schließlicher Resignation in das Unvermeidliche entwickelt sich das stellungnehmende *Ich*, das mit der Welt fertig zu werden sucht. Es ist die Instanz, die für Anpassung oder Abwehr sorgt.

Etwas später entwickelt sich das *Über-Ich*. Dieses hat seinen Ursprung in den Beziehungen des Kindes zu den Eltern. Es meldet sich in dem Moment, in dem das Kind erfaßt, daß es etwas *tun soll*, was seine Mutter will, daß es von ihm getan wird.

Am häufigsten beginnt dieses Gewahrwerden von Ansprüchen, die an das Baby gerichtet werden, sobald die Mutter es auf den Topf zu setzen anfängt. Bei dieser Gelegenheit vermittelt sie dem Baby auf irgendeine Weise, daß sie von ihm verlangt, es solle nun etwas tun, etwas ›produzieren‹. Wenn sie außerdem zu anderen Zeiten ›Produktionen‹ in der Windel mit deutlich ausgedrücktem Mißvergnügen, womöglich mit Schelten oder sogar Schlägen begrüßt, so kann das Ein- bis Zweijährige nicht mehr umhin, den Charakter des Sollens, das von ihm verlangt wird, zu verkennen.

Das moralische Prinzip des *Sollens* wird für Freud somit in der Beziehung zur menschlichen Umgebung, letztlich der *Gesellschaft*, geboren und ist fundiert im Bedürfnis des Individuums, sich die Liebe und Anerkennung seiner Umgebung zu erhalten, die es verlieren müßte, wenn es seine Bedürfnisse ungehemmt befriedigen würde. Anpassung an die Realität sowie Gehorsam gegenüber Geboten sind demnach indirekte Bedürfnisbefriedigungen in Stellvertretung für direkten Lustgewinn. Sie würden zu einer harmonischen Persönlichkeitsentwicklung führen, wenn nicht im Individuum unüberwindlich starke Instinkte auftauchen würden, die unbedingt Befriedigung verlangen. Diese instinktiven Bedürfnisse sind letztlich alle als *sexuelle Teiltriebe* aufzufassen. Der erste Teiltrieb ist der nach Lustgewinn durch Saugen und Lutschen, ihm folgt eine Periode von Lusterlebnissen in analen Prozessen, die von der Periode der erst narzißtischen (auf den eigenen Körper hin gewendeten), später heterosexuellen phallischen Lusterlebnisse abgelöst wird.

Infolge der Stärke dieser Triebe sieht sich das Individuum in *Konflikte* versetzt. Sein Es verlangt vermittels dieser Triebe direkte Befriedigung, sein Ich und Über-Ich widersetzen sich und verlangen Kontrolle über die Triebe.

Diese Konflikte führen nun entweder zur *Verdrängung* der Triebe oder zur Selbstnachgiebigkeit. Diese Vorgänge sind mit *Angst* und *Schuldgefühlen* verbunden. Außer Unterdrückung und Triebbefriedigung gibt es noch andere ›Mechanismen‹, wie Freud die verschiedenen Methoden nennt, mit deren Hilfe der Mensch sich Ersatz- oder Scheinbefriedigungen verschafft.

Im Unterschied zu allen anderen bisher dargestellten Persönlichkeitstheorien spielt in der Freudschen die *Entwicklung* des Individuums eine entscheidende Rolle: Nicht nur werden die drei Grundfaktoren als solche nacheinander erworben, sondern mit ihnen gelangen auch andere, neue Einstellungen zur Reife. Dieser allmähliche Aufbau der Persönlichkeit ist von Freud zunächst ausschließlich als *Sexualgenese* konzipiert worden. Diese Einseitigkeit hat für lange Zeit den Zusammenschluß der Freudschen Theorie mit anderen entwicklungspsychologischen Forschungsberichten und Befunden verhindert.

Trotz ihrer Einseitigkeit und Angreifbarkeit erwies sich die Freudsche Theorie der menschlichen Persönlichkeit doch als von revolutionärer Bedeutung zunächst für die Psychiatrie, sodann allmählich, wie wir mehr und mehr sehen, ganz allgemein für das Denken der Menschheit über sich selbst. Durch Freud wurde eine seelische Erkrankung der Persönlichkeit in neuer Weise verständlich gemacht, und dieses neue Verstehen ließ solche Krankheit als weitgehend heilbar erscheinen. Aber mehr noch: Dadurch, daß das Augenmerk auf die Tatsache der inneren Zerrissenheit der menschlichen Natur gelenkt wurde, auf den frühen Konfliktreichtum, die Rolle unbewußter Triebe, besonders der Sexualität, auf das Spiel von Abwehr und Verdrängung, auf die mit ihnen zusammenhängende Selbsttäuschung und die mit ihnen verbundenen Angst- und Schulderlebnisse, erkannte man die anfangs stark befehdete Lehre allmählich doch als ein die menschliche Persönlichkeit in ihren bisher unzugänglichen Abgründen beleuchtendes System. Freuds Lehre hat unzweifelhaft viele Illusionen zerstört, die die Menschheit von sich selbst hatte, und zwar in einem Maße, daß wir heute von naiven Vor-Freudianern und realistisch selbstkritischen Nach-Freudianern sprechen können.

Nachdem so die umwälzende Bedeutung der Freudschen Persönlichkeitslehre anerkannt worden ist, muß nun jedoch der schon während Freuds Wirken einsetzenden Kritik das Wort gegeben werden. Da der Leser dieses Buches natürlich nicht an den Details dieser Auseinandersetzungen interessiert ist, beschränken wir uns hier auf die Erwähnung von sechs Haupteinwänden, die zu neuen, für jeden nachdenklichen Menschen interessanten Ideenansätzen geführt haben.

1. Bereits von Anfang an machten einige von Freuds bedeutendsten Schülern, besonders Alfred Adler, Carl Jung und Otto Rank, als Haupteinwand geltend, daß Freud mit seiner Beschränkung auf die Rolle der Sexualität und des Trieblebens die Rolle des *Schöpferischen* im Menschen sowie seines echten Dranges unterschätze, *Werte* zu verwirklichen und mit anderen Menschen *sozial* verbunden zu sein. Freuds Erklärung allen Wertstrebens als sekundärer Berücksichtigungen gesellschaftlicher Gebote darf wohl als die anstößigste Einseitigkeit seines Systems bezeichnet werden. Dadurch, daß er rückhaltlos die Abgründe mehr aufgedeckt hat als alle Tiefen der menschlichen Seele, hat er uns zwar von vielen Illusionen befreit, gleichzeitig aber auch des Bewußtseins unserer inneren Freiheit beraubt.

2. Das von vielen gefühlte Unbehagen über die Entwürdigung, die das menschliche Wertstreben in Freuds Theorie dadurch erfährt, daß es nur sekundär als aus anfänglich aufgezwungenen Verzichten hervorgehend aufgefaßt wird, hat zu neuen theoretischen Ansätzen verschiedenster Art geführt.

Als bedeutsam unter ihnen ist Gordon Allports Prinzip der »*funktionellen Autonomie*« von Motiven hervorzuheben. Allports Lehre gründet sich auf den Tatbestand, daß Motive sich im Laufe der Entwicklung der Persönlichkeit in natürlicher Weise wandeln, auch ohne daß ein Zwang ausgeübt werden muß. In der Neuauflage seines berühmten Buches über die Persönlichkeit beschreibt Allport zwei verschiedene Arten, in denen solcher Motivwandel stattfinden kann. Die erste entspricht dem von Gardner Murphy eingeführten Prinzip der *Kanalisation;* es bedeutet, daß in der Routine des täglichen Lebens uns viele Dinge zur ›zweiten Natur‹ werden. Der Knabe, dem das täglich wiederholte Zähneputzen oder Händewaschen ein Greuel war, wird sich, bis er zum Mann geworden ist, so an diese Reinigungen gewöhnt haben, daß er sich unbehaglich fühlt, wenn er sie aus irgendwelchen Gründen einmal unterläßt.

Die zweite Form seines Prinzips, die Allport für wesentlicher hält, die eigenständig gewordene funktionelle Autonomie, beruht darauf, daß im Laufe der Entwicklung die Interessen eines Individuums sich völlig ändern. Ein Student zum Beispiel, der an der Hochschule ein Fach belegte, nur weil es für das Examen erforderlich war, mag später sich voll Begeisterung mit diesem Gebiet beschäftigen.

Das Prinzip der funktionellen Autonomie ist unzweifelhaft von großer Bedeutung im geistigen Werdegang der Persönlichkeit. Darüber hinaus geht jedoch die Behauptung, daß es von allem Anfang der Entwicklung des Selbst an wählende und wertende Selbstbestimmung auf Ziele gibt, die über die persönliche Bedürfnisbefriedigung hinausführen, und die mit relativer Freiheit erfolgen.

3. Diese relative *Freiheit der Wahl* und der *Wertsetzung* wird von denen betont, die einen dritten kritischen Gesichtspunkt vorbringen: Freud zerteile die seelische Ganzheit der Persönlichkeit in eine Dreiheit von Antrieben, die uns zwischen der Sklaverei unserer Triebe und der Sklaverei der Gesellschaft hin und her werfen.

Karen Horney, Erich Fromm, Kurt Goldstein, Abraham Maslow haben demgegenüber die *globale Einheit* der menschlichen Persönlichkeit betont, deren Strebungen das *Selbst* zugrunde liegt. Wenn auch die Frage der Struktur und der Funktionsweise dieses Selbst noch umstritten ist, so steht doch für viele fest, daß für das menschliche Selbst die Richtung auf *Wertverwirklichung* wesentlich ist. Das heißt: Sittlichkeit und andere Werte werden vom Menschen aus eigenem Bedürfnis und nicht nur aus Gehorsam gegenüber der Gesellschaft erstrebt.

Damit wird Freuds Lehre vom Über-Ich und vom Gehorsam gegenüber den von der Gesellschaft vertretenen Werten nicht notwendigerweise eliminiert. Es sind vielmehr zweierlei Arten von Werten zu unterscheiden: die dem Individuum eigenen und die von ihm übernommenen Werte. Freudianer, die den Idealen des Über-Ich die *Ich-Ideale* als eine andere Kategorie gegenüberstellten, haben teilweise eine ähnliche Vorstellung verfochten.

4. Die Erkenntnis, daß die Richtung auf Wertverwirklichung teilweise primär ist, führt zu dem vierten Einwand: daß die Lehre vom Genuß als letztem Ziel die wesentlichen Belange der Menschheit verkennt. Horney, Fromm, Goldstein, Maslow, Rogers und andere nennen als letztes Ziel der Persönlichkeitsentfaltung die *Selbstverwirklichung.*

Dies schließt sodann, im Unterschied zu Freud, die Annahme einer primär *positiven Realität* ein, in die man hineinschreitet, weil man erwartet, in ihr die Möglichkeiten zur eigenen Selbstverwirklichung zu finden.

5. Ein fünfter Haupteinwand bezieht sich auf Freuds Theorie der *Persönlichkeitsentwicklung*. Da Genuß nur ein Teilziel ist, während die Persönlichkeit als Ganzes auf bedeutendere Erfüllungen eingestellt ist, zum Beispiel auf Selbsterfüllung durch Selbstverwirklichung, so kann auch die Entwicklung nicht nur unter dem Gesichtspunkt der Sexualgenese gesehen werden. Abgesehen von den in der Entwicklungspsychologie erforschten Phasen der Reifung und des Lernens auf vielen Verhaltensgebieten, ist für die Persönlichkeit als Ganzes der wichtigste Belang die *Entwicklung des Selbst* oder der *Identität des* Individuums.

6. Ein sechster Haupteinwand stammt von der Seite moderner Anthropologen und Sozialpsychologen, die Freuds Verkennung der ganz verschiedenartigen Einwirkungen der jeweiligen *Kulturen* und *Kulturgruppen* auf das Individuum kritisieren. Sie halten Freuds Auffassung von der Art und Weise, wie das Ich und das Über-Ich entwickelt werden, für einseitig verzerrt, da es in manchen Kulturen vermieden wird, Verbote einzuführen und Schuldgefühle zu entwickeln, und dem Kind auch sonst die Schwierigkeiten aus dem Weg geräumt werden.

6. Charakter und Persönlichkeit

Was ist Charakter? Und was ist Charakter im Vergleich zu Persönlichkeit? Charakter ist ein älterer Begriff als Persönlichkeit. Er geht auf das Griechische zurück, während das Wort Persönlichkeit lateinischen Ursprungs ist. Manfred Koch hat kürzlich darauf hingewiesen, daß das griechische Wort ›Charakter‹ ursprünglich ›das Eingegrabene, Eingeschnittene, Eingedrückte, Eingeprägte‹ bedeutet, während Persönlichkeit, wie eingangs erwähnt, auf die Theatermaske und damit auf eine gespielte Rolle zurückgeht. Hieraus ergibt sich ein für unser Sprachgefühl deutlicher Unterschied. Das Wort Charakter weist auf etwas Festgelegtes und Bleibendes hin, das Wort Persönlichkeit mehr auf etwas durch Funktionen Bestimmtes, das grundsätzlich veränderbar ist.

Lassen wir für einen Augenblick noch unser Sprachgefühl sich weitertasten.

Der Amerikaner verwendet das Wort Charakter oft im Hinblick auf *persönliche Eigenart.* »He is quite a character« bedeutet, er hat seine Eigenarten. So sind viele der Persönlichkeiten in den ›Funnies‹, den komischen Bildergeschichten der Zeitungen, als ›characters‹ geschildert. Doch spricht auch der Amerikaner wie der Europäer von *Charaktererziehung*, womit eine sittliche Heranbildung gemeint ist. Man spricht nicht im selben Sinn von der Heranbildung einer Persönlichkeit – deren Entwicklung wird sich selbst überlassen. Der Grund ist, daß der Begriff Persönlichkeit ohne *Wertattribute* verwendet wird. Gordon Allport drückt dies geschickt in folgendem Satz aus: ›Charakter ist die bewertete Persönlichkeit, Persönlichkeit ist der Charakter ohne Wertattribute.‹

Außer der Einbeziehung von ›Eigenart‹ und von Wertattributen spielt aber im Wort ›Charakter‹ noch etwas anderes mit. Dies klingt an in den durch Körperbau und Konstitution bestimmten *Charaktertypen* Kretschmers sowie in Jungs Extra- und Introversionstypen. Wir meinen die Tatsache, daß im Wort Charakter mehr als im Ausdruck Persönlichkeit der Faktor der *angeborenen* Disposition mitspielt.

Allerdings betonen einige Forscher, daß Anlagen nur *Dispositionen* sind, über deren Entwicklung mit Sicherheit wenig vorausgesagt werden kann. So weist zum Beispiel Robert Heiß darauf hin, daß die körperliche Anlage in ihrer Entwicklung mehr vorbestimmt ist als die psychische. Psychische Anlagen sind nach ihm Funktionen, deren Art und Weise ›in vielen Fällen durch ihren Funktionskreis bestimmt und entfaltet wird‹. Heiß warnt ausdrücklich vor dem unkritischen Gebrauch des Wortes ›Anlage‹: ›Psychische Anlagen sind nicht eindeutig‹, sagt er.

Andererseits gibt es besonders im deutschen Sprachkreis Psychologen, die mit Überzeugung von *Erbanlagen* des Charakters sprechen, am ausgeprägtesten vielleicht Kurt Gottschaldt, der die Ansicht vertritt, daß der Einfluß der Erbanlage doppelt so groß ist wie der des Milieus. Die Gründe, warum wir einen ähnlichen Standpunkt wie Heiß vertreten, werden aus dem Kapitel über die biologischen Wurzeln ersichtlich: Alle neuesten Erkenntnisse der Biologie weisen darauf hin, daß der Begriff der ›Anlage‹, wie er früher üblich war, reduziert werden muß auf den von Dispositionen, die sich in der verschiedensten Weise entwickeln können. Vielleicht gibt es gewisse mehr definitive und konstant bleibende Dispositionen, wie zum Beispiel Begabungen oder – um ein ganz andersartiges Beispiel herauszugreifen – so etwas wie den Drang nach Wahrheit, Wahrhaftigkeit, Aufdecken im Gegensatz zu einer Tendenz nach Umdeuten, Verschleiern, Verborgenhalten. Aber sowohl im allgemeinen wie im besonderen wissen wir noch außerordentlich wenig über das Schicksal von Dispositionen, und die Ansichten darüber sind sehr geteilt.

Daher erscheint es zweckmäßig, den Ausdruck ›Charakter‹, wie beispielsweise R. Heiß und H. Thomae vorschlagen, für diejenigen

Aspekte des Persönlichkeitsaufbaus zu verwenden, die *festgeprägt* sind und die sich nur langsam und unter ganz bestimmten Umständen verändern.

Solche feste Prägung scheint sich besonders, wie später noch zu berichten sein wird, bei Einstellungen, Gesinnungen, Vorurteilen auszubilden.

So erklärt sich auch die enge Beziehung des Charakterbegriffs zu Werten. Gardner Murphy betont in seiner Definition des Wortes ›Charakter‹ den gleichen Zusammenhang: ›Charakter ist ein integriertes System von Zügen oder Verhaltenstendenzen, das jemanden befähigt, mit einer gewissen Beständigkeit auf sittliche Fragestellungen zu reagieren‹.

Erst in neuester Zeit hat sich die Psychologie der Erforschung des menschlichen Lebenslaufes zugewandt. Das mag verwunderlich erscheinen, müßte uns doch dieses Problem besonders am Herzen liegen. Es wird aber verständlich, wenn man bedenkt, daß es das wissenschaftlich am schwersten zugängliche ist. So hat man bis in die jüngste Gegenwart diese Aufgabe beiseite geschoben. Heute hat man endlich das Problem unter den verschiedensten Gesichtspunkten in Angriff genommen.

1. Methodenfragen

Vier Methoden sind es hauptsächlich, deren man sich dabei bediente. Die erste ist die *biographische*. Dieser Methode, deren Anwendung in der Psychologie eine interessante und bunte Geschichte hat, ist von Gordon Allport eine bewundernswerte Studie gewidmet worden, die ihre mannigfaltigen Formen aufzeigt und sie auf ihre wissenschaftliche Verläßlichkeit hin prüft.

Seit den achtziger und neunziger Jahren hat man für psychologische Zwecke persönliche Dokumente wie Biographien, Autobiographien, Tagebücher, Briefwechsel und dergleichen herangezogen. Anfangs handelte es sich meistens darum, *ungewöhnliche Entwicklungen* zu demonstrieren, wie die Vererbung des Genies (Galton), die Frage des Zusammenhangs von Genie und Irrsinn oder Probleme der Kriminalpsychologie (Lombroso), der sexuellen Pathologie (Krafft-Ebing), der religiösen Bekehrung (Starbuck) oder der jugendlichen Phantasie (Stanley-Hall).

Auf Freuds Empfehlung hin wurden dann schon seit der Frühzeit der von ihm begründeten Bewegung auch von *Psychoanalytikern* Biographien untersucht, obwohl, wie Phyllis Greenacre kürzlich betont hat, die Daten aus der Vergangenheit es selten erlauben, in die Tiefen der Motivation so einzudringen, wie das wünschenswert wäre. In der Hand des Analytikers wird die biographische zur *klinischen Studie*, weil ihm daran liegt, gewisse klinisch bedeutsame Entwicklungszusammenhänge aufzuzeigen.

Unter *sozialpsychologischen* sowie *kulturpsychologischen* Gesichtspunkten wurden ebenfalls Biographien ausgewertet, teilweise, um gewisse soziale Bewegungen zu charakterisieren, teilweise um kulturelle Faktoren zu demonstrieren. So studierte H. Cantril eine soziale Bewegung mit Hilfe von biographischem Material, und Allport,

Bruner und Jandorf untersuchten 90 Lebensgeschichten aus der Zeit der Nazi-Herrschaft. Im Zusammenhang kulturpolitischer Untersuchungen sind viele Biographien von Angehörigen sogenannter ›primitiver‹ Naturvölker veröffentlicht worden. Auch Anne Roes lehrreiche Studien von Lebensgeschichten unter dem Gesichtspunkt verschiedener Berufsgruppen innerhalb unserer Kultur können in diese Kategorie gerechnet werden. Schließlich ist die Biographie auch unter *entwicklungspsychologischen* Gesichtspunkten benutzt worden, wie es die Verfasserin 1933 zum erstenmal unternahm, um Grundtatsachen der Entwicklung von der Geburt bis zum Tode aufzufinden.

Eine zweite Methode, die der ersten verwandt ist und heutzutage oft mit ihr verbunden wird, ist die *klinische*. Als klinische Methode bezeichnet man Interview-Verfahren, Verfahren der Befragung im Gespräch also, wie sie für diagnostische und therapeutische Zwecke entwickelt worden sind; ihre einfachste, allbekannte Form ist die *Anamnese*, bei der der Arzt im Gespräch mit dem Patienten sich über frühere Erkrankungen und die Lebensgeschichte des Patienten unterrichtet. Heute wird die klinische Methode in der Erforschung des Lebenslaufs auf sehr viel breiterer Basis angewendet. Nicht nur in der Psychiatrie und in der Sozialarbeit, sondern auch in vielen Persönlichkeitsuntersuchungen zu theoretischen sowie praktischen Zwecken werden klinisch orientierte Interview-Verfahren benutzt. Die klinische unterscheidet sich von anderen Techniken der Befragung – sagen wir durch einen Beamten, einen Lehrer oder einen Verkäufer – dadurch, daß der Kliniker einerseits auf die Entdeckung von *Problemen* und *Symptomen*, andererseits auf das Verständnis von *Ursachen* und *Motivationen* in der Geschichte seines Patienten hinarbeiten muß.

Die klinische Interview-Methode gibt, wenn man sie über lange Perioden ausdehnt, mehr als jede andere Methode einen tiefen Einblick in die Art, wie ein Mensch sein Leben lebt, aber auch in seine Erfahrungen aus der Vergangenheit und seine Pläne für die Zukunft.

Die *strukturierte Exploration*, wie man eine moderne Verbindung von Gespräch und Fragebogenerhebungen nennt, ist eine dritte Methode, deren man sich von vielen Seiten bei der Erforschung von Problemen des Lebenslaufs bedient. Mit ihrer Hilfe werden Alters- und Berufsgruppen untersucht und mit anderen verglichen.

In großem Stil und in Verbindung von Lebenslauf- und soziologischen Problemen hat Robert Havighurst diese Methode angewandt. Er leitete aus seinen Beobachtungen den Begriff der *Entwicklungsaufgabe* ab, womit er die normalerweise in einem bestimmten Lebensalter zu erwartenden Verhaltensformen und Leistungen meint. Von Paul Lazarsfeld ist diese Methode in die jugendpsychologische Forschung eingeführt worden.

Eine vierte Methode schließlich ist die *statistische.* Sie besteht darin, daß bestimmte Funktionen, Verhaltensweisen oder Leistungen an größeren Gruppen in verschiedenen Lebensperioden untersucht werden. Andere Beobachtungen werden über längere Zeitabschnitte hindurch an einer Mehrzahl von Individuen durchgeführt. Der Auf- und Abbau von Verhaltensweisen wird dann zahlenmäßig und in Kurven dargestellt und gibt ein Bild der ›menschlichen Entwicklung‹. Dies ist der Titel, der Werken dieser Art gegeben wird. Unter ihnen sind die von Zubek und Solberg und von Pressey und Kuhlen die bekanntesten; J. E. Anderson gibt eine solche Darstellung im Zusammenhang mit Problemen der Lebensanpassung.

Unsere Frage ist: Wie und nach welchen Gesichtspunkten können wir in Anbetracht des riesig großen Problemkreises für dieses Kapitel eine Auswahl treffen, die sinnvoll und von hinreichendem allgemeinem Interesse ist?

2. Problemstellung

Unsere Antwort auf diese Frage wird von folgenden Überlegungen bestimmt: In den vorausgehenden Kapiteln haben wir Biologie, Motivation, Entwicklung und Persönlichkeit so weit studiert, daß wir eine Vorstellung davon haben, wie diese Komponenten zum Gelingen oder Mißlingen des menschlichen Lebens beitragen. In den Kapiteln des nächsten Teils werden wir uns mit den Gemeinschaftsformen, die der Mensch geschaffen hat, befassen. Hierbei werden Ehe, Familie, Beruf und Berufsinstitutionen sowie Zugehörigkeiten zu kulturellen, nationalen und politischen Gruppen zur Sprache kommen.

Ein Gesichtspunkt wird jedoch als solcher nirgends herausgehoben und soll nun hier in den Mittelpunkt gestellt werden. Es ist der Gesichtspunkt des *Gelingens* oder *Mißlingens unseres Lebens* in Teilen und im ganzen. Dieses Gelingen und Mißlingen, das wir in allen körperlichen und seelischen Leistungen, in unseren menschlichen Beziehungen, unseren sachlichen und beruflichen Unternehmungen immer wieder erfahren und dessen der auf sein Inneres Lauschende sich immer wieder bewußt wird – dieses Gelingen und Mißlingen stellt für den besinnlichen Menschen eine Kontinuität dar und ein allmählich sich zu einem *Gesamtergebnis* zusammenschließendes, alles übergreifendes Erlebnis. Dieses Erlebnis des Gelingens und Mißlingens des Lebens wollen wir an Hand einiger Lebensläufe und zu verschiedenen Perioden des Lebens betrachten, da es offenbar schrittweise aufgebaut wird. Allerdings wissen wir über diesen Aufbau noch wenig; wissenschaftlich-systematisch ist er so gut wie überhaupt noch nicht untersucht worden, und wir wissen nicht einmal, ob alle Menschen oder wie viele Menschen solche zusammenfassenden Erlebnisse des Gelingens oder Mißlingens haben. Ferner wissen wir noch nicht, wie diese Erlebnisse zu unseren *Zielsetzungen* in Beziehung stehen – was doch wohl unzweifelhaft der Fall ist. Und es ist außerdem auch unbekannt, wie viele Menschen tatsächlich *Lebensziele* haben, die als das Leben übergreifend und zusammenhaltend erlebt werden. Es ist sogar höchst wahrscheinlich, daß eine große Mehrheit von Menschen auf der Welt überhaupt nicht dazu kommt, sich je mit dem Leben als Ganzem zu befassen, sondern sich zufriedengeben muß, mit dem Problem des Überlebens von einem Tag zum anderen fertig zu werden und dazu vielleicht noch einigen Lustgewinn zu haben.

3. Wie wird das Gelingen und Mißlingen des Lebens erlebt?

Wenn man in klinischen Interviews Menschen reden hört oder Äußerungen in Tagebüchern, Briefwechseln und anderen biographischen Dokumenten studiert, gewinnt man den Eindruck, daß im Aufbau der Erlebnisse des Gelingens und Mißlingens durch die Jahre eine *Akkumulation* stattfindet, derart, daß selbst Menschen, die nicht im eigentlichen Sinn Lebensziele herausbilden, doch zusammenfassende Gefühle haben wie: ›Alles gelingt mir‹, oder ›Alles mißglückt‹. Damit wird bereits deutlich, daß die Menschen in großem Maßstab, wenn auch in verschiedenem Maße, das *Schicksal* oder die Umstände für ihr Glück und Unglück verantwortlich machen. Hier gibt es jedoch große individuelle Unterschiede. Und es mag gleich erwähnt werden, daß es in unserem modernen Lebensgefühl als ein Zeichen seelischer Kraft, Gesundheit und innerer Ehrlichkeit gilt, wenn jemand imstande ist, sich darüber Rechenschaft abzulegen, bis zu welchem Grade er sich selbst oder aber die Umstände verantwortlich macht für seine Erfolge und vor allem Mißerfolge. Diese Haltung – und das ist eine der Haupteinsichten, die Freud uns vermittelt hat – verstehen wir heute unter dem psychotherapeutisch so wichtigen Gedanken, daß der *seelisch Gesunde die Wirklichkeit sieht, wie sie ist.*
Übrigens gibt es modernste Analytiker, die, wie Thomas Szasz, rundweg erklären: All dies sei nicht so sehr eine Frage der Gesundheit als vielmehr der Moralität. Die Wahrheit nicht sehen können, wie sie ist, sei einfach unehrlich und der Begriff der seelischen Krankheit ein ›Mythos‹, wie er das nennt. Doch scheint mir dies zu weit zu gehen. Ich glaube, daß ein Mensch – sieht man einmal von Verbildung durch falsche Erziehung und ungünstige Umgebungseinflüsse ab oder von Verblendung, die durch die kulturelle Umwelt bedingt ist – in der Tat

seelisch nicht stark genug sein kann, der Wahrheit ins Gesicht zu sehen oder sie zu ertragen.

Jedoch, ob der Mensch, der stets das Geschick für seinen Mißerfolg verantwortlich macht, nun krank, schwach oder unehrlich oder all dies zusammen sein mag – auf jeden Fall wird er heute nicht mehr ernst genommen. Dies festzustellen ist um so wichtiger, als wir in einer Zeit leben, in der weltpolitische Katastrophen die Menschheit in einer Weise hin und her schleudern, den einzelnen Menschen entwurzeln, ihm das Lebensnotwendigste nehmen, ihn vor Situationen des Grauens, der Not und des Todes stellen, wie sich das durch Jahrhunderte hindurch nicht ereignete.

Merkwürdigerweise zeigt sich, daß sehr viele Menschen diesen fürchterlichen Schicksalsschlägen mit einer Seelenruhe und Kraft begegnen, wie man es nie erwartet hätte, und sich mit bewundernswertem Einfallsreichtum neue Existenzen oft aus dem Nichts stampfen. Nicht minder viele aber gehen, wie wir aus traurigster Erfahrung wissen, oft in erschreckender Anzahl infolge brutalster Vernichtung oder überwältigender Schwierigkeiten zugrunde.

Die Psychologie ist noch nicht in der Lage, über all diese Reaktionen von Individuen, Gruppen und Massen wissenschaftlich fundierte Auskunft zu geben. Wir müssen uns einstweilen auf sehr bescheidene Studien von Einzelschicksalen beschränken.

Jedoch ist es wichtig, sich klarzumachen, in welchem Sinn hier das Wort *Schicksal* ins Spiel kommt. Unter Schicksal wollen wir verstehen die Gesamtheit der Umstände, die einem Individuum ›beschieden‹ sind. Mit ›beschieden‹ meinen wir Ereignisse, auf die der einzelne aus äußeren oder inneren Gründen keinen Einfluß hat, die sich seiner Kontrolle entziehen. Die inneren Gründe dürfen wir dabei nicht vergessen. Denn wenn jemand einen nur beschränkten Verstand hat oder allzu überempfindlich ist, wenn jemand sich seine Ziele falsch steckt, so trägt auch das zu seinem Schicksal bei. Dieses Schicksal ist dann die Gesamtheit der Umstände, die den Verlauf seines Lebens bestimmen.

Was gibt es dann aber außer diesem Schicksal? Ist schließlich nicht auch die Willenskraft, mit welcher der eine sich aufrichtet, während sie dem anderen fehlt, Schicksal? Ja und nein: Soweit letzte innere und äußere Gegebenheiten in Betracht kommen, ja. Jedoch sind alle Gegebenheiten, einschließlich der inneren, wie wir schon dargelegt haben, als *Potentialitäten* aufzufassen, das heißt, es scheint gegenüber den Gegebenheiten einen inneren *Freiheitsgrad* zu geben, der eine Wahl, eine Selbstbestimmung und freie Entscheidungen bis zu gewissem Grade möglich macht. Wenn Hiob trotz seines unerträglich gewordenen Geschicks den Herrn preist; wenn Marie Heim-Vögtlin, eine Schweizer

Ärztin, gegen Ende ihres Lebens sagt: ›Es ist auch nicht das Geringste in diesem Dasein, das ich anders haben möchte‹, obwohl sie mancherlei Leiden und in den letzten Jahren eine schwere Krankheit durchzustehen hatte; wenn die große Mathematikerin Sonja Kowalewska ihr Leben endet mit einer Schrift ›Wie es war und wie es hätte sein können‹; wenn in Arthur Millers ›Tod des Handlungsreisenden‹ der eine Sohn vom toten Vater sagt: »Seine Träume waren falsch. Die waren alle falsch«, der andere aber: »Er hat einen guten Traum geträumt. Den einzigen, den es gibt – es zu etwas zu bringen ...« – so sind das Interpretationen von Schicksalen, die ebensoviel oder mehr auf die Einstellung der Individuen schließen lassen als auf die objektiven Ereignisse.

Die Einstellung auf das Gelingen oder Mißlingen des Lebens kann anscheinend einerseits von Anfang an und durch vieles Unglück hindurch hoffnungsvoll sein und andererseits selbst bei günstigen Bedingungen skeptisch.

Neurotische Faktoren können die Einstellung auf Gelingen und Mißlingen noch in anderer Weise beeinflussen. Der Handlungsreisende Willi in Arthur Millers bekanntem Drama hat infolge seiner neurotischen Persönlichkeit eine dauernd zwischen falschem Optimismus und Pessimismus schwankende Lebensauffassung. Falsch ist sein Optimismus insofern, als er die Realitäten des Lebens, seiner Fähigkeiten und dessen, worauf es ankommt, völlig falsch beurteilt und mißversteht.

Wie die Einstellung auf das Gelingen und Mißlingen des Lebens konstruktiv oder destruktiv sein kann, so kann auch die *Beurteilung des bisherigen Gelingens oder Mißlingens* der Realität entsprechend sein oder aber durch falsche Hoffnungen und Erwartungen oder durch Minderwertigkeitsgefühle und Depression verzerrt. Jeder weiß aus eigener Erfahrung, wie oft er sich über das Ausmaß gewisser Erfolge oder Mißerfolge getäuscht hat, und wie schwer es oft selbst bei hinreichender Objektivität ist, sich ein richtiges Urteil über diese Dinge zu bilden. Das Bewußtsein von Erfolgen und Mißerfolgen, die Erlebnisse des Gelingens und Mißlingens hängen natürlich weitgehend von den Zielen und Erwartungen ab, mit denen ein Mensch sein Leben erlebt. Diesen Faktor der Erwartungen gilt es deshalb zu betrachten.

4. Lebenserwartungen und Lebensauffassung

Die Erwartungen, mit denen ein Mensch in und durch das Leben geht, sind bedingt durch eine Reihe von Faktoren, die meines Wissens noch niemals systematisch untersucht wurden.

Wir erwähnten soeben Optimismus und Pessimismus; beide scheinen, und zwar in noch unbekanntem Maße, einerseits in Erfahrungen, andererseits in angeborenem Temperament fundiert zu sein.

Auch das *Anspruchsniveau*, worunter wir mit Kurt Lewin die großen oder geringen Erwartungen und Ansprüche verstehen, mit denen die verschiedenen Individuen ins Leben gehen, sind in ihrem Ursprung scheinbar teilweise in Erfahrungen, teilweise im Bewußtsein eigener Potentialitäten begründet.

»Alles was ich will, ist, mir meinen Unterhalt ehrlich zu verdienen und keine Schulden zu machen«, sagte ein Mann mittleren Alters in Beantwortung der Frage, was er sich vom Leben erwarte. Dieser Anton *war ein geachteter, bei Kollegen und Vorgesetzten beliebter Arbeiter, der sich jedoch der Unsicherheit des Lebens sehr bewußt war. Schon früh hatte er, der uneheliche Sohn eines hart arbeitenden, armen Mädchens, selbst arbeiten und seinen Lebensunterhalt verdienen müssen.*

Ein anderer Mann dagegen, der sich aus großer Armut zum Wohlstand emporgearbeitet hat und Besitzer einer aus dem Nichts geschaffenen Fabrik geworden ist, hatte ganz anders auf die schwierigen Lebensumstände reagiert, in denen er aufgewachsen war.

Auch er, Heinrich, *kam aus denkbar unglücklichen Verhältnissen: Sein Vater verließ seine Mutter schon während Heinrichs Kindheit und verschwand auf Nimmerwiedersehen. Aber im Gegensatz zu Anton war Heinrich sich offenbar schon früh seiner großen Fähigkeiten bewußt. Auch hatte er in frühester Kindheit sichere Lebensumstände gekannt, auf die er mit Sehnsucht und gewissermaßen als ihm zukommend zurückblickte. Und nicht zuletzt hatte seine Mutter ständig seinen Ehrgeiz wachgehalten, da auch sie von ihm eine bessere Zukunft erwartete.*

»Mir war«, sagte dieser Mann, »schon als ich in die Schule ging, eines klar: daß ich unter allen Umständen meiner Mutter und mir zu einem angenehmeren Leben verhelfen würde. Nie wieder werden wir arm sein – das war mein Entschluß.«

Eine in den Sechzigern auf ihr Leben zurückblickende Frau eines Arztes sagt:

»Viel Geld und eine hohe gesellschaftliche Stellung haben mich nie interessiert; ich brauchte vor allem innere Ordnung und seelischen Frieden. Daneben wollte ich gern in der Gemeinde geachtet und ökonomisch sichergestellt sein. Auch war es mir wichtig, Verantwortungen zu haben und mich als tüchtig im Leben zu bewähren.«

In dem, was Helen sich vom Leben erwartet, wirkt deutlich die kulturelle Umwelt nach. In den Fällen von Anton und Heinrich sind die Lebenserwartungen zwar ebenfalls durch diese mitbestimmt, jedoch spielen bei diesen beiden Männern in erster Linie persönliche Erfahrungen eine Rolle, der Einfluß zweier verschiedener Mütter und das geringere bzw. größere Vertrauen in die eigenen Fähigkeiten.

All solche Faktoren bestimmen den *Inhalt der Erwartungen*. In diesen drücken sich sowohl die Wünsche des Individuums als auch seine Lebensauffassung aus. Bei den Wünschen spielen in erster Linie jene Grundtendenzen eine Rolle, die wir schon mehrfach erwähnt haben. Sie legen es dem einen nahe, auf Glückserlebnisse hinzustreben, die er sich etwa in Form von Liebe, Genüssen oder materiellem Besitz erwartet. Einem anderen mag Zufriedenheit in einem gesicherten Leben als größter Wunsch vorschweben. Er will sich dazugehörig, anerkannt, unentbehrlich, vielleicht auch beliebt wissen und ist dafür bereit, sich gegebenen Verhältnissen anzupassen. Ein dritter möchte die Welt erobern und Spuren seines Wirkens in ihr hinterlassen. Ihm ist es wichtig, Gelegenheit zu Leistungen und Erfolg zu bekommen. Ein vierter ist vor allem darauf bedacht, ein geordnetes, hohen Aufgaben gewidmetes Leben zu führen.

Erwartungen und Lebensauffassung erfahren eine Modifizierung in den verschiedenen *Altersstufen*.

Im allgemeinen stellen wir uns die Erwartungen und Hoffnungen junger, gesunder Menschen als hoch vor, wenn auch vielleicht noch unbestimmt. Die Unsicherheit des Lebens in unserer Zeit, die ständige Gefahr des Untergangs im Krieg, Umsturz oder einer sonstigen Katastrophe, wie sie eigentlich jeden bedroht, hat jedoch zur Folge, daß die jungen Menschen heutzutage oft mehr besorgt als zuversichtlich in die Zukunft blicken. Es schien mir ein trauriges Zeichen unserer Zeit, daß in einer von mir befragten Gruppe sozial und wirtschaftlich gutgestellter Jugendlicher mehr von *Sicherstellung* der Zukunft als von irgendeinem anderen Ziel gesprochen wurde.

Wir müssen allerdings, wenn wir ehrlich sind, zugeben, daß wir noch keinerlei Kenntnisse darüber haben, wie eine normale Kurve der Lebenserwartungen in den verschiedenen Altersstufen aussehen sollte. Man setzt im allgemeinen voraus, daß ein Mensch in seinen mittleren Altersstufen *realistische* Lebenserwartungen hat, das heißt solche, die den tatsächlichen Verhältnissen entsprechen. Dies dürfte bei seelisch Gesunden weitgehend der Fall sein, insofern ihre eigenen Potentialitäten eine Rolle spielen. Die Unsicherheit der Weltlage jedoch und der vielfache Zusammenbruch scheinbar fest gefügter Lebensverhältnisse machen es auch den realistisch Denkenden heute fast unmöglich, sich ein auch nur einigermaßen zureichendes Bild von dem zu Erwartenden zu machen.

Im höheren Alter beobachtet man oft die Tendenz, ein milderndes Licht auf die Schatten des Lebens zu werfen. Man spricht von der

Abgeklärtheit und vom Segen der Weisheit des Alters, der zum Teil darin liegt, die Dinge in größerer Distanz und mit weniger lebhafter Beteiligung zu sehen. Aber leider neigt nicht jeder Altgewordene zu Abgeklärtheit und Frieden; auch streitbare Alte sind nicht selten.

5. Lebensziele und Lebensprobleme

Ein Gebiet, auf dem wir etwas mehr wissen, ist das der *Lebensziele*. Über die Beziehung zwischen Zielsetzungen und dem Gelingen oder Mißlingen im Aufbau der Persönlichkeit haben wir im vorangehenden Kapitel gesprochen. Diese Frage, wie der Zielaufbau im Laufe des Lebens das Gelingen und Mißlingen des Lebens bestimmt, soll uns nunmehr beschäftigen.

Von wann ab hat ein Mensch überhaupt Lebensziele? Die Antwort hängt davon ab, wie man dieses Wort auffassen und definieren will. Denkt man in erster Linie an bewußte, das Lebensganze umspannende Zielsetzungen, so treten solche kaum vor dem Jugendalter auf. In dieser Periode wird zum erstenmal die *Lebenszeit* in ihrer Gesamtausdehnung ins Auge gefaßt. In Tagebüchern Jugendlicher finden wir diese Bezugnahme auf die *vergangene* und die *kommende* Zeit ausgedrückt und die Beziehungen von Vergangenheit, Gegenwart und Zukunft hergestellt und erörtert. Dabei ist jedoch besonders die fernere Zukunft vorerst nur vage ins Auge gefaßt, wie auch die in die Zukunft projizierten Zielsetzungen nur vorläufige Entwürfe möglicher Lebensformen darstellen.

In gewisser Weise kann man bereits in der Kindheit von Lebenszielen sprechen, wenn man den Ausdruck nicht auf bewußte zeitorientierte Strebungen beschränkt. Lebensziele im Sinne von Tendenzen auf Erfüllungen, die für die gesunde Lebensführung von grundlegender Wichtigkeit sind, gibt es von Beginn des Lebens an. Wir haben die vier Grundtendenzen, die auf Erfüllung lebenswichtiger Bedürfnisse abzielen, besprochen (s. S. 70 ff.).

Lebensziele im Sinne bewußter oder halbbewußter, wenn auch noch nicht zeitlich orientierter Projektionen des Selbst in die Zukunft kommen von etwa vier Jahren an vor. Von diesem Alter an werden auch Erlebnisse des Gelingens und Mißlingens bewußt, die gleichfalls von Anfang des Lebens an erfahren, wenn auch noch nicht bewußt erfaßt werden. Jeder, der ein Baby mit Koordinationsstörungen beim Greifen oder anderen Hantierungen beobachtet hat, weiß, daß es auf solches Mißlingen schon sehr früh mit Ausdrucksbewegungen reagiert, die verraten, daß das Baby unglücklich ist.

Dieses erste Erfassen des *Gelingens und Mißlingens mit Bezugnahme auf die eigene Person* bedeutet eine erste *Selbstbeurteilung* im Hinblick auf Wertmaßstäbe, die das Kind sich allmählich erwirbt und ausbildet. Hierbei scheinen von allem Anfang an *Probleme* und *Konflikte* aufzutreten.

Freud sah den Ursprung dieser Probleme und Konflikte hauptsächlich in den Beziehungen des Individuums zur Umwelt: als begründet in der Tatsache der Versagungen und Verpflichtungen, die dem Kinde auferlegt werden. Karen Horney dagegen sieht, wie das die Dichter und Denker aller Zeiten immer wieder dargestellt haben, den Anlaß zu den Konflikten im Menschen selber, ›in der eigenen Brust‹, wie der Dichter sagt. Sie sieht ihn als innerlich bedingten Zwiespalt eigener Bedürfnisse. Tatsächlich lassen sich diese beiden Konflikt-Strukturen von Anfang an nachweisen. Beide hängen zusammen, beeinflussen sich wechselseitig, und hier ist die Quelle *verfehlter Selbstbestimmungen*, die unter Umständen ein ganzes Leben in falsche Bahnen lenken können.

6. Kindheitsansätze gelingenden und mißlingenden Lebens

Ein Beispiel einer frühen, sich in der ganzen späteren Entwicklung ungünstig auswirkenden Zielsetzung lernten wir im Falle Alfreds kennen, der schon als Vierjähriger beschloß, ›nie wieder einen Fehler zu machen‹, und der mit zunehmender Starre sich auf ein *Vollkommenheitsideal* festlegte.

Ihren Ursprung hatte diese Selbstbestimmung in Alfreds Beziehung zu seiner Mutter, die ihm ein Vorbild solchen, nach strengen Prinzipien geführten Lebens gab und ihn zu ähnlichem anspornte. Einer ihrer oft wiederholten Aussprüche war zum Beispiel: »Was wert ist, überhaupt getan zu werden, ist auch wert, daß man es so gut wie möglich tut.« Dieses Prinzip, das jeder mit leichter Hand hingeworfenen, wenn auch vielleicht nur vorläufigen Lösung irgendeiner Aufgabe schroff entgegensteht, wurde von Alfred besonders ernst genommen. Er war tief beeindruckt von der Bedeutsamkeit dieses Leitworts ebenso wie aller ähnlichen Grundsätze, deren Durchführung die Mutter mit strenger Disziplin überwachte. Ihr Einfluß war um so stärker, als sie ihren Kindern zu gewissen Zeiten viel Güte und Zärtlichkeit gab, womit sie diese alle stark an sich fesselte.

Alfreds Geschwister jedoch nahmen sich die Gebote ihrer Mutter nicht annähernd in dem Maße zu Herzen, wie er dies tat. Und hierin liegt nun ein entscheidender zweiter Faktor. Es war zum Teil Alfreds eigener Beitrag zu seiner Entwicklung, daß er sich in so extremem Maße mit den Lebensregeln seiner Mutter identifizierte – nicht so sehr, weil er sie so liebte, sondern vielmehr wegen seiner übersensitiven Furcht vor

Tadel. Selbst als Dreißigjähriger und nach zweijähriger Psychotherapie bekannte Alfred, daß er immer noch Schwierigkeiten habe, das Gefühl der Kränkung über irgendeine kritische Bemerkung zu überwinden.

Es ist also letztlich seinem Bedürfnis nach *Selbstverteidigung* zuzuschreiben, wenn Alfred als kleiner Knabe die *Selbstbestimmung* zu unangreifbarer Vollkommenheit *wählt*. Außerdem spielt allerdings seine Furcht vor der Mutter und eine gewisse Bewunderung für sie eine Rolle, so daß seine Wahl nicht als wirklich frei bezeichnet werden kann.

Die Frage, die uns im Zusammenhang dieses Kapitels interessiert, ist, in welcher Weise Alfreds frühe und starr festgehaltene Selbstbestimmung das Gelingen oder Mißlingen seines Lebens beeinflußt hat. Es ist leicht voraussagbar, daß sein Perfektionismus ihn in große Schwierigkeiten bringen mußte. Zwar war glücklicherweise seine technische Begabung groß genug, ihm beruflichen Erfolg zu sichern, doch mißlang ihm der Aufbau seines persönlichen Lebens. Kein Mädchen, das er traf, entsprach genau seinem Ideal, und bis in die Dreißig hinein konnte er sich zu keiner Verbindung entschließen, da sie möglicherweise »falsch« hätte sein können.

Ein anderes Beispiel für ein durch frühe ungünstige Selbstbestimmung verfehltes Leben liefert uns eine Frau, die erst mit Beginn der Fünfzig zu der Einsicht kam, sie müßte versuchen, sich und ihr Leben völlig zu ändern, wenn sie es nicht als vollkommen mißlungen bezeichnen wollte.

Bettina ist eine noch immer schöne, geschiedene und kinderlose Frau, die sich finanzieller Unabhängigkeit erfreut; ihr Leben verbringt sie mit gesellschaftlichen Verpflichtungen und als Mitglied einiger Wohltätigkeitskomitees. Von all dem ist sie tief unbefriedigt. In ihrer Ruhelosigkeit versucht sie hin und wieder, die eine oder andere Firma zu gründen, eine Kunsthandlung etwa oder ähnliches, gibt aber all solche Versuche stets bald wieder auf.

Schon als vier- oder fünfjähriges Mädchen war Bettina davon beeindruckt, wie verschieden die Menschen in ihrer Umgebung waren und lebten. Ihre Mutter tat ihr leid, weil sie stets ernst, traurig und voller Sorgen war. Dies gefiel ihr gar nicht. Und so sehr sie ihre Mutter liebte – sie selbst wollte ganz anders werden. Von den vielen Verwandten war eine Tante für Bettina besonders anziehend. Tante Elinor, denn sie war immer lustig, reich und schön gekleidet. Ihr Mann schien sie sehr zu lieben und war ständig um sie besorgt, während Bettinas Vater sich nicht viel um seine Frau und seine Familie kümmerte. Bettina beschloß, wie Tante Elinor zu werden: schön, reich und lustig. Dieser früh gefaßte Entschluß, dessen sie sich viele Jahre lang überhaupt nicht bewußt war, der ihr vielmehr erst während ihrer psychotherapeutischen Behandlung mit 52 Jahren ins Bewußtsein kam, hatte tatsächlich ihr gan-

zes Leben entscheidend bestimmt. Zu einem schönen und eleganten Mädchen herangewachsen, wählte sie sich unter ihren vielen Bewunderern einen wohlhabenden jungen Geschäftsmann, der sie geradezu anbetete, zum Gatten und ließ sich lieben und verwöhnen, genau wie Tante Elinor. Jedoch entdeckte sie im Laufe der Jahre, daß sie nicht glücklich war. Es bedurfte der Therapie, um ihr klarzumachen, daß ihre eigene mangelnde Hingabe an Mann, Kinder oder an irgendeine sinnvolle Tätigkeit ihr Leben hatte leer, arm und unerfüllt werden lassen trotz allen Reichtums, über den sie verfügte.

Schon bevor Bettina in die Schule kam, wollte sie ›genau wie Tante Elinor‹ werden. Viele Kinder sind in diesen Vorschuljahren freilich noch weit davon entfernt, sich selbst in so bestimmter Weise Ziele zu setzen. Sie haben mehr diffuse Gefühle als klare Vorstellungen über sich selbst und ihre Umgebung. Leider wissen die Eltern vorläufig noch so wenig über diese Vorgänge, daß sie sie weitgehend dem Zufall überlassen. Nur wenige Eltern denken so gründlich über das Leben nach, daß sie dem Kind in verständlicher Form tiefere Einsichten darüber vermitteln können, wie man Lebensprobleme konstruktiv zu lösen vermag.

Linda zum Beispiel hatte eine Mutter, die dies in einzigartiger Weise verstand. Schon bei der Vierjährigen weckte sie anläßlich einer Ermahnung das Verständnis dafür, daß sie wie jeder Mensch gewisse Pflichten, auf der anderen Seite aber auch ihre Rechte habe. Diese Erklärung machte auf das Kind tiefen Eindruck und gab ihm das Gefühl seiner menschlichen Würde. Ferner brachte diese kluge Mutter ihrer Tochter auch das Wesen des Kompromisses bei, und zwar als es galt, mit dem Widerstand des Vaters gegen Lindas Studienwünsche fertig zu werden. Die Mutter verstand es, ihre Tochter dafür zu gewinnen, zunächst einmal hilfsbereites Interesse am Haushalt mit Lerneifer zu verbinden, um sich nach Vorbereitung auf beiden Gebieten des Lebens später zu gegebener Zeit für das ihr am meisten Liegende zu entscheiden.

Als ungewöhnlich glückhafter Ansatz zum Lebensgelingen erscheint mir in dieser Kindheitsgeschichte die frühe Einstellung auf das *Durchdenken, Verstehen* und *Sich-zu-eigen-Machen* von Begriffen, die das Kind befähigen, mit seinen ersten Konflikten fertig zu werden. Hier liegt der Unterschied zwischen dem, was Lindas Mutter tut, und dem, was Alfreds Mutter ihren Sohn lehrt. In beiden Fällen handelt es sich um Mütter, die ihren Kindern Richtlinien für das Leben zu geben versuchen. Während jedoch die eine Mutter *Vorschriften* gibt, wie man es zu machen hat, leitet die andere zu *selbständigem Nachdenken* an: Sie zeigt, wie man die Dinge ansehen und was man tun kann, nicht was man tun muß. Sie führt das Kind, wie man sich heute wissenschaftlich ausdrücken würde, in ein *offenes System* des Denkens, während die andere ein *geschlossenes System* lehrt, in dem kein Freiheitsgrad mehr besteht. Dadurch bereitet die eine Mutter eine konstruktive Haltung gegenüber zukünftigen Problemen vor, während die andere nur starre Prinzipien gibt.

Ich habe Aufzeichnungen über fünfzig Therapiefälle mit dem Ziel durchgearbeitet, festzustellen, wie die Eltern der behandelten Personen sich hinsichtlich dieser Dinge verhalten haben. Ich fand keinen einzigen, in dem während der Kindheit beim Durchdenken von Lebensproblemen geholfen worden war. Es scheint vielmehr allgemeine Ansicht zu sein, daß die Kinder entweder noch keine ernsthaften Probleme haben oder aber, daß sie allein damit fertig werden sollten. Diese Bewältigung der Probleme ist jedoch um so weniger zu erwarten, wenn Kinder, denen niemand hilft, das Leben zu verstehen, außerdem noch ein schlechtes Beispiel vor sich haben oder Ungerechtigkeiten, wenn nicht gar Grausamkeiten begegnen. In einer von Streit und Gewalttaten aller Art zerrissenen Zeit wie der unseren ist es schwer, sich eine normale Entwicklung der nächsten Generation vorzustellen.

In diesem Zusammenhang erscheint mir bemerkenswert, was Fritz Redl und David Wineman in ihrem Werk über ›Kinder, die hassen‹ schreiben: Diesen Kindern geht ganz besonders die Fähigkeit ab, in schwierigen Situationen mit ihren Angst- und Unsicherheitsgefühlen fertig zu werden. Diese unter den schrecklichsten Lebensverhältnissen aufgewachsenen Acht- bis Zehnjährigen haben zur Bewältigung von Problemen nur zwei Möglichkeiten: entweder sie rennen davon, oder sie greifen an und zerstören.

Acht bis zehn Jahre – das ist das Alter, in dem einigermaßen gesunde Kinder sich bereits die eine oder andere Vorstellung zurechtgelegt haben, wie sie sich durch Anpassung oder Bemeisterung im Leben zurechtfinden können. Viele aber, die weder Führung noch Vorbild haben, bleiben hilflos bis in ihr Jugendalter oder darüber hinaus.

7. Adoleszenzprobleme des Gelingens und Mißlingens

Die Pubertät und Adoleszenz – der Lebensabschnitt von etwa 12 Jahren bis zu Beginn der Zwanzigerjahre – gilt allgemein für die eine der beiden schwierigsten Lebensperioden; die andere, ihr entsprechende, ist das Klimakterium. Adoleszenz und Klimakterium – das sind die zwei in das Leben hinein- und aus dem Leben herausführenden Altersstufen, deren besondere Schwierigkeit darin liegt, daß das Individuum sich im Leben völlig neu orientieren muß.

Was den Jugendlichen betrifft, so besteht seine Aufgabe darin, das Gelingen seines Lebens vor allem in Beruf und Ehe richtig vorzubereiten. Mit ›richtig‹ ist gemeint: Jeder muß sich die Leistungsgebiete und die menschlichen Beziehungen wählen, die die besten Potentialitäten des Individuums zur Wirksamkeit bringen, und muß sich in ihnen und an ihnen versuchen und sich fortbilden. Wir sprechen davon, daß der Jugendliche ›sich selber finden‹ muß.

Ein außerordentlich scharfes Urteil über das Versagen der älteren Generation, und zwar was die Eltern ebenso wie die Schule anlangt, fällt Percival Symonds in einer interessanten Studie an 28 jungen Leuten, die er erst als 12- bis 18jährige und dann, dreizehn Jahre später, als 25- bis 31jährige abermals untersucht hat. Symonds sorgfältige Untersuchung, die sich auf die Resultate von Tests und Interviews stützt, kommt zu der Schlußfolgerung, daß sich diese jungen, einer guten amerikanischen Mittelklasse zugehörigen Adoleszenten bei ihrem Übergang aus dem Jugendalter in das Erwachsenenalter an die Methode von ›Versuch und Irrtum (trial and error)‹ halten mußten: Erwies sich der erste undurchdachte Versuch, ein Problem zu lösen, als Irrtum, so stellte sich nun ein zweiter, ebenso blinder Versuch oft genug wiederum als Irrtum heraus. Denn: ›Nichts oder nur wenig‹, sagt Symonds, ›war getan worden, um ihnen bei der Vorbereitung oder dem Planen ihrer nächsten Schritte zu helfen. Jedes Problem mußte jeder einzelne mit den Mitteln lösen, die er gerade zufällig zur Verfügung hatte, wenn er sich dem Problem gegenübersah. Die Schulerziehung erwies sich als so gut wie nutzlos für eine Vorbereitung des jungen Menschen darauf, mit den unvermeidbar sich ergebenden Problemen in Berufsausbildung, Beruf und Ehe fertig zu werden.‹

Weit verbreitet ist, so erscheint es mir, eine tiefe *Unsicherheit* und *Ratlosigkeit* angesichts der wichtigsten Fragen des Lebens. Allenthalben stößt man auf ungelöste Probleme: Die Eltern ebenso wie die Jugendlichen haben noch immer nur selten den Mut, sich über Dinge des Sexuallebens auszusprechen. Die meisten Eltern und Jugendlichen sind sich sogar noch immer unklar über die Grundlagen ihrer eigenen Stellungnahme zur Frage sexueller Erfahrungen. Häufig findet man auch Probleme hinreichender Zielsetzung für die Wahl von Beruf und sozialer Stellung. Und völlig ungeklärt ist fast stets die Frage der Lebenswerte, an die man glauben will, kann oder soll, das heißt der Lebenswerte im Sinne einer Weltanschauung.

Gewisse Regeln: daß man fleißig arbeiten soll, Geld verdienen und sparen, sich eine gesicherte Position innerhalb der Gesellschaft erwerben soll, ehrlich sein, sich Achtung und Freundschaften erwerben soll – all das gehört zum Grundbestand der allgemein anerkannten und von den Eltern an ihre Kinder weitergegebenen Lebensregeln. Darüber hinaus aber gibt es nur wenig Nachdenken und kaum Diskussionen über Sinn und Zweck des Lebens und über letzte Fragen, die unsere Welt und das Weltall betreffen. In außerordentlich vielen Familien schickt man die Kinder zwar in die Kirche, die Erwachsenen jedoch gehen nicht mit: Die Kirche sieht man als eine zweite Art Schule an, die die Eltern bereits hinter sich haben.

Der Jugendliche ist an und für sich unsicher. Er ist sich unklar über seine eigenen Potentialitäten. Und was die Richtlinien betrifft, die er sich zu eigen machen soll, so tappt er im dunkeln. Eine volle positive Identifikation mit der älteren Generation war wohl immer nur eine Ausnahme, da die Jugend stets auf Neues hinstrebt. Zeigt sich aber – wie es in unserer Zeit weithin der Fall ist – die ältere Generation geistig unsicher, so wird es dem Jugendlichen offenbar noch schwerer, sich zu finden, weil er weder positive noch negative Richtlinien bekommt.

Dies dürfte einer der Gründe dafür sein, daß sich die heutige Jugend in so hohem Grade auf sich selbst gestellt hat und sich nicht an der älteren Generation orientiert, sondern Leitbilder aus den eigenen Reihen wählt, wie das oft der Fall zu sein scheint.

Für den heutigen Jugendlichen ist die *Einpassung in die Gesellschaft* seiner eigenen Generation lebenswichtiger als die Auseinandersetzung mit der älteren. Diese neue Gesellschaft verlangt – wie David Riesman in einem sehr zum Nachdenken stimmenden Buch ›Die einsame Masse‹ dargelegt hat –, daß der einzelne sich mit großem Einfühlungsvermögen an die Wünsche und das Verhalten seiner Altersgruppe anzupassen vermag. Was immer er für sich in Aussicht nimmt – es muß so sein, daß er sich als zu seinen Altersgenossen dazugehörig bewährt.

Helmut Schelsky bestätigt in seinem sorgfältig durchdachten Buch über ›Die skeptische Generation‹ die Riesmanschen Ausführungen für deutsche Verhältnisse. Und im gleichen Sinne spricht sich Peter Hofstätter in seiner ›Sozialpsychologie‹ aus. Schelsky legt einleuchtend dar, wie die Emanzipation der deutschen Jugend schon seit der Jahrhundertwende mit dem Wandervogel und der Jugendbewegung als eine Emanzipation der Freiheit vom Elternhaus begann. Heute ist sie eine Emanzipation der Denkweise, deren praktische, auf materielle Stabilität gerichtete Orientierung Theodor Adorno als ›Konkretismus‹ bezeichnet hat. Diese ›sozial eigenständige‹ Jugend ist nicht mehr an überlieferten Vorstellungen und Idealen interessiert, sondern, wie Schelsky sagt, an denjenigen sozialen Beziehungen, die geeignet sind, einen Halt im persönlichen und privaten Dasein zu geben.

Mit dieser Abwendung von überlieferten Vorbildern und Idealen wird die ohnehin zur *Rebellion* gegen die ältere Generation neigende Jugend in ihrer Ablösung von dieser bestärkt, ohne anderweitig Hilfe zu bekommen.

In diesem Zusammenhang ist die von Schelsky vermerkte Tatsache interessant, daß bei der Loslösung der heutigen Generation ein persönlicher Antagonismus gegen die Älteren und die Eltern seltener ist als ideelle Emanzipation, und daß im Gegenteil sogar die persönliche Schätzung der Familie als Halt größer sein kann als in der vorangehenden Altersgruppe. Schelsky ist der Ansicht, der Grund für die geringere Animosität liege darin, daß *Aussprachen* vermieden werden; er glaubt, daß das Bedürfnis nach solchen heute geringer ist. Dem wird wohl niemand beistimmen können, der Jugendliche in Gruppentherapie erlebt hat. Der Unterschied gegenüber früher liegt nur darin, daß selbst der Jugendliche heute lieber Aussprachen mit sachlich Geschulten führt als emotional gefärbte Aussprachen mit seinen Angehörigen.

Relativ unbehindert von Konflikten erscheinen mir heute nur drei Gruppen. Es sind einmal die in einer noch immer ungebrochenen Tradition Verankerten, weiterhin die, denen ihre Eltern mit außergewöhnlichem Verständnis heute noch anwendbare Lebensregeln vermitteln konnten, und drittens junge Menschen mit so ausgesprochenen Begabungen, daß diese in ganz natürlicher Weise den Weg weisen.

Ein Beispiel fester Verankerung ist Helen, *deren Lebenszielsetzung wir schon kennengelernt haben (s. S. 202 f.). Helen, die in ungewöhnlicher Liebe und Eintracht, fest verwurzelt in ihrer katholischen Familientradition, aufwuchs, hat offenbar niemals Selbstbestimmungsprobleme erlebt. Sie fühlte sich wohl in Elternhaus, Nachbarschaft und Schule, sie liebte besonders ihren freundlichen, humorvollen Vater, sie stand gut mit einer ganzen Schar jüngerer Geschwister. Sie ging in die katholische Schule, dann ins katholische College, ihre Lehrer schätzte und verehrte sie. Kurze Zeit arbeitete sie als Sekretärin, was sie nicht begeisterte, doch tat sie in diesen Stellungen ihr Bestes und machte sich viele Freunde. Mit 24 Jahren heiratete sie den Sohn einer befreundeten Familie, den sie seit ihrem vierzehnten Lebensjahr kannte. Sie selbst sagt dazu: »Ich habe nie jemand anderen als Ehepartner in Betracht gezogen. Vincent und ich verstanden uns von Anfang an, solange wir uns kannten, und das hat sich auch in unserer jetzt vierzigjährigen Ehe nie geändert.«*

Linda, *deren Leben viel problemreicher und keineswegs leicht war (s. S. 159, 169), hatte von ihrer Mutter das Prinzip des Kompromisses gelernt, die Abwägung von Rechten und Pflichten und anderes, was auch ihr die Selbstfindung erleichtert hat. Wir haben das Geschick beschrieben, mit dem sie durch viele Hindernisse hindurch ihr Leben zum Gelingen brachte.*

Im Falle dieser Frau ist es interessant zu sehen, wie sie dank ihrer zielstrebigen inneren Sicherheit nie auf den Gedanken kam, ihr Leben als mißlingend zu interpretieren, obwohl doch die Verwirklichung ihrer Ziele wiederholt aufgeschoben werden mußte.

Außerordentlich viele, wenn nicht gar die meisten Menschen haben in der Jugendzeit schwere *Selbstbestimmungsprobleme.* Wenn wir von denen absehen, die sich, wie wir im vorigen Abschnitt zeigten, ihre Entschlußfreiheit schon in der Kindheit verbauen, so ist wohl noch größer die Anzahl derer, die sich nicht darüber klar werden können, wo der richtige Weg für sie liegt.

Denny ist der 17jährige Sohn eines Tiefbauingenieurs, der infolge persönlicher Instabilität eine sehr unregelmäßige Laufbahn hatte. Als Denny mit der High School – etwa der Mittelstufe unserer Oberschulen entsprechend – fertig wurde, befand sich die Familie in schlechten finanziellen Verhältnissen; trotzdem bestand der Vater darauf, daß sein Sohn das College (= Oberstufe unserer Oberschulen mit anschließendem Hochschulstudium) besuchen sollte, wofür Geld beiseite gelegt war.

Denny weigerte sich. Er war zwar technisch sowie allgemein sehr begabt; kein Wunder, wenn die Eltern empört waren, daß er seine Fähigkeiten nicht ausbilden und die ihm gebotene Gelegenheit zum Studium nicht ausnützen wollte.

Als Begründung dafür, daß er jedenfalls vorläufig als Maschinist in einer Fabrik arbeiten wollte, gab Denny an, er habe keine Lust, ohne Geld in der Tasche herumzulaufen und seine Freundinnen in einem schäbigen alten Auto auszuführen. Außerdem hatten auch die meisten seiner Freunde ebenfalls praktische Berufe ergriffen. Denny wollte lieber ein geringeres, dafür aber gesicherteres Einkommen haben als sein Vater, in der gesellschaftlich höheren Bewertung des akademischen Berufs sah er lediglich einen Snobismus. Dennys Vater, der sich selbst nur unter schweren Opfern Studium und Examen an der Technischen Hochschule erkämpft hatte, war wütend über Dennys Argumente und machte aus seiner Empörung kein Hehl.

Doch Denny erklärte, er und seine Freunde hätten nun einmal andere Werte als die Eltern. Durch die Diskussionen einer Therapiegruppe, an der teilzunehmen die Eltern ihn schließlich hatten bewegen können, um sein Problem zur Sprache zu bringen, wurde es Denny klar, daß ihm das Beispiel seiner Freunde hauptsächlich als Vorwand diente, seinen Vater für sein autoritäres Benehmen zu bestrafen. Aber erst als seine Freundin Brenda, die er zu heiraten beabsichtigte, ihm sagte, daß sie selber auch aufs College gehen wolle, gab er nach und stellte sich auf einen neuen Lebensplan um.

Es waren also weder fremde Autorität noch die eigenen Potentialitäten, die für diesen jungen Mann ausschlaggebend waren, sondern in erster Linie die Gesichtspunkte seiner Freunde.

Die ganz außerordentliche Verwirrung derer, die überhaupt keinerlei Richtlinien für ihre Zielsetzung finden und den Zufall über sich verfügen lassen, bildet einen nicht allzu seltenen Grenzfall jugendlicher Ratlosigkeit.

Ein Beispiel ist Nadine, die kurz nach ihrer Eheschließung, zu Beginn der Zwanzig, in Therapie kommt. Sie, die ihre ganze Kindheit und Jugend hindurch wie in einem ›Nebel‹ dahingeschritten war, hatte sich von der Ehe Glück und ein Erwachen zum Leben erhofft. Aber diese Hoffnung hatte sich nicht verwirklicht.

»Als kleines Mädchen«, sagte sie, »saß ich oft auf den Stufen vorm Haus und hoffte, die Kinder würden mich zum Spielen einladen, was sie manchmal auch taten. Ich war schüchtern. Meine Kusine sagte, ich sei dumm. Oft, wenn es regnete am Sonntag, stand ich am Fenster und sah hinaus. Ich dachte an gar nichts. Meine Eltern hatten nie Zeit für mich, und sie interessierten sich mehr für meine ältere Schwester, die lebhaft war und Freunde ins Haus brachte.«

In der Schule schwärmte Nadine einige Buben an, die jedoch nie mit ihr sprachen. Seit ein Vetter die Zehnjährige beim Spielen in den Keller gelockt und sie dort sexuell mißbraucht hatte – eine Handlung, deren Wiederholung sie zuließ –, glaubte sie, eine verachtenswerte Person zu sein.

Nach einer hoffnungslosen Verliebtheit in einen Klassenkameraden – es war dies im letzten Schuljahr – und nach einer kurzen, qualvollen Berufstätigkeit als nicht sehr tüchtige Sekretärin nahm Nadine voller Dankbarkeit das Heiratsangebot eines jungen Kaufmanns an, den sie bei Verwandten kennengelernt hatte. Selbstverständlich war ihr Sexualleben qualvoll, da es sie dauernd an ihre Erlebnisse im Keller erinnerte.

Diese nicht unintelligente, später in der Therapie aufblühende junge Frau ging aus ihrer Pubertät als ein völlig unentwickelter Mensch, ein vernachlässigter Intellekt, eine diffuse, in keiner Weise zusammengefaßte Persönlichkeit in ihr Eheleben.

»Über das Leben, über die Zukunft und all das«, sagt sie, »hatte ich niemals nachgedacht. Ich war völlig konfus, wenn ich vor irgendeinem Problem stand.«

Wie hier mangelndes Denken und eine bereits seit der Kindheit bestehende *Diffusität* der Persönlichkeit das Gelingen des Lebens unmöglich machen, so ist es in anderen Fällen die *Angst* vor dem Leben und vor der Verantwortung für eigene Entschlüsse sowie vor den Schwierigkeiten der Selbsterhaltung, die einen Jugendlichen daran hindern, sich selbst und seinen eigenen Weg zu finden.

Außerordentlich häufig und jedermann bekannt sind die unzähligen Fälle, in denen ein junger Mensch sich aus Furcht oder Unentschlossenheit, unter seelischem oder wirtschaftlichem Druck bestimmen läßt, irgendeine zufällig sich ihm bietende Lehrstelle oder Tätigkeit anzutreten. Das mangelnde Interesse und die *mangelnde innere Befriedigung an der Arbeit* läßt dann schon von Anfang dieser Art Berufstätigkeit an die Freizeit wichtiger erscheinen als den Beruf, und es entwickelt sich eine Lebenshaltung, die Schelsky mit dem zutreffenden Namen ›Freizeitsüchtigkeit‹ bezeichnete.

Diese Probleme gelten für sehr viele innerlich unbefriedigt Arbeitende, im höchsten Maße jedoch für die Ungelernten, da, wie P. Lazarsfeld sowie G. Dehn schon vor vielen Jahren nachgewiesen haben, die Ungelernten ihre Arbeit überhaupt nicht als Beruf empfinden.

Diese Lebensform großer Massen, die so fern vom Ideal der Selbstverwirklichung dahinleben, wirkt um so bedrückender, je deutlicher sich an Hand glückhafter Lebensläufe zeigen läßt, wie erfüllend die menschliche Existenz sein kann. Ein besonders schönes Beispiel aus unserer Zeit für diese selten glückhafte Lebensgestaltung ist die Geschichte des jungen Musikers *Van Cliburn.*

Van Cliburn – eigentlich Harvey Lavan Cliburn jr. – wurde im Juli 1934 in einer kleinen Stadt in Louisiana geboren und wuchs auf in Kilgore, Texas, wo sein Vater Angestellter in einer Erdöl-Gesellschaft und seine Mutter Klavierlehrerin war. Schon im Alter von drei Jahren überraschte er seine Eltern damit, daß er sich eine Walzermelodie auf dem Klavier zusammensuchte. Kurz darauf bat er seine Mutter, ihn spielen zu lehren, und da er absolutes Gehör hatte, lernte er außerordentlich rasch. Mit fünf Jahren erklärte er seiner Mutter: »Mutti, ich glaube, ich will Konzertpianist werden, wenn ich groß bin. Ich will es mehr als alles andere in der Welt.«

Um diese Zeit begleitete er seine Mutter zu allen Konzerten, zu denen sie ging; oft unternahm sie zu diesem Zweck Reisen in größere Städte. Vans Mutter war eine leidenschaftliche Musikerin und offenbar eine sehr gute Lehrerin. Van sagte später einmal: »Ich liebte den Klavierunterricht bei meiner Mutter, weil sie mich nie wie ein kleines Kind und mit der Überlegenheit der Erwachsenen behandelte, mir aber auch niemals schmeichelte. Sie sagte immer genau, was sie über mein Spiel dachte.«

Van Cliburns Biograph Abram Chasins betont, daß im Heim dieses Knaben die Atmosphäre von ›Liebe und Zusammengehörigkeitsgefühl, Gläubigkeit und Begeisterung‹ waltete. Von klein auf wurde Van Cliburn als vollwertiges Familienmitglied behandelt und das Gefühl in ihm geweckt, daß er ein ›erwünschtes‹ Kind und das, was er tat, wichtig und wertvoll war.

Der Leser wird sich von den vorangegangenen Kapiteln her erinnern, daß die Psychologie gerade dieses Gefühl, von den Eltern für wertvoll gehalten zu werden, als eine der Hauptgrundlagen seelisch gesunder Entwicklung erkannt hat.

Im Fall dieses Knaben haben wir die ausnehmend glückliche Situation, daß ein typisches Wunderkind zu einem gesunden, glücklichen, bescheidenen und warmherzigen Menschen erzogen wird. Vans Vater war anfangs über die Aussicht, sein Sohn solle die Laufbahn eines Musikers einschlagen, nicht begeistert. Er versuchte, ihm diese aufreibende Zukunft auszureden und hoffte, ihn für den Beruf des Missionsarztes interessieren zu können – einen Beruf, den er selbst sich einst aufs lebhafteste gewünscht hatte. Van war ganz Ablehnung: »Daddy«, rief er, »sag nicht so etwas. Ich will Konzertpianist werden und nichts sonst.«

Van hatte viele Freunde. Seine Leistungen in der Schule waren ausgezeichnet, wegen seiner charakterlichen Eigenschaften war er beliebt. »Van ist ganz anders, als man es von diesen Kindergenies erwartet«, sagte einer seiner Lehrer. »Er ist ein guter, solider Junge.«

1952, mit 18 Jahren, gewann er ein erstes großes Stipendium in New York; eine der Angehörigen der Jury sagte, sie wisse gar nicht, wozu er noch studieren wolle, er sei doch bereits ein fertiger Künstler und brauche nur noch Erfahrung. Mit 20 Jahren spielte Van Cliburn unter Mitropoulos als Dirigent in der Carnegie Hall, und 1958 hatte er den bekannten großen Erfolg in Moskau, wo er mit Begeisterung aufgenommen wurde.

Der Fall Van Cliburns zeigt einerseits einen vom Glück großer Begabung begünstigten Lebensanfang, bei dem die Selbstbestimmung mit fünf Jahren in natürlichster Weise erfolgt. Andererseits zeigt er jedoch zugleich das glückhafte Eingebettetsein dieses Talents in eine Umgebung, die nicht nur den Musiker, sondern auch den Menschen durch bewundernswerte Führung zur vollen Entfaltung brachte.

George Mohr und Marian Despres sagen in einer unsere heutigen Kenntnisse gut zusammenfassenden Untersuchung über ›Das stürmische Jahrzehnt‹ der Adoleszenz, daß das Resultat der inneren Kämpfe dieser Periode wesentlich davon abhängt, wie der Jugendliche mit seinem intensiven neuen Triebleben fertig wird und wie in sich gefestigt die Organisation seiner Persönlichkeit ist.

Probleme der sexuellen Triebentwicklung

Was das zweite Problem angeht, das des Fertigwerdens mit der neuen Triebentwicklung, so sind Kenntnisse auf diesem Gebiet weiter verbreitet; auch haben wir in früheren Kapiteln bereits eingehender über Entwicklungsprobleme der Sexualität gesprochen. Bemerkenswert ist jedoch, wie wir bereits zu Anfang dieses Abschnittes feststellten, daß nach und trotz der ausgedehnten Aufklärungsarbeit zweier Generationen noch immer die größte Unklarheit hinsichtlich der erfolgreichsten Art sexueller Entwicklung in der Jugend besteht. Wenn wir ›erfolgreich‹ sagen, so meinen wir dies hier im Sinne der Vorbereitung einer *Disposition zu Sexualität und Liebe* dergestalt, daß sie das Gelingen des Lebens durch Glückserfüllung auf diesem vielleicht wichtigsten aller Lebensgebiete ermöglicht.

Noch immer stehen wir auf diesem Gebiet vor den besonders schwierigen Problemen elterlicher Ignoranz und eines oft genug mit dieser Ignoranz gekoppelten Zurückschreckens der Eltern vor angemessenen Aussprachen mit ihren Kindern über die ›sexuelle Frage‹. Noch immer erleben wir, daß bei Kindern oder Jugendlichen, die man beim Masturbieren entdeckte und deshalb demütigte, beschämte, in Angst und Schrecken versetzte, solches grundfalsches Verhalten die ungünstigsten Nachwirkungen auf die weitere Sexualentwicklung gehabt hat.

Auf der anderen Seite sehen wir bei Erwachsenen wie Jugendlichen eine bedenkenlose Toleranz gegenüber mehr oder minder weitgehenden sexuellen ›Spielen‹ unter Umständen in hemmungslose Promiskuität ausarten. Dann wieder finden wir Eltern, die gedankenlos starr an Prinzipien festhalten, durch die sie ihre Kinder von allen Erfahrungen überhaupt bewahren wollen. Das Resultat ist entweder Gehorsam, also ein Jugendlicher, der alle Triebe und alle Neugierde in sich unterdrückt und seinen ehelichen Sexualerfahrungen mit ebensoviel Angst wie Ungeschick entgegensieht. Oder aber es ergibt sich das Umgekehrte: Dieser Sohn oder diese Tochter knüpfen heimliche Beziehungen an, die von Schuldgefühlen begleitet sind und womöglich in unerwarteten Schwangerschaften enden.

Immer wieder wird festgestellt, daß in der westlichen Gesellschaft die Vorbereitung zu beruflicher und sozialer Reife sich weit über den Zeitpunkt hinaus ausdehnt, zu dem die Sexualbedürfnisse bereits völlig ausgereift sind und nach Befriedigung drängen. Für die Lösung dieses Problems hat man noch immer keine allgemein gültige Lösung gefunden.

Alfred Kinsey, dessen Interview-Studien an insgesamt etwa 20 000 Personen viel Aufsehen erregt und trotz ihrer Anfechtbarkeit in gewissen Richtungen neues Licht auf viele zuvor unklare Tatbestände geworfen haben, gibt zahlreiche Daten, die in diesem Zusammenhang interessant sind. So ist der Befund bemerkenswert, daß der Beginn sexueller Betätigungen in engem statistischem Zusammenhang steht mit dem Beginn der Sexualreife. Das heißt, daß die erwachten Sexualbedürfnisse des Jugendlichen sich irgendwie Befriedigung verschaffen, obwohl nach herrschender Sitte und nach der Auffassung von Elternhaus und Schule ihre Unterdrückung erwartet wird; allerdings

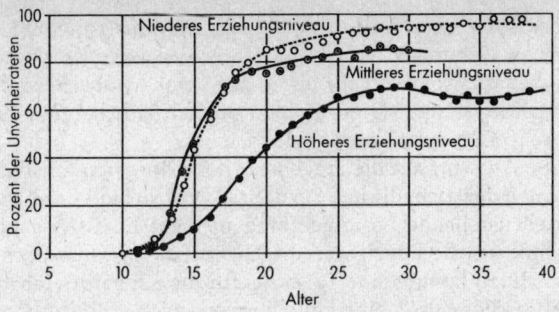

78 Vorehelicher Sexualverkehr unverheirateter männlicher Amerikaner. (Nach Kinsey)

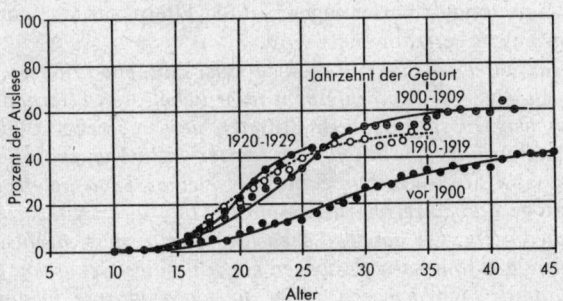

79 Vorehelicher Coitus von Mädchen, aufgegliedert nach Geburtsjahren. (Nach Kinsey)

wird den Sexualbedürfnissen auf niedrigem Erziehungs- und sozialem Niveau wesentlich mehr stattgegeben als auf höherem. Als Beispiel aus Kinseys Bericht zeigen wir hier die zahlenmäßige Verbreitung vorehelichen Sexualverkehrs amerikanischer unverheirateter männlicher Individuen:
Die Beteiligung der weniger als 20 Jahre alten geht auf den niederen Erziehungsniveaus bis zu 80 % des untersuchten Bevölkerungsquerschnitts herauf; er liegt aber auch auf dem höchsten Erziehungsniveau noch bei über 40 %.
Von noch größerem Interesse wäre vielleicht eine Statistik über den vorehelichen Sexualverkehr von Mädchen. Nach Kinseys Befunden haben durchschnittlich 50 % der heutigen Mädchen früher oder später vor ihrer Ehe den Coitus ausgeübt. Es ist interessant zu sehen, wie der Prozentsatz ständig zunimmt, wenn man die Geburtsklassen – die vor

1900, die zwischen 1900 und 1909, die von 1910 bis 1920 und die von 1920 bis 1929 Geborenen vergleicht. Unter den weniger als 20 Jahre alten kam damals Sexualverkehr bis zu 20 % vor – wobei Sexual›spiele‹ nicht berücksichtigt sind. Diese Zahlen dürften sich bei den zwischen 1930 und 1940 Geborenen noch erhöht haben.

Eine schnelle Antwort auf die Frage nach der richtigsten Einstellung zu den Problemen der jugendlichen Sexualität wird so bald nicht zu finden sein. Zufriedenstellende Lösungen sind meinem Eindruck nach mehr die Ausnahme als die Regel, weil die Unsicherheit immer noch so allgemein ist. Hinzu kommt eine Tatsache, für die ein halbes Jahrhundert psychoanalytischer Praxis eine Fülle von Beweisen erbracht hat: Wenn so außerordentlich viele Jugendliche, aber auch viele Menschen jenseits dieser Altersgruppen, sich mit ihren Trieben nicht zurechtzufinden in der Lage sind, so geht dieses Unvermögen auf frühe Erfahrungen ungünstiger emotionaler Beziehungen zu den Eltern zurück, womit das Pubertätsproblem verschlimmert wird.

Ein recht charakteristischer Fall dieser Art ist Elly, ein 17jähriges Mädchen, das als einziges Kind in einem recht liebeleeren Elternhaus aufgewachsen war. Ellys Vater war Beamter, dessen strenge Ordnungsliebe von seiner unordentlichen Frau schwer gestört wurde. Die Eltern hatten dauernd Streitigkeiten. Schon als kleines Kind betete Elly zu Gott, er möge doch ihre Eltern aussöhnen. Elly war sehr zartfühlend und liebebedürftig; ihr ganzes Leben lang fühlte sie sich einsam. Sie masturbierte viel und hatte deswegen ein schlechtes Gewissen. In ihrer Sehnsucht nach Liebkosungen geriet sie als 16jährige in eine enge Liebes- und Sexualbeziehung zu einem älteren Mitschüler. Ihre Opposition gegen die Eltern drückte sie darin aus, daß sie einen jungen Mann wählte, der gesellschaftlich und seiner Nationalität nach für ihre Eltern unannehmbar war, der ihr aber die Zärtlichkeit gab, die jene ihr seit jeher vorenthalten hatten.

Als die Beziehung entdeckt und Elly in psychotherapeutische Behandlung geschickt wurde, war sie lange Zeit nicht bereit, ihren Freund aufzugeben. Erst durch das Vertrauen, das Elly zu ihrer Therapeutin faßte, und durch allmähliches Selbstverstehen ergab sich für sie eine veränderte Gefühlslage, die ihr erlaubte, sich aus einem nicht sehr gesunden Verhältnis zu befreien.

Die relativ günstigste Behandlung der jugendlichen Sexualprobleme scheint mir vorläufig in der Gruppentherapie gegeben. Diese Form der Behandlung, die meiner Ansicht nach in das Erziehungssystem eingebaut werden sollte, gibt die Gelegenheit zum Aussprechen unter sachkundiger Hilfe und zu innerer Klärung, die der Jugendliche heute mehr denn je braucht.

Die Frage der Phaseneinteilungen des Lebens und gewisser Abschnitte des Lebens ist in früheren Jahren lebhaft debattiert worden. Alle, die sich mit dieser Frage befaßten, meinten, es sollte möglich sein, gewisse objektive Gesichtspunkte zu finden, die ein natürliches Ordnungsprinzip für eine Einteilung des Lebens bieten könnten.

Inzwischen hat sich jedoch folgendes herausgestellt: Es gibt so viele verschiedene Gesichtspunkte, unter denen solche Einteilungen möglich sind, daß man diese heute eigentlich mehr auf ihre Zweckmäßigkeit hin prüfen muß, als sie auf ihren Wahrheitsgehalt hin vergleichen.

R. Bergius und U. Lehr haben in zwei ausgezeichneten Kapiteln des schon mehrfach zitierten Bandes ›Entwicklungspsychologie‹ (Handbuch der Psychologie, Band 3) eine verwirrende Fülle von Stufeneinteilungen des Lebens berichtet. Beginnend mit Adolf Busemann, der offenbar als erster um 1925 das Wort ›Phase‹ gebraucht hat, bis zu den neueren Autoren, wie etwa H. C. Rümke, A. L. Baldwin, Martha Moers, Erik Erikson, A. M. Chorus und anderen, sind immer wieder die verschiedensten Gesichtspunkte der Einteilung gewählt worden, mit dem Erfolg, daß man zu ganz unterschiedlichen Anzahlen von Lebensphasen gekommen ist.

Ich selbst habe mich vorläufig nicht veranlaßt gesehen, meine eigene Einteilung in *fünf Lebensphasen* abzuändern. Dabei bin ich von theoretischen wie von praktischen Erwägungen ausgegangen.

Theoretisch ist mein zentraler Begriff der der *Selbstbestimmung:* einer Zielsetzung, in der die eigene Identität zum Ausdruck kommt. Diese hat, wie wir zeigten, Vorläufer in der Kindheit, und zwar in einer noch nicht auf konkrete Lebensinhalte, sondern nur auf die eigene Person bezogenen Weise.

In der Jugend wird dann die Selbstbestimmung konkret mit dem Leben in Beziehung gesetzt, aber die Ansätze haben noch den Charakter der *Vorläufigkeit* und des Versuchs. Im Erwachsenenalter setzt sich das Individuum normalerweise mit einer *definitiven* Selbstbestimmung im Leben fest. Auch stellen sich bereits *Ergebnisse* der Zielsetzungen ein. Diese Phase habe ich versuchsweise auf die Jahre von 25 bis 45 gesetzt, wobei biologische und psychologische Faktoren berücksichtigt wurden. Frühe Heirat und frühe Berufsfestlegung können diese Periode verfrühen, frühe klimakterische und andere Abbauerscheinungen sie gegen ihr Ende zu verkürzen.

Meine vierte Phase – von etwa 45, 50 bis 65 – ist theoretisch dadurch bestimmt, daß in dieser Periode mehr als je zuvor *Bilanz* gezogen und das Lebensergebnis daraufhin überprüft wird, ob es den Erwartungen entsprechend zustande kommt oder nicht.

Als fünfte Phase bezeichne ich das Alter, das heutzutage infolge der länger erhaltenen Lebenskraft oft sehr viel später, in den Siebzig oder Achtzig, einsetzt. Der Inhalt dieser Periode ist dadurch gekennzeichnet, daß sie einen nach dem aktiven Leben einsetzenden *Ruhestand* beinhaltet, der ebenso *nach* der auf das Leben bezogenen Selbstbestimmung liegt, wie die Kindheit ihr *voraus*geht.

Praktisch betrachtet erscheint mir diese Fünfteilung gleichfalls besonders brauchbar dadurch, daß sie den für Berufsentwicklung und Familiengründung entscheidenden Perioden entspricht. Wir haben die Periode I der Vorschul- und Schulzeit; II ist die der Vorbereitung auf den Beruf, der Anfänge im Beruf und der vorehelichen Beziehungen; III ist die Periode voller Berufstätigkeit, der Eheschließung und Familiengründung; IV die Periode, in der Berufserfolge und -auswirkungen von Bedeutung werden, manchmal Rückgang im Beruflichen erfolgt, und in der ferner die Kinder aus dem Haus gehen, selbständig werden und vielleicht mit eigenen Familiengründungen die ursprüngliche Familie bereichern, oder aber diese durch ihre Loslösung zur Verarmung bringen; V schließlich ist die Periode, in der die früheren Berufe durch Teilberufe oder Hobbys ersetzt werden und in der oft der Verlust eines Ehepartners erfolgt.

8. Die mittlere Lebensphase

Für die meisten Menschen bedeutet die mittlere Phase, die Zeit zwischen dem 25. und 45. oder 50. Lebensjahr, den Gipfel ihres Lebens. Sie ist, zwischen Wachstum und Zerfall, biologisch die Periode der Höchstentwicklung und, zwischen Aufstieg und Abstieg, für alle die Periode größter physischer *Energie* und *Zeugungsfähigkeit*, für die meisten außerdem die Zeit größter geistiger *Elastizität, Leistungsfähigkeit* und *Schaffenskraft*.

Diese Tatsachen gemahnen uns an die fundamentale Rolle, welche die biologischen Faktoren in unserem Leben spielen. Sie bedingen in weitgehendem Maße auch unser seelisches Geschick. Allerdings haben wir im Kapitel über die Entwicklung festgestellt, daß die beiden Faktoren *Vitalität* und *Mentalität* zwei relativ unabhängige Variable darstellen, mit anderen Worten, daß es eine von der Körperlichkeit bis zu gewissem Grade unabhängige Geistigkeit gibt. Die Bestimmungsmerkmale dieser Faktoren sind uns zwar noch nicht wirklich bekannt, doch ist es eine Tatsache, auf die wir ebenfalls schon hingewiesen haben, daß die *Lebensleistungen* je nach dem Anteil physischer oder geistiger Faktoren früh, in der Mitte des Lebens oder aber auch spät ihren Höhepunkt erreichen können.

Bis zu einem gewissen Grade wird hiervon auch der gesamte *Lebens-aufbau* beeinflußt. Zwar bestimmen der Beginn und das Ende der Zeugungsfähigkeit die Zeitgrenzen, innerhalb deren die Familiengründung stattfinden kann. Die Zeitgrenzen für sexuelle Betätigung und Eheschließung sind jedoch sehr viel weiter gesteckt und bereits wesentlich durch seelische Faktoren mitbedingt. Noch mehr hängt dann der Dimensionsaufbau des Lebens in seiner Entfaltung (Expansion) oder Beschränkung (Restriktion) von Motivation und Leistungstypus ab.

Mit dem Wort *Dimensionen* wollen wir die verschiedenen Lebensbelange oder Kategorien bezeichnen, in welche die Ereignisse und Betätigungen innerhalb eines Lebenslaufs sich ordnen lassen. Eine solche rein tatsachenmäßige Darstellung gibt ein gutes Bild von der Aufbaustruktur eines individuellen Lebenslaufs.

Bill Roberts ist zufällig Amerikaner aus Kentucky. Seinem Lebensaufbau nach könnte dieser Mann jedoch aus irgendeinem Lande des westlichen Kulturkreises stammen. Zur Zeit ist Bill 67 Jahre alt. Er bezieht eine bescheidene Rente und wohnt mit seiner Frau im eigenen, nett aussehenden Häuschen, hat ein gut gehaltenes Auto mittlerer Preislage in der Garage und einen sauberen kleinen Garten, in dem er und seine Frau Rosen und andere Blumen züchten. Bill hängt mit Liebe an seinem Haus, er streicht es regelmäßig innen und außen frisch an und macht die meisten Reparaturen an Möbeln und sonstigem Hausrat selbst. Gern besucht er mit seiner Frau Nachbarn und Familienmitglieder. Beide sind sehr stolz auf ihre zwei Söhne und zwei Töchter, die alle verheiratet sind und ihr Leben mit neun Enkelkindern bereichert haben.

Bill ist in einfachen Verhältnissen in einer ländlichen Stadt aufgewachsen, in der sein Vater neben einem kleinen Lebensmittelgeschäft etwas Farmland besaß. Als Bill 12 Jahre alt war, verlor er den von ihm geliebten Vater; er fühlte, daß der Mann, den seine Mutter in zweiter Ehe heiratete, ihm nicht zugetan war. Im Einverständnis mit seiner Mutter zog er deshalb mit 14 Jahren zu Verwandten in eine größere Stadt und arbeitete in einer Fabrik. So war er dank seines Entschlusses schon sehr früh nahezu ganz auf sich selbst gestellt. Nachdem er mit 17 bis 20 Jahren den Heeresdienst abgeleistet hatte, versuchte er sich dadurch zu verbessern, daß er in die Verkehrsbranche überwechselte, wo er eine gewisse Ausbildung erhielt. Er arbeitete als Beamter erst bei der Eisenbahn, später als Angestellter in einer Lastwagenfirma.

In seinem persönlichen Leben zeigt Bill dieselbe Entschlossenheit und Geradlinigkeit wie in seiner Berufsentwicklung. Da seine Jugendliebe, die er heiraten wollte, von ihm einen Religionswechsel verlangte, was seinen Überzeugungen widersprach, gab er sie auf und heiratete mit 26 Jahren eine Schulfreundin aus seiner Heimatstadt. Aus dem Kriegs-

dienst zurückgekehrt, zu dem er kurz nach seiner Eheschließung ein-
gezogen worden war, fand er seine Frau mit seinem ersten Sohn vor.
In den nächsten Jahren vergrößerte sich die Familie um drei weitere
Kinder. Bill spricht mit Stolz von ihnen und seinen neun Enkelkindern
und sagt: »Wir waren eine engverbundene Familie und sind es noch.«
Trotz finanzieller Schwierigkeiten während der Krisenjahre nach 1929
und trotz einer schweren Krankheit und Nierenoperation im Alter von
49 Jahren infolge deren Bill schon früh seinen Beruf aufgeben mußte,
bezeichnete er sein Leben als glücklich. Er erwarb mit 53 Jahren ein
kleines Lebensmittelgeschäft, ähnlich wie sein Vater es hatte, zog sich
aber mit 64 Jahren vom Geschäft zurück und übergab es seinem jüng-
sten Sohn.

Der Auf- und Abstieg des Lebens dieses Mannes, das als gesund und
in einfachen Verhältnissen glücklich bezeichnet werden kann, entspricht in seiner Regelmäßigkeit dem biologischen Auf- und Abstieg,
der in der gebogenen Kurve oberhalb des Lebenslaufschemas gezeigt ist.
Die Gipfelperiode seines Lebens war die Zeit vom 26. bis zum 49. Lebensjahr. Dies ist die Periode seiner Reife. Nach einer Phase des Versuchs der Selbstbestimmung, die bei Bill infolge seiner Familienum-
stände schon mit 14 Jahren beginnt, stabilisierte er sich mit 26 in Ehe
und Beruf. Er gründet eine Familie, baut ein Haus, gewinnt sich eine
gewisse soziale Stellung und macht Fortschritte in seinem Beruf. Als
Höhepunkt seines Lebens bezeichnet er eine dreimonatige Ferienreise,
die er mit 46 Jahren unternahm; damals durchfuhr er mit seiner Familie das ganze Land im Auto, um sein Heimatland voll und ganz kennenzulernen.
Charakteristisch für diesen Mann ist die Art, wie er auf Lebensprobleme reagiert und seine Entschlüsse faßt. Bill ist kein Kämpfer, läßt
sich jedoch andererseits niemals zu etwas zwingen, das ihm nicht paßt
oder nicht richtig scheint. Von früh an zeigt er eine große *Anpassungs-*
fähigkeit; diese ist zweifellos die Haupttendenz seines Lebens. Jedoch
ist eine Anpassung, die sich nicht den Versagungen des Lebens passiv
unterwirft, sondern ihnen findig aus dem Wege geht, wie Bill wiederholt schon von früh an beweist. Auf dieser Art von Anpassung beruht
das Gelingen von Bills Leben.
Zum Vergleich mit dem Durchschnittsleben eines primär sich an das
Leben anpassenden Menschen und als in gewissem Gegensatz dazu
stehend sei nunmehr der Lebensaufbau einer ungewöhnlich schöpferischen Persönlichkeit gezeigt, der jedoch mit dem anderen Gesundheit
sowohl wie Bodenständigkeit gemeinsam hat.
Gemeint ist das Leben von *Anna Sethne,* der großen norwegischen
Pädagogin, die von vielen die ›ungekrönte Königin Skandinaviens‹
genannt wurde.

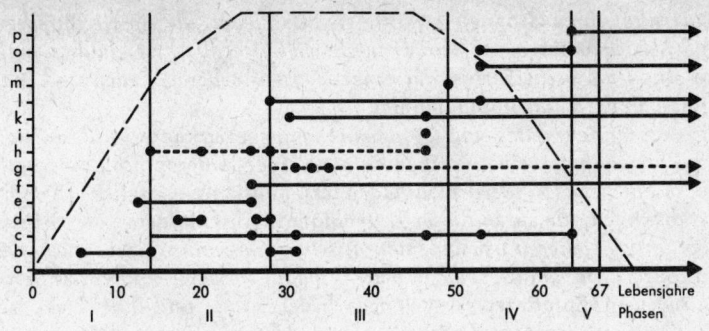

80 Lebenslaufschema von Bill Roberts.

a: 67 Lebensjahre, unterteilt in je
   10 Jahre
b: Erziehung
c: Berufslaufbahn
d: Heeresdienst
e: Jugendfreundschaften
f: Ehe
g: Kinder
h: Ortswechsel

i: Große Reise
k: Eigene Heimgründungen
l: Kircheneintritt und Tätigkeit in
   kirchlichen Organisationen
m: Krankheitsperiode
n: Alle Kinder selbständig, verlassen
   Elternhaus
o: Gründung des eigenen Geschäftes
p: Rentner
– – – Biologische Lebenskurve

Zum Lebensabschnitt ›l‹ sei bemerkt, daß Amerikaner, unbeschadet der Tatsache, daß sie in einer bestimmten Religion erzogen sein mögen, später erneut ihre Zugehörigkeit zu irgendeiner der bestehenden Kirchen wählen und über Mitgliedschaft und aktive Tätigkeit in einer der bestehenden Kirchenorganisationen beschließen können

Anna Sethne, geb. Anna Cathrine Johannsen, lebte von 1872 bis 1961. In diesem langen, reichen Leben hat sie in der grundlegendsten Weise zur modernen Ausgestaltung der norwegischen Volksschule und darüber hinaus der skandinavischen Pädagogik beigetragen. Geboren wurde Anna Sethne in einer kleinen Hafenstadt. Ihr Vater war ein schwedischer Kapitän, ihre Mutter stammte aus einer alten norwegischen Bauernfamilie. Die Eltern ließen sich in Annas viertem Lebensjahr scheiden; ihre Mutter, zu stolz, Unterhaltszahlungen anzunehmen oder sich helfen zu lassen, ernährte sich und ihr Kind als Näherin.
Annas Reaktion auf diese Situation war stark. Sie versuchte, sich mit Erfindungskraft und Initiative darüber hinwegzuhelfen, daß sie kaum Spielzeug hatte und ihr auch sonst die üblichen kindlichen Freuden fehlten. So lernte sie früh lesen; da die Mutter ihr Kinderbücher nicht kaufen konnte, las sie die Familienbibel von vorn bis hinten. Auf dem

223

Bauernhof ihres Großvaters lernte sie alle Lieder, die sie die Burschen und Mädchen singen hörte. Wenn sie sich unbeobachtet glaubte, hielt sie schon als Sechsjährige, auf einem Felsen stehend, Reden und Predigten an die Blumen und Bäume.

Sie war sehr ehrgeizig und wurde eine so ausgezeichnete Schülerin, daß ihr Pfarrer ihr zu einem Stipendium an einer höheren Schule verhalf, die damals nur Kindern wohlhabender Familien zugänglich war. Die Erfahrungen, die sie in dieser Umgebung machte, bildeten die Grundlage ihrer späteren sozialdemokratischen Gesinnung, wie auch das Schicksal ihrer Mutter dazu beitrug, daß sie eine Frauenrechtlerin wurde. Ihr Hauptinteresse galt jedoch der Schule und ihrer Liebe für Kinder. Seit ihrem 17. Lebensjahr unterrichtete sie, erst in Drammen, später in Oslo, wohin sie und ihr Mann Johan nach ihrer Verehelichung zogen. Anna heiratete mit 22 Jahren einen ihrer Kollegen, mit dem sie eine glückliche Ehe bis zum Tode ihres Gatten 1946 führte. Von vier Kindern – zwei Söhnen und zwei Töchtern – starb die ältere Tochter zu Annas tiefem Schmerz mit 22 Jahren an Tuberkulose. Die anderen drei waren alle begabte, vielseitig interessierte, lebendige Menschen, deren Entwicklung die Eltern mit Stolz erfüllte. Alle drei heirateten, und Anna war schließlich Großmutter von sieben Enkelkindern, die ihr alle, ebenso wie ihre Kinder, außerordentlich herzlich zugetan waren.

Es muß als Anna Sethnes großes Glück bezeichnet werden, daß sie einen Mann hatte, der auf ihre Karriere und ihren Ruhm weder mit Kritik noch mit Eifersucht reagierte, sondern der an der allgemeinen Bewunderung für seine Frau teilnahm, ohne sich dabei allerdings in seiner eigenen Lebensführung beeinträchtigen zu lassen. Johan Sethne war ein gelegentlich zu Temperamentsausbrüchen neigender, aber im übrigen meist gute Laune verbreitender, warmherziger, athletisch gebauter Mann, der an seiner Laufbahn als Turnlehrer und in seiner Rolle als Familienvater volle Befriedigung fand.

Anna schuf sich und ihrer Familie mit einfachen Mitteln ein schönes Heim. Sie war eine liebende, an allem Geschehen in der Familie lebhaft interessierte, aber auch Gehorsam und Tüchtigkeit verlangende Mutter. Dieselben Eigenschaften zeichneten sie als Lehrerin aus, später als Schuldirektorin. Sie war 19 Jahre lang, bis 1938, Direktorin der Sagene-Schule, der größten Volksschule Oslos, vor der die Stadt ihr an ihrem 80. Geburtstag ein Denkmal errichtete, das Emil Lie, einer der berühmtesten Bildhauer des Landes, geschaffen hatte. Oft wurde sie scherzhaft ›Anna Sagene‹ genannt.

Als ›Schulreformerin Norwegens‹ begann Anna ihr Wirken mit etwa 40 Jahren, zunächst mit der Gründung des norwegischen Lehrerinnenvereins (1912) und eines Berufsorgans ›Unsere Schule‹, an dem sie oft nächtelang arbeitete.

Die Reformen, die sie seit 1926 mit finanzieller Unterstützung durch den Stadtrat durchführte, bestanden in damals völlig neuen Methoden des Unterrichts. Die wichtigsten der Neuerungen waren Selbsterziehung der Schüler, Sexualerziehung, Schwimm- und Haushaltsunterricht, Anstellung eines Schulpsychologen, Besuche von Museen und Anlagen, Schulheime auf dem Lande, Sammlungen und Pflanzungen, die die Kinder selbst anlegten, sowie andere Maßnahmen, alle mit dem Ziel, die Schule lebendiger werden zu lassen. Ein völliges Novum war die Einführung individuellen Unterrichts in der Klasse, eine ihr sehr am Herzen liegende Sache, über die sie eine eigene Zeitschrift herausgab. Eine andere, in europäischen Schulen damals völlig vereinzelt dastehende Einrichtung war eine Vereinigung der Eltern und Lehrer, deren Tagungen eifrig besucht wurden.

Zu ihren unzähligen Ämtern und Ehrenämtern kam ihre aktive Teilnahme an sozialen und politischen Angelegenheiten. Während der politischen Unterdrückung ihres Vaterlandes durch die Nazis nahm sie aktiv und energisch Anteil an der Widerstandsbewegung; mutig sprach sie sich gegen die Freiheitsberaubung aus, und vielen Menschen hat sie das Leben gerettet. Unter ihren zahlreichen Veröffentlichungen gilt als die bedeutendste ihr Werk ›Der Normalplan für die norwegische Volksschule‹ (1935–1938).

Ungewöhnlich war Annas weitgespannter Horizont. Sie suchte Verbindung mit berühmten Pädagogen und Psychologen anderer Länder und lud sie zu Kongressen und Vortragsveranstaltungen ein, um der norwegischen Lehrerschaft immer neue Anregungen vermitteln zu können.

Am 26. April 1961 ist Anna Sethne gestorben. Ihr Begräbnis wurde zu einer ergreifenden öffentlichen Huldigung für den Genius dieser großen Frau. Neben bunten Schulbannern wehten die Flaggen Norwegens und Schwedens über ihrem Sarg.

Wenn wir dieses selten große, wie aus einem Stück gehauene Dasein im Zusammenhang unserer Untersuchung des Lebensgelingens betrachten, so können wir es nur als einzigartig erfüllt bezeichnen. Anna Sethne hat dies selbst so empfunden. Zu einem ihrer Besucher sagte sie einmal in ihren späteren Jahren: »Jeder Tag ist wunderbar durch die Arbeit; nur hat kein Tag genug Stunden. Aber das ist auch die Freude daran. Ich bin eine glückliche Frau gewesen.«

Sie war nicht nur eine glückliche, sondern auch eine geliebte und bewunderte Frau. Ihre Tochter, eine angesehene Ärztin und selbst eine glückliche Frau und Mutter, beschreibt die Persönlichkeit ihrer Mutter mit begeisterten Worten, ohne jedoch in unkritische Lobpreisungen zu verfallen:

»Anna Sethne«, sagt sie, »war eine ausgezeichnete Hausfrau, die mit

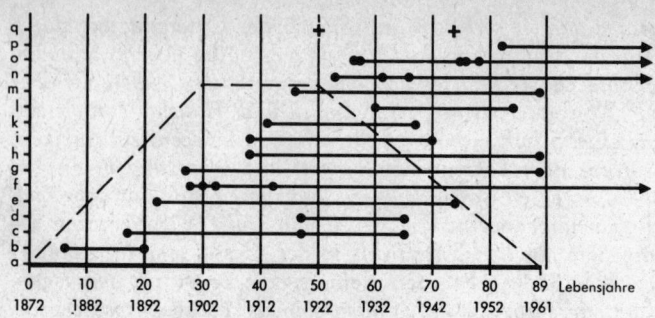

81   Lebenslaufschema von Anna Sethne

a: Lebensjahre (je 10 Jahre)   i: Reisen
b: Schule und Lehrerseminar   k: Öffentliche Stellungen
c: Lehrtätigkeit   l: Ehrungen
d: Schuldirektorin   m: Ernste Krankheiten
e: Ehejahre   n: Heiraten der Kinder
f: Kinder   o: Enkelkinder
g: Politische Aktivität   p: Urenkel
h: Veröffentlichungen und Tätigkeit   q: Tod der ältesten Tochter und des
   als Herausgeber   Gatten
                                      — — — Biologische Lebenskurve

Geschick ihr Heim und ihre Familie leitete. Ihre Kochkunst war hervorragend; ihr Schönheitssinn ließ sie ihr Haus mit Bildern, Blumen, Kerzen schmücken. Sie war eine ungewöhnliche Mutter, warmherzig, fürsorglich, aber auch anspruchsvoll in dem, was sie verlangte, und nie sentimental. Sie übersah die Fehler ihrer Kinder nicht und verlangte Gehorsam, Arbeit und Hilfsbereitschaft. Ihr Einfluß auf ihre Kinder war außerordentlich groß. Durch eine gewisse Schroffheit und durch die hohen Ansprüche, die sie stellte, rief sie bei ihren Kindern zwar manchmal Widerstand hervor. Jedoch sie sparte auch nicht mit Lob, und sie war stets ehrlich zu ihnen.

Sie war die geborene Lehrerin. Die Kinder hatten Vertrauen zu ihr, und niemals hatte sie Schwierigkeiten mit der Erziehung. Eines ihrer Lieblingsworte in bezug auf den Unterricht war: ›Ordnung ist kein Feind der Freiheit!‹ Auch zitierte sie gern Maria Montessoris Ausspruch: ›Hab Achtung vor Gottes Schöpfung: dem Kind.‹ Sie war übrigens tief religiös, und ihr letztes Wort, das sie zu ihren eigenen Kindern sprach, war: ›Gott ist gut‹.«

Das Denkmal, das diese Frau sich im Herzen ihrer Tochter gesetzt hat, ist, glaube ich, nicht minder groß und schön als das vor der Sagene-Schule stehende. Anna Sethne liefert uns das Porträt eines ebenso großen wie umfassenden Menschen, der auf keinem Gebiet des menschlichen Lebens versagte oder seine Kräfte brachliegen ließ. Ihr Leben ist ein nach allen Richtungen hin gelungenes Werk, wie zu gestalten es nur wenigen gelingt. Es ist ein ausgesprochenes Beispiel voller *Selbstverwirklichung,* ähnlich den von Maslow besprochenen früher erwähnten Fällen.

Dieses Leben gipfelt zwar in *schöpferischer Expansion,* umfaßt jedoch auch die Befriedigung von Bedürfnissen, die Anpassung an gegebene Verhältnisse und eine außerordentlich innere Ordnung. Annas Leistung, die sich über viele Jahre erstreckt, gipfelt relativ spät in ihren Fünfzigerjahren, eine Schaffensform, die für den Aufbau geistiger Systeme charakteristisch ist. In ihrem persönlichen Leben dürfte der Gipfel wohl in ihre Zwanziger- und Dreißigerjahre fallen, in denen sie ihre Familie gegründet und sich ihr Heim geschaffen hat.

Das endgültige Ergebnis eines Lebens kann nicht vor seinem Abschluß festgestellt werden. Es ist aber doch diese dritte, mittlere Phase außerordentlich ausschlaggebend für das letztliche Gelingen. Der Grund ist leicht einzusehen: Für viele Dinge wird es zu spät, wenn sie in dieser Phase der endgültigen Selbstbestimmung und der beginnenden Herausbildung des Lebensergebnisses nicht in die Wege geleitet sind. Hierzu gehören berufliche und soziale Verankerung ebenso wie vor allem *Eheschließung* und *Familiengründung.* Lebensläufe, bei denen dies alles in dieser Periode versäumt oder verfehlt wird, sind vor große Schwierigkeiten hinsichtlich des endgültigen Gelingens gestellt.

Mit der im Hinblick auf die menschliche Reife heute so oft verfrühten Eheschließung steht die Häufigkeit von *Ehescheidungen* in eindeutiger Wechselbeziehung. Nach einer umfassenden Untersuchung, die William J. Goode 1948 in Detroit an einer Gruppe jüngerer Mütter nach ihrer Ehescheidung vorgenommen hat, war das Durchschnittsalter dieser Frauen im Jahre der Scheidung 28 Jahre; 93 % von diesen Frauen hatten unter 24 Jahren, 59 % unter 20 Jahren geheiratet.

Die Sorge, keinen Mann mehr zu bekommen, wenn man zu lange wartet, ist bei heutigen Mädchen, selbst wenn sie berufstätig sind, genauso groß wie eh und je. In der psychotherapeutischen Praxis mit jungen Mädchen kehrt dies Thema immer wieder. Dies bedeutet in anderen Worten, daß die Ehe, trotz häufiger Kritik an dieser Institution, ziemlich allgemein für die wünschenswerteste Lebensform gehalten wird. In Amerika heiraten nach Dublin unter je 10 Personen neun. Seit 1890 hat die Anzahl der Heiraten ständig zugenommen. Jedoch ist die amerikanische Heiratsrate eine der höchsten der Welt. Für den Zeitraum von 1944 bis 1948 hatte Ägypten die höchste Rate, hohe Raten finden sich auch in Finnland, Israel und Neuseeland. Einige der niedrigsten Raten weisen einige Länder Südamerikas auf.

Auf die Frage, warum *Ehe und Familie* sich so hoher Wertschätzung erfreuen, findet man interessante Antworten in einer mit Hilfe des EMNID-Instituts unternommenen deutschen Untersuchung von Fröhner, Stackelberg und Eser.

Diese Autoren haben in einer großen, auf statistisch ausgewertete Fragebögen sowie auf Interviews und soziologisch-psychologische Überlegungen gegründeten Arbeit eine Untersuchung über Ehen und Familien in der Bundesrepublik Deutschland durchgeführt. Das Untersuchungsmaterial lieferten nahezu 2000 Männer und Frauen zwischen 25 und 65 Jahren, die in weiter regionaler Verteilung aus Wohnorten verschiedenster Größe stammten und nach Einkommen, Haushaltsgröße, Konfession und anderen Variablen einen repräsentativen Querschnitt durch die Gesamtbevölkerung darstellen.

Unter den Befragungen interessiert uns hier besonders die nach dem *Sinn der Familie* und den *Grundbedingungen der Ehe.* Als wichtigsten Sinn der Familie nennen nahezu zwei Drittel der Befragten die ›gute Lebensgemeinschaft‹. Sie sprechen davon, ›daß man zusammengehört‹, ›daß man gemeinsam schaffen und einander helfen muß‹ und ähnliches. Überraschend schien mir, daß nur 24 % als Hauptsinn von Ehe und Familie die Kinder angeben; ich hatte vor allem bei den Frauen hier eine viel größere Zahl erwartet. Statt dessen ist sie merkwürdigerweise sogar noch etwas kleiner als bei den Männern.

Als Fundament der Ehe werden von 84 % ›Vertrauen, Liebe, Achtung, Treue‹ angegeben, das heißt, die Ehe wird als eine *persönliche Bindung zwischen zwei Lebensgefährten* angesehen. Die Autoren nennen es eine ›Intimbindung‹. Gegenüber den genannten Faktoren werden fast alle anderen Vorbedingungen verschwindend geringfügig.

Die Autoren heben hervor, daß sich aus diesen Antworten eine neuartige Einstellung zur Familie erkennen läßt. Im Mittelpunkt steht für die Befragten die persönliche Beziehung zum Ehegatten, nicht aber die Familie als soziale Gruppe. Es wäre daher richtiger, sagen sie, heute von ›Ehen mit Kindern‹ als von Familien zu sprechen. In einem Vergleich der im Jahrzehnt vor 1954 geschlossenen Ehen finden Fröhner und seine Mitarbeiter eine dauernde Zunahme der Betonung des Faktors der persönlichen Beziehung. Diese Entwicklung der Gattenbeziehung ist bei Stadtbewohnern ausgesprochener als auf dem Lande und bei Beamten und Angestellten etwas stärker als in anderen Berufen. Auf dem Lande ist die Institution »Familie« noch wichtig.

In einem gewissen Gegensatz zu Fröhners Befund von der Bedeutung der ›Intimbindung‹ steht das Resultat einer von Schelsky zitierten Untersuchung, bei der mit größerer Nüchternheit ›normales wirtschaftliches Gebaren‹ als die erwünschteste Eigenschaft des Ehepartners angegeben wird, während ›menschliche Bindung‹ erst an zweiter Stelle rangiert.

Trotz dieser Betonung der Gattenbeziehung erleidet der Begriff der Familie keine Wertminderung. Neun Zehntel der Befragten stehen der Familie ausgesprochen positiv gegenüber und geben ihr die höchste unter den im Fragebogen vorgesehenen Wertungen. Entsprechend der hohen Einschätzung der persönlichen Beziehung in der Ehe spielt auch der Ehepartner die Hauptrolle als Vertrauensperson, die Frau in noch weit höherem Maße als der Mann. Frauen wählen sich gelegentlich Verwandte und Freunde als Vertrauensperson, Witwen interessanterweise ihre eigenen Kinder. Männer dagegen wählen zu 80 % ihre Frauen für diese Rolle. Dem entspricht die Tatsache, daß bei Ehestreitigkeiten hauptsächlich die *Persönlichkeit* eines Ehepartners ins Gewicht fällt. Und diese große Rolle der persönlichen Beziehung liefert denn auch, wie gleichfalls von Schelsky hervorgehoben wird, einen der Gründe, mit denen sich die Zunahme der Ehescheidungen erklären läßt.

In dem von William Goode zusammengetragenen Material sind 82 % der befragten geschiedenen Frauen überzeugt, daß der Entschluß zu ihrer Scheidung richtig war, und von den Wiederverheirateten − es waren dies mehr als die Hälfte der Geschiedenen − hielten 87 % ihre zweite Ehe für besser als die erste. Jedoch gibt es auch in dieser Hinsicht abweichende Befunde.

Als die in der Scheidung eigentlich Leidtragenden werden allgemein die *Kinder* angesehen, und zwar sicher mit Recht. Jeder psychologische Kliniker hat in dieser Hinsicht herzzerreißende Beispiele erlebt. Andererseits liefert W. Goode Zahlen, aus denen hervorgeht, daß bei Problemen, wie sie in der Schule zu beobachten sind, es quantitativ keinen allzu starken Unterschied zwischen Kindern geschiedener, getrennt oder zusammen lebender Eltern gibt − was nicht ausschließt, daß doch tiefe Probleme auftreten, die sich vielleicht nach außen hin nicht ohne weiteres kundgeben.

Über Homosexualität

Im Zusammenhang mit unserer Betrachtung der Rolle, die Ehe und Familie als Beiträge der dritten Lebensphase zum Gelingen des Lebens spielen, sei noch kurz auf eine andere Art zwischenmenschlicher Beziehung eingegangen, nämlich auf die *Homosexualität*, die heute wieder zuzunehmen scheint. Wir sagen ›wieder‹, weil zu verschiedenen Perioden der Geschichte die Hinwendung zur Homosexualität wiederholt anstieg, um dann wieder nachzulassen.

Diese historische Periodizität läßt darauf schließen, daß beim stärkeren Hervortreten der Homosexualität Faktoren wirksam werden, die zeitbedingt sind. Und zwar kann man einerseits das Wort ›Modeströmungen‹ nicht völlig von der Hand weisen, muß jedoch andererseits einsehen, daß es sich bei der Homosexualität um Bedürfnisse handelt, die bis zu gewissem Grade wahrscheinlich immer vorhanden sind, denen nur zu manchen Zeiten mehr stattgegeben wird als zu anderen. Aus dieser Überlegung ergibt sich folgerichtig, daß die statistischen Feststellungen über das Auftreten von Homosexualität ausschließlich ein Bild zugegebener Betätigung, jedoch kein Bild vorhandener Bedürfnisse liefern. Aber selbst dann sind die zum Beispiel von Alfred Kinsey ermittelten Daten unerwartet hoch.

Kinsey findet, daß die männliche Homosexualität, von etwa acht Jahren an sich entwickelnd, bei 17 Jahren bis auf nahezu 40 % der untersuchten männlichen Bevölkerung ansteigt, sich dann bei den Junggesellen bis auf 50 % erhöht und auch bei den Verheirateten noch immer 20 bis nahezu 40 % ausmacht. Hierbei ist die Jugendhomosexualität mit ihren höheren Prozentsätzen anders aufzufassen als die spätere Homosexualität, da die Homosexualität der Jugendzeit allgemein als ein Phänomen der Unreife angesehen wird. Sehr viel niedriger als bei den männlichen sind die Zahlen bei dem von Kinsey untersuchten weiblichen Bevölkerungsquerschnitt. Immerhin steigen sie bei unverheirateten Frauen auf 28 %, und auch bei verheirateten Frauen findet sich ein gewisser Prozentsatz. Eine große Anzahl der Befragten hatte nur gelegentliche oder kurzfristige homosexuelle Episoden, und viele sind Heterosexuelle, die sich aus verschiedenen Gründen auch auf homosexuelle Erfahrungen einlassen. Der Prozentsatz derer, die nach der Adoleszenz ausschließlich homosexuell bleiben, ist beim weiblichen Geschlecht nur sehr gering, beträgt jedoch beim männlichen etwa 4 %.

Seit den Untersuchungen Freuds und seiner Schule nimmt man allgemein an, daß nur in Ausnahmefällen konstitutionelle Faktoren für die Homosexualität verantwortlich sind; in der Mehrzahl der Fälle sind psychologische Faktoren die Grundlagen dieser Entwicklung. Dies bedeutet nun aber nicht ohne weiteres, daß durch Analyse oder Psychotherapie die Umstellung auf Heterosexualität erreicht werden kann, selbst wenn der Betreffende dies dringend wünscht. Unter Umständen jedoch gelingen diese ›Heilungen‹, wenn man sie als solche bezeichnen will.

Entscheidend ist die Frage, ob der Homosexuelle sich selbst akzeptiert oder nicht, und wenn nicht, aus welchen Motiven er sich ändern will. Donald W. Cory stellt in seiner interessanten Studie über die Homosexuellen in Amerika fest, daß der Wunsch nach Kindern und das Bedürfnis nach dauernden Familienbeziehungen die häufigsten Motive sind, die den Homosexuellen zur Umstellung und zum Heiraten bewegen. Ein dritter und vierter Grund sind die Schwierigkeiten anhaltender Beziehungen zwischen homosexuellen Partnern und die Furcht vor Einsamkeit im späteren Leben. Hinzu kommt natürlich außerdem das Problem des sozialen Makels sowie die Tatsache, daß in manchen Ländern die homosexuelle Betätigung mehr oder minder schwer bestraft wird.

Bemerkenswert ist, daß auch bei der Homosexualität wiederum das Bedürfnis nach einem dauernden Gefährten im Vordergrund steht. Aus meiner eigenen therapeutischen Erfahrung mit Homosexuellen kenne ich als eines der häufigsten Motive des Wunsches nach Änderung das Unglücksgefühl, ›anders als die anderen‹ zu sein.

Die 26jährige Sally ist ein Beispiel in dieser Richtung. Sally stammt aus einem der Elendsviertel New Yorks. Ihr Vater, ein ungelernter Arbeiter, und ihre gleichfalls arbeitende Mutter waren Trinker und lebten in Zank und Streit. Die Kinder wurden geprügelt und waren verwahrlost. Sally log und stahl schon als kleines Mädchen. Als ihr Vater in ihrem neunten Lebensjahr davonging und die Mutter einen neuen ›Lebensgefährten‹ ins Haus nahm, wurde Sally von diesem vergewaltigt. Ihr Haß gegen alle Männer wuchs ins Ungemessene.

Es gelang ihr mit 17 Jahren, nachdem sie die Schule absolviert hatte, mit finanzieller Hilfe einer älteren Schwester in eine andere Stadt zu übersiedeln. Dort fand sie eine Stellung in einer Fabrik und konnte sich außerdem in einer staatlichen Lehrerbildungsanstalt als Werkstudentin einschreiben. Denn es war ihr glühendster Wunsch, sich emporzuarbeiten und Lehrerin zu werden.

Obwohl hinreichend begabt und auch physisch kräftig genug, ihren Plan durchführen zu können, wurde sie jedoch dauernd durch ihre persönlichen Probleme zurückgeworfen. Diese bestanden einerseits in ihrer Unstetigkeit beim Lernen, zweitens in ihrer von Schuldgefühlen begleiteten homosexuellen Lebensweise, drittens schließlich in einem tiefen Unglauben sich selbst gegenüber, der seine Gründe nicht nur in den genannten Verhaltensweisen hatte, sondern auch in ihrer Verachtung für die eigene Vergangenheit.

Die Homosexualität hatte sich im Laufe freundschaftlicher Beziehungen zu einer älteren Kollegin entwickelt, die der erste Mensch war, der Sally mit liebevollem Verständnis begegnete. Bei der Therapie gelang es der nunmehr 26jährigen, sich klarzumachen, daß sie in dieser sanften und zärtlichen Freundin zum erstenmal das Gefühl des Geliebt- und Geschütztseins erlebte, das sie sich von ihrer Mutter oder einer erträumten Mutter vergeblich gewünscht hatte. Gleichzeitig waren ihre jugendlichen Sexualtriebe wach genug, auf das von der anderen eingeleitete Liebesspiel einzugehen, während der Gedanke an einen männlichen Liebhaber in ihr nur Schrecken erregte.

Trotz ihrer Einsicht in diese Zusammenhänge war Sally zunächst unfähig, über ihren Zwiespalt hinwegzukommen. Sie hatte nicht nur Schuldgefühle wegen dieser nun schon mehrere Jahre bestehenden Beziehung und wegen der Gesellschaft, in die sie durch diese Lebens-

form geraten war; sie fühlte auch, daß ihre Lebensführung irgendwie letztlich nicht das war, was sie wollte. Aber Sally konnte sie weder akzeptieren, also sich zu ihr bekennen, noch vermochte sie sie aufzugeben.

Das Problem der Zeit wird Sally gelegentlich deutlich: Wann wird sie sich durch all dies hindurchfinden und zu der Art von Lebensführung gelangen, die ihr als achtenswert vorschwebt?

Das Problem der Zeit im Leben

Die Tatsache und die Bedeutung der Zeit werden den verschiedenen Menschen offenbar in unterschiedlichen Perioden ihres Lebens bewußt. So machen sich sehr ehrgeizige, zielstrebige junge Menschen gelegentlich schon früh eine Art von Zeittafel für ihr Leben, und sie werden ungeduldig, wenn sie durch unerwartete Umstände Zeit verlieren. Im allgemeinen aber wird die Zeit und damit das Altern erst von der mittleren Lebensphase an zu einem bedeutsamen Faktor.

Das Bewußtsein des Alters stellt sich am frühesten bei Menschen bestimmter Berufe ein, bei denen es auf diese oder jene physische Leistungsfähigkeit besonders ankommt. Dies ist der Fall bei gewissen Kategorien von Handarbeitern sowie bei den meisten Berufssportlern. Sodann wird das Alter im Zusammenhang mit der Familiengründung bewußt: Nicht nur das Ende der Zeugungsfähigkeit setzt hier relativ frühe Grenzen, sondern gewissenhafte Eltern überlegen sich auch, ob sie für das Zusammenleben mit ihren heranwachsenden Kindern nicht zu alt werden könnten.

Manche Menschen sind sich besonders in dieser mittleren Lebensphase dessen bewußt, was A. Maslow ›Höhepunkterlebnisse‹ nennt: Sie fühlen, daß sie auf dem Gipfel stehen. Oder sie fühlen, daß sie dies oder jenes einzigartige Erlebnis haben, an das sie sich für immer als an Höhepunkte ihres Lebens erinnern werden. Dies ist ganz besonders bei gewissen Liebes- wie auch bestimmten Schaffenserlebnissen der Fall, die sich gewöhnlich in der mittleren Lebensphase ereignen.

Tätigkeit und Lebensziel, Verwurzeltheit und Zeit stehen im menschlichen Leben in einem engen Verhältnis zueinander. Allport, Bruner und Jandorf, die die Persönlichkeitsmerkmale von 90 während der Nazizeit Vertriebenen untersuchten, finden bei diesen allgemein die Tendenz, mit einer gewissen Hartnäckigkeit an früheren Zielen und Tätigkeiten festzuhalten, trotz der damit verbundenen Gefahren und trotz der Aussichtslosigkeit. Dies kommt daher, daß wir in den Zielen unseres Tuns weitgehend unser eigenstes Selbst erblicken.

Die Probleme der Zeit sowohl wie die des Alters werden heute im Zusammenhang mit Fragen der *Berufs-* und der *Freizeitbetätigung* eingehend studiert. Viele Forscher befassen sich mit ihrer Funktion im Leben des Individuums und mit ihrer Rolle in der Gesellschaft. Besonders das Problem der befriedigenden Dauer der Freizeit und ihrer sinnvollen Ausnützung steht im Vordergrund vieler Untersuchungen, die vor allem dadurch bedingt sind, daß der moderne Industriearbeiter in seinem Beruf wenig Befriedigung findet.

Anne Roe, die sich besonders intensiv mit Fragen der Berufspsychologie beschäftigt hat, berichtet in ihrem diesem Thema gewidmeten Buch über den Wunsch nach *Berufswechsel.* Die Resultate sind fast übereinstimmend: etwa zwei Drittel der Arbeiter würden sich einen anderen Beruf wählen, wenn sie noch einmal von vorn anfangen könnten, während es bei den Angehörigen ›besserer‹ Berufsgruppen weniger als ein Drittel ist, das ähnliche Unzufriedenheit ausdrückt.

Welch schwieriges Problem darin liegt, daß Arbeit und Beruf so weitgehend unbefriedigend bleiben, während sie doch den Hauptteil des menschlichen Lebens gerade in der mittleren Lebensphase ausfüllen, wird wohl heute allgemein anerkannt. Um so mehr arbeiten weite Kreise an der Lösung des mit dem ersten verbundenen zweiten Problems, nämlich dem einer menschlich befriedigenden Verwendung der Freizeit. Von solcher Lösung des Freizeitproblems scheinen wir jedoch trotz vieler Bemühungen vorläufig noch immer weit entfernt. Und zu alledem kommt dann noch das weitere Problem demoralisierender *Arbeitslosigkeit,* die in Zeiten sogenannter Vollbeschäftigung am ehesten Angestellte gegen Ende der dritten Lebensphase und in der vierten Phase (45 bis 60 Jahre) bedroht.

Für eine anschauliche Vorstellung von der zeitlichen Rolle der Arbeit im Leben des modernen Menschen mag eine von uns vereinfachte Tabelle nützlich sein, die Sebastian de Grazia für eine amerikanische Rundfunkanstalt aufgrund von Befragungen einer repräsentativen Gruppe von Amerikanern aufgestellt hat.

Diese Zahlen sagen vielleicht niemandem viel Neues, sie sind jedoch geeignet, uns ein wichtiges Problem drastisch vor Augen zu führen: Die Mehrzahl der Menschen verbringt während des Hauptteils ihres Lebens die Hälfte ihres Wachtages mit Arbeit. Neben den lebensnotwendigen anderen Verrichtungen bleiben den meisten nur wenige Freizeitstunden übrig. Wie soll es dann aber möglich sein, das Leben zum Gelingen zu bringen, wenn die Arbeit nicht unter irgendeinem Gesichtspunkt befriedigt? Ich persönlich halte es deshalb für unmöglich, das Gefühl des Lebensgelingens nur von der Freizeittätigkeit her zustande zu bringen. Dieselbe Einsicht veranlaßt heute viele, sich theoretisch und praktisch mit den hier abermals auftauchenden Fragen der *Motivation* zu befassen.

TÄTIGKEITEN im Durchschnitt eines 17stündigen Arbeitstages	MÄNNER		FRAUEN	
	Alter 20—49	Alter 50 u. älter	Alter 20—49	Alter 50 u. älter
An der Arbeitsstelle oder in der Schule	7,1	5,2	2,0	1,3 Std.
Unterwegs	1,5	0,9	0,6	0,4 Std.
Einkauf	0,1	0,1	0,4	0,3 Sdt.
Restaurant, Friseur, Besuche bei Freunden und Verwandten	0,8	0,6	0,5	0,4 Std.
Kirche, Sport, Vergnügen	0,3	0,2	0,4	0,4 Std.
I. Außerhalb des Hauses	9,8	7,0	4,3	3,1 Std.
Haushaltsarbeit oder Arbeit im Hause	0,8	1,2	4,2	4,0 Std.
Essen oder Mahlzeiten vorbereiten	1,2	1,4	2,5	2,3 Std.
Anziehen, Baden usw.	0,6	0,6	0,9	0,6 Std.
Freizeitbeschäftigung einschl. Lesen	2,8	4,6	3,3	4,8 Std.
Schlafen (neben 7 Stunden Nachtschlaf)	1,8	2,2	1,8	2,2 Std.
II. Im Hause	7,2	10,0	12,7	13,9 Std.

Tätigkeiten amerikanischer Männer und Frauen zweier Altersgruppen im Durchschnitt eines 17stündigen Arbeitstages. (Nach Sebastian de Grazia)

Unter den vielen Arbeiten auf diesem Gebiet erscheint mir besonders interessant eine sehr eingehende Untersuchung von Herzberg, Mausner und Snyderman über ›*Die Motivation zur Arbeit*‹. In einer Interviewstudie mit Buchhaltern und Ingenieuren haben die Verfasser festgestellt, welche Motive bei den Befragten zur Befriedigung oder Unbefriedigtheit Anlaß geben, und diese Motive mit der jeweiligen hohen oder niederen individuellen Arbeitsmoral verglichen, die sich gleichfalls aus gewissen Feststellungen während der Gespräche ergab.

Auf diese Weise haben sie folgendes festgestellt: Die stark zu ihrer Arbeit Motivierten weisen hauptsächlich darauf hin, daß die *Arbeit selbst* und das, *was sie zustande bringen*, sie befriedigt, daß sie die ihnen obliegende *Verantwortung* schätzen und daß ihnen *Anerkennung* und *Vorwärtskommen* wichtig sind.

Die wenig zu ihrer Arbeit Motivierten hingegen nennen ganz andere Faktoren als solche, die für ihre Befriedigung oder Unbefriedigtheit verantwortlich wären: Ihnen ist vor allem wichtig das *Gehalt,* sodann die *Verwaltungspolitik* der Firma, für die sie arbeiten, die Art, wie die *Aufsicht* und wie *persönliche Beziehungen* gehandhabt werden, und schließlich die *physischen Arbeitsbedingungen.*

Wenn wir diese Ergebnisse im Zusammenhang mit unserer Theorie der vier Grundtendenzen des Lebens durchdenken, so kommen wir zu folgendem Ergebnis: In der ersten Gruppe befinden sich ganz offenbar diejenigen, deren vorwaltende Tendenzen entweder schöpferische Expansion oder eine das Gewissen befriedigende Einstellung auf die innere Ordnung sind. Menschen mit diesen Grundtendenzen sind gewöhnlich stark zur Arbeit motiviert. Sie finden in der Arbeit ihre Selbstverwirklichung. Wir können hier von *primärer Motivation* sprechen.

Die weniger an der Arbeit als solcher Interessierten sind Menschen, deren persönliche oder deren Anpassungs-Bedürfnisse durch die Arbeit direkt oder indirekt befriedigt werden müssen, wenn sie mit dieser zufrieden sein sollen. Gutes Gehalt und gute Arbeitsbedingungen dienen ihrer Bedürfnisbefriedigung, wenn die Tätigkeit selbst ihnen keine Funktionslust verschafft. Günstige soziale und betriebspolitische Bedingungen, die ihren Anpassungsbedürfnissen entgegenkommen, geben ihnen die sie befriedigenden persönlichen Beziehungen, die ihnen die Arbeit erträglich machen. Ihre Motivation zur Arbeit ist also durch *sekundäre* Faktoren bestimmt. Die Selbstverwirklichung erfolgt also hier auf ganz andere Weise: nicht durch *Werkschaffung,* sondern durch gelingende materielle und soziale *Verfügungsfreiheit.*

Einige moderne Arbeiten über die Bedingungen, unter denen man die in der Wirtschaft Beschäftigten allgemein zufriedenstellen kann, sind zu Ergebnissen gekommen, die diesen Überlegungen entsprechen. Gute Gehälter und eine gewisse Mitbeteiligung am Betrieb werden heute vielfach nicht nur empfohlen, sondern auch praktiziert.

9. Klimakterium und Bilanz des Lebens

Zu allen Zeiten, schon von früh an, steht der Mensch sich selbst wertend und urteilend gegenüber. Niemals tritt jedoch diese Einstellung so in den Vordergrund wie in der Periode des Klimakteriums. Das Wort Klimakterium trifft natürlich genaugenommen nur auf das weibliche Geschlecht zu, da das Ende der männlichen Zeugungsfähigkeit gewöhnlich viel später und ohne die für die weiblichen Wechseljahre charakteristischen Begleiterscheinungen erfolgt. Trotzdem haben viele Psychiater über das ›Klimakterium des Mannes‹ geschrieben, eine Periode, die zwar nicht notwendigerweise das Ende der Zeugungsfähigkeit mit sich bringt, aber doch viele psychische Merkmale aufweist, die man bei der Frau klimakterisch nennen würde.

Im Kapitel über die Entwicklung haben wir darauf hingewiesen, daß die meisten physischen und geistigen Funktionen von etwa 50 Jahren an deutlich einen Niedergang erleiden. Dies ist natürlich nur eine Durchschnittsregel, die auf den Einzelfall durchaus nicht immer anwendbar sein mag, was um so mehr zu berücksichtigen ist, als bei der heutigen Tendenz zur Verlängerung des Lebens auch vielfach besser erhaltene Funktionen und eine verlängerte Produktions- und Leistungsfähigkeit festzustellen sind.

Die amerikanische Zeitschrift ›Time‹ hat im Jahre 1958 ihren Lesern eine Reihe alternder Persönlichkeiten vorgestellt, die sich nicht nur guter Gesundheit, sondern auch ungewöhnlicher Schaffenskraft und oft noch eines großen Wirkungsfeldes erfreuten. Eine ähnliche Zusammenstellung brachte die deutsche Wochenschrift ›Die Zeit‹ zwei Jahre später. Von solchen 65- bis 90jährigen immer noch aktiven Menschen wird im nächsten Abschnitt die Rede sein. Zunächst soll uns die Altersgruppe der etwa 45- bis 65jährigen beschäftigen.

Ganz offenbar ist das anders als noch vor einer Generation. Die Frau von heute fühlt sich mit Vierzig auf der Höhe des Lebens; ihre Sexualität und ihre aktive Teilnahme am Leben kommen manchmal erst jetzt zu voller Entfaltung. Dagegen betrachtete sich in der vorigen Generation eine Vierzigerin bereits als alternd, und gehen wir noch eine Generation zurück, so galt eine Frau von 40 Jahren als alt, als ›würdige Matrone‹. Das Wort ›altern‹ hat, wie Erich Stern richtig sagt, einen negativen Beigeschmack. Einst sprach man von der ›holden‹ Jugendzeit, die heute ziemlich allgemein als eine problemreiche und oft nicht sehr glückliche Periode angesehen wird. Das Wort ›jung‹ hat in unserer Zeit eine andere Bedeutung bekommen, nicht nur für die Frau: Der Mann gilt bis etwa Vierzig als jung und beginnt ja in der Tat meist erst in den Vierzig das Wirkungsfeld zu erobern, das er sich wünscht.

Von diesem Sich-auf-der-Höhe-Fühlen als Dreißiger, mehr noch als Vierziger, kann dann allmählich oder plötzlich im Laufe der Vierzig oder zu Beginn der Fünfzig eine Wendung erfolgen. Diese Wendung mag sich als Erlebnis des Versagens und der Müdigkeit ankündigen oder als Erlebnis einer *Lebenskrise,* wie wir sie in gleichem Maße vorher nur in der Pubertät beobachten konnten. Wie in der Pubertät die Bewältigung der neu einschießenden Triebe und neu sich ergebenden Lebensprobleme das Individuum vor eine gelegentlich allzu schwere Aufgabe stellt, so im Klimakterium der Verlust oder die Verminderung der inneren und äußeren Potentialitäten.

Es ist das Alter, in dem die Zahl der *Selbstmorde* scharf anzusteigen beginnt. Nach Dublin sind mehr als die Hälfte der Frauen und nahezu zwei Drittel der Männer, die Selbstmord begehen, 45 Jahre alt oder älter. Ihren Höhepunkt erreicht die Kurve der weiblichen Selbstmorde nach einer amerikanischen Statistik von 1948 in der Altersgruppe der 45- bis 55jährigen; bei den Männern steigt die Kurve dauernd an bis in das höhere Alter.

Norman Farberow und Edwin Shneidman haben dem Selbstmord eingehende Untersuchungen gewidmet und dabei die *Motive* untersucht, die zum Selbstmord führen, indem sie Anregungen folgten, die der berühmte Psychiater Karl Menninger in seinem Buch ›Der Mensch gegen sich selbst‹ gegeben hatte. *Haß, Schuld* und *Hoffnungslosigkeit* waren von Menninger als die wahrscheinlichsten Hauptmotive genannt worden. Farberow und Shneidman analysierten die von Selbstmördern hinterlassenen Briefe und Notizen; der Hauptanteil dieser Selbstmörder fiel auf die Altersgruppen von 40 bis 60 Jahren. Was diese wie auch die jüngeren Selbstmörder über ihre Motive kundtun, verrät vor allem Haß und Schuld. Hoffnungslosigkeit wird ein zunehmendes Motiv mit zunehmendem Alter.

Schuldgefühle wegen unwiderruflicher Versäumnisse und Verfehlungen gewinnen ihren kritischen Charakter in dieser Periode offenbar deswegen, weil sie zeitlich mit der Depression wegen des Abnehmens der Kräfte und Fähigkeiten zusammentreffen.

Bei der Frau ist ein besonders drastisches Erlebnis der Verlust der Zeugungsfähigkeit. Die *weiblichen Wechseljahre* fallen, wie mehrere Statistiken ziemlich übereinstimmend zeigen, in der Hauptsache in die Jahre zwischen 40 und 55, wobei das Maximum bei ungefähr 47 bis 49 zu liegen scheint.

Dieses Enden der Zeugungsfähigkeit bedeutet aber nicht notwendigerweise ein Abflauen oder gar ein Enden des sexuellen Interesses; jedoch erleben viele Frauen es als schmerzlich, daß sie keine Kinder mehr bekommen können.

Recht beträchtlich ist die Zunahme von schweren, nicht selten chronischen, oft die Arbeitsfähigkeit und das Wohlbefinden erheblich beeinträchtigenden *Krankheiten*. Ein rapider Anstieg von Krankheiten mit tödlichem Ausgang erfolgt von 45 Jahren an, wobei Herzleiden, Krebs, Arterienverkalkung (und außerdem Unfälle) die Hauptrolle spielen. Herzkrankheiten, heute die häufigste Todesursache, sind nach Dublin für jeden zehnten Todesfall bei 15- bis 24jährigen verantwortlich; entsprechend den Altersgruppen steigt dann die Kurve steil an: Bei 25- bis 44jährigen sind schon 25 % der Todesfälle durch Herzleiden verursacht, bei den 45- bis 64jährigen die Hälfte und bei den über 65jährigen zwei Drittel.

Der rapide Anstieg der Krankheitsrate um die Fünfzig geht aus untenstehender Abbildung hervor (Abb. 82).

Auf einige bemerkenswerte Eigentümlichkeiten der Erkrankungen alternder Menschen hat Edward Stieglitz aufmerksam gemacht. Er sagt, daß sich bei *Alterserkrankungen* gewöhnlich nicht, wie in jüngeren Jahren, eine einzelne Ursache als verantwortlich erweist, wie eine Infektion oder dergleichen. Vielmehr liegt gewöhnlich eine Reihe von Schädigungen vor.

Gelegentlich beschäftigen sich zwar schon junge Menschen mit dem Problem des *Todes,* doch ist es im allgemeinen erst diese Altersstufe beginnender Versagungen, auf der man der Tatsache des bevorstehenden Endes ins Auge blickt. ›Niemand beginnt wirklich zu leben, bis er nicht dem Sterben nahekam‹, sagt Jesse Stuart, ein zeitgenössischer Dichter, nach einer nahezu tödlichen Herzattacke.

Glücklich ist, wer in der vierten Phase, dem vorletzten Lebensabschnitt, keine schlimmeren Sorgen hat als den Wunsch, ein *Lebenswerk* noch beenden zu können. So schrieb Albert Schweitzer mit 56 Jahren aus seiner Arbeit als Arzt in Lambarene:

›Wieviel werde ich von der Arbeit, die ich mir vorgenommen habe, noch fertigbringen? Mein Haar beginnt zu ergrauen. Mein Körper fängt an, die Strapazen, die ich ihm zumutete, und die Jahre zu spüren. Dankbar blicke ich auf die Zeit zurück, in der ich, ohne mit meinen Kräften haushalten zu brauchen, rastlos körperliche und geistige Arbeit leisten durfte. Gefaßt und demütig schaue ich auf die aus, die kommt,

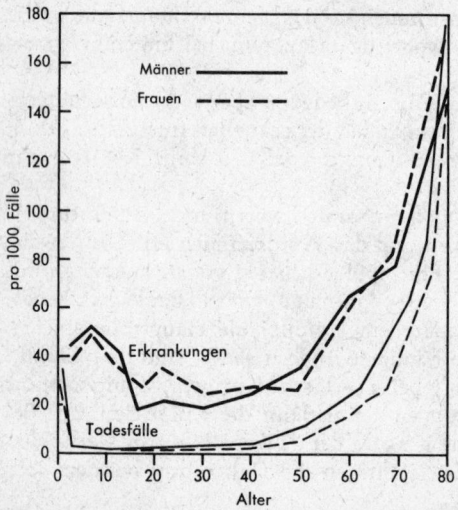

82   Anzahl von Personen, die am Tage der Zählung krank waren bzw. im Jahre 1950 in den USA starben. (Public Health Reports)

damit mich Verzichten, wenn es mir beschieden sein sollte, nicht unvor-bereitet treffe.‹

Mehr als in jedem anderen Abschnitt des menschlichen Lebenslaufs trennen sich offenbar in dieser Phase die Wege derer, die noch unzwei-felhaft eine Zukunft haben, von den Wegen derer, die nicht mit Hoff-nung an die Zukunft denken können. Für viele, die nun schwer zu tragen haben an Gefühlen des Bedauerns und der Schuld infolge ver-säumter Gelegenheiten, verschwendeter Zeit, fehlerhafter Entschlüsse, falscher Lebensführung, ist es zu spät geworden, noch Neues anzu-packen und Fehler der Vergangenheit wiedergutmachen zu können.

Es ist eine der vielen dem Individuum anheimgestellten *Aufgaben,* sich in der für sein Leben konstruktivsten Weise sowohl mit seiner *Vergangenheit* wie auch mit seiner *Zukunft* zu befassen und mit beiden in sich fertig zu werden. Dieses Problem zu lösen wird um so schwieri-ger, je älter der Mensch wird. Die Zukunft völlig aus den Augen zu verlieren heißt, sich absterben zu lassen. Es kann aber auch umgekehrt sein: daß die Beschäftigung mit der eignen Zukunft, die kürzer und bedeutungsloser wird, sich immer hektischer gestaltet und manchmal sinnlos wird.

Die Frage ist also, wie zu dieser Wendezeit des Lebens, in der für viele die Bedeutung der eigenen Zukunft zu schwinden beginnt, der einzelne sich einen Lebenssinn schaffen kann, der ihn doch noch am Leben aktiv teilnehmen läßt, statt sich im Warten auf das Ende nur die Zeit zu vertreiben. Mit dieser Frage werden wir uns noch eingehender zu beschäftigen haben. Hier, wo wir die Rolle erörtern, die das Problem der Zukunft spielt, genüge der Hinweis, wie ältere Menschen, die sich gut in ihre Umgebung eingefügt haben, sich oft dadurch ein Reservoir sinnvoller Beschäftigung mit der Zukunft angelegt haben, daß sie in der Sorge um die *Zukunftsfragen anderer* aufgehen. Von der das Heranwachsen und Gedeihen ihrer Enkelkinder betreuenden Groß-mutter bis zu dem an den Fragen einer zukünftigen Gestaltung der Welt teilnehmenden geistigen Arbeiter gibt es viele Altersformen der Beteiligung am wachsenden Leben.

Schwieriger scheint mir jedoch die *Übergangsperiode,* in der das eigene Leben noch Zukunftsaufgaben stellt. Wie weit in die Jahre hinein diese Übergangsperiode sich erstreckt, ist individuell außerordentlich ver-schieden.

Carl Jung vertrat die Ansicht, daß dies weitgehend Sache des *Persön-lichkeitstypus* sei. Er unterscheidet einen *introvertierten,* nach innen gerichteten, und einen *extravertierten,* nach außen gewendeten Men-schen und ist der Ansicht, daß der erste Typ eher dazu neigen würde, sich mit der Vergangenheit zu befassen, während der zweite sich eher mit der Zukunft beschäftige.

Obwohl allgemein anerkannt wird, wie bedeutsam die Unterscheidung dieser zwei Menschentypen und der wahrscheinlich angeborenen Tendenzen in der einen oder anderen Richtung ist, glaube ich doch, daß sehr viel kompliziertere Gründe vorliegen, wenn sich der eine Mensch vorwiegend mit der Vergangenheit befaßt, der andere dagegen hauptsächlich an die Zukunft denkt. So ist zum Beispiel der schöpferische Mensch immer zukunftsorientiert, weil er, wie Albert Schweitzer sagt, sein Werk vollenden und zu zukünftiger Auswirkung bereitstellen will. Starke Berücksichtigung der Vergangenheit ist zum Teil auch kulturell bedingt; sie spielt eine Rolle beispielsweise im Zusammenhang mit der Pflege von Traditionen und Brauchtum.

Während der alternde Mensch normalerweise viel in Rückblicken lebt, wird beim Neurotiker die Vergangenheit zunehmend zur inneren Belastung.

Ben, ein zweimal nach kurzen Ehen geschiedener, kinderloser Geschäftsmann, war 50 Jahre alt, als er in die Psychotherapie kam. Er war schwer deprimiert, litt an Müdigkeit und Kopfschmerzen und war außerdem seit kurzem impotent; sein Leben lebte er ziemlich einsam und ungesellig. Er war intelligent genug, von sich selbst aus eine Depression als Resultat seines sinnleeren Daseins, an dem er sich schuldig fühlte, zu erklären. Er fühlte, daß er sein Leben mit Streben nach Wertlosem verbracht und vieles getan hatte, an das er nicht glaubte. Verschiedene kleinere Unternehmen, die er besessen hatte, waren alle ohne Überzeugung begonnen worden und hatten zu nichts geführt. Mit den zwei Frauen, die er geheiratet hatte, verband ihn weder Liebe noch Verständnis.

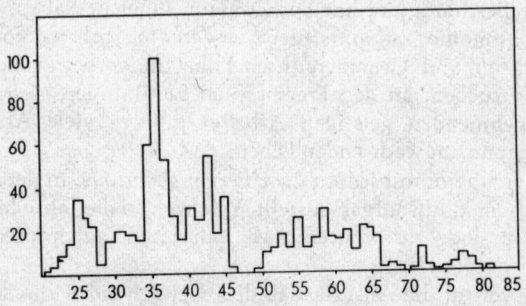

83   Thomas A. Edison hat für seine Erfindungen insgesamt 1086 Patente erhalten. Aus der Zahl der Patenterteilungen läßt sich die oben gezeigte Leistungskurve des großen Erfinders darstellen, die, wie bei vielen Künstlern, Technikern, Unternehmern und Geschäftsleuten, ihren Höhepunkt in der Mitte des Lebens erreicht. (Nach H. C. Lehman)

*Das einzige, was er wirklich leidenschaftlich gern hätte tun wollen,
nämlich schriftstellern, hatte er nie ernstlich verfolgt. Er behauptete,
er habe sein Talent für nicht ausreichend gehalten. Trotzdem gab er
zu, daß zwei Kurzgeschichten, die er nur so hingeworfen hatte, sofort
veröffentlicht wurden und sehr gut ›ankamen‹. Seine nur halb einge-
standene Hoffnung, mit der er in die Psychotherapie kam, war, vielleicht durch diese zu der ersehnten Schriftstellerfähigkeit befreit zu
werden, auch zum Mut dazu, nachdem es ja eigentlich zu spät war, so
etwas anzufangen. Er hatte sich auch bereits selbst klargemacht, daß
seine Impotenz ebenfalls mit seinem geistigen und menschlichen Versagen und mit seiner mangelnden Selbstachtung zusammenhing.*

Der Fall Ben hatte natürlich eine lange Geschichte mit einer unglücklichen Kindheit, einem harten, lieblosen Vater, einer durch Auflehnung,
vorzeitiges Verlassen der Schule und Davonlaufen aus dem Elternhaus
verdorbenen Jugend. Bens ganzes Leben blieb auf Rebellion eingestellt,
und einer der wirklichen Gewinne seiner Behandlung war, daß sie ihm
ermöglichte, sich von seinem Vaterkomplex und seinem Haß zu befreien
und Liebe zu fühlen.

So war denn ein auf tieferer Basis glücklich gelingendes Verhältnis mit
einer Frau ein gerade noch zu erreichendes positives Resultat. Jedoch
auf dem Gebiet des Werkschaffens war es bereits zu spät geworden,
um noch die zum Denken und Schreiben notwendige Konzentration
und Vertiefung aufzubringen. Vielleicht war der tödliche Autounfall,
den Ben im Alter von 52 Jahren erlitt, nicht ganz so zufällig, wie es
erscheinen mochte. Er stellte ein gnädiges Ende eines hoffnungslos
gewordenen Lebens dar.

Im Fall Bens ist der Mensch, wie Gerhard Pfahler das ausdrückt, zum
Knecht statt zum Herrn seiner Vergangenheit geworden, oder vielmehr, er unterliegt seiner Vergangenheit, die ihn zerstört.

Wenn schon bei diesem Neurotiker infolge von Erstarrung und der
Unfähigkeit zu hinreichendem Wandel eine Weiterentwicklung unmöglich geworden ist, so ist in Fällen schwerer *Psychopathie* das Mißlingen
des Lebens mit dem Fortschreiten der Zeit noch viel radikaler. Ludwig
Binswanger stellt in einem faszinierenden Buch über ›Verstiegenheit,
Verschrobenheit und Manieriertheit‹ drei Formen mißglückten Daseins
dar. Übrigens findet der höchste Zuwachs von *Geisteskrankheiten* im
engeren Sinn nicht in dieser Periode, sondern nach 65 Jahren statt.
Schizophrenien allerdings beginnen gewöhnlich sehr viel früher, häufig
schon in der Adoleszenz.

Zu einer glückhaften Weiterentwicklung in und nach der Übergangs-
periode des ›Klimakteriums‹ gehört vor allem *Flexibilität*. Helmut von
Bracken spricht von einem Phänomen, das er *Umstrukturierung* nennt.
Damit meint er, daß beim Alternden Leistungen auf anderem Wege

und vermittels anderer Funktionen zustande kommen als beim jüngeren Menschen. Zwar mögen Reaktionsgeschwindigkeit, Gedächtnis und andere Funktionen nachlassen. Jedoch erhöhen sich statt dessen die Erfahrung und die Verläßlichkeit. William Stern hatte schon vor vielen Jahren die *Intelligenz* als allgemeine geistige Anpassungsfähigkeit an neue Aufgaben und Bedingungen des Lebens definiert. Diese geistige und unter Umständen auch relativ große körperliche Flexibilität zeichnet alle diejenigen aus, die im fortgeschrittenen Alter noch zu hohen Leistungen befähigt bleiben.

Bevor wir jedoch von den eigentlichen Altersleistungen sprechen, wollen wir diesen Abschnitt mit dem kurzen biographischen Beispiel eines Mannes beenden, dem es gelang, trotz Enttäuschungen und Krankheit die Krisenjahre um die Fünfzig und Sechzig glücklich zu bewältigen und bis zu außerordentlichem Erfolg, bis zum Weltruhm durchzuhalten.

Das Beispiel ist die Laufbahn des großen Architekten Richard Neutra, der, 1892 in Wien geboren, nach dem Ersten Weltkrieg, an dem er aktiv teilnahm, 1923 in die Vereinigten Staaten auswanderte. Er hatte seine Ausbildung an der Wiener und Züricher Technischen Hochschule erhalten, begann aber nach seiner Ankunft in New York sofort mit dem intensiven Studium amerikanischer Baumethoden. Seit seiner Niederlassung in Los Angeles im Jahre 1925 arbeitete er 38 Jahre lang pausenlos, ohne je Ferien zu machen, jedoch mit nie endender Begeisterung und dauernd begleitet und unterstützt von seiner bewundernswerten Frau Dione. Sie, eine Schweizerin, selbst eine ausgebildete Musikerin und Mutter dreier Söhne, verzichtete selbstlos auf ihre eigene Laufbahn und stand Richard Neutra als Sekretärin und Beraterin bei seinen unzähligen Unternehmungen helfend zur Seite.

Neutra fand lange Zeit nicht die erhoffte Anerkennung. Erst nach dem Ende der Vierzig war ihm Erfolg beschieden. Jedoch hat er alle Enttäuschungen und zwei Schlaganfälle dank seiner Zähigkeit und Energie überwunden.

10. Die Problematik der Erfüllung in Alter und Tod

Mit 65 Jahren erfolgt heutzutage ziemlich allgemein die Pensionierung. Man tritt, weil das Gesetz es will, in den *Ruhestand* und bekommt seine Pension oder seine Rente. Damit beginnt das offizielle *Alter*. Es ist noch gar nicht so lange her, daß die Zugehörigkeit zu den im Arbeitsprozeß Stehenden oft erst viel später endete. Die Vorverlegung dieses Zeitpunkts bedeutet, daß die Versetzung in den Ruhestand nicht nur die noch sehr Rüstigen vorzeitig trifft, sondern über sie hinaus auch den Durchschnitt der Mittsechziger. Dies geht aus vielen neueren Untersuchungen an Pensionierten und Rentnern hervor. Die Gesetzgebung stellt in dieser Hinsicht offenbar mehr eine sozialpolitisch begründete als psychologisch gerechtfertigte Maßnahme dar. Sie ist in gewisser Weise sogar absurd, erfolgt sie doch in einer Zeit, in der dank der Fortschritte von Hygiene und Medizin die Lebensdauer und die Schaffenskraft außerordentlich verlängert worden sind.

Anläßlich einer umfassenden Interview-Studie, die B. D. Kutner und Mitarbeiter 1956 an amerikanischen Ruheständlern vorgenommen haben, wurde bei diesen ein häufiger Verlust an Moral festgestellt. In einer so stark auf Aktion eingestellten Kultur wie der unseren fühlt sich der vom Wettbewerb und vom Geldverdienen Ausgeschaltete nicht selten als überflüssig und anderen zur Last fallend. Und es ist in der Tat schwer, die Selbstachtung, die mit Gelderwerb und einer festen Stellung verbunden war, nun durch andere Tätigkeiten zu erhalten, es sei denn durch Ehrenämter oder Würden von einiger Gewichtigkeit. Solche werden in den ›primitiven‹ Gesellschaften der Naturvölker den Alten vielfach zuteil. Auch in unserer Gesellschaft gibt es gewisse Altersehrenämter. Aber dadurch, daß viele früher freiwillige Leistungen, wie Wohltätigkeit, Fürsorge, Krankenpflege und dergleichen, sich immer stärker zu hauptberuflichen Tätigkeiten entwickelt haben, sind selbst die Möglichkeiten für karitatives Wirken heute beschränkt.

Eines der psychologischen Hauptprobleme der Alternden, der keine bestimmten Aufgaben mehr vor sich hat, ist die befriedigende *Einteilung seiner Zeit*. Der Arbeitstag hat einen natürlichen Rhythmus; der Tag des Ruheständlers nicht. Liebhabereien und Hobbys vermögen diesen Rhythmus im allgemeinen nicht zu ersetzen. Sie stellen einen Zeitvertreib dar, jedoch selten eine das Aufgabenbewußtsein befriedigende Zeitverwendung. Es ist schwer, von der Disziplin des Arbeitslebens freizukommen. Für Frauen, die ihren Haushalt ebenso wie früher weiterführen, ist der Umbruch weniger tiefgreifend als für den Mann oder die berufstätige Frau.

So erleben viele, wenn nicht die meisten Menschen trotz all der Klagen, die sie zuvor über die Mühen und Lasten des Berufs angestimmt haben, das Ende des Berufslebens als einen *Verzicht*, dessen Schwere sie oft gar nicht vorauszusehen vermochten.

»Ich freute mich seinerzeit außerordentlich auf meine Pensionierung«, sagt ein Beamter, den A. L. Vischer in seinen feinsinnigen Untersuchungen über ›Seelische Wandlungen im alternden Menschen‹ zitiert. »Als mein letzter Arbeitstag Wirklichkeit wurde und ich von meinen Arbeitskollegen Abschied nahm, fühlte ich in mir und um mich eine unbekannte Leere. Die Frage ›Was nun?‹ fing plötzlich in mir zu nagen

an. Ich erinnere mich nur zu gut, wie ich mit gemischten Gefühlen das Verwaltungsgebäude verließ und mich auf den Heimweg begab. Alles schien mir anders, die mir vertrauten Straßen und Häuser, die Menschen, alles schien mir fremd.«

Der hier Zitierte hat die ›Klippe‹, vor der er stand, überwunden. Er hilft seiner Frau im Haushalt, geht ›sogar‹ Lebensmittel einkaufen, hilft in der Bank aus, besucht Logensitzungen, liest, dichtet, wandert und besucht das Theater. Nie wieder möchte er nun in sein ehemaliges Büro zurückkehren.

Aber, wie der Personalchef eines Industriebetriebes sehr richtig zu Vischer sagte: »Hobbys kann man nicht schaffen. Man kann nur solche, die schon vorhanden waren, vervollkommnen und verfeinern.« Daher sind die, die schon früher im Garten oder mit Basteleien und anderen kleinen Nebenbeschäftigungen tätig waren, am besten dran. Bill Roberts, dessen Lebenslauf wir beschrieben haben (s. S. 221 f.), ist ein glücklicher Ruheständler. Er züchtet im Garten mit seiner Frau Rosen, führt dauernd Verbesserungen und Verschönerungen an seinem Haus durch, repariert alle Spielsachen und Fahrräder seiner neun Enkelkinder, geht in die Loge und besucht Verwandte.

Wichtig ist die von Vischer betonte Tatsache, daß bei der Pensionierung ein Teil des (zuerst von William James definierten) *sozialen Ich* verlorengeht. Eine *Hauptrolle* in der Welt wird aufgegeben, womit notgedrungen ein Verlust der sozialen Bedeutung Hand in Hand geht.

»Was mich am meisten verletzt«, sagt ein Betriebsleiter zu Vischer, »und bemüht seit meiner Pensionierung, ist der Umstand, daß ich so bedeutungslos geworden bin. Noch ist kein halbes Jahr vergangen, da war ich noch der zweite Mann in meiner Firma, man sah zu mir auf, ich hatte ein entscheidendes Wort zu sagen in bezug auf die Geschäftsführung, man trat mit so vielen Dingen an mich heran. Wie anders ist es jetzt. Als ich kürzlich meinen Nachfolger im Betrieb aufsuchen mußte, wurde ich von meiner früheren Sekretärin, meiner langjährigen Mitarbeiterin, die mir sehr ergeben war und für die mein Urteil das letzte Wort war, kaum beachtet; schon der Portier hatte mich sehr oberflächlich begrüßt.«

Dadurch, daß pensionierte Ehegatten allzuviel Zeit miteinander verbringen, stellen sich bei denen, die innerlich nicht eng verbunden sind, unter Umständen Streitigkeiten ein, die früher vermieden wurden. Nicht selten setzt nach der Pensionierung ein *Alterszerfall* ein, der zu einem frühen Lebensende führt. Ein solcher Abschluß kann dem endgültigen Gelingen eines Lebens zuletzt noch Abbruch tun.

Glücklich sind demgegenüber die Menschen, die durch viele *Interessen* oder *schöpferische Betätigungen* ihr Altersleben als bis zum Schluß erfüllt weiterführen können.

A. L. Vischer bringt in seinen Büchern über das Alter viele Beispiele von Künstlern und Schriftstellern, die in hohen Jahren ihre bedeutendsten Werke schufen, wie Tizian mit der ›Dornenkrönung Christi‹, die er als 66jähriger und dann wieder als 94jähriger malte, oder Tintoretto; Theodor Fontane schrieb seinen ersten Roman (›Vor dem Sturm‹), als er Ende der Fünfzig war, seinen größten (›Stechlin‹) mit Ende der Siebzig!

Unter den schöpferischen Alten unserer Zeit hat die liebenswürdige Gestalt der ›Grandma‹ Moses besonderes Interesse und Staunen erregt. Diese ausgangs des Jahres 1961 als 101jährige gestorbene Landfrau, die von Kindheit an rein zu ihrem eigenen Vergnügen kleine Bildchen malte, hat ihr erstes großes Bild mit 67 Jahren geschaffen, wenige Wochen, bevor sie den von ihr sehr geliebten Gatten durch frühzeitigen Tod verlor. Von da an entwickelte sie sich zunehmend zu der heute weltbekannten Malerin. Das bemerkenswerteste an ihrer Lebensgeschichte ist, wie hier nach einem gesunden, nützlichen und glücklichen Leben ein alternder Mensch hoch in die Sechzig zu einer außergewöhnlichen schöpferischen Leistung erwacht, in der sich keine Probleme, sondern nur Lebensfreude und Liebe für ihre Mitmenschen ausdrücken.

»Sogar jetzt«, sagt die 90jährige, »denke ich nie daran, daß ich alt bin, obwohl ich Großmutter von 11 Enkelkindern und Urgroßmutter von 17 Großenkeln bin. That's plenty!« («Das ist reichlich.«)

»Auf mein Leben blicke ich zurück als auf ein gutes, vollendetes Tagwerk; ich bin zufrieden damit. Ich war glücklich und befriedigt und habe das Beste aus dem gemacht, was mein Leben bot. Und das Leben ist, was wir aus ihm machen. Das war es immer und wird es immer sein.«

Die amerikanische Zeitschrift ›Time‹ brachte eine Galerie von 80- bis 101jährigen, die alle noch auf irgendeinem Gebiet aktiv tätig sind und von denen viele noch im öffentlichen Leben stehen. Die vielleicht bemerkenswertesten sind der 96jährige Football-Sportler Coach Stagg, der noch immer den praktizierenden Football-Spielern Ratschläge gibt und selbst allerlei Gymnastik betreibt, und der 91jährige Senator Theodore F. Green, der Älteste im amerikanischen Senat, der noch immer schwimmt, Handball spielt, spazierengeht und bis zu seinem 88. Jahr Tennis gespielt hat.

Besonders unter den Philosophen und Staatsmännern gibt es Meister, deren systematisch aufgebaute oder in Jahren der Erfahrung gereifte Gedankenarbeit erst spät ihren Höhepunkt erreichte. Unter den systematisch ein spätes Meisterwerk aufbauenden Philosophen ist Immanuel Kant wohl der hervorragendste.

Unsere eigene Epoche hat einige große Staatsmänner hervorgebracht, die sich, wie Churchill (*1874), Adenauer (*1876), Eisenhower

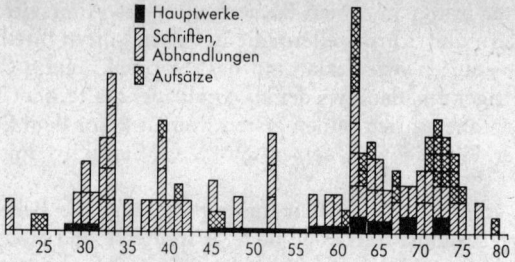

84   Die Leistungskurve des Philosophen Immanuel Kant. Seine drei wichtigsten Werke — ›Kritik der reinen Vernunft‹ (1781), ›Kritik der praktischen Vernunft‹ (1788) und ›Kritik der Urteilskraft‹ (1790) — erschienen in Kants siebenundfünfzigstem, vierundsechzigstem und sechsundsechzigstem Lebensjahr. Die Leistungskurve zeigt eine auffallende Steigerung der Schaffenskraft in den Jahren jenseits der Sechzig.

(* 1890), in vorgerücktem Alter auf entscheidenden Positionen bewährten und gewaltigen Aufgaben gewachsen zeigten.

Vischer erwähnte als kennzeichnend die Sicherheit, mit welcher der 83jährige Adenauer in einer Rundfunkrede seine Disposition für die nächsten Jahre entwarf, und weist darauf hin, daß Menschen mit guterhaltener Vitalität sich ihr Ende überhaupt nicht vorstellen können, auch wenn sie es verstandesmäßig in nicht allzu ferner Zeit erwarten müssen.

Andere Menschen dieser Lebensphase hingegen befassen sich viel mit der Frage des Lebensendes, wobei zwischen Furcht vor dem Tode, scheinbar gleichmütiger oder stoischer Resignation in das Unvermeidliche oder religiöser Unterwerfung unter das Geschick die individuell verschiedensten Haltungen zu finden sind. Hermann Feifel hat in einer großangelegten Arbeit über die *Einstellung zum Tode* außerordentlich interessantes Material beigebracht. Er unterscheidet zwei Hauptkategorien von Einstellungen zum Tode: die religiöse und die naturalistische. Der an ein Jenseits glaubende religiöse Mensch, der den Tod als ein Durchgangsstadium in eine bessere Welt betrachtet, leidet natürlich nicht unter der Depression, die bei Nichtgläubigen häufig ist. Auch der Glaube an die Ewigkeit der Seele ist ein Trost. Trostlos ist dagegen die Erwartung eines Nichts.

Wie Paul Tillich sagt: ›Mutig geht man voran besonders zu Beginn des Lebens. Aber dieses Gefühl ist immer in Zwiespalt mit der Angst vor dem, was die Zukunft bringen mag ... Schließlich, je näher wir dem unvermeidlichen Ende kommen, erleben wir die undurchdringliche Dunkelheit und die Drohung, daß unsere ganze Existenz schließlich als verfehlt gerichtet werden mag.‹

Die *Furcht vor dem Tode* ist so gut wie allgemein menschlich, wenn sie auch gelegentlich abgeleugnet wird. Von denen, die, in höherem Alter stehend, sich selbst als verbraucht und nutzlos empfanden, bekam Feifel öfter die Antwort: »Man hat sein Leben gelebt und ergibt sich in das Geschick, daß man sterben muß«, oder »Man hat nichts mehr, wofür es sich lohnt zu leben«. Diese Haltung ist natürlich besonders ausgesprochen bei unheilbar Kranken.

›Wir müssen das Ende des Lebens jetzt nicht herabsinken lassen‹, sagt Wilhelm von Humboldt mit 45 Jahren. Dieser Freund Goethes und Schillers, gleich groß als Staatsmann wie als Gelehrter, hat sich viel mit Fragen der Seele und des Schicksals beschäftigt, oft über den Tod als mögliche Vollendung des Lebens gesprochen und geschrieben. Wie er, so erblickt auch Carl Jung in seinen tiefsinnigen Betrachtungen über die ›Wirklichkeit der Seele‹ im Tode die Erfüllung des Lebenssinnes. ›O Herr, gib jedem seinen eigenen Tod‹ betet Rainer Maria Rilke, indem er, wie Humboldt, die Idee der *Reife zum Tode* ausspricht. ›O Herr, gib jedem seinen eigenen Tod, das Sterben, das aus jenem Leben geht, darin er Liebe hatte, Sinn und Not.‹

VII Das Individuum und die Gesellschaft

1. Einleitende Betrachtungen

Als Wilhelm Wundt die moderne wissenschaftliche Psychologie begründete, schwebte ihm von Anfang an die Idee vor, mit der Psychologie des Individuums müsse eine Psychologie der Völker, wie er es nannte, parallel gehen. Mit anderen Worten: Er erkannte, daß die Psychologie des Menschen allein vom Einzelwesen her nur unvollständig zu erfassen ist. Der Mensch ist nicht nur ein Individuum, sondern stets auch ein Angehöriger einer Gruppe, ja deren mehrerer.

Seine Gruppenbestimmtheit ist sogar ein wesentliches Merkmal, da erst in der Gruppe die höchsten Leistungen, deren der Mensch fähig ist, zustande kommen. Dies gilt in erster Linie von der *menschlichen Kultur*, die eine Gruppenschöpfung darstellt.

Wundts Ansatz wurde jedoch zunächst einmal nicht weitergeführt – wenn man von den Arbeiten absieht, die Gabriel Tarde (›Les lois sociales‹, 1898) und Gustave Le Bon (›Psychologie des foules‹, 1895) über die ›Psychologie der Masse‹ geschrieben haben. Die moderne, riesig entfaltete Sozialpsychologie und Kulturanthropologie ist im wesentlichen eine amerikanische Schöpfung; sie hatte ihren Ursprung größtenteils in sehr aktuellen Problemen der sich in den USA vollziehenden Völkermischung. Begonnen hat sie mit den Forschungen von Charles M. Cooley, William McDougall, W. I. Thomas, George H. Mead und Franz Boas.

In diesen beiden modernen Forschungsweisen werden zum Teil alte Probleme mit neuen Fragestellungen und neuen Methoden wiederaufgenommen. So weist zum Beispiel Peter Robert Hofstätter darauf hin, wie stark die Ideen der Soziologen Emile Durkheim, Ferdinand Tönnies, Max Weber, Georg Simmel in den neuen Arbeiten wieder anklingen. Jedoch können wir heute vor allem deswegen mehr auf konkrete Tatsachenbefunde hinweisen als die frühen Forscher, die sich vorwiegend mit Spekulationen begnügen mußten, weil die neue Sozialpsychologie in ausgedehntem Maße auf Experimente und andere empirische Untersuchungen gründet.

Wir müssen uns nochmals unser Ziel vor Augen halten: Es geht uns darum, die Rolle der Psychologie in unserer Zeit darzustellen. Wir sehen diese Rolle in der großen Bedeutung, welche die Psychologie für unsere Lebensgestaltung erlangt hat. Sie läßt uns zuvor unbeachteter Dinge gewahr werden und verhilft uns zu wichtigen Einsichten in uns selbst, unsere Situation und unsere Lebensaufgaben. Wenn wir uns jetzt also mit der Psychologie der menschlichen Gesellschaft und Kultur befassen, werden wir unser Augenmerk daher besonders auf solche Tatbestände richten, die uns zu Einsichten in unsere eigene menschliche Lage verhelfen können, soweit diese durch das Zusammenleben mit anderen bedingt ist.

2. Gesellschaftliche Bedingtheit und gesellschaftliche Bedürfnisse des Individuums

Kein Mensch lebt isoliert, sondern alle Menschen leben gesellig mit anderen. Die menschliche Gesellschaft ist ein über die ganze Erde verbreitetes, ebenso komplexes wie kompliziertes Gebilde mit vielerlei Untergruppierungen. Das menschliche Kind ist von Geburt an ein Mitglied einer dieser Gesellschaften. Normalerweise wird es in eine Familie hineingeboren; dies ist der Fall in allen Stämmen und Völkern der Erde. Diese Tatsache bedeutet, daß die Existenz des Individuums vom Beginn seines Lebens an sozial bedingt ist, daß viele Bedürfnisse des Individuums nur von der Gruppe befriedigt werden können und daß das Individuum von Anfang an Gruppenzugehörigkeit hat.

Bei seiner durch die Geburt erfolgenden Einordnung in eine Gruppe hat das Individuum natürlich keine Wahl; das Schicksal des einzelnen ist, wie heute von den Sozialpsychologen immer wieder betont wird, bereits weitgehend durch den Zufall seiner Gruppenzugehörigkeit bedingt, bevor er überhaupt Gelegenheit hat, selbständig dazu Stellung zu nehmen oder seine Eigenart unbehindert zum Ausdruck zu bringen. Die Frage, wie einst in Urtagen die menschliche Gesellschaft zustande gekommen ist, hat seit dem Altertum die Denker immer wieder beschäftigt. In erster Linie hat man allgemeine Bedürfnisse dafür verantwortlich gemacht. Diese wurden zunächst vielfach als *Instinkte* aufgefaßt, wie das besonders von McDougall gelehrt wurde. Heute geht man mit dem Wort ›Instinkt‹ vorsichtiger um und spricht deshalb mehr unspezifisch von einer ›Triebkomponente im sozialen Verhalten‹ oder von einem ›primären Kontakt mit dem anderen Menschen‹, den Gardner Murphy als das ›Rohmaterial‹ der sozialen Reaktion und Aktion bezeichnet. Darüber bauen sich dann die durch Reifung und Lernen entwickelten komplizierten Bedürfnisse nach sozialer Einpassung und kultureller Beteiligung auf.

Bei unserer Betrachtung der kindlichen Entwicklung und Motivation sahen wir deutlich, wie außerordentlich stark der Säugling, wenn auch ihm unbewußt, der Liebe, Pflege und Beachtung seitens seiner Umgebung bedarf. Die Testuntersuchungen von Spitz und schon vorher von Hildegard Durfee zeigten bei sozial vernachlässigten, in Anstalten aufgezogenen Babys, selbst wenn sie körperlich aufs beste gepflegt wurden, nicht nur ungünstige emotionale Wirkungen, sondern auch einen allgemeinen Entwicklungsrückstand. Außerordentlich eindrucksvoll waren die Beobachtungen von Anna Freud und Dorothy Burlingham in Kriegsheimen für Kinder, deren Väter eingerückt und deren Mütter dienstverpflichtet waren. Diese Kinder entwickelten durchgehend emotionale Schwierigkeiten und seelische Rückstandserscheinungen. In diesem frühen Stadium spielt die Mutter oder eine an ihre Stelle tretende Pflegeperson zunächst eine ausschließliche Rolle, später für lange Zeit noch immer die entscheidende.

Die Bemühungen schon des Ein- und Zweimonatigen, mit seiner Umgebung in *Kommunikation* zu treten, sind im Kapitel über die Entwicklung ausführlich beschrieben worden. Der Kontakt durch Lächeln, das Nachahmen von Lauten und die Widerspiegelung von Mimik – all das wird schon in den letzten Monaten des ersten Lebensjahres zu einem *Austausch* von gegenseitigem Ausdruck und Appell, wie Karl Bühler es genannt hat. In dem Maße, in dem das Kind die Sprache bemeistert, entwickelt es dann unter Umständen ein geradezu ungeheures Kommunikationsbedürfnis.

So kann man manche Kinder, die in einer freundlichen, sie mit Vertrauen erfüllenden Umgebung aufwachsen, nicht selten dabei beobachten, wie sie mit irgendwelchen Fremden reden, die an ihnen vorbeikommen. Zwei wahre Geschichten über ungewöhnlich soziale kleine Kinder mögen dies bestätigen.

»Mein Tommie«, *erzählt eine Mutter ihrer Nachbarin nach einer Fahrt in die Stadt,* »ruft immer allen Leuten aus dem Fenster vom Auto aus zu. Heute sage ich zu ihm: ›Aber Tommie, warum redest du denn zu all diesen Leuten, die du doch gar nicht kennst?‹ Was glauben Sie, was der dreijährige Knirps mir antwortet? ›Mammi‹, sagt er, ›ich habe Leute gern‹. Ich kann nur hoffen, daß das so bleibt.«

Ein anderes Kind, der vierjährige Hansel, ist für die ganze Familie so etwas wie eine ›lebende Zeitung‹. Sein besonderes Vergnügen ist es nämlich, halbstundenlang vor dem Vordergarten auf und ab zu spazieren und mit allen zu reden, die vorüberkommen. Die Nachbarn, die von der Arbeit nach Hause kommen, die zum Einkaufen gehen oder irgendwo einen Besuch machen wollen, fängt er ab und fragt sie aus: Was denn in dem Paket drin sei oder wohin sie gingen. Da alle Umwohnenden ihn kennen und gern haben, bleiben sie meistens einen Augenblick stehen, um mit ihm zu plaudern. Später rennt Hansel ins Haus und packt alle seine Neuigkeiten beim Abendbrot aus.

Für ein solches Kind ist seine soziale Welt nicht nur sehr früh schon sehr groß, sondern seine *Kommunikationsfähigkeit* ist auch ungewöhnlich entwickelt. Es ist interessant, festzustellen, daß Tommie später in der Schule Klassenführer und Hansel ein sehr erfolgreicher Kaufmann geworden ist. Andere Kinder hingegen sind vom etwa achten bis zehnten Monat an Fremden gegenüber scheu und entwickeln unter Umständen ausgesprochene Furchtreaktionen, wenn Fremde sie ansprechen. Man nimmt an, daß innere Gründe ebenso wie äußere zu diesem mangelnden Vertrauen beitragen.

Jean Piaget, dessen ausgedehnte Untersuchungen an Kindern wir bereits wiederholt erwähnten, ist der Ansicht, daß Kinder vor dem siebenten oder achten Lebensjahr *egozentrisch* sprechen, das heißt, daß sie weniger den anderen als sich selbst hören und zur Beachtung gelangen lassen wollen. Erst im Schulalter entwickelt das Kind nach Piagets Ansicht ein *sozialisiertes*, das heißt tatsächlich gegenseitigem Austausch dienendes Sprechen.

Wir dürfen das Bedürfnis des Kleinkindes, beachtet zu werden, ganz gewiß keineswegs unterschätzen; dennoch bin ich mit Dorothea McCarthy, einer Spezialistin auf dem Gebiet der Kindersprache, der Ansicht, daß es von der Situation abhängt, ob ein Kind beim Sprechen die egozentrische oder die soziale Einstellung zeigt, und daß unter Umständen Vier- bis Fünfjährige durchaus echter Konversation fähig sind.

Sie sind auch des *Mitfühlens* und der Teilnahme an den Leiden und Freuden anderer fähig. Diese Fähigkeit der *Empathie*, die darin besteht, daß man sich mit den Erlebnissen eines anderen identifiziert, ist oft schon bei sehr jungen Kindern entwickelt. Die Identifizierung beim Mitfühlen wird von mir, ebenso wie von S. Escalona, in ihren frühen Ursprüngen als ein unmittelbares *Resonanzerlebnis* aufgefaßt.

Die soziale Welt, in die das Kleinkind hineinwächst, ist zunächst im allgemeinen auf die *Familie* und die *Spielgruppe* begrenzt. In der Tat betrachtet C. H. Cooley diese beiden als die zwei wichtigsten ›Primärgruppen‹. Er sieht in diesen von Angesicht zu Angesicht wirksamen Gruppen die Hauptkräfte der Sozialisation.

3. Die Sozialisation

Mit dem Wort *Sozialisation* wird heute der gesamte sich durch die Jahre hinziehende *Prozeß der Einordnung des Individuums in das Gruppenleben* bezeichnet. Diesem Vorgang der Sozialisation wird von den Sozialpsychologen außerordentliche Aufmerksamkeit gewidmet, weil es zunehmend deutlicher wird, daß von dem günstigen oder ungünstigen Verlauf dieses Vorgangs die Geschicke des Individuums sowohl wie die der Gesellschaft entscheidend bestimmt werden.

Wenn wir von günstigem oder ungünstigem Verlauf sprechen, so meinen wir damit eine solche Gestaltung der sozialen Einordnung des Individuums in die Gruppe, die für beide Teile fruchtbar und konstruktiv ist. Für das Individuum würde das heißen, daß es in relativer Freiheit seine Eigenart ausdrücken und nach Möglichkeit sich selbst verwirklichen kann, statt sich Autoritäten blind fügen und sein eigenes Selbst unterdrücken zu müssen. Für die Gruppe bedeutet es, daß sie über Mitglieder verfügt, die in freiwilliger Einordnung und mit Begeisterung an der Verwirklichung der Gruppenziele und ihrem Ausbau mitwirken.

Dieser Prozeß kann der Natur der Sache nach nicht völlig reibungslos verlaufen. Zwar ist das menschliche Kind normalerweise willig, sich führen zu lassen und zu lernen, und es legt Wert darauf, zur Gruppe dazu zu gehören, doch hat es andererseits Bedürfnisse und Eigenarten, die den Gruppenzielen entgegenstehen. Die Frage, wie diese *Konflikte* zwischen Individuum und Gruppe bereinigt und gelöst werden, ist eines der Hauptprobleme für alle diejenigen, die ein sorgsames Vorgehen bei der Sozialisation befürworten. Dementsprechend verurteilen sie *verständnisloses autoritäres Verhalten* von Erwachsenen und Vorgesetzten ebenso wie impulsives *Sich-gehen-Lassen des Individuums*; in der Mitte zwischen diesen Extremen sehen sie die Möglichkeit psychologisch angemessener Führung und Entwicklung. *Die Sozialisation wird dann aufgefaßt als ein Prozeß, in dessen Ablauf der einzelne die Lebens- und Denkweise der Gesellschaft oder Gruppe lernt, zu der er gehört, so daß er darin funktionieren kann.* Dies ist die *Definition*, die Frederick Elkin für den Sozialisationsprozeß in seinem lesenswerten Büchlein über ›Kind und Gesellschaft‹ gibt. Was hier mit ›Lebens- und Denkweise‹ umschrieben ist, wird heute in der amerikanischen Literatur gewöhnlich − ›ways: Wege‹ genannt. ›Ways of Mankind: Wege der Menschheit‹ ist ein häufig gebrauchter Ausdruck, den wir in diesem Sinn hier auch verwenden wollen.

Die Mittel der Sozialisation sind soziale Beziehungen: die *Interaktion* zwischen Menschen. In diese Interaktion tritt der heranwachsende Mensch mit einem in seinen angeborenen Dispositionen fundierten und durch Erfahrung modifizierten *Verhaltenssystem* ein, innerhalb dessen sich allmählich mehr oder weniger bestimmte *Einstellungen* entwickeln. Die Entwicklung von *Aggression* und *Abhängigkeit*, zwei der wichtigsten Variablen im Sozialisationsprozeß, dürfte weitgehend von diesen ersten Erfahrungen abhängen. Etwas weniger abhängig von emotionalen und sozialen Erfahrungen dürfte sich unter Umständen die Variable *Leistung* entwickeln.

Eines der schwierigsten und dunkelsten Themen der Psychologie wird berührt, wenn man über *Aggressivität* zu sprechen beginnt. Der Grund liegt in der Vieldeutigkeit, in der das Wort verwendet wird, und in der Unklarheit über den Ursprung des Phänomens.

Befassen wir uns zunächst mit Aggressivität nur im Sinne einer auf Zerstörung gerichteten *Feindseligkeit*. Wenn wir Freuds umstrittene Theorie eines Zerstörungs- oder Todestriebes als unentschieden dahingestellt sein lassen, so wird heute ziemlich allgemein angenommen, daß solche Aggressivität ihre frühesten Ursprünge hauptsächlich in Versagungen *(Frustrationen)* hat; man spricht deshalb von Frustrations-Aggressivität.

Da es nun aber von Anfang des Lebens an Versagungen gibt, so bestehen natürlich auch von Anfang an Ursachen und Gründe zur Feindseligkeit. Warum und unter welchen Umständen diese Feindseligkeit sich nun in unterschiedlichstem Ausmaß entwickelt, bis sie gelegentlich zur Gefahr für andere oder das Individuum selber wird, ist noch weitgehend unklar.

Robert Sears, der diesen Fragen eingehende Untersuchungen gewidmet hat, kommt zu dem Resultat, daß es keine einfache und für alle Fälle gültige Antwort auf die Frage nach den Umständen gibt, die für die Entwicklung der Aggressivität verantwortlich sind. Elterliche Ablehnung des Kindes und Disharmonie zwischen den Eltern, aber auch Überbesorgtheit und Verzärtelung, werden von manchen für Hauptursachen gehalten; andere hingegen bestreiten dies. Sears glaubt, daß die elterliche Reaktion auf die ersten Aggressionen des Kindes seine weitere Entwicklung entscheidend beeinflußt, während Dollard und Miller der Ansicht sind, daß bei der Sozialisation des aggressiven Kindes die Art der *Bestrafung* eine entscheidende Rolle spiele: *Angst* vor gewissen Strafen verhindert im allgemeinen weitere Ausbrüche von Aggressivität und trägt somit zur Sozialisation des Kindes bei; jedoch verhindern Strafen nicht eine anwachsende Feindseligkeit.

Aus der Psychotherapie wissen wir, daß Individuen, die infolge jahrelanger Unterdrückung ihrer feindseligen Impulse ein ungeheures Ressentiment aufgestaut haben, sich allmählich von dem aufgestauten Haß befreien können, wenn ihnen die Gelegenheit zur Aussprache gewährt und Verständnis geboten wird. Darüber hinaus ist es bei Kindern und Jugendlichen oft nötig, ihnen zu erlauben, daß sie ihre Wut in aggressivem Spiel ausdrücken, wobei es zu symbolischem Töten gehaßter Personen oder ähnlichem kommen mag. In seinem Werk über ›Kinder, die hassen‹ bespricht Fritz Redl die in seiner Erziehungsanstalt verwendeten Methoden, die diesen teilweise kriminellen und großenteils verwahrlosten Jugendlichen Gelegenheit boten, ihrem Haß Luft zu machen, ohne anderen oder sich selbst gefährlich zu werden.

Im *Alltagsleben der Familie* ist es natürlich viel schwieriger, derlei Dinge konstruktiv zu handhaben. Anna Freud, die sich viel mit diesen Fragen beschäftigt hat, kommt zu dem Ergebnis, daß das notwendigerweise durch Frustrationen und Konflikte hindurchgehende Kind dazu neigt, sowohl auf sehr strenge wie auf sehr nachgiebige Eltern mit Angst zu reagieren, und daß die Hauptschwierigkeit darin liegt, das richtige Mittelmaß zwischen Strenge und Nachsicht zu finden.

Manche moderne Mütter haben gehört oder gelesen, daß es den Kindern helfe, ihre negativen Gefühle zu überwinden, wenn man ihnen erlaube, diesen Gefühlen gelegentlich freien Ausdruck zu geben. Danach ermutigen solche Mütter ihre Kinder, hin und wieder ›ihr Herz auszuschütten‹. *So erzählt Evchens Mutter ihrer Freundin Frieda:* »*Wenn Evchen sagt:* ›*Ich hasse dich, Mutti*‹, *sage ich zu ihr:* ›*Das macht nichts, wir haben manchmal solche Gefühle.*‹«

Die Freundin ist entsetzt, sie kann das nicht verstehen: »*Ich glaube, du gibst dich zuviel mit all diesen modernen Dingen ab. Ein bißchen Psychologie lasse ich mir ja gefallen, aber das geht dann doch zu weit.*«

»*Liebe Frieda*«, *sagt Evchens Mutter*, »*jetzt sei mal ehrlich: Wer von uns beiden hat die schwierigere Tochter?*« – »*Aber das hat doch damit nichts zu tun!*« *sagt Frieda entrüstet.*

Aber es hat eben doch viel damit zu tun, welche Art von Ausdrucksmöglichkeiten einem Kinde geboten wird. A. L. Baldwin hat das kindliche Verhalten im Zusammenhang mit der entweder ›autoritären‹ oder aber ›demokratischen‹ Art der ›Kontrolle‹ untersucht, in der Eltern mit ihren Kindern umgehen. ›Kontrolle‹ ist in der Psychologie der technische Ausdruck für die einschränkende Leitung, um die es sich hier handelt.

Dabei fand er, daß die strenge Disziplin autoritärer Eltern, die keinen Widerspruch dulden und auf strikte Befolgung ihrer Anordnungen bestehen, zwar zur Folge hat, daß die Kinder gehorsamer sind, daß eine solche Erziehung aber auch gleichzeitig wichtige positive Eigenschaften, wie Initiative, Furchtlosigkeit und selbständiges Planen, unterdrückt.

Andererseits zeigte sich bei den Kindern, deren Eltern im allgemeinen tolerant sind, ihren Kindern die Gründe ihrer Maßnahmen auseinandersetzen und ihnen Gelegenheit zu Einwänden geben, weit mehr Initiative, Selbständigkeit, Furchtlosigkeit und Planmäßigkeit. Diese Kinder entwickelten eine größere Fähigkeit, im *positiven* Sinne ›aggressiv‹, das heißt unternehmungslustig, in die Welt zu gehen und sich selbständig und ohne Feindseligkeit mit Problemen auseinanderzusetzen.

Aggressivität im Sinne einer auf Zerstörung gerichteten Feindseligkeit haben Kurt Lewin und seine Mitarbeiter, insbesondere Ronald Lippitt, im Gefolge autoritärer Führung beobachtet. Aufgrund seiner theoretischen Ausgangsposition, die im ersten Teil des Buches besprochen wurde, ist Kurt Lewin an Gruppenstrukturen besonders interessiert. Im Zuge dieser Arbeiten experimentierten er und Lippitt mit Gruppen von Knaben, die sie einerseits unter *autoritäre*, andererseits unter *demokratische* Führung stellten. Das Ergebnis war, daß die autoritäre Führung schneller Leistungen erzielte, und daß sich die Geführten unter ihr sicher fühlten, daß sie aber auch viel *Aggression* entfesselte. Die demokratische Führung, die an die Selbständigkeit der Knaben appellierte, versetzte ihre Gesellschaft anfangs in Unsicherheit und Konfusion, brachte aber allmählich Initiative, Unabhängigkeit und ein auf Freiheit beruhendes Zusammenwirken zustande.

Was die Aggressivität betrifft, so steht es damit wohl so, wie Erikson es einmal ausführt: Frustrationen, die sinnvoll sind oder durch Erklärung sinnvoll gemacht werden, können im allgemeinen ausgehalten werden, wenn sie im Bereich dessen liegen, was ein Individuum verarbeiten kann. Eltern, die es ihren Kindern möglich machen, sich mit ihnen in gutem Einverständnis zu identifizieren, bieten die beste Stütze für das Ertragen von Einbußen und Versagungen. Ein Vater dagegen, der seinem nach dem Grund eines Befehls fragenden Sohn die Antwort gibt: »Du tust das, weil ich es befehle«, legt dem Kind die doppelte Last auf – es muß nicht nur mit einer Enttäuschung oder Unannehmlichkeit, sondern auch mit einer Demütigung und Abfuhr fertig werden.

Abhängigkeit, für das Kleinkind eine Notwendigkeit, kann sich gleichfalls infolge ungünstiger Einwirkungen in eine die Sozialisation beeinträchtigende Verhaltensweise entwickeln. Die Umstände, die dafür verantwortlich zu machen sind, haben anfangs gewöhnlich mit der Fütterungssituation zu tun: Babys, die bei der Fütterung mit Starrheit und Strenge behandelt werden, die ohne Rücksicht auf ihre individuellen Bedürfnisse entwöhnt werden, entwickeln *Unsicherheit* und mit ihr Abhängigkeit. Mangelnde Liebe und mangelndes Interesse für das Kleinkind steigern gleichfalls die Unsicherheit und Abhängigkeit. Später treten Strafen und Versagungen als weitere Ursachen hinzu. Wie Sears, Whiting und andere gezeigt haben, kommen für die Ausbildung exzessiver Abhängigkeit zum Teil dieselben Ursachen in Frage, die Aggressivität erzeugen. Beide werden häufig gleichzeitig beobachtet.

Vielleicht der wichtigste Faktor in der Sozialisation des Individuums ist seine Bereitwilligkeit zu *Leistung und Arbeit.* Während die Gesellschaft sich mit allen möglichen Persönlichkeitsproblemen abfinden kann, vermag sie ohne den Arbeitsbeitrag des Individuums nicht zu bestehen.

Arbeit und Leistung in ihren Ursprüngen haben uns bereits im Kapitel über die Entwicklung beschäftigt, wo wir den Leistungsbeginn im Vergleich zum Schaffensbeginn besprochen und festgestellt haben, daß Arbeit und Leistung – im Unterschied zum Schaffen – nur im Zusammenhang des Individuums mit der Gesellschaft zu verstehen sind. Wir haben die Motive zur Arbeit diskutiert und auf McClellands Befunde hingewiesen, nach denen hohe Anforderungen und Strenge die besten Voraussetzungen für Höchstleistungen bieten.

Die Voraussetzung der Sozialisation ist zunächst natürlich das Bestehen einer organisierten Gesellschaft, die in den einzelnen Kulturen einen unterschiedlichen Aufbau hat. Die Gesellschaft unserer westlichen Kultur, auf die wir uns vorläufig beschränken, besteht aus verschiedenen, zunehmend vermischten *ethnischen* (Volkstums-)Gruppen; sie ist mehr oder weniger deutlich in *Klassen* gegliedert und verfügt über viele *Institutionen* wie Familie, Schule, Kirche, Behörden, Justiz, Gemeinde, Staat usw. Sie verleiht ihren Angehörigen einen bestimmten *Status,* seinen ›Stand‹, und weist ihnen *Rollen* zu. Sie stellt *Werte* und *Normen* auf, nach denen der einzelne sich zu richten hat. Sie ist in manchen dieser Belange starr und traditionsgebunden, in anderen flexibel und wandelbar. Der einzelne muß sich sowohl mit der *Starrheit* wie mit dem *Wandel sozialer Einrichtungen* abfinden.

4. Der Begriff der Rolle

Als einer der wichtigsten sozialpsychologischen Grundbegriffe gilt bei vielen Fachleuten der Begriff der sozialen *Rolle.* Ursprünglich von G. H. Mead in die Wissenschaft eingeführt, ist er inzwischen nach vielen Richtungen hin ausgebaut worden; heute legt ihn besonders Talcott Parsons in systematischer Weise der Erforschung der sozialen Handlung und der Strukturierung von Gruppen zugrunde. Was aber ist diese Rolle? Die vielen Soziologen und Sozialpsychologen, die den Begriff verwenden, geben ihm etwas unterschiedliche Definitionen. Sargent und Williamson haben in ihrer Sozialpsychologie eine gute Übersicht über die mannigfaltigen Aspekte dieses wichtigen Begriffes geboten. Er stammt natürlich vom Theater her. Der Schauspieler spielt eine Rolle. Dabei ist es so, daß ihm einerseits eine bestimmte *Aufgabe* zugeteilt wird – er hat etwas darzustellen –, und daß er andererseits mit einer bestimmten *Eignung* an diese Rolle herangeht.

Soziologen wie Parsons und andere definieren die soziale Rolle des Individuums in erster Linie von der Gruppe her. Im sozialen Zusammenspiel fällt jedem Individuum eine Rolle zu – ein organisierter Verhaltenssektor im gesellschaftlichen Geschehen. Von der Gesellschaft her ist dieser Sektor in der Richtung bestimmter Pflichten sowohl wie bestimmter Rechte mehr oder weniger weitgehend festgelegt. Mit anderen Worten: Für die Rollen des Kindes, der Eltern, des Mannes, der Frau gibt es zum Beispiel innerhalb der Familien bestimmte Regeln, die in den verschiedenen Kulturen und sozialen Gruppen zwar variieren, die aber gewöhnlich den Beteiligten bekannt sind oder bekanntgegeben werden.

Im Gegensatz zu den Soziologen betonen die Sozialpsychologen, daß die Rolle auch vom Individuum her gesehen werden muß. Das Individuum kommt seiner sozialen Rolle mit bestimmten Eigenheiten mehr oder weniger entgegen. Die Rolle des gehorsamen Kindes mag dem einen mehr, dem anderen weniger liegen. Zur Rolle des Führers im Freundeskreis kann einer geboren sein, bevor er zu ihr ernannt wird.

Als Beispiel möge der Fall von Alfred dienen, dem wir schon früher mehrmals begegnet sind. Alfred hatte eine strenge Mutter, die auf Gehorsam und gutes Benehmen außerordentlich großen Wert legte. Alfred, der sich schon als Vierjähriger ungern zur Rede stellen ließ, spielte zu Hause die Rolle eines Musterknaben. Er erstrebte Vollkommenheit des Benehmens und war äußerst gefügig.

Soziologisch gesprochen, war die Rolle, die Alfred seiner Mutter gegenüber spielte, die des Sohnes. Er spielte sie, mit Goffman zu sprechen, ›im Stil‹ eines Musterknaben. Im Verhältnis zu seinen Freunden war Alfreds soziologische Rolle die des Spielkameraden. Er spielt sie in jener Frühzeit ›im Stil‹ des Führers. Diese ausgesprochene Führerrolle konnte er deswegen übernehmen, weil er viele gute Einfälle hatte und die Kinder sich gern von ihm Spiele vorschlagen ließen. Dies genügte für die noch unformelle Art der Führerrolle, die für diese Altersgruppe charakteristisch ist. Ob sich in späterem Alter, dann, wenn die Gruppen sich ihre Führer wählen, seine Qualifikationen noch ebensogut bewähren werden, ist eine Frage der Zukunft.

In gewisser Weise sind die zwei Rollen, die Alfred spielte, einander entgegengesetzt, weil er in seiner Beziehung zu seiner Mutter unterwürfig, in der Beziehung zu seinen Freunden überlegen ist. (Genauer gesagt: Er war dies wenigstens in gewisser Hinsicht und zu einer gewissen Periode seiner Entwicklung.) Es ist bemerkenswert, daß schon ein Vierjähriger in dieser Weise zwei Rollen zu spielen und auseinanderzuhalten vermag. In jeder dieser Rollen ist das Kind sozusagen ein anderer Mensch. Es trifft eine *Auswahl* unter den ihm zur Verfügung stehenden Verhaltensweisen und *organisiert* sie im Hinblick auf gewisse *Ziele*, die es in den verschiedenen sozialen Beziehungen verfolgt; im einen Fall im Hinblick auf das Lob der Mutter, im anderen auf die Anerkennung der Freunde. In jeder dieser Rollen *operiert* schon dieses junge Kind in einem verschiedenen *Bezugssystem*. Beide

Rollen stehen nicht im Konflikt, wie es auf den ersten Blick erscheinen könnte. Denn tatsächlich sind beide so angelegt, daß eine soziale *Auszeichnung* oder ein hoher *Status* erreicht wird.

In anderen Fällen jedoch ergibt sich eine innere Zerrissenheit, dann nämlich, wenn die Rollen, die jemand spielt, ihn in *Konflikt* mit sich selber bringen.

Stephan ist ein 16jähriger, der es in seiner Beziehung zur Mutter darauf angelegt hat, daß diese ihn verwöhnt und ihm viele Mühen des Lebens abnimmt.

Außerhalb des Hauses aber ist Stephan völlig auf große Selbständigkeit eingestellt, indem er sich, ebenso geschäftstüchtig wie persönlich gewandt, bereits als ›Unternehmer‹ betätigt: Er leitet in eigener Regie den Vertrieb einiger Zeitschriften für eine Firma, die ihm erlaubt hat, mit einer Schar von ihm angeworbener und beaufsichtigter jüngerer Buben zu arbeiten. So spielt er einerseits die Rolle des Babys, andererseits die eines Arbeitgebers, was ihn in großen inneren Zwiespalt brachte.

Dieser Zwiespalt ist zum Teil die Folge aus einer Tatsache unserer Kultur, die Ruth Benedict in einem viel zitierten Aufsatz als *Diskontinuität* bezeichnet hat. Sie meint damit, daß wir unsere Kinder vielfach an Rollen gewöhnen, die sie später völlig umlernen müssen.

So behandeln wir sie jahrelang als zu jung, zu unerfahren, als unfähig, in gewissen Dingen selbständig und unabhängig zu handeln; und dann erwarten wir eines Tages ziemlich plötzlich, daß der Erwachsene große Verantwortlichkeiten auf sich nimmt. Ruth Benedict hat gezeigt, wie, im Gegensatz zu den Verhältnissen bei uns, in einigen anderen Kulturen, zum Beispiel bei den Indianern Nordamerikas, eine *Kontinuität* besteht: Die Kinder werden von früh an schon dazu angehalten, erst kleinere, dann immer größere Verantwortung auf sich zu nehmen.

Im Falle von Stephan wird die Diskontinuität noch dadurch vergrößert, daß dieselbe Mutter – die auf ihres Sohnes allzu frühe Geschäftstüchtigkeit, mit der er den Erwachsenen spielt, stolz ist – dann zuläßt, daß er zu Haus das verhätschelte, jeder Verantwortung enthobene Baby spielt.

Aber offenbar muß ein in der Gesellschaft heranwachsendes Kind zwei soziale Aufgaben lernen: erstens, daß es im sozialen Leben verschiedene Rollen gibt, die man sich teilweise aussuchen kann, die einem aber andererseits auch zugeteilt werden, und zweitens, daß es in den verschiedenen Gruppen oft völlig andersgeartete Ansprüche an die zu wählende oder auszuübende Rolle gibt. Damit kommen wir auf die fundamentale Bedeutung der *sozialen Werte* zu sprechen.

Es gibt viele Gruppen, die an der Sozialisation der Heranwachsenden beteiligt sind. Am wichtigsten sind natürlich die Familie, die Schule und die Altersgenossen; hinzu kommen die Nachbarschaft und der Freundeskreis der Eltern sowie die Kulturgruppe als Ganzes, in der ein junger Mensch aufwächst und die hauptsächlich durch Massenmedien wie Funk, Fernsehen auf ihn einwirkt. Später treten Berufs-, Tätigkeits- und Interessengruppen dazu.

Diese Gruppen können für den einzelnen in zweifacher Weise bedeutsam werden: Er kann ihnen als *Mitglied* angehören, oder er kann die Gruppe als sogenannte *Bezugs-(Referenz-)gruppe* benutzen. Dieser wichtige Begriff der Bezugsgruppe ist hauptsächlich von Hyman, Newcomb, Sherif und Merton eingeführt und untersucht worden. Er wird angewandt auf eine Gruppe, die dem Individuum, das von dieser Gruppe *akzeptiert*, anerkannt werden will, gewisse *Wertmaßstäbe* liefert.

Mitglieds- und Bezugsgruppe können natürlich zusammenfallen; so benutzt zum Beispiel ein Kind oder ein Heranwachsender, wenn sie an ihre Familie glauben, die Werte und Normen ihrer Angehörigen als ihren Maßstab.

Mitglieds- und Bezugsgruppe stehen aber oft im Konflikt für das Individuum. Otto Klineberg weist darauf hin, wie häufig Kinder, besonders Adoleszenten, in Konflikte geraten, weil die Werte ihrer Altersgenossen völlig abweichen von denen ihrer Eltern. Unter Umständen ist es einem Kinde und noch mehr einem Jugendlichen wichtiger, von seinen Mitschülern oder Freunden anerkannt zu werden, als sich nach den Werten seiner Eltern zu richten.

Klaus ist fünf Jahre alt und im Kindergarten. Eines Tages schlägt der angriffslustige Otto auf ihn los. Klaus ist fassungslos und rennt davon. Lachend und höhnend laufen mehrere Kinder hinter ihm her. Klaus ist verzweifelt. Er ist kein Feigling. Aber seine Mutter hat ihm streng verboten, sich in Raufereien einzulassen, weil sie überzeugt ist, daß der Friede der Welt gesichert werden könnte, wenn die Kinder sich nicht mehr befehden würden. Bis heute hat Klaus seiner Mutter ohne Widerspruch gefolgt. In diesem Augenblick jedoch verliert er den Glauben an ihre Grundsätze, wenigstens soweit sie die Selbstverteidigung betreffen. Stracks dreht er sich um und stürmt mit geballten Fäusten auf den verblüfften, eben noch triumphierenden Otto ein und verprügelt ihn unter allgemeinem Beifallsgeschrei des ganzen Kindergartens.

Jeder hat wohl schon Vorfälle dieser oder ähnlicher Art erlebt, bei denen das Vertrauen des Kindes zu seinen Eltern auf die Probe gestellt wird, weil die Werte anderer ihm wesentlicher erscheinen. Diese ›anderen‹ – das kann eine Referenzgruppe sein, wie es oft die Schulklasse ist, oder es können einzelne Menschen sein. Diese, die ›bedeutsamen anderen‹, können für die eigene *Selbstbewertung* und die *Bewertung* anderer maßgebend und schließlich sogar zum *Vorbild* werden.

Wie David Riesman betont und Helmut Schelsky bestätigt, sind heute die Jugendlichen geneigt, ihre Vorbilder häufiger unter ihren Altersgenossen zu suchen als bei der älteren Generation.

Die Werte von Referenzgruppen werden von großer Bedeutung für solche Menschen, die sich in eine neue soziale oder kulturelle Umwelt – oft sogar in neue gesellschaftliche *und* kulturelle Verhältnisse – einzupassen bestrebt sind. Dieser Prozeß der *Assimilation*, wie Park und Burgess ihn genannt haben, wird zum Beispiel zum besonderen Problem bei Einwanderern und Heimatvertriebenen.

Ein amüsantes Beispiel einer reibungslos verlaufenden Assimilation hat Ernest Burgess berichtet. Beim Besuch einer russischen Einwanderer-Gemeinde in Los Angeles, die der Sekte der Malakanen angehörte, beobachtete er, daß die als schön bewunderten Frauen der älteren Generation durchweg wohlbeleibt und stämmig aussahen. Ganz anders hingegen die Gruppe der in Amerika geborenen Töchter: Sie waren schlank, trugen modische Frisuren und Make-up – ihre Vorbilder suchten sie in den Stars und Starlets von Hollywood.

Andererseits erzählte mir Pauline V. Young, die 1932 eine soziologische Studie über diese Sekte veröffentlicht hatte, daß sie beim kürzlichen Besuch bei einem der jungen Paare genau dieselben Sitten des Essens, Anrichtens, des Segnens der Mahlzeit, dieselbe religiöse Ideologie und die gleichen Lebensansichten wie früher feststellen konnte. Neue Referenzgruppen wurden also hier teilweise, jedoch nicht durchgehend angenommen.

Besonders kompliziert wird das Problem der Zugehörigkeit zu Mitglieds- und Referenzgruppen, wenn es um die Erörterung der Rolle geht, die die beiden Geschlechter spielen, und zwar deshalb, weil bei der Diskussion völlig unangebrachte Wertaspekte in den Vordergrund treten.

Wir haben das Thema *Männlichkeit* und *Weiblichkeit* bisher so sorgfältig vermieden, weil es eines der umstrittensten Gebiete in der Psychologie ist. Was für einen Einfluß die offenbar bestehenden, weil biologisch bedingten *Geschlechtsunterschiede* auf die Entwicklung und die Persönlichkeit wirklich haben, das ist eine Frage, zu deren Beantwortung zwar außerordentlich viele Meinungen geäußert, aber bisher nur wenig einwandfreie Tatsachen beigetragen worden sind.

Terman und Miles, deren Werk ›Geschlecht und Persönlichkeit‹ eine

der sorgfältigsten und noch nicht eigentlich überholten Forschungsarbeiten ist, bestätigen mit ihren Feststellungen im wesentlichen Tatsachen, die als allgemein bekannt gelten können.

*Männer sind aggressiver, selbstbewußter, härter, furchtloser, auch
etwas derber in Benehmen, Sprache und Gefühlsleben. Frauen sind
mehr mitfühlend, zurückhaltender, sensitiver, mehr moralisierend,
emotionaler und auch mehr geneigt, diese ihre Emotionalität zuzugeben. Die Interessen der Männer gehen mehr in die Richtung von
Wagnis und Abenteuer, von körperlicher Betätigung mit Werkzeug
und Maschine; auch interessieren sie sich mehr für Wissenschaft und
Technik, für Arbeit und Geschäft. Den Frauen liegen dafür mehr die
häuslichen Angelegenheiten und die Künste; sie ziehen sitzende Berufe
vor sowie Beschäftigungen, die mit Helfen und Heilen, Wohltätigkeit
und humanitären Zielen zu tun haben.*

Diese Feststellungen stimmen weitgehend mit dem überein, was mit
Hilfe des ›Wertbevorzugungstestes‹ von Allport und Vernon, der auf
Eduard Sprangers sechs Typen (s. S. 68) beruht, gefunden worden ist:
Männer sind mehr interessiert an theoretischen, wirtschaftlichen und
politischen Werten. Frauen mehr an ästhetischen, sozialen und
religiösen.

Was den *Unterschied in der Intelligenz* anlangt, so hat man früher
allgemein angenommen, die Frau sei dem Mann ›geistig unterlegen‹.
Diese Behauptung ist nach zahlreichen und eingehenden Untersuchungen, deren Ergebnisse Georgene Seward zusammengefaßt hat, nicht
aufrechtzuerhalten. Eine gewisse Überlegenheit der Männer zeigte sich
bei Tests allerdings auf dem Gebiet des Umgangs mit Wort und
Sprache. Vielleicht gibt es, wie immer behauptet wird, mehr Genies
unter den Männern; aber wieviel Genies gibt es überhaupt?

Entscheidend scheint, daß und wie die verschiedenen Kulturen in den
verschiedenen Perioden ihrer Geschichte den beiden Geschlechtern gewisse Rollen in oft höchst bestimmter Weise vorgeschrieben haben. Die
Art, wie zu gewissen Zeiten gewisse Rollen verboten oder zugelassen
wurden, geht offenbar weit über das von den natürlichen Anlagen
Geforderte hinaus und spiegelt Wertauffassung wider. Man denke nur
an die Nichtzulassung der Frauen zum Studium oder zur Wahl –
beides ist ja erst in jüngster Vergangenheit aufgehoben worden! Die
Frau war einerseits als Mitglied ihres Geschlechts verhindert, sich für
bestimmte Berufe auszubilden, und andererseits konnte sie gewisse
ihr theoretisch offenstehende Berufe kaum ausüben, ohne Anstoß zu
erregen, das heißt, ohne sich gegen ihre Referenzgruppe zu vergehen.
Dies soll nun allerdings nicht dahin ausgelegt werden, daß wir hier
alle natürlich bedingten Rollen verwerfen. Sinnvoller als alle Anordnungen über Zulassung oder Nichtzulassung zu kulturellen Betäti-

gungen und Institutionen erscheinen mir Maßnahmen, die gewissen grundlegenden physischen Unterschieden der Geschlechter Rechnung tragen.

6. Die Entwicklung von Vorurteilen und Meinungsbildung

Referenzgruppen, ›bedeutsame andere‹ und Vorbilder bestimmen in zunehmendem Maße das Weltbild des heranwachsenden Individuums, wobei es meist weitgehend dem Zufall überlassen bleibt, wie weit *Vorurteile* anstelle gesunder Werturteile eine Vorrangstellung gewinnen, so daß leider oft genug Gutzkows Wort recht behält: ›Die Sitte aber, sollt ihr wissen, folgt dem Urteil nicht, sie folgt dem Vorurteil.‹ Moderne experimentelle Untersuchungen und Fragebogenstudien über das Zustandekommen von Vorurteilen haben ein außerordentlich klares Licht auf die Entwicklung und die Dynamik dieser Vorgänge geworfen. Besonders in Amerika hat man Forschungen über die Entstehung und Verbreitung von Vorurteilen gegenüber rassischen und völkischen *Minderheitsgruppen*, wie es dort die Neger, Japaner und Chinesen, Mexikaner und Juden sind, angestellt.

Da sind zum Beispiel die interessanten Untersuchungen von Horowitz und dem Ehepaar Hartley über das Zustandekommen der Vorurteile gegen die Neger, die nach wie vor ganz besonders in den Südstaaten Nordamerikas noch herrschen. Horowitz legte New Yorker Kindern Bilder einer Reihe anderer Kinder verschiedener Rassen- und Volksgruppen vor, auf denen sie zeigen sollten, wen von den Dargestellten sie sich als Spielkameraden wünschen würden. Bei diesem Test brachten bereits Fünfjährige ihr Vorurteil gegen Neger zum Ausdruck.

Die Hartleys fragten Eltern, wie ihre Kinder wohl zu ihren Ansichten über andere Rassen gelangt seien. Als Grund wurde ›eingeborener Instinkt‹ angegeben.

Demgegenüber stellten Allport und Kramer bei einer von ihnen untersuchten Studentengruppe fest, daß bei einem hohen Prozentsatz der Befragten die Einstellung zu den anderen Rassen auf einen bis ins früheste Alter zurückgehenden Einfluß der Eltern zurückzuführen war. Die aus solchen und vielen anderen Untersuchungen gewonnenen Einsichten laufen auf die Erkenntnis hinaus, daß von klein auf jedes Individuum aus seiner Umgebung *unbewußt aufnimmt*, was es an *Einstellungen* und Vorurteilen zu den verschiedensten Tatsachen des Lebens in Worten ausgedrückt hört oder in Handlungen bekundet sieht. Selbst dort, wo derlei Einstellungen und Vorurteile dem Heranwachsenden nicht systematisch beigebracht werden, wo also keine ›Indoktrination‹ stattfindet, gibt es das, was man heute *Inkulkation* (vom engl. inculcate: einimpfen) nennt: eine unbewußte Einprägung oder Übertragung sozusagen von Vorstellungen, die allmählich das Weltbild eines Menschen nach vielen Richtungen hin festlegt.

Der Prozeß besteht, wie E. L. und R. E. Hartley dargelegt haben, aus drei nacheinander ablaufenden, aber folgerichtig aufeinander abgestimmten Vorgängen. Zunächst wird, und zwar von früh an, die Aufmerksamkeit auf gewisse auffallende Eigenheiten der ›anderen‹ gelenkt, wie zum Beispiel die dunkle Hautfarbe und das krause schwarze Haar; damit wird die *Differentiation* beeinflußt. Dann wird hingewiesen auf Eigenheiten, die für die eigene Gruppe charakteristisch sind, also für diejenigen, mit denen man zusammengehört, zum Beispiel die helle Hautfarbe und das glatte oder gelockte Haar; bei dieser *Identifikation* erfährt das Ich eine Stärkung, indem es nun in eine Innen-Gruppe einbezogen ist, das heißt einer innerlich in gewissen Richtungen verbundenen, nach außen hin mehr oder weniger abgeschlossenen Gemeinschaft angehört. Und schließlich werden *Wertungen* eingeführt, und zwar im Sinne von Feststellungen über die Überlegenheit der eigenen und die Unterlegenheit oder Minderwertigkeit der anderen Gruppe, wie zum Beispiel: helle Haut und leicht gelocktes oder glattes Haar sind schön.

Als Folge dieses Prozesses ergeben sich dann *stereotype* Bilder und Vorstellungen, die die Menschen über gewisse Gruppen in sich tragen, so daß sie diesen gegenüber keiner unbefangenen, objektiven Wahrnehmung und *Meinung* mehr fähig sind. Sie kennen nur noch *den* Franzosen, *den* Italiener, *den* Juden, *den* Neger.

Die erste bahnbrechende Untersuchung auf diesem für die Beziehungen zwischen einzelnen Menschen wie zwischen ganzen Völkern und Rassen eminent wichtigen Gebiet nahmen Katz und Braly 1930 mit 100 Studenten der Princeton University vor. Sie zeigte, wie übereinstimmend stereotyp und schematisch die Wertattribute waren, die diese jungen Leute zehn verschiedenen Nationalitäten zuschrieben. Nahezu zwanzig Jahre später stellte Gilbert an derselben Gruppe fest, daß die stereotypen Meinungen beharrlich beibehalten waren und sich kaum verändert hatten. Der einzige Unterschied war, daß man 1950 den eigenen Verallgemeinerungen skeptischer gegenüberstand als zwanzig Jahre zuvor.

Vorurteilendem Denken begegnen wir nicht nur dann, wenn es um nationale oder rassische Unterschiede geht, sondern auch im Zusammenhang mit vielen anderen Gruppenmerkmalen: bei religiösen, kulturellen, Standes- und Klassenunterschieden stößt man besonders häufig auf Vorurteile, und selbst der Sportler kann sich gelegentlich über einen ›fremden‹, mit dem eigenen Verein rivalisierenden Klub voreingenommen äußern, wie die manchmal von Fanatismus zeugenden Szenen beweisen, die sich bei Spielen etwa um die Fußballmeisterschaft ereignen.

Gordon Allport, der sich mit dem Problem der Innengruppe ausführlich beschäftigt hat, fordert den Leser auf, sich einmal zu fragen, wie weit er in seinen verschiedenen Ansichten mit denen seiner Familie, sozialen Klasse, Berufsgruppe oder Kirche übereinstimmt. Allport glaubt, daß die Antwort auf weitgehende, wenn auch nicht vollständige Übereinstimmungen hinauslaufen würde. Hierbei ist dann auch unvermeidlich, daß Außengruppen in mancher Hinsicht als ›Feinde‹ angesehen werden, wie wir schon am Beispiel des ›feindlichen‹ Vereins gezeigt haben.

Ganz besonders unter dem Einfluß einerseits von Führern dieser oder jener Gruppe, andererseits von *Autoritäten* stehen *abhängige* und *unsichere* Menschen. Die Abhängigkeit beginnt in der Beziehung des Kindes zu den Eltern, vorzugsweise zum Vater. Erich Fromm weist darauf hin, daß das kleine Kind in natürlicher Weise von seinen Eltern abhängig ist, daß der heranwachsende Mensch aber dann, wenn die Eltern später in der Rolle als Vertreter der Gesellschaft die Spontaneität und das Selbständig- und Unabhängigwerden ihres Kindes unterdrücken, immer weniger fähig wird, auf eigenen Füßen zu stehen.

Die hier angedeutete verhängnisvolle Wirkung *autoritärer Erziehung* ist in dem berühmt gewordenen Band über ›*Die autoritäre Persönlichkeit*‹ von Th. W. Adorno, Else Frenkel-Brunswik, R. N. Sanford und D. J. Levinson ausführlich untersucht worden. Diese außerordentlich breit angelegte, auf Interviews und Projektionstests beruhende Arbeit zeigt einen Zusammenhang zwischen autoritärer Erziehung, innerer Abhängigkeit, Voreingenommenheit (hier hauptsächlich am Beispiel des Antisemitismus studiert) und dem Glauben an Autoritäten. Äußere soziale Unterdrückung und innere Unterdrückung von Impulsen bilden zusammen das, was Horkheimer und Adorno das ›*autoritäre Syndrom*‹ nennen, das heißt einen Eigenschaftskomplex, in dem die verschiedenen Komponenten sich wechselseitig bedingen und stets gemeinsam auftreten.

In weiterer Analyse diese Syndroms finden die Autoren, daß es die innere Unsicherheit und die Angst sind, insbesondere die Angst vor dem Ungewissen, die das Individuum, ihm unbewußt, bestimmen, sich an Autoritäten zu klammern, wobei gleichzeitig im Hintergrund eine Feindseligkeit gegen mögliche Angreifer auf die eigene Person und auf die Gruppe bereitstehen kann. Das ganze Syndrom dient also letzten Endes der *Selbstverteidigung*.

Da das genannte Werk über die autoritäre Persönlichkeit breit angelegt ist und erstmals den Versuch macht, politische Einstellungen in Beziehung zu setzen zu Persönlichkeitsstrukturen, hat es starkes Interesse erregt. Eine sorgfältige methodenkritische Studie zu diesem Werk (in einem von Richard Christie und Marie Jahoda herausgegebenen Band) hat jedoch nachgewiesen, daß die von den Autoren gezogenen verallgemeinernden Schlußfolgerungen angreifbar sind. Christie, Jahoda und ihre Mitarbeiter stellen nämlich fest, daß gewisse Tatbestände schon durch die Art der Materialsammlung und -bearbeitung zu *einseitig* gesehen werden, und sie weisen darauf hin, daß es völlig verschiedene Arten autoritärer Gebundenheit gibt, wie sogar aus dem vorgelegten Material ersichtlich wird. Deshalb betonen sie, daß es Konservativismus und darüber hinaus Autoritätsgebundenheit auch ohne neurotische Grundlagen gibt, und daß ganz allgemein der Zusammenhang zwischen Persönlichkeit und politischer Einstellung komplizierter ist, als er nach der Arbeit von Adorno, Frenkel-Brunswik, Sanford und Levinson zu sein scheint.

Trotz dieser Einwendungen bleibt aber doch wohl die Aussage zu Recht bestehen, daß der Autoritätsgläubige in einem geschlossenen System lebt, durch dessen Abgeschlossenheit er nicht in der Lage ist, sich gewissen andersgearteten Möglichkeiten zu eröffnen und die Tatsache anzuerkennen, daß viele Fragen, die ihm die Autorität, auf die er ›eingeschworen‹ ist, scheinbar verbindlich beantwortet, in Wirklichkeit noch offen sind. Er bezahlt also die Verankerung seiner Überzeugungen mit einem weitgehenden Freiheitsverlust. Andererseits kann natürlich auch ein Nicht-Autoritätsgläubiger sich in Vorurteilen verankern.

7. Massenmedien und ihr Einfluß auf soziale Einstellungen

Bisher haben wir die Einstellungen und Meinungsbildungen besprochen, wie sie im Individuum unter dem oft sehr weitgehenden Einfluß bestimmter Gruppen entstehen, wobei hauptsächlich die aus der engeren Umgebung eines Individuums herrührenden Einwirkungen betrachtet wurden, die im Laufe seiner Sozialisation zum großen Teil bewußt und im Sinn *erzieherischer* Formung ausgeübt werden.

Vor allem im letzten Abschnitt sahen wir jedoch, daß bei diesem Prozeß neben den erzieherischen auch ganz andersartige Beeinflussungen stattfinden. Es sind dies teilweise bewußte, teilweise unbewußte Bestrebungen der weiteren Umgebung, den einzelnen in den Vorstellungskreis einer Gruppe einzubeziehen. Nicht nur Familie und Schule, sondern auch gesellschaftliche, später berufliche, konfessionelle und politische Gruppen wollen, daß ihre Mitglieder sich in bestimmten Ansichten und Gesinnungen zu der jeweiligen Gruppenmajorität bekennen.

Über diese mehr oder weniger offen gehandhabten Einflüsse hinaus gibt es nun jedoch weitere, die nach Herkunft und Wirkungsweise wesentlich weniger klar, aber nichtsdestoweniger außerordentlich erfolgreich sind. Gemeint ist die suggestive Kraft dessen, was man die *öffentliche Meinung* nennt, sowie die sogenannten *Massenmedien*, die heutzutage die öffentliche Meinung verbreiten.

Wie weit sind diese mit äußerstem Raffinement geplanten, mit allen Mitteln modernster Technik produzierten, mit allen Tricks der Werbung ›an den Mann gebrachten‹ Instrumente der Information über das Zeitgeschehen und der Verbreitung von Meinungen entfernt von dem, was es früher an Mitteln zur Weitergabe von Nachrichten und Gerüchten an einen ohnehin von vornherein meist nur kleinen Interessentenkreis gab!

Der Unterschied ist ebenso groß, wie der zwischen den nahezu mystischen Vorstellungen, die Gabriel Tarde und Gustave Le Bon vor wenig mehr als einem halben Jahrhundert über die Massenpsychologie hatten, und den präzisen statistischen Methoden, mit denen heute einzelne Forscher sowie große Institute den jeweiligen Stand und den Wandel der öffentlichen Meinung untersuchen. Weltbekannt geworden ist der ›Gallup Poll‹, der in den Vereinigten Staaten seit den dreißiger Jahren nicht nur eine ausschlaggebende Rolle in der Meinungsforschung spielt, sondern berühmt geworden ist vor allem durch seine Voraussagen bei Wahlen und anderen wichtigen Ereignissen.

Zu den oben genannten Massenmedien kommt als weitere Methode der Massenbeeinflussung – und zwar auch sie heute sowohl in der praktischen Anwendung wie in der theoretischen Durchleuchtung mit wissenschaftlichen Methoden gehandhabt – die *Werbung*, die auch, weniger wohlwollend, als Reklame oder Propaganda bezeichnet wird. Unter dem Begriff Werbung fassen wir alle Maßnahmen zusammen, die absichtlich und mehr oder minder gezielt auf die Verbreitung solcher Meinungen hinwirken, durch die einem bestimmten, klar umrissenen Zweck gedient werden soll.

Das heutige wissenschaftliche Vorgehen bei der Meinungsbildung und Werbung – von den Informationsdiensten bis zu den ›geheimen Verführern‹ (›hidden persuaders‹), wie man jene modernen Werbemittel nennt, die unterschwellig auf den Menschen einwirken, so also, daß er die Beeinflussung bewußt gar nicht aufnimmt – hat zur Folge, daß jeder von Kindheit an dauernd dirigiert und seine Meinung manipuliert wird, und zwar so, daß einem dies kaum oder gar nicht zu Bewußtsein kommt.

Wenige Menschen sind, wie Peter Hofstätter in einem lesenswerten Büchlein über ›Die Psychologie der öffentlichen Meinung‹ ausführt, willens, zuzugeben, auf wie vielen Gebieten sie nichts wissen. Viele Menschen können aber auch, wie wir schon besprochen haben, Ungewißheit nicht ertragen. Das sind dann die Gründe dafür, daß sich solche Menschen oft genug und allzu gern von jemandem beeinflussen lassen, der von sich behauptet, dieses oder jenes sicher zu wissen. Auf diese Weise kommt in zahlreichen Fällen eine Meinungsbildung über Dinge zustande, über die man nach der Natur der Sache überhaupt keine bestimmte Ansicht haben kann.

Ein interessantes Beispiel ist Hofstätters Befragung von 100 nicht zuvor für diesen Zweck ausgewählten Rekruten der österreichischen Bundeswehr über den Einfluß der Sterne auf das menschliche Leben. Der Satz, zu dem er sie ihre Meinung sagen ließ, lautete: »Die Stellung der Sterne im Augenblick der Geburt beeinflußt das weitere Leben.« Es ist dies eine Behauptung, deren wirklich exakte Prüfung noch niemandem gelungen ist und auf die man eigentlich vernünftigerweise, wie Hofstätter ausführt, nur sagen kann: »Ich weiß es nicht.«

Das Resultat der Befragung dieser 100 Rekruten zeigt die Abb. 85 auf dieser Seite.

Die öffentliche Meinung erweist sich also schon nach dieser kleinen Untersuchung als recht ›astrologie-gläubig‹, eine Tatsache, die durch viele andere Untersuchungen bestätigt wird. Hofstätter berichtet, daß in den Vereinigten Staaten nicht weniger als 162 Zeitungen täglich Horoskope abdrucken und daß dort 25 000 Personen als Astrologen und 80 000 als Kartenleger und Wahrsager berufsmäßig tätig sind. In Mitteleuropa ist es nicht anders, wie jeder weiß, der die Presse – vor allem die Boulevardblätter, die Wochenendzeitungen und die Illustrierten – daraufhin durchgesehen hat.

Während es sich bei der Frage nach dem Einfluß der Sterne auf das

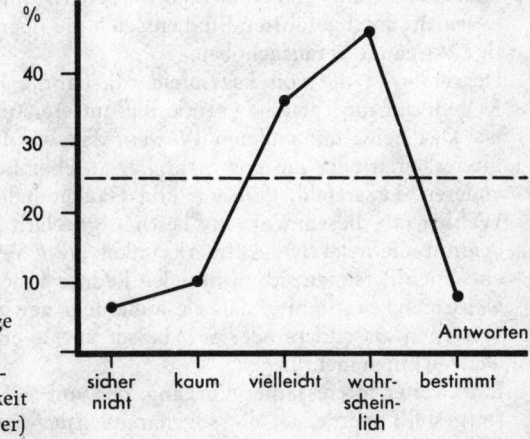

85 Die Verteilung der Antworten auf die Frage nach dem Einfluß der Sterne läßt auf beträchtliche Astrologiegläubigkeit schließen. (Nach Hofstätter)

menschliche Leben um eine *Tatsachenfrage* handelt, auf die es vorläufig noch keine Antwort gibt, geht es in anderen Fällen um *Überzeugungen*, die sich auf *Werte* beziehen.

Hier übt die öffentliche Meinung die Rolle der *Zensur* aus, und in vielen Fällen spielt sie sogar die Rolle des *Schicksals*. Dies gilt nicht nur für den einzelnen, dessen Leben etwa durch die öffentliche Meinung über Dinge wie Ehescheidung oder Geburteneinschränkung betroffen wird, sondern auch für die Regierung, die unter dem Einfluß der öffentlichen Meinung gewählt wird, und damit für die Geschicke von Völkern. Dabei spielen die Massenmedien eine entscheidende Rolle, da der einzelne ebenso wie die Führung sich vielfach von der durch die Massenmedien vermittelten Propaganda leiten lassen.

1940 spielte noch der Hörfunk die erste Rolle als Massenmedium bei der Wahl. Heute übt bereits das Fernsehen dort, wo es sehr verbreitet ist, einen größeren Einfluß aus. Neben dem Fernsehen ist immer noch der Film von außerordentlicher Bedeutung für die Meinungsbildung. Experimentelle Untersuchungen haben gezeigt, wie zum Beispiel Vorurteile für oder gegen ein Volk, eine Rasse oder sonstige Gruppe durch Besuch eines Filmes, der auf die Bildung einer ganz bestimmten Meinung abzielt, verändert werden. Und in welchem Ausmaß der Film Vorbilder und Idole (oder ›Ideale‹) liefert, ist auf Schritt und Tritt zu beobachten. Jeder kennt die jungen Mädchen oder halbwüchsigen Burschen, die ›ihren‹ Star kopieren, und wir wissen leider auch, wie oft schon eine Filmszene die ›Vorlage‹ etwa für einen Einbruch oder einen Raubüberfall abgegeben hat.

Was bei all diesen Arten der Meinungsbildung vorgeht, ist hochinteressant und heute in vielen Einzelheiten erforscht. Aus den von Paul Lazarsfeld und seinen Mitarbeitern im ›Bureau of Applied Research‹ durchgeführten Studien seien die über zwei besonders wichtige Vorgänge herausgehoben.

Der erste ist die von Lazarsfeld sogenannte ›*Selektive Exposition*‹. Er geht auf die Tatsache zurück, daß unsere Aufmerksamkeit selektiv ist. Das heißt mit anderen Worten, daß wir Dingen, die uns mehr interessieren oder die uns mehr liegen, eher Beachtung schenken als anderen. Lazarsfeld, Berelson und Gaudet haben sich anläßlich von Wahlen mit diesem Vorgang beschäftigt. Nach ihren Untersuchungen beginnt die selektive Aufmerksamkeit zum Beispiel damit, daß die einzelnen Personen sich nicht jeden Redner anhören, sondern vorzugsweise ganz bestimmte, daß sie außerdem gewisse Argumente besser verstehen als andere oder sich besser an sie erinnern als an andere, weil sie ihnen mehr liegen.

Ein zweiter interessanter Vorgang, der von P. Lazarsfeld und E. Katz festgestellt wurde, ist die sogenannte *Zwei-Schritt-Kommunikation*:

86   Wie der Film ›Vorbilder‹ liefert: Marylin Monroe (Mitte vorn) mit dreizehn ›Kopien‹

die eigenartige Tatsache, daß die Massenverbreitung von Ansichten,
Vorstellungen und Meinungen in zwei Schritten erfolgt, und zwar
dadurch, daß zwischen dem, der an der Verbreitung einer Meinung
interessiert ist, und denen, die sich die Meinung zu eigen machen sollen,
Meinungsführer eingeschaltet sind. Diese Meinungsführer, Menschen,
denen diese Rolle aus den verschiedensten Gründen von anderen übertragen wird, fragt man um Rat, nach ihnen richtet man sich. Denn
von ihnen wird erwartet, daß sie die notwendigen Informationen haben
oder sie sich beschaffen, um sagen zu können, was ›man‹ zu tun oder
zu lassen hat.
Dieser interessante Verlauf der Meinungsbildung hat sich bei Fragen
der *Mode* ebenso feststellen lassen wie bei solchen der *Einkaufsbe-
ratung*, aber auch dann, wenn es um die Einführung eines neuen
Medikamentes ging, oder im Zusammenhang mit *politischen* Ereignissen, und es ist wahrscheinlich, daß die Dinge ähnlich vor sich gehen
auch bei der Bildung von Meinungen über andere Fragen: bei der
Stellungnahme zu einem Justizfall etwa, der öffentliches Interesse
erregt, oder bei der Beurteilung eines Künstlers oder Schriftstellers,
eines neuen Films oder Buches.
Die entscheidenden Faktoren, die jemanden zu dieser einflußreichen
Rolle eines Meinungsführers kommen lassen, sind erstens Persönlich-

keit (er muß ›jemand sein‹); zweitens Kompetenz (er muß ›etwas wissen‹); drittens eine entscheidende soziale Stellung (er muß ›Leute kennen‹).

Diejenigen, die sich beeinflussen lassen, sind häufig Leute, die sich gern mit den Einflußreichen identifizieren wollen. Daher ist die *Persönlichkeit* des Meinungsführers ein wichtiger Faktor.

Kompetenz ist aber gleichfalls notwendig. Von älteren Damen wird man sich wegen ihrer Erfahrung beim Einkauf gern beraten lassen, den Arzt wegen eines neuen Medikamentes befragen, aber auch junge Leute gelegentlich als Jazz-Experten anerkennen usw.

Drittens ist die *soziale Aktivität* und Stellung des Meinungsführers von Bedeutung: Er muß viele Kontakte haben und viel herumkommen, um Ansichten und Meinungen sowohl zu hören als auch zu verbreiten. Die Meinungsführer sind diejenigen, die sich einer stärkeren ›selektiven Exposition‹ durch die Massenmedien unterziehen als die breite Masse selbst. Sie sind es, die Zeitungs- und andere Berichte lesen, die in Konzerte, Theater, Kinos und Kunstausstellungen gehen, sie besuchen die Modenschau und studieren die Anzeigen. Infolge ihrer Informiertheit und ihres Einflusses sind sie nicht nur Übermittler von Informationen, sondern sie sind auch in der Lage, Druck auf die Meinung der Menschen auszuüben und damit diese oder jene Sache wesentlich zu fördern.

Im vorigen Kapitel haben wir uns gemeinsam mit dem Individuum hineinbegeben in die Gesellschaft; auf diese Weise nahmen wir teil an den Vorgängen der Sozialisation des Individuums. In diesem Kapitel hier werden wir jedoch die Rolle und Stellung des Individuums von der Gesellschaft her beleuchten, zu der es gehört. Die *Gesellschaft* stellt eine *Organisation* dar mit *Zielen*, die in Gesetzen, Vorschriften, Regeln formuliert sind und die dem *Wohl der Gesamtheit* dienen. Dieses Wohl wird zwar in verschiedenen Gesellschaften unterschiedlich interpretiert, doch handelt es sich immer einerseits um Maßnahmen zum Schutz, andererseits um Förderung der Interessen von Individuen und Gesamtheit. Die Gesamtheit stellt eine Hierarchie von Organisationen dar. Jeder einzelne gehört zu vielen der teils neben-, teils einander über- oder untergeordneten *Gruppen*. Diese mögen *formale* Strukturen sein, wie Familie, Gemeinde, Staat, oder sie mögen sich als *informelle* gestalten, wie Jugendgruppen, Freundschaftsgruppen, Arbeitsgruppen. Diese können dann wieder festere Formen annehmen wie manche Verbände und Vereine auf der Basis der Freiwilligkeit oder wie die Scouts der angelsächsischen Länder, die Gruppen der ›Bündischen Jugend‹ oder die Klubs.

1. Was ist eine Gruppe?

Jeder weiß, was mit dem Wort Gruppe gemeint ist. Trotzdem ist es recht schwierig zu definieren, was eigentlich die Merkmale einer Gruppe sind. Überlegen wir uns diese Schritt für Schritt. Zunächst einmal sei festgestellt, was eine Gruppe *nicht* ist. Eine Anzahl von Menschen, die sich zufällig irgendwo sammeln, wird im soziologischen Sinn nicht als Gruppe bezeichnet, sondern als Haufen oder als Ansammlung. Ein Beispiel: *Eine kleine Menschenmenge sammelt sich vor einem Schaufenster an, in dem das neueste Modell eines Fernsehapparates läuft. Vielleicht fällt die eine odere Bemerkung; aber ein Zusammenhang besteht zwischen den Zuschauern nicht; die Anordnung, in der sie sich zusammengefunden haben, ist, wie Asch betont, belanglos.*
Plötzlich jedoch sagt einer laut, so daß mehrere ihn hören: »Wieder mal bloß Reklame.« – »Das finde ich gar nicht«, *erwidert eine behäbige Hausfrau.* »Es ist interessant, man sieht was Neues.« – »Unsinn«, *brummt der erste grob,* »das alles soll doch nur Käufer anlocken.« *Nun mögen sich andere in das Gespräch einmischen, und falls es sich fortsetzt, kommt es gewöhnlich zu einer Art Ordnung in der Debatte,*

wobei vielleicht die ersten beiden Sprecher so etwas wie ›Führer‹ der Diskussion werden, in deren Verlauf sogar regelrechte Parteien entstehen können.

Hier finden wir den Beginn einer Organisation, die aber im soziologischen Sinn deswegen noch keine echte Gruppe darstellt, weil die Ansammlung weder ein wirkliches Ziel noch eine haltbare Zusammengehörigkeit der Kohäsion hat.

Einen gewissen Grad von Gruppenbildung gewinnt der Haufen dadurch, daß eine *Wechselbeziehung* der Anwesenden einsetzt und dabei die einzelnen bald gewisse mehr oder weniger bestimmte *Rollen* spielen. Die wohlbeleibte Dame in unserem Beispiel wird allmählich zur Wortführerin der ausstellenden Firma, während der grobe Mann den Angreifer gegen die Werbung spielt. Andere mögen weitere Argumente vorbringen, und vielleicht werden die Frau und der Mann in einigen Minuten zu *Führern* zweier Parteien. Hierbei beginnen sie – und vielleicht auch andere – bald einen Einfluß auf die Meinung der übrigen auszuüben.

Die ›Gruppe‹, die wir beschrieben haben, ist ein Zufallsprodukt und nur für den Augenblick geboren. Die Tatsache jedoch, daß Menschen, wo immer sie zusammentreffen, die Tendenz haben, in Wechselbeziehung zueinander zu treten und sich gegenseitig zu beeinflussen, wird heute sowohl eingehend studiert als auch in pädagogischen und noch mehr in therapeutischen Verfahren weitgehend genutzt.

Soweit wir die ›Gruppe‹ bisher verfolgt haben, war sie nicht nur zufallsbedingt, sondern auch lose und ungegliedert. Bevor die Gruppe als ein echtes Gefüge angesehen werden kann, muß sie bestimmte *Mitglieder* haben, die in Wechselbeziehung miteinander stehen, und sie muß eine *Organisation* und ein definiertes *Ziel* erhalten. Kurt Lewin stellt fest, daß die Gruppenmitglieder in wechselseitiger Abhängigkeit voneinander stehen, und Cooley weist darauf hin, daß das Gruppenfundament hergestellt ist, wenn die Mitglieder sich als ein ›Wir‹ fühlen. Er nennt dies das ›Wir-Gefühl‹.

Bei der Zusammenstellung der Gäste für eine Party haben die Gastgeber vielleicht verschiedene *Ziele* im Auge: gute Unterhaltung, gute Stimmung, gutes Zueinanderpassen der Gäste – all diese Dinge bedeuten ihnen wichtige Grundlagen für ein Gelingen des Abends. Obwohl die Gruppenbildung in diesem Fall nur etwas Vorübergehendes ist, sollen doch alle Mitglieder zu ihrem Recht kommen. Gleichzeitig werden die Verpflichtungen erwogen. Von früheren Gesellschaften her weiß das Ehepaar, daß die günstigen oder ungünstigen Wirkungen der Teilnehmer aufeinander mehr oder weniger im Gedächtnis haften bleiben. Die *Dynamik,* d. h. das Kräftespiel bei einer solchen Gelegenheit ist natürlich selten wirklich folgenreich, aber unter Umständen könnten Worte fallen oder Eindrücke entstehen, die in der Tat für den einen oder anderen Teilnehmer von Schaden oder Nutzen sind.

Diese Party stellt eine planvollere und zielstrebigere Versammlung dar als die früher beschriebene zufällige Ansammlung. Trotzdem ist auch sie, soziologisch betrachtet, noch nicht eine echte Gruppe. Diese ist zunächst und vor allem definiert durch ein *gemeinsames Ziel*, sodann durch eine Anzahl von Merkmalen, die neuerlich von Dorwin Cartwright und einer großen Gruppe anderer Schüler Kurt Lewins nach vielen Richtungen hin untersucht wurden. Wichtig sind unter ihnen vor allem die *Kohäsion* oder das Zusammenhalten, die *Standards*, die *Führerschaften* und die *Rollenverteilung.*

Besonders interessant erscheinen mir die Untersuchungen über die Kohäsion. Auf diese kommt es mehr als auf alles andere an, um den Fortbestand einer Gruppe zu sichern. Der Grad der Kohäsion hängt ab einerseits von der gegenseitigen Anziehungskraft, die die *Mitglieder* aufeinander ausüben, andererseits von dem Interesse, das die *Tätigkeiten* der Gruppe erwecken.

So macht Stanley Schachter folgendes Experiment. Er gründete mit Studenten der Universität von Michigan vier *Klubs.* Er nannte sie Radioklub, Filmklub, Redakteurklub und Klub für juristische Studien. Der juristische Klub wurde angeblich deswegen gegründet, weil einige Richter und Anwälte Urteile einer Studiengruppe über bestimmte Gerichtsfälle einholen wollten. Die Gründung des Redakteurklubs erfolgte angeblich auf Vorschlag einer neuen, im ganzen Land zu verbreitenden Zeitschrift, die hinsichtlich ihrer Artikel beraten werden wollte.

Der Filmklub wurde angeblich für ein bestimmtes Kino gegründet, um bei der Auswahl der Programme behilflich zu sein. Der Radioklub sollte angeblich den Erfolg eines bestimmten Rundfunksenders untersuchen.

Die Klubs wurden dann mit dem erfundenen »Fall Johnny Rocco« bekannt gemacht, der Geschichte eines jugendlichen Verbrechers, die den vier Klubs entsprechend ihrer Zielsetzung zur Bearbeitung übergeben wurde: zur Bearbeitung als juristisches Problem, als Zeitschriftenaufsatz, als Film und als Funksendung.

Das Experiment wurde so angelegt, daß die verschiedensten Faktoren untersucht werden konnten. So wurden z. B. für den juristischen und den Filmklub von den Versuchsleitern absichtlich nur Mitglieder gewählt, die auf Fragebogen vorher Begeisterung für die geplanten Tätigkeiten ausgedrückt hatten, während der Redakteur- und der Radioklub aus weniger Interessierten zusammengesetzt wurden.

Die mit Hilfe gewisser Fragen gemessene Kohäsion war bei den ersten beiden Klubs nahezu doppelt so groß wie bei den beiden anderen.

Außer der Kohäsion wurden noch verschiedene andere Faktoren gemessen und manipuliert.

Aus all diesen Experimenten ergibt sich, daß der Verlauf von Gruppenprozessen ganz bestimmten inneren Gesetzen unterliegt. Der Kundige kann sie offenbar mehr oder weniger weitgehend *manipulieren*. Der Grad dürfte davon abhängen, wie fest geschlossen eine Gruppe ist, wie wichtig ihre Tätigkeiten und Ziele sind und mit welcher Überzeugung die Angehörigen der Gruppe mitarbeiten.

Stabile Gruppen, zum Beispiel städtische oder staatliche Verwaltungen, große Vereine oder Parteien, sind gewöhnlich in Statuten, Regeln oder Gesetzen, d. h. in irgendeiner Vertragsform, fundiert. Ihre Wahrung wird von den Mitgliedern garantiert, besonders von den zur Leitung Berufenen. Diese *Funktionäre* tragen die Kooperation. Die *Rollen* der übrigen *Mitglieder* können mehr oder weniger weitgehend festgelegt sein. Auf alle Fälle sind jedoch alle Gruppenmitglieder durch die Tatsache ihres *Zusammenwirkens* im Hinblick auf *gemeinsame Ziele* verbunden. Aus den Zielen ergeben sich die Rechte und die Pflichten, die zur Rolle jedes Mitgliedes einer Gruppe gehören.

2. Das Entstehen und Bestehen kleiner Gruppen

Wie entstehen kleine Gruppen und wie bestehen sie? Das sind zwei interessante Fragen, die in dieser Form erstmals von Homans und Riecken erhoben worden sind. Nach Znaniecki, einem der frühen Systematiker unter den Gruppentheoretikern, entstehen viele Gruppen dadurch, daß eine Anzahl von Individuen sich spontan zusammentut und freiwillig in einer bestimmten Richtung zusammenwirkt. Ein Beispiel: Es finden sich Frauen zusammen in der Absicht, eine öffentliche Demonstration für die Erhaltung des Weltfriedens zu veranstalten. Wenn es bei einer einmaligen Demonstration bleibt, dann ist die Gruppenbildung temporär. Wenn jedoch einige Teilnehmerinnen beschließen sollten, eine Vereinigung zu gründen, die systematisch und mit Hilfe vieler Mitglieder im Sinne des Weltfriedens zu wirken versuchen sollte, dann müssen die Form der Organisation, ihre Ziele, die Aufgaben der Mitglieder – ihre Rollen – in Statuten formuliert und festgelegt werden.

Schon um die Jahrhundertwende hat sich Georg Simmel mit dem Problem der Gruppenstruktur befaßt, indem er kleine Gruppen auf ihre Grundmerkmale hin untersuchte. Simmel vertrat z. B. die Ansicht, daß Dreiergruppen nicht stabil sind, weil immer die Tendenz besteht, daß zwei sich gegen den Dritten verbünden. Diese Dinge sind kürzlich experimentell untersucht worden, wobei Simmels Annahme im wesentlichen bestätigt werden konnte. Andererseits kann der Dritte als Schiedsrichter wichtig sein. Es kann aber unter Umständen der Dritte – denken wir an die Rolle des einzigen Kindes eines Ehepaares – Wesentliches zur Vereinigung eines Paares (das ja die kleinste Gruppe überhaupt darstellt) beitragen.

Die *Anzahl der Mitglieder* und die *Größe* einer Gruppe sind wichtige Momente dann, wenn die Gruppe sich bewähren muß, wenn sie also ihr gestellte Probleme zu lösen hat. Interessant erscheint mir, was kürzlich ein Soziologe herausgefunden hat: daß in den Vereinigten Staaten die Ausschüsse des Kongresses und gewisse Regierungs-Kommissionen durchschnittlich 6 Mitglieder haben, wenn sie zum Handeln berufen sind, und 14 Mitglieder, wenn sie Ratgeberfunktion haben. Bei *informellen Gruppen* – es sind dies lockere Gruppierungen, wie sie sich beim Spazierengehen, Einkaufen, Unterhalten, Arbeiten bilden – fand derselbe Autor (J. James) durchschnittlich zwei bis drei Mitglieder. Diese kleinen Gruppen, in denen wir offenbar den Großteil unseres Lebens verbringen, gehören zu den bereits erwähnten *Primärgruppen* oder *face-to-face-groups*, wie Cooley sie nannte, Gruppen also, deren Angehörige sich von Angesicht zu Angesicht kennen. Von ihnen sind zu unterscheiden die *Sekundärgruppen*. Das sind solche, deren Mitglieder sich nicht notwendigerweise persönlich kennen. Ein sehr großer Verein ist ebenso eine Sekundärgruppe wie etwa die Belegschaft eines Großbetriebs oder die Einwohnerschaft einer Stadt.

Cooley hat gewisse kleine Gruppen, wie *Familie und Spielgruppe*, als Hauptvermittler der Sozialisation angesehen. Auch Simmel hielt kleine Gruppen für soziale Miniatursysteme, die zu studieren sich lohne, weil man von ihnen her soziale Gebilde verstehen lerne. In der Tat sind kleine Gruppen heute besonders wichtig für die soziologische Forschung. Im folgenden werden wir noch mehr davon hören.

3. Gruppenstruktur und Gruppenprozesse

Wenn eine Anzahl von Menschen sich zu einer Gruppe zusammenschließt, so bedeutet das, daß sie eine Organisation schafft. Diese mag formell oder zunächst völlig informell sein, jedoch stellt sie jedenfalls den Beginn einer Gruppenstruktur dar. Diese entwickelt sich dann nach verschiedenen Richtungen hin. Es ergeben sich Beziehungen der Mitglieder zueinander, Positionen bilden sich heraus, und es findet Positionswechsel statt: Kommunikationen kommen zustande, Bestimmungen und Entschlußfassungen; es entwickeln sich Führerrollen und bestimmte unterschiedliche Aufgaben: es kommt zur Spezialisation unter den Angehörigen der Gruppe.

Die verschiedenen Arten von *Kommunikationen,* die beim Zusammentreffen in der Gruppe vorkommen, sind von den Soziologen eingehend erforscht und klassifiziert worden. Man nennt diesen Forschungszweig *Gruppendynamik.* Am bekanntesten ist vielleicht die *Interaktionsprozeß-Analyse* von R. F. Bales, eine Untersuchung also, der sich bei den Wechselbeziehungen der Mitglieder einer Gruppe zueinander ergebenden Vorgänge. Bales kommt auf Grund seines Studiums von Gruppen zu dem Schluß, daß es in der Hauptsache zwölf Verhaltensweisen gibt, in denen die Gruppenmitglieder bei Verhandlungen über irgendeine die Gruppe betreffende Angelegenheit miteinander in Beziehung treten. Indem er die Häufigkeit des Vorkommens jeder dieser Kategorien in einer Sitzung zählt, kommt er zu einem Profil der sozialen Struktur eines solchen Zusammentreffens.

Ein Beispiel ist das Profil (Abb. 87) des Interaktionsprozesses von Gruppen 15jähriger Knaben, die über eine Angelegenheit verhandelten. Aus dem Profil geht hervor, daß die soziale Hauptbetätigung dieser Jungen in Meinungsäußerungen besteht. Keine andere Verhaltensweise kann damit konkurrieren. Die nächste an Häufigkeit ist Lachen und Witze machen. Keiner der Knaben hingegen drückt Bewunderung für andere aus, und keiner läßt sich von anderen beraten. Das Interaktionsprofil ist natürlich je nach Alter, Erziehung, nach dem in Frage stehenden Problem, den beteiligten Persönlichkeiten und anderen Variablen völlig anders.

Einen interessanten Gegensatz zu der im wesentlichen *kooperativen* Interaktion der von Bales studierten Gruppe bilden die Wechselbeziehungen in *Rivalität* und *Konflikt,* die sich in einem von Sherif beobachteten Ferienlager entwickelten. Auch in diesem berühmt gewordenen Experiment Sherifs handelt es sich um Knaben.

Sherif organisierte ein Lager in der Weise, daß sich zwei rivalisierende Gruppen unter je einem Führer bildeten, die sich mit allmählich immer größer werdender Feindseligkeit gegenüberstanden.

Die Spannung wurde so groß, daß Sherif, der sich in der unauffälligen Rolle eines Aufsehers unter den Jungen bewegt hatte, schließlich einige ernsthafte, für alle unangenehme Zwischenfälle erfinden mußte, um sie in gemeinsamer Abwehr einer Notlage zu vereinigen. So ließ er die Wasserleitung versagen, und die daraus und aus einigen anderen Störungen entstehende drastische Notsituation zwang die Jungen, schließlich wieder zusammenzuarbeiten.

Anders ausgedrückt: Ein von der Notwendigkeit diktiertes *gemeinsames Ziel* erwirkt den erneuten Zusammenschluß der Gruppe.

Durch Rivalität, Spannung und Konflikt werden – wie jedermann von seinem Stammtisch, seinem Kränzchen, seinem Verein, seiner Berufsgruppe, seiner Partei her weiß – die Gruppenprozesse häufig unter-

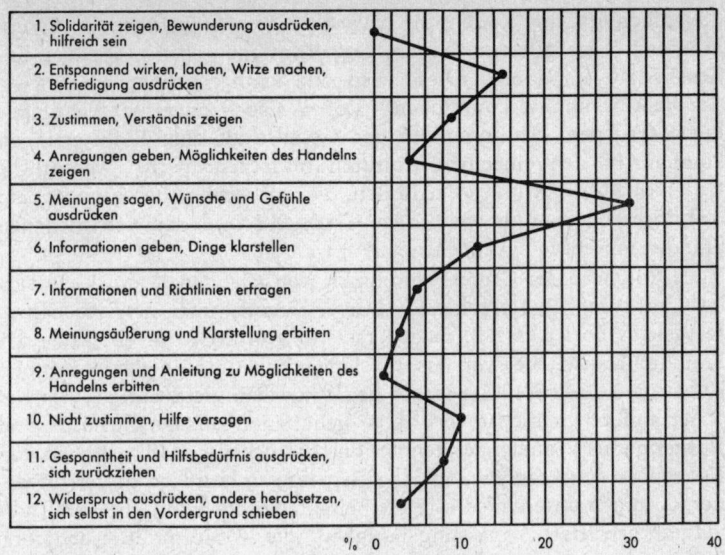

| | %₀ 0 | 10 | 20 | 30 | 40 |

1. Solidarität zeigen, Bewunderung ausdrücken, hilfreich sein
2. Entspannend wirken, lachen, Witze machen, Befriedigung ausdrücken
3. Zustimmen, Verständnis zeigen
4. Anregungen geben, Möglichkeiten des Handelns zeigen
5. Meinungen sagen, Wünsche und Gefühle ausdrücken
6. Informationen geben, Dinge klarstellen
7. Informationen und Richtlinien erfragen
8. Meinungsäußerung und Klarstellung erbitten
9. Anregungen und Anleitung zu Möglichkeiten des Handelns erbitten
10. Nicht zustimmen, Hilfe versagen
11. Gespanntheit und Hilfsbedürfnis ausdrücken, sich zurückziehen
12. Widerspruch ausdrücken, andere herabsetzen, sich selbst in den Vordergrund schieben

87   Das Interaktionsprofil von fünf Gruppen fünfzehnjähriger Knaben. (Nach R. F. Bales, Interaction process analysis)

miniert. Hierbei kann es zu *Krisen* kommen, das heißt zu Situationen, in denen der Zusammenbruch von Individuen oder Gruppen drohend bevorsteht. Konflikte – solche zwischen einzelnen Angehörigen der Gruppe oder zwischen Sondergruppen (Cliquen) innerhalb der Gruppe – sind nicht die einzige, aber eine häufige Ursache von Krisen, die den Fortbestand einer Gruppe gefährden. Wenn sie keine Lösung durch *Kompromisse* oder gemeinsame Zielsetzung finden, führen sie im Extremfall zu *Spaltungen*, feindseligen Handlungen und bei Nationen unter Umständen zum *Krieg*.

In allen Gruppen sind die *Mitglieder* die tragenden Komponenten. Je nach Ziel und Zusammensetzung der Gruppe fallen den einzelnen verschiedene *Aufgaben* zu. Das heißt, es bestehen im Hinblick auf das Verhalten der Mitglieder gewisse Erwartungen, und es werden dem Individuum Rollen zugewiesen.

Den Begriff der *Rolle* haben wir bereits im vorigen Kapitel eingeführt (s. S. 256 ff.), indem wir hauptsächlich die Rollen besprachen, in die ein Kind hineinwächst. Wir unterscheiden die vom Individuum *gewählte* und die ihm *zugeteilte* Rolle. Je straffer eine Gruppe organisiert ist, um so ausgesprochener ist ihr Einfluß auf die Rollen, die ihre Mitglieder zu spielen haben. Unter Umständen wird von der Gruppe auf diejenigen, die ihre Rolle nicht erwartungsgemäß ausfüllen, ein *Druck* ausgeübt. Dies gilt von kleinen Organisationen ebenso wie von der Gesellschaft als Ganzes. Diese wiederum kann einzelnen oder vielen Gruppen bestimmte Funktionen – Rollen also – zuweisen, wie umgekehrt Gruppen sich innerhalb der Gesellschaft eine Rolle erringen können. In den einzelnen Kulturen herrschen hierbei wesentliche Unterschiede hinsichtlich der Rollen, die z. B. einer Altersgruppe, dem männlichen und dem weiblichen Geschlecht und den verschiedenen Standes- und Berufsgruppen zugeteilt werden.

Viele Rollen in der Gruppe sind durch *Konsensus,* d. h. durch ein sich im Laufe der Zeit ergebendes Einverständnis über gewisse Dinge, festgelegt. So ist es z. B. in den meisten Kulturen mit der Rolle der Frau im Hause. Sie war das für lange Zeit auch in der westlichen Kultur, wo diese Stellung jedoch heute mit dem gleichzeitigen Wandel vieler anderer, früher unverrückbar gehaltener, sozialer Zustände und Vorgänge ins Wanken geraten ist. Im Hinblick auf das Innehalten von Konsensus sowie anderer sozialer Regelungen bestehen in verschiedenen Gruppen unterschiedliche Freiheitsgrade; das heißt, die vom Individuum erwartete Anpassungsfähigkeit oder Konformität ist variabel. Jedoch ist ein gewisses Minimum von Konsensus und Konformität für das Fortbestehen einer Gruppe – ebenso wie einer Gesellschaft – unerläßlich. Die Tatsache, daß die heutige menschliche Gesellschaft in offenbar täglich zunehmendem Maße im Aufruhr gegen die bestehenden Regelungen begriffen ist, läßt darauf schließen, daß sich eine völlige soziale Neuordnung anbahnt – es sei denn, ein sozialer Zerfall bereitet sich vor.

Die in straff geregelten Verbänden bestehende *Ordnung* beruht gewöhnlich auf einer so verbreiteten oder so nahezu allgemeinen Konformität, daß mit ihr gerechnet werden kann.

Wichtig für den Verlauf von Gruppentätigkeiten ist die *Stimmung.* Denken wir zurück an die vorhin erwähnte Party. Sollte es den Gastgebern gelingen, ihre Gäste so auszuwählen, daß sie sich wechselseitig den Abend gemütlich oder interessant machen, so wird sich im Laufe weniger Stunden als Folge der Gespräche, des Benehmens, der zum Ausdruck gebrachten oder unterdrückten Gefühle und Gesinnungen eine angenehme Stimmung entwickeln.

Die Amerikaner gebrauchen für diese teils emotionell, teils sachlich begründeten Reaktionen innerhalb einer Gruppe den Ausdruck *sentiment.* Homans, einer der führenden Gruppentheoretiker, hält das Sentiment für eines der wichtigsten Bestimmungsmerkmale der Gruppenstruktur. Die Gruppe als Ganzes, ebenso wie die Beziehungen einzelner Mitglieder zueinander, wird durch die Ausbildung von bestimmten Sentiments beherrscht.

Die Tatsache, daß Kinder vom frühen Alter an und später auch Erwachsene die Mitglieder irgendwelcher Gruppen, deren Angehörige sie sind, in *Rangordnungen* einreihen, wurde bereits kurz im Kapitel über die Entwicklung erwähnt. Dieses Einstufen in die Rangordnung wird unter den verschiedensten Gesichtspunkten vorgenommen.

Die wichtigsten sind *Beliebtheit* und *Tüchtigkeit*. Eine Einordnung nach diesen Gesichtspunkten erfordert allerdings bereits einen gewissen Grad gegenseitiger Bekanntschaft. Aber selbst bei flüchtigem Eindruck – in einem Restaurant etwa oder in einem Autobus – nehmen manche Menschen Rangeinschätzungen der Umsitzenden vor, wobei sie Aussehen, Benehmen, Redeweise und andere Merkmale gesellschaftlich bewerten. Schon Kinder im Schulalter sind, ebenso wie Erwachsene jedweder Bildungsstufe, auf dieser Grundlage zu sozialen Rangeinordnungen sowie zu Entscheidungen für oder gegen jemanden fähig, gleichgültig, ob es sich um Beliebtheit oder Tüchtigkeit bei der Bewältigung irgendwelcher Aufgaben handelt.

Festgestellt wurde dies bei Befragungen über Grade der Beliebtheit, wie sie von Hildegard Hetzer und von Schülern Paul Lazarsfelds im Wiener Psychologischen Institut 1925 vorgenommen wurden. Diese Arbeiten stellen Vorläufer der von Jacob L. Moreno entwickelten *soziometrischen Tests* dar, mit denen heute Rangordnungen gemessen werden. Aus den Arbeiten von Moreno und seiner Schule ist inzwischen eine eigene Wissenschaft der *Soziometrie* entstanden, deren wichtigstes Ergebnis dies ist: In jeder Gruppe nehmen die Mitglieder einen *soziometrischen Rang* ein, d. h. eine Stellung, die ihnen aufgrund von bestimmten Kriterien zugeteilt wird. Das Eigenartige und Überraschende bei diesen Untersuchungen war die von Anfang an getroffene Feststellung, daß die Zuweisung eines Platzes in der Rangordnung ohne jede vorhergehende Belehrung der Gruppenmitglieder ·und oft ohne langes Nachdenken außerordentlich leicht vorgenommen wird. Was sind die *Normen der Gruppe?* Es gehört zu den interessantesten sozialpsychologischen Befunden, daß die Menschen sich dauernd solcher Werte und Standards bewußt sind. Lippitt z. B. konnte zeigen, daß die Mitglieder einer Diskussionsgruppe schon binnen weniger Wochen Gesichtspunkte entwickelten, an Hand deren sie Rangordnungen für Auszeichnungen bei der Arbeit oder in der Freizeit vornehmen konnten. Die Soziometrie ist eines der Mittel, einem Individuum zu einer gewissen *Einsicht in sich selbst* zu verhelfen. Von klein auf trägt jeder ein gewisses Bild von sich selbst sowie anderen in sich. Die ersten Grundlagen hierfür werden natürlich in der Familie gelegt.

Eine soziometrische Feststellung vermag jemandem zu zeigen, ob und inwieweit das Bild, das er von sich selbst hat, mit dem übereinstimmt, das andere sich von ihm machen.

In dem heute ständig mehr gepflegten *Sensitivitätstraining*, das vor allem von der Wirtschaft in ausgedehntem Maße aufgegriffen worden ist, spielt die Bewußtwerdung der Wirkung, die man auf andere ausübt, eine hervorragende Rolle. Allerdings bedient das Management sich hierbei feinerer Methoden als die Soziometrie.

Das Sensitivitätstraining geht in Form von gruppentherapeutischen Sitzungen vor sich, in denen junge Geschäftsleute lernen, wie ihre Redeweise und ihr Benehmen auf Untergebene und Kollegen wirkt. Durch Wiedergabe aktueller Interviews und in dramatischer Darstellung geschäftlicher Verhandlungen wird den Beteiligten zu Bewußtsein gebracht, wie man sich gibt und wie andere darauf reagieren.

Im Zentrum dieser Methode steht der Begriff der *sozialen Sensitivität*, der insbesondere von R. Tannenbaum, I. R. Wechsler und F. Massarik entwickelt wird. Die Autoren gehen auf Husserls Untersuchungen der unmittelbaren Erfahrung und auf Th. Lipps Begriff der *Einfühlung* zurück. Der Prozeß des Verstehens anderer Menschen und die soziale Wahrnehmung sind in einer bereits reichen Literatur untersucht worden; eines der bekanntesten Bücher dürfte Fritz Heiders ›Psychologie zwischenmenschlicher Beziehungen‹ sein.

Das Bewußtsein von Rangordnungen scheint in der sozialen Wahrnehmung von früh an gegeben zu sein. Eine primäre Grundlage könnte aus den Überlegenheitserfahrungen herrühren, wie sie sich bei Kleinkindern schon im zweiten Lebensjahr und sogar früher feststellen lassen. Es handelt sich hier ganz offenbar um sehr fundamentale Verfahrensweisen, die mit dem zur Lebenserhaltung notwendigen Wettbewerb zusammenhängen mögen, da schon bei Tieren Rangordnungen bei der Nahrungsaufnahme und bei kämpferischen Auseinandersetzungen beobachtet wurden. Berühmt ist die von D. Katz entdeckte und von Schjelderup-Ebbe studierte ›Hackordnung‹ der Hühner: in der Rangordnung ganz oben steht ein Huhn, das alle anderen hackt, während das rangniedrigste Huhn von allen anderen gehackt wird.

In manchen Gruppen, deren Bestand ausschließlich durch das regelmäßige Zusammentreffen einiger Hauptpersonen gewährleistet wird und deren fragwürdiges Treiben die Mitglieder der Gruppe ständig in Gefahren bringt, werden die Regeln der Rangordnung außerordentlich strikt gehandhabt. Besonders interessant ist in dieser Hinsicht William F. Whytes Studie der ›Straßenecken-Gesellschaft‹, einiger Gruppen von Jugendlichen in den Elendsvierteln von Boston, die eine äußerst straffe soziale Organisation aufweisen.

Ihre Struktur zeigt eine Hierarchie persönlicher Beziehungen, die auf ein System gegenseitiger Verpflichtungen gegründet sind. Der Straßeneckenjunge, der zu einer dieser Gruppen gehört, empfängt eine Ausbildung, die ihn manchmal für eine wirkliche politische Laufbahn, häufiger aber für eine Karriere in den Reihen politischer Gangster und Schieber vorbereitet.

Diesem Ziel entsprechen denn auch die Anforderungen, die an den einzelnen gestellt werden. Seine Position im ›gang‹ – diese Wort bedeutet etwa ›Bande‹ oder ›Clique‹ – hängt weitgehend davon ab, wie einfallsreich er ist, wie weit seine Vorstellungen, Interessen und Fähigkeiten den jeweiligen Gruppeninteressen entsprechen, wie anpassungsfähig er ist, wie weit man sich auf ihn verlassen kann, und wie bereit er ist, seinen Besitz mit anderen zu teilen.

Der Führer der Gruppe, Doc, dessen Name wie der aller anderen ein Spitzname ist, galt im Norton Street Settlement in dem er sich eine Weile betätigt hatte, als sehr intelligenter und begaber Bursche. Er war der jüngste Sohn einer großen Familie, die aus den Abruzzen stammte, und verlor seinen Vater schon als kleines Kind. Von etwa 12 Jahren an war er davon überzeugt, daß man sich nur durch siegreiche Kämpfe Respekt verschaffen könne. So begann er sich erfolgreich mit größeren Buben herumzuschlagen; seine Stellung als Führer jedoch, die er seit etwa seinem 13., 14. Lebensjahr aufbaute und noch zur Zeit der Studie mit 29 Jahren innehatte, verdankt er der Tatsache, daß er nicht nur stark war, sondern auch hilfreich gegenüber Schwächeren und zu Unrecht Angegriffenen, verläßlich als Freund und außerdem einfallsreich und intelligent. »Sie glauben an mich, Bill«, erzählte er Dr. Whyte.

In der Organisation des ›gang‹, der etwa zwei Jahre lang bestand, bis er auseinanderfiel, war Doc der unbestrittene Führer. Er wählt sich seine Unterführer und weist den anderen ihre Plätze innerhalb der Rangordnung an. Ist irgend etwas geplant, z. B. ein Wettbewerb im Kegeln mit einer anderen Gruppe oder dergleichen, so bespricht der Führer es mit den Unterführern, die die Gruppe mobilisieren.

Wenn einer der Ranguntersten etwas unternehmen will, das den ›gang‹ betrifft, muß er sich Erlaubnis einholen.

Alec z. B. der den untersten Rang einnimmt, hatte vor, den Mitgliedern Bier zu verkaufen, wobei er hoffte, einen gewissen Profit machen zu können. Der Vorschlag wurde von Doc befürwortet und dann genehmigt, jedoch mußte Alec sich eine beträchtliche Abänderung seines ursprünglichen Vorhabens durch Danny, einen Ranghöheren, gefallen lassen. Als Nutsy, der einen hohen Rang einnahm, sich mit einem von der Gruppe als minderwertig angesehenen Mädchen einließ und es sogar heiraten wollte, verlor er seinen Rang.

Die ›Nortons‹ bieten also das Beispiel einer Gruppenorganisation, die, obwohl sie am äußeren Rande der Mittelklassen-Gesellschaft steht, doch außerordentlich fest gefügt ist und durch einen ›Komment‹, einen Komplex von Regeln und Normen, zusammengehalten wird. Gleich-

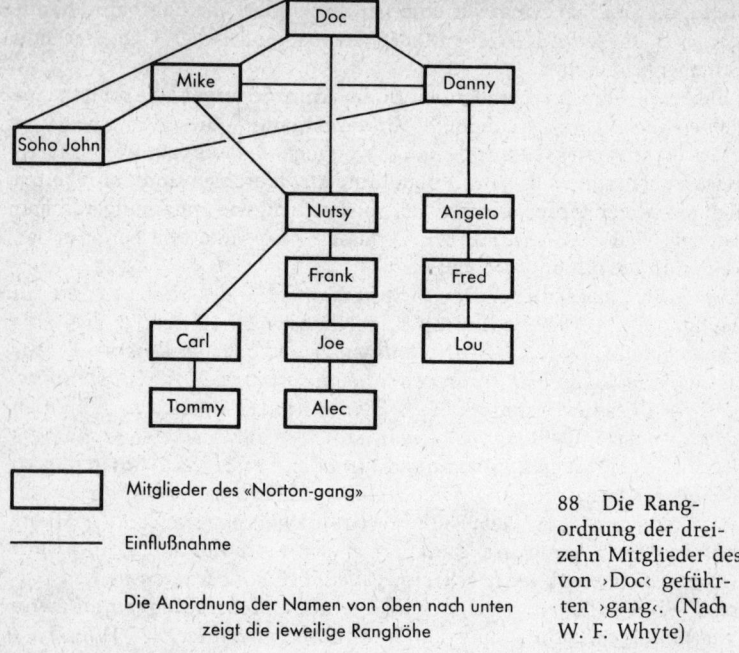

Mitglieder des «Norton-gang»

Einflußnahme

Die Anordnung der Namen von oben nach unten
zeigt die jeweilige Ranghöhe

88 Die Rang-
ordnung der drei-
zehn Mitglieder des
von ›Doc‹ geführ-
ten ›gang‹. (Nach
W. F. Whyte)

zeitig ließ sich hier das Prinzip des Führertums erläutern. Dabei ist es
wichtig festzustellen, daß selbst in einer von recht zweifelhaften Motiven zusammengehaltenen Clique, wie ein solcher ›gang‹ sie darstellt, der
Führer sich nur auf Grund gewisser für die Mitglieder wertvoller Eigenschaften halten kann. Er muß intelligent und ideenreich sein, er muß
Entschlußfähigkeit zeigen, und seine Entschlüsse müssen sich als für
die Gruppe erfolgreich bewähren. Er muß zuverlässig und fair sein, mit
Rat und Tat behilflich, er muß Großzügigkeit beweisen und muß, wenn
er auch nicht in allem der Beste ist, doch fähig sein, sich auf einem für
die Gruppe wesentlichen Gebiet bis zu gewissem Grade auszuzeichnen.

4. Führertum, Gruppe und Masse

Die Entwicklung, die Arten und die Prozesse des Führertums sind in
den letzten Jahrzehnten vielleicht mehr als jeder andere soziale Vorgang studiert worden, offenbar in der Erkenntnis, daß der Welt viel
geholfen wäre, wenn es ihr gelänge, ein wirklich wertvolles Führertum
heranzubilden.

Schwieriger noch als die Definition der Gruppe ist die des Führertums, und zwar deshalb, weil dieser Ausdruck für sehr verschiedenartige Vorrangstellungen verwendet wird.

Versuchen wir uns einige der entscheidenden Merkmale klarzumachen. Unter allen Umständen ist ein Führer jemand, dessen Wirksamkeit sich in einer sozialen Situation entfaltet, in der er auf andere und in bestimmten Richtungen einen *Einfluß* ausübt. Dieser Einfluß mag sich *faktisch* aus den Umständen ergeben, gegebenenfalls ohne Dazutun des Betreffenden, oder er kann erstrebt worden sein von jemandem, der sich zum Führer *berufen* fühlt. Und schließlich kann jemand einfach zum Führer *ernannt* werden.

Die wirklich größten geistigen Führer der Menschheit, die dank ihres Genies neue Ideen verkünden, sind sich wahrscheinlich meistens, aber nicht notwendigerweise immer ihrer Rolle als Bahnbrecher bewußt. Ihr Einfluß wird allerdings oft erst im Laufe der Zeiten und durch die Geschichte bewiesen, er ist nicht in erster Linie darauf gegründet, daß die Führer sich als solche betätigen, sondern darauf, daß ihre *Ideen* die Welt verändern.

Das andere Extrem stellen gewissermaßen die zu Führern *Ernannten* dar, diejenigen also, die von anderen in *Spitzenpositionen* erhoben werden, ohne unbedingt tatsächlich zum Führer geeignet zu sein. Die Gründe dafür, daß man sie zu Führern ernennt oder sie auf Führerpositionen beruft, können historischer oder zweckbedingter Art sein. So ist der erblich auf dem Thron folgende Monarch kraft Gesetzes zum Regieren bestellt, was noch nicht heißt, daß er zum Führertum auch wirklich geeignet ist. Dasselbe gilt insbesondere von Ämtern verschiedenster Art. Unter Umständen ist die Führerrolle in diesen Positionen mehr *symbolisch* oder *nominell* als real.

In der Mitte zwischen diesen Extremen liegt das Führertum dessen, der sich auf irgendwelchen Gebieten zum Führer *berufen* fühlt, der den Einfluß auf andere erstrebt und der sich dann in einer Führerrolle zu *betätigen* versucht. Dauer und Ausmaß der Wirksamkeit hängen bei dieser Art des Führertums von einer Reihe von Faktoren ab. Es sind dies die *Persönlichkeit* des Führers, die *Situation*, in der er seinen Einfluß auszuüben sucht, die *Anhänger*, die er zu gewinnen sucht, und die *Ziele*, die er verfolgt.

Nur in dieser dritten, mittleren Variante sehen Tannenbaum, Wechsler und Massarik, die sich kürzlich besonders eingehend mit dem Phänomen des modernen Wirtschaftsführers befaßt haben, das eigentliche Führertum gegeben, weil nur hier die *Dynamik* des Führens vollen Ausdruck gewinnt. Wesentlich für das Führertum im eigentlichen Sinne ist nach ihrer Ansicht, daß jemand wirklich *beabsichtigt*, andere zu beeinflussen, und daß seine tatsächliche Wirksamkeit sich daraus ergibt,

wie seine Persönlichkeit und seine Ziele in einer gegebenen Situation
eine eventuelle Gefolgschaft beeindrucken.

Die Frage, wodurch *Führerpersönlichkeiten* gekennzeichnet sind, ist
wiederholt untersucht worden. Ursprünglich war man der Ansicht, daß
der Führer einen bestimmten Persönlichkeitstypus darstelle oder daß
ihn besondere *Eigenschaften* auszeichneten. Man fand die Annahme,
gewisse Charakterzüge seien typisch für Führerpersönlichkeiten, insofern bestätigt, als Führer im allgemeinen Energie, Intelligenz – die jedoch nicht allzu überlegen sein darf –, Selbstvertrauen, gesellschaftliche
Ambitionen, Ehrgeiz und den Willen zu herrschen in höherem Maße
besitzen als Durchschnittsmenschen. Jedoch kommen alle diese Eigenschaften auch bei Nichtführern vor. Sanford kam außerdem zu dem
Schluß, daß keine zwei Studien dieselben Züge als charakteristisch für
einen Führer nennen. Heute ist man daher mehr der Ansicht, daß weniger die Führerpersönlichkeit als solche als vielmehr das Zusammenwirken der oben genannten Faktoren für die Entwicklung von Führerrollen
verantwortlich zu machen ist.

Was *motiviert* Menschen, nach der Führerrolle zu streben? Allgemein

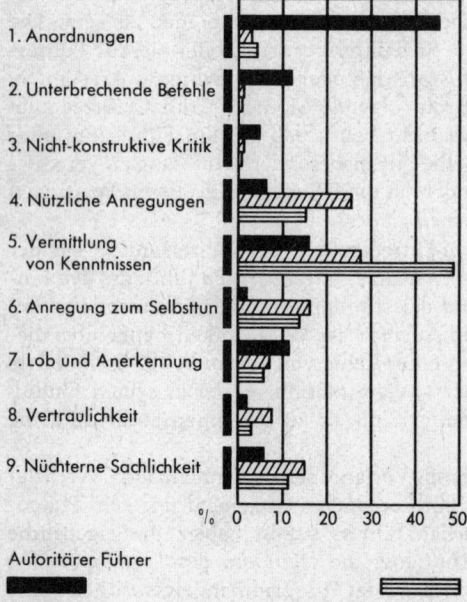

1. Anordnungen
2. Unterbrechende Befehle
3. Nicht-konstruktive Kritik
4. Nützliche Anregungen
5. Vermittlung
   von Kenntnissen
6. Anregung zum Selbsttun
7. Lob und Anerkennung
8. Vertraulichkeit
9. Nüchterne Sachlichkeit

% 0   10   20   30   40   50

Autoritärer Führer

«laissez-faire»-Führer

Demokratischer Führer

89 Vergleich der Ver-
haltensweisen dreier
verschiedener Führer
von Gruppen elfjähri-
ger Knaben. (Nach
Lippitt und White)

werden die eng miteinander verbundenen Bedürfnisse nach *Macht, Ansehen* und *Vorrangstellung* als wesentlichste Motive angesehen; dazu mag in verschiedenem Ausmaß das Bedürfnis nach der Betätigung solcher *schöpferischer Fähigkeiten* kommen, die in der Gestaltung menschlicher Angelegenheiten ihren Ausdruck finden.

Dementsprechend sind nach Bales, einem der bekanntesten unter den auf diesem Gebiet arbeitenden Soziologen, am erfolgreichsten die Führer, welche die Fähigkeit zu beherrschen und zu führen mit der Gabe verbinden, eigene konstruktive Ideen beizutragen. Sie, die auf diese Weise imstande sind, die Ziele oder Aufgaben der von ihnen geführten Gruppen zu verwirklichen, sind letztlich einflußreicher als solche Führer, die sich allgemeiner Beliebtheit erfreuen.

Die Art, in welcher ein Führer seine Ziele verfolgt, kann *tolerant* oder *brutal*, kann *demokratisch* oder *autokratisch* sein.

Die Art des Führertums, die sich in einer bestimmten Situation entwickelt, hängt nicht allein vom Führer ab, sondern auch von den Bedürfnissen der *Gefolgschaft*. Bereits im vorigen Kapitel erwähnten wir die aus Kurt Lewins Kreis hervorgegangenen Studien über autoritäres

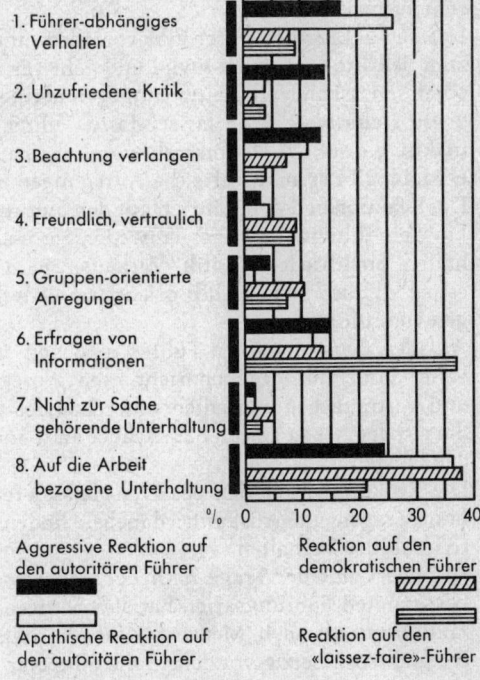

90 Vergleich von vier Gruppenreaktionen auf die gleichen drei Führer wie in Abb. 89. (Nach Lippitt und White)

1. Führer-abhängiges Verhalten
2. Unzufriedene Kritik
3. Beachtung verlangen
4. Freundlich, vertraulich
5. Gruppen-orientierte Anregungen
6. Erfragen von Informationen
7. Nicht zur Sache gehörende Unterhaltung
8. Auf die Arbeit bezogene Unterhaltung

% 0   10   20   30   40

Aggressive Reaktion auf den autoritären Führer

Reaktion auf den demokratischen Führer

Apathische Reaktion auf den autoritären Führer

Reaktion auf den «laissez-faire»-Führer

und demokratisches Führertum und die Bevorzugung des einen oder des anderen seitens der Geführten. Einige der quantitativen Resultate dieser Studien erscheinen mir von allgemeinem Interesse. Die Abbildungen 88 und 89 sind einer experimentellen Untersuchung von Lippitt und White über Führertum und Gruppenleben entnommen, die 1934 und 1940 in vier Jugendklubs mit elfjährigen Buben vorgenommen wurde. Die Klubmitglieder wurden in dem Experiment drei Arten von Führertum unterworfen: Sie hatten für je sieben Wochen einen autoritären, einen demokratischen und einen ›laissez-faire‹-Führer, einen passiven also, der die Gruppe sich weitgehend selbst überließ.

Die Hauptergebnisse dieser bedeutungsvollen Studien sind, was die Führer anbelangt, folgende:

Der autoritäre Führer zeichnet sich vor allem dadurch aus, daß er Anordnungen trifft und Befehle gibt, die die laufende Arbeit unterbrechen. Auch übt er mehr nichtkonstruktive Kritik als die anderen Führer, zollt seiner Gefolgschaft dafür aber auch mehr Lob und Anerkennung; die Beziehung eines durchschnittlichen autoritären Führers zu den von ihm Geführten setzt sich zu 60 Prozent aus diesen Verhaltensweisen zusammen, während sie bei den Einwirkungen der anderen Führer nur 5 Prozent ausmachen.

Der demokratische Führer gibt vor allem nützliche Hinweise und regt zum Selbsttun an, er ist jovial und geht vertraulich mit seiner Gefolgschaft um, zu anderen Zeiten hingegen nüchtern sachlich. Oft vermittelt er ihr Kenntnisse. Der ›laissez-faire‹-Führer schließlich ist im ganzen inaktiv bis auf das Übermitteln von Informationen; in einem gewissen Umfang gibt er auch hilfreiche Anregungen zum Selbsttun.

Die Reaktionen der Geführten auf den autoritären Führer sind in erster Linie ein führerabhängiges, entweder aggressives oder apathisches Verhalten, unzufriedene Kritik, Verlangen nach Beachtung; daneben gibt es jedoch auch viel sachlich orientierte Unterhaltung und vieles Erfragen von Informationen.

Auf den demokratischen Führer reagieren die von ihm Geführten in erster Linie mit gruppenorientierten Anregungen, mit freundlichen und vertraulichen Verhalten untereinander und mit Unterhaltungen, die mit der Arbeit zu tun haben, aber auch mit nicht zur Sache gehörenden Dingen.

Die Reaktionen auf den passiven ›laissez-faire‹-Führer sind in erster Linie Fragen um Auskunft; daneben finden wir Unterhaltung sowie freundliches Verhalten.

Besonders mit der Frage nach der von verschiedenen Gefolgschaften bevorzugten Führungsarten hat sich Sanford beschäftigt. Er fand, daß ›authoritarians‹, d. h. Menschen, die autoritätsgläubig sind, solche Führer und Vorgesetzte vorziehen, die autoritär sind und den einzuschlagenden Weg genau vorschreiben. ›Equalitarians‹ dagegen, solche Personen also, die auf Gleichberechtigung aller eingestellt sind, vermögen zwar ein starkes Führertum anzuerkennen, wenn es ihnen notwendig erscheint, bevorzugen sonst aber eine weniger kräftige Hand.

Erich Fromm, der in seinem berühmten Buch ›Die Furcht vor der Freiheit‹ die Probleme von Macht, Autorität, Abhängigkeit und Unterwürfigkeit untersucht hat, vertritt die Ansicht, daß es zwar wohlwollende Autokraten gebe, daß jedoch der Gebrauch der Macht oft der Befriedigung sadistischer Bedürfnisse dient, wie es die Naziführer bewiesen haben.

Dies bringt uns zu dem Thema des *politischen Führers*. Harold Lasswell kommt in seinen ausgedehnten Studien über dieses Thema zu dem Resultat, daß bei dieser Form des Führertums das *Macht*bedürfnis im Vordergrund steht.

Mir selbst scheint besonders wichtig der Unterschied, ob ein politischer Führer es lieber mit *geordneten Gruppen* oder lieber mit der *Masse* zu tun hat. Zwar ist es eine richtige Beobachtung von Miller und Dollard, daß eine Masse immer eine Prestigewirkung hat und immer irgendwie im Recht zu sein scheint. Von der Faszination, eine Masse zu beeindrucken und zu gewinnen, ist wohl kein Führer völlig frei. Jedoch ist es nur der *Demagoge*, der die Aufstachelung von Massen der besonnenen Einwirkung auf organisierte Gruppen vorzieht. Während diese rational funktionieren, reagieren die Massen emotional und irrational. Die von Le Bon beigebrachte Deutung, bei der Massenbeeinflussung seien Suggestion und ›Ansteckung‹ wirksam, erscheint nicht als ausreichend, wie schon Sighele gezeigt hat, da diese auch bei vernünftigen und kooperativen Gruppeneinflüssen am Werk sind. Jedoch wird Le Bons Annahme, daß es sich bei der Massenaktion um die Auslösung drängender Impulse handelt, bei deren Ausbruch das Bewußtsein der Verantwortlichkeit durch die Anonymität der Masse und das Untertauchen des einzelnen in dieser Anonymität verlorengeht, allgemein als richtig anerkannt.

Totalitäre Führer operieren offenbar vorzugsweise mit der Masse, wie es Hitler getan hat und andere tun.

Von den vielen Untersuchungen, die diesem so wichtigen Thema gewidmet worden sind, verdienen Seymour M. Lipsets interessante Betrachtungen über die Bedingungen solcher Situationen besondere Beachtung. Lipset stellt die Hypothese auf, daß die Stabilität eines demokratischen Regimes sowohl von der *Legitimität* wie der *Effektivität* einer jeweiligen Regierung abhängt und daß Regierungen zusammenbrechen, wenn sie ineffektiv oder illegitim oder gar beides zugleich sind. Die Weimarer Republik und die Österreichische Republik waren seiner Ansicht nach in den Augen weiter Kreise nicht wirklich legitim und sie verloren schließlich auch ihre Effektivität. Lipset erhebt dann weiter die

Frage, warum manche Gesellschaften so gesund und relativ unverwundbar sind, daß sie der Bedrohung durch *Massenbewegungen* nicht anheimfallen, auch wenn die Regierungen versagen. Eine Erklärung für das Zusammenbrechen einer Gesellschaft unter dem ›Aufstand der Massen‹ (Ortega y Gasset) sieht er mit Tocqueville im Zerfall traditionsgebundener *Eliten,* der eine Hauptgefahr für das Fortbestehen von Freiheit und schöpferischer Kultur bedeutet.

Der Soziologe unterscheidet bei *kollektivem* Verhalten verschiedene Formen. Die wichtigsten Unterscheidungen sind die zwischen Menge, Masse und Publikum.

Die *Menge* wird von MacIver definiert als eine physisch enge Ansammlung von Menschen, die in vorübergehendem unorganisiertem Kontakt miteinander stehen. Für Cantril kommt dazu, daß die Angesammelten zu diesem Zeitpunkt gemeinsame Werte oder Emotionen haben.

Ein Beispiel bietet die Stätte eines Verkehrsunfalls: Schnell sammelt sich ein Haufen an. Handelt es sich um einen größeren Unfall, kann der Haufen zur Menge anwachsen. Die Aufregung über das Ereignis hält sie zusammen. Oder ein Fußballspiel: Es bringt eine große Menge von Zuschauern zusammen, deren gemeinsames Interesse dem Spiel gilt. Nach dem Spiel läuft die Menge wieder auseinander.

Für eine gemeinsame Aktion bedarf die Menge gewöhnlich eines Führers, wie beim Lynchen. Dabei wird die Menge zum *Pöbel.*

Die *Masse* wird von der Menge dadurch unterschieden, daß sie aus Individuen besteht, die nicht notwendigerweise zusammentreffen, wie es bei der Menge der Fall ist, und die einerseits jeder für sich, andererseits gleichförmig auf etwas reagieren.

Zum Beispiel liegen Massenreaktionen vor, wenn eine Melodie, die Begeisterung für einen Schauspieler oder Redner, die Empörung über ein Verbrechen die Masse ›mitreißt‹. Hierbei spielen Kommunikationen eine wichtige Rolle: Die Manie, die alle Jugendlichen ergreift, wenn ein neuer Tanz aufkommt, sowie gewisse Modefimmel, denen die Frauenwelt anheimfällt, verbreiten sich zum Beispiel durch Weitergabe von Mund zu Mund, aber auch durch andere Massenmedien (Funk, Fernsehen, Presse). Auch die Masse kann jedoch als solche zu *gemeinsamer Aktion* fortgerissen werden, wobei Gerüchte, Ansprachen, diskutierende Ansammlungen und Propagandaliteratur die Auslösungsmittel sind. Um die Massen zu beeinflussen, bedarf es wiederum der *Führung.* Hierbei kann es zu jenen Aufstachelungen der Masse kommen, auf die wir bereits hinwiesen und die durch einzelne Führer oder Massenmedien erzeugt werden können. Oder aber es kann sich der Einfluß eines *Meinungsführers* verbreiten, der, wie E. Katz und P. F. Lazarsfeld erläutern, von einem *strategischen Punkt* aus wirksam wird.

Bei den meisten Angelegenheiten des *öffentlichen Lebens* kommt weniger die Masse als vielmehr *das Publikum* ins Spiel. Das Publikum, dessen Verhalten und Kommunikationen in einem großen Werk von B. Berelson und M. Janowitz dargestellt wurden, wird von H. Blumer definiert als eine Gruppe von Menschen, die sich mit *Meinungsbildungen* befassen. Das heißt, man spricht vom Publikum im Zusammenhang mit Angelegenheiten, bei denen Meinungsbildungen stattfinden und die in ihrer Entwicklung durch Meinungsbildung beeinflußt werden. Hierbei spielen, wie besonders Lazarsfeld und Mitarbeiter nachwiesen, *Meinungsführer* eine Rolle.

Der Prozeß der Verbreitung der *Mode* sei kurz als ein interessantes Beispiel erwähnt. Die jeweilige Mode, deren Diktatur dadurch aufrechterhalten wird, daß der sich ihr Unterwerfende Prestige gewinnt, wird bekanntlich von einer relativ kleinen Anzahl von Modeschöpfern der ›Haute Couture‹ hauptsächlich in Paris und in New York entschieden. Danach wird sie in der Weise verbreitet, daß anfangs führende Geschäfte und reiche Frauen als ›Meinungsführer‹ sich zu ihr bekennen. Von den teuersten gelangt die jeweilige Mode allmählich in die Geschäfte mit mittlerer und niederer Preislage. Bis eine neue Mode ganz unten angelangt ist, wird auf der obersten Ebene bereits wieder etwas anderes, ganz Neues gezeigt.

Das sogenannte ›Wally‹-Kleid, das von Mainbocher hergestellte Hochzeitskleid der Herzogin von Windsor, wurde am 3. Juni 1937 in den Zeitungen abgebildet, sein Preis mit 250 Dollar angegeben. Zehn Tage später annoncierte Bonwit Teller, ein elegantes New Yorker Modegeschäft, eine Version dieses Kleides für 25 Dollar. Einen Monat danach zeigte Lord und Taylor, ein Geschäft mit mittleren Preislagen, das ›Wally‹-Kleid für 16.95 Dollar, und noch einen Monat später hing in einem billigen Kleiderladen ein ganzes Gestell voll von Kleidern dieses Modells zu 8.90 Dollar!

In ihrer Reaktion auf die Mode wird das Publikum unter Mitwirkung maßgebender Persönlichkeiten von der Wirtschaft im Zaum gehalten und am Gängelband geführt.

5. Organisation, Motivation und Kontrolle

Bei unserer Diskussion über die Gruppen und die in ihnen sich abspielende Dynamik sind wir noch nicht systematisch auf ihre Zwecke eingegangen. Wenn wir nunmehr diese betrachten, so stellen wir alsbald fest, daß sich die Gruppen in zwei große Kategorien gliedern lassen. Die erste wird gebildet von solchen Vereinen, Gesellschaften, Klubs usw., in denen *menschliche Tätigkeiten* den Selbstzweck bilden, von

Vereinigungen also, die dem Vergnügen, der Erholung, Belehrung oder der Pflege besonderer Interessen von Individuen dienen. Die zweite hingegen umfaßt Institutionen, die wie Fabriken und Betriebe der *Produktion* und der Verteilung der Produktion dienen, oder solche für das *Allgemeinwohl*, die Behörden, öffentliche Einrichtungen, aber auch zum Beispiel das Militär.

Während in der ersten Kategorie die menschlichen Bedürfnisse der Individuen weitgehende Berücksichtigung erfahren, müssen in der zweiten diese den objektiven Zwecken unterworfen werden. Die Notwendigkeit der ›Fusion‹ zwischen Individuum und Gruppe, wie Bakke diesen Prozeß genannt hat, stellt bei der zweiten Kategorie hohe Ansprüche an die Opferbereitschaft des Individuums.

Dieser Zwang, den der einzelne sich im Interesse des über ihn selbst hinausführenden Zweckes auferlegen muß, macht eine große Anzahl von Maßnahmen notwendig, die sich bei der *Interessengruppe*, wie wir die erste Kategorie kurz nennen können, erübrigen. Was in der Kategorie der *Pflichtgruppen*, als die wir die zweite der ersten gegenüberstellen können, notwendig wird, sind vor allem zwei Einrichtungen: Die Schaffung von Motivationen und die Einführung von Kontrollen.

Die *Motivation*, die bei den Interessengruppen sozusagen natürlich sind, müssen für die an Pflichtgruppen Mitwirkenden *künstlich* geschaffen werden, da die von ihnen zu erbringenden Pflichtleistungen nicht wie beim freien Schaffen aus natürlichen Bedürfnissen entstehen. Tätigkeiten in den Pflichtgruppen liegen daher mehr dem von außen als dem von innen gesteuerten Menschen, um mit einer von David Riesman eingeführten Unterscheidung zu sprechen. Jedoch haben die meisten Menschen wenig Wahlfreiheit in dieser Beziehung.

Künstlich eingeführte Motivationen sind in erster Linie *Belohnungen*, zu denen Gehaltserhöhung, Beförderung und Prestigegewinn gehören. Dazu gesellt sich aber neuerdings zunehmend das, was man das Erwecken von *Sekundärinteressen* nennen könnte. Zwei Hauptarten solcher die Leistungsbereitschaft erhöhender Sekundärinteressen sollen kurz besprochen werden: Einmal persönlich befriedigende Teilprozesse, die in den Arbeitsprozeß eingeschaltet werden, und zum zweiten die Beteiligung des Arbeitnehmers an der Betriebsleitung und an der Ausübung von Kontrolle.

Das Problem der Motivation aller derer, die, von der Schulzeit angefangen, ihr ganzes Erwachsenen-Leben hindurch den Großteil ihres Tages in Pflichtgruppen verbringen, beschäftigt immer weitere Kreise von Forschern. Vor allem die abstumpfende Wirkung der mechanischen Arbeit am Fließband oder in unzähligen monotonen Wiederholungen immer derselben Handgriffe ist schon oft und seit langer Zeit diskutiert worden.

Während man ursprünglich mehr an Beihilfen außerhalb des Arbeitsprozesses dachte, etwa an Fortbildungskurse und künstlerische Darbietungen für Arbeiter, befaßt man sich neuerdings mehr mit der Frage, wie größere Befriedigung in den Arbeitsprozeß selbst eingebaut werden könnte.

Solche Befriedigung ist um so nötiger, als, wie Chris Argyris zum Beispiel darlegt, die Persönlichkeit des Arbeiters um so unentwickelter bleibt, je machtloser er in seiner Organisation ist. Regressives oder aggresives Benehmen ist die Folge solcher Unreife.

Argyris, Gouldner und andere schlugen deshalb Maßnahmen vor – Bildung kleiner informeller Arbeitsgruppen; Beratung der Arbeiter untereinander; Schaffung persönlicher Beziehungen und ähnliches –, um die Arbeit in Büro und Fabrik *persönlich befriedigender* zu gestalten. Bekannt ist die ungeheure Popularität der Kaffeepausen, ohne die ein Büro in Amerika kaum mehr zu funktionieren vermag.

Eine der Absichten bei diesen Maßnahmen ist die, dem Arbeiter oder Angestellten das *Gefühl der Dazugehörigkeit* zum Betrieb zu geben. Obwohl dies von manchen Soziologen für unmöglich erklärt worden ist, scheint es doch vielfach zu gelingen. Katz und Kahn berichten von einer Reihe von Untersuchungen, die zeigen, daß Befriedigung an der Arbeit ebenso wie Produktivität zunehmen, je mehr ein Arbeiter oder Angestellter sich zum Betrieb dazugehörig fühlt. Dieses Gefühl wurde durch geschickte Betriebsführungen dadurch geweckt, daß man in kleinen Gruppen das Bewußtsein der Zusammengehörigkeit und den Stolz auf die Leistung sich entwickeln ließ.

Durch derlei Maßnahmen wird die öde Mechanik der unpersönlichen Arbeit etwas mehr in den Schatten gerückt, und die unverbundene Gesellschaft wird, um mit Tönnies zu sprechen, zur *Gemeinschaft* mit persönlichen Bindungen. Das *Betriebsklima* wird besser.

Eine zweite Art der Erweckung von Sekundärinteressen, deren motivierende Wirkung sich sehr zu bewähren scheint, ist die *Beteiligung des Arbeitnehmers an der Betriebsleitung*. Unter vielen Darstellungen dieser Einrichtung erscheint mir besonders klar und interessant eine kurze Arbeit von Keith Davis.

Er definiert drei Grade der Beteiligung von Arbeitnehmern am Management. Der erste Grad ist der des *gegenseitigen Verstehens* aller im Betrieb Tätigen. Im zweiten Grad kommt es zu *beratender Teilnahme* seitens aller Arbeitnehmer. Der dritte Grad führt dann zur *autoritativen Teilnahme*, bei welcher der Arbeitnehmergruppe gewisse Entscheidungsrechte zugestanden werden.

Die Mittel, mit denen dies erreicht werden kann, sind Gruppenzusammenkünfte in formellen Sitzungen oder in Ausschüssen, Beratungen der Betriebsleiter und Abteilungsleiter mit Angestellten und Arbeitern,

Produktionskomitees und die Anregung von Vorschlägen der Arbeitnehmer für betriebliche Verbesserungen. Gerade diese letzte Maßnahme verlangt eine besonders feinfühlige Handhabung, wie überhaupt alle diese Neuerungen denjenigen Arbeitgebern und Managern am besten zu gelingen scheinen, die an Kursen für psychologische Betriebsführung teilgenommen haben.

Für die Wirksamkeit dieser Art von Maßnahmen ist es jedoch auch, wie Tannenbaum und Massarik betonen, notwendig, daß der Arbeitnehmer des Betriebes tatsächlich daran interessiert ist, an der Leitung beteiligt zu sein, und daß er dafür vorbereitet ist. Autoritär erzogene Angestellte oder Arbeiter, die nicht gelernt haben, sich der Situation entsprechend auszudrücken, können mit diesem System wenig anfangen. Daher muß mit dem größeren Einfühlungsvermögen des Managers oder Arbeitgebers eine verbesserte Kommunikationsfähigkeit seitens der Arbeitnehmer Hand in Hand gehen. Beide erfordern eine besondere psychologisch orientierte Erziehung.

Amüsant, aber gleichzeitig auch aufschlußreich im Hinblick auf die stark psychologische Orientierung moderner Betriebsführung ist Davis' Beschreibung, wie man sich des sogenannten ›grapevine‹ konstruktiv für eine Verbesserung des Betriebsklimas bedienen kann. Mit diesem unübersetzbaren Wort, das wörtlich ›Weinstock‹ bedeutet, ist der Strom von Klatsch und Gerüchten gemeint, die, sozusagen durch den Weinstock hindurch, ›hinter der Hand‹ oder ›hinter dem Rücken‹ ständig von Mund zu Mund weitergegeben werden. Davis zitiert einen Artikel von Joseph K. Shepard im ›Indianapolis Star Magazine‹, in dem das Kursieren von Gerüchten poetisch beleuchtet wird.

›Mit der Schnelligkeit einer brennenden Zündschnur fließt Information magisch aus den Wänden, an der Wasserleitung vorbei, vorbei an der Tür des Managers und am Besenkabinett des Pförtners. Flüchtig wie ein leiser Windhauch sickern die Gerüchte durch Stahltüren und Glaswände, vom Keller bis zum Dachboden, vom Laufburschen bis zum Geschäftsführer ... Sie bringen gute und schlechte Nachrichten, Tatsachen und Phantasien, sie kümmern sich weder um Ansehen noch um bürgerliche Rechte, sie haben keinen Respekt vor Personen oder Vorrechten. Gerüchte werden aufgetischt ohne Unterschied, ob es sich um die leitenden Persönlichkeiten, den Vorarbeiter oder die Stenotypistin handelt ...‹

All dies bedeutet, daß in der modernsten Gruppe, dem durchorganisierten Betrieb, das System der Kontrollen auf Grund von psychologischen Prinzipien verändert wird.

Was ist soziale Kontrolle? Merkwürdigerweise hat ein außerordentlich grundlegender Begriff wie der der sozialen Kontrolle nur relativ wenig systematische Untersuchungen erfahren. Am nächsten kommen einer genügend umfassenden Definition meines Erachtens Parsons und Shils, die in dem von ihnen herausgegebenen Buch über die ›Allgemeine Theorie der Handlung‹ viele soziologische Phänomene erstmalig systematisch untersuchen. Nach ihnen haben ›Kontroll-Mechanismen‹ die Funktion, das jeweilige soziale System im Gleichgewicht zu erhalten. Das heißt also, daß Druck auf ein Individuum nicht hauptsächlich im Interesse dieses Menschen ausgeübt wird, seine Bestrafung mit dem Ziel seiner Verbesserung erfolgt, sondern daß dies vielmehr dazu dient, ein soziales Gebilde wie die Familie oder eine Fabrik im Gleichgewicht und damit wohlfunktionierend zu erhalten.

Unter Umständen kann dieses Vorgehen faktisch nicht zu unterscheiden sein von dem, was der Erziehung oder Besserung dient; es kann unter Umständen die soziale Kontrolle jedoch in einer Art von Druck bestehen, die den Interessen des Individuums völlig zuwiderläuft.

Die soziale Kontrolle wird ausgeübt im Hinblick auf die soziale Rolle, die einem Individuum zugeteilt ist. Erfüllt der einzelne nicht, was man von ihm, seiner Rolle entsprechend, erwartet, so werden ihm *Strafen* oder *Belohnungen* in Aussicht gestellt, oder er wird unter *Druck* gesetzt. Durch Bestrafung oder Belohnung kann der einzelne verändert werden; durch Druck, der sich in Meinungskundgebungen oder im Verhalten von anderen äußern kann, ist er unter Umständen weitgehend zu beeinflussen, so daß er sich für den Augenblick oder ständig von der Meinung der anderen beherrschen läßt. In extremen Fällen kann er von der Gruppe ausgestoßen werden; im Betrieb oder bei einer Behörde heißt dies, daß er zum Verlassen seines Postens gezwungen wird. Bei Verbrechen und Geisteskrankheiten, welche die Gesellschaft gefährden, wird außerdem *Isolierung* oder *Absonderung* des Individuums von der Gruppe als Kontrollmittel verwendet.

Die einfachste Form der Kontrolle ist natürlich die *autoritäre,* unter der das Kind bereits in Familie und Schule heranwächst. Früh erlebt das Kind jedoch auch die Kontrolle durch die Spielgruppe, die einen Druck auf den Gefährten ausübt und besonders im frühen Kindesalter oft leicht und bedenkenlos Ausstoßungen vornimmt.

Die *Kontrolle von Meinungen* durch Majoritätsgruppen ist in berühmten Experimenten von Muzafer Sherif besonders drastisch gezeigt worden. Er wies nach, wie weitgehend sich Individuen oft gegen ihr besseres Wissen und Urteil den Meinungen einer Majorität unterwerfen, die dadurch die Situation beherrscht, daß die Mitglieder der Gruppe dazu neigen, auf eine *Norm* hin zu konvergieren, das heißt, auf ein Übereinkommen in der Richtung einer maßgeblichen Meinung hinzustreben.

Bekannt ist der Druck, der in gewissen *Arbeitsgruppen* von der Majorität auf einzelne Angehörige der Gruppe ausgeübt wird. Schon 1908 gebrauchte Max Weber den Ausdruck ›bremsen‹ für die Kontrolle, der ein besonders eifriger, schneller oder geschickter Kollege durch eine Gruppe von Arbeitern oder Angestellten unterworfen sein kann, wenn seine bessere Arbeit das von ihnen gehaltene Leistungsniveau bedroht. Und Roethlisberger und Dickson stellen in der sehr bekannt gewordenen Hawthorne-Plant-Untersuchung fest, daß die Arbeiter in einem Montageraum einen sozialen Kodex hatten, dem entsprechend sie einzelnen Angehörigen ihrer Gruppe gewisse abfällige Beinamen gaben. Von denen, die zuviel Arbeit leisteten, sprachen sie als ›Lohndrücker‹; wer zu wenig produzierte, wurde ›Mogler‹ genannt, und wer den Vorarbeitern oder Meistern etwas für die Gruppe Ungünstiges hinterbrachte, war ›Angeber‹.

Während so die Gruppen ihre Mitglieder zu kontrollieren versuchen, übt andererseits die Betriebsleitung oder die jeweils verantwortliche Instanz Kontrollen aus, damit angemessene Leistungen erzielt werden. Der Druck der *Verantwortung,* unter dem die Inhaber leitender Positionen – vom Abteilungsleiter bis zum Vorarbeiter – in Betrieb und Behörde stehen, jene Arbeitnehmer also, die einesteils ihre Untergebenen kontrollieren müssen, andererseits aber auch der Kontrolle ihrer eigenen Vorgesetzten unterstehen, ist neuerdings vielfach das Thema sozialpsychologischer Untersuchungen gewesen, nachdem sich landläufige Meinungen über die Inhaber solcher Stellungen längst ausgebildet hatten. Besonders interessant erscheint mir unter vielen anderen bemerkenswerten Studien die Arbeit von J. und R. Useem über den sozialen Druck, dem das ›mittlere Management‹ ausgesetzt ist, das sind die in der Mitte zwischen ›oben‹ und ›unten‹ im Betrieb Stehenden. Die Arbeit befaßt sich mit der psychologischen Struktur der Lebensform eines Menschen von solchem mittleren Rang. Die Frage geht dahin, wie der einzelne mit dem Druck der an ihn gestellten Anforderungen und mit dem Problem des Vorwärtskommens unter den jeweils gebotenen Umständen fertig wird.

J. und R. Useem beschreiben dabei ein von Merton besprochenes Phänomen, nämlich die ›antizipatorische Sozialisation‹. Hierunter ist die Tatsache zu verstehen, daß der an sozialem Aufstieg Interessierte sich bis zu einem gewissen Grade in die Psychologie der ihm möglicherweise offenstehenden höheren Stellungen einfühlt und durch diese Vorwegnahme leichter in seine späteren Aufgaben hineinwächst. Mit anderen Worten: erfolgreicher beruflicher wie sozialer Aufstieg setzt Beweglichkeit, Anpassungsfähigkeit und ein antizipatorisches Lernen voraus.

Mit den Fragen dieser im Aufbau der Pflichtgruppen von unten nach oben sich ergebenden Hierarchien werden wir uns sogleich im Abschnitt über die soziale Schichtung beschäftigen, während auf die interessanten Experimente und Untersuchungen zu den praktischen Problemen der Kontrollen im Wirtschaftsleben später, in dem der Anwendung der Psychologie gewidmeten Teil, näher eingegangen wird.

Als eine besondere extreme Form der Pflichtgruppe sei abschließend noch die sogenannte *Total-Institution* erwähnt. Hierunter versteht man Anstalten, die einer einzigen Autorität unterstehen und deren Mitglieder ihr Leben voll und ganz an einem und demselben Platz verbringen. Beispiele solcher Total-Institutionen sind Gefängnisse und Pflegeanstalten für Geisteskranke, aber auch das Militär und Internate sowie Klöster.

Die Total-Institution bedeutet die radikalste Fusion zwischen Individuum und Gruppe. Die in ihr verlangte vollkommene Unterwerfung des Individuums unter die Gruppenregeln und -normen ruft fast immer Widerspruch hervor, da der einzelne hier in weitgehendem Maße seiner Handlungs- und Verfügungsfreiheit beraubt ist. Das ist auch der Grund, warum sich so viele Menschen in Altersheime oder ähnliche Anstalten einzutreten weigern.

6. Soziale Schichtung, Mobilität und Wandel

In ihren charmanten Geschichten und Erinnerungen aus Afrika widmet Isak Dinesen (hinter diesem Pseudonym verbirgt sich die dänische Baronin Tania Karen Blixen-Finecke) einen Großteil ihrer Schilderungen ihrem Diener Farah Aden, einem Somali. Farah, der 18 Jahre lang für alles sorgte, für Haushalt und Ställe ebenso wie für die Safaris der Baronin, war nach ihren Schilderungen eine bemerkenswerte Persönlichkeit. Was uns hier interessiert, ist das eigenartige Verhältnis, in dem er zu ihr stand. Obwohl Karen Blixen, wie sie sagt, alles und jedes mit Farah besprach und er über ihre Sorgen und Freuden, über alles, was sie tat und dachte, unterrichtet war, so wahrte er doch stets einen durch die Etikette streng geregelten Abstand.

Herr und Diener, sagt Karen Blixen, dieses aus der Historie und aus der Literatur durch die Jahrhunderte so berühmte Paar, ist in seiner eigenartigen Einheit von ihr und Farah verwirklicht worden. Farah, ein Gentleman im vollsten Sinn des Wortes, ein prachtvoll gewachsener, stolzer Somali, war vom ersten Tag seines Dienstes an der Majordomus des Hauses, das er ›unser‹ Haus nannte, so wie er auch von ›unseren‹ Pferden und Gästen sprach. Er war absolut treu und ehrlich, erwartete aber auch dieselbe Treue und das Innehalten aller für die Beziehung geltenden Regeln von seiner Herrin.

Unter anderem verwaltete Farah das Geld der Baronin, und wenn sie sich für fünf Rupien neue Reithosen kaufen wollte, erklärte er ernst-

haft: »*In diesem Monat können wir es uns nicht leisten. Nächsten Monat.*« *Andererseits bestimmte er, daß unbedingt Champagner für die erwarteten Gäste bestellt werden müsse. Farah war einer jener Diener, den nur der Tod von seinem Herrn trennen kann.*

Was Karen Blixen von Farah beschreibt, ist ein treffendes Beispiel einer durch Etikette unverrückbar festgelegten sozialen Beziehung innerhalb einer Gesellschaft mit strenger sozialer Schichtung.

Dieses uralte Verhältnis von Herr und Diener hat in den weitaus meisten Kulturen unserer Zeit seine traditionelle Gebundenheit verloren und geht mit fortschreitender Demokratisierung zunehmender Auflösung entgegen.

Dies ist nur ein Beispiel sozialer Schichtung, deren Hauptformen natürlich im *Klassensystem* gegeben sind. Es kann in diesem Buch unmöglich unsere Aufgabe sein, uns auf die Erörterung des riesigen Problemgebietes verschiedener Klassensysteme einzulassen. Gemäß unserem Grundinteresse, die Lebensgebiete hinsichtlich der psychologischen Durchdringung, die sie erfahren haben, zu verstehen, beschränken wir uns auch hier auf einiges psychologisch Wesentliches.

Psychologisch wesentlich erscheint mir erstens der Befund, daß Menschen, wo immer sie in irgendwelchen Gesellschaftsformen leben, individuell verschiedene *soziale Stellungen* einnehmen. In den einzelnen Gesellschaften spielen Alter, Geschlecht, Familienzugehörigkeit, Art der Beschäftigung, Besitz und anderes sehr unterschiedliche Rollen. Jedoch gibt es überall, wenn auch auf verschiedener Grundlage, Stellungen, die den, der sie innehat, vor den anderen auszeichnen.

Einige dieser sozialen Stellungen sind offiziell festgelegt und anerkannt, andere sind mehr schwebend und unausgesprochen. Aber die meisten Menschen sind sich ihrer eigenen Stellung sowie der Stellungen anderer bewußt und wissen, daß sie in jeder dieser Stellungen eine bestimmte *Rolle* zu spielen haben. Hierbei kann es allerdings zu Täuschungen kommen dadurch, daß die tatsächliche Stellung und Rolle nicht der nominellen entspricht.

Nehmen wir als Beispiel das männliche Oberhaupt eines autoritär geregelten Haushalts, Herrn Hauptmann. Er fühlt sich als der Herr des Hauses und spielt hier die Rolle einer Art von Befehlshaber. In Wirklichkeit aber weiß die schmeichlerische und anziehende Frau Hauptmann sehr genau, wie sie die Anordnungen ihres Gatten umgehen oder wie sie ihn dazu bewegen kann, seine Meinung zu ändern. So spielt in Wahrheit sie die ausschlaggebende Rolle, obwohl sie ihm das Prestige der Vorrangstellung beläßt.

Derselbe Herr Hauptmann, der in seiner Familie gern das Oberhaupt spielt, hat als mittlerer Angestellter in seinem Büro vielleicht nur ein mäßiges Prestige, und in der gesellschaftlich-wirtschaftlichen Rang-

ordnung der Gemeinde gehört er eher zu der unteren Mittelklasse; im Kegelklub jedoch mag er sich höchsten Ansehens erfreuen, weil er ein vorzüglicher Spieler ist.

Eine zweite psychologisch sehr bemerkenswerte Tatsache scheint mir die zu sein, daß die Menschen dem Phänomen des sozialen Ranges mit außerordentlich verschiedenen *Einschätzungen* gegenüberstehen. Vom Extrem derer, die das Bestehen von Rangstellen einfach ableugnen und denen der Gedanke daran ein Greuel ist, bis zu denen, die alle Menschen unter dem Gesichtspunkt ihrer Rangklasse sehen und die tief von der Bedeutung einer Stellung überzeugt sind, gibt es alle möglichen Grade und Schattierungen.

Zu diesem Thema existieren eine Reihe interessanter Untersuchungen, die in der ›Sozialpsychologie‹ von Sargent und Williamson besonders geschickt zusammengestellt sind.

In einem amerikanischen Präriedorf mit 275 Einwohnern zum Beispiel hat J. West eine derart spezialisierte Klassenorganisation festgestellt, daß jedes Individuum auf Grund seiner Zugehörigkeit zu einer bestimmten Familie, Clique, Loge, Kirche und anderen Vereinigungen im Bewußtsein aller anderen einen ganz bestimmten Rang einnimmt. Trotzdem erklärten die Bewohner von Plainville steif und fest und voll Stolz: Unser Dorf — das ist nun einmal ein Ort, wo alle Menschen gleich sind! Es gibt keine Klassen bei uns.

Jedoch gliederte sich die Gemeinde, genau betrachtet, in zwei große Klassen: die ›guten, anständigen, respektablen, regelmäßig arbeitenden Leute‹ und die ›Leute niederer Klasse‹, die entweder als ›gut, anständig und fromm‹ bezeichnet werden oder als ›schlechte Elemente, ohne Glauben‹. Daneben gibt es dann noch ganz tiefstehende, ›die wie die Tiere leben‹, und einige, die die ›oberste Klasse‹ bilden.

Im allgemeinen kann man, wie Warner und Lunt zeigen, in einer ›Yankee-Stadt‹ von heute sechs Klassen unterscheiden. Die Verteilung in einer Stadt New Englands war folgende:

1. Oberste Oberklasse	*1,44 %*	*5. Obere Unterklasse*	*32,60 %*
2. Unterste Oberklasse	*1,56 %*	*6. Untere Unterklasse*	*25,22 %*
3. Obere Mittelklasse	*10,22 %*	*7. Unbekannt*	*0,84 %*
4. Untere Mittelklasse	*28,12 %*		

Diese Einteilung erfolgte auf Grund von Angaben der Einwohner, wie sie ihre Mitbürger nach Ranglisten einstuften. Die Kriterien waren mannigfaltig; am wichtigsten waren wirtschaftliche Verhältnisse, Beruf, gesellschaftliche Beziehungen, Wohngegend, Herkunft und moralischer Ruf.

Eine wichtige weitere Frage ist dann die, was eigentlich diese Rangeinteilungen an tatsächlichen Folgen für das Zusammenleben der Menschen haben. Eines steht fest: Der Rang bestimmt bis zu gewissem Grade den Zugang, den ein Individuum zu gewissen Dingen hat bzw. nicht hat. Doch gibt es zwei Faktoren, die diesem beschränkenden Einfluß der Rangstellung entgegenwirken.

Der eine ist die außerordentlich große *soziale Mobilität* der heutigen Gesellschaft. Den anderen Faktor führt uns eine geistreiche Beobachtung von Granville Hicks vor Augen, der das soziale Leben in einer kleinen Stadt studiert hat. Trotz aller Rangklassen, sagt er, deren alle sich bewußt sind, leben die Menschen doch viel mehr in Beziehungen, in denen ein Rang nicht zählt. Sie begegnen sich in Geschäften, beim Friseur, in Restaurants, in der Kirche, in politischen Versammlungen und an vielen anderen Plätzen. Aber die hier sich einstellende scheinbare *soziale Gleichheit* ergibt sich wohl nur in gewissen kleinen Gemeinden oder unter besonderen Umständen. In größeren Städten kommt es nur verhältnismäßig selten und nur unter bestimmten Voraussetzungen zu solchen zwanglosen Kontakten: Karneval und Fasching zum Beispiel ›wirbeln‹ die ganze Bevölkerung einer Stadt ›durcheinander‹.

Einige außerordentlich interessante Beobachtungen zum Thema der Einschätzung von Rangunterschieden bringt Schelsky in seinem bereits an anderer Stelle ausführlich zitierten Buch über ›die skeptische Generation‹. Schelsky ist der Ansicht, daß in der heutigen deutschen Gesellschaft eine soziale Nivellierung stattgefunden hat, ein Abbau der Klassengegensätze, dem aber keineswegs im gleichen Maße eine Nivellierung der sozialen Leitbilder oder des ›sozialen Selbstbewußtseins‹ entspricht. Er findet, daß man sich gegen diese ›soziale Standortlosigkeit‹ wehrt und deshalb vielfach die Zugehörigkeit zu Gruppen mit sozialem Prestige in einer Weise betont, die auf ›Einbildung‹ beruht, weil ihr keinerlei Realität mehr entspricht. So kommt es, nach Schelsky, dazu, daß aus dem Bedürfnis, ›vorwärtszukommen‹, ›etwas Besseres zu werden‹, vielfach ein sozialer Aufstieg gesehen wird, wo dieser faktisch gar nichts mehr bedeutet.

Innerhalb des Themenkreises der sozialen Schichtung erscheint mir persönlich psychologisch am interessantesten die Frage nach der Beziehung der Schichten und Rangklassen zu bestimmten *Wertvorstellungen*. Das Problem der Werte sieht verschieden aus, je nach dem Niveau, auf dem man sie untersucht. Was die letzten menschlichen Werte anbelangt, so werden solche zwar nicht von allen Menschen in gleicher Weise gesehen, aber sie werden doch von allen geteilt, wenn auch in verschiedenen Verwirklichungsformen.

Die in der bürgerlichen Gesellschaft von gestern durch Erbe und Vermögen gesicherte Stellung, welche die Mittel und die Zeit zur Verwirklichung anderer Werte frei machte, existiert heute nur noch für sehr kleine Kreise, nicht mehr für ganze Schichten. Inflationen und Kriege, Währungsumstellung und Enteignungen haben gezeigt, in wie hohem Maße anfällig Eigentum und Besitz gegenüber solchen Eingriffen sind, und außerdem hat der Umsturz politischer und gesellschaftlicher Systeme schwere Erschütterungen der rechtlichen wie der institutionellen Lebenssicherungen mit sich gebracht. Infolgedessen wird es in der heutigen industriellen Gesellschaft eigentlich für alle Menschen gleicherweise notwendig, ständig an ihrer sozialen und wirtschaftlichen Sicherstellung tätig zu sein. Diese Notwendigkeit und die Problematik der Sicherstellung wird heutzutage von hoch und niedrig gleichermaßen erkannt. Und so ist, wie Geiger sagt, die berufliche Sonderqualifikation für alle das wichtigste Produktionsmittel geworden.

Das Problem der Unsicherheit bewegt heute alle Schichten und Klassen, und deshalb ist, wie wir schon im Kapitel über den Lebenslauf bei der Besprechung der heutigen Jugend zeigten, *Sicherheit* der von allen angestrebte Hauptwert geworden. Von einer überwiegenden Mehrheit wird dabei erkannt, daß, wie Schelsky sagt, ›die *berufliche Qualifikation* in den politischen und wirtschaftlichen Krisen der industriellen Gesellschaft fast die letzte dem Individuum nicht nehmbare Chance erhöhter sozialer und wirtschaftlicher Sicherheit ausmacht‹. Er bezeichnet ›das immer allgemeiner werdende Streben nach besserer Berufsausbildung geradezu als das verwandelte Besitzstreben der bürgerlichen Welt‹.

Schelsky sieht als zwei andere Werte des deutschen jugendlichen Arbeiters ein starkes *soziales Geltungs- und Anerkennungsbedürfnis* und einen auf Eignung und Neigung sich berufenden *spezifischen Leistungswillen*.

Für die Verteilung dieser Motive zitiert er die Studie eines großstädtischen Arbeitsamtes. Bei der Bewerbung um eine Lehrstelle zum Zweck einer Berufsausbildung wurden als Gründe angegeben: ›wirtschaftliche Sicherheit‹ zu 70 Prozent, ›soziales Ansehen‹ zu 48 Prozent, ›Leistungswillen und Arbeitsfreude‹ zu 40 Prozent, ›größere Chancen für die Zukunft‹ zu 30 Prozent.

Schelsky sieht diese Ergebnisse als die Zielsetzungen einer bestimmten sozialen Gruppe Jugendlicher an, doch scheint mir, daß dieses Bild als ziemlich allgemeingültig für die heutige Jugend, und zwar nicht nur in Deutschland, gelten kann.

Erwähnt sei, daß Schelsky bei der *weiblichen Jugend* ›grundsätzlich die gleichen Verhaltensformen und -entwicklungen‹ findet wie bei der *männlichen Jugend*. Wenn überhaupt eine Differenzierung vorliegt, so ist es höchstens das etwas stärker betonte Motiv der *Sicherheit* gegenüber dem des *Aufstiegs*, das den Mädchen gemeinsam ist.

Der im Zusammenhang mit der Tatsache der sozialen Schichtung erwähnte Drang zum Aufstieg gehört zu dem, was man soziale *Mobilität* nennt. Die soziale Mobilität setzt sich aus ›horizontalen‹ und ›vertikalen‹ Bewegungen zusammen. Horizontale Mobilität — das bedeutet Wanderungen, Ort- und Wohnwechsel der Bevölkerung, aber auch Wechsel von Arbeitsplatz, Religion, politischer Parteizugehörigkeit und dergleichen; als ›vertikale‹ Mobilität wird das Auf- beziehungsweise Absteigen von Individuen und Schichten bezeichnet.

In der Horizontalen ist die Mobilität heute so groß, daß man versucht ist, vom Beginn einer neuen ›Völkerwanderung‹ zu sprechen. Durch den weitgehenden Umsturz überlieferter Verhältnisse, mit dem weitgehenden Abbau oder der verringerten Bedeutung von Klassensystemen geht aber auch eine vermehrte vertikale Mobilität Hand in Hand.

Hiervon wissen besonders die vielen Flüchtlinge und Emigranten aller Länder zu berichten. An ihnen sind die Auf-, häufiger noch die Abstiegsbewegungen besonders drastisch zu beobachten.

Aber auch sonst ist die Mobilität in der industrialisierten Gesellschaft sehr viel größer als in der früheren bürgerlichen Gesellschaft, in der, besonders in Europa, ein geschlossenes Klassensystem Aufwärtsbewegungen sehr erschwerte. Die vermehrte Mobilität unserer Zeit verlangt vom Individuum eine außerordentliche Flexibilität, Beweglichkeit und Anpassungsfähigkeit; man muß sich ›umstellen‹ können. Der Amerikaner war von jeher stark auf Aufstieg eingestellt, und er rechnete damit für seine Kinder. Wie Hofstätter geistreich bemerkt, hat die außergewöhnlich starke Mobilität Amerikas als zwischenmenschliche Beziehung die *nachbarliche Hilfsbereitschaft* zum Blühen gebracht, die etwas anderes ist als die Freundschaft, denn diese ist eine mehr persönliche Beziehungsform, die längere Bekanntschaft und Verwurzelung voraussetzt.

Soziale Mobilität ist das Phänomen der Bewegungen, die die sozialen Zusammenhänge, in denen Individuum und Gruppen gelebt haben, auflösen und umgestalten. Unter Umständen ändert eine starke soziale Mobilität die bestehende soziale Schichtung.

Entscheidender wird diese jedoch betroffen von dem, was man *sozialen Wandel* nennt. Wie kommt ein solcher sozialer Wandel zustande? Pitirim Sorokin faßt alle solche Umwandlungen unter dem Begriff der *sozialen Evolution* zusammen. Vielleicht ist das richtig, wenn man nur die Gesamtbewegung im großen ins Auge faßt. Im einzelnen aber gibt es natürlich auch Regressionen, Rückschritte also, und Strukturveränderungen, die nicht notwendigerweise unter den Gesichtspunkt einer Entwicklung fallen. Wenn zum Beispiel der Stil von Damenfrisuren oder von anderen modischen Details wechselt, so kommen damit Wandlungen des Geschmacks zum Ausdruck, die weder Fortschritt noch Rückschritt bedeuten.

Wollten wir in dem ungeheuer großen Gebiet von Tatsachen und Begriffen, die den sozialen Wandel betreffen, überhaupt auch nur Fuß fassen, so bedürfte es eines eigenen Kapitels, wenn nicht gar Buches. Wie bisher werden wir uns deshalb auch hier auf Einblicke beschränken, die für unser persönliches Verständnis der Welt, in der wir leben, wesentlich sein können.

Zunächst scheint es mir wichtig, darauf hinzuweisen, daß ein *sozialer Wandel* sowohl *graduell* wie auch *plötzlich* vor sich gehen kann. Der graduelle Wandel erfolgt in allmählichen, sich stetig vollziehenden kleinen Veränderungen. Der plötzliche Wandel kommt durch Entschlüsse oder durch gewaltsames Vorgehen zustande.

Graduelle wie plötzliche Wandlungen können aus dem *Innern einer Gruppe* herauswachsen oder herausbrechen, oder sie können *von außen* eingeführt oder aufgezwungen werden. Diese Veränderungen können dann ferner *kleine* Umgestaltungen sein oder *große* Umwälzungen bedeuten.

Einen kleinen, von innen her bedingten Wandel beschreibt zum Beispiel Bales in seiner Studie über *Rangordnungswandel,* wie sie sich im Laufe einer gewissen Zeit innerhalb von Gruppen ergeben. Gruppen, die anfangs das ›beliebigste‹ Mitglied als den zum Führen Bestgeeigneten gewählt hatten, änderten ihre Meinung schon im Laufe von vier Zusammenkünften. Der Beliebteste tritt zunehmend zurück hinter dem, der die besten Ideen hat, auch wenn er gewöhnlich nicht beliebt ist.

Relativ kleine, von außen herbeigeführte Umwandlungen hat Kurt Lewin in brillanten Untersuchungen studiert.

Sehr bekannt wurde seine Arbeit über den Wandel von Ernährungsgewohnheiten *infolge von Entschlüssen. Er fand zunächst, daß trotz der verschiedenen Wege, auf denen die Nahrungsmittel ins Haus kommen, es überall letztlich die* Hausfrau *war, die die Essensgewohnheiten bestimmte. Er nennt sie den ›Pförtner‹, der das Tor neuen Nahrungsmitteln gegenüber verschlossen halten oder es ihnen öffnen kann.*

Mit Alex Bavelas erdachte Lewin nun Experimente zu dem Zweck, gewisse Gewohnheiten in der Nahrungsaufnahme so zu verändern, daß sich z. B. der Konsum von sonst unbeliebten Fleischsorten und von Milchgetränken vermehrt. Dabei zeigte sich, daß dies leichter durch Gruppendiskussionen erzielt werden konnte als durch individuelle Belehrung, weil die Gruppe sich für den Entschluß, eine Gewohnheit zu ändern bzw. sie beizubehalten, als unterstützend erweist.

Dem kann der Gruppentherapeut bestätigend hinzufügen, daß gewisse Veränderungen von Individuen leichter durch die Gruppe als in individueller Therapie herbeigeführt werden können.

Sozialer Wandel im großen, wie er sich in *politischen Bewegungen* und *Umstürzen* ergibt, ist in seinen psychologischen Zusammenhängen nur schwer durchschaubar. Eine der Hauptfragen dabei ist: Gibt es allgemeine Einstellung zu sozialem Wandel? Offenbar gibt es gruppenmäßig verschiedene Einstellungen: Das System der organisierten und konsolidierten *politischen Parteien* spiegelt unter anderem auch die unterschiedliche Einstellung großer Gruppen zum sozialen Wandel wider.

Über das Problem des sozialen Wandels hat Talcott Parsons ausführliche theoretische Betrachtungen angestellt. Er unterscheidet *zwei Wandlungsprozesse*, die sozusagen einander überlagert sind, einen *autonomen* (eigengesetzlichen) und einen *politisch herbeigeführten*. Der autonome Prozeß ist ein Wandel der sozialen Struktur, der (in Amerika) hauptsächlich durch wirtschaftliche Faktoren verursacht wird, während der politisch herbeigeführte Prozeß sich aus dem Gegeneinanderwirken von radikalen und konservativen Gruppen ergibt.

Außer den wirtschaftlichen Faktoren gibt es natürlich noch viele andere, die einen autonomen Wandel der sozialen Struktur mit sich bringen. So ist zum Beispiel die Erziehung in allen Arten von Volks-, Mittel-, höheren und Hochschulen sowie in den Berufsschulen ein höchst wichtiger Faktor: Die zunehmende Verbreitung besserer Ausbildung, gediegeneren Wissens und erhöhten Könnens verändert nicht nur die kulturelle, sondern auch die soziale Struktur eines Landes. Faktoren wie Besitz, Erziehung und Ausbildung, Religion und soziale sowie internationale Beziehungen – das alles sind Werte, für die politische Parteien sich einsetzen.

Ein außerordentlich interessantes Beispiel für eine vierte Variante von sozialem Wandel, nämlich für den radikalen, von außen her verursachten Umbruch einer Gesellschafts- und Kulturordnung, verdanken wir der Darstellung von Abram Kardiner und Ralph Linton. Es handelt sich um den Wandel, der bei den Tanala auf der Insel Madagaskar stattfand, als dieser Stamm vom trockenen zum bewässerten Reisanbau überging.

Der trockene Reisanbau wurde von Familiengruppen durchgeführt, die in selbständigen, voneinander unabhängigen Dörfern zusammenwohnten. Das trocken kultivierte Reisfeld wurde nach einiger Zeit der Bebauung unbrauchbar, fiel an die Gemeinde zurück und mußte dabei gegen ein anderes, von ihr als Lehen gegebenes, ausgetauscht werden. Niemand hatte also Besitz an Land. Die Organisation des Dorfes war demokratisch. War das gesamte zuvor bebaute Gebiet unfruchtbar geworden, zog die Gemeinde an einen anderen Platz.

Mit der Bewässerung jedoch wurde das Reisfeld zu einem wertvollen Besitz. Jetzt brauchte die Gemeinde auch nicht mehr auf der Suche nach geeigneten Anbauflächen umherziehen. Ständig bebaute Reisfelder führten zur Anlage beständiger Dorfsiedlungen. Diese organisierten sich hierarchisch, wobei der Besitz an Boden und andere Unterschiede in den wirtschaftlichen Gegebenheiten eine Rolle spielten. Ein König mit unumschränkter Macht regierte, ein streng geregeltes Kastensystem entwickelte sich. Mit der Organisation des Stammes änderte sich auch die der Familie, indem der Vater in ihr nun eine der Machtposition des Königs entsprechende Stellung einzunehmen begann.

Kardiner hebt hervor, daß die Sicherheit und Gleichwertigkeit, die der einzelne im alten System besaß, nun völlig verschwand, und daß in dem neuen System Angst und gegenseitige Feindseligkeit außerordentlich zunehmen mußten. Die Beispiele, mit denen wir die Phänomene sozialen Wandels beleuchtet haben, zeigen, wie eng dieser mit einem kulturellen Wandel Hand in Hand geht. Über diesen werden wir im Kapitel über die Kulturen noch einiges erfahren.

1. Natürliche und künstliche Gruppen

Eine der interessantesten Fragen der Soziologie ist von jeher die gewesen, wie die verschiedenen Organisationsformen der menschlichen Gesellschaft, die Gruppen, zustande kommen. Schon früh hat man erkannt, daß dabei zwei Faktoren eine Rolle spielen: *natürliche* Bedürfnisse und *rationale* Gesichtspunkte. Die verschiedenen Soziologen messen allerdings, wie Alvin W. Gouldner zeigt, beiden Faktoren unterschiedliche Bedeutung bei der Entwicklung der menschlichen Gesellschaft bei, und sie schreiben beiden Faktoren günstige oder ungünstige Einflüsse auf das Schicksal der menschlichen Gesellschaft zu.

Auguste Comte zum Beispiel sagte schon 1830, daß ›eine spontan sich ergebende Ordnung‹ immer einer von den Menschen künstlich geschaffenen überlegen sei. Max Weber hat gezeigt, daß die moderne Gesellschaft wesentlich auf einer rationallegalen Basis aufgebaut ist, also auf vernunftgemäße und gesetzgeberische Maßnahmen, die, obzwar sehr leistungsfähig, doch eine die Einzelpersönlichkeit entmenschlichende Reglementierung mit sich bringen.

Der Gegensatz zwischen natürlichen und künstlich geschaffenen Gruppen wurde von Tönnies als Gegensatz von ›Gemeinschaft‹ und ›Gesellschaft‹ gesehen, während Durkheim der ›organischen Solidarität‹ eine ›mechanische Solidarität‹ gegenüberstellt. Die am stärksten auf *natürliche Faktoren* gegründete Organisation ist offenbar die *Familie*, deren Bindung normalerweise auf Blutsverwandtschaft beruht. Das klassische Beispiel einer auf *rationalen Faktoren* aufgebauten Organisation ist ein modernes Wirtschaftsunternehmen, eine Fabrik, aber auch jeder andere *Betrieb*.

Seymour Lipset sieht in der Familie diejenige Gruppe, welche die Gesellschaft mehr als jede andere zusammenhält. Das Umgekehrte gilt seiner Meinung nach von Institutionen, die auf rein wirtschaftlichen Prinzipien aufgebaut sind, da sie sich — rein theoretisch betrachtet — nach den Anforderungen des Marktes richten müssen, unabhängig von den Folgen, die sich daraus für Individuen und Gruppen ergeben. In der Wirklichkeit gelangen allerdings selbst in der rationalsten Organisation nichtrationale Faktoren zur Wirksamkeit.

Gerade in der jüngsten Vergangenheit und in der Gegenwart sind lebhafte Bestrebungen im Gange, den Faktor ›Mensch‹ in einer ihm psychologisch angemessenen Weise in den Betrieb einzubauen. Es ist nicht mehr ganz so, wie S. Kracauer es 1930 in seinem Büchlein über ›Die Angestellten‹ mit ziemlicher Bitterkeit vermerkte: ›In der Definition des Reichskuratoriums für Wirtschaftlichkeit fehlt das Wort Mensch. Vermutlich ist es vergessen worden, weil es keine so wichtige Rolle mehr spielt.‹ Er sagte die Wahrheit. Denn das Reichskuratorium definiert tatsächlich:

›Rationalisierung ist die Anwendung aller Mittel, die Technik und planmäßige Ordnung bieten, zur Hebung der Wirtschaftlichkeit und damit zur Steigerung der Gütererzeugung, zu ihrer Verbilligung und auch zu ihrer Verbesserung.‹

Die Dinge haben sich seitdem wesentlich geändert. Trotz alledem bleibt die Tatsache bestehen, daß im Beispiel des Betriebs die Institution vor den Individuen da ist und daß, prinzipiell gesehen, sein Bestand nicht von der Zugehörigkeit bestimmter Personen abhängt. Die Familie dagegen entsteht als soziale Struktur durch die sie begründenden Individuen als solche.

2. Die Familie: Eine natürliche Gruppe

Von der Familie wird oft gesagt, daß sie in unserer Zeit zerfalle. In dieser Aussage liegt eine gewisse Wahrheit – jedoch nur eine Teilwahrheit. Richtig ist unzweifelhaft, daß eine ganze Reihe von Traditionen im Verschwinden begriffen ist und statt ihrer neue Bräuche und Verhaltensweisen aufgekommen sind; richtig ist ferner, daß in den Beziehungen der Familienmitglieder zueinander große Änderungen eingetreten sind und eine Lockerung dieser Beziehungen erfolgt ist, die eine Lösung der Familienbande in einer Weise ermöglicht, wie sie früher nicht zulässig, ja nicht einmal vorstellbar war. Aber die Familie hat sich, wie Ruth Benedict sagt, in allen menschlichen Gesellschaften erhalten und wird auch heute in der unsrigen bestehenbleiben, wenn sich auch ihre Struktur und ihre Funktionen ändern mögen.

In der Tat beobachten wir in Amerika, wo zu Beginn des Jahrhunderts viel mit der Internatserziehung von Kindern experimentiert worden ist, eine Rückkehr zur Betonung des Wertes der Erziehung in der Familie. Und in der Sowjetunion setzt sich die neueste Gesetzgebung gleichfalls für die Stärkung der Familie ein, die in den Jahren nach der Revolution zunächst stark bekämpft worden war.

Burgess und Locke, deren Buch über ›Die Familie‹ eines der bedeutendsten Werke über dieses Gebiet ist, sehen den fundamentalen Wandel in der Entwicklung der Familie von einer *institutionellen* Gruppe zu einer ›companionship‹, zu einer Gruppe sich als zusammengehörig Fühlender, zu einer ›Lebensgenossenschaft‹. Dieses Zusammengehörigkeitsgefühl der Familie wird auch in dem großen Werk von Fröhner, Stackelberg und Eser über ›Familie und Ehe‹ als das Hauptkennzeichen der heutigen Struktur dieser Gruppe angesehen, die früher eine ›Hausgenossenschaft‹ war.

Definiert wird die Familie von Burgess und Locke durch folgende Merkmale: 1. Die Familie setzt sich zusammen aus Personen, die durch Heirat, Blutsverwandtschaft oder Adoption miteinander verbunden sind. 2. Die Familienmitglieder leben zusammen unter einem Dach, oder sie bilden einen einzigen Haushalt; wenn sie getrennt leben, betrachten sie doch einen bestimmten Haushalt als ihr Heim. 3. Die Familie ist eine Einheit von Personen, die in den Rollen als Vater, Mutter, Sohn, Tochter, Schwester, Bruder miteinander in Verbindung zueinander und in Wechselbeziehung untereinander stehen. 4. Die Familie repräsentiert eine kulturelle Einheit, wie sie einmal durch Verschmelzung jener kulturellen Strukturen entsteht, die von den beiden Ehegatten mitgebracht werden, zum anderen durch die Zugehörigkeit der Familie zu der Kultur, in der sie lebt.

George P. Murdock, einer der Hauptkenner auf dem Gebiet der Familienforschung, unterscheidet die *Kernfamilie,* die sich aus den beiden Eltern und ihren Kindern zusammensetzt, die *polygame Familie,* die durch mehrfache Heiraten eines der Ehepartner entsteht, und die *erweiterte Familie,* die durch das Zusammenleben verschiedenster Angehöriger zustande kommt.

Die *erweiterte Familie,* auch *patriarchalische Familie* genannt, ist die historisch älteste Form, die in China, Japan und Indien vorherrschte und dort noch heute vielfach zu finden ist. Auch die Familie Alt-Roms gehörte zu diesem Typ. Als ›kleine partriarchalische Familie‹ wird die Familie des europäischen Mittelalters bezeichnet, in der nur einige Verwandte im selben Haushalt lebten. Gemeinsam ist allen patriarchalischen Familien, daß ein männliches Oberhaupt, Vater oder Großvater, die absolute Autorität über alle Angehörigen hat.

Die polygame ebenso wie die patriarchalische Familie haben Institutionscharakter. Nicht nur in unserer, sondern auch in anderen Kulturen besteht heute die Tendenz, diese institutionellen Formen der Familie aufzugeben. Statt dessen setzt sich zunehmend die in der westlichen Kultur entwickelte Kernfamilie durch.

In einem interessanten von Ruth N. Anshen herausgegebenen Band über die ›Familie, ihre Funktion und ihr Schicksal‹ beschreiben verschiedene Autoren den Wandel, der in der Familientradition des Islam, in China, Indien, Rußland, Südamerika und Nordamerika stattgefunden hat. Besonders auffallend sind die Angleichungen an die westliche Familienauffassung, die sich im Islam, in China und im lateinischen Südamerika vollziehen. Am radikalsten ist die Änderung der chinesischen Familie: besonders die gebildeten Kreise bestehen auf Freiheit in der Wahl des Ehepartners und auf Gleichheit der Geschlechter.

Hier wie im Islam und in Indien war die institutionelle Regelung des Familienlebens früher außerordentlich starr.

Wenn man sich das Bild dieser Institution klar vor Augen führt, so kann man die Größe des Wandels ermessen, den die Angleichung der Islam-Familie an die der westlichen Kultur bedeutet. Den Kampf für diese Angleichung führt erstens die Jugend, die moderne Erziehung und mehr Freiheit verlangt, und zweitens die Frauenbewegung, die gegen den Harem revoltiert. Die von diesen kulturellen Wandlungen und Durchdringungen Betroffenen müssen sich mit besonders schwierigen Problemen auseinandersetzen.

Tomi ist eine junge Japanerin, deren Familie nach Amerika einwanderte, deren Vater jedoch noch völlig an den alten Bräuchen und Anschauungen hing. So beanspruchte er volle Autorität im Hause, erwartete Unterwerfung aller Angehörigen unter seine Gewalt sowie Bedienung durch die weiblichen Mitglieder seines Haushalts. Tomi, die nicht selten sah, wie ihre Mutter geschlagen wurde, empörte sich, wenn sie diese Zustände mit denen verglich, die in den Familien ihrer weißen Schulfreundinnen herrschten. Sie heiratete einen amerikanischen Chinesen, Fred, der sich – ganz im Gegensatz zu ihrem Vater – ihren Wünschen völlig beugte und ihr auch bei der Arbeit im Haushalt half. Dieser Grad von Unterwürfigkeit ihres Gatten führte jedoch bei Tomi zu schweren Konflikten: Einerseits war sie dankbar für Freds Gefälligkeit, andererseits hatte sie Schuldgefühle, wenn sie sich derart verwöhnen ließ, und manchmal ertappte sie sich dabei, daß sie seine Ergebenheit als unmännlich kritisierte. In solchen Augenblicken erschien es ihr, als entspreche die autoritäre Persönlichkeit ihres Vaters ihrer Vorstellung von Männlichkeit mehr als die liebenswürdige Art ihres Mannes.

Bei dem Strukturwandel der Familie zur Lebensgenossenschaft und Kernfamilie, die William Goode in seinem lesenswerten Büchlein ›Die Struktur der Familie‹ als die *moderne Familie* hinstellt, treten die Faktoren, auf denen diese beruht, besonders deutlich in den Vordergrund.

Erster Hauptfaktor ist die dem Prinzip nach auf *Liebe* gegründete, freie Gattenwahl seitens der Partner. Das beiderseitige *Recht auf Scheidung* ergibt sich logisch aus dem Postulat der Liebesehe. Ein zweiter Hauptpunkt betrifft die *Stellung der Frau;* in der modernen Familie ist sie dem Manne gleichberechtigt. Damit verändert sich ihre Rolle im Haushalt ebenso wie ihre soziale Stellung.

Ein weiterer wesentlicher Faktor ist die im beiderseitigen Einvernehmen erfolgende ›*Geburtenregelung*‹ innerhalb der Familie; die Zahl der *Kinder* und der Zeitpunkt, an dem man sie sich wünscht, werden heute bereits in vielen Familien sorgfältig überlegt.

Die *Dynamik* des Familienlebens macht den vierten Hauptfaktor aus: Während in der institutionellen Familie die Beziehung der Mitglieder zueinander rechtlich und traditionell geregelt sind – in der Hauptsache als *Autoritäts- und Abhängigkeitsverhältnisse* – wird in der modernen Familie das Prinzip der Autorität zu einem, wie M. Horkheimer das ausdrückt, ›irrationalen Aspekt‹. Die Machtrolle des Vaters hat keine legale Stütze mehr, und auch wirtschaftlich ist die Familie kaum noch von ihm abhängig.

In den Vordergrund der Dynamik treten *emotionale Beziehungen* der Familienmitglieder. Jedes Familienmitglied hat, nach Goode, in dieser Familienstruktur die ›Pflicht‹, alle anderen zu lieben – ›so paradox auch‹, sagt Goode, ›eine solche Pflicht erscheinen mag. Die Kinder sollen ihre Geschwister lieben, und sie werden bestraft, wenn sie gestehen, daß sie ein nachgeborenes Kind, das verwöhnt wird, hassen. Die Kinder müssen ihre Eltern lieben und umgekehrt...‹ Goode weist darauf hin, daß man in unserer Kultur meist in intensiven emotionalen Beziehungen zu den übrigen Familienmitgliedern steht, insbesondere zur Mutter, dem Symbol der aufopfernden Liebe, und daß sich aus dieser Situation oft Belastungen und Probleme ergeben.

Mit den dynamischen Problemen innerhalb des modernen Familienlebens haben sich besonders Psychoanalytiker beschäftigt. Nathan Ackermann diskutiert in seinem der ›Psychodynamik der Familie‹ gewidmeten Buch die Last der Verantwortung, die der modernen Familie von der Gesellschaft auferlegt wird: Es wird von der Familie erwartet, daß sie dem Individuum jene *Sicherheit* und *Wärme* gibt, die es in der ihm entfremdeten Gesellschaft nicht mehr findet. Diese ›Entfremdung‹, wie E. Fromm es nennt, beruht darauf, daß in der modernen industrialisierten Gesellschaft der einzelne das Gefühl der *Verlorenheit* und des *Alleinseins* hat.

Die Verhaltensformen, die im *modernen Berufsleben* institutionalisiert sind, stehen, wie Talcott Parsons in seiner Diskussion der sozialen Struktur der Familie ausführt, in schärfstem Gegensatz zu den tiefsten menschlichen Bedürfnissen und Motivationen, wie zum Beispiel dem Bedürfnis nach Beziehungen, in denen *persönliche Gefühle*, Freundschaft, Treue, Hilfsbereitschaft und dergleichen eine Rolle spielen. Im Berufsleben können wir heute nur funktionieren, wenn wir strenge *Disziplin* bewahren, eine Arbeitsdisziplin, die motiviert ist durch den Wunsch, eine gute Leistung zu vollbringen, und die aufrechterhalten wird dadurch, daß wir unseren persönlichen Gefühlen nicht nachgeben.

Angesichts der Verlassenheit des Individuums in diesem System wird, so sagt Ackermann, die Last, die der Familie auferlegt wird, unerträglich. So wird ›Gemeinschaft‹ zu einem weitverbreiteten Modewort.

Aber sonntägliche Veranstaltungen zum Zwecke der Gemeinschaftsbildung haben oft, wenn nicht meist, etwas Künstliches an sich, ja sie erzeugen geradezu eine ›Sonntagsneurose‹, weil die Menschen, die dort zusammen*kommen*, oft so wenig wirklich zusammen*gehören*.

In meiner Sammlung von *Tagebüchern* aus mehreren Generationen ist gerade dieser Unterschied im Lebensgefühl besonders markant. In dem naiven Geplauder eines Jugendlichen der siebziger und der achtziger Jahre des vorigen Jahrhunderts spielen tausend triviale Familienereignisse eine hervorragende Rolle; sie werden mit sichtlicher Anteilnahme und einem unbezweifelbaren *Dazugehörigkeitsgefühl* beschrieben. Die Jugendlichen unseres Jahrhunderts dagegen treten in ihren Tagebüchern als *isolierte Individuen* auf, und sie lassen auch ihre Familienmitglieder und Freunde ebenso isoliert erscheinen.

Heute, sagt Ackermann, weiß niemand mehr genau, wofür seine Familie einsteht, was ihre *Bestrebungen, Normen, Werte* sind oder sein sollten. Mutter, Vater, Kinder haben die verschiedensten Ansichten in dieser Hinsicht. Die Eltern sind unsicher, ihre Rollen sind nicht exakt verteilt, ihre Autoritäten nicht klar; der Vater, der meistens abwesend ist, wird ständig ermahnt, sich mehr um die Familie zu kümmern und mehr Verantwortung im Haus zu tragen; die Mutter muß viele Pflichten selbst auf sich nehmen und sich mit einer Sicherheit und Kraft geben, die sie nicht hat. Die heranwachsenden Kinder suchen entweder Sicherheit in konformistischer Angleichung, oder sie werden früh unabhängig und neigen vielfach zu asozialem Verhalten, wenn nicht gar zu Kriminalität. ›Die unbegeisterte Jugend‹ nennt Max Lerner sie.

Unter den Problemen der Familiendynamik ist, vor allem im amerikanischen Kulturkreis, besonders aktuell das der *ambivalenten Rolle der Frau*. Die Frau, die einerseits eine gute Hausfrau, andererseits ein ›glamour girl‹ von hinreißendem Charme und bezaubernder Eleganz und dazu womöglich auch noch die verstehende Gefährtin ihres Mannes sein soll, steht besonders dann, wenn zu alledem die Fürsorge für kleine Kinder kommt oder wenn sie berufstätig ist, vor der täglichen Frage, wie sie all diesen Rollen gerecht werden kann. Der Mann ist sich oft nicht klar darüber, welche primäre Rolle seine Frau in seinem Haus und in seinem Leben spielen soll. Aber auch seine Rolle im Haushalt ist nicht klar umrissen.

Die Vielseitigkeit und Vielschichtigkeit aller hier nur kurz gestreiften Probleme zeigt, daß die moderne Familie dem Ansturm schwerster Angriffe und größter Ansprüche ausgesetzt ist. Es erscheint mir bewundernswert, daß trotz all dieser scheinbar unlösbaren Schwierigkeiten es noch immer Familien gibt, die nicht nur ihre Solidarität erhalten, sondern für ihre Mitglieder tatsächlich einen ruhenden Pol bedeuten und ihnen einen Halt im Strudel des modernen Lebens bieten.

3. Der Betrieb: Eine künstliche Gruppe

So wie am einen Ende der natürlichen Gruppen die Familie steht, so steht am anderen Ende der künstlichen Gruppen der Betrieb. Dazwischen gibt es viele Übergangsformen, wie die Adoleszentengesellschaft, die Vereine und Klubs unterschiedlichster Zielsetzung und mehr oder minder enger Bindung der Mitglieder, Gemeinschaften und Genossenschaften.

Der *Betrieb* ist ein Produkt der modernen industriellen Gesellschaft. Im weitesten Sinn aufgefaßt ist er, wie Bernhard Herwig in dem Band ›Betriebspsychologie‹ des großangelegten neuen deutschen Handbuches der Psychologie ausführt, ein ›ganzheitliches Gebilde, in dem Menschen, Maschinen, Material zur Erreichung eines bestimmten Zweckes zusammenwirken. Unter diesen allgemeinsten Gesichtspunkten ist also auch eine Verwaltung ein Betrieb, ebenso wie ein Verkehrsunternehmen, ein landwirtschaftlicher oder Handwerks-Betrieb, ein Theater oder ein Hotel‹.

Ursprünglich erschien der Betrieb in erster Linie als ›Stätte der technischen Produktion von Gütern‹, während er heute, wie Arthur Mayer in seiner Einleitung zu dem oben genannten Band bemerkt, als ein ›technisch-ökonomisch-sozial-menschliches Gebilde‹ angesehen wird. F. Fürstenberg zitiert im selben Rahmen eine Bemerkung von Alfred Krupp als charakteristisch für die frühere Einstellung führender Industrieller. Krupp sagte im Jahre 1909:

»Was ich erstreben will ist, daß nichts abhängig sein soll von dem Leben oder Dasein einer bestimmten Person, daß mit derselben kein Wissen und keine Funktion entweiche ..., daß man die Vergangenheit der Fabrik sowie die wahrscheinliche Zukunft derselben im Büro der Hauptverwaltung studieren und übersehen kann, ohne einen Sterblichen zu fragen.«

Aus diesem Satz geht besonders deutlich der völlig *unpersönliche Charakter* als das ursprüngliche Ideal einer ausschließlich auf *Leistung* und *Gewinn* eingestellten Organisation hervor.

Heute hat sich das weitgehend geändert, hauptsächlich infolge des Drucks, den die arbeitenden Massen ausübten, da der Mensch sich berechtigtermaßen dagegen wehrt, als bloßes mechanisches Glied einer Maschinerie behandelt zu werden. In dem Maße, in dem dieser Gesichtspunkt Anerkennung fand, wurden die rein betriebstechnischen und ökonomischen Gesichtspunkte durch humanitäre ersetzt oder wenigstens ergänzt, und die Frage lautete nun: ›Wie kann der arbeitende Mensch in den modernen Großbetrieb eingeordnet werden, damit er seine Arbeit innerlich bejaht, ohne dabei auf eine selbständige Weiterentwicklung zu verzichten?‹ (Fürstenberg).

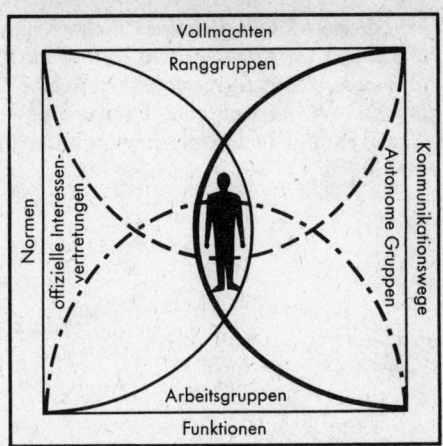

Vollmachten

Ranggruppen

Normen

offizielle Interessenvertretungen

Kommunikationswege

Autonome Gruppen

Arbeitsgruppen

Funktionen

91 Diagramm der Struktur eines Betriebes. (Nach F. Fürstenberg)

In der modernen Sicht stellt der Betrieb sich dar als eine Institution, deren Hauptmerkmale *Arbeitsteilung, Vollmachtenteilung, Kommunikationseinrichtungen* und *Verhaltensformen* sind. Die letzten beiden müssen so ausgebaut sein, daß sie die Kooperation der Leistungsträger erwirken – hiervon sprachen wir bereits im vergangenen Kapitel. Besondere Aufmerksamkeit wird heute den Kommunikationswegen geschenkt, die von Miller als das ›Nervensystem des Betriebes‹ bezeichnet wurden. Fürstenberg gibt ein anschauliches Bild der Betriebsstruktur, das wir hier wiedergeben.

Ein konkretes Beispiel eines großen Betriebes mag uns als Unterlage für weitere Betrachtungen dienen.

Gewählt sei der Chikagoer Fleischverpackungsbetrieb *von Swift and Company nach seinem Stand im Jahre 1957. (Diese Daten wurden mir liebenswürdigerweise von Dr. Harvey Locke zur Verfügung gestellt. Sie sind seinen Aufzeichnungen über die Struktur verschiedener Betriebe entnommen, Vorarbeiten für sein nächstes Werk.)*
Der genannte Betrieb ist eine von 57 Fleischkonservenfabriken, die diese Firma betreibt. Im Jahre 1957 hatte der Chikagoer Betrieb 2954 Arbeiter und 256 Vorarbeiter, Werkmeister und Betriebsleiter. Die Organisation ist kompliziert, es gibt elf spezialisierte Abteilungen, die in abermals spezialisierte Unterabteilungen gegliedert sind. Die vier hauptsächlichsten Abteilungen sind entsprechend den wichtigsten Betriebsaufgaben: Abteilung für das Schlachten von Rindern, Hammeln und Kälbern sowie für das Aufbereiten des Fleisches; Abteilung für Verarbeitung des Fleisches zu tafelfertigen Konserven; Abteilung für Verarbeitung auf Seife, Glyzerin und andere Nebenprodukte; Maschinenwerkstatt.

In all diesen Abteilungen gibt es eine Reihe hochspezialisierter Arbeiter. Ihre Rollen im Arbeitsprozeß sind genau abgegrenzt, ihre Beziehungen zueinander festgelegt. Man spricht von dieser Aufteilung der Arbeit als von der horizontalen Dimension, der die Vertikale der Rangstellungen und der entsprechenden Autoritätsniveaus gegenüberstehen.

Autoritätsniveaus im Chikagoer Betrieb von Swift & Co., 1957.

Direktor	1
Assistent des Direktors	1
Abteilungsleiter	9
Werkmeister	
Assistenten der Werkmeister	245
Vorarbeiter	
Arbeiter	2954
Total	3210

T. V. Purcell, der diesen Betrieb studiert hat, sagt, daß dem einzelnen Arbeiter seine Abteilung ›die Firma‹ bedeutet. Es gibt Arbeiter am ›Ost-Ende‹ des Betriebes, die nie am ›West-Ende‹ waren und sich dort überhaupt nicht zurechtfinden würden.

Folgende Merkmale sind charakteristisch für eine Gruppe, wie dieser Betrieb sie darstellt:

1. Organisation aller Teile des Betriebes auf bestimmte Spezialgebiete hin; 2. eine hierarchische Struktur mit horizontaler und vertikaler Dimension; 3. Vollmachten bezüglich Autorität und Verantwortlichkeit; 4. Beschränkung der Kommunikation auf bestimmte Kanäle; 5. unpersönliche Beziehungen zu den Angehörigen anderer Teile der Gruppe.

Der beschriebene Betrieb ist, wie erwähnt, einer von 57, die zu dieser Gesellschaft gehören. Unter 14 Riesenunternehmen, die Locke untersucht hat, ist Swift der zehntgrößte. Sein Gesamtpersonal beträgt 71 900 Betriebsangehörige, sein Jahresumsatz beläuft sich auf etwa 2,5 Milliarden Dollar.

Trotz ihres unpersönlichen Charakters sind diese Betriebe zur Erhaltung und Steigerung ihrer Leistungsfähigkeit stark darauf angewiesen, bei ihrem Personal subjektive Einstellungen konstruktiver Art zu wecken, und zwar insbesondere das Gefühl der *Dazugehörigkeit.*

Trotz aller Bemühungen um ein gutes *Betriebsklima* ergeben sich bekanntlich in allen Betrieben immer wieder Spannungen und Konflikte. Für deren Schlichtung und Behebung gibt es heute eine ganze Anzahl durchdachter Maßnahmen – vom *Verhandeln* bis zum *Streik.* Neuerdings macht man ziemlich weitgehend Gebrauch vom betrieblichen *Vorschlagswesen,* um etwaiger Kritik Luft zu verschaffen und den Betriebsangehörigen die Möglichkeit zu geben, Vorschläge für Verbesserungen technischer, betriebswirtschaftlicher oder fürsorgerischer Art zu machen. Die Vorschläge werden im allgemeinen anonym in Briefkästen niedergelegt.

Der Methode, sowohl innerbetriebliche Konflikte zwischen Firmenleitung und Betriebsangehörigen als auch Auseinandersetzungen zwischen den Arbeitnehmer- und Arbeitgebergruppen ganzer Wirtschaftszweige durch Verhandlungen beizulegen, in denen die Gewerkschaften die Interessen der einen Seite vertreten, bedient man sich offenbar in immer noch stark zunehmendem Maße. Dabei vermögen die Gewerkschaften ihre hohen Mitgliederzahlen in die Waagschale zu werfen: In den Vereinigten Staaten zum Beispiel ist die Zahl der Mitglieder nationaler und internationaler Gewerkschaften von 4 Millionen im Jahre 1930 auf rund 17 Millionen im Jahre 1958 angestiegen.

Die bei Verhandlungen und in Streiks offen zum Ausdruck kommenden Konflikte werden nach H. Lockes Ansicht soziologisch dahingehend interpretiert, daß sie nützliche Funktionen haben. Und zwar aus folgenden Gründen: 1. Offene Konflikte führen zu klarer Darstellung bestehender Gegensätze und nötigen die streitenden Parteien, ihre Forderungen zu begründen; 2. Konflikte bringen Streitfragen zur Kenntnis der Allgemeinheit und geben dieser sowie amtlichen Stellen Gelegenheit, bei Fragen von öffentlichem Interesse einzugreifen; 3. offener Konflikt zwischen Gruppen von Macht und Einfluß erzwingt eine rasche Lösung. Es muß deshalb für Kompromisse und Ausgleich gesorgt werden; 4. offener Konflikt stabilisiert die soziale Struktur insofern, als er zur Klarstellung und Definition erwarteten Verhaltens führt.

Aus all diesen Feststellungen wird deutlich, wie der Betrieb die der Familie am meisten entgegengesetzte Gruppe darstellt: Die *Familie* besteht als Gruppe, bevor einige ihrer Mitglieder, die Kinder, sich als Individuum voll entwickelt haben. Die Zugehörigkeit zur Gruppe sowie die Rolle der Mitglieder in ihr sind naturgegeben. Die Beziehungen der Mitglieder zueinander sind primär persönliche. Gefordert wird, daß Liebe sie verbindet. Jede Formalisierung und Distanzierung in den Beziehungen der Familienmitglieder zueinander wird hier zum Kunstprodukt.

Der Zweck der Familie ist es, ihren Mitgliedern Lebenserhaltung und Entwicklungsmöglichkeiten zu gewährleisten. Über diese Aufgaben hinaus hat die Familie an und für sich kein Ziel.

Werte und Traditionen gehören zum Fundament der Familie, wie die Ehepartner es bei ihrer Eheschließung legen. Die Kinder wachsen in die bestehende Wertstruktur hinein.

Umgekehrt ist der Aufbau des *Betriebs*. Diese Gruppe ist künstlich geformt durch Entschlüsse und Verträge. Die Individuen sind nicht von Haus aus bereits Mitglieder, sondern sie werden es erst durch ihr Eintreten in die Gruppe. Ihre Rollen sind erworben – sie werden ihnen zugeteilt –, die Beziehungen der Gruppenmitglieder zueinander sind unpersönlich. Erst durch besondere Maßnahmen können die Förmlichkeit und die Distanz in den zwischenmenschlichen Beziehungen gemildert oder aufgehoben werden. Wenn von den Arbeitnehmern Treue zum Betrieb gefordert wird, so muß der Arbeitgeber das Seine tun, solche Betriebstreue zu wecken und zu pflegen.

Der Zweck des Betriebs ist die Erzeugung von Produkten, die alsdann den Betrieb verlassen. Nur sekundär gewährt er seinen Angehörigen Lebenserhaltung und Entwicklungsmöglichkeiten.

Beide, Familie sowohl wie Betrieb, sind Gruppen, in denen *Konflikte* und *Spannungen* entstehen. Beide Strukturen können durch Konflikte zerrissen werden. Hierbei wird die Familienzugehörigkeit niemals völlig ausgelöscht, wenn auch die Gruppe als solche nicht mehr bestehen mag. Der Betrieb dagegen hört auf zu existieren, wenn die ihn zerreißenden Konflikte nicht behoben werden können.

Für die Schlichtung von Konflikten hat der Betrieb heute formale Regelungen getroffen, während Familienkonflikte oft lange unbereinigt bleiben und selten systematisch ihrer Lösung entgegengeführt werden. In der *Dynamik* des Betriebs spielt eine besondere Rolle die Tatsache der unpersönlichen rationalen Arbeitsgestaltung, die, wie Poppelreuter schon 1929 sagte, der Natur des Menschen widerstrebt; die Spannungen zwischen Betriebsleitung und Arbeitnehmern, zwischen Unternehmergruppen und Gewerkschaften; die emotionalen Widerstände gegen die Betriebsstruktur, in der die Arbeitsgruppe, wie Arthur Mayer sagt, eine Art ›menschliche Insel‹ darstellt.

X Die Kulturen

Bisher haben wir uns in diesem Teil mit der Psychologie der Gesellschaft beschäftigt, das heißt mit dem Gruppenleben der Menschen. Nunmehr wenden wir uns einem der faszinierendsten Gebiete moderner Wissenschaft zu, nämlich der Erforschung des Kulturlebens und der psychologischen Probleme, die mit kulturellem Geschehen zusammenhängen.

1. Definition und Fragestellung

Eine eindeutige Begriffsbestimmung dessen geben zu wollen, was wir *Kultur* nennen, ist außerordentlich schwierig. Kroeber und Kluckhohn zählen nicht weniger als 164 verschiedene Definitionen des Wortes auf! Kein Wunder also, daß der Begriff nicht überall und nicht von allen Autoren im gleichen Sinne gebraucht wird. Die Amerikaner zum Beispiel verwendeten noch zu Beginn des Jahrhunderts – nicht eigentlich mehr heute – die Ausdrücke ›Kultur‹ und ›Zivilisation‹ als austauschbar. Die Deutschen hingegen machten immer einen scharfen Unterschied: Unter ›Kultur‹ verstanden und verstehen sie im wesentlichen die in Wissenschaft, Kunst, Philosophie, Religion und verfeinerten Lebensformen zum Ausdruck gelangenden Lebenswerte. Das Wort ›Zivilisation‹ wurde und wird dagegen vorwiegend für das Gebiet der technischen Errungenschaften benutzt.

Im heutigen wissenschaftlichen Sprachgebrauch wird unter Kultur, wie zuerst Edward Tylor definierte, *das komplexe Ganze* verstanden, *welches Wissen, Glauben, Moral, Gesetz, Brauch und Sitte einschließt sowie andere Fähigkeiten und Gewohnheiten*, die der Mensch in seiner Eigenschaft als Mitglied der Gesellschaft erworben hat. Mit der Erforschung der Kultur in diesem Sinne befaßt sich die *Kulturanthropologie*, während Gegenstand der *Physischen Anthropologie* der Mensch hinsichtlich seiner körperlichen Eigenschaften ist. Die Kulturanthropologie dagegen untersucht und vergleicht die Art, wie die Menschen leben, sie erforscht die Welt, die sie sich geschaffen haben.

Häufig wird von der Kultur als von dem Teil der Umwelt gesprochen, den die Menschen *künstlich geschaffen* haben. Andere Forscher dagegen wünschen neben den geschaffenen Dingen mehr das kulturell bestimmte *Verhalten* zu berücksichtigen, und sie sprechen, wie zum Beispiel Walter Goldschmidt das tut, von der Kultur als von den ›Ways of Mankind‹, von den ›Wegen der Menschheit‹, wobei das Wort ›Weg‹ im Sinne von *Lebensweise* benutzt wird – wir kennen diese Verwendung von dem vielzitierten ›American way of life‹ her. Der Philosoph Charles Morris spricht von ›Lebenswegen‹ im Sinne der verschiedenen Lebensphilosophien, von denen Menschen sich leiten lassen.

Eine angemessene Auswahl von Tatsachen zu treffen, ist im Zusammenhang mit den Problemen der Kultur schwieriger als auf jedem anderen Gebiet. Die Gründe dafür liegen einerseits in der ganz außerordentlichen Ausweitung, die diese junge Wissenschaft in kürzester Zeit erfahren hat. Andererseits ist die Beziehung zwischen Kulturanthropologie und Psychologie noch weitestgehend ungeklärt. So gut wie einzigartig ist ein Werk wie das von Clyde Kluckhohn und Henry A. Murray, die, unterstützt von vielen Mitarbeitern, den Aufbau der Persönlichkeit in seiner Bedingung durch die Faktoren Natur, Gesellschaft und Kultur zu schildern versucht haben.

Dies ist ein möglicher Zugangsweg zu dem Problem. In unserem Zusammenhang jedoch scheint sich eine andere Fragestellung aufzudrängen. Sie lautet: *Wie wird der Faktor Kultur in unserem Leben wirksam?*

2. Universale Kennzeichen der Kultur

Zunächst müssen wir uns einige der allgemeinen und der spezifischen Merkmale von Kulturen klarmachen. Es ist durchgehend anerkannt, daß alle Kulturen gewisse Grundzüge gemeinsam haben; diese werden deshalb *universale* genannt.

Der Grund für Gemeinsamkeiten in den Kulturen ist die einfache Tatsache, daß das Leben und das Schicksal aller Menschen auf der Welt in gewisser Hinsicht gleichartig ist. Alle Menschen werden von einer Mutter geboren, und alle Menschen sterben. Wachstum und Entwicklung, Fähigkeit zur Fortpflanzung, Kommunikationsfähigkeit, Bedürfnisse, Gefühle, Wahrnehmung, Denken und andere innere Erlebnisse, Sprache, Bewegung und Betätigung an Materialien sind allen Menschen gemeinsam.

Die universalen Aspekte der Kultur, die die Menschen mit Hilfe ihres geistigen und physischen Rüstzeugs aufgebaut haben, in Systeme zu bringen, ist seit Malinowski (s. S. 324) von verschiedenen Forschern versucht worden. Es scheint allerdings, daß keines dieser Systeme allgemeine Anerkennung gefunden hat.

In Abänderung einer von Melville Herskovitz vorgeschlagenen Einteilung erscheinen mir folgende als die Grundaspekte:

I. *Materielle Kultur:* II. *Soziale Institutionen:*
   Wirtschaft   Kommunikation, Soziale Organisation
   Technik   Erziehung, Politische Strukturierung

III. *Kunst und Wissenschaft:* IV. *Mensch und Universum:*
   Graphische und plastische Künste   Glaubenssystem
   Musik, Tanz, Bräuche und Sitten   Wertsystem
   Sprache und Literatur   Philosophie
   Geistige Organisation und
   Wissenschaft

Alle Kulturen befassen sich in unterschiedlichem Ausmaß mit den hier genannten Aspekten. Die Mittel und Methoden, mit denen sie sie zur Verwirklichung bringen, variieren stark, und wenn wir Bilder primitiver Stämme anschauen oder von ihren eigenartigen Gebräuchen hören, sind wir meistens in erster Linie von den großen Unterschieden zwischen jenen Menschen und uns beeindruckt. Auf der anderen Seite gibt es aber doch bemerkenswerte Übereinstimmungen. George P. Murdock, der sich viel mit der Frage der Gemeinsamkeiten beschäftigt hat, stellte eine lange Liste von generell aufgefundenen Verhaltensweisen und Bräuchen auf. Einige wenige seien genannt, nur um eine Vorstellung davon zu geben, wie vieles alle Menschen gemeinsam haben.

Nicht nur gibt es bei allen Völkern und Stämmen Familienleben, Heirats- und Begräbnissitten, Gliederung nach Altersstufen, Erziehung, Spiel und Arbeit, Musik, Tanz und Kunst, sondern es gibt auch überall, was überraschender sein mag, Kalender, Traumdeutung, geregelte Umgangsformen, gegenseitiges Besuchen und Beschenken, Witze machen, Arbeitsteilung, Unterschiede nach Rang und Stellung, Gesetze, Erbschaftsregelung und vieles andere.

Wichtiger als der Vergleich von Verhaltensweisen nach ihrem Inhalt ist jedoch, wie auch Murdock betont, ein Vergleich unter mehr grundsätzlichen Gesichtspunkten. So betrachtet erscheinen mir *fünf Kategorien* als von universaler Bedeutung. Es sind dies die Faktoren *Ordnung, Werte, Integration, Tradition* und *Wandel*.

Ordnung

Alle Kulturen entwickeln sich in sozialen Gruppen, die immer irgendwelche Einrichtungen zur *Ordnung* der menschlichen Beziehungen treffen. ›*Ein System geordneter Beziehungen* ist auf jedem Niveau primäre Lebensbedingung‹ (Robert McIver). Es ist, wie er weiter ausführt, reine Phantasie, von dem ›gesetzlosen Barbaren‹ zu sprechen.

Der ›Wilde‹ ist niemals gesetzlos – im Gegenteil: Er hält sich streng an die Regeln, die in seiner Gruppe gelten.

Außer der gesetzlichen Regelung der Beziehungen von Mensch zu Mensch gibt es ferner eine Festlegung von Stellung und Rollen, ebenfalls durch bestimmte Regeln. Ralph Linton unterscheidet dabei den einer Person *zugewiesenen* Rang von dem, den er durch Leistung *erreicht* hat.

Bei der Zuweisung von Rollen erfahren in allen Gesellschaften *biologische Faktoren* wie *Alter* und *Geschlecht* eine gewisse Berücksichtigung. Wie Linton ausführt, existieren überall Regeln für die Behandlung der Kinder und ihre Stellung; diese Bestimmungen durchzuführen, obliegt teils der Familie, teils anderen Gruppen. Allenthalben finden wir auch Maßnahmen für die Versorgung der Alten; Familie, Gruppe oder Gemeinde haben dahingehend gewisse Verpflichtungen. Allerdings werden in einigen Gesellschaften die Alternden getötet, was damit begründet wird, daß es im Interesse des greisen Menschen und seiner Seele liege, vor dem letzten Verfall bewahrt zu werden.

Neben dem Alter ist der wichtigste Gesichtspunkt bei der Zuweisung von Rollen das *Geschlecht*. In allen Gesellschaften bestehen Regeln über die Beziehungen der Geschlechter in der Pubertät sowie vor, in und außerhalb der Ehe. Die jeweils geltenden Verbote oder Tabus sind allerdings verschieden; auch über den Inzest gibt es unterschiedliche Auffassungen. Überall sind mit dem Geschlecht als solchem gewisse Zuweisungen von Rang, Rechten und Pflichten verbunden. Diese sind freilich so widersprechend, daß – entgegen häufig aufgestellten Behauptungen – die physiologische Grundlage dabei so gut wie gar keine Rolle spielt, sondern daß, wie Linton sagt, kulturelle Willkür diese Bestimmungen trifft.

Bei den Arapesh im Sepik-Distrikt von Neuguinea steht es den Frauen zu, schwerere Lasten zu tragen als die Männer, weil angeblich ›ihre Köpfe härter und stärker‹ sind.

In einigen Gesellschaften leisten die Frauen alle körperliche Arbeit; in anderen, wie bei den Bewohnern der Marquesas-Inseln im östlichen Polynesien, sind es die Männer, die neben ihrer sonstigen Tätigkeit auch noch kochen, den Haushalt führen und das Kleinkind versorgen, während die Frauen die meiste Zeit damit verbringen, sich zu schmükken. Selbst die sonst allgemeine Regel, daß Schwangerschaft und Stillen die Frau von den anstrengenden Tätigkeiten ausschließt, wird nicht überall eingehalten. Bei den schon im vorigen Jahrhundert ausgerotteten Tasmaniern war die Robbenjagd Aufgabe der Frauen.

In fast allen Gesellschaften sind Männern und Frauen jeweils bestimmte Tätigkeiten zugewiesen, wobei das Prinzip, nach dem die Zuweisung erfolgt, variieren kann. Aber selbst wenn die beiden Geschlechter bei einer Tätigkeit zusammenarbeiten, sind die Rollen verschieden verteilt. Die Zuweisung bestimmter Funktionen erfolgt in der Hauptsache auf Grund von Geschlecht, Alter und Stellung in der Familie. In vielen Gesellschaften sind jedoch auch rein *soziale Faktoren* bei der Zuweisung maßgebend. In den meisten Gesellschaften läßt sich nach Linton die Tendenz feststellen, die Individuen in Gruppen oder Kategorien einzuteilen und diesen Kategorien unterschiedliche *soziale Wichtigkeit* zuzuschreiben.

Die Ursprünge dieser *Klassenunterschiede* sind mannigfaltig. In einigen Fällen sind es *besondere Fähigkeiten,* technische Begabung etwa oder kriegerischer Mut. In anderen Fällen ist der Ursprung in der Bildung von *bündischen Organisationen* zu suchen – man denke an die Kriegerbünde nordamerikanischer Indianerstämme, etwa die berühmten ›Hunde‹, oder an die Priesterkasten vieler Kulturen. Drittens kann die *Unterwerfung* einer Gesellschaft durch eine andere den Anlaß zur Klassenbildung geben.

Das Europa der Feudalzeit ist ein gutes Beispiel von Rollenzuweisungen auf Grund der Klassenzugehörigkeit: Ob jemand zum Ritter oder zum Bauern bestimmt und erzogen wurde, war ausschließlich dadurch bedingt, welcher Klasse er zugehörte.

In fast allen Gesellschaften, sagt Linton, besteht die Tendenz, Rollen zuzuteilen, nicht aber einen *Wettbewerb* um die beste Leistung stattfinden zu lassen. Dies gilt zum großen Teil auch noch von unserer eigenen Gesellschaft. Linton erwähnt, daß keine Frau, kein Neger, kein Indianer und schwerlich ein Jude oder ein Katholik Präsident der USA werden könnte. Aber seit dies geschrieben wurde – im Jahre 1936 –, ist bereits eine dieser Schranken zusammengebrochen: Der Katholik John Kennedy wurde 1961 Präsident der Vereinigten Staaten.

Werte

In allen Kulturen sind gewisse *Richtlinien* dafür maßgebend, wie das Leben gelebt wird. Diese Richtlinien kommen nicht nur in Geboten und Verboten, in religiösen und philosophischen Systemen zum Ausdruck, sondern auch in der Art, wie das Alltagsleben geführt wird: Im Umgang mit den Mitmenschen und in der Behandlung von täglich sich stellenden Problemen drücken sich gewisse Prinzipien aus.

Im Kapitel ›Motivation‹ haben wir die Bevorzugungen oder Wertungen, die dem menschlichen Verhalten zugrunde liegen, unter dem Gesichtspunkt der beim einzelnen gegebenen Bedingungen betrachtet: Wie sich faktische und normative Bevorzugungen im einzelnen Kinde entwickeln und wie sie durch die Beziehung des Kindes zu seiner Umgebung beeinflußt werden.

Nunmehr jedoch gehen wir zu einer umfassenderen Betrachtung der Werte über. Vom Standpunkt des Kulturforschers müssen die Werte eines Individuums oder einer Familie aus einem größeren Zusammenhang heraus verstanden werden als aus dem individueller Motivation und Identifikation. Der Kulturforscher findet, daß die Wertwelt, die ein Individuum sich allmählich aufbaut, zwar in Auseinandersetzung mit seiner nächsten Umgebung gewonnen wird, letztlich aber aus dem Schatz der *Vorstellungen einer Kulturgruppe* stammt.

Nehmen wir ein Beispiel aus zwei der westlichen Kulturgruppen.

Martha Wolfenstein beschreibt in einer interessanten Studie, wie sich französische Kinder in einem öffentlichen Park benehmen müssen, und im Vergleich dazu, wie sich amerikanische Kinder in einer ähnlichen Situation verhalten dürfen. Da hat ein zweijähriges Mädchen sich von einer Gruppe in der Nähe spielender Kinder einen ledernen Riemen genommen. Das Kindermädchen tadelt es deswegen, denn so etwas dürfe man nicht tun, nimmt es bei der Hand und bringt zusammen mit dem Kind den Riemen zurück. Ein wenig später kommt ein kleiner Bub von der Gruppe nebenan und spielt mit dem Mädchen. Als dieses von seiner Bonne gefüttert wird, geht er fort und nimmt einen Eimer mit, der dem Mädchen gehört. Seine Großmutter sieht das, und nun wiederholt sich der Vorgang: Sie schilt den Buben, gibt ihm einen Klaps und geht, ihn an der Hand führend, hinüber, um den Eimer zurückzugeben. Hier, bei dem Kindermädchen, schlägt sie den Buben nochmals. M. Wolfenstein führt aus, daß im Gegensatz zu der sich hier deutlich zeigenden Vorstellung, ein Spielzeug sei das private Eigentum eines Kindes und einer Familie, den amerikanischen Kindern von früh an beigebracht wird, andere an ihren Spielen teilnehmen zu lassen und ihnen auch getrost das eigene Spielzeug zu geben. Dadurch wird eine lebendige soziale Wechselbeziehung gefördert, während die französischen Kinder im Park eher voneinander ferngehalten werden.

Dem Leser mag diese Beobachtung recht unwichtig erscheinen, wenn er an die großen Auseinandersetzungen über grundlegende Lebenswerte denkt, wie wir sie etwa in der Politik, aber auch sonst im Umgang mit unseren Mitmenschen erleben. Das ist richtig. Vor allem dann, wenn es um Weltanschauungsfragen geht wie die: Westliche Gesellschafts-, Wirtschafts- und Lebensform oder Kommunismus? – dann scheint es nicht sehr wesentlich zu sein, ob Kinder ihre Spielsachen teilen oder nicht. Sieht man jedoch genauer hin, dann erweist es sich, daß in den Vorstellungen und Werten von Kulturgruppen innere Zusammenhänge bestehen, daß – um auf unser Beispiel zurückzukommen – die soziale Ungebundenheit der amerikanischen Kinder, im Vergleich zu dem Verhalten, zu dem die französischen Kinder erzogen werden, tiefere *weltanschauliche Gesichtspunkte* widerspiegelt.

In außerordentlich brillanter, wissenschaftlich tiefgründiger und sorg-fältiger Weise wurde diese Widerspiegelung weltanschaulicher Orien-tierungen im täglichen Verhalten kürzlich von Florence Kluckhohn in einer Studie an *fünf Kulturen* aufgezeigt. F. Kluckhohn wählte für ihre Untersuchung fünf amerikanische Unterkulturen. Es waren dies zwei *indianische Gruppen,* die *Navaho* und die *Zuni,* ferner ein *spanisch-amerikanisches* Dorf (Atrisco), sodann ein *Mormonen*-Dorf (Rimrock) und eine erst kürzlich entstandene Neusiedlung von *Texas*-Farmern, ›Homestead‹ genannt. Alle fünf Gemeinden liegen im Süd-westen Nordamerikas; die Entfernungen zwischen ihnen betragen weniger als 80 Kilometer.

Bei ihrer Untersuchung ging F. Kluckhohn von einer Reihe theoretischer Überlegungen aus. Zunächst hat sie drei Annahmen: 1. Daß es nur eine begrenzte Anzahl gemeinsamer menschlicher Probleme gibt, für die alle Menschen eine Lösung finden müssen; 2. daß die Zahl der möglichen Lösungen begrenzt ist; 3. daß alle verschiedenen Möglich-keiten von Lösungen in allen Gesellschaften ausprobiert, aber in jeweils verschiedenem Grade bevorzugt werden.

Ein paar Beispiele mögen diese tiefschürfende Theorie veranschaulichen: Die amerikanische Mittelklassegesellschaft ist in ihrer Orientierung individualistisch, sie ist zukunftsbezogen, sie sieht im Menschen den Herrscher über die Natur, sie glaubt an aktives Handeln und hält den Menschen seiner Natur nach für schlecht oder für zugleich schlecht und gut. In der traditionsgebundenen spanisch-amerikanischen Gesellschaft dagegen glaubt man, sich nach anderen richten zu sollen, man lebt in der Gegenwart, der Mensch wird als der Natur unterlegen aufgefaßt, das Leben ist ein Sein, und der Mensch ist seiner Natur nach gut und schlecht zugleich.

Die Unterwerfung unter die Natur geht aus Äußerungen von Hispano-Amerikanern hervor:

»Wenn es Gottes Wille ist, daß ich sterbe, werde ich sterben« – als *Begründung dafür, daß kein Arzt gerufen wird. Oder ein Schäfer sagt: »Wenn ein wilder Sturm kommt, kann man nicht viel dazu tun, die Schafe zu retten.«*

Umgekehrt der typische Amerikaner:

»Gott hilft dem, der sich selbst hilft.« Die Natur wird vollkommen *verändert; daß es dabei Hindernisse geben könne, wird überhaupt nicht anerkannt.*

Vielleicht ist es interessant, mehr im Detail die Wertorientierung einer der fünf Kulturgruppen zu belegen, die F. Kluckhohn untersucht hat. Die Navaho-Indianer sind in ihren menschlichen Beziehungen ganz auf Gemeinsamkeit eingestellt. Beispiele dieser Einstellung sind die Bilder dieser Seiten und die Äußerungen:

»Man kann in einer Familie nicht nur einen haben, der bestimmt. Das wäre den anderen gegenüber nicht fair. Man muß sich zusammensetzen und die Dinge besprechen. Sind Probleme zu lösen, so ist es das beste, in einer Gruppe zusammenzukommen und ein Übereinkommen zu treffen.«

Anläßlich einer Erbschaft: »Wenn Brüder und Schwestern an einem Strang ziehen würden, dann hätten sie keine Schwierigkeiten.«

In der Beziehung zur Zeit herrscht die Einstellung auf die Gegenwart vor: »Wenn man Kinder erzieht, soll man ihnen zuerst das Rüstzeug für die Gegenwart mitgeben; später erzählt man ihnen dann etwas über die frühere Lebensweise. Die Vergangenheit war gut, aber wir wissen nicht mehr viel über sie. Zuerst kommt die Gegenwart. Wenn wir an die alten Zeiten zurückdenken, so hilft uns das nichts. Alle Dinge ändern sich, und wir sind direkt mitten darin.«

In seinem Verhältnis zur Natur glaubt der Navaho an Harmonie mit ihr. Er ist der Ansicht, daß durch die Menschen das Gleichgewicht in der Natur gestört werden kann: »Wenn jemand nicht richtig lebt, kann er nicht erwarten, daß er Schutz für seine Schafe und Pferde erhält. Wenn wir unser Bestes tun, richtig zu leben, haben wir gute Aussichten für unsere Ernte. Es ist richtig, daß Ärzte und Impfungen helfen können, damit habe ich meine Erfahrungen; aber es ist doch so: wenn man etwas Böses tut, dann beeinflußt das unser Leben, und wenn man gut ist, braucht man sich nicht zu sorgen.«

Hinsichtlich Aktivität oder Passivität ist der Navaho auf Handeln eingestellt: »Die, welche tätig sind und auf gute Ergebnisse hin arbeiten, die tun recht. Wenn du recht tust und hart arbeitest, dann bist du glücklich.«

92 Die Navaho, ein lebenskräftiger Indianerstamm im Südwesten der USA, sind in ihren menschlichen Beziehungen ganz auf Gemeinsamkeit eingestellt.

93–94 Bilder aus dem Leben der Navahos: eine liebevolle Mutter mit ihrem Kind. Das Wickelbrett hemmt allerdings die Bewegungsfreiheit und damit die Entwicklung des Kleinen — Navahofrauen an der Backgrube bei gemeinsamem Bereiten des Teigs für den Maiskuchen, den ein Mädchen dann bei seiner Pubertäts-Zeremonie austeilt.

Die menschliche Natur ist sowohl gut wie schlecht, und sie ändert sich nicht:

»Ich habe nie gehört, daß irgend etwas die Natur (eines Menschen) verändert hat.«

Florence Kluckhohns Begriff der Wertorientierung umfaßt offensichtlich grundsätzliche Momente der in einer Kultur vorwaltenden Lebensphilosophie. Gewöhnlich wird unter den in einer Kultur maßgebenden Werten in erster Linie die *Ethik* verstanden. F. Kluckhohn ist offenbar der Ansicht, daß die gesamte *Ideologie* einer Kultur letztlich auf Bewertungen zurückgeht.

Integration

Kluckhohns Darstellung bestätigt besser als jede frühere Arbeit das zuerst von Ruth Benedict aufgestellte Gesetz der *Integration*, der inneren Einheit jeder Kultur. Eine Kultur ist ein integriertes Ganzes, dessen vereinheitlichende Faktoren erfaßt werden müssen. In ihrem heute weit verbreiteten Buch ›Patterns of Culture‹ (deutsche Ausgabe: ›Urformen der Kultur‹) legt Benedict dar, daß eine Kultur nicht dadurch zu verstehen ist, daß man Einzeltatsachen sammelt und aufzählt; sie muß vielmehr – wie ein Mensch – von *zentralen Motiven* her erfaßt werden. Nur wenn man die Kultur als ein lebendes Ganzes sieht, als ein Gemeinschaftsgefüge, dessen charakteristische Züge durch absichtsvolles, zielstrebiges Vorgehen herausgebildet werden, kann man ihr gerecht werden.

Wie in der gotischen Architektur, sagt Ruth Benedict, zuerst die Bevorzugung von Höhe und Licht zum Ausdruck kam und dann allmählich weitere Details hinzugefügt wurden, in denen der mittelalterliche Mensch sein Lebens- und Kunstgefühl darzustellen strebte, so ist es mit jeder Kultur als ganzer. Was man Stil nennt, ist nach dieser Auffassung ein charakteristisches Kennzeichen, das nicht nur auf eine ästhetische Begründung im Geschmacklichen zurückgeht, sondern auch eine psychologische und philosophische Begründung in der jeweiligen Lebensauffassung hat.

Benedict nennt die Beschreibung, die der große englisch-polnische Völkerkundler Bronislaw Malinowski (1884–1942) von den Eingeborenen der Trobriand-Inseln in Melanesien gegeben hat, die erste Kulturstudie, die das Ganze im Blick hat im Gegensatz zu den inventarisierenden Analysen einzelner Züge, wie sie vorher üblich waren.

In ihrer eigenen Darlegung integrierender zentraler Themen geht Benedict auf andere Dinge aus als F. Kluckhohn, und ihre Analyse ist mehr intuitiv als systematisch. Sie sieht zum Beispiel bei den Zuni-Indianern ein ›appollinisches‹ Prinzip der Mäßigung vorwalten; für einen Grundzug dieser Kultur hält sie die Selbstauslöschung des Individuums vor der Gesellschaft. Umgekehrt beschreibt sie die Kwakiutl-Indianer von Vancouver-Island als ›dionysisch‹ in individualistischer Rivalität und Ekstase, mit einer Tendenz zu paranoischen Allmachts-Wahnvorstellungen. Die Dobu von Melanesien sieht sie als verschlossen, tückisch, verräterisch; sie fühlen sich im Kampf gegen eine harte Umwelt; sie haben Furcht vor der Natur und sind voller Mißtrauen gegen ihre Nachbarn.

Diese Betrachtungsweise, die alles auf einen Nenner bringen will, ist natürlich allzu vereinfachend. Eine Kultur hat, wie vor allem Morris Opler darlegte, nicht nur ein ›Thema‹, sondern deren viele, und sie hat vielerlei verschiedene Ausdrucksformen für diese. Benedicts Beispiele haben daher heute mehr historische als reale Bedeutung.

Außer R. Benedict und F. Kluckhohn hat auch Margaret Mead, wie wir sogleich sehen werden, gewisse *kulturelle Grundtendenzen* herausgearbeitet, und zwar gewann sie ihre Einsichten hauptsächlich anläßlich ihrer Beobachtungen der *Kinderpflege* und *der Erziehung der Jugend* bei Naturvölkern. In der Tat gebührt Mead als erster unter den Anthropologen das Verdienst, uns die Betrachtung *kultureller Sinneszusammenhänge* nahegebracht zu haben.

Unser kurzer Überblick zeigt, daß die Bemühungen moderner Anthropologen, sich über die in den verschiedenen Kulturen integrierend wirkenden Prinzipien klar zu werden, vorläufig noch zu keinen eindeutigen Endresultaten geführt haben. Zweifellos liegen hier jedoch neue, ungewöhnlich interessante Ansätze vor; ihr weiterer Ausbau wird in der Zukunft Grundlegendes zu unserem Selbstverstehen beitragen. Es wird dies besonders klar, wenn wir uns jetzt den Untersuchungen über Tradition und Erziehung zuwenden.

Tradition

Es mag uns schwerfallen, sagt Walter Goldschmidt, zu akzeptieren, daß unsere Gefühle von Liebe und Haß und die Reize, die diese Gefühle auslösen, kulturell bestimmt sind. Aber dies ist tatsächlich der Fall. Nicht nur das Denken und Fühlen von Völkern, deren Bräuche uns absonderlich anmuten – etwa die der Balinesen, die bei Begräbnissen singen und jubeln, oder die der Karankawa-Indianer, die heiße Tränen weinen, wenn sie einen Freund begrüßen –, ist Ausdruck solcher kultureller Bedingtheit, sondern auch unsere eigene gesamte Denk- und Fühlweise ist uns von früh an anerzogen, ohne daß wir das wissen. Entgegen der früher vorherrschenden Ansicht, daß angeborene vererbte Eigenschaften ausschlaggebend seien für charakteristische kulturelle Ausprägungen, sind denn auch die heute maßgebenden Kulturforscher insgesamt der Meinung, daß kultureller Besitz durch Bräuche und Traditionen übermittelt wird, daß er also weitestgehend *erlernt* und *erlernbar* ist.

Unter denen, die die Beweise dafür erbracht haben, daß *die kulturellen Faktoren von den biologischen Gegebenheiten unabhängig* sind, spielte eine führende Rolle der deutsch-amerikanische Anthropologe und Völkerkundler Franz Boas, der diesem Problem eingehende Studien gewidmet hat. ›Eine kritische Untersuchung‹, sagt er, ›zeigt, daß Formen des Denkens und Handelns, die wir geneigt sind, als auf die menschliche Natur gegründet aufzufassen, gar nicht generell gültig sind, sondern charakteristisch für unsere spezifische Kultur.‹

Rassische Anlagen, Neigungen und Begabungen dürften zwar ursprünglich entsprechend den vorgefundenen Lebensbedingungen gewisse Richtlinien gesetzt haben, doch handelt es sich bei den kulturellen Gebilden, die wir heute vorfinden, um höchst komplexe Strukturen, zu deren Aufbau die verschiedensten Menschen, Völker und Gruppen ihren Beitrag geleistet haben. Jedes Individuum jeder Rasse oder Volkszugehörigkeit kann, wenn es in frühester Kindheit in irgendeine Kulturgemeinschaft versetzt wird, deren Sprache, Verhalten und Denkweise annehmen und sich mit ihnen völlig identifizieren.

Eindrucksvoll ist in diesem Zusammenhang ein Bericht von Amram Scheinfeld, der am Beispiel zweier junger Männer das Ausmaß der Einflüsse zeigt, die die kulturelle Umgebung ausübt.

Der erste, geboren als Joseph Rhinehart *und deutsch-amerikanischer Abstammung, wurde mit zwei Jahren von einem Chinesen in Long Island adoptiert und drei Jahre später nach China mitgenommen. Dort wurde er nunmehr unter dem Namen* Fung Kwok Keung *in einer kleinen Stadt als Chinese erzogen. Mit 20 Jahren kehrte er nach New York zurück, wo er einen intensiven Amerikanisierungsprozeß durchmachen mußte, um sich in das amerikanische Leben einpassen zu können. Dennoch fühlte er sich unter Amerikanern nicht heimisch, was er besonders stark während seines Militärdienstes in der Armee empfand. Nach dem Krieg arbeitete er als Schriftsetzer einer chinesischen Zeitung in New York; er fühlt sich noch immer als Chinese.*

Genauso, nur ›mit umgekehrtem Vorzeichen‹, ist es bei Paul Fung jr. *Er ist ein der Abstammung nach chinesischer Amerikaner, der ebenso wie seine Eltern in Amerika erzogen wurde. Sein Denken und Benehmen, seine Sprache und Lebensphilosophie, sein Humor sind durch und durch amerikanisch.*

Paul konnte wenig chinesisch und wußte wenig über die Chinesen. In dem Wunsch, sie besser kennenzulernen, ließ er sich während des Zweiten Weltkriegs einem Truppenteil zuweisen, bei dem nur Chinesen amerikanischer Staatsangehörigkeit dienten. Bald jedoch erkannte er, daß er weder seinem Denken noch seiner Lebensweise nach zu ihnen paßte. Ihr Essen widerstrebte ihm. Seine Kameraden verstanden ihn nicht; sie dachten, er spiele sich als ›echter‹ Amerikaner auf. So fühlte er sich außerordentlich erleichtert, als er später in eine amerikanische Einheit versetzt wurde.

Nach dem Krieg wurde er Zeichner für ›Comic Strips‹ einer Zeitung in New York. Jeder, der die ›Comics‹ kennt, weiß, wie außerordentlich kultur-eigen diese den Amerikanern sind. Man muß völlig amerikanisch fühlen, um Zeichnungen dieser Art anfertigen zu können.

Die zwei Beispiele wirken, wenn man sie liest, sowohl einfach wie einleuchtend.

Aber wenn wir uns fragen, wie das im einzelnen vor sich geht, dann erweist sich das Ganze als ein höchst komplexes, noch recht ungeklärtes Problem.

Bahnbrechende Beobachtungen über die Vorgänge und Situationsgegebenheiten, durch welche *kulturelle Eigenheiten auf Kinder übertragen* werden, hat zuerst Margaret Mead angestellt und in ihren Büchern ›Coming of Age in Samoa‹ (1928) und ›Growing up in New Guinea‹ (1930) ausgewertet. Befassen wir uns ein wenig mit Details aus einigen ihrer Arbeiten.

Aus Margaret Meads großangelegtem Werk ›Growth and Culture‹ (1951) in dem acht balinesische Babys studiert und auf 58 Tafeln mit Fotos in vielen Situationen und Handlungen gezeigt werden, gewinnen wir ein gutes Bild von wenigstens einer Gruppe kulturell formender Einflüsse. Es sind dies in erster Linie die menschlichen Beziehungen, in denen das Kleinkind aufwächst.

Von Anfang an und fast das ganze erste Lebensjahr hindurch besteht die physische Umgebung des balinesischen Babys fast ausschließlich zunächst aus den Armen, später der Hüfte eines Menschen. Dies ist nicht notwendigerweise immer die Mutter. Von früh an können es andere Personen sein, insbesondere Geschwister. Das Baby wird lose in ein Tuch gewickelt und verbringt sein Dasein wachend und schlafend zunächst im Arm, nach zwei Monaten auf die Hüfte aufgesetzt und fest an den Körper des Trägers gebunden. Es liegt tagsüber nie beim Schlafen; nur wenn sich die übrige Familie zur Nachtruhe begibt, wird es, bereits schlafend, hingelegt.

Ein solches Kind sieht von seinem zweiten Lebensmonat an die Welt von der Hüfte dessen aus, der es trägt, in vertikaler Lage. Es erfährt sich als eng gebunden an eine andere Person, wobei es sich um mehrere verschiedene Individuen handeln kann.

Erst von dem Zeitpunkt an, zu dem es kriechen, stehen und laufen kann, bewegt es sich allein umher und beginnt, sich an Dingen zu betätigen. Jedoch auch dann ist es ständig mit anderen zusammen.

Verdeutlichen wir uns einige der entscheidenden kulturellen Eigen-

95 Auf Bali besteht die physische Umgebung eines Babys fast das ganze erste Lebensjahr hindurch nahezu ausschließlich anfangs aus den Armen, später dann aus der Hüfte eines Erwachsenen.

heiten dieser Umgebungseinflüsse, indem wir sie mit einigen auf unsere Kinder einwirkenden Einflüssen vergleichen.

In der westlichen Kultur wird das Neugeborene in eine Wiege oder ein Körbchen gelegt; hier verbringt es die meiste Zeit seines Wachens und Schlafens. Nur einen Bruchteil des Tages befindet es sich im Arm oder auf dem Schoß der Mutter.

Da das Baby der westlichen Kultur im allgemeinen keinen anderen Erwachsenen als seine Eltern um sich hat, hängt es offenbar mehr oder weniger vollständig von der Liebe und dem Interesse dieser zwei Menschen, insbesondere seiner Mutter, ab. Diese Beziehung erfährt daher notwendigerweise eine Intensität, die sie unter den so ganz anderen Umständen der Bali-Kultur nicht erlangen kann.

Dieser Vergleich zwischen Margaret Meads Beobachtungen an balinesischen Kleinkindern und den Umständen, unter denen Babys bei uns heranwachsen, gibt eine gute Vorstellung von einer ersten Gruppe unterschiedlicher kulturell formender Lebensbedingungen.

Daß es in Bali auch mehr oder weniger liebende oder interessierte Mütter gibt, erinnere ich mich nicht bei M. Mead gelesen zu haben, die Bilder scheinen es jedoch zu belegen. Auch bemerkt Mead, und dies ist wichtig, daß man ›selbst in der homogenen, statischen Kultur von Bajoeng Gedé von 1936‹, die sie schildert, ›die enorme Rolle beobachten kann, die individuelle, konstitutionelle und Temperamentseigenheiten spielen‹.

96 Auf Bali ist — ganz im Gegensatz zu den Verhältnissen im westlichen Kulturkreis — ein Baby niemals ganz allein. (Bilder 95—96 aus Mead, Growth and Culture)

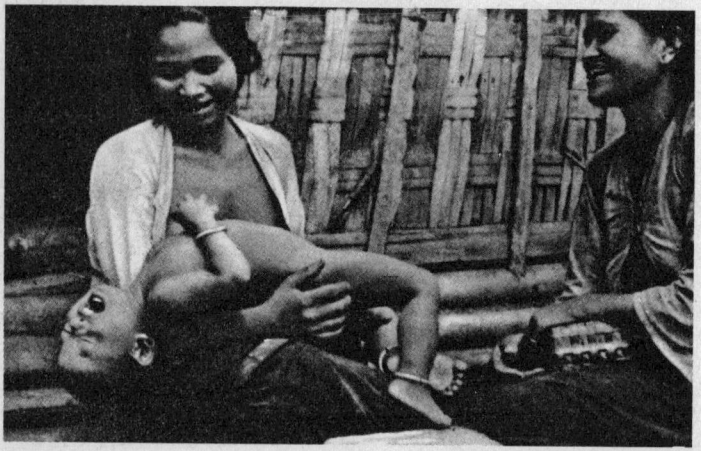

Zu den Hauptprinzipien der Kinderpflege auf Bali gehört es, wie wir sahen, daß das Baby seit seinen ersten Lebenstagen immer unter vielen Menschen ist und an allem teilnimmt, was die Erwachsenen tun. So wird das Kleinkind zum Beispiel auch schon von Anfang an zu allen religiösen Zeremonien mitgenommen. Es wächst in den *Kult* ebenso hinein wie in das *Familienleben* oder einen anderen Bereich des Lebens. In dem Kapitel ›Kinder und Ritual in Bali‹ des Buches von M. Mead und M. Wolfenstein ›Childhood in Contemporary Culture‹ beschreibt M. Mead, wie die Kinder aller Altersstufen am religiösen Kult teilnehmen. Auf den folgenden Bildern (Abb. 97–98) sehen wir, wie die Kleinen die Masken beobachten und erproben, die im Ritual verwendet werden. Neugier, Furcht, Faszination werden deutlich, aber auch eine ganz selbstverständliche Dazugehörigkeit zu den kultischen Handlungen, Handhabungen und Vorgängen.

Aus dieser Art des *Mitlebens mit den Erwachsenen* ergibt sich dann z. B. eine völlig andere Art der *Kinderkunst*, als wir sie kennen. Zeichnen und Musik zeigen weniger kindliche Züge als vielmehr Eigenheiten

97–98 Durch Teilnahme an allen religiösen Geschehnissen wächst das Kind auf Bali in den Kult hinein. Links oben beobachten Kinder die Barong-Maske beim kultischen Umgang um das Dorf. — Rechts: Spielend ahmen Kinder mit Kokosnuß-schalen die Kultmasken nach.

99—101 Balinesische Kinder beobachten die Vorgänge anläßlich einer Lei-
chenverbrennung (oben), nehmen an den Handlungen teil (links) und wiederholen sie in dramatischem Spiel (rechts). (Bilder 97—101 aus Margaret Mead
und M. Wolfenstein, Childhood in Contemporary Cultures)

des Kults. Die folgenden Zeichnungen eines Fünf- und Sechsjährigen
machen das deutlich, wenn wir sie mit Zeichnungen unserer Kinder
vergleichen (siehe S. 331).

In diesem Mitmachen und Dabeisein der Kinder mit dem Tun ihrer
erwachsenen Umwelt kommt ein weiterer kulturell formender Faktor
zum Ausdruck, nämlich das, was Ruth Benedict *Kontinuität* der Entwicklung nannte im Unterschied zu der bei uns vorwaltenden *Diskontinuität*. Unter kulturell sanktionierter Kontinuität wird die Tatsache
verstanden, daß die Kinder ohne Bruch, ohne markante Abschnitte all-

102–103 Diese Zeichnungen fünf- und sechsjähriger balinesischer Kinder sind ganz anders als die gleichaltriger europäischer Kinder. Das Bild oben zeigt Gott Krishna und Held Salja aus dem traditionellen Schattenspiel, das Bild unten eine ›liegende Kuh, Menschen, Vögel, ein Schwein‹, aber außerdem wiederum Gestalten aus dem Schattenspiel. (Aus Mead und Wolfenstein, Childhood in Contemporary Cultures)

mählich in die Verhaltensweisen der Erwachsenen hineinwachsen. Entsprechend ihren eigenen Bedürfnissen und Fähigkeiten dürfen die Kinder bei allem, was die Großen tun, dabeisein und mitmachen. Ihre Pflichten und Rechte sind nicht getrennt von denen der Erwachsenen. In unserer Kultur hingegen besteht ›Diskontinuität‹ in dem Sinne, daß zwischen Tätigkeiten, Rechten, Pflichten unserer Kinder und denen der Erwachsenen eine mehr oder minder scharf betonte Trennung besteht.
Der Erziehungsprozeß, durch den wir in der westlichen Kultur unsere Kinder schicken, ist sorgfältig abgestuft, und die Welt der Dinge, die den Heranwachsenden eröffnet und zur Verfügung gestellt wird, wandelt sich mehrmals. So kann man im Westen von einer eigenen Kinder-Kultur und von einer eigenen Adoleszenten-Kultur sprechen, welche sich in den letzten Jahrzehnten immer stärker – z. B. als Kultur der Jugendbewegung, der Teenager, der Twens – verselbständigt hat.

Bräuche, Sitten und Tradition dienen der Erhaltung von kulturellem Bestand. Doch neben diesen stabilisierenden Einflüssen gibt es dauernd auch Veränderungen. Kultur wird zwar durch Lernen erworben und weitergegeben, sie wird aber, wie zum Beispiel Edward Sapir betont, von jedem Individuum in der ihm eigenen Weise verarbeitet und zum Ausdruck gebracht.

Durch die Menschen, die ein gesellschaftlich-kulturelles System leben, ist dieses ein lebendes Gebilde, dem nach Pitirim Sorokin kontinuierlicher Wandel zu eigen ist wie jedem lebenden System.

Neben diesem allgemeinen Prinzip des *immanenten Wandels* gibt es auch *besondere Gründe* für manchmal drastische kulturelle Veränderungen.

Allgemein zu beobachten sind zum Beispiel gewisse geringere oder stärkere Gegensätze in dem, was die aufeinanderfolgenden *Generationen* glauben und erstreben. Diese Gegensätze können sich zu radikalen Umgestaltungen auswachsen.

Neue Ideen, wie Luthers Prinzip der individuellen Verantwortlichkeit vor Gott oder Marx' Verurteilung des Kapitalismus, oder *technische Fortschritte,* wie die Erfindung von Dampfmaschine, Auto und Flugzeug, haben weit um sich greifende kulturelle Veränderungen im Gefolge gehabt. *Wirtschaftlicher Wandel,* wie ihn die moderne Großindustrie heraufgeführt hat, *Reformen* wie die Zulassung der Frauen zum Wahlrecht und zum Studium, die Gründung *neuer Institutionen* wie die der United Nations als Forum für die Austragung von Angelegenheiten, die die ganze Welt betreffen – solche und ähnliche Geschehnisse haben die Kultur der Gegenwart in ihrer Struktur vollständig geändert.

Indem man von der Kultur als einem lebenden Gebilde spricht, erhebt man bereits die Frage, ob man bei Kulturen von *Entwicklung* im selben Sinne sprechen kann wie bei einem Lebewesen.

Im Verlauf des Siegeszuges der Darwinschen Evolutionstheorie, nach der im Reich der Lebewesen höhere Formen aus niedrigeren entstehen, war die Vorstellung von einer Entwicklung zunächst auch in die Kulturforschung eingedrungen. Sie ist hier jedoch im Sinne einer geradlinigen Abfolge oder eines eindeutigen Fortschritts heute völlig aufgegeben worden. Die Frage, ob und in welchem Sinn sich in den kulturellen Entwicklungen, in der Geschichte der menschlichen Gesellschaften eine *Richtung* feststellen lassen kann, hat seit Auguste Comte, Max Weber, Oswald Spengler bis zu den heutigen Alfred Kroeber, Arnold Toynbee, Robert McIver viele führende Geschichts- und Kulturphilosophen beschäftigt, wobei wir in zunehmendem Maße von der Problematik und vielfachen Verflochtenheit der Vorgänge beeindruckt werden – wie K. N. Naegele als Herausgeber einer Auswahl aus solchen Schriften sagt: ›Die Welt ist kleiner geworden, aber unser Skeptizismus ist gewachsen, seitdem wir die Welt im großen über eine lange Periode hinweg studiert haben. Unser Fortschrittsglaube ist von mehr pessimistischen Ideen abgelöst worden‹ (Theories of Society, S. 1330).

Kulturwerte werden entwickelt und gehen wieder verloren, und man kann sich des Eindrucks nicht erwehren, daß in Spenglers Vorstellung von der organischen Entwicklung eines Kulturstiles, der geboren wird, wächst, blüht, reift und abstirbt, ein Kern von Wahrheit enthalten ist. Andererseits machen Neo-Evolutionisten wie Leslie White darauf aufmerksam, daß in gewisser Hinsicht eine mehr oder weniger kontinuierliche Evolution nicht geleugnet werden könne. Wahr ist jedenfalls, daß wir unglücklicherweise weder auf ethischem noch auf ästhetischem Gebiet in der Lage sind, einen ›Fortschritt‹ zu bemerken.

Jedoch in der technischen Eroberung der Welt kann eine ständige Zunahme der Möglichkeiten wohl kaum bestritten werden.

Als die beiden Hauptprinzipien, die einen kulturellen Wandel fördern, werden *Erfindung* und *Diffusion* angesehen. Dieses letztere von Franz Boas eingeführte Prinzip ist weniger allgemein bekannt als das erstere. Unter *Diffusion* versteht man die Verbreitung und Übertragung gewisser Kulturelemente von einer in andere Gesellschaften und Kulturen.

Kroeber gibt ein lebendiges Bild einer Reihe kultureller Errungenschaften, die, durch Diffusion erworben, dem amerikanischen Leben eigen geworden sind.

›Wir sprechen‹, so sagt er, ›eine angelsächsische Version einer germanischen Sprache, die mehr ursprünglich lateinische Wörter enthält als englische. Unsere Religion ist palästinensisch, mit spezifischen Umformulierungen bei den einzelnen Glaubensrichtungen, die sich in Rom, Deutschland, England, Schottland und Holland herausgebildet haben. Unsere Bibel ist teils aus dem Hebräischen, teils aus dem Griechischen übersetzt worden. Wir trinken Kaffee, der zuerst in Äthiopien angepflanzt und dann von Arabien übernommen wurde, Tee, den China entdeckt hat, Bier, das zuerst im alten Mesopotamien oder in Ägypten gebraut wurde, Alkohol, der im mittelalterlichen Europa erfunden worden ist. Das Brot und das Rind- und andere Fleisch, das wir essen, kommen von Pflanzen und Tieren, die man zuerst in Asien gezüchtet hat, während Kartoffeln, Mais, Tomaten und Bohnen erstmals von den Indianern genutzt worden sind, ebenso wie der Tabak. Wir schreiben eine etruskisch-römische Variante der griechischen Form eines Alphabets, das zuerst in oder nahe Phönizien von einem semitischen Stamm erfunden wurde, auf der Grundlage nicht-alphabetischer Schriften in noch älteren Kulturen.‹

Der Eindruck, den man aus dieser Aufzählung von der ganz außerordentlichen Bedeutung des Faktors kultureller Diffusion gewinnt, darf allerdings nicht dazu verleiten, eine andere Tatsache zu übersehen: daß nämlich viele Ideen an mehreren Orten *selbständig* und unabhängig von fremder Beeinflussung entstehen, daß es sich also nicht immer um Übertragungen handelt, wenn uns in verschiedenen Kulturen gleiche Vorstellungen und Wertungen begegnen.

Trotzdem behält natürlich das Prinzip wechselseitiger Durchdringung von Kulturen seine eminente Bedeutung. Denkt man an die so wenig entwickelten Verkehrs- und Kommunikationsmittel der vergangenen Jahrtausende, so ist es erstaunlich, daß sich seit ältesten Zeiten solche Vorgänge kulturellen Austauschs selbst über Kontinente hinweg vollzogen haben. Dementsprechend können wir von der nächsten Zukunft – falls die Menschheit sie überlebt – eine noch viel weiter gehende gegenseitige Befruchtung erwarten, als Ergebnis der gegenwärtigen neuen Völkerwanderung sowohl wie der Erschließung auch der letzten bisher noch kaum erforschten Gebiete unserer Erde und der immer weiter vorangetriebenen Eroberung von Raum und Zeit.

Die moderne Völkerwanderung, wie man die durch Flucht und Vertreibungen verursachten Bewegungen von Menschenmassen in unserer Zeit nennen kann, führt in gesteigertem Maße zu dem, was als *Akkulturation* bezeichnet wird. Akkulturation, Angleichung an und Hineinleben in eine neue Kultur, in die einzelne Menschen oder ganze Gruppen versetzt werden, ist heute eins der brennenden Probleme.

3. Kulturelle Unterschiedlichkeiten

Von A. A. Goldenweiser stammt die Feststellung, daß es unter den gegebenen Verhältnissen des menschlichen Lebens jeweils immer nur eine *begrenzte Anzahl von Möglichkeiten* des Verhaltens gibt. Diese Tatsache der begrenzten Möglichkeiten erklärt das Vorkommen gleicher Bräuche und Fertigkeiten bei verschiedenen Kulturen auch dort, wo keine Übermittlung von anderen Kulturen her stattfand.

Wenn man ein gutes Ruder haben will, so sagt Goldenweiser, um ein Beispiel zu geben, so darf es weder zu lang noch zu kurz sein, es muß ein flaches Blatt haben, und es darf nicht zu unhandlich sein. Wie die Erfüllung dieser Bedingungen auch in weltweit voneinander getrennten Kulturen zu völlig gleicher Form geführt hat, so haben die gleichen oder ähnlichen Bedürfnisse und Erfahrungen in verschiedenen Kulturen unabhängig voneinander gleiche oder ähnliche Verhaltensweisen entstehen lassen, und das um so eher, als es eben nur eine begrenzte Zahl von Lösungsmöglichkeiten gibt.

Trotz der weitgehend parallelen Bedürfnisse und Erfahrung aller Menschen haben die verschiedenen Kulturen sich *historisch*, manchmal infolge von Zufällen, in unterschiedlicher und gelegentlich einzigartiger Weise entwickelt: So kommt es, daß jede Kultur ihre eigene Ausprägung gefunden hat, so daß wir vor einer Fülle kultureller Unterschiedlichkeiten stehen.

Eines der wesentlichsten Gebiete menschlichen Lebens, auf dem eine außerordentliche *Variabilität kulturellen Verhaltens* besteht, ist die *Sexualität*. Alle Gesellschaften und Kulturen regeln das Sexualleben nach verschiedenen Richtungen hin. Aber sie sanktionieren, verbieten und bestrafen ganz verschiedene Dinge. Eine interessante Zusammenstellung der Verbote, denen verschiedene Sexualverhalten unterliegen, ist von Julia S. Brown gegeben worden; sie hat zahlreiche Gesellschaften von Naturvölkern, die keine schriftliche Überlieferung haben, untersucht. Nicht alle Gesellschaften konnten auf alle in der Tabelle genannten Verhaltensweisen hin studiert werden; die Mindestzahl lag bei 43, die Höchstzahl bei 97 unterschiedlichen Kulturen.

Verhaltensart	Prozentsatz der untersuchten Gesellschaften, die das Verhalten verbieten oder bestrafen
Sexualbeziehung zwischen Mutter und Sohn, Bruder und Schwester, Vater und Tochter	100
Entführung einer verheirateten Frau	100
Vergewaltigung einer verheirateten Frau	99
Vergewaltigung einer unverheirateten Frau	95
Sexualbeziehung nach der Geburt eines Kindes	95
Sexualbeziehung während der Menstruation	92
Ehebruch der Frau	87
Untreue des (der) Verlobten	86
Sexualbeziehung während der Schwangerschaft	67
Voreheliche Beziehungen von Frauen	44
Voreheliche Beziehungen von Männern	41
Sexualbeziehungen mit eigener Braut	10

Formen sexuellen Verhaltens, das bei verschiedenen Naturvölkern verboten ist oder bestraft wird. (Nach Julia S. Brown, ›A comparative Study of Deviations from the Sexual Mores‹. Amer. Sociolog. Review, 17, 1952)

In vieler Hinsicht geht die Übereinstimmung, wie man sieht, sehr weit. So wird der Inzest in allen Kulturen verabscheut und strengstens bestraft. Dann aber wieder begegnen uns sehr starke Unterschiedlichkeiten: Zum Beispiel darf ein Eingeborener der Trobriand-Inseln (vor der Ostküste Neuguineas), der seine Frau in den Armen eines Geliebten findet, diesen sofort töten. Andererseits nennen die Toda der Nilgiri-Berge in Vorderindien einen Mann unmoralisch, der seine Frau nicht auch anderen Männern gönnt. In einigen Gesellschaften gilt ein Mann, der die weibliche Rolle spielt, als mächtiger Zauberer. Bei den Rwala-Beduinen hingegen wird (nach Ford und Beach) Homosexualität derart abgelehnt, daß sowohl Männer wie Frauen, die gegen das strikte Verbot homosexueller Betätigung verstoßen, zum Tode verurteilt werden.

Allgemein verbreitet	in Prozent
Behandlung Kranker durch Alte	100
Beratung in Handfertigkeiten, Beaufsichtigung der Arbeit	100
Verkündigung der Stammesüberlieferungen	100
In Geschichten als Helden und Zauberer gefeiert	100
Fast allgemein verbreitet	
Anführer bei Festlichkeiten, Gesängen, Tänzen	98
Tätigkeit als Zauberer	98
Unterhalt sichergestellt durch Familie	97
Verehrt und gefürchtet	97
Mitglied eines Rates der Alten	95
Hüter von Zucht und Sitte; Richter	93
Variabel	
Rechte innerhalb der Familie, einschließlich der Rechte als Familienvorstand	88
Vorrechte bei Speiseverboten	79
Unterstützung durch Schwiegersohn	73
Ämter in geheimen Gesellschaften	63
Den Elementen ausgesetzt	32

Allgemein verbreitete, nahezu allgemein verbreitete und variable kulturelle Züge in der Behandlung alternder Männer bei Naturvölkern. (Nach L. W. Simmons, ›The Role of the Aged in Primitive Societies‹. New Haven, Yale Univ. Press 1945)

104–107   Es gibt keine Kultur ohne Religion, aber die Formen der Verehrung des Göttlichen sind ganz verschieden. Oben ein Lacandone, ein Nachfahre der Maya, der Weihrauch in ›Göttertöpfen‹ verbrennt, daneben eine Meo-Frau aus Nord-Thailand vor dem Ahnenaltar. Unten ein heiliges Haus aus Neuguinea und ein ägyptischer Tempel.

Eine von L. W. Simmons aus den Ergebnissen der Untersuchung von 71 Naturvölkern zusammengestellte Tabelle zeigt die Übereinstimmungen, aber auch Verschiedenheiten in der Behandlung der Alten.

Alle Kulturen haben *Religion*. Denn, wie Reinhold Niebuhr sagt, das allgemein menschliche Gefühl von Schuld und Reue und das allen Menschen gemeinsame Gewissen machen die Annahme übernatürlicher Gewalten zur Notwendigkeit.

Nichts ist jedoch verschiedener als die Riten, mit deren Hilfe die Menschen ihre Götter verehren und anrufen, und die Dogmen, in denen sie ihre Vorstellungen von Wesen und Walten ihrer Gottheiten niedergelegt haben.

4. Das Individuum und seine Kultur

Das Problem der Wechselbezeichnung zwischen dem Individuum und seiner Kultur steht heute im Vordergrund des Interesses kulturanthropologischer Forschung. Wie C. Kluckhohn sagt, besteht eine kontinuierliche dynamische Beziehung zwischen den Leitbildern einer Kultur und den Persönlichkeiten ihrer einzelnen Mitglieder. Die ungelöste Frage ist jedoch, *welche Rolle das Individuum spielt.*

In den Darstellungen einiger Forscher, die von dem gestaltenden Einfluß der Kulturen besonders beeindruckt sind, sieht es so aus, als ob der einzelne völlig von seiner Kultur geformt würde. R. Benedict, die als eine der ersten unter den Anthropologen den Ganzheitscharakter und die Gestaltungskraft von Kulturen feststellte, sieht das Individuum tatsächlich mehr oder weniger als das Produkt des Systems von Werten, Vorstellungen, Bräuchen, in denen es heranwächst.

Es erhebt sich die Frage: In welchem Umfang ist dies tatsächlich der Fall? Wie weit gelingt es einem Menschen, innerhalb eines kulturellen Zusammenhangs sich selbst als Individuum zum Ausdruck zu bringen, und wie weit ist es, über solche Selbstverwirklichung hinaus, möglich, seine Umgebung durch sein Tun und Sein zu beeinflussen?

Die Tatsache, daß geistige Führerpersönlichkeiten, wo immer sie auftauchen, der Kultur, in der sie leben, ihren Stempel aufprägen und ihr neue Wege weisen, kann wohl von niemandem ernstlich bezweifelt werden. Schwieriger sind andere Feststellungen: erstens die Beantwortung der Frage, wie das führende Genie aus den Gegebenheiten seiner Kultur herauswächst und an sie anknüpfend Neues so formt, daß die Gruppe es aufzunehmen vermag und sich zu eigen machen kann; zweitens ist die Frage, wie der Durchschnittsmensch dazu kommt, sich als Individuum von seiner Gruppe abzuheben, und ob und wie auch er den Kulturprozeß mitformt.

In einem interessanten, kürzlich veröffentlichten Werk von Marvin K. Opler, ›Culture and Mental Health‹, macht eine Reihe von Mitarbeitern den Versuch, die Frage nach der individuellen Entwicklung innerhalb kulturell stark bindender Gruppen zu untersuchen.

Als Beispiel sei der Beitrag von T. Gladwin und S. B. Sarason erwähnt, der die Entwicklung und Integration individueller Persönlichkeiten auf Truk darstellt, einer zu den Karolinen in Mikronesien (Westpazifik) gehörenden Insel.

Die Gruppen-Persönlichkeit der Eingeborenen von Truk wird wie folgt gekennzeichnet: Schwache Emotionen; wenig Gewissen; Unfähigkeit zur Selbstprüfung; eng begrenzte Zielsetzungen und Erwartungen im Hinblick auf einen selbst; verschwommene Feindseligkeit. Die Sorge um ausreichende Ernährung ist ein Hauptmotiv, und der einzelne wird von seiner Familie durch Drohungen und Strafen unterwürfig gehalten, bei denen es ebenfalls um den Entzug der Nahrung geht. Individuelle Initiative wird unterdrückt.

Trotz der Gleichförmigkeit dieses Kulturganzen zeigen sich nun doch gewisse individuelle Unterschiede, wie sich herausstellte, als man einzelne Bewohner von Truk mit Tests und Interviews überprüfte. Als erstes zeigten sich verschiedene *Grade sozialer Angepaßtheit:* Diejenigen, die einen einigermaßen freundlichen und hilfreichen Elternteil des eigenen Geschlechts hatten, entwickelten sich in befriedigenderen Beziehungen zu ihren Altersgenossen und fanden sich besser in ihrer Gesellschaft zurecht. Umgekehrt waren die Individuen, die einen lieblosen Elternteil des eigenen Geschlechts hatten, selbst nach den Normen der Einwohner von Truk sozial unzureichend angepaßt.

Andy zum Beispiel, ein 19jähriger Bursche, erzählt, daß er ein glücklicher, kleiner Junge war: »Ich ging umher, sang Lieder und machte von Haus zu Haus Besuche, und ich bekam kleine Geschenke. Es gab immer viel zu essen...« Er identifizierte sich mit seinem Vater: »Mein Vater ist wie ich. Er ist der Beste im Schleudern des Wurfspeeres, während ich der Beste bin im Schießen mit dem kleinen Speer, der mit Gummizug fortgeschnellt wird.« Im Alter von 12 und 13 Jahren hatte er Erfolge bei Mädchen. »Ich hatte immer Blumen im Haar und gab sie den Mädchen. Ich kitzelte ihre Beine mit einem Kokosnußblatt, hoch hinauf, soweit ich gehen konnte.« Nur einmal, als er sechs Jahre alt war, schlug sein Vater ihn heftig, weil er entgegen dem Verbot schwimmen ging. In ungewöhnlicher Reaktion, ganz gekränkte Persönlichkeit, schrie er, daß sein Vater ihn ›wie ein Tier‹ behandelt habe. Seine Mutter hatte Mitgefühl mit ihm, sie war eine für die sonst auf Truk herrschenden Verhältnisse liebende Mutter.

Tony andererseits, ein 23jähriger junger Mann, hatte eine unglückliche Kindheit. Seine Beziehungen zu den Eltern waren schlecht: Er bekam kaum etwas anderes zu hören als Vorschriften und Verbote, wurde viel geschlagen, häufig bekam er nichts zu essen. Sooft er konnte, rannte er davon, um mit seinen Altersgenossen zu spielen. Wenn er nach Hause kam, wurde er häufig bestraft, weil er so lange ausgeblieben war. Seine Eltern drohten, eines Tages würde er sie vielleicht überhaupt nicht mehr vorfinden und nicht wissen, wo sie seien. Dies geschah in der Tat mehrmals. Ständig hatte er Auseinandersetzungen und Schlägereien mit seinen vielen Geschwistern. In seiner ganzen Lebensgeschichte gibt es keinen Lichtstrahl von Liebe und Freude.

Tonys Lage ist dadurch verschlimmert, daß seine eigenen Reaktionen auf seine Situation außerordentlich töricht und oft sinnlos waren. Zum Beispiel erzählte er dies: »Wenn mein Vater fischen ging, wartete ich auf ihn, bis er zurückkam. Er gab mir die Fische, damit ich sie nach Hause trage. Aber ich ging davon und gab sie meinen Freunden zu essen. Dann ging ich nach Hause. Meine Eltern fragten, wo die Fische seien. Ich erzählte es. Dann schlugen sie mich.« Warum tat Tony dies? War es Rache, Gedankenlosigkeit, oder wollte er sich bei seinen Freunden beliebt machen? Seine eigenen Strebungen waren unkonstruktiv und trugen nur dazu bei, seine Situation zu verschlimmern.

Als Erwachsener war Tony in seinen sozialen Beziehungen voller Angstgefühle; Konfliktsituationen zeigte er sich nicht gewachsen.

Die Eingeborenen von Truk haben wir als Beispiel angeführt, um an Hand einer sorgfältigen psychologischen Untersuchung zu zeigen, wie sich selbst in der gebundensten, engsten Kulturgruppe individuelle Unterschiede der einzelnen Persönlichkeiten herausbilden. Die formenden Faktoren sind hier die Behandlung durch die Eltern; die Identifizierung mit einem Elternteil, wenn dies möglich ist; Entbehrungen, Strafen, Belohnungen; Beziehungen zu Geschwistern und Gefährten und Spiel mit diesen. Es gibt einige überlieferte Fertigkeiten wie Bau von Hütten und Booten, Speerwurf, Fischen, und es gibt einige Bräuche.

Ist es möglich, daß wir für uns als Individuen unsere Rolle und unsere Stellung in diesem Gesamtprozeß noch etwas klären? Die heute führenden Kulturanthropologen, die sich mit der Frage der Wechselwirkung zwischen den Individuen einerseits und ihrer sozialen und kulturellen Umgebung andererseits befaßt haben, scheinen in der Ansicht übereinzustimmen, daß hier untrennbar ineinander verwobene Faktoren vorliegen.

In einem glänzenden Kapitel seines Buches ›Culture and Experience‹ diskutiert A. Irving Hallowell den Vorgang der Entstehung des *Selbst*, wie es aus seiner Umgebung hervorgeht. Er geht so weit, zu erklären, daß die Zweiteilung zwischen ›innen‹ und ›außen‹ irrelevant ist, und zitiert einen Satz von Henry Murray, in dem dieser sagt, daß ›der Organismus und sein Milieu als einziges Wesen, das heißt, als eins zu betrachten sind‹. Hallowell ist auch der Ansicht, daß Motive mehr erworben als durch angeborene Faktoren bestimmt sind.

Diese extreme Auffassung lehnten wir schon im Kapitel über die ›Motivationen‹ ab. Eher können wir Ralph Linton zustimmen, wenn er in seinem lesenswerten Büchlein ›Die kulturelle Grundlage der Persönlichkeit‹ sagt, weder angeborene Fähigkeiten noch die Umgebung könnten als die durchgehend dominierenden Faktoren in der Persönlichkeitsformung angesehen werden.

Linton ist ebenso wie Kardiner der Ansicht, daß jede Gesellschaft einen *grundlegenden Persönlichkeitstypus* ausbildet, der für diese charakteristisch ist und sie von anderen unterscheidet. Die Frage, wie Erfahrungen, innere Organisation und Fähigkeiten zu dem Grundtyp oder zu Varianten von ihm zusammenwirken, ist ungelöst.

Beim Durchschnittsmenschen mag mehr der kulturelle Typus durchdringen. Bei Individuen jedoch, deren schöpferische Expansionsfähigkeit besonders stark ist, dürfte der individuelle Beitrag überwiegen.

Was das Individuum zur Ausgestaltung der eigenen kulturellen und sozialen Umwelt beiträgt, wie die Eigenart des Individuums sich zu der Eigenart seiner Umgebung in Beziehung setzt, ist noch unklar.

Bei der *Akkulturation,* das heißt, der An- und Einpassung in eine fremde Kultur, wie sie heute von Millionen entwurzelter und verpflanzter Menschen verlangt wird, zeigen sich außerordentlich starke individuelle Verschiedenheiten. Da gibt es Menschen, die mit der größten Leichtigkeit Dazugehörigkeit erwerben und entwickeln, und da sind andere, denen die Eingliederung in einen mehr oder weniger neuen Lebensstil überhaupt nie gelingt.

Die psychologischen Beweggründe dafür, daß ein Mensch in seinem Wohlbehagen und seiner Identität völlig beeinträchtigt ist, wenn er in eine ihm nicht zusagende Natur, Gesellschaft, Lebens- und Denkweise versetzt wird, während ein anderer diesen Unterschieden keine Bedeutung beimißt, sind mannigfacher Art. Außer Flexibilität, Sensitivität, Geschmack, Gewohnheiten, Meinungsbildung, Vorurteilen und vielem anderen kommt zweifellos in Frage, was der einzelne mit sich selber in der Welt anzufangen bestrebt ist.

Wenn er mehr als alles andere seinen Mitmenschen helfen will, so kann er wie Albert Schweitzer oder wie ein Missionar von Mitteleuropa ins innerste Afrika ziehen und glücklich sein. Einen Menschen hingegen, der sich an Neues nur schwer gewöhnen kann und dessen innere Ordnung davon abhängt, daß er in einer konservativ bestehenbleibenden Umwelt sich festsetzen kann, mag schon ein Wohnortswechsel völlig aus dem Gleichgewicht werfen. Er wird, wie Weigel geistreich vom Österreicher sagt, in einem ›jeweils privaten System von Beziehungen‹ verharren, aus denen er sich nicht herauszubegeben vermag.

XI Die Rolle der Psychologie in der Praxis des heutigen Lebens

Im Januar 1957 brachte die große amerikanische Illustrierte ›Life‹ eine Reihe von fünf Aufsätzen unter dem Titel ›Das Zeitalter der Psychologie in den Vereinigten Staaten‹. Der Autor, Ernest Havemann, psychologisch geschult und von dem bekannten Psychiater und Psychoanalytiker Frederick C. Redlich (aus Wien) und dem Psychologen Clifford T. Morgan beraten, beginnt seine Ausführungen mit einem anschaulichen Beispiel.

John Jones, ein Durchschnittsamerikaner, lebt seinen Tag wie folgt: Zuerst rasiert er sich; den Apparat hat er auf Grund einer Anzeige gekauft, die vom Psychologen einer Werbefirma entworfen worden ist. Beim Frühstück liest er seine Zeitung, wobei ihn ein psychologischer Artikel über ›Intuition bei Frauen‹ interessiert und dann eine Reihe von Fragen, durch deren Beantwortung man feststellen kann, ob und inwieweit man ›zufrieden‹ ist. Auf der Fahrt zur Arbeit richtet er sich nach den Verkehrszeichen und -signalen, deren Farben nach psychologischen Erkenntnissen gewählt worden sind. In der Fabrik geht er an eine neue Arbeit, die ihm auf Grund psychologischer Tests zugewiesen worden ist ...

Nachmittags erfährt er, daß die Betriebsleitung sehr beunruhigt ist durch das Ergebnis der Untersuchung eines Instituts, das psychologische Meinungs- und Marktforschung betreibt. Dieses hat nämlich festgestellt, daß die Firma in den letzten sechs Monaten an Beliebtheit bei der Kundschaft eingebüßt hat.

Als er nach Hause kommt, findet er seine Frau in Aufregung, weil sein jüngster Sohn frech gegen seinen Lehrer und deshalb zum Schulpsychologen gerufen worden ist. Um zu entspannen, geht er mit seiner Frau ins Kino, wo er eine Szene sieht, die in einer Heilanstalt für psychisch Gestörte spielt. Und als sie nach Hause kommen, wird im Fernseher gerade ein Bericht über die Ausgaben für psychologische Kriegführung gegeben ...

Das ist vielleicht etwas übertrieben, und sicher werden manche Europäer sagen, das sei ›typisch amerikanisch‹. E. Havemann selbst hebt hervor, daß das Bild, das er entwirft, amerikanisch ist. Wer Havemanns Darstellung für übertrieben hält, unterschätzt aber sehr wahrscheinlich, wie stark auch er unter dem Einfluß der Psychologie steht, die unser Leben mehr und mehr durchdringt. Und sollte das Bild nach dieser oder jener Richtung hin übertrieben erscheinen – man könnte es in anderen Richtungen sogar noch weiter ergänzen.

Weit verbreitet – und zwar nicht nur in Amerika – ist das Interesse von Eltern für Kinderpsychologie, besonders was die ersten Lebensjahre des Kindes anbelangt. Überall werden im modernen Schulwesen psychologisch fundierte Methoden des Lehrens und Lernens und des Umgangs mit den Schülern berücksichtigt. Viele Frauen lassen sich beim Einkauf ihrer Kleider oder Haushaltsgeräte von psychologisch mehr oder weniger gut begründeten Ratschlägen über Farb- und Formwirkungen beeinflussen. Psychologische Berufsberatung ist allgemein üblich. Eine gewisse psychologische Schulung gehört heute zur Ausbildung in vielen Berufszweigen. In der Wirtschaft wird von der Psychologie ausgiebigster Gebrauch gemacht.

Trotz dieser gewaltigen Rolle, die die Psychologie spielt, indem sie unser ganzes Leben heute durchdringt, erfreut sie sich nicht der uneingeschränkten Anerkennung, die, wie man meinen sollte, einem so wichtigen Wissenszweig gebührt. Zwar gibt es natürlich viele Begeisterte, die von der gar nicht hoch genug einzuschätzenden Bedeutung dieses modernsten Forschungsgebietes tief durchdrungen sind, doch begegnet man immer wieder Menschen, die der Psychologie mit Mißtrauen, wenn nicht gar mit Abneigung gegenüberstehen. Die Frage ist: Warum?

Ich persönlich glaube, daß vor allem zwei Gründe dafür verantwortlich zu machen sind. Der erste wird von Ernest Havemann in der erwähnten Artikelfolge besprochen: Die moderne Psychologie, die als Wissenschaft noch nicht 100 Jahre und als Psychotherapie kaum mehr als 50 Jahre alt ist, spielt die Rolle der Autorität auf Gebieten, auf denen der Laie sich selbst für zuständig hält.

»Warum«, wurde mir mehr als einmal von Eltern gesagt, »sollen wir plötzlich Psychologen darüber befragen, wie wir unsere Kinder zu erziehen haben? Haben nicht unsere Eltern und Großeltern auch ohne Psychologen gewußt, wie man das macht?« Ich hatte nicht immer den Mut zu antworten, vielleicht sei das, was Eltern, Großeltern und weitere Vorfahren getan (und nicht getan) haben, zum Teil schuld an all der Unzufriedenheit und all dem Unfrieden, dessen das Menschenleben überall voll ist. Allerdings haben die Psychologen vorläufig noch nicht bewiesen, daß sie die Welt verbessern können; sie hoffen es.

Wenn wir die Bedeutung der Psychologie für die Entwicklung der Menschheit so stark in den Vordergrund rücken, wie wir das tun, so wollen wir damit nicht der Bedeutung und dem Wert traditioneller Autoritäten Abbruch tun. Es geht nur darum, die Bereiche der Autoritäten richtig abzustecken. Die moderne Psychologie will sich weder der

Religion noch der Medizin in den Weg stellen dort, wo diese rechtens hingehören. Sie will auch nicht überlieferte Kulturwerte abbauen, die von der Familie oder von sozialen Gruppen gepflegt werden. Ihre Aufgabe ist vielmehr, Einfluß zu nehmen auf diejenigen Prinzipien und Verfahren der Lebensgestaltung, Menschenbehandlung und Menschenführung, bei denen man auf Irrwege geraten ist.

Die Frage erhebt sich, wie in all diesen Fällen die Psychologie die Tatsache feststellt, daß ein Irrweg eingeschlagen worden ist, und welchen richtigen Weg sie zu weisen vermag. Die drei wichtigsten ›Irrwege‹, die die moderne Psychologie erkannt hat, sind – so scheint es – *Unkenntnis, Selbsttäuschung* und *Vorurteile.*

Unkenntnis herrscht vor allem hinsichtlich der Begrenztheit unserer Fähigkeit, voraussagen zu können, wie sich unsere Entschlüsse und Maßnahmen auswirken. Wenn zum Beispiel Eltern der Ansicht sind, daß ihre Kinder nur durch Autorität und strenge Zucht zu tüchtigen und guten Menschen werden; wenn zwei junge Menschen meinen, daß sie füreinander bestimmt sind und sich einander ein Leben lang glücklich machen werden; wenn ein Berufstätiger eine bestimmte Stellung aufgibt und eine andere antritt – so ist das, was diese von der Richtigkeit ihres Denkens und Handelns überzeugten Menschen sich von der Zukunft erwarten, gewöhnlich auf völlig unzulängliche Kenntnisse gegründet.

Nicht daß die Psychologie behaupten kann, sie vermöge in allen diesen Fällen Unkenntnis durch Kenntnis zu ersetzen. Aber wenn es um Tatsachen geht: um das Tatsächliche der Wirkung von streng autoritärer Erziehung; um das Tatsächliche des Zueinander-Passens zweier Menschen; um das Tatsächliche der Wahl eines Berufes oder einer Stellung – dann hat bei alledem der psychologische Berater heute doch einen Beitrag zu leisten und zum mindesten gewisse Anhaltspunkte zu geben, die das Urteil besser fundieren können, als es sonst der Fall ist.

Weit mehr weiß die Psychologie seit Freuds monumentalem Werk über die Tendenz zur *Selbsttäuschung* hinsichtlich der eigenen Motive. Sie kann dem autoritären Vater gewöhnlich nachweisen, daß außer der Sorge um die Zukunft der Kinder auch seine eigene Persönlichkeit hineinspielt, wenn er seine Kinder so hart anpackt und schwer bestraft: sein Bedürfnis zu herrschen oder gar seine schlechte Laune an der Familie auszulassen. Die Psychologie kann dem jungen Paar oft zeigen, daß es sexuelle Anziehung mit Zueinander-Passen verwechselt. Und sie kann dem, der eine gewisse Stellung wegen einer anderen aufgibt, vielleicht zeigen, daß er sich den Aufgaben, die er in der alten Stellung zu bewältigen hatte, nicht gewachsen fühlte oder daß er mit seinen Vorgesetzten nicht auskam.

Noch viel mehr ist über das Hineinspielen von *Vorurteilen* bekannt.

So mag der strenge Vater das Vorurteil haben, daß tolerant erzogene Kinder keinen Respekt vor ihren Eltern haben. Das vorschnell heiratende junge Mädchen mag voreingenommen sein dadurch, daß es nur den guten Eindruck sieht, den ihre frühe Heirat auf ihre Freundinnen machen wird. Und der seine Stellung wechselnde Angestellte mag, in einem Rassenvorurteil befangen, sich darüber ärgern, daß er einen Juden oder einen Neger zum Vorgesetzten hatte.

Gewiß – auf vielen Gebieten befindet sich die Psychologie mit dem, was sie weiß, noch im Anfangsstadium. Und doch vermag der Psychologe den Ansichten und Urteilen, um die es hier geht, im allgemeinen eine solidere Basis zu geben und so die Menschen von Fehlentschlüssen und Irrwegen abzubringen.

Viele Menschen lieben jedoch ihre Vorurteile. Ihre Unkenntnis stört sie nicht, und von einer Selbsttäuschung wollen sie überhaupt nichts hören. Diese Leute verargen es der Psychologie, daß sie sich in ihre privaten Angelegenheiten einmischt, ihre geheimsten Triebfedern aufspürt und ihnen die Mühen inneren Wandels auferlegen will. All das erscheint ihnen unsympathisch und irgendwie verdächtig. Wie soll es möglich sein, plötzlich in all diese Tiefen einzudringen und so viel zu wissen?

Es ist ein Trugschluß dieser Gegner der modernen Psychologie, wenn sie annehmen, daß *Bewußtmachung* notwendigerweise die Tiefe zerstört. ›Erkenne dich selbst‹ war einst in der Vorhalle des Apollontempels von Delphi zu lesen: Die weisen Griechen haben offenbar nicht befürchtet, daß Einsicht in das eigene Wesen die Tiefe oder die Kraft der Intuition zerstören muß. Wir werden kaum hoffen dürfen, mit diesen Betrachtungen das Widerstreben derer zu beseitigen, die sich bereits eine unverrückbar feste Meinung gebildet haben. Die Unentschiedenen jedoch, die bereit sind, Argumente mit offenem Ohr anzuhören, werden vielleicht auf Grund unserer Gedankengänge eher geneigt sein, aus den im folgenden dargestellten praktischen Möglichkeiten der Psychologie für ihr eigenes Leben Nutzen zu ziehen.

1. Einleitende Betrachtungen

Erziehung und Berufsberatung sollen im folgenden im weitesten Sinn dieser Begriffe verstanden werden. Die *Erziehung* umfaßt einerseits alle systematische Beeinflussung des Heranwachsenden, angefangen von frühkindlicher Gewohnheitsbildung und Anhalten zu Ordnung und gutem Benehmen bis zur Formung von Persönlichkeit und Charakter. Erziehung ist andererseits und mehr im engeren Sinne das Lehren und Lernen in der Schule.

In der Psychologie der Erziehung muß daher auch unterschieden werden zwischen dem Studium der systematischen erzieherischen Beeinflussung heranwachsender Menschen und dem Studium des Lernens in der Schule und der Schulleistung sowie aller mit diesen Fragen zusammenhängenden Faktoren. Auch die Psychologie der *Berufsberatung* hat zwei Aspekte: einen allgemeinen, nämlich den der Entwicklung des Optimismus menschlicher Potentialitäten, und einen speziellen, den der Probleme von Berufseignung und Berufswahl.

Wenn wir uns fragen, welche Rolle die Psychologie auf diesem großen Gesamtgebiet heute spielt, so muß man, glaube ich, zweierlei feststellen. Erstens ist unbestreitbar, daß das Tatsachenwissen, das von der modernen Kinderpsychologie, Schulpsychologie, Berufspsychologie und Berufsberatung erarbeitet worden ist, einen riesigen Umfang hat und aus dem Gesamtbemühen um die Heranbildung junger Menschen überhaupt nicht mehr wegzudenken ist. Zweitens jedoch ist die pädagogische Psychologie in ihrer Rolle vorläufig äußerst eingeengt durch einen Umstand von fundamentaler Bedeutung.

In klarer Erkenntnis dieses fundamentalen Mankos sagt Hildegard Hetzer im Vorwort zu der großangelegten, von ihr herausgegebenen ›Pädagogischen Psychologie‹, dem zehnten Band des neuen deutschen Handbuches der Psychologie, daß das pädagogische Geschehen als solches vorläufig noch kaum der Forschung zugänglich gemacht wurde und daß es ›eine empirisch gesicherte Darstellung des Erziehungsprozesses schlechthin‹ heute noch nicht gibt. Im gleichen Band weist auch W. Hochheimer darauf hin, daß wir trotz der immensen Tatsachenkenntnisse über die Psychologie des Kleinkindes noch viel zu wenig den pädagogischen Prozeß selbst auf dieser Stufe untersucht haben. Klaus Eyferth, Verfasser eines Beitrags über schwer erziehbare Kinder, in demselben Handbuch, trifft wohl den Kernpunkt des Problems, wenn er sagt, daß in keiner Kultur die ideale Vorstellung vom Menschen für die gesamte Persönlichkeit festgelegt ist.

Auf jeden Fall aber machen sich hinsichtlich des Erziehungszieles kulturell bedingte Einseitigkeiten bemerkbar. So scheint es mir kein Zufall zu sein, daß außer Eyferth, der sich mit Schwererziehbarkeit befaßt, keiner der Autoren des deutschen Bandes den Begriff der *Sozialisation* im Zusammenhang der Erziehung überhaupt nur erwähnt. Statt dessen wird die Erziehung als der ›Selbstverwirklichung‹ des Individuums dienend angesehen und so auch einleitend von J. Derbolav dargestellt. Auch Spranger sieht die Hauptaufgabe des Lehrers darin, den jungen Menschen zu sich selbst zu führen. Die Leitidee dieser pädagogischen Psychologie ist also die einer *Individualerziehung.*

Ebenso selbstverständlich erklärt dagegen der Amerikaner Frederick J. McDonald in seiner ›Educational Psychology‹ von 1959, daß die Erziehung als *Sozialisationsprozeß* anzusehen ist, als der Prozeß, durch den das Kind in die Sitten der Gesellschaft, in der es lebt, eingeführt wird. Diese sozialen Ziele der Erziehung und der Schule im Rahmen der Gesellschaft und als wichtiger Teil des sozialen Prozesses, wurden bereits von John Dewey herausgearbeitet, wobei dieser jedoch den Gedanken der Entwicklung des Individuums keineswegs vernachlässigte, sondern schon 1902 sogar das Wort ›Selbstverwirklichung‹ benutzte. Beides zusammen – Selbstverwirklichung *und* Sozialisation – wäre, so sollte man meinen, die ideale Vereinigung. Nur scheint es, daß verschiedene Gesellschaften unterschiedliche Vorstellungen haben, wie und bis zu welchem Grade die Erziehung dem Individuum einerseits und der Gesellschaft andererseits gerecht werden soll.

Noch komplizierter wird das Ganze, wenn man die problemreichen *theoretischen* Vorstellungen mit dem vergleicht, was faktisch und *praktisch* in der Erziehung vor sich geht.

2. Praxis und Theorie in der Kinderbehandlung

Erlebt man, wie Kinder und Jugendliche in Haus und Schule tatsächlich behandelt werden, hört man Eltern schelten und Lehrer ermahnen, und fragt man sich, was genaugenommen sie eigentlich zu tun versuchen, dann wird die Verwirrung noch viel größer. Oft kann man sehen, daß diese Mutter nicht viel mehr tut, als sich ihrer Haut wehren, jener Vater nichts tut, als seine Tyrannei ausüben, und diese Lehrerin sich die Dinge so leicht wie möglich zu machen sucht.

Man hört aber auch Prinzipien vertreten, die mit einer Selbstverwirklichung des Kindes oder mit seiner Sozialisation wenig zu tun haben, vor allem dann, wenn letztere nicht autokratisch aufgefaßt wird, sondern demokratisch im Sinne einer Rücksichtnahme auf die Rechte des oder der anderen.

Was soll man dazu sagen, wenn ein Vater stolz verkündet, daß seine Kinder sofort und aufs erste Wort hin tun, was ihnen befohlen wird, und daß sie bestraft werden, wenn man die Aufforderung zu wiederholen hat. Dieser Vater ist zu alledem noch besonders stolz darauf, daß er seine Befehle nicht erklärt. »Du tust das, weil ich es sage«, ist sein Ausspruch. Wenn man dies als ein denkender Mensch unserer Zeit hört, so kann man nicht umhin, sich zu fragen: Welchem höheren Ziel soll in unserer Zeit blinder und sofortiger Gehorsam dienen? Was wir hier vor uns haben, ist offenbar ein Überbleibsel aus Zeiten, in denen die Ideale militaristischer Autokratien herrschten.

»Aber kleine Kinder verstehen das nicht«, erhält man als Antwort von autoritären Eltern. »Außerdem gewöhnen sie sich an zu widersprechen, wenn man Erklärungen gibt. Worauf es ankommt, ist, daß man ihnen gute Manieren beibringt.«

Viele sogenannte erzieherische Maßnahmen haben ihren Grund darin, daß die Eltern in ihrer *Ratlosigkeit* nichts Besseres zu tun wissen. ›Prügeln oder nicht prügeln?‹ nennt Dorothy Baruch das erste Kapitel ihres Buches ›Neue Wege der Erziehung‹. Sie erzählt von dem Vater, der ihr versichert: »Nichts ist so gut, wie gelegentlich einige gute altmodische Prügel.« – »Sie glauben, Prügeln ist notwendig?« – »Gewiß! Es ist ein notwendiges Übel. Ich weiß nichts Besseres ...«

Diese Ratlosigkeit kommt zum Teil daher, daß sehr viele Erwachsene nicht wissen, wie sie an ihre Kinder wirklich herankommen und mit ihnen reden können. Ferner ist leider festzustellen, daß Eltern und Erzieher selten über die Gründe und letzten Ziele ihrer Maßnahmen nachdenken. Vieles wird verboten, vieles wird angeordnet, nur um für den Moment etwas zu erreichen. Und andere Maßnahmen beruhen auf Ansichten, die sich auf andere Autoritäten, vornehmlich aber auf die Tradition berufen.

Mangelnde innere Ausgeglichenheit und Reife der Erzieher ist ein weiterer Grund dafür, daß der Verlauf des Erziehungsprozesses in einem hohen, noch nicht ermittelten Prozentsatz von Fällen so vielfach gestört und unglücklich ist. Nach Albrecht Gaupp, der für das erwähnte deutsche Handbuch einen lesenswerten Beitrag über ›Psychologische Probleme der Familienerziehung‹ geliefert hat, sind die Persönlichkeitsreife und die soziale Reife der Erzieher in erster Linie entscheidend für ihre erzieherische Haltung.

Jean Walker Mac Farlane – die Leiterin der großangelegten Longitudinalstudie der Universität Berkeley, in der Durchschnittsfamilien mehrere Jahre hindurch untersucht wurden – stellt fest, daß Eltern, deren Ehe nicht glücklich war, und Eltern, die hinsichtlich der Erziehung ihrer Kinder nicht übereinstimmten, die größte Anzahl von ›schwierigen‹ Kindern hatten.

Was die zuerst von David Levy sorgfältig studierte *Eifersucht* zwischen Geschwistern betrifft, so wird diese besonders bei Kleinkindern heute als normal betrachtet. Neuankömmlingen wird weniger Eifersucht entgegengebracht, wenn das Erstgeborene bereits vier Jahre alt ist. Bei geringeren Altersunterschieden, die ja viel häufiger sind, braucht das ältere Kind viel Aufmerksamkeit und Liebe, um seiner Eifersucht entgegenzuarbeiten.

Die erstmals von Alfred Adler beobachtete Tatsache, daß die *Stellung in der Geschwisterreihe* psychologische Vor- und Nachteile bringt, wurde eine Zeitlang bestritten, ist aber inzwischen durch viele sorgfältige Studien bestätigt worden. Älteste Kinder gelten als zu Unsicherheit und geringerem Selbstvertrauen neigend; sie stellen einen unverhältnismäßig hohen Prozentsatz der Fälle dar, deretwegen Eltern die Erziehungsberatungsstellen aufsuchen. Andererseits sind gerade die Älteren oft die unbestrittenen Vorbilder der Jüngeren, und häufig haben sie diesen gegenüber Verantwortungen in der Familie. Jüngste Kinder gelten im allgemeinen selbstbewußter und wesentlich besser angepaßt als die ältesten. Kinder im Alter zwischen den ältesten und den jüngsten werden als zur Geselligkeit neigend und als leichter beeinflußbar angesehen; sie sind unsicherer als die jüngsten Kinder.

In dem Bemühen, die *Gesamtatmosphäre innerhalb einer Familie* in ihrem Effekt quantitativ zu erfassen, ist wohl das Fels-Institut mit seinen Untersuchungen am weitesten vorgedrungen. A. L. Baldwin und seine Mitarbeiter haben eigens für diesen Zweck Interview-Techniken und eine Skala von 30 Verhaltensmerkmalen ausgearbeitet. Ein Beispiel elterlichen Verhaltens in einer Familie mit herzlicher Atmosphäre und nichtautoritärer Einstellung (›warm democratic home‹) wird im Diagramm auf der nächsten Seite gezeigt.

Wenn man das in dieser Tabelle gebotene Bild zu interpretieren versucht, so ergibt sich für die beobachtete Familie folgende Verhaltensstruktur.

Das am meisten hervortretende Verhalten ist Anerkennung. *Das Kind spielt nicht eine untergeordnete, sondern eine zentrale Rolle, denn es wird geliebt; die Wechselbeziehungen zwischen Eltern und Kind sind eng und intensiv. Es besteht die Tendenz zu helfen; das Kind erhält viele Anregungen. Seine intellektuelle Entwicklung wird gefördert. Das Verständnis für das Kind ist überdurchschnittlich; stets werden dem Kind Erklärungen gegeben. Allerdings ist auch eine gewisse Tendenz feststellbar, allzu beschützend und besorgt zu sein. Die ›Disziplin‹ – das heißt, die an das Kind gestellten Anforderungen und die zur Anwendung gebrachten Strafen – ist milde, das Kind ist relativ frei und muß sich weniger als durchschnittlich in Vorschriften fügen. Diese werden nicht willkürlich gegeben, sondern überlegt, die Haltung*

Kind im Mittelpunkt — das Kind unterordnend
anerkennend — ablehnend
sich zuwendend — zurückweisend
zärtlich — feindlich
enger Kontakt — Isolierung des Kindes
lebhaft — gering
übermäßig helfend — Hilfe vorenthaltend
beschützend — sich selbst überlassend
ängstlich besorgt — nachlässig
auf Vernunftgründe gestützt — willkürlich verfahrend
demokratisch — diktatorisch-autoritär
fördernd — hemmend
Wißbegier wird befriedigt — Wißbegier wird nicht befriedigt
feines Verständnis — verständnislos
beschränkend — befreiend
Befehle erteilend — die Ausführung freistellend
scharf — lässig
schwer — mild
kritisch — unkritisch
Anregungen — keine Anregungen
gut angepaßt — nicht angepaßt
konfliktreich — harmonisch
erfolgreich — erfolglos
Streitigkeiten — Übereinstimmung
viel Aktivität — geringe Aktivität
harmonisch — chaotisch
ausgedehnte Kontakte — Zurückgezogenheit
ausgedehnt — kurz
klar — unbestimmt
emotional — objektiv

GEBORGENHEIT (warmth)	Konzentration auf das Kind / Anerkennung / Akzeptieren des Kindes / Zärtlichkeit / Rapport / Intensität des Kontaktes
BEHÜTEN (possessiveness)	Beistand / Beschützung / Besorgtsein
ERZIEHERISCHE POLITIK (democracy)	Rechtfertigung der Politik / Prinzipien der Politik
INTELLEKTUELLES VERHALTEN (intellectuality)	Förderung der geistigen Entwicklung / Bereitschaft zum Erklären / Verständnis für das Kind
EINSCHRÄNKUNGEN (restrictiveness)	Einschränken durch Vorschriften / Zwanghaftigkeit der Vorschläge
STRENGE (severity)	Bereitschaft zum Erzwingen / Strenge der Bestrafungen
EINGREIFEN (interference)	Bereitschaft zur Kritik / Vielfalt der Anregungen
ANPASSUNG (adjustment)	Anpassung / Häusliche Stimmung / Wirksamkeit der erzieherischen Politik / Erörterung von Erziehungsfragen
AKTIVITÄT DER FAMILIE (activeness)	Häusliche Aktivität / Häusliches Zusammenleben / Gesellschaftlichkeit des Heims / Dauer der Kontakte / Eindeutigkeit der Maßnahmen / Emotionalität

108 Elterliches Verhalten in einer Familie mit herzlicher, nichtautoritärer Einstellung. (Nach Baldwin, Kalhorn u. Breese, Patterns of Parents Behavior. Psych. Mon. 1945)

der Eltern ist nicht diktatorisch, sondern sie besprechen die Dinge ›demokratisch‹ mit dem Kind. Es kommt zwischen den Eltern weniger als durchschnittlich zu Reibungen in Fragen der ›Disziplin‹. Die Familien-›politik‹, das heißt, die Prinzipien, nach denen die Familie die Wechselbeziehungen regelt, ist erfolgreich. Es besteht Harmonie, in allem Handeln herrscht Übereinstimmung, die Maßnahmen sind klar durchdacht. Die Kontakte innerhalb dieser Familie sind zahlreich, die Angehörigen sind viel beieinander.

Während Studien wie die des Fels-Institutes die *Verhaltensstruktur* der Familiengruppe in ihrer wechselseitigen Bedingtheit deutlich machen, sind mehr klinisch orientierte Untersuchungen vor allem auf das Erfassen der *Motivationsstruktur* der Beteiligten eingestellt.

Führend waren hier die *psychoanalytischen* Arbeiten über die Eltern–Kind-Beziehung; das Material dieser Untersuchungen bestand vorwiegend aus Fällen, die psychotherapeutisch behandelt worden waren, und die pädagogischen Vorstellungen leiteten sich aus der psychoanalytischen Theorie her. Die außerordentlich umfangreiche Literatur – mit August Aichhorn, David Levy, Melanie Klein, Anna Freud, René Spitz, Erik Erikson, Bruno Bettelheim, Fritz Redl, Rudolf Ekstein als den hervorragendsten Vertretern dieser Richtung – sieht den Sozialisationsprozeß des Kindes ganz anders als die von John Dewey ausgehende soziologisch orientierte Schule von Pädagogen.

Während in dem soziologisch orientierten Erziehungsprozeß, wie zum Beispiel F. McDonald ihn darstellt, die Anforderungen der *Gesellschaft* an das Individuum, die Rollen und Entwicklungsmöglichkeiten, die die Gesellschaft dem Individuum bietet, den Ausgangspunkt bilden, befaßt sich die psychoanalytisch orientierte Untersuchung der Erziehung zur Sozialisation in erster Linie mit den kommunizierenden *Individuen*.

Wie wir früher ausführten, besteht die gesunde Persönlichkeitsentwicklung, vom psychoanalytischen Standpunkt aus gesehen, darin, daß das ›amoralisch‹ geborene, völlig seinen Trieben hingegebene Baby dieses ausschließliche Triebdasein überwindet und sich an die Realität sowie an die Forderungen der sozialen Umwelt anpaßt. Hierbei wird heute besonders die Ich-Anpassung an die Realität betont. ›Ichstärkung‹ und ›Angstminderung‹ sind sowohl für Anna Freud wie für Melanie Klein wesentliche Erziehungsziele. Das Problem des Findens und Verfolgens der für das Individuum richtigen Lebenswerte steht dabei weniger im Blickpunkt der analytischen Pädagogik als vielmehr das Problem der Dynamik der Beziehungen, aus denen ein gesundes Ich hervorgehen kann. Allerdings wird in neuesten *Analysen ganzer Familien* sowohl von Martin Grotjahn wie insbesondere von Nathan Ackerman der Frage der zu verfolgenden *Werte* Aufmerksamkeit gewidmet.

Wer längere Zeit in verschiedenen Ländern des westlichen Kulturkreises gelebt hat, dem kann es nicht entgangen sein, daß sowohl die Ideologie als auch die Praxis der Erziehung erhebliche Unterschiede nach verschiedenen Richtungen hin aufweist. Ist dies schon auffallend bei der Erziehung in der Familie, so gilt es in noch weit höherem Maße für die Erziehung in der Schule.

Bei der Erziehung in der Familie liegt ein Hauptunterschied darin, daß in vielen europäischen Ländern, insbesondere in Deutschland, der *Strenge und Autorität* hohe Bedeutung beigemessen wird, während man in den Vereinigten Staaten die Kinder mit *Toleranz* erzieht und ihnen größere *Freiheit* läßt. Inwieweit man allerdings diese Beobachtung verallgemeinern kann, ist schwer zu sagen, da es überall eine große Variationsbreite des Verhaltens gibt.

Jedoch schaffen die beiden Grundprinzipien, wo immer sie Anwendung finden, einen vollkommen verschiedenen Unterbau für die Einwirkungen der Schule.

Die mit Strenge und Autorität arbeitende Erziehung legt das Fundament für einen Begriff von *Anstand* und *Pflicht*, der im wesentlichen das Resultat von Anordnungen und Verboten einerseits, von Belohnung und Bestrafung andererseits ist – das Resultat einer *Dressur*, wie K. Bühler diesen Prozeß genannt hat, wobei später eine einsichtsvolle Identifikation mit dem Erlernten erfolgen kann.

Die mit Toleranz und Freiheit arbeitende Erziehung hingegen entwickelt keinen autoritär begründeten Pflichtbegriff, sondern einen – so früh wie möglich von der *Erklärung von Pflichten und Rechten* ausgehenden – Appell an das kindliche Verständnis und Urteil.

Wichtig ist die Feststellung, daß diese beiden so verschiedenen *Grundlegungen der sittlichen Entwicklung* auch ganz unterschiedliche Fundamente für die Schulerziehung darstellen.

Als zweiter, für die Familienerziehung wesentlicher Unterschied wird allgemein die – im Vergleich mit den europäischen Verhältnissen – weniger autoritäre Stellung des amerikanischen Vaters angesehen sowie die Gleichstellung der Ehepartner. Oft hört man, in der amerikanischen Familie spiele die Frau die dominierende Rolle, und sie sei auch ausschlaggebend bei der Erziehung der Kinder. Allerdings könnte dies mehr ein Eindruck als Tatsache sein. Robert Sears, der mit einigen Mitarbeitern Erziehungsmethoden in der Familie mit empirischen Mitteln studierte, fand, daß in der überwiegenden Zahl von Fällen (62 % im Mittelstand, 59 % bei Arbeitern) die Familienautorität gleichermaßen bei beiden Eltern liegt. Wenn aber einer der Elternteile überwiegt, so ist es häufiger der Vater (29 % im Mittelstand, 25 % bei

Arbeitern) als die Mutter (9 % im Mittelstand, 16 % bei Arbeitern). Wesentlich prägnanter als die nicht durchgängigen Unterschiede in der Familienerziehung sind die Verschiedenheiten in Ideologie und Technik der *Schulerziehung*. Und zwar wird diese Unterschiedlichkeit am deutlichsten, wenn man die deutsche Schulerziehung ›klassischen Stils‹ mit der amerikanischen vergleicht, da die anderen europäischen Länder eher eine Mittelstellung zwischen beiden Systemen einnehmen. Das Hauptziel der deutschen höheren Schule ist ein *akademisches*, das Hauptziel der amerikanischen Schulen ein *soziales*.

Mit anderen Worten: Die deutsche Schule hat in erster Linie *Lernziele*. Die Persönlichkeit des Kindes und seine Einordnung in die Gemeinschaft werden vor allem hinsichtlich des Lernerfolges und der Aufrechterhaltung der Ordnung, des Lerninteresses der Klasse und eines guten ›Klassengeistes‹ beachtet. Die amerikanische Schule dagegen will die Gelegenheit des Lernens nutzen, um zur Mitgliedschaft in Gruppen und zu *sozialer Verantwortlichkeit* zu erziehen. Die soziale Stellung des Schülers in seiner Klasse und Schule und seine sozialen Rollen in diesen gelten daher als ebenso wichtig wie die Schulleistung. Die Vorstellung, daß im Notfall jeder einspringen, eine Situation meistern und die Führung übernehmen kann, wird den Amerikanern bereits früh eingeprägt.

Damit ist natürlich nicht gesagt, daß es nicht auch ein auf bestimmte Aufgaben spezialisiertes Führertum gibt, dessen richtige Ausbildung heute sogar ein unter vielen Gesichtspunkten untersuchtes Problem ist. Bei der Erziehung, die das amerikanische Kind in der Schule erfährt, scheint mit am hervorstechendsten die heute bereits zur Tradition gewordene Methode, mit der das Kind in die *Dynamik sozialer Interaktion* eingeführt wird. Die Entwicklung der Zugehörigkeit eines Individuums zu der Klassengruppe wird nicht einfach, wie im deutschen Schulsystem, sich selbst und dem sozialen Geschick des einzelnen überlassen. Vielmehr wird er als Mitglied einbezogen, immer wieder zu Funktionen herangezogen und in seiner Dazugehörigkeit bestätigt. Andererseits lernt er auf sich selbst stehen und nicht andere für sein Verhalten verantwortlich machen oder sich auf Autoritäten berufen. Da außerdem schon vom Kindergarten an gute Manieren beim Essen und im Umgang mit anderen gelehrt werden, gleicht dieses Erziehungssystem die Nachteile sozial unzureichender häuslicher Erziehung weitgehend aus. Schließlich ist jedermann irgendeine der verschiedenen Formen der höheren Schule zugänglich; ihr Besuch ist sogar gesetzlich für alle Bürger vorgeschrieben.

Was dabei vernachlässigt wird, ist die *akademische Bildung* im engeren Sinn. Überhaupt ist die Vermittlung von Kenntnissen viel weniger gründlich als in der deutschen Schule.

Ein gutfundierter Schatz an Wissen brauchte jedoch meines Erachtens nicht notwendigerweise mit jenem vollkommenen Fehlen sozialer und sozialpolitischer Erziehung erkauft zu werden, wie es in der Schule des deutschen Bildungskreises Tradition ist. Und andererseits sollte es möglich sein, die soziale Erziehung zu fördern, ohne das Wissen an Tiefe und Gründlichkeit in dem Maße einbüßen zu lassen, wie es in den USA vielfach in der High School der Fall ist. In anderen Worten: Wenn sich die Vorteile beider Systeme vereinigen ließen, dann hätten wir wirklich eine vollkommene Schule.

Noch eine andere Tatsache stimmt nachdenklich: wie verschieden die *Lehrer–Schüler-Beziehung* in den beiden Kulturkreisen ist.

Das pädagogische Handeln, sagt P. Ruppert in einem Beitrag zu dem genannten deutschen Handbuch, hat immer seinen Schwerpunkt im Verhältnis des Erziehers zum Zögling. Die Beziehung des Lehrers zu seinen Schülern, sagt demgegenüber F. J. McDonald, kann aufgefaßt werden als ein Vorgehen, das bezweckt, eine bestimmte Zielorientierung im Schüler herzustellen. Drastischer könnte man kaum zum Ausdruck bringen, wie unterschiedlich die Schwergewichte gelagert sind: auf persönliche Momente einerseits und auf unpersönliche Momente andererseits.

Wo das Verhältnis des Lehrers zum Schüler als ausschlaggebend gilt, da wird die Frage wichtig (die M. J. Hillebrand denn auch aufwirft), wie einzelne Lehrertypen auf verschiedene Schülertypen einwirken. Hierbei müssen dann zweifellos die Autorität, die Vorbildhaftigkeit, die Fähigkeit, Interesse zu erregen, sowie andere persönliche Qualitäten eine große Rolle spielen.

Allgemein kann gesagt werden, daß für das amerikanische Schulkind und mehr noch für den Jugendlichen die Erwachsenen eine geringere Rolle spielen als für die entsprechenden deutschen Altersgruppen. Für das deutsche Kind ist es wichtig, von den Erwachsenen *gelobt*, für das amerikanische, *akzeptiert* zu werden, wobei die eigene Altersgruppe gegenüber den Erwachsenen zunehmend an Bedeutung gewinnt.

Die *Orientierung an den Gleichaltrigen* scheint mir persönlich eine größere Reife zu bedeuten als die ständige *Orientierung an den Älteren und Überlegeneren*. Andererseits beengt das in diesem System hervortretende Streben nach *Beliebtheit* die Freiheit der persönlichen Entwicklung nach anderen Richtungen hin als die Herrschaft der Autorität. Popularität kann zu einem solchen Fetisch werden, daß sie durchgehend, auf allen Gebieten und bis in die höchsten Ämter hinauf, einflußreicher wird, als Leistung es je ist.

Wie unsere kurze Darstellung uns sehen läßt, ist die psychologische Erfassung der erzieherischen Vorgänge vorläufig noch recht unbefriedigend. Sehr viel detaillierter und präziser sind unsere Kenntnisse über die Psychologie des Unterrichts, des Lehrens und Lernens, der Faktoren Intelligenz und Begabung, der Schulleistung, Berufseignung und Berufsberatung. Wir wählen zwei Themen aus, die uns von besonderem allgemeinem Interesse erscheinen. Erstens soll kurz die durch den Unterricht erzielte *Lernleistung* diskutiert werden, wie sie sich in psychologischer Sicht präsentiert. Und zweitens sei, ebenfalls kurz, das Thema *Beratung und Eignung* aufgeworfen und erörtert, wie diese sich im Zusammenhang unserer Erziehungs- und Unterrichtsverfahren darbieten.

4. Die psychologische Erfassung und Bewertung der Leistung

Während die Grundlagen des Wissens, der Sitten und Bräuche einer Zeit und Kultur in Familie und Umwelt erworben werden, ist die *Schule* der Ort, wo dieses Fundament systematisch gelegt und ausgebaut wird. Die Schule wird daher allgemein mit Recht als das wichtigste Instrument zur Bildung des einzelnen sowie zur Erhaltung und Fortführung von Kultur und Zivilisation angesehen.

Unsere Zeit hat in schnell steigendem Maße den engen Zusammenhang zwischen intellektuellem Wissen und der Herrschaft über Natur und Menschen erkannt. Die daraus resultierende Weltmachtstellung der Wissenschaft läßt die Schule, als die wichtigste Voraussetzung jeder Wissenschaft, zunehmend zum Gegenstand, wenn nicht zum Spielball der Politik, ja der Weltpolitik werden. Für den ›einfachen Mann‹ jedoch, der sich mit Weltpolitik nur als Freizeitbeschäftigung befaßt, bedeutet Wissen ganz einfach die Absolvierung von Schulen und Hochschulen, den Zugang zu gehobenen Berufen und den Weg zu höherem Einkommen und Lebensstandard. Über solche pragmatische Betrachtung hinaus gibt es allerdings auch einen ›natürlichen‹ Wissensdrang und den Wunsch, sich die Kulturgüter durch Studium zu erschließen. Dem Psychologen erscheint das Wichtigste an Schule und Leistung, daß sie die menschlichen Potentialitäten voll zur Entfaltung und zu einer Auswirkung bringen, die das Individuum und die Gesellschaft fördert. Aus den erwähnten pragmatischen ebenso wie aus ideellen Gründen stehen *intellektuelle Leistung und intellektueller Fortschritt* im Mittelpunkt des Interesses aller Länder, die sich als aktive Teilnehmer am Weltgeschehen fühlen.

Was hat die pädagogische Psychologie im Zusammenhang mit diesem Problemkreis geleistet?

Wir sagten es schon: Die wissenschaftliche Situation der pädagogischen Psychologie ist noch reichlich ungeklärt. Das betont auch Max J. Hillebrand in einem ausgezeichneten Artikel. Er führt aus, die pädagogische

Psychologie handele nicht, wie sie sollte, vom ›Lernen des Menschen im Sinne einer erkenntnismäßigen Weltorientierung und Weltbemeisterung‹, sondern sie bewege sich statt dessen in dem engen Rahmen der ›pädagogischen Situation‹, vornehmlich dem des *Schulunterrichts*.

Es liegt uns gewiß fern, die Bedeutung dieses praktischen Problems zu schmälern; wir wollen aber wenigstens darauf hingewiesen haben, daß die Zukunftsaufgabe der pädagogischen Psychologie unserer Ansicht nach die wäre, sich neben den technischen Fragen auch mehr prinzipielle Fragen hinsichtlich der Ziele menschlicher Bildung und intellektuellen Fortschritts sowie der Methoden zu stellen, mit deren Hilfe solche Ziele sich verwirklichen lassen.

Derartige Probleme aufzurollen, ist in unserem Rahmen nicht möglich. Statt dessen müssen wir uns fragen, was von dem Vorhandenen wir für unsere Zwecke ins Auge fassen wollen. Wir finden eine überreiche Fülle von Arbeiten vor, die sich mit den Voraussetzungen, Methoden, Vorgängen und Ergebnissen des *Lernens* auf den verschiedensten Gebieten befassen, angefangen von Experimenten mit verschiedenen Techniken des Lesen- und Schreiben-Lernens bis zur Diskussion der Probleme von Berufsvorbereitung und Berufseignung, von der Einrichtung und Methodik der Sonderschulen für Zurückgebliebene, Taubstumme, Blinde, Körperbehinderte, Schwererziehbare bis zu Fragen der Hochschulerziehung und Volksbildung. Für das Studium solcher spezialistischer Probleme verweisen wir den Leser auf das bereits mehrfach erwähnte Handbuch der pädagogischen Psychologie.

Für uns, die wir uns klarmachen wollen, was wir für die allgemein menschliche Situation aus der Psychologie der Wissenschaft gewinnen können, erscheint mir ein Gegenstand der pädagogischen Psychologie besonders beachtenswert: Es ist dies das Studium der *Leistung*, zunächst der Leistung in der Schule, später der Berufs- und Lebensleistung, um die sich hier alles dreht. Was gewinnen wir von der pädagogischen Psychologie für das Verständnis der menschlichen Leistung, für ihre Erfassung, für ihre Bewertung?

Wort und Phänomen ›Leistung‹ treten in unserem Buch hier nicht zum erstenmal auf. Der besinnliche Leser wird es vielleicht der Mühe wert finden, zu früheren Stellen zurückzublättern und sich die Zusammenhänge ins Gedächtnis zu rufen, in denen ›Leistung‹ bisher besprochen worden ist. Es geschah dies vor allem im Zusammenhang mit dem Problem der Entwicklung. Dort definierten wir ›Leistung‹ als das Hervorbringen von Schaffensprodukten in sozialem Bezug zur Gesellschaft.

Voraussetzung der Leistung ist zunächst die *Reife* zur Übernahme und zur Fertigstellung einer Aufgabe, die unter Umständen mühsam und anstrengend ist und für eine große Mehrzahl von Menschen nicht den Lustcharakter des Spieles hat. Jedoch hat sie für das etwa 5- bis 6jährige Kind bereits den Charakter des *Interesses*, einer mit einer gewissen Spannung verbundenen Anteilnahme, die dem Leistungsschaffen förderlich ist. Ein gesundes Kind dieses Alters will gern lernen und etwas leisten.

Diese *Aufgabenreife*, die eins der Hauptkennzeichen der *Schulreife* ist, stellt sich nicht, wie man früher annahm, automatisch mit der intellektuellen Reife oder Lernfähigkeit ein. Vom Standpunkt der Lernfähigkeit allein sind oft Vierjährige schon in der Lage, zu lesen, wozu man sie in früheren Zeiten nicht selten auch noch ansporte. Heute wissen wir, daß dem rein mechanischen Einprägen des jüngeren Kindes ein Lernen mit Verständnis, Interesse und Aufgabewilligkeit vorzuziehen ist. Diese letzteren sind Charakteristika menschlicher, genaugenommen *moralischer Reife*. Die Schulreife wurde in ausgezeichneten Studien insbesondere von Lotte Schenk-Danzinger und von Hildegard Hetzer untersucht; beide haben auch Testverfahren für Schulanfänger ausgearbeitet. In einem sehr gründlichen Buch über den Schulreifetest wurde von Hetzer und Tent in vorbildlicher Weise die Verbindung der Auswertung dieser Tests mit Persönlichkeitsstudien gezeigt, wie diese auch schon von Schenk-Danzinger eingeführt wurden.

Der *Schulreifetest* steht am Anfang der großen Reihe von Tests und anderen Verfahren, mit denen heute vom Beginn der Schule bis zum Beginn des Berufs die Leistung von Individuen und Gruppen erfaßt und ausgewertet wird.

Zunächst einmal: *Was ist ein Test?* Ein Test ist eine standardisierte Meßmethode, das heißt ein Verfahren, durch das mit geeigneten Mitteln irgendein Verhalten *quantitativ* im Vergleich zu einem Maßstab bestimmt werden kann. Dieser Maßstab wird geschaffen durch die Feststellung der Verteilung des zu messenden Verhaltens an einer großen, statistisch repräsentativen Gruppe. Das Resultat des Tests ist *objektiv*. *Wenn man weiß, daß zwei Drittel aller Schulkinder mit acht Jahren einige Ähnlichkeiten und Unterschiede zwischen einem Ball und einer Orange oder zwischen einem Flugzeug und einem Papierdrachen ange- ben können, oder daß zwei Drittel aller Zweijährigen wissen, was eine Tasse und was ein Fingerhut ist und sie im Bilde identifizieren, so sind das objektive Ergebnisse, die zu objektiven Leistungsbewertungen führen. Ein Test, der eine hinreichende Anzahl standardisierter Aufgaben zur Messung irgendeiner Leistungskategorie umfaßt, führt zu einem umfassenden objektiven Leistungsbild auf dem getesteten Gebiet.* Aber warum brauchen wir das heute? Warum sind Zeugnisse und Examina früherer Zeiten nicht mehr gut genug? Warum verläßt man sich nicht auf das Urteil des erfahrenen Lehrers oder sonstigen Prüfers?

Abgesehen davon, daß nicht jeder Lehrer erfahren und nicht jeder Prüfer objektiv ist, bieten standardisierte Verfahren offenbar eine verläßlichere Grundlage für die jeweils richtige Einschulung und Berufswahl der Prüflinge. Angesichts der heutigen unaufhaltsamen Bevölkerungszunahme einerseits und der immer weiter fortschreitenden Differenzierung in den verschiedenen Wirtschaftszweigen und Berufen andererseits, angesichts der zum Teil sehr hohen Kosten für die Ausbildung in vielen Berufen, der Konkurrenz der Bewerber um Lehrstellen und Stellungen ist es wichtig geworden, Leistungsfähigkeit und Eignung so früh und sorgfältig wie möglich zu bestimmen.

Wie Hildegard Hetzer im Vorwort zu ihrem Testbuch sagt, liegt der Wert von Tests nicht in erster Linie oder ausschließlich darin, daß sie der *Auslese* dienen, sondern darin, daß sie Anhaltspunkte für die weitere *pädagogische Behandlung* des Prüflings bieten.

Dies war denn auch der doppelte Gesichtspunkt, der dem Erfinder der ersten Tests, dem französischen Psychologen Alfred Binet, von Anfang an vorschwebte. Als im Jahre 1904 das Unterrichtsministerium in Paris ein Komitee beauftragte, das Problem der Erziehung schwachsinniger Kinder zu untersuchen, war die Fragestellung eine doppelte: erstens, wie man diese Kinder rechtzeitig auslesen, und zweitens, wie man ihnen eine für sie angemessene Erziehung geben könne.

Es war unzweifelhaft eine geniale Tat, als Binet gemeinsam mit seinem Kollegen Th. Simon im Jahre 1905 die ersten *Intelligenztests* ersann und veröffentlichte. Die Idee dieser Tests war, mittels standardisierter Aufgaben festzustellen, ob ein Kind die seinem *Alter* angemessenen Denk- und Lernaufgaben lösen konnte. Binets Voraussetzung, daß dem zunehmenden Alter eine regelmäßige Zunahme des Gedächtnisses sowie komplexere Denkfähigkeiten entsprächen, bestätigte sich, wenigstens für die von ihm untersuchten Altersstufen.

Die Frage des Wachstums der Intelligenz wurde damals viel diskutiert. Edward Thorndike war der erste, der 1926 eine Wachstumskurve der Intelligenz aufstellte. Die Tests schienen zu ergeben, daß der durchschnittliche Mensch den Höhepunkt seiner Intelligenz mit ungefähr 16 Jahren erreicht. Dies klingt zunächst absurd, muß jedoch richtig interpretiert werden. Es bedeutet, daß das Gedächtnis zu diesem Zeitpunkt seinen Höhepunkt erreicht hat und daß zugleich auch die Denk-fähigkeit voll entwickelt ist. Bei dem riesigen Aufbau von Kenntnissen und Einsichten, den viele Menschen nach diesem Zeitpunkt zustande bringen, arbeiten sie mit dem Kapital von Funktionen, das ihnen seit der Pubertät zur Verfügung steht.

Eine als besonders sorgfältig berechnet geltende Kurve des Wachstums der Intelligenz bilden wir ab.

Nachdem Henry Goddard zunächst die Binet-Simon-Methode zur

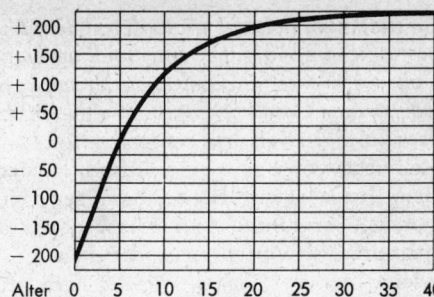

109 Kurve des Wachstums der Intelligenz nach den Berechnungen von H. Heinis

Prüfung schwachsinniger Kinder nach Amerika übernommen hatte, entwickelten Stern und Kuhlmann die Ansicht, daß die Tests ebensogut zur Feststellung von geistiger *Frühreife* wie *Spätreife* verwendet werden könnten. Dieser Gedanke wurde von Lewis Terman aufgenommen, der 1916 die berühmte *Stanford-Revision der Binet-Simon-Tests* herausbrachte. Er verbesserte die Testreihen, standardisierte sie an einer außerordentlich großen Anzahl von Personen und fügte der Methode zur Ermittlung des *Intelligenzalters* das neue Verfahren zur Feststellung des *Intelligenzquotienten* (I. Q.) hinzu.

Hiermit ist ein Quotient gemeint, in dem das Verhältnis des *Intelligenzalters* zum *Lebensalter* ausgedrückt wird. Dabei ist das Intelligenzalter diejenige Intelligenz, die der eines normalen Kindes in einem bestimmten Alter entspricht. Der I. Q. beträgt bei normaler Intelligenz I (da Intelligenzalter: Lebensalter = I, also Intelligenzalter = Lebensalter ist), bei überdurchschnittlicher mehr als I, bei unterdurchschnittlicher weniger als I. Man drückt ihn meist in Hundertteilen aus, wobei 100 dem Normalwert entspricht, überlegene Intelligenzen Werte über 120 erreichen, während z. B. Schwachsinn (Debilität) einem I. Q. zwischen 50 und 75 entspricht.

Die Interpretation der Testresultate muß allerdings auch unter Berücksichtigung von Faktoren, die rein quantitativ nicht erfaßbar sind, erfolgen. Hierzu gehören außer körperlichem Befinden und Lebensumständen vor allem die Reife und Motivationsstruktur der Persönlichkeit.

Die Gesamtheit dieser letztgenannten Gegebenheiten, deren Erfassung man als *klinische Methode* bezeichnet, wird heute für ebenso maßgebend gehalten wie das quantitative Testresultat. Zu den wichtigsten Testverfahren für die Erfassung von Leistungen gehören: *Reife-, Intelligenz-, Leistungs-, Begabungs-, Interessen- und Eignungstests*. Der Unterschied zwischen Reife- und Intelligenztests besteht darin, daß diese eine Lern- oder Denkleistung feststellen wollen, während jene nicht notwendigerweise eine intellektuelle Leistung, sondern *altersangemessenes Verhalten als solches* prüfen.

359

So stellt zum Beispiel ein Reifetest der Bühler-Hetzerschen Kleinkinder-testreihe die Aufgabe, ein dreidimensionales Gebilde zu bauen, was von einem Vierjährigen erwartet wird; oder in einem Test der Serie von Arnold Gesell muß das Baby die Milchflasche selber halten können, was normalerweise ein Neunmonatiges tut.

Reifetests von Babys sind vielfach als unzuverlässig angegriffen worden. Ihre adäquate Handhabung setzt viel Erfahrung mit Säuglingen voraus. Sorgfältige Verhaltensbeobachtungen sollten stets mit dem quantitativen Verfahren gepaart sein.

Wenn man vor Fragen wie der nach der seelischen Gesundheit und normalen Entwicklung eines zur *Adoption* bestimmten Kindes steht, so ist eine gewissenhafte Beantwortung heute ohne Tests nicht mehr möglich.

Ein Beispiel eines ungewöhnlich präzisen Testergebnisses bietet der Fall von Sven, den ein amerikanisches Ehepaar adoptieren wollte. Infolge verschiedener Umstände war Sven schon elf Monate, das heißt etwas über das Alter hinaus, zu dem die amerikanischen Adoptions-ämter gewöhnlich die Übergabe eines Kindes an neue Eltern befür-worten. Sven war jedoch ein nach allen Richtungen hin so harmonisch entwickeltes Baby mit dem recht hohen Entwicklungsquotienten von 1,25, daß wir eine gute Anpassungsfähigkeit und Entwicklung voraus-sagten. Wir empfahlen viel persönliche Beschäftigung der Eltern mit ihm, denn er war etwas scheu und sozial nicht ganz so hoch entwickelt wie auf anderen Gebieten, da ihm offenbar nicht genug persönliche Aufmerksamkeit geschenkt worden war. Körperlich war Sven außer-ordentlich geschickt, im Umgang mit Spielzeug sehr anstellig.

Die sich ihm mit großer Liebe und viel Verständnis widmenden Adop-tiveltern berichteten mir regelmäßig über den ausgezeichneten Fort-gang von Svens Entwicklung. Sven blieb ein auf allen Gebieten sich bewährender Knabe, der sich besonders im Sport hervortat, aber auch in der Schule Angemessenes leistete und viele Interessen hat. Er spielt mehrere Instrumente, darunter Saxophon, Oboe und Gitarre. Auf der ›Stadtfarm‹ seiner Eltern hielt er Hühner und Tauben, ein Lamm, Katze, Hund und Schildkröten sowie außer zwei geliebten Pferden auch zwei Schlangen, weil er Reptilienforscher werden wollte. Bei seinen Altersgenossen ist er sehr beliebt, zu seinen Eltern steht er in einem innigen Verhältnis.

Mit Hilfe von *Begabungstests* lassen sich angeblich angeborene Spezial-fähigkeiten testen. Die Vorstellung, von der man bei den Begabungs-tests ausging, war ähnlich der, die man ursprünglich bei den Intelligenz-tests gehabt hatte, daß man nämlich tatsächlich angeborene Gaben aufdecken und dann auch messen könne. Beim Intelligenztest mußte man bald einsehen, daß, was immer angeboren war, nicht nur äußerst schwierig zu erheben, sondern daß die Erhebung auch ziemlich zwecklos war, weil die Verwirklichung und die Verwertbarkeit von Potentialitäten auf den meisten Gebieten weitgehend durch die Formung oder Nichtformung bestimmt werden, die sie von Anfang an erfahren. ›Leistungen und Verhalten können bestimmt werden, dagegen nicht Wesenseigenschaften des Menschen.‹ Klarer könnte nicht ausgedrückt werden, daß Fähigkeiten am besten zunächst in Leistungen und im Verhalten studiert werden; hinzukommen sollten dann aber Motivationsstudien, um die Einstellung zur Leistung und den vermutlichen Erfolg zu bestimmen.

Während *Leistungstests* oder andere Formen von Prüfungen das verfügbare Können feststellen, bedarf es der Motivationsstudien, um Einsicht in die voraussichtliche Verwendung des Könnens zu ermitteln. Denn letztlich ist die Leistung eine Frage der *Persönlichkeit*.

Es war diese Ansicht, die mich dazu bestimmte, gemeinsam mit einigen Mitarbeitern die *Lern- und sozialen Probleme* des Schulkindes für Lehrer darzustellen. Die Idee des Buches ›Kindheitsprobleme und der Lehrer‹ war, an einer großen Anzahl von Fällen dem Lehrer die tieferen Lebenszusammenhänge aufzuzeigen, aus denen Schulprobleme sich entwickeln können. Faith Smitter und Sybil Richardson bauten meine psychologischen Untersuchungen in den amerikanischen, Lotte Schenk-Danzinger in den mitteleuropäischen Schulbetrieb ein. Gezeigt wird, was der Lehrer zur Lösung von Kindheitsproblemen beitragen kann, und vor allem, welche Rolle der Schulpsychologe und der Schulberater spielen, die innerhalb des Schulsystems Lehrern und Eltern in der Behandlung von Persönlichkeits- und Lernproblemen beistehen. Die Methoden, derer man sich dabei bedient, zeigen noch erhebliche Unterschiede, jedoch wird überall dem Faktor der *die Leistung bedingenden Motivationen* zunehmende Beachtung geschenkt.

5. Die Psychologie in der Berufsberatung

Berufsberatung ist nach Walter Stets ›jede planmäßig organisierte Erteilung von Rat und Auskunft bei der Berufswahl‹. Wenn ich mich nicht täusche, wurde die erste Berufsberatungsstelle 1909 in New York auf Anregung von Frank Parsons gegründet. Bemerkenswerterweise sah Parsons die Berufswahl von Anfang an als ein Problem, das sorgfältig mit wissenschaftlichen Mitteln angegangen werden sollte. Der Berufsanwärter sollte sich selbst studieren und sich Kenntnisse über die Berufswelt verschaffen.

Trotz dieser frühen Einsicht in die große Bedeutung der Berufswahl für den einzelnen wie für die Gesellschaft gibt es bis heute, wie Donald

Super beklagt, noch immer keine einheitliche und umfassende Theorie, die der psychologischen Einordnung des Vorgangs der Berufswahl zugrunde gelegt wurde oder werden könnte. Statt dessen ist das Verfahren der meisten bei der Berufsberatung verwendeten Systeme rein pragmatisch; man arbeitet ausschließlich mit der Analyse von Charakterzügen, Fähigkeiten, Interessen einerseits, mit Analysen der Berufe und der Anforderungen, die sie an den Anwärter stellen, andererseits. Hinzu kommt außerdem die praktische Beratung über verfügbare Arbeitsplätze. Mit einer solchen Bekanntgabe freier Stellen und geeigneter Berufsgruppen begann in Deutschland die Beratung im Jahre 1911; im Zusammenhang mit der Frauenbewegung wurden Auskunftsstellen für Frauenberufe eingerichtet. Eine allgemeine Beratungsstelle der Zentralstelle für Volkswohlfahrt folgte 1913. Die Berufsberatung war damit die früheste systematisch entwickelte Form einer Beratung.

Zur Berufsberatung, wie sie heute in verschiedenen Kulturländern ausgebaut ist, gehört ein großer Komplex von Untersuchungen. Die wichtigsten sind die Feststellung der *Berufsreife*, die *Analyse von Berufstätigkeiten* (der amerikanische Ausdruck ›job analysis‹ ist in viele deutsche Veröffentlichungen übernommen worden), weiterhin die von *Interessen*, von *Leistungsfähigkeit* und *Eignung* und schließlich die Beratung über *Ausbildung* und *Arbeitsmarkt*.

Für den Außenstehenden, der sich ein Bild von der Fülle der über all diese Themen vorliegenden Untersuchungen machen und sich darüber klarwerden will, was mit Hilfe der heutigen Erhebungen und Tests über die angemessenste Berufswahl ausgesagt und über den vermutlichen Berufserfolg vorausgesagt werden kann, mögen folgende zusammenfassende Feststellungen von Nutzen sein.

1. Die Gesichtspunkte für die Beurteilung von *Berufsreife, Berufseignung* und voraussichtlichem *Berufserfolg* sind nicht nur in den einzelnen Ländern und Erziehungssystemen verschieden, sondern auch bei den einzelnen Forschern und Fachbeamten. Auf diesem Gebiet herrscht noch keine Einigkeit.

2. Soweit ich sehen kann, werden von verschiedenen Autoren als maßgeblich für Reife, Eignung und Erfolg vor allem vier Hauptfaktoren angesehen und als Grundlage der Diagnose bei der Berufswahl empfohlen: *Leistungen, Interessen, Charakter* und *Persönlichkeit*, außerdem *Lebensreife* bzw. *Lebensauffassung*.

3. Was die tatsächlich aufgewiesenen *Leistungen* und die *Leistungsfähigkeit* eines Berufsanwärters betrifft, so wird kein verständiger Berater sie unbeachtet lassen. Sie jedoch zum einzigen oder wichtigsten Maßstab der Voraussagen zu machen, führt zu vielen Enttäuschungen. Jeder Kliniker sieht in seiner Praxis Dutzende von Fällen verfehlter Laufbahnen von Personen, die sich in der Schule, manchmal auch in der

weiteren Ausbildung als leistungsfähig und begabt auswiesen und alle Eignungstests gut bestanden, dann aber doch versagten. Nicht nur der Kliniker kennt dieses Versagen, selbst jeder Laie ist solchen Fällen begegnet.

Über die Kenntnis dieser Einzelfälle hinaus haben wir außerdem wenigstens eine umfassende Gruppenuntersuchung, die von E. L. Thorndike und E. Hagen an mehr als 10 000 Angehörigen des Nachwuchspersonals der amerikanischen Luftfahrt durchgeführt wurde. Die Gruppe war als statistisch repräsentativ aus insgesamt 75 000 Menschen für die Untersuchung des Zusammenhangs von Leistungsfähigkeit und *Berufserfolg* ausgewählt worden. Diese selben Männer, die bei der Eignungsprüfung 19 bis 21 Jahre alt waren, wurden 20 Jahre später an ihren verschiedenen Arbeitsplätzen aufgesucht und auf ihren Berufserfolg hin untersucht.

Das Resultat dieser großangelegten Untersuchung war: Leistungsfähigkeitstests, sogar unter Einbeziehung gewisser biographischer Daten, erwiesen sich als unfähig, in dieser Gruppe einen Berufserfolg über eine große Zeitspanne hinweg vorauszusagen. Die Autoren ziehen daraus den Schluß, daß Voraussagen über den Berufserfolg an Hand von Leistungsfähigkeitstests mit großem Skeptizismus zu beurteilen sind.

4. *Interessenuntersuchungen* werden heute wohl allenthalben für wichtig bei der Berufsberatung gehalten. Am meisten verwendet werden, auch in Europa, zwei amerikanische Tests, der Kuder- und der Strong-Test.

Als alleinige Grundlage der Berufsberatung können jedoch auch Interessentests ebensowenig in Frage kommen wie Leistungs- und Eignungstests.

5. Über diese Spezialuntersuchungen hinaus wird heute überall der *Erfassung des ganzen Menschen* große Bedeutung beigemessen. Die Frage ist, wie diese am zuverlässigsten und für die berufliche Zukunft am zutreffendsten vorgenommen werden kann. Drei verschiedene Verfahren wurden gewählt:

Das erste versucht die Erfassung des ganzen Menschen mit Untersuchungen über den *Charakter* eines Anwärters; über sie berichtet Franziska Baumgartens bekanntes Werk ›Die Charakterprüfung des Berufsanwärters‹. Charakteruntersuchungen werden vorzugsweise von denen empfohlen, die moralische Qualitäten im engeren Sinn bei der Berufszulassung in Betracht gezogen sehen wollen.

Diejenigen, die – wie im Kapitel ›Die Persönlichkeit‹ dargelegt – skeptisch hinsichtlich unserer heutigen Möglichkeiten einer Erfassung des Charakters und zudem auch nicht geneigt sind, den Charakter für absolut festgelegt zu halten, ziehen ein zweites Verfahren vor: *Persönlichkeits*studien.

Eine dritte Methode zur Erfassung des ganzen Menschen wird von amerikanischen Berufsberatern vielfach für die aussichtsreichste gehalten. Es ist dies das Verfahren, das Donald Super mit einer Reihe von Mitarbeitern an der Columbia-Universität ausgearbeitet hat. Super versucht die Berufsreife und Berufseignung in dem größeren Rahmen einer *Theorie des beruflichen Verhaltens* und der *Lebensreife* eines Menschen zu bestimmen.

Als theoretische Grundlagen seiner Studien über berufliches Verhalten wählte Super Charlotte Bühlers Lebensphasen-Theorie, deren Anwendbarkeit in dieser Richtung bereits von Paul Lazarsfeld dargelegt worden war. Es ist die im Kapitel über den ›Lebenslauf‹ diskutierte Lehre, daß Menschen durch Phasen der *Selbstbestimmung* durchgehen. Nach den Vorstufen zur Selbstbestimmung in der Kindheit folgt eine Periode der Versuche zu einer Selbstbestimmung in der Jugend, die normalerweise von der Phase definitiver, realistisch orientierter Selbstbestimmung des Erwachsenen abgelöst wird. Die Periode, in der die Resultate des Lebens kritisch überblickt werden und versucht wird, Verfehltes gutzumachen und Versäumtes nachzuholen, wird schließlich schneller oder langsamer von der des Verfalls abgelöst.

Außer diesen Phasen der Selbstbestimmung berücksichtigt Super als weitere Faktoren die Leistungsfähigkeit, die Interessen, die Persönlichkeit, die Berufsanforderungen sowie andere mehr. Das Resultat der von ihm vorgenommenen umfassenden Prüfungen wird in ›Reifeprofilen‹ dargestellt. Von 19 Faktoren, die sich bei seinen Untersuchungen als relativ unabhängig voneinander herausstellten, erwies sich als der am höchsten mit der Berufsreife korrelierende die Fähigkeit, eine Laufbahn realistisch zu *planen* nach Beschaffung zureichender *Information* und mit ernsthaftem *Interesse* an der Wahl sowie mit *Verantwortlichkeitsgefühl* für diese. Interesse, Information, Planen und Verantwortlichkeit sind besonders niedrig entwickelt bei berufsunreifen Jugendlichen.

1 Die helfenden Professionen in unserer Zeit

›Helfende Professionen‹ – so nennt man in Amerika die häufig in einem Team zusammengefaßten drei Berufe des *Sozialarbeiters*, des *Psychologen* und des *Psychiaters*. Das Team von Sozialarbeiter, Psychologe und Psychiater stellte in der Tat seit vielen Jahren für die Erziehungsberatung sowie in anderen Beratungsstellen und -kliniken eine Art von Standard dar. Heute allerdings besteht die strenge Trennung der Tätigkeiten – der biographischen Erfassung eines Falles einschließlich der sozialen und wirtschaftlichen Verhältnisse, der psychodiagnostischen Studien und der Psychotherapie – nicht mehr, und es gibt auch keine strikte Trennung der Funktionen mehr.

Aus der ungeheuren Fülle von Aufgaben, die der Psychologie in den helfenden Professionen heute gestellt sind, greifen wir ihre Rolle in der *Beratung, Diagnose* und *Therapie* für diese mittlere Kategorie der Bevölkerung heraus, weil der Leser den größten persönlichen Nutzen aus der Darstellung dieser drei Gebiete ziehen kann.

Die mittlere Kategorie zwischen seelisch ausgeglichenen und schwer geistesgestörten stellen die unzähligen durch ihre *Lebensprobleme* verwirrten und geängstigten Menschen dar. Da sind die Menschen, die an ihrer Aufgabe als Eltern oder als Ehepartner scheitern, die im Beruf versagen, da sind weiter die Menschen, deren Sexualität, deren Belastung oder deren unglückliche Beziehungen zu anderen Menschen sie zu emotionalen Zusammenbrüchen, psychosomatischen Krankheiten, Alkoholismus, zu Pillenmißbrauch und Rauschgiftsucht, zu Vergehen und Verbrechen treiben. Ihnen allen stehen heute *Beratungsstellen* offen, in denen professionelle Helfer sich der fürsorgerischen, diagnostischen, therapeutischen, medikamentösen und sonstigen Aspekte des jeweiligen Falles annehmen. Diese große Schar von Menschen, für deren Leiden die Psychiater Thomas Szasz und schon früher auch H. S. Sullivan die Bezeichnung ›Lebensprobleme‹ an Stelle der Begriffe ›Neurose‹ und ›Krankheit‹ wieder legitimieren wollen, sucht heute zunehmend professionelle Hilfe auf.

Warum, so müssen wir uns fragen, und so fragen heute viele Menschen, brauchen wir plötzlich all diese Beratung und Psychotherapie? Hat die Menschheit sich bisher nicht ohne diese Behelfe im Leben zurechtgefunden?

Um mit der zweiten Frage zu beginnen, so lautet die Antwort, daß die Menschheit sich zu keiner Zeit ohne Hilfe zurechtfand, sondern daß sie sich von jeher und in allen Kulturen seelische Helfer beschafft hat.

In primitiven Kulturen traten diese in den kombinierten Funktionen der Magier, Heilkundigen, Weissager und Priester auf; wegen ihrer Fähigkeit, in physischen und seelischen Nöten zu helfen, hat man sie ganz besonders verehrt. In den Hochkulturen wurden die Funktionen des Arztes und des Seelsorgers getrennt. Es entspricht der zunehmenden Spezialisierung und dem fortgeschrittenen Stand der Seelenkunde, daß seit den Anfängen der Psychiatrie in zunehmendem Maße die Behandlung seelischer Störungen von der seelsorgerischen Betreuung in religiösen Fragen getrennt wird. Beide gehen übrigens oft in bestem Einverständnis Hand in Hand, indem vielerorts psychologisch geschulte Seelsorger ihre religiöse Beratung zu der gleichzeitigen psychotherapeutischen Arbeit eines Psychiaters oder Psychologen in Beziehung setzen.

Aber warum, so müssen wir abermals fragen, ist heute das Bedürfnis nach dieser Art Hilfe so außerordentlich gewachsen, warum steigt es noch weiter? Warum gehen Leute mit Problemen, die sie früher selbst zu lösen pflegten, heute zu Beratern oder Psychotherapeuten?

Erstens haben zahlreiche Psychiater und Psychologen, wie schon um die Wende des Jahrhunderts Binswanger und Krafft-Ebing, darauf hingewiesen, daß die *zunehmende Mechanisierung* der Welt gewaltige Ansprüche an den seelischen Apparat stellt. Ein halbes Jahrhundert später legte der Atomforscher Robert Oppenheimer in einer berühmt gewordenen Rede dar, in welch unfaßbarer Schnelligkeit und Ausweitung unsere wissenschaftlichen Kenntnisse gewachsen sind und die technische Bemeisterung der Welt vorangeschritten ist, wobei er warnend hervorhob, wie lebenswichtig die Entwicklung einer entsprechenden seelischen und sozialen Bewältigung sei.

Das Auffassen und geistige Verarbeiten all dieser ungeheuer vielen und weitreichenden Neuerungen sowie das Umgehen mit ihnen stellen eine extreme Beanspruchung dar. Eine Zeit, in der bereits unsere Vierjährigen (wenn nicht noch kleinere Kinder) ans Telefon gehen; in Kinos mitgenommen werden, in die sie nicht gehören; den Fernsehapparat aufdrehen, auf dessen Schirm die Bilder wild vor ihren Augen flimmern; eine solche Zeit erfordert eine außerordentliche seelische wie geistige Anpassungsfähigkeit. Immer wieder und mit ähnlichen Worten und in ähnlicher Besorgtheit wie Oppenheimer stellen sich die Sachkundigen die gleiche Frage: Wie kann es ermöglicht werden, unsere Bemeisterung des menschlichen Seelenlebens und der menschlichen Beziehungen im selben Maße zu entwickeln wie diese ungeheure technische Macht? Der aus dem bestehenden Mißverhältnis sich ergebende *Druck*, unter dem wir alle leben, erhöht die *Angstgefühle*, unter denen so viele leiden.

Ein zweiter Punkt ist die ganz außergewöhnliche *Unsicherheit* unserer

Existenz. Denken wir zurück an die Zeiten unserer Großeltern, die sich um die Jahrhundertwende behaglich im Leben einrichteten, Bankkonten und Villen aufbauten oder sich doch zumindest bescheidener materieller Sicherheit erfreuten und denen die Vorstellung, alles zu verlieren, auswandern oder ihre Heimat aufgeben zu müssen, als heller Wahnsinnstraum erschienen wäre – denkt man an diese Zeit zurück, so fühlt man sich heute in einer anderen Welt.

Wie Hoff und Spiel kürzlich wieder darlegten, als sie die Notwendigkeit *psychischer Hygienearbeit* betonten, sind Tausende – Tausende? eher Millionen! – von Familien ›entwurzelt worden und mußten oder müssen in einer neuen Situation ein neues Leben beginnen. Jene Kontinuität der Existenzsicherung, die für die kindliche Entwicklung und damit für die Wesenart des Menschen so bedeutungsvoll ist, ging verloren.‹ Verloren ging auch der Glaube, daß es so etwas wie ›Sicherheit‹ überhaupt noch geben kann auf dieser Welt.

Sind aber erhöhter Druck, Angst, Unsicherheit wirklich die Gründe dafür, daß eine zunehmende Zahl der Menschen Berater und Therapeuten aufsucht? Ich glaube eigentlich nicht. Man darf nicht vergessen, daß wir über innere Regulationen verfügen und daß die Anpassungsfähigkeit des Menschen doch wahrscheinlich den Komplikationen, die er sich selbst schafft, die Waage hält.

Ich glaube nicht, daß es die zunehmenden Komplikationen und die steigende Unsicherheit als solche sind, von denen die Menschen zunehmend in die Psychotherapie getrieben werden. Abgesehen davon, daß die Menschen immer auf die eine oder andere Art unsicher waren, sind es selten diese objektiven Schwierigkeiten an sich, welche die Menschen zu diesem Schritt veranlassen, der immer ein besonderer, oft schwieriger Entschluß ist.

Sind es dann die Lebensprobleme, wie wir sie eingangs erwähnten? Und ist es vielleicht so, daß die günstigen Erfahrungen, die Freunde und Bekannte mit der Therapie gemacht haben, immer weitere Kreise für diese Form der Hilfe gewinnen?

Es scheint mir unzweifelhaft, daß die Verbreitung dieser Erfahrungen in der Tat eine Rolle spielt, und sicher ist ein großer Teil unserer Fälle damit zu erklären, daß die Psychotherapie zunehmend als die *adäquateste Methode zur Lösung von Lebensproblemen* erkannt wird.

Jedoch auch damit allein erscheint mir die heutige Bedeutung der Psychotherapie nicht hinreichend erklärt. Der vielleicht wichtigste Grund liegt meines Erachtens an einer anderen Stelle. Wir wollen mit einem konkreten Beispiel auf ihn hinführen.

Erinnern wir uns an Viktor, dessen Berufs- und Eheprobleme wir im Kapitel ›Motivation‹ kennenlernten. Viktors Lebensprobleme waren nicht so unüberwindlich schwierig, daß dieser intelligente und im

Grunde seelisch gesunde Mann sie nicht hätte auch allein lösen können.
Es war nicht die Schwierigkeit der Probleme als solche, die ihn in die
Beratung brachte. Vielmehr stellte er sich die Frage, was für ihn die
›richtige‹ Lösung sei – ›richtig‹ nicht im Sinne von ›gut‹ oder ›schlecht‹;
Viktor war ein anständiger Mensch, der sich das Gute zu tun bemühte.
›Richtig‹ war gemeint im Sinne des für ihn und unter seinen Verhält-
nissen adäquatesten Lebens.

Diese Frage des adäquaten Lebens – im Sinne der Erfüllung eigener
Potentialitäten, im Sinne der relativ größten Werterfüllung, im Sinne
dessen, wozu man ›bestimmt‹ ist – betrifft nicht sosehr die *Lebens-*
probleme als solche, als vielmehr den *Sinn unserer menschlichen*
Existenz.

Die aus dem Gefühl, ›ins Dasein geworfen zu sein‹, hervorsteigende
Angst, der einst schon Kierkegaard und heute wieder Heidegger
Worte verlieh, die ›Existentialangst‹ und das Bewußtsein, irgendwie
schuldig zu sein und das Richtige zu tun versäumt zu haben – diese
Erlebnisse klingen heute bei vielen an.

Für diese Frage nach dem *Sinn*, den die Menschen ihrer Existenz verleihen oder den sie in ihrer Existenz finden wollen, suchen sie heute adä-
quatere Lösungen als die, die ihnen die bisherigen Autoritäten und
Traditionen geben. Der Zusammenbruch hoher Kulturen unter der
Übermacht von Not, Zerrissenheit und verblendeter Führung hat die
Menschen unserer Zeit mit tiefen Zweifeln über sich und ihre eigene
Existenz erfüllt. Was sind die richtigen, die wahrhaft echten *Werte*
der menschlichen Existenz? Es ist kein Zufall, daß aus den Ruinen
einer zerstörten Kultur der Existentialismus hervorwuchs.

Warum aber, mag nun jemand fragen, sollte es der Psychologe oder
der Psychiater sein, der die Menschheit über die Werte des Lebens
belehren kann? Die Antwort: Er belehrt sie nicht, jedenfalls nicht,
wenn er sein Amt richtig wahrnimmt. Was er tut, ist etwas anderes:
Er erhellt den Weg der Menschen dadurch, indem er sie dazu befähigt,
erstens *sich zu sehen, wie man ist,* und zweitens *Probleme des Lebens*
in objektiver Weise zu durchdenken, ohne sich von Liebe und Haß,
Vorurteilen und Autoritäten beirren zu lassen. Damit gibt er ihnen
sowohl die *innere Freiheit* zurück, die sie in emotionellen Wirrungen
verloren haben, wie er ihnen auch die *Methoden* zeigt, ihre Freiheit
zu sinnvoller Lebensbestimmung zu verwenden.

Dieses Durchdenken der Probleme, der Aufgaben, des Sinnes der
menschlichen Existenz, das dem Hindurcharbeiten durch die eigenen
Lebensprobleme bis zu innerer Befreiung von ihnen, bis zur Wahrhaftigkeit vor sich selbst folgt – diese beiden Prozesse sind es, die die
moderne Psychotherapie (und keine andere Methode vor ihr) zu bieten
hat. Dies ist der Grund, der, obwohl den Menschen nicht immer

bewußt, sie in zunehmender Ahnung und Hoffnung den Weg zum Psychologen gehen läßt.

Den Wissensdurstigen mag es interessieren, sich nun etwas genauer über die in Beratung, Diagnose und Therapie zur Anwendung gelangenden Methoden zu unterrichten.

2. Klinische Bestandsaufnahme

Klinische Bestandsaufnahme und diagnostische Verfahren gehören zu den Vorarbeiten für die Psychotherapie. Ihre Darstellung wird hier auf den rein psychologischen Teil beschränkt. Zur klinisch-psychologischen Bestandsaufnahme gehört alles, was man wissen muß, um einen Fall die richtige psychologische Behandlung angedeihen zu lassen. Je nach dem Problem und den verfügbaren Mitteln wird eine Bestandsaufnahme umfassender sein oder auf ein Minimum beschränkt bleiben.

Das extreme Minimum ist hier die Feststellung der *Beschwerden*. So gut wie allgemein wird jedoch darüber hinaus die Lebensgeschichte ermittelt, die als *Anamnese* bezeichnet wird. Hierbei mag mit mehr oder weniger großer Gründlichkeit verfahren werden.

In Kliniken, in denen *Sozialarbeiter* verfügbar sind, mehr als in der privaten Praxis, werden dann heute zunehmend die gesamten Lebensumstände eines Individuums oder einer Familie in sozialen Feldstudien untersucht. Die hierbei sich ergebenden Informationen über die kulturellen Hintergründe eines Falles werden insbesondere von der *Sozialpsychiatrie* berücksichtigt.

Diese Teildisziplin, deren Anfänge man bis zu Alfred Adler zurückverfolgen kann und zu deren Begründung K. Horney, E. Fromm, H. S. Sullivan und vor allem A. Kardiner beitrugen, wird besonders in England sowie in den Vereinigten Staaten und auch in Skandinavien gefördert.

Kardiner hat den Begriff der Persönlichkeits-Grundstruktur *(›Basic Personality Structure‹ oder BPS) eingeführt, womit er eine sich aus früheren kulturellen Erfahrungen ergebende Struktur versteht, welche die Mehrzahl der Zugehörigen einer Kultur gemeinsam haben. Berühmt sind seine und Oveseys Studien an amerikanischen Negern. Zu neueren Arbeiten gehören zum Beispiel M. Spinleys Studien der englischen Gesellschaft, amerikanische Untersuchungen von L. S. Kubie, F. C. Redlich, M. Opler, J. P. Spiegel, G. Seward. Am besten orientierend ist wohl das große Sammelwerk von A. H. Leighton, J. A. Clausen und R. N. Wilson.*

Im obigen wird eine Entwicklung angedeutet, die allerdings wohl hauptsächlich für die Vereinigten Staaten charakteristisch war und ist. In einigen anderen Ländern liegt die *psychotherapeutische Behandlung* ausschließlich in den Händen von Ärzten, während Sozialarbeiter und Psychologen nur zur *Beratungstätigkeit* zugelassen sind. Der vorwiegende amerikanische Standpunkt ist demgegenüber, daß Beratung und Therapie nicht streng zu trennen sind, sondern ineinander übergehen. Die sich zunehmend verbreitende Ansicht ist die, daß die akademische Vorbildung des Psychiaters, Psychologen und Sozialarbeiters nach drei Richtungen hin wesentliche Grundlagen gibt, deren jede bei verschiedenen Fällen mehr oder weniger wichtig sein mag. Das heißt: Bei den Lebensproblemen des einen Patienten mögen mehr *physische Krankheitsfaktoren,* bei denen des anderen mehr *Persönlichkeitsfaktoren,* bei denen des dritten mehr *sozial-kulturelle Faktoren* eine Rolle spielen.

Was die beratende und, bzw. oder, die psychotherapeutische Beratung betrifft, so wird diese heute nicht selten als Sache einer *eigenen, neu zu entwickelnden Teildisziplin* angesehen, die sich auf irgendeiner der drei genannten akademischen Ausbildungszweige aufbauen sollte. Hierfür sind, von Freud selbst bis zu L. S. Kubie, viele Analytiker eingetreten. Unter den Psychiatern hat besonders L. R. Wolberg diesen Standpunkt vertreten; T. Szasz betrachtet die Psychotherapie als Sache des Psychologen, da es sich seiner Meinung nach hierbei um die Behandlung von Lebensproblemen und nicht von Krankheiten handelt, und unter den Psychologen ist vor allem E. K. Schwartz ein Verfechter der Theorie, daß die Psychotherapie zum Gebiet des klinischen Psychologen gehört. Einen eigenartigen Standpunkt nimmt demgegenüber der Psychiater Viktor E. Frankl ein. Er gehört einerseits zu den ausgesprochenen Vertretern der Ansicht, daß der Psychotherapeut sich heute viel häufiger vor Lebensprobleme gestellt sieht als vor Krankheiten mit klinischen Symptomen. Er zitiert den Psychiater Farnsworth dafür, daß in der Gegenwartskrise ›Ärzte notwendigerweise sich in philosophische Fragen einlassen müssen‹, und führt den Psychologen Carl Rogers wegen seiner zutreffenden Beschreibung der Begegnung zwischen dem Therapeuten und dem Patienten an. Dann aber verlangt er eine ›Heimholung der Psychotherapie in die Medizin‹. Warum, möchte man fragen, sollte der Arzt besser geeignet sein, Menschen in adäquater Weise zur Findung ihres Lebenssinns zu verhelfen, als die in Persönlichkeitsproblemen und in der Behandlung sozialer und kultureller Probleme weit gründlicher geschulten Psychologen und Sozialarbeiter? Aus allen genannten Gründen würde mir persönlich die *Zusammen-*

arbeit aller drei helfenden Professionen in der heute in Amerika sich entwickelnden Weise am günstigsten erscheinen, bis sich die neue Teildisziplin der Psychotherapie herausgebildet hat.

In den Ländern, in denen man die Psychotherapie als ein Teilgebiet der Medizin ansieht, werden Beratung und Behandlung streng getrennt; die Tätigkeit des Psychologen bleibt auf Beratung, Psychodiagnosen und Forschungstätigkeit beschränkt. Die Forschung, die zum Beispiel der bekannte englische Psychologe H. J. Eysenck für den Hauptbeitrag der Psychologie zu der hauptsächlich praktischen Tätigkeit des Psychiaters hält, hat sich allerdings, seitdem sie sich auf das klinische Gebiet begab, als unerhört fruchtbar erwiesen. Sowohl die Einsicht in die Struktur seelischer Krankheiten wie auch die Durchleuchtung der früher undurchsichtigen Vorgänge bei der Therapie sind durch psychologische Forschung wesentlich gefördert worden.

Neben der Forschung wird die *Psychodiagnose* von vielen mehr oder weniger als das Spezialgebiet des Psychologen betrachtet. Die spezifisch psychologische Diagnose ist dabei hauptsächlich auf Testuntersuchungen und Befragungsmethoden gestützt. Behandelnde Psychiater und behandelnde Psychologen fügen dieser gewöhnlich diagnostisch orientierte Interviews an. Diese Gebiete wollen wir nun im folgenden etwas näher betrachten.

4. Diagnostische Probleme und Verfahren

Zunächst: was ist, genaugenommen, eine Diagnose? Eine *Diagnose* ist die Identifizierung oder genaue Bestimmung einer Krankheit aufgrund der für sie bekannten Symptome oder Anzeichen sowie aufgrund von Feststellungen über ihren Ursprung und Verlauf. Eine Diagnose erfolgt meistens in Form einer Klassifikation, indem die Krankheit mit Hilfe eines bestimmten Namens identifiziert wird. Wir führten an früheren Stellen des Buches zum Beispiel den Namen ›Schizophrenie‹ ein, mit dem eine genau definierte Geisteskrankheit bezeichnet wird.

Merkmale der gesunden Persönlichkeit

Diagnostische Probleme liegen dann vor, wenn wir uns auf jenes Grenzgebiet begeben, auf dem wir so vielen Menschen mit Lebensproblemen begegnen. Viele von ihnen sind absolut entrüstet, wenn jemand sie als ›neurotisch‹ und als ›krank‹ bezeichnet. Und in der Tat hat sich ja der Psychiater Ssasz dafür eingesetzt, daß man aufhören solle, Leute mit Lebensproblemen ›krank‹ zu nennen. Und doch sind ja diese Menschen nicht eigentlich ›gesund‹.

Aber was ist gesund! Sobald man in der Psychiatrie begann, sich diese Frage zu stellen, ergab es sich, daß man zwar seelische Krankheit definieren konnte, nicht aber seelische Gesundheit. Für lange Zeit ging das Denken dahin, daß Gesundheit einfach die Abwesenheit von Krankheit ist. Demgegenüber wurde zunehmend erkannt und festgestellt, daß seelische Gesundheit durch eigene positive Merkmale definiert werden muß.

Unter den verschiedenen Studien, die sich daraufhin eingehend mit der Frage der *Definition der seelischen Gesundheit* befaßten, ist die von Marie Jahoda am bekanntesten geworden. Sie kommt zu dem Resultat, daß offenbar eine Anzahl verschiedener Kriterien berücksichtigt werden muß, wenn man ›seelische Gesundheit‹ zutreffend definieren will. Sie findet vor allem sechs solcher Merkmale, die von verschiedenen Autoren hervorgehoben werden. Diese sechs Hauptmerkmale der gesunden Persönlichkeit sind folgende:

1. Der Gesunde hat eine adäquate Einstellung *zu sich selbst; er sieht sich realistisch so, wie er ist, und steht sich selbst kritisch gegenüber, ohne andererseits an Selbstachtung einzubüßen.*

2. Der Gesunde ist an seiner adäquaten inneren Entwicklung und Selbstverwirklichung interessiert. *Er will die besten Potentialitäten aus sich hervorbringen.*

3. Der Gesunde bemüht sich um innere Einheit oder Integration *seiner Strebungen. Er läßt sich nicht von Strebungen, die miteinander nicht vereinbar sind, zerreißen, sondern versucht, seine Konflikte zu lösen.*

4. Der Gesunde ist ein autonomer Mensch; *das heißt, einer, der sich aus sich selbst bestimmt und sich nicht von anderen abhängig macht.*

5. Der Gesunde hat eine adäquate Wahrnehmung der Realität, *wie sie ist; das heißt, er läßt sich nicht durch Wünsche und Befürchtungen in seiner Erfassung der Außenwelt beeinflussen.*

6. Der Gesunde ist fähig, seine Lebensumstände zu bemeistern. *Dazu gehört die Fähigkeit zu lieben, die Adäquatheit von Liebe, Arbeit und Spiel, die Adäquatheit der interpersonalen Beziehungen, die Tüchtigkeit in der Behandlung der Erfordernisse gegebener Situationen, die Fähigkeit zur Anpassung, die Tüchtigkeit im Lösen von Problemen.*

Zu diesen Hauptkriterien der *gesunden Persönlichkeit* kommt meiner Ansicht nach ein weiteres, das mir von der Psychotherapie her als bedeutungsvoll erscheint. Es ist die Fähigkeit des Gesunden, *sein Leben in seiner Kontinuität* zu überschauen, während der Neurotiker oft ganze Lebensabschnitte mehr oder weniger völlig vergißt.

Wie erfolgt nun die *diagnostische Erfassung* der seelischen Gesundheit im Sinne dieser Kriterien und der seelischen Krankheit gemäß den von der Psychiatrie definierten Symptomen?

Ebenso wie die Bestandsaufnahme kann die *diagnostische Untersuchung* eine mehr oder weniger umfassende sein. Sie kann sich im Notfall auf Interview-Erhebungen beschränken, oder sie kann Tests und systematische Beobachtungen einbeziehen.

Ein Beispiel einer im Interview vorgenommenen Diagnose, bei der die Therapeutin sich auf ihre Kenntnisse der Krankheitsdynamik stützte, wird im Behandlungsfall der Depression von Mrs. R. R., den Dr. Hedda Bolgar beisteuerte, im weiteren Verlauf dieses Kapitels gegeben werden.

E. Kuno Beller gibt in einem soeben erschienenen Werk über den ›klinischen Prozeß‹ eine außerordentlich vollständige Übersicht über die diagnostischen Methoden, die im Child Development Center in New York zur Anwendung gelangen. Sie seien als Beispiel eines besonders umfassenden Vorgehens kurz erwähnt.

Nach der sehr detaillierten Bestandsaufnahme *werden* physiologische *und* psychologische Tests *vorgenommen. Zu den quantitativ und qualitativ ausgewerteten Testresultaten kommt bei Kindern eine* Beobachtungsstudie *in einer freien Spielsituation.*

Die Diagnose *erfolgt sodann in zwei Stadien. Sie ist einerseits deskriptiv, andererseits klassifizierend. Im beschreibenden Teil wird nach bestimmten, allgemein festgelegten Gesichtspunkten vorgegangen. Es werden nach Angaben über den allgemeinen Eindruck, den das Kind macht, detaillierte Feststellungen über Körperfunktionen und Gewohnheiten, über Bewegungen, Emotionen, Umgebungswahrnehmung, über das Denken, die Sprache, die Phantasie, die Selbsterfassung und die Beziehungen zur menschlichen und sachlichen Umwelt zusammengetragen.*

Die klassifizierende Diagnose *unterscheidet zwischen psychogenen, das heißt seelisch verursachten Störungen, intellektuellen Schwachsinnsgraden und sogenannten organisch bedingten Verhaltensstörungen, das sind solche, die auf Krankheiten des Gehirns und des Nervensystems zurückgehen.*

Fast überall werden heutzutage *psychodiagnostische Tests* verwendet, für die der Psychologe der zuständige Fachmann ist. Unter psychodiagnostischen Tests versteht man Aufgaben, die dem zu Untersuchenden gestellt werden. Die Art und Weise, wie diese Aufgaben angepackt und gelöst werden, ist geeignet, Licht auf das Innenleben der getesteten Person zu werfen. Als Test wird eine Aufgabenreihe nur dann anerkannt und verwendet, wenn sie standardisiert, das heißt an einer repräsentativen Gruppe durchgeführt und mit statistischen Mitteln verläßlich gemacht worden ist.

Den Begriff des Tests besprachen wir bereits im Kapitel über die Erziehung, und zwar im Zusammenhang der ersten Intelligenztests sowie der Entwicklungs- und Leistungstests. Hier wollen wir uns hauptsächlich mit einigen besonders wichtigen *diagnostischen Tests* befassen. Die Notwendigkeit einer äußerst beschränkten Auswahl macht es uns unmöglich, auf die ganze Fülle der heute verfügbaren ausgezeichneten Testmethoden auch nur annähernd einzugehen. Der interessierte Leser sei auf das außerordentlich gründliche ›Lehrbuch der psychologischen Diagnostik‹ von Richard Meili verwiesen.

In aller Kürze wollen wir andeuten, daß die *Persönlichkeitserfassung*, um die es sich bei der psychologischen Diagnose in erster Linie handelt, mit Hilfe von verbalen und nicht-verbalen Methoden erfolgen kann.

Verbale Tests

Zu den *verbalen Methoden* gehören Fragebogen und andere Techniken der Befragung, durch welche Auskünfte über die verschiedensten Gegenstände von dem Patienten oder einer anderen Versuchsperson (wie man das nennt) erhoben werden.

Bekannt ist der Maudsley-Persönlichkeitsfragebogen *von H. J. Eysenck, in dem 56 Fragen mit Ja oder Nein zu beantworten sind. Beispiele:*

Mir wird gelegentlich schwindlig	*Ja*	*Nein*
Ich fühle mich leicht verletzt	*Ja*	*Nein*
Ich mache mir Sorgen über meine Gesundheit	*Ja*	*Nein*

In Amerika wird viel benutzt das Minnesota Multiphasic Inventory (MMPI) *von J. C. McKinley und S. R. Hathaway, das aus über 500 Karten mit ähnlichen Fragen besteht, die vom Patienten danach geordnet werden, ob er sie zustimmend oder ablehnend beantwortet.*

Projektive Methoden

Die *nicht-verbalen Methoden* gehen von dem Standpunkt aus, daß befragte Menschen ihre Schwächen natürlicherweise zu verschleiern bestrebt sein werden und daß sie, wie Freud gezeigt hat, sich ihrer tiefsten Strebungen nicht bewußt sind. Wenn man daher, wie das in den nicht-verbalen Tests geschieht, einer Versuchsperson Material vorlegt, auf welche diese unbewußt emotionell reagiert, dann kann man hoffen, tiefer in die Gefühlswelt und zu den wahren Motiven dieses Menschen vorzudringen. Die Tatsache, auf die man sich hier verläßt – und zwar, wie die Erfolge zeigen, berechtigterweise –, wird *Projektion* genannt.

Das heißt, man kann annehmen, daß der Patient, aber auch jeder andere, in seiner Reaktion auf das ihm vorgelegte Material sein Fühlen und Denken zum Ausdruck bringt oder in das Material projiziert.
Als Beispiel seien von den vielen ausgezeichneten *projektiven Methoden*, wie diese Tests genannt werden, nur einige der bekanntesten angeführt.

Der Rorschach-Test

Am berühmtesten und am weitgehendsten angewandt ist heute der von dem Schweizer Hermann Rorschach erfundene Test gleichen Namens, dem im Publikum oft die Bezeichnung Tintenkleckstest gegeben wird. In der Tat handelt es sich beim *Rorschach* um zehn Blätter mit Tintenklecksen, die der Vp. (Abkürzung für Versuchsperson) vorgelegt werden mit der Aufforderung zu sagen, woran Teile oder das Ganze der Figuren sie erinnern – ähnlich etwa, wie man in Wolken Gegenstände oder Vorgänge erblicken kann (Abb. 110 – Die hellen Teile sind im Original rot).

110 Die Tafel II von den insgesamt zehn Tafeln des Rorschach-Tests, verkleinert wiedergegeben. (Aus H. Rorschach, Psychodiagnostik)

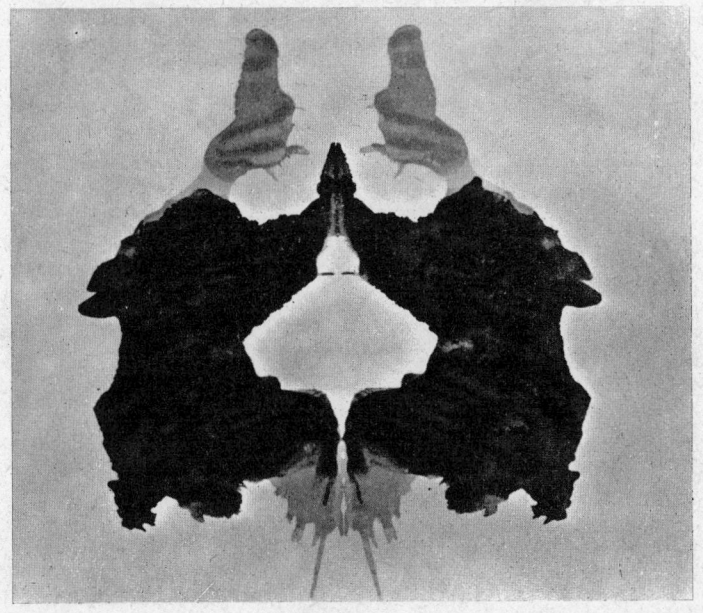

Hier das Beispiel eines Kleckses und ein paar Reaktionen:

Glen, *ein 25jähriger junger Mann, dessen Fall wir später besprechen werden, bringt zu dieser Karte (II) folgende Ausdeutungen:*

1. Ich sehe zwei Leute, die eine Auseinandersetzung haben, während sie ein Händeklappspiel miteinander spielen; sie haben rote Hüte auf und lange schwarze Röcke aus einem schweren Material an.

2. Wenn ich das Blatt umdrehe, sehe ich einen Hund, der einen roten Socken im Maul hat, den er spielend schüttelt. Er steht vor einem Spiegel, während er es tut.

3. Zwei Leute, die etwas zwischen sich in beiden Händen haben, um das sie kämpfen. Es ist ein Symbol von Macht, um das sie kämpfen. Wir sehen sie von hinten.

4. Umgedreht: Ein Raketen-Raumschiff startet. Es ist weiß, hinten kommt Feuer heraus.

Der in Tests nicht Bewanderte, der dies liest, wird den Kopf schütteln und sich fragen, was man wohl aus solchen Antworten schließen kann. Dies ist deswegen nicht ohne weiteres ersichtlich, weil die in den Testantworten ausgedrückten Gefühle und angedeuteten Erlebnisse nur durch *Interpretation* erschlossen werden können. Dies führt uns zu dem in der modernen Psychologie so grundlegend wichtigen Faktor der Interpretation, über den wir uns in Kürze klarwerden müssen.

Interpretation heißt bekanntlich Deutung. Deutungen müssen dann angewandt werden, wenn irgend etwas nicht direkt, sondern nur *indirekt* ausgedrückt wird.

Selbst im täglichen Leben geschieht das immerfort. Jemand sagt etwas ›durch die Blume‹ oder gibt ›einen Wink mit dem Zaunpfahl‹, wenn er nicht direkt sagen will, daß etwas ihn ärgert oder stört.

Während Interpretationen bewußter Verschleierungen leicht und jedermann verständlich sind, und während die meisten Menschen fähig sind, Absichten und Gefühle, die nicht direkt ausgedrückt sind, deutend zu erkennen, ist eine Interpretation schwierig und nicht allgemein zugänglich, wenn es sich um *unbewußtes* Material handelt. Hier bedarf es vieler Kenntnisse über das menschliche Seelenleben, wie es erst Freuds Tiefenpsychologie erschlossen hat. Freud entdeckte, daß indirekte Hinweise und bildhafte Verschleierungen besonders häufig dann von uns vorgenommen werden, wenn ein Erlebnis uns unannehmbar oder unerträglich erscheint.

In der Methode, verborgenen Sinn so zu deuten, daß die Interpretation dem, was wir über die Grundtendenzen solcher Verschleierungen wissen, gerecht wird, muß der Psychologe geschult sein. Selbst dann kommt es noch zu mangelnder Übereinstimmung dadurch, daß manchmal mehrere Deutungen eines Erlebnisses möglich sind. Der Grund dafür ist, daß menschliche Erlebnisse komplex sind und Verschiedenes über sie ausgesagt werden kann. Eine bestimmte Deutung muß deswegen nicht notwendigerweise weniger richtig sein als eine andere, sondern sie mag nur einen anderen Zusammenhang des Erlebnisses aus einer tieferen oder weniger tiefen Persönlichkeitsschicht in den Vordergrund rücken.

Bei der *Interpretation des Rorschach* kommen zwei verschiedene Methoden zur Anwendung. Die Interpretation des *Inhalts* dieser Antworten stellt nur einen und für viele nicht den wichtigsten Teil der Auswertung des Tests dar. Sie ist nicht standardisierbar und sieht verschieden aus je nach der theoretischen Orientierung des Psychologen, der sie ausführt.

Ich selbst schließe aus den vier von insgesamt 49 Antworten Glens, daß er sich in schweren Auseinandersetzungen mit einer anderen Person befindet, bei denen es sich um Spiel, aber auch um Machtfragen handelt. Vielleicht ist er im Kampf mit sich selbst. Das Element des Spiels kommt wiederum zum Ausdruck im Benehmen des Hundes. Die Idee einer machtvollen Aktion, die explosiv befreit, wird kundgegeben auch durch den Raketenstart. Ich würde also schließen, daß Glen innere Kämpfe und Auseinandersetzungen hat, bei denen Fragen des Spiels im Gegensatz zu Kraftentfaltung eine Rolle spielen. Dies ist tatsächlich, wie wir sehen werden, der Fall.

Der Rorschach dient nicht in erster Linie der Interpretation von Lebensinhalten eines Patienten, sondern weit mehr der Erfassung seiner *Persönlichkeitsstruktur*. Diese ergibt sich aus einem quantitativen Verfahren, mittels dessen *formale Momente* der Reaktionen bestimmt und gezählt werden. Es ist dies die zweite Auswertungstechnik dieses Tests.

Die hierbei herausgelösten formalen Momente wurden teilweise bereits von Rorschach selbst angegeben. Seit Rorschachs vorzeitigem Tod haben verschiedene Autoren in Europa und in Amerika an diesem Problem weitergearbeitet. Das bekannteste und verbreitetste System dürfte das von Bruno Klopfer sein, obwohl auch die Methoden von S. Beck und E. Bohm sich der Beliebtheit erfreuen und ich selbst mit K. Bühler und W. D. Lefever an einer Standardisation gearbeitet habe. R. Meili gibt auch hierüber einen ausgezeichneten Überblick.

In der quantitativen Darstellung des sogenannten Rorschach-Profils *zeigt sich Glen als eine Persönlichkeit, die in schwerem Konflikt zwischen großer Frustration und dem starken Bedürfnis steht, sich den an ihn gestellten Ansprüchen zu fügen. Seine Hypersensitivität und innere Unsicherheit tragen zu seiner Angst und exzessiven Spannung bei. Er hat viel Phantasie und scheint ein begabter Mensch zu sein, der seine Fähigkeiten nicht zur Verwirklichung bringt, sondern in Schablonen denkt und in eingefahrenen Gleisen handelt. Eine starke innere Aufleh-*

nung gegen diese Situation scheint zu nichts zu führen. Er ist voller Aggression und Explosivität, ohne damit irgend etwas zu erreichen. Sexuell ist er unreif und vielleicht durch homosexuelle Tendenzen beunruhigt.

Alles in allem bietet er das Bild einer sowohl unreifen wie emotional ziemlich gestörten Persönlichkeit.

Die im Gefolge der diagnostischen Studie einsetzende Therapie bewies die Richtigkeit der Rorschach-Interpretation, deren Nützlichkeit darin bestand, daß sie eine schnelle Einsicht in die Art und den Grad der Störungen gab und den Therapeuten auf das zu Erwartende vorbereitete.

Der TAT-Test

Ein zweiter, außerordentlich verbreiteter, den Rorschach nach gewissen Richtungen hin ergänzender Test ist der *Thematische Apperzeptions-Test*, allgemein als TAT bekannt, den Henry A. Murray geschaffen hat. Dieser genial entworfene Test besteht darin, daß der Vp. eine größere Anzahl von *Bildern* (gewöhnlich 10 bis 12) vorgelegt werden, zu denen sie Geschichten erzählen soll. Das Scharfsinnige bei der Erfindung dieses Tests besteht darin, daß die in den Bildern dargestellten Situationen mehrdeutig sind und deshalb von verschiedenen Personen in verschiedener Art ausgelegt werden können. Diese Auslegung verrät dann die Projektion, welche die betreffende Vp vornahm.

Wie immer die Interpretation verlaufen mag, der TAT wird jedenfalls allgemein dazu verwendet, um die Beziehungen des Patienten zu seiner Familie und zu sich selbst kennenzulernen.

Projektion und Interpretation

Eysenck wies darauf hin, daß die *Projektionsmethoden* keine Tests ›im gewöhnlichen Gebrauch des Wortes‹ sind und daß sie nicht einmal den Anspruch erheben, die von Freud aufgestellten Projektionsmechanismen zu berücksichtigen. Er will aus diesem Grunde den von Lawrence K. Frank so glücklich geprägten Ausdruck ›projektive Tests‹ beseitigt sehen.

Jedoch ist die Tatsache, daß die Vorgänge der Projektion sowie der gesamten Dynamik des Seelenlebens heute von vielen anders als von Freud selbst interpretiert werden, auf die Entwicklung der Neoanalyse und der Selbstverwirklichungstheorien zurückzuführen (womit der Genialität von Freuds ursprünglichen Ideen kein Abbruch getan wird). Diese Entwicklung ist im Kapitel über Motivation dargestellt.

Da es uns im wesentlichen auf die Erklärung der in den Persönlichkeitstests zur Anwendung gelangenden Prinzipien und nicht auf eine vollständige Übersicht ankommt, so erwähnen wir nur noch im Vorbeigehen, daß Meili außer dem Rorschach und dem TAT den *zeichnerischen Gestaltungstest* von Wartegg, den *Sceno-Test* von G. von Staabs, bei dem mit Hilfe biegsamer Puppenfiguren eine Szene aufzubauen ist, und den *Farbpyramiden-Test* von Pfister und Heiß für maßgebend hält. Über den letzteren, der, wie das Wort besagt, aus Farbpyramiden besteht, sagt Heiß, daß er Einblick in die affektive Struktur und ihre Probleme gibt und daß er bei wiederholter Anwendung aufschlußreich für ›normale‹ und ›neurotische‹ seelische Verläufe ist. Jedoch ist Heiß selbst der Ansicht, daß Rorschach und TAT die entscheidenden Verfahren der Persönlichkeitsdiagnostik darstellen. In Amerika ist allerdings der *Vier-Bilder-Test* von Van Lennep bekannter als diese eben genannten europäischen Tests.

Testmethoden für Kinder

Bei *Kindern* kommen zu den genannten Methoden noch andere hinzu. Das *diagnostische Puppenspiel* oder Spiel mit anderem Spielzeug, das zuerst von Anna Freud und Melanie Klein verwertet wurde, wird in analytisch orientierten Kliniken zu Interpretationen über emotionale Vorgänge und Familienbeziehungen herangezogen.

Das zuerst von Margaret Löwenfeld eingeführte *Weltspiel*, das aus Miniaturgegenständen besteht, wie man sie in der Welt findet – aus Häusern, Bäumen, Zäunen, Menschen, Tieren, Wagen usw. –, und das von mir mit Hilfe von M. van Wylick, G. Kelly und anderen als *Welt-Test* standardisiert wurde, wird heute nicht selten diagnostisch verwendet. Es zeigt die Gefühle, die das Kind gegenüber der Außenwelt hat, ob es sie als durch Zäune (Verbote) begrenzt sieht, ob als chaotisch und verwirrend, ob als wohlgeordnet und belebt, ob es in Menschenfurcht Menschen vermeidet, ob es die Welt als voller Gefahren auffaßt, oder ob seine Welt eine innere Leere reflektiert und anderes mehr (s. Abb. 111–116).

▶

111–116 Der aus dem ›Weltspiel‹ entwickelte ›Welt-Test‹ ist heute international verbreitet, wie diese sechs Beispiele zeigen.

111 Die an Gefahren reiche Welt eines siebzehnjährigen englischen Mädchens. (Nach M. Löwenfeld)

112 Die aus kleinen Einheiten aufgebaute, reiche Welt der fünfjährigen Dorli. (Aus Wien, nach M. van Wylick)

113 Die aufgereihte Welt des schwachsinnigen Dudley. (Aus USA, nach Gayle Kelly)

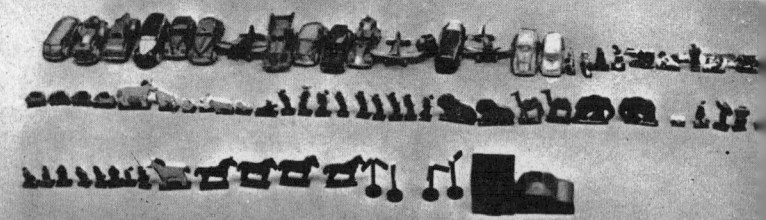

114 Die starre, eingezäunte Welt der achtjährigen Nancy. (Aus USA, nach C. Bühler)

115 Die leere Welt des neunjährigen Erich. (Aus England, nach H. M. Meyer)
116 Die chaotische Welt eines schwer gestörten Dreizehnjährigen. (Aus Frankreich, nach Roger Mucchieli)

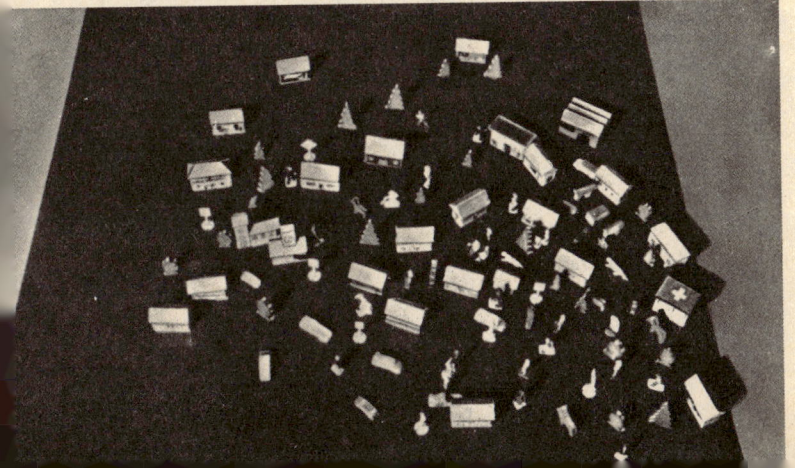

Die psychodiagnostische Studie der heutigen klinischen Psychologen stützt sich in der großen Mehrzahl der Fälle nicht auf einen Test, sondern auf mehrere. Man spricht dabei von einer *Test-Batterie.* Eine solche Batterie kann je nach den vorliegenden Problemen eine größere Anzahl von Tests umfassen, die zu einander ergänzenden Informationen herangezogen werden, oder sie mag nur in zwei oder drei Tests bestehen. Als das klassische Fundament einer zulänglichen Batterie werden heute wohl allgemein und überall insbesondere drei Tests betrachtet: der *Rorschach,* der TAT und der *Wechsler-Intelligenz-Test,* in den USA auch als Wechsler-Bellevue-Test bezeichnet.

Es handelt sich bei dem Wechsler-Test um einen modernen Intelligenztest, *der den im vorigen Kapitel beschriebenen Stanford-Binet-Test deswegen weitgehend abgelöst hat, weil er aus nur zehn anstatt einer sehr viel größeren Anzahl von Aufgaben besteht und weil er sich als klinisch besonders ergiebig erwiesen hat. Der Grund dafür ist, daß Wechsler den brillanten Einfall hatte, fünf rein verbalen Tests fünf praktische Handlungstests anzureihen und gegenüberzustellen. Hiermit wurde die Möglichkeit geboten, den Stand des sprachlichen Gedächtnisses und Denkens mit den hauptsächlich auf Wahrnehmung und Motorik gestützten praktischen Intelligenzleistungen zu vergleichen.*

Dieser Vergleich erwies sich als besonders hilfreich in Fällen mit partiellen Störungen von Gehirnfunktionen.

Die diakritische Diagnose

Mit Hilfe einer integrierenden Bearbeitung von Rorschach, TAT und Wechsler kann im allgemeinen eine *diakritische Diagnose* gegeben werden, das heißt eine, die eine Entscheidung zwischen verschiedenen in Betracht kommenden Krankheiten ermöglicht. Ein Beispiel einer solchen Diagnose hat in liebenswürdiger Weise Dr. Rogers H. Wright zur Verfügung gestellt, ein in Los Angeles in privater Praxis tätiger Psychologe. Die hier verkürzt wiedergegebene diakritische Diagnose will die organisch-neurologisch und die funktionell-psychologisch bedingten Ursachen einer *Leseunfähigkeit* unterscheiden.

Der Patient S. Y., ein 23jähriger junger Mann, besuchte einen Psychiater wegen seiner Eheschwierigkeiten und seiner großen Ängste und Spannungen. Während des Interviews erwähnte der Patient nebenbei, daß er eine ›psychologische Hemmung‹ beim Lesen habe und seit seinem elften Lebensjahr bei Beratern und Psychotherapeuten aus- und eingegangen sei. Der Psychiater hielt dies für merkwürdig und schickte ihn für eine sorgfältige Untersuchung zu Dr. Wright.

Der Psychologe wollte zunächst einmal feststellen, wieviel der Patient überhaupt zu lesen imstande war. Mit Scham und Beklemmung gestand der sauber und anständig aussehende, ernsthafte junge Mann, daß er eigentlich überhaupt nicht lesen und nur seinen Namen und ein paar Worte schreiben konnte. Gefragt, wie er überhaupt durch die Schule, einschließlich der High School, habe kommen können, erzählte der Patient, daß er alles in der Klasse Vorgetragene auswendig lernte, daß Freunde ihm aus ihren Büchern und Heften vorlasen und daß freundliche Lehrer ihn wegen seiner ›Hemmung‹ mündlich prüften statt ihn an schriftlichen Arbeiten teilnehmen zu lassen.

Dr. Wright unterzog den Patienten nunmehr einer umfassenden Testprüfung. Die Test-Batterie bestand aus dem Wechsler-Bellevue-Test, dem Bender-Gestalt-, dem Haus-Baum-Person-Test und dem Rorschach-Test.

Der Intelligenztest zeigte, daß S. Y. außerordentlich hohe geistige Fähigkeiten hatte, nämlich einen I. Q. von über 130, daß aber die Schwankungen zwischen ungewöhnlich hohen und nahezu defekten Leistungen sehr groß waren.

Besonders auffallend war beim Patienten das, was man seit Kurt Goldstein als ›konkretes Denken‹ bezeichnet, nämlich eine Unfähigkeit, Abstraktionen zu vollziehen. Diese Unfähigkeit ist ein bekanntes Symptom bei gewissen Gehirnschäden. Diese Schäden wurden weiter klar erkennbar bei einigen der auf Wahrnehmungsunterscheidungen aufgebauten Tests. Der Patient war sich dieser Unfähigkeit bewußt und sagte oft: »Ich weiß, wie man das machen muß, aber irgendwie bringe ich es nicht zustande.« Viele Probleme löste er auf Umwegen, durch eigenartige Überlegungen, die er sich zu eigen gemacht hatte.

Schließlich zeigte sich ein ungeheurer Abfall der Leistung infolge Ermüdung; diese schien ungewöhnlich groß.

Im Rorschach-Test traten besonders deutlich alle die Anzeichen auf, die für das Vorhandensein von Gehirnschäden charakteristisch sind.

Aus dem gesamten Testmaterial ergab sich, daß der Patient an einer ungewöhnlichen Form organischer Schädigung der Fähigkeit zum Erfassen von Symbolen litt, wie sie beim Lesen, Schreiben und Denken zur Anwendung gelangen. Es war eine aphasieartige Störung, das heißt eine den organisch bedingten Sprachstörungen verwandte Erscheinung.

Der sensitive Patient reagierte auf seinen bisher undiagnostizierten Defekt als auf eine Minderwertigkeit und hatte eine zerstörerische, verachtungsvolle Einstellung zu sich selbst. Seinen Defekt beurteilte er als hoffnungslose Unzulänglichkeit. Mehrere seiner Rorschach-Antworten ließen erkennen, daß er auch Zweifel an seiner Vollmännlichkeit hatte, was er durch aggressives Benehmen kompensierte.

Dr. Wright kam zu der Ansicht, daß dem Patienten volle Einsicht in den Tatbestand seines Defektes gegeben werden sollte. Er tat dies und schlug S. Y. vor, an einem Lehrkurs zum Üben von Wahrnehmungen und Begriffsbildungen teilzunehmen, wie er Kindern mit Gehirnschäden geboten wird. Dies geschah, bei gleichzeitiger psychotherapeutischer Arbeit. Der Patient lernte dank seiner hohen Intelligenz mit Hilfe dieser neuen Methoden in kürzester Zeit lesen und schreiben, und durch die Erklärung des Defekts sowie durch die Psychotherapie gewann er eine wesentlich bessere Einstellung zu sich selbst.

Ein weitere diagnostische Studie

Die Zusammenfassung der diagnostischen Studie eines ganz andersartigen Problems möge eine Vorstellung von der Reichweite der heutigen psychologischen Forschung geben. Die Untersuchung, auf die Dr. Hildegard Hiltmann mich freundlichst hinwies, betrifft die Beurteilung der Zeugentüchtigkeit einer Dreizehnjährigen und wurde von Ingeborg Janssen im Institut für Psychologie und Charakterologie der Universität Freiburg i. Br. unter Prof. Dr. Robert Heiß vorgenommen. Das Schwergewicht lag in diesem Fall auf der Exploration, das heißt auf dem diagnostischen Gespräch des Psychologen mit der zu untersuchenden Person.

Ein 13jähriges Mädchen wurde auf seine Zeugentüchtigkeit untersucht und beurteilt. Es hatte einen bisher unbescholtenen Mann unzüchtiger Handlungen beschuldigt. Bei der psychologischen Exploration wiederholte es zunächst die Aussagen, die es anläßlich der polizeilichen Vernehmung gemacht hatte.

Aus der Vorgeschichte ist bekannt, daß das Mädchen in höchst schadhaftem Milieu aufgewachsen ist und schon mehrfach Gelddiebstähle beging, die es immer erst nach hartnäckigem Leugnen eingestanden hat.

Das Mädchen machte auf den ersten Blick nicht gerade einen vertrauenswürdigen Eindruck, doch war ihm eine so schwerwiegende lügenhafte Anschuldigung auch nicht ohne weiteres zuzutrauen.

Bei der routinemäßigen psychodiagnostischen Untersuchung ließen sich als charakteristische Züge eine starke Triebhaftigkeit und ein erheblicher Geltungsdrang nachweisen. Ferner zeigte sich, daß Ressentiment und Rachsucht als wesentlich mitbestimmende Triebfedern seiner Verhaltensentgleisungen anzusehen waren.

Aufgrund der Einsicht in seinen Charakter und seine Wesensart wurde die Exploration dann in der Weise gelenkt, daß dem Mädchen reichlich Gelegenheit geboten wurde, sich über seine Bekanntschaft mit dem Beschuldigten und seine Einstellung zu ihm auszusprechen und dabei

seinen Gefühlen freien Lauf zu lassen. Im Verlauf dieses Gesprächs
brachte es mit sichtlicher Erregung vor, daß er es einmal schwer ge-
kränkt habe. Schließlich gab es zu und ließ sich davon nicht mehr ab-
bringen, daß seine Anschuldigung ein Racheakt für die damals erlittene
Kränkung gewesen sei.

5. Die psychologische Beratung

Obwohl, wie wir bereits sagten, Beratung und Therapie nicht streng
voneinander zu trennen sind und oft ineinander übergehen, bestehen
doch Verschiedenheiten im beratenden und im therapeutischen Vorgehen, selbst wenn derselbe Behandelnde beide verwendet.
Die klarste Herausarbeitung der Unterschiede finde ich in der ›Therapeutischen Psychologie‹ von L. M. Brammer und E. L. Shostrom, zwei
Psychologen, von denen der eine hauptsächlich beratend, der andere
überwiegend therapeutisch tätig ist.
Diese Autoren betonen als Eigenheiten der Beratung, daß sie sich im
wesentlichen mit bewußten, durch bestimmte Lebenssituationen be-
dingten Problemen befaßt, welche der Beratene besser zu lösen lernt,
wobei er vom Berater weitgehend Hilfe und emotionale Unterstützung
erfährt.
Die Eigenheit der Therapie ist dagegen – und dies gilt weitgehend
unabhängig von dem spezifischen System, das der Therapeut benutzt –
mehr auf unbewußte Konflikte eines von schwereren emotionalen Stö-
rungen Betroffenen eingestellt. Die Unterstützung seitens des Thera-
peuten ist auf bestimmte Aspekte beschränkt. Der Schwerpunkt liegt
auf Tiefenbehandlung mit dem Ziel einer vollständigen oder teilweisen
Restrukturierung der Persönlichkeit.
Machen wir uns dies mit einfacheren Worten an einem Beispiel klar.
Herr und Frau Braun kommen zur Beratung, weil sie Schwierigkeiten
mit ihrer 14jährigen Tochter haben. Hanna ist die ältere von zwei
Schwestern und in den letzten zwei Jahren aufsässig und schwer zu
behandeln. Die Probleme sind, daß Hanna nicht mehr wie früher ihre
Schulaufgaben und häuslichen Pflichten erledigt, sondern statt dessen
stundenlang mit Freundinnen unterwegs ist, am Telefon und vor dem
Spiegel sitzt und sich viel mehr für allerlei Nichtigkeiten und Unter-
haltungen interessiert als für irgendwelche ernsteren Dinge. Sie
schwärmt für zwei Buben, die sie ins Kino mitnehmen, während sie
sich weigert, mit der Familie in die Kirche zu gehen, weil sie zur Zeit
voller Zweifel ist. Ihr Klavierspiel hat sie fast ganz aufgegeben; die
Lehrerin ist darüber ebenso enttäuscht wie die Eltern.
Bei diesem typischen *Erziehungsberatungsfall* wird der geschulte und

erfahrene Psychologe zunächst genauer festzustellen versuchen, wie schwerwiegend die Problemlage ist. Worum, genau gesehen, geht es hier? Handelt es sich in der Hauptsache um jene so häufigen Schwierigkeiten, die wir zu Beginn der Pubertät sich zwischen Eltern und Kindern entwickeln sehen? Um etwas pedantisch pflichtorientierte Eltern und um eine früher fügsame Tochter, die plötzlich entdeckt hat, daß es amüsantere Dinge gibt als Geschirr waschen, Blusen bügeln und Schularbeiten machen? Daß man schließlich auch einen eigenen Willen hat und nicht immer tun muß, was von einem verlangt wird? Oder liegen hier tiefere Probleme vor?

Wenn wir das Wort tief gebrauchen, das wir schon öfter verwendet haben, so bezieht sich dieses auf die Motivationen und die Emotionen, die bestimmten Erlebnissen eigen sind. *Tiefenschichten* sind seit Freud die dem Bewußtsein unzugänglichen inneren Bereiche, in denen sich die einerseits vorbewußte, andererseits ins Unbewußte verdrängten Erlebnisse aufstauen. Verdrängt wurden Erlebnisse, wie wir früher hörten, wenn sie unakzeptabel und mit allzu viel Schuldgefühlen belastet sind.

›Tiefere‹ Probleme im Falle der Familie Braun könnten in verschiedenem bestehen: Es könnte sich um Eltern handeln, die sich nicht eingestehen wollen, daß sie absurd hohe Ansprüche an ihre Kinder stellen und Vollkommenheit von ihnen verlangen; oder die mit ihrer Strenge etwas beweisen wollen, wie zum Beispiel ihre Autorität oder ihr Festhalten an konservativen Grundsätzen. Auch könnten Vater und Mutter verschiedene Gründe haben: vielleicht ist der Vater ein Tyrann und die Mutter hilflos in der Behandlung der Kinder.

Hanna andererseits könnte aus tieferen Gründen in das extreme Gegenteil ihrer früheren Fügsamkeit verfallen sein. Vielleicht hat sie vorher nicht zu rebellieren gewagt, hat ein Ressentiment aufgebaut und läßt es jetzt los. Vielleicht hat sie, die – wie im Gespräch herauskam – ihren Vater zu ›vergöttern‹ pflegte, allmählich starke Eifersucht gegen die Mutter entwickelt.

Von Anfang an ist es ziemlich sicher, daß es sich nicht um ganz tiefe Verwicklungen handelt, wie zum Beispiel einen tiefen Haß zwischen Kindern und Eltern.

Andererseits scheint mehr vorzuliegen als die üblichen Pubertätsschwierigkeiten, sonst hätte doch Frau Braun sich einfach mit ihrer Nachbarin Frau Schneider beraten können, denn Hanna ist mit deren Tochter intim befreundet.

Hanna selbst erzählt der Beraterin im Interview, daß sie zwar ihre Eltern sehr liebt und ihren Vater vergöttert, daß diese aber vollkommen altmodische Ansichten haben und daß ihr Vater dazu neigt, seine Familienangehörigen, auch seine Frau, zu tyrannisieren. Er sei eitel und wolle, daß man ihm ständig recht gibt und ihn bewundert. Ihre Mutter andererseits, so sagt Hanna, habe sie nie verstanden, obwohl sie es gut meint. Außerdem sei die Mutter etwas eifersüchtig darauf, daß Hanna so viel Spaß hat, während sie selbst eine ernste und nicht glückliche Jugend hatte. Hanna meint von sich selbst, daß sie nicht anders ist als ihre Freundinnen. Mit der Zeit würde sie schon wieder Lust zum Arbeiten haben. ›Das mit der Kirche‹ habe damit zu tun, daß sie keine Heuchlerin sein will, weil sie zur Zeit nichts glauben kann; zudem sei ihr Vater, der so viel davon hermache, neulich, als sie schließlich doch wieder einmal in die Kirche mitgegangen war, bei der Predigt sofort eingeschlafen. Also: Wie ehrlich ist in Wirklichkeit seine religiöse Andacht? Und mit dem Klavierspiel ist es so, daß sie kein Talent und keine Lust hat; das Ganze ist in ihren Augen nur Zeitverschwendung . . .

Hanna scheint nach alledem nicht in tiefe Ressentiments verwickelt zu sein. Jedoch bedarf andererseits die Situation einer etwas weiteren Bearbeitung, um den Eltern mehr Verständnis für die Unabhängigkeitsbedürfnisse der Pubertät und ihren Ausdruck in der gegenwärtigen Zeit zu geben, und mit der Tochter gilt es etwas weiter in die Gründe für ihr ziemlich demonstratives Verhalten einzudringen und ihr ein tieferes Selbstverstehen zu vermitteln.

Die Herbeiführung dieses Verstehens und Selbstverstehens ist in dem vorliegenden wie in anderen Fällen eines der Hauptziele aller Beratung und Therapie. Die zunehmende Erkenntnis von der Wichtigkeit der *Einsicht in sich selbst* für eine befriedigende Lebensführung hat der Institution zu stets wachsender Verbreitung verholfen.

Heutzutage gibt es außer den Beratungszweigen, die im vorigen Kapitel erwähnt wurden und die mit Schule und Beruf zusammenhängen, Beratungsstellen für Erziehung, Familienprobleme, Sexual-, Ehe- und Scheidungsprobleme, für Probleme des alternden Menschen, Probleme der Alkoholiker und Rauschgiftsüchtigen sowie anderes mehr.

Am verbreitetsten dürfte heute wohl neben der Erziehungsberatung die *Eheberatung* sein. Ein relativ unkompliziertes Beispiel sei aus einem Kompendium der Eheberatung entnommen, das für die ›Amerikanische Vereinigung der Eheberater‹ von E. H. Mudd, M. J. Karpf, A. Stone und F. Nelson herausgegeben wurde.

Das Problem, um das es sich im Falle der 25jährigen Miß Winston und ihres 30jährigen Bräutigams Mr. Evans handelte, bestand in den plötzlichen Zweifeln und Ängsten der Braut bezüglich der Heirat, die ihr Verlobter andererseits nicht mehr aufschieben wollte. Miß W.s Befürchtungen waren unklar, und sie versicherte, daß sie beide sich gegenseitig sehr liebten. Trotzdem gewann der beratende Psychologe den Eindruck, daß sie den Heiratsplan aufgeschoben oder gar aufgehoben sehen wollte.

Ihre Hauptgründe waren – neben weniger wichtigen – die, daß sie und ihr Verlobter sich nicht gut genug miteinander verständigen konnten, und mehr noch, daß sie ungern von ihrer Familie weg in eine große Stadt ziehen wollte. Ferner zeigte sie sich besorgt darüber, ob ihre Sexualbeziehung sich gut gestalten würde, da sie beide keine Erfahrung hätten.

Der Berater diagnostizierte das hier vorliegende Problem aufgrund von Interviewbefunden nicht als ein tiefer begründetes neurotisches, sondern als ein akutes und durch die Situation bedingtes Problem, das er für geeignet hielt, auf dem Niveau bewußter Beratung zu behandeln.

Miß W. und Mr. E. stammten beide aus konservativen Familien des Mittelstandes und hatten eine ausgezeichnete Erziehung, jedoch beide in Colleges ohne Koedukation. Sie hatten daher weniger als der amerikanische Durchschnitt Erfahrungen im Zusammenleben mit dem anderen Geschlecht. Mr. E. war Ingenieur, Miß W. hatte Journalistik studiert und war Mitherausgeberin der Frauenbeilage einer lokalen Zeitung. Sie war willens, ihre Karriere für Ehe und Familie aufzugeben, die ihr wichtiger erschienen; um so mehr wollte sie aber auch sicher sein, daß ihre Ehe erfolgreich würde.

Der Berater fand, daß Miß W. trotz ihrer beruflichen Selbständigkeit allzu abhängig von ihrer Familie und besonders von ihrem Vater war. Mit ihm verband sie ein Verhältnis gegenseitigen Verstehens, das ihre Besorgnis hinsichtlich ihrer Verständigung mit ihrem etwas steifen und sozial unerfahrenen Verlobten erklärte.

In anfangs getrennten, später gemeinsamen Interviews gelang es dem Berater, die beiden Verlobten zu klärendem Selbstverstehen und Verstehen des anderen zu führen und ein gegenseitiges Sich-Erschließen zu bewirken, das dann tatsächlich in eine außerordentlich glückliche Ehe mündete.

Der hier in aller Kürze dargestellte Fall wurde deshalb gewählt, weil er besonders klar den Charakter des legitimen Beratungsfalles erkennen läßt.

Wie der Fall von Hanna im wesentlichen ein Pubertätsproblem darstellte, so zeigt der Fall dieser Verlobten gleichfalls ein akutes Problem, das der Entschluß zur Verehelichung bei zwei in der Verständigung mit dem anderen Geschlecht unerfahrenen, emotional etwas unreifen Partnern entstehen läßt.

6. Psychotherapie

Unter dem Gesichtspunkt dessen, was die moderne Psychologie den Menschen für das bessere Gelingen ihrer Lebensgestaltung zu geben vermag, sind zwei Themen unseres Buches von besonderer Bedeutung. Es ist das erstens die Darstellung der Struktur des gesunden menschlichen Lebenslaufs, wie wir sie an früherer Stelle vornahmen, und zweitens die Aufzeigung der fundamentalen Rolle der Psychotherapie, vorausgesetzt, daß diese mit entsprechendem Verständnis für die Lebensprobleme gehandhabt wird. Die hervorragende Stellung der Psychotherapie im Rahmen der wohlverstandenen Selbsterziehung und Selbstgestaltung eines modernen Menschen ist denn auch die einzige Rechtfertigung dafür, daß wir versuchen wollen, von diesem ungeheuer ausgedehnten Gebiet auf einigen wenigen Seiten eine möglichst konkrete Vorstellung zu vermitteln.

Was ist Psychotherapie?

Jerome Frank, der sich intensiv mit der Frage befaßt hat, was in der Psychotherapie eigentlich vor sich geht, gibt einleitend eine *Definition* des Vorgangs, die vielleicht als die weitest gespannte, alle Arten von Therapie umfassende angesehen werden kann. Psychotherapie, so sagt Frank, ist ein Verfahren, dazu bestimmt, *das Gefühl des Wohlbefindens* einer Person zu erhöhen, und zwar dadurch, daß ein erfahrener, offiziell zugelassener Therapeut in systematisch organisierten Zusammenkünften gewisse hilfreiche Veränderungen in den Gefühlen, Einstellungen und Verhaltensweisen des Leidenden, der Hilfe sucht, zustande bringt. Die nächsten Fragen sind erstens, *wie* im einzelnen der Heilende diese Veränderungen bewirkt, und zweitens, *was*, genaugenommen, in diese Veränderungen einbezogen ist oder was sie umfassen.
In der Beantwortung dieser grundlegenden Fragen herrscht nun leider vorläufig noch keinerlei Übereinstimmung.
Indem wir versuchen wollen, die am meisten akzeptierten Auffassungen dieser komplizierten Vorgänge auf den einfachsten Nenner zu bringen, erwähnen wir als die wichtigsten Faktoren in der Psychotherapie folgende: a) Die *Beziehung* zwischen Therapeuten und Patienten. (Wir schlagen vor, in diesem Abschnitt weiterhin der Einfachheit halber von T. und P. zu sprechen); b) die *Aussprache* des Patienten; c) die *Interventionen* des Therapeuten; d) das *Ziel* des Verfahrens; e) das *Ergebnis* des Verfahrens.

a) Die Beziehung zwischen Therapeut und Patient

Die Beziehung zwischen T. und P. wird von allen Therapeuten für außerordentlich wichtig gehalten, jedoch verschieden aufgefaßt. Freuds ursprüngliche Theorie war, daß für eine erfolgreiche Behandlung eine sogenannte *Übertragungsneurose* von entscheidender Bedeutung ist. Gemeint ist damit, daß der Patient durch eine Periode hindurchgehen muß, in der er alle Gefühle von Liebe und Haß, die er für einen seiner Eltern hegte, auf seinen Therapeuten überträgt.

Die Methode der Übertragungsneurose wird in der Hauptsache nur von Psychoanalytikern verwendet. Die zuerst von Freud zur Geltung gebrachte Tatsache, daß die vergangenen Beziehungen zu ihren Eltern nicht nur bei den Patienten, sondern bei den meisten Menschen bis in die Gegenwart hineinspielen und auch in der Beziehung zum Therapeuten zur Geltung kommen, wird wohl allgemein anerkannt, jedoch nicht von allen Therapeuten als entscheidender dynamischer Faktor verwendet.

Carl Rogers zum Beispiel, einer der angesehensten Therapeuten, dessen eigene Methode wir später noch kennenlernen werden, stellt in dieser Hinsicht das extreme Gegenteil von Freud dar. Er betont, daß die ›helfende Beziehung‹, wie er sie nennt, weit mehr durch die *Haltungen und Gefühle des Therapeuten* wirksam wird als durch Techniken und Verfahrensweisen, die dieser anwendet. Er sagt, die Beziehung beruhe darauf, daß der T. vom P. als vertrauenswürdig, als mitfühlend genug, als herzlich und fürsorgend, liebevoll und interessiert, als in sich selbst genug gefestigt, als verstehend genug hinsichtlich verborgener Gefühle, als sensitiv genug und als nicht urteilend und nicht verurteilend erlebt wird.

Das heißt, Rogers sieht die Wirksamkeit der therapeutischen Beziehung als ausgehend von der *Persönlichkeit* des Therapeuten, wie sie ist und sich mit dem Patienten zu identifizieren vermag. Freud dagegen sieht die Wirksamkeit darin, daß der Therapeut versteht, den Patienten die Elternrolle auf sich übertragen zu lassen.

Rogers setzt mit seiner Lehre von der entscheidenden Rolle der Beziehung zwischen T. und P. eine Tradition fort, die mit Ferenczi, Rank und Sullivan begann. Otto Rank, einer der bedeutendsten Schüler Freuds, dessen Lehre in einem ausgezeichneten Büchlein von Fay Karpf dargestellt wird, erfreut sich derzeit wieder zunehmender Beachtung, da er im Sinne unseres heutigen Denkens die Befreiung schöpferischer Kräfte durch die Therapie betont. Dieser Gedanke ist auch Rogers eigen.

b) Die Aussprache des Patienten

Der Patient – wer ist der Patient? Wer kommt in die Psychotherapie, und worüber findet die Aussprache statt?

Vielleicht halten wir hier einen Augenblick inne und fragen: Wer sollte in die Psychotherapie kommen? In einem charmanten Artikel in der ›Los Angeles Times‹ erzählt William Menninger, einer der zwei Brüder, welche die berühmte Menninger-Klinik in Kansas begründeten, was er als Psychiater gern über eine Person wissen würde. Worauf diese Befragung hinausläuft, ist eine kurze populäre Inventarisierung von Einstellungen und Verhaltensweisen, die ihm zeigen würden, wie es um die emotionale Gesundheit einer Person bestellt ist.

Viele Leute, sagt Menninger, glauben, wie er selbst, an die Notwendigkeit regelmäßiger physischer Untersuchungen durch ihren Hausarzt. Er selbst glaubt auch an die Notwendigkeit von Untersuchungen hinsichtlich der Emotionen.

Jeder, so fährt Menninger fort, sollte sich gelegentlich, vielleicht einmal im Jahr, die Zeit nehmen, sich klarzumachen, wohin er geht, was ihm wichtig ist, was seine Absichten sind und seine Ziele.

Menninger ist sehr dafür, daß man an irgend etwas glaubt, das man als die eigene Berufung ansieht, und für das man sich einsetzt. Aber ebenso wichtig für die emotionale Gesundheit ist, daß man Ferien von der Arbeit nimmt. Auch sollte man einige Hobbys haben – sie machen das Leben reicher. Bei Menningers Untersuchungen hinsichtlich der emotionalen Gesundheit steht an erster Stelle die Frage nach den persönlichen Beziehungen: Welcher Art sind sie, wie konstant sind sie, und wen hast du gern und warum? Zweitens will er wissen, wie sich jemand in einer schwierigen Situation verhält: Ob er in Wut gerät, in Angst, oder wie er sonst die Realität bemeistert. Drittens interessiert ihn, wie gern man sich konstruktiv und schöpferisch ausgibt, an Menschen, Ideen, Dinge. Ein nächster Punkt ist, wie gut man Frustrationen zu akzeptieren vermag.

Dann will Menninger wissen, wie frei man von Angst und Spannung ist. Jeder, so sagt er, hat natürlich gewisse Perioden der Angst und Spannung. Aber wer nie aus Angst und Spannung herauskommt, ist krank. Die Hauptsache schließlich ist der Mut, sich selbst zu sehen, wie man ist. Dies ist natürlich das Schwierigste. Dies – und es sich selbst zuzugeben, wenn man Hilfe braucht.

Bei diesem Sich-selbst-Sehen scheint mir noch etwas wichtig zu sein, das ich im Sinne unserer früheren Erörterungen über seelische Gesundheit hinzufügen möchte: zu *erkennen, ob man innerlich frei ist* oder nicht.

Ich glaube, es ist eine allgemeine Erfahrung aller Therapeuten, daß die innerlich unfreiesten Menschen, denen sie begegnen, stets am stärksten betonen, *wie* gesund sie seien, und daß *sie* jedenfalls keinerlei therapeutische Hilfe brauchen. Ehrlich gesagt glaube ich, daß jeder eigentlich das, was die moderne therapeutische Hilfe heute bietet, irgendwann einmal in seinem Leben brauchen kann, zum mindesten als Anleitung, sich zu sehen, wie man ist. Aus diesem Grunde werde ich in meinem Schlußkapitel für die Abschlußklassen der höheren Schulen sowie der Fortbildungs- und Berufsschulen die Einführung von Gruppentherapie vorschlagen.

Der ›Patient‹, von dem wir hier vor allem reden wollen, ist also nicht notwendigerweise ein völlig zusammengebrochener Mensch. Vielmehr ist er ein in Lebensproblemen, die er nicht hinreichend lösen kann, nach Rat und Hilfe Suchender. Jedoch, wenn ihm Therapie und nicht Beratung empfohlen wird, ist er im Sinne unserer bisherigen Ausführungen ein Mensch, der durch tiefere unbewußte Konflikte verhindert wird, sich eine ihm vorgeschlagene Lebenslösung rational zu eigen zu machen. Irgend etwas hindert ihn, und dieses Hindernde kann von verschiedener Tiefe und Tragweite sein.

Das, was die Patienten als erstes brauchen, ist eine *Aussprache*. Diese Aussprache, die in den Sitzungen einiger Tage, Wochen, Monate oder gelegentlich Jahre vor sich geht, macht den Kerngehalt der Therapie aus.

Nun kennt natürlich jeder die Heilsamkeit von Aussprachen, auch ohne Therapie. Nichts ist für das erregte Gemüt beruhigender, als sich über irgendwelche Unbilden oder Enttäuschungen, die man erfuhr, mit einem verstehenden Freund oder Ehepartner aussprechen zu können. Die katholische Kirche hat über den Heilwert der Aussprache hinaus in der *Beichte* auch das Moment der Reue, der Buße und der Entlastung von Schuld als bedeutsam für den Trost und für den Wiedergewinn innerer Freiheit zur Geltung gebracht.

Freud sah für einige Zeit in der freien Aussprache den wichtigsten Teil des Heilungsvorganges. Bald aber kam er zu der Einsicht, daß die *Katharsis* als solche, wie er mit einem griechischen Wort den durch die Aussprache erzielten inneren Reinigungsprozeß nannte, keine Heilung bewirkt. Er hatte dann die Idee der sogenannten *Freien Assoziationen;* das heißt, er veranlaßte seinen Patienten, irgend etwas, das ihm gerade einfiel, vorzubringen. Mit diesem Vorgehen führte er eine *Technik* ein, die weit komplizierter war als das Sich-Aussprechen, weil in diesen Assoziationen oder Einfällen unzusammenhängendes Material zum Vorschein kam, das er als Andeutungen von tiefen Problemschichten und Wegweiser zu ihnen erkannte und benutzte.

Mit ›benutzen‹ ist gemeint das Verwenden von Deutungen oder *Interpretationen*, mit denen er an diese Einfälle anknüpfte. Damit geschieht dann weit mehr als verständnisvolles Zuhören; damit kam eine aktive Intervention des Therapeuten ins Spiel, von der wir im nächsten Abschnitt mehr erfahren werden.

An dieser Stelle sei jedoch bemerkt, daß es sowohl Analytiker als auch andere Therapeuten gibt, die sich weitgehend auf das Zuhören beschränken und der Ansicht sind, der Patient arbeite sich allmählich selbst zu tieferem Verständnis seiner Probleme hindurch.

Am ausgesprochensten wurde diese Meinung von Carl Rogers verfochten. Ihm gebührt das Verdienst, als erster unter den Psychologen eine selbständige, auf einer neuen Gedankenbasis aufgebaute *Theorie der Psychotherapie* aufgestellt und sie außerdem auch in *empirischen Studien* untersucht zu haben.

In seinem, ursprünglich *nicht-direktive Methode* genannten Verfahren ging Rogers von der Ansicht aus, daß infolge des jedem Menschen innewohnenden Bedürfnisses, zu wachsen und gesund zu sein, jeder Mensch auch imstande ist, sich selbständig durch seine Probleme zu innerer Klärung und zur Findung seiner selbst hindurchzuarbeiten. Er glaubte, daß der Patient keiner anderen Hilfe bedarf als des mitfühlenden, freundlich gesinnten, rücksichtsvollen Zuhörens seitens des Therapeuten.

Rogers war der erste Therapeut, der alle sprachlichen Mitteilungen während der Therapiestunden fortlaufend in Bandaufnahmen festhielt und dadurch anderen Kollegen Gelegenheit gab, das bisher unzulängliche Geschehen mit ihm zu studieren. Dieses mutige wissenschaftliche Vorgehen eröffnete eine vollkommen neue Phase in der Geschichte der Psychotherapie, die bis dahin eine Art Geheimwissenschaft gewesen war. Dank der Rogersschen Methode sind heute alle Therapeuten in der Lage, verschiedene Techniken mit ihrer eigenen zu vergleichen und über sie mit empirischen Belegen zu diskutieren.

Rogers selbst lernte jedoch aus seinen Experimenten, daß nur unter besonders günstigen Umständen der Patient ohne jedes Zutun des Therapeutem zu genügendem Selbstverstehen vordringt. Heute benützt er in seiner ›helfenden Beziehung‹ die Methode von Fragen, die er einwirft und die geeignet sind, das ›Gewahr-Werden‹, die ›awareness‹, des Patienten zu fördern. Damit hat er auch das Prinzip der Intervention bis zu gewissem Grade eingeführt.

c) Die Intervention des Therapeuten

Die *Intervention*, das Eingreifen des Therapeuten, kann in sehr verschiedener Weise erfolgen; sie stellt je nach Erfahrung, Überzeugung und Persönlichkeit des Therapeuten ein nach vielen Richtungen hin variierendes Verfahren dar. In anderen Worten: Die Art der Intervention macht eigentlich den Hauptunterschied zwischen den verschiedenen Möglichkeiten der Therapie aus.

Zunächst bedeutet die Intervention gegenüber dem rein *passiven* zuhörenden Verfahren offenbar ein *aktives* Vorgehen. Grundsätzlich kann diese Aktivität der Klarstellung, der Förderung, der Klärung von Vergangenheit und Gegenwart im Leben des Patienten dienen, oder sie kann sich mit der neuen Richtungnahme und Zielsetzung für die Zukunft des Patienten befassen.

Es kann hier natürlich nicht unsere Aufgabe sein, uns in technische Details der Prinzipien einzulassen, die bei Interventionen verschiedener therapeutischer Schulen obwalten, doch wollen wir kurz ein paar Hauptideen vermitteln.

Die analytische Exploration

Die wichtigste Interventionstechnik ist die von Freud eingeführte Interpretation, die allerdings heute nicht mehr allgemein ganz in derselben Art gehandhabt wird, wie Freud sie konzipiert hat.

Wie wir schon bei der Diskussion der projektiven Tests sagten, bestehen die in der Psychologie angewandten Interpretationen in Deutungen von Handlungen und Erlebnissen. Der Therapeut ist insbesondere an den ihm nicht direkt verratenen Beweggründen und Gefühlen seiner Patienten interessiert.

Die Frage ist: *Warum* sind es vor allem Interpretationen, die in einem Menschen tatsächlich einen tiefgreifenden *Wandel* herbeiführen können, und *wie* geht dieser Wandel vor sich?

Die kurze Antwort auf diese schwerwiegende Frage nach einem der komplexesten und eigenartigsten Prozesse, von denen wir überhaupt Kenntnis haben, lautet:

Der durch irgendwelche Ängste, Schuldgefühle, Zwänge, Fehleinstellungen seiner Freiheit beraubte, leidende Mensch kann dann einen Wandel erfahren, wenn er mit Hilfe eines Therapeuten in den von beiden herausgearbeiteten Interpretationen bis zu den emotionalen Ursprüngen seiner Leiden vordringt. Dies kann je nach den Umständen plötzlich und in einmaligem Geschehen oder aber – und das ist der häufigere Fall – allmählich und schrittweise vor sich gehen. Ein Beispiel mag dies illustrieren.

Glen, *ein 25jähriger junger Mann, befindet sich in Schwierigkeiten und ist voller Rebellion im Zusammenhang mit Problemen seines Berufes. Er vertritt die Ansicht, daß der Druck, unter den die Gesellschaft das Individuum setzt, völlig unberechtigt sei. Die aufgezwungene Arbeitszeit in der Werkstatt, in der er arbeitet, die vorgeschriebenen Examina an der Universität, die er als Werkstudent besucht –*

all dies empört ihn. Er meint, er sollte das Recht haben, sein Talent als Maler fortzubilden, ohne von allen Seiten kritisiert zu werden und zu hören, daß man Geld verdienen und die vorgeschriebenen Prüfungen bestehen müsse. All dieser Druck empörte ihn schon in der Schule, zur Zeit ist er in solchem Zustand der Rebellion, daß er nahe daran ist, auf und davon zu gehen und sich auf einer Südsee-Insel anzusiedeln.

Auf die Frage, warum er es nicht tue, sondern in die Therapie gekommen sei, antwortete Glen, daß er denke, irgend etwas müsse mit ihm nicht in Ordnung sein, da die meisten Leute, die er kenne, seine Meinung nicht teilten.

Er macht sich dann innerhalb weniger Wochen selbst klar, daß er gegen die Autorität der Gesellschaft genauso reagiert, wie er es von jeher gegen die Autorität seiner Mutter getan hatte. Die eine erschien ihm ebenso unberechtigt wie die andere. Über die ungerechtfertigte und sinnlose Art, in der seine Mutter ihre Autorität ausübte, ergeht er sich in leidenschaftlichen Worten. Empört erzählt er, wie sie Strafe auf Strafe häufte, wenn er schon als kleiner Bub nicht seine verschiedenen Pflichten so erfüllte, wie sie es verlangte: seine Kleidung nicht weghängte, keine Ordnung hielt, die Schularbeiten nicht machte oder nicht Geschirr abtrocknen half. Ihre Strafe bestand darin, daß er soundso lange nicht fortgehen und mit seinen Freunden draußen spielen durfte. Da er in seinem trotzigen Widerstand verharrte, steigerte die Mutter die Strafstunden ›zu astronomischen Zahlen‹, wie er sich ausdrückte. Sie schob die noch nicht abgebüßten Strafen von Woche zu Woche weiter und schien nie einzusehen, daß ihre Methode völlig verfehlt war und ihren Sohn zunehmend trotziger werden ließ.

Und was tat Glens Vater in der ganzen Zeit? Ach, sein Vater hatte eine ganz andere Lebensauffassung. Immer freundlich und guter Dinge, nahm er das Leben leicht und war meist nicht da, wenn Glens Mutter ihre Auseinandersetzungen mit dem Sohn hatte. Wenn aber Glen den Vater um Beistand bat, erklärte er, Glen müsse seiner Mutter folgen. Er mischte sich in Fragen der Erziehung und Bestrafung überhaupt nicht ein.

»Das Resultat also von all dieser Disziplin«, sagte Glen bitter, »ist, daß ich heute ein völlig disziplinloser Mensch bin.«

»Es scheint aber«, antwortete ich, »daß Ihnen das irgendwie nicht recht ist.«

»Ja« sagte er, »das ist das Merkwürdige. Ich rebelliere gegen die Gesellschaft ebenso wie gegen meine Mutter, wenn sie mir Disziplin auferlegt, aber dann denke ich doch wieder, irgendeine Disziplin sollte man haben.«

Aber wozu, wenn er doch nur tun wollte, was ihm Spaß machte?

Allmählich, im Verlauf mehrerer Monate, kam Glen auf das, was ihn störte. Es ärgerte ihn, allmählich bedrückte es ihn, und im Fortgang der Wochen deprimierte es ihn, und er begann es tiefer zu fühlen, daß er eigentlich nicht in der Lage war, etwas zu schaffen, das er als Leistung respektieren und bewundern konnte. Außer Basteleien tat er nichts, auf was er mit Stolz als auf sein Werk oder Wirken hätte zurückblicken können.

Was für eine sinnlose Art zu leben! Es mußte doch irgend etwas geben, das er wirklich leisten konnte. Und er war es sich doch eigentlich selbst schuldig, das Beste aus sich zu machen. Das Warten und Hoffen auf das Erproben eines Talentes war ein Selbstbetrug, denn wenn er es besaß, so hätte es sich doch bereits viel stärker kundgegeben. Er hatte offenbar in seiner Identifikation mit dem Vater, dessen künstlerisches Hobby weiter entwickeln und zu Erfolg und Ruhm führen wollen, ohne daß eigentlich irgendeine Grundlage dafür gegeben war.

Als er an diesem Punkt angelangt war und die Therapeutin die Frage stellte, ob dies noch mit seiner Mutter zusammenhinge, sah er mit plötzlicher Klarheit, was geschehen war. Das Beste aus sich selbst machen zu wollen, war sein eigener Wunsch und seine selbstgestellte Aufgabe. Sie hatte nichts mehr mit Autoritäten zu tun. Er sah klar, daß seine Identifizierung von Leistungen mit dem, was Autoritäten verlangen, ihm den Weg zu eigener Aufgabensetzung verbaut hatte. Er war steckengeblieben in seiner Kindheitssituation, in seiner Abhängigkeit von der Mutter und in seiner Rebellion gegen sie. Nun fühlte er sich frei. Andererseits erlaubte diese innere Freiheit ihm jetzt, deutlicher zu sehen, inwiefern und warum die Gesellschaft, in der er einen Platz verlangte, auch Rechte auf seine Mitarbeit und auf einen angemessenen Grad von Anpassung hatte.

Untersuchen wir den vorläufig dargestellten Teil des Ergebnisses; auf die Beziehung zum ›Vater‹ gehen wir dann später ein.

Die Art der von Glen erworbenen Erkenntnis, die in einem langsam vorbereiteten ›Aha-Erlebnis‹ gipfelt, wurde von den Psychoanalytikern ›Einsicht‹ genannt. Der Fall Glens stellt natürlich eine relativ einfache Problemstruktur dar. Er wurde gewählt, um dem Leser ohne Einführung verschiedener technischer Komplikationen eine Vorstellung von den Dingen zu geben, um die es in der Therapie geht. Eine große Zahl von Fällen ist natürlich sehr viel komplizierter, und die Herbeiführung entscheidender Einsichten ist langwieriger und schwieriger. Wichtig ist dabei, daß diese Einsichten nicht einfach intellektuell erlebt sind, sich also nicht im Gefolge von Überlegungen einstellen. Vielmehr müssen sie *in der Tiefe erfahren* und gefühlt sein.

Freud fand, daß ihm hierbei vielfach *Träume* der Patienten zu Hilfe kamen. In dieser Entdeckung des in Bilder eingekleideten Sinngehalts von Träumen wird von vielen Freuds genialste Leistung gesehen.

Freud selbst interpretierte die Vorgänge im Traum als Erlebnisse der Erfüllung geheimer Wünsche, die der Träumende sich im Wachzustand nicht einzugestehen wagt, weil sie unerlaubt sind und vom Gewissen, vom Über-Ich, verworfen werden.

Thomas French hat demgegenüber neuerlich überzeugend dargelegt, daß der Traum viel mehr bedeutet: Er stellt faktisch eine tiefe gedankliche Arbeit dar. Im Traum versucht der Träumende, sich Konflikte, in die er verwickelt ist, vor Augen zu führen und sie irgendeiner Lösung zuzuführen. Diese Lösung kann dann unter Umständen eine Wunscherfüllung, sie mag aber auch ein rationales Durchschauen einer aktuellen Situation sein.

Zwei Träume mögen als weitere Beispiele folgen; der eine veranschaulicht eine gefundene Lösung, der andere eine Wunschlösung.

Beate ist eine dreißigjährige Frau, die sich soeben aus ihrer zweiten Ehe scheiden ließ. Ihr Therapeut wies auf die parallelen Situationen hin, in die sie sich zweimal begeben hatte. Beide Male hatte sie sehr charmante, sexuell sehr befriedigende Männer geheiratet, die sich jedoch nach kurzer Zeit als zweifelhafte Charaktere erwiesen und sie in gefährliche Lagen brachten: Der erste hatte sie in einem Eifersuchtsanfall nahezu erwürgt, und vom zweiten ließ sie sich scheiden, als sie verschiedenen ernstlichen Unehrlichkeiten auf die Spur kam, die er begangen hatte. Dies geschah, kurz bevor er wegen schwerer Betrügereien verhaftet wurde.

Während sie darüber nachdachte, warum diese Art Männer sie anzog, träumte sie folgendes: »Ich sah mich in das offene Riesenmaul eines Walfisches hineinspazieren. Innen war alles erleuchtet, die Wände waren ein glänzendes Rosa. Ich ging weiter auf seiner Wirbelsäule bis ans Ende; dort schien ein gemütlicher Platz zu sein. Jemand sagte: ›Hinaus mit dir, schnell!‹ Aber ich dachte, es gefällt mir hier vorläufig, ich bleibe.«

In anderen Worten: Sie wurde sich darüber klar, daß sie sich infolge ihrer scheinbar behaglichen und glänzenden Umstände nicht die Gefahr gewisser Lebenssituationen eingestehen wollte.

Helmut ist ein 16jähriger, der sich nicht eingestehen will, daß seine Lebensprobleme aus seiner Beziehung zu seinem Vater stammen, den er im tiefsten Innern haßt. Helmut war eines jener bedauernswerten Kriegskinder, das seinen Vater nicht gekannt hatte, bis der Dreijährige ihn eines Morgens im Bett seiner Mutter vorfand. »Geh aus Muttis Bett!« schrie er.

Von diesem traumatischen Anfang der Beziehung an bis zu den Reibereien des Pubertierenden mit dem Vater bestand stets eine Span-

nung zwischen ihnen. Helmut leugnete die Tiefe seines Ressentiments. Während er dies in seiner Therapie zur Sprache brachte, träumte er folgendes:

»Mein Vater und ich fuhren einen Hügel hinauf. Wir parkten das Auto und gingen bis an den Abhang heran. Hinunterblickend sahen wir einen Lastwagen voller Heu. Mein Vater sagte: ›Laß uns auf das Heu springen und den Wagen holen.‹ Ich sagte: ›Er ist viel zu weit unten, tu es nicht.‹ Er antwortete: ›Du lügst, es ist nicht so tief‹, und sprang. Er fiel meilen- und meilenweit hinunter und war tot, als er unten ankam. Mir war, als hätte ich ihn getötet...«

Der ganze Konflikt, den Helmut erlebt, kommt im Traum klarer zum Ausdruck, als er es in Worten zu sagen imstande war. Er will einerseits seinem ständig sarkastischen und alles besserwissenden Vater beweisen, wie falsch dieser die Situation, die Helmut richtig erkennt, beurteilt – so falsch, daß er dabei umkommt; und andererseits bereut Helmut es sofort, nachdem er es gewünscht hatte, und fühlt sich schuldig dafür.

Die Technik der Interpretation wurde deswegen hier recht ausführlich dargelegt, weil sie für alle diejenige Therapie, die in irgendeinem Maße psychoanalytisch orientiert ist, den Angelpunkt des Verfahrens darstellt. Aber auch außerhalb der therapeutischen Situation ist im Gefolge der Analyse das interpretierende Verständnis menschlichen Handelns in zunehmender Verbreitung begriffen.

Die Interpretation repräsentiert jedoch nur eine Form der Intervention, nämlich die *analytische Exploration*. Diesem Verfahren, das zerlegend den fehlerhaften Aufbau der Persönlichkeit bearbeitet, stehen nun andere Verfahren gegenüber, die zu dem künftigen Neuaufbau der Persönlichkeit beizutragen bestrebt sind.

Die konstruktive Exploration

Carl Jung war der erste, der Freud gegenüber betonte, daß der analytischen eine *synthetische* Behandlung zu folgen habe. Im Hinblick auf diese *konstruktiven Verfahren* besteht jedoch vorläufig noch weitgehende Uneinigkeit.

Zunächst sind große Gruppen speziell der an Freuds Lehre orientierten Therapeuten der Ansicht, daß die Therapie den Patienten befähigt, sich seinen neuen Weg selbst zu bahnen. Deshalb und aus anderen Gründen lehnen sie jede Einmischung in die neue Lebens- und Selbstgestaltung des Patienten ab.

Diejenigen, die, wie merkwürdigerweise übrigens Freud selbst, zu dem Schluß gekommen sind, daß manche Menschen der Hilfe bedürfen, um ihre Zukunft günstiger zu gestalten als ihre Vergangenheit, haben dann immer noch recht verschiedene Vorstellungen hinsichtlich des Grades oder der Art der Führung, die sie dem Patienten geben sollen. Die Ansichten bewegen sich zwischen den Extremen von autoritären *Vorschriften* über *Ratschläge* und *Meinungsäußerungen* des Therapeuten bis zu *Fragen* und *Diskussionen möglicher Orientierungen im Leben.*

Worum handelt es sich, genaugenommen, bei diesen den Patienten führenden Interventionen? Offenbar ist der aus seiner Neurose herauskommende Patient nun zum erstenmal in der Lage, sich Ziele frei zu wählen. Und bei dieser neuen Zielwahl kommt offenbar alles darauf an, daß der Patient angemessenere *Werte* für sich aufstellt, als er sie früher hatte.

Die selbständige Aneignung neuer Werte ist außerordentlich schwierig, besonders in einer Zeit wie der unseren, in der, wie wir auch ausführten, große Unsicherheit über Wertgesichtspunkte herrscht. Der neue Werte Suchende ist heute vor schwierigere Entscheidungen gestellt als etwa den Entschluß zu größerer Tugend, zu liebevollerem Verständnis, zu realistischeren Zielen und zu größerer Wahrhaftigkeit sich selbst gegenüber. Was ihn über diese Aufgaben hinaus oft quält, ist die Frage: Was ist der Sinn von allem, und woran kann ich glauben?

Die Therapeuten, die eine Intervention im Zusammenhang mit Problemen der Ziel-, Wert- und Sinnfindung befürworten, lassen sich in der Hauptsache in zwei große Gruppen gliedern, zwischen denen es allerdings verschiedene Übergangsformen gibt.

Das eine Extrem stellen diejenigen dar, die ihre eigenen Ansichten kundgeben und vor einer direkten *Beeinflussung* ihrer Patienten nicht zurückschrecken. In diesem Sinne spricht zum Beispiel Frederick C. Thorne von einer *aktiven Psychotherapie.* Er sowohl wie Edith Weisskopf-Joelson empfehlen eine lebensphilosophische Erziehung als eine der Hauptaufgaben der Psychotherapie.

Einer der bekanntesten Vertreter dieser Auffassung ist Viktor E. Frankl, eine Existentialist, dessen Schriften wesentlich dazu beitrugen, daß die von der einseitig analytisch orientierten Psychotherapie völlig beiseite geschobene Frage des *Lebenssinnes* vielen Therapeuten und darüber hinaus auch vielen Zeitgenossen erneut als fundamental zum Bewußtsein kam. Seine Aufforderung, unseren ›Willen zum Sinn‹ in uns und unseren Patienten wieder zu erwecken, hatte eine stark aufrüttelnde Wirkung und gewann viele Anhänger für seine *Logotherapie,* wie er seine Lehre nannte.

Während Frankl für diese Auffassung der Psychotherapie weitgehende Zustimmung gefunden hat, wird andererseits die *Methode,* mit der er seine Patienten ziemlich direkt auf ihre geistige Verantwortung sich selbst gegenüber aufmerksam macht, vielfach als eine extreme Art der Führung betrachtet. Frankl selbst spricht von *Psychagogik*, das ist seelische Führung, und von ›pastoraler Medizin‹. In seinem bekannten Buch ›Der Doktor und die Seele‹ erklärt er, daß er seinen Patienten die Ehrfurcht vor dem Leben lehren will, die Albert Schweitzer verkündete, und daß er sie zu ihren spezifischen Lebensaufgaben hinzuführen unternimmt.

Eine auf der Psychologie von Ichwerten aufgebaute Technik direkter Beeinflussung wird von dem Psychoanalytiker Martin Grotjahn im Zusammenhang mit seiner Behandlung von ›Familienneurosen‹ verwendet.

Im Unterschied zu diesen direkten Zielangaben seitens der Therapeuten vertreten andere Psychologen die Auffassung, daß das Recht des Patienten, seine Werte selbst zu finden und zu setzen, gewahrt werden muß und daß die Intervention des Therapeuten nur im Sinne *konstruktiver Exploration*, wie ich dies nannte, zur Anwendung gelangen sollte. Die Beeinflussung ist hier mehr *indirekt*, und der Therapeut appelliert an die Wahlfähigkeit des Patienten, der unter Umständen auf *alternative Wertmöglichkeiten* aufmerksam gemacht wird.

Der Fall von Glen, den wir nun bereits kennen, sei als Beispiel relativ selbständiger neuer Wertwahl hier weitergeführt. Glen, der, wie wir hörten, seine Therapie mit Feststellungen über seine Rebellion gegen die Gesellschaft begann, hatte anfangs sehr konfuse Wertvorstellungen. Er war der Ansicht, niemand habe das Recht, einem anderen Vorschriften zu machen, und auch die Gesellschaft sei nicht befugt, Individuen unter Druck zu setzen. Als Positives verlangte er, man sollte die Möglichkeit haben, seine Talente fortzubilden, obwohl er zugab, man könne von der Gesellschaft schwerlich erwarten, daß sie das finanzieren sollte. Als Glen gefragt wurde, was für Werte eigentlich von seinen Eltern verfolgt wurden, sagte er, seine Mutter habe überhaupt keine eigentlichen Werte, nur verschwommene abstrakte Ideen und daneben Regeln, daß es richtig sei, dieses oder jenes zu tun.

Sein Vater war es, der ihm stets als Vorbild vorschwebte, obwohl auch er keine klare Richtung gewiesen hatte. »Mein Vater«, sagte Glen, »war unbesorgt und tat alle Dinge ohne Mühe. Er war als technischer Zeichner für verschiedene Firmen tätig, aber da er selbst etwas Geld hatte, arbeitete er nicht regelmäßig. In seiner Freizeit malte er.« – »Hat er Bilder verkauft?« – »Nein, ich glaube nicht. Er tat es mehr zu seinem Vergnügen. Er lehrte auch uns Kinder malen und zeigte überhaupt viel Interesse für uns, viel mehr als unsere Mutter. So liebten wir ihn alle sehr.« – »Bewunderten Sie die Art, wie er lebte?« – »Ja, damals schien es großartig. Aber heute beginne ich daran zu zweifeln. Wofür lebte er eigentlich?« – »Glauben Sie, man sollte für etwas le-

ben?« – »Nun, man sollte wenigstens wissen, wohin man geht. Mein Vater hatte eigentlich ein ganz ungeordnetes Leben. Damals dachte ich, seine ihm leicht von der Hand gehende Art zu arbeiten, das sei ideal – heute beginne ich zu finden, daß es vielleicht doch nicht so gut war...«

Diese Gesichtspunkte entwickelte Glen etwa acht Monate nach Beginn seiner Therapie. Nach diesen Anfängen der Umorientierung untersuchte er wiederholt die Frage: ›Wohin gehe ich?‹ Bei dieser Suche entdeckte er, daß er überhaupt kein Selbstvertrauen besaß, weil er eigentlich nichts Ordentliches gelernt und nichts vollbracht hatte, und daß sein Antrieb in diesen Richtungen schwach gewesen war. Allmählich wird die Vorstellung, daß man das Beste aus sich machen und daß man Leistungen aus sich herausholen sollte, zum Leitgedanken für Glen. Die Fragen des Therapeuten waren so geplant, daß sie ihn in diese Richtung lenken sollten, aber sie ließen es ihm durchaus offen, sich gegen die Idee eines Lebenssinns zu erklären, wie er es zwischendurch gelegentlich erwog.

Wenn wir uns im Sinne unserer in den vorausgegangenen Kapiteln besprochenen Erkenntnisse über die menschliche Motivation und Lebenszielsetzung kurz fragen, was Glen hier durch die Therapie für sich erreicht hat, so können wir etwa folgendes sagen.

Glen war, als er in die Therapie kam, völlig unbefriedigt über sich und sein Leben. Sein Unbehagen, das hier des begrenzten Raumes wegen nur auf dem Gebiet der Berufstätigkeit dargestellt wurde, war auf dem sozialen und sexuellen Gebiet nicht minder groß. Auch hier war er unreif und weder durch genügend starke Triebe noch durch starke gesellige Bedürfnisse motiviert. Alle seine Beziehungen waren vage und oberflächlich – ausgenommen seine große, ihm selbst unbewußte Abhängigkeit von seiner Familie, an die er gebunden war, ohne dem einen Wert beizulegen. Sexuelle Bedürfnisse und Anziehungen hatten zu einigen kurzen Affären mit weiblichen Partnern geführt, ohne daß sich irgendwelche tieferen Beziehungen entwickelten. Gelegentlich hatte er neben heterosexuellen auch homosexuelle Phantasien.

Theoretisch betrachtet, haben wir es hier mit einem in jeder Hinsicht unreifen und unerfüllten Menschen zu tun, dem Bedürfnisbefriedigung und die Vorstellung irgendeiner schöpferischen Expansion vage als Ideale vorschweben; der gegen die von der Gesellschaft verlangte selbstbeschränkende Anpassung rebelliert und der keinerlei innere Ordnung besitzt. Durch die Befreiung von der Rebellion, die im Grunde eine innere Abhängigkeit darstellt, durch die Aufgabe der Vorstellung, Bedürfnisbefriedigungen seien die ausschließlichen Ziele; durch eine neue, erstmalig freie Wertsetzung, hervorgehend aus der wachsenden Einsicht, daß Produktionen eigener schöpferischer Expansion mit den zur Verfügung stehenden Mitteln dadurch sinnvoll werden, daß sie der Gesellschaft dienen; durch den Vollzug selbstbeschränkender Anpassung innerhalb der gegebenen Möglichkeiten und durch die Herstellung der inneren Ordnung, die von all diesen Umorientierungen bewirkt wurde – durch, kurz gesagt, ein erstmalig erworbenes *dynamisches Gleichgewicht aller Grundtendenzen* befindet Glen sich auf dem Wege zur Lebenserfüllung.

d) Das Ziel der Therapie

Das Ziel der Therapie kann unterschiedlicher Art sein, je nach dem Fall einerseits und andererseits auch je nach der therapeutischen Schule, der ein Therapeut angehört. Angefangen von dem, was man *Unterstützung* einer stützbedürftigen Persönlichkeit nennt, über *Umstellungen* und teilweise *Persönlichkeitsänderungen* bis zu vollkommener *Umstrukturierung der Persönlichkeit* durch Tiefenbehandlungen können verschiedene Ziele ins Auge gefaßt werden.

Der Fall von Glen führt zu einer ziemlich weitgehenden Umstrukturierung der Persönlichkeit, die bis zu völlig neuen Wertsetzungen gelangt. Allerdings wurde dies hier nur hinsichtlich der Berufstätigkeit dargestellt, nicht aber auch im Hinblick auf die soziale und sexuelle Persönlichkeit Glens.

Da die analytisch orientierte Psychotherapie oft angegriffen wird, weil sie so außerordentlich lange Zeit braucht, so sei im folgenden über zwei *Kurztherapien* zweier Analytiker berichtet unter dem Gesichtspunkt der von ihnen erstrebten und erreichten Ziele.

Dr. Hedda Bolgar, eine psychoanalytisch ausgebildete Psychologin, stellte mir dankenswerterweise einen Fall von Kurztherapie zur Verfügung, bei dem sie in fünf Interviews eine bemerkenswerte teilweise Umstrukturierung erzielte. Ihre analytischen Kenntnisse seelischer Dynamik wurden von ihr bei dieser therapeutischen Behandlung in einer sorgfältig geplanten Strategie angewandt.

Mrs. R. R., *eine 45jährige Frau, war von ihrem Arzt überwiesen worden, bei dem sie sich in großer Erregung über Nervosität, Schlaflosigkeit, Unfähigkeit, ihren Haushalt zu versorgen, schwere Depression und Lebensüberdruß beklagt hatte. Da akute Gefahr eines Selbstmordes vorlag, nahm sich Dr. Bolgar sofort der Patientin an.*

Mrs. R. *berichtete über eine Fülle von Schwierigkeiten und Ärgernissen, die sich in diesen letzten Monaten so angehäuft hätten, daß sie sie einfach überwältigten. Es begann damit, daß ihr Mann eine neue Stelle am jenseitigen Ende des Kontinents angenommen hatte und es ihr überlassen blieb, den Haushalt aufzulösen, mit ihren zwei Kindern im Auto von New York nach Los Angeles zu fahren und dort für die*

Familie ein neues Heim zu finden. Erschwerend war dabei, daß sie sich nicht allzulange vor der Übersiedlung ein Bein gebrochen hatte, das noch während der Fahrt im Gipsverband war. Zu all dem nahmen ihre Verwandten im Westen sie nicht besonders freundlich auf, die Kinder – 11 und 13 Jahre alt – fanden sich in den neuen Verhältnissen und Schulen nicht zurecht, ihr Mann hatte eine ungünstige Arbeitszeit, und anderes Widrige mehr kam hinzu.

Sie erschien unruhig und äußerst erregt, ihr Gesicht war tränenüberströmt. Mit den dauernd bewegten Händen drückte sie ihr nasses Taschentuch, ihr Mund zitterte, und oft konnte sie kaum sprechen. Man hätte Mrs. R.s Zusammenbruch für situationsbedingt halten können, hätte sich nicht beim Bericht ihrer Lebensgeschichte gezeigt, daß ihr akutes Problem nur den Gipfelpunkt eines lange Zeit schon recht unglücklichen Lebens bildete und damit den Punkt, an dem es zum Zusammenbruch kam.

Mrs. R. war das einzige Kind eines strengen, kalten Vaters und einer durch viele Krankheit mit sich selbst beschäftigten Mutter. Ihre gutbürgerliche Familie bot ihr Sicherheit und eine ausgezeichnete Universitätsausbildung, stellte jedoch große Ansprüche an ihre Leistungsfähigkeit und verlangte, daß sie nach allen Richtungen hin vollkommen war. Die Atmosphäre des Hauses war freudlos, ernst und streng religiös.

Mrs. R. begegnete ihrem späteren Mann im College. Er stammte aus einer einfacheren Familie, auf die sie zum Teil hinabblickte, deren Herzlichkeit und Freundlichkeit sie jedoch genoß. Ihr Mann beendete seine akademische Ausbildung nicht, sondern trat eine uninteressante Stellung in der Verwaltung an.

Infolge seiner Passivität, Weichheit und sexuellen Unzulänglichkeit ließ er als männlicher Partner zu wünschen übrig, aber sie liebte ihn wegen seiner Güte und seines Verständnisses. Auch die Kinder liebten ihn mehr als sie, die viel zu streng war. Wahrscheinlich erhielt sie, was sie verdiente, indem ihre Kinder sie nicht liebten. Dies sagte sie selbst unter Tränen.

Aus Mrs. R.s Worten ging hervor, daß sie viele emotionale Frustrationen erlitten und wenig Freude in ihren Beziehungen zu ihren Mitmenschen gefunden hatte. Obwohl sie sich dauernd selbst anklagte, war sie offenbar ebenso voller Feindseligkeit wie voller Schuldgefühle.

»Am Ende des ersten Interviews«, sagte Dr. Bolgar, »mußte ich eine Entscheidung über die sofortige Behandlung des Falles treffen. Mein diagnostischer Eindruck war, daß Mrs. R. sich in einem schweren depressiven Erregungszustand befand und einem psychotischen Zusammenbruch nahe war.«

Dr. Bolgar erwog drei Möglichkeiten: Einweisung zur stationären Behandlung in eine Klinik; Überweisung an eine Klinik für eine längere ambulante psychotherapeutische Behandlung, da mangelnde Mittel eine ausgedehnte private Psychotherapie verboten, oder aber eine kurze intensive, außerordentlich unterstützende Psychotherapie. Lr. Bolgar entschloß sich für die dritte Möglichkeit unter Beiziehung der Hilfe des Vaters, dem sie die Überwachung der sich mit Selbstmordgedanken tragenden Patientin ans Herz legte.

Die Gründe für diese Entscheidung waren folgende: Die Einweisung in eine Klinik hätte das Familienleben ungeheuer geschädigt, vielleicht zerrüttet, außerdem die Selbstachtung der Frau untergraben und ihre Befürchtungen, seelisch schwer krank zu sein, bestätigt. Ferner erwog die Therapeutin, daß trotz all ihrer Probleme Mrs. R. bisher offenbar immer irgendwie mit ihrem Leben fertig zu werden verstanden hatte und daß sie eine intelligente Frau war, auf deren Mitarbeit man rechnen konnte.

Sie erklärte der Patientin freimütig, was ihre Überlegungen waren, und plante einige wenige Interviews unter sorgfältiger Berücksichtigung der Psychodynamik der Depression. »Ich beschloß«, so führte Dr. Bolgar aus, »drei Dinge zu erreichen:

Erstens war ich der Ansicht, daß Mrs. R. dringendst der Unterstützung, Wärme und Anerkennung bedurfte. Ich beschloß, ihr diese ›Nahrung‹ so weit wie irgend möglich zukommen zu lassen. Ich sprach viel, betonte ihre Stärke, machte ihr Komplimente wegen ihrer Leistungen und ihrer Tüchtigkeit; ich ließ sie an meinen Gefühlen und an meinen Erfahrungen teilnehmen und suggerierte ihr eine Identifikation mit mir, indem ich Parallelen zwischen unseren Lebensläufen zog. Wo immer ich konnte, stellte ich mich auf ihre Seite und deutete an, daß ich sie gern hatte und daß ich sie für die Art bewunderte, wie sie mit vielen Schwierigkeiten der Vergangenheit fertig geworden war. Ich zeigte viel Besorgnis auch hinsichtlich ihres physischen Wohlbefindens während der Sitzungen und in der Zwischenzeit.«

Als zweiten wichtigen Punkt betrachtete Dr. Bolgar die Behandlung von Mrs. R.s Feindseligkeit. Sie versuchte, der Patientin zu zeigen, daß Zorn und Ressentiment normale menschliche Reaktionen sind, daß sie das Recht habe, solchen Reaktionen ihrer Familie gegenüber Ausdruck zu verleihen, und daß dies nicht die zerstörenden Einflüsse haben müsse, die Mrs. R. alldem zuschrieb.

Drittens befaßte Dr. Bolgar sich mit Mrs. R.s Tendenz zur Selbstbestrafung. »Es war mir klar«, sagte sie, »daß ihr krankhaft strenges (sadistisches) Gewissen auf die Genugtuungen, die ich ihr bot, und auf die Ermutigung zum Ausdruck ihrer feindseligen Gefühle so reagieren mußte, daß es sie später zur Selbstbestrafung veranlassen würde.

Dieser Entwicklung versuchte ich entgegenzuwirken, indem ich ihre Schuldgefühle auf etwas anderes konzentrierte. Ich kritisierte sie wegen ihrer übertriebenen Ansprüche an sich selbst, ich bezeichnete es als ›arrogant‹, daß sie als einzige unter allen Sterblichen glaubte, ohne Erfüllung ihrer Bedürfnisse und ohne Freuden auskommen zu können. Ich warf ihr vor, daß sie nicht so sein wollte wie wir anderen und daß sie sich das Leben nicht angenehmer zu machen suchte. In anderen Worten, ich gab ihr ein Schuldgefühl dafür, daß sie sich nicht normale menschliche Bedürfnisse und Wünsche erlaubte.«

Glücklicherweise reagierte die Patientin ausgezeichnet auf das gesamte Verfahren und machte in den fünf Stunden ihrer Therapie einen Wandel durch, der alle erwünschten Phasen durchlief. Am Schluß besprach sie mit Dr. Bolgar Zukunftspläne und zeigte eine hoffnungsvolle, konstruktive Einstellung, die sich, wie später festgestellt wurde, tatsächlich bewährte.

Von Interesse ist der Charakter der *therapeutischen Beziehung*, die für diese Art der unterstützenden Behandlung günstig schien. Sie wurde so angelegt, daß die Patientin sich aufs stärkste *mit der Therapeutin identifizieren* konnte, wobei der Umweg über Übertragungsbeziehungen vermieden wurde.

Eine andere Art der Umorientierung wird von Franz Alexander, einem der prominentesten Schüler und frühen Mitarbeiter Freuds, angestrebt, wenn er auf eine *korrektive emotionale Erfahrung* hinarbeitet. Alexander rechnet es S. Ferenczi und O. Rank als Verdienst an, dieses Prinzip als erste erkannt zu haben.

Der Fall, den wir kurz besprechen wollen, wurde von Alexander als ›Fall A‹ in dem bahnbrechenden, von ihm, T. M. French und anderen Mitarbeitern veröffentlichten Buch über ›Psychoanalytische Therapie‹ dargestellt. Professor Alexander war so liebenswürdig, meinem Bericht einige Bemerkungen anzufügen.

Mr. A., ein 42jähriger Geschäftsmann, der wegen epileptischer Symptome auf hysterischer, das bedeutet emotionaler Grundlage von einem Neurologen zur Psychotherapie überwiesen worden war, litt an Krämpfen und war außerdem ein Mensch mit einer reizbaren, intoleranten, herrischen Persönlichkeit. Außerdem war er seit einigen Monaten impotent. Die Behandlung bestand aus 26 Interviews über eine Zeitdauer von zehn Wochen. Nach der sechsten Woche waren die Symptome bereits verschwunden. Der Patient war ein Mensch, der sein ganzes Leben lang unter dem Schatten eines dominierenden Vaters gestanden hatte, eines Selfmademans von heftigem Temperament und unbegrenztem Selbstvertrauen, der seine Familie ebenso wie seine Untergebenen im Geschäft tyrannisierte. Die das Kind liebende und beschützende Mutter starb im zehnten Lebensjahr des Buben. Zweimal in seinem Leben hatte Mr. A. versucht, sich gegen seinen Vater aufzulehnen. Das zweite Mal, nach der gegen den Wunsch des Vaters erfolgten Eheschließung, blieb dieser unversöhnlich bis kurz vor seinem Tod.

Als er nach dem Tod seines Vaters mit 30 Jahren die Leitung des Familienunternehmens antrat, war sein Hauptwunsch, zu beweisen, daß er ein besserer Geschäftsmann war als sein Vater. In seiner hartnäckigen Entschlossenheit gelang ihm dies auch. Das Geschäft war jedoch sein einziger Erfolg. In allen menschlichen Beziehungen scheiterte er; überall machte er sich Feinde. Seine Frau ließ sich von ihm scheiden, heiratete ihn dann wieder, war jetzt aber erneut willens, sich scheiden zu lassen.

In der Therapie-Situation versuchte Mr. A. sofort, das Vater–Sohn-Verhältnis herzustellen, wie er es kannte, indem er auf seinen Analytiker die Rolle seines Vaters übertrug, dem er sowohl mit Rebellion wie mit unterwürfiger Bewunderung gegenüberstand. Der Analytiker war jedoch entschlossen, keine Übertragungsneurose entstehen zu lassen, und arbeitete deshalb der Entwicklung einer Vater–Sohn-Beziehung entgegen. Dies brachte er dadurch zustande, daß er von Anfang an eine ungewöhnliche Toleranz zeigte und den Patienten viele Entschlüsse hinsichtlich der Therapie selber treffen ließ, zum Beispiel, wie oft er kommen wollte, ob er sitzen, liegen oder umhergehen wollte und dergleichen mehr. Ferner drückte er, im Gegensatz zu der kritischen Einstellung, die der Vater gezeigt hatte, wiederholt Bewunderung für viele Qualitäten seines Patienten aus.

Der Patient, der eine tyrannische Vater-Figur erwartet hatte und ›brauchte‹, um sich in der ihm eigenen Weise aggressiv und auflehnend verhalten zu können, war verwirrt und irgendwie nicht zufrieden. Als er seine Gereiztheit in neuen Aggressionen ausließ, konnte der Analytiker ihm zeigen, daß diese nicht mehr Reaktionen auf eine dominierende Vaterfigur waren, sondern offenbar seinem eigenen Bedürfnis entsprangen.

Nach anfänglichem Widerstand akzeptierte Mr. A. allmählich diese Interpretationen. Der erste Erfolg war, daß er sich seinem eigenen Sohn gegenüber als ein ebenso milder Vater zu zeigen begann, wie der Analytiker es ihm gegenüber war.

Drei Träume spiegelten den Wandel wider, der sich in dieser Zeit vollzog. Im ersten sah Mr. A. den Analytiker voller Wut einige Glaswaren zerschlagen, die er, der Patient, in seiner Fabrik hergestellt hatte. Er berichtete, daß dies ihn an eine Szene mit seinem Vater erinnerte, als dieser einen Satz Glaswaren zerschmetterte, weil ihm das Muster nicht gefiel, das der Sohn entworfen hatte.

Diese Angaben veranlaßten den Analytiker, sich von dem Patienten seine Arbeit im Detail beschreiben zu lassen. Der Patient tat es mit Begeisterung, in herablassend belehrender Weise. Nach dieser Stunde, in der er sich als Kenner und Autorität auf seinem Gebiet gegenüber dem Analytiker hatte bewähren können, gewann er seine sexuelle Potenz wieder.

Im 20. Interview berichtete Mr. A. von einem Traum, in dem er sich als Student sah, der mit einem beim Fechten zerbrochenen Rapier nach Hause zurückgekehrt war. Sein Vater gab es ihm repariert zurück. Hier stattete er also seinem Vater Dank dafür ab, daß er ihm seinen Degen zum Fechten, das heißt seine Männlichkeit, zurückgegeben hatte, während er sich im vorangegangenen Traum statt durch seinen Vater durch seinen Analytiker gedemütigt gesehen hatte.

Aus dieser Verwirrung sich langsam zur Klärung hindurcharbeitend, fand er sich im nächsten Traum auf der Ebene der neu erreichten Situation: Er sah sich als präsidierender Richter in einem Gerichtshof sitzen mit einem berühmten Richter aus Chikago an seiner Seite. Der Fall, den er behandelte, war eine Scheidung. Es gelang ihm, das Paar zu versöhnen.

Hier identifizierte er den Analytiker mit einem Kollegen, unter dessen Beistand er die Rettung der Ehe – seiner Ehe – zustande brachte: Analytiker und Patient sind nicht mehr Vater und Sohn, sondern zwei Kollegen.

Dr. Alexander betont in seinem Kommentar zu diesem Fall, daß die lebendige Erfahrung einer neuen Vater–Sohn-Beziehung dem Patienten zu der korrektiven emotionalen Erfahrung verhilft, welche die Grundlage seiner Heilung bildet. Auch hier wird die kurze Therapie nicht als einer vollen Analyse gleichwertig aufgefaßt, jedoch als hinreichend, um eine neurotische Grundhaltung des Patienten durch eine gesündere zu ersetzen.

Am Beispiel der beiden Kurztherapien lernten wir ein Verfahren kennen, dessen Ziel der Durchbruch durch eine neurotisch bedingte Lebenshaltung ist, womit eine Befreiung von *Zwang* und *Leiden* angebahnt wird.

Das Ziel der auf längere Durcharbeit angelegten, weiterhin umstrukturierenden Psychotherapie ist dann, wie im Falle Glens angedeutet wurde, die *Herbeiführung neuer Werthaltungen*, die eine tiefere Lebenserfüllung ermöglichen.

e) Der Erfolg der Psychotherapie

Auf den vorangehenden Seiten haben wir mit ziemlicher Ausführlichkeit die Verfahren der modernen Psychotherapie dargestellt. Der Leser kann daraus leicht entnehmen, welch große Bedeutung wir diesen

Verfahren beimessen, die in einer früher ungeahnten Weise unser seelisches Los zu verbessern geeignet sind. Jedoch, so mag der kritische Leser fragen: wie groß und wie allgemein ist der Erfolg?

Zu dieser Frage zunächst folgende Bemerkung im voraus:

Methoden seelischer Heilung sind nahezu so alt wie die Menschheit. Jedoch erst in diesem Jahrhundert beginnen wir mit einiger Klarheit zu erkennen, was wir, genaugenommen, tun. Zweifellos sind alle seelischen Heilverfahren, wie Jerome Frank ausgeführt hat, darauf gegründet, daß auf den Leidenden Einflüsse ausgeübt werden und daß ein Appell an ihn gerichtet wird, wobei Suggestionen hineinspielen mögen. Jedoch beginnen wir darüber hinaus deutlich zu sehen, daß es sich bei der Psychotherapie um ein Verfahren handelt, bei dem sowohl eine *menschliche Beziehung* wie auch eine *Technik* eine relative Rolle spielen. Und wie Hans Strupp in einer glänzenden empirischen Studie über ›Psychotherapeuten in Aktion‹ gezeigt hat, müssen beide Faktoren in richtiger Proportion zur Anwendung gelangen.

Mißerfolge, deren es natürlich dauernd noch viele gibt und die heute von vielen Psychologen studiert werden, um ihre Ursachen festzustellen, erklären sich zum Teil bereits allgemein aus dem Mißverständnis in der Anwendung jener beiden Faktoren. Psychotherapeuten, die kalt sind und sich ausschließlich auf ihre Technik verlassen, müssen sich ebenso häufig auf Mißerfolge gefaßt machen wie die, welche ausschließlich mit ihrer Persönlichkeit operieren, ohne die Dynamik seelischer Vorgänge genügend zu kennen.

Wenn wir nach dem *Erfolg* der Psychotherapie fragen, so kommt es zunächst darauf an, was wir unter Erfolg verstehen. In einer von Werner Wolff mit 43 Vertretern verschiedenster Therapieschulen durchgeführten Studie sagt der Analytiker Sandor Lorand zum Beispiel: »Jede Psychotherapie tut gut. Die Frage ist, bis zu welchem Grade. Viel hängt von dem Material ab, mit dem man arbeitet.«

Von besonderem Interesse ist ein Werk von Carl Rogers und Mitarbeitern, in dem *Persönlichkeitsänderungen* im Gefolge von Psychotherapie mit sorgfältig definierten Kriterien untersucht werden. Sowohl im Verhalten wie in der Einstellung zu anderen und in der Integriertheit der Persönlichkeit als einem Ganzen wurden Äußerungen in einem hohen Prozentsatz der in längerer Beratung Befindlichen festgestellt. Rogers verwendet eine Kontrollgruppe von Individuen, die nicht in Behandlung genommen wurden, die aber mit denselben Mitteln in demselben Zeitraum getestet und wieder getestet wurden. Die Reifung der in Behandlung Befindlichen erwies sich am Ende derselben Zeitspanne statistisch zuverlässig als wesentlich fortgeschrittener als die der Kontrollgruppe.

Als das wichtigste Kriterium innerer Reifung betrachtet Rogers die

Fähigkeit zu realistischer Selbstwahrnehmung, das heißt die Fähigkeit, sich selbst so zu sehen, wie man ist. Dies kann auch so ausgedrückt werden, daß man sagt: Psychotherapie erzieht zu größerer *innerer Wahrhaftigkeit*.

Rogers nennt sein Vorgehen ›Beratung‹, da er keine interpretierende Tiefentherapie unternimmt. Was ist der Unterschied im Hinblick auf den Erfolg?

Die heute vieldiskutierte Frage, die sich hier auftut, ist, wieweit innere Wahrhaftigkeit als solche eine Garantie dafür ist, daß ein Mensch über die Selbsterkenntnis hinaus sich neue Lebensziele setzen und ihnen tatsächlich nachgehen kann. *Selbsterkenntnis* ist eine Sache, *Selbstgestaltung* eine andere.

Wie die Autorin in dem Buch ›Values in Psychotherapy‹ (Werte in der Psychotherapie) zu zeigen versuchte, bedarf es tiefer umstrukturierender, das heißt ins Unbewußte vordringender Methoden, um alte *Wertsetzungen* zu beseitigen und neuen Platz zu machen. Ferner bedarf es weiterer, heute erst im Werden befindlicher Verfahren, um *wirksame Antriebe* auf neue Zielrichtungen hin ins Leben zu rufen.

7. Psychotherapeutische Spezialmethoden

Psychotherapie mit Kindern

In der Psychotherapie mit Kindern werden an und für sich dieselben Prinzipien angewandt, die für die Erwachsenentherapie gelten, doch ergeben sich auf diesem Gebiet Probleme hinsichtlich der zu verwendenden *Techniken*.

Bereits die ersten Kinderanalytikerinnen, Melanie Klein und Anna Freud, standen in dieser Hinsicht im Gegensatz zueinander. M. Klein verfocht die Ansicht, daß die Analyse von Kindern im wesentlichen nach denselben Grundsätzen verfahren solle wie die von Erwachsenen, während A. Freud der Ansicht ist, daß in der Kinderbehandlung neben einer modifizierten analytischen Technik außerdem eine erzieherische Methode zur Anwendung gelangen müsse.

Allgemein wird die Kinderpsychotherapie auf *Spielsituationen* aufgebaut. Spielsachen sowie ungeformte Materialien wie Sand, Ton und Wasser werden dem Kind zur Verfügung gestellt, um ihm Gelegenheit zu geben, seinen Gefühlen damit Ausdruck zu verleihen. Ferner wird von vielen Therapeuten zum Zeichnen, Malen und anderen künstlerischen Betätigungen angeregt.

Die Spielhandlungen und Produktionen des Kindes dienen in der Kindertherapie einem doppelten Zweck. Erstens wird dem Kind die

Möglichkeit geboten, in fast unbegrenzter Freiheit seine Gefühle kundzutun; zweitens geben die Spiele sowie die vom Kinde hergestellten oder zerstörten Produkte dem Therapeuten Gelegenheit, die das Kind beunruhigenden Probleme zu *verstehen* und unter Umständen auch, je nach der theoretischen Einstellung des Therapeuten, sie dem Kinde zu *interpretieren*.

Was zunächst den freien Ausdruck von Gefühlen im Spiel betrifft, so wurde früh entdeckt, daß er im selben Sinn und Maße *kathartisch* ist, wie wir das vorher für die Aussprache des Erwachsenen feststellten. David Levy bediente sich besonders häufig dieser Methode, um ein Kind von schweren Ängsten speziell nach traumatischen Erfahrungen wie Unfällen, einer Operation oder einer Scheidung der Eltern zu befreien. Manche Therapeuten lassen dem Kind beim Spiel freie Hand, während andere die Spieltätigkeit in bestimmter Weise lenken.

Eine im wesentlichen auf freie Betätigung gestützte Art der Spieltherapie, bei der jedoch ein verbaler Ausdruck neben dem Tun angeregt wird und der Therapeut sich um eine positive Beziehung zu dem Kind bemüht, wird von Clark E. Moustakas demonstriert. Sein aus der bekannten Merrill-Palmer-Schule in Detroit hervorgegangenes Buch über ›Psychotherapie mit Kindern‹ gibt einen guten Überblick über verschiedenartige Situationen und Vorgänge in Kinderbehandlungen.

Die Verwendung *künstlerischer Betätigungen* im Verlaufe von Kindertherapien wurde besonders von Lauretta Bender empfohlen. Aus ihrer jahrelangen Arbeit mit schizophrenen, hochgradig geistig defekten und anderen schwer gestörten Kindern im New Yorker Bellevue Hospital ging ein Werk mit Schulbeispielen der diagnostischen sowie therapeutischen Bedeutung des kindlichen Schaffens mit den verschiedensten Materialien hervor.

Umstritten ist in der Kindertherapie das Gebiet der *Interpretation*. Viele Fachleute sind dagegen, daß man Kindern ihre Gefühle in Worten bewußt machen soll. Andere wiederum meinen, daß man dem Kind in derselben Weise wie einem Erwachsenen, wenn auch in kindgemäßer Sprache, *Einsicht* in seine Probleme vermitteln kann und soll. Diejenigen, die Kindern ihre Motivationen und Reaktionen zu erklären versuchen, sind sich im allgemeinen der Schwierigkeit sowie der Verantwortung dieses Verfahrens bewußt.

So hat Rudolf Ekstein, ein erfahrener und feinsinniger Kinderanalytiker, sich besonders eingehend mit der Frage der *richtigen* Interpretation befaßt. Man kann bei mangelnder verbaler Kommunikation nicht immer völlig sicher sein, daß man die unbewußten Vorgänge im Kinde richtig deutet. Als ein Beispiel einer Interpretation, die den begrenzten, einem Kinde möglichen Kontakt erfaßt, sei der Fall von Ted geboten: Ted, *ein 10jähriger Grenzfall, das heißt ein Fall, der als nahezu, jedoch* noch nicht völlig schizophren angesehen wurde, war in Behandlung bei Eksteins Mitarbeiterin J. Wallerstein. Beide berichten von folgendem Spiel, das Ted wiederholt anregte.

Die Therapeutin mußte sich in die Mitte des Schulhofes stellen und durfte sich nicht rühren, während das Kind mit rasender Geschwindigkeit von einem Ende des Hofes zum anderen lief. Ted stellte ihr die Aufgabe, seine jeweilige geheime Phantasie (die er als Geheimzone bezeichnete) in jenem Bruchteil einer Sekunde zu erraten, in der er an ihr vorbeikam. Die genau einzuhaltende Regel für dieses Spiel bestand darin, daß das Kind den Ball, den es hielt, fallen lassen würde, wenn die Therapeutin richtig geraten hatte. Andernfalls würde es mit gleicher Geschwindigkeit weiterlaufen und ihr jedesmal eine einzige Chance, einen einzigen Wink und eine einzige Sekunde geben, um das Geheimnis zu erraten.

In den seltenen Fällen, in denen es der Therapeutin gelang, diese ungewöhnliche Bedingung zu erfüllen und das Geheimnis zu erraten, fühlte sich das Kind für den Rest der Stunde sichtlich stark erleichtert.

Das Spiel gibt ein genaues Bild von Teds Gefühl, von seiner nahezu völligen Unzulänglichkeit, eine Beziehung zu anderen Menschen herzustellen, so daß ihm nur durch eine geradezu magische Intervention zu helfen war, etwa in der Art, wie man sie aus Filmen kennt, in denen die Heldin im letzten Moment durch ein Wunder aus einer drohenden Gefahr gerettet wird.

Die in der Literatur gebotenen Beispiele von Interpretationen, die Kindern gegeben werden, schwanken zwischen großen Extremen.

Demgegenüber geben andere Therapeuten entweder gar keine Interpretationen, wie in den Studien von Moustakas gezeigt wird, oder sehr vorsichtige und wenige. Als Beispiel sei ein Fall erwähnt, der von Phyllis Blanchard in einer von Frederick Allen geleiteten Klinik erfolgreich behandelt wurde. Es ist dies der des neunjährigen Henry, der wegen einer Sprachstörung und auch wegen seiner Schwierigkeiten in seinen Beziehungen zu anderen Kindern in eine Kinderklinik kam.

Erst vom zehnten Interview an begann Dr. Blanchard mit der Interpretation, daß er vielleicht gern Superman (der ›Übermensch‹ amerikanischer Comics und Filme) sein wollte, um denen, die er haßte, etwas antun zu können. In weiteren seltenen Interpretationen wies sie darauf hin, daß er sich heute so gut benehme, weil er fürchte, sie könne zornig auf ihn werden; daß er fühle, andere Kinder mögen ihn nicht; daß er dächte, es könne ihn wirklich niemand leiden, auch seine Therapeutin vielleicht nicht, weil er bös sei. Aber dies brauche er nicht zu befürchten.

Parallel mit der Behandlung des Kindes gingen hier, wie das oft geschieht, Beratungen der Mutter, der erklärt wurde, wie sie zu den

Schwierigkeiten ihres Sohnes beitrage und wie sie statt dessen ihm helfen könne.

Für Eltern unserer Zeit, so scheint mir, ist es außerordentlich wichtig, daß sie von der Entwicklung unbewußter Ängste in ihren Kindern Kenntnis nehmen und sich mit dem modernen psychologischen Denken auf dem Gebiet der Kindertherapie bekannt machen.

Hypnose, autogenes Training, Musiktherapie

Die *Hypnose* gehört zu den ältesten Methoden der Psychotherapie. Als Hypnose (nach dem griechischen Wort für Schlaf) bezeichnet man einen künstlich herbeigeführten schlafähnlichen Zustand, bei dessen Zustandekommen Suggestion eine Rolle spielt. Es gibt sowohl *Fremd*hypnose wie *Selbst*hypnose.

Nach Anton Mesmers berühmten und berüchtigten Heilungen mit Hilfe der Methode, die er selbst ›Mesmerismus‹ genannt hat, wurde der Ausdruck Hypnose zuerst von J. Braid 1843 geprägt. Als eine ernstzunehmende Technik hat die Hypnose vor allem der berühmte französische Psychiater J. Charcot entwickelt, bei dem Freud sie lernte. Seit den zwanziger Jahren ist die Hypnose von Psychologen in vielen Experimenten studiert worden.

Heute ist die Hypnose eine anerkannte Technik, die verwendet wird, um Entspannung und Erholung herbeizuführen. Sie wird ferner in zunehmendem Maße auch von Zahnärzten, Gynäkologen und anderen Ärzten erlernt, um Schmerzen bei Zahnoperationen, Geburten, nach Verbrennungen und bei anderen Gelegenheiten auszuschalten.

Psychiater und Psychologen benutzen die Hypnose häufig im Zusammenhang mit der Psychotherapie, wenn es sich um bestimmte Probleme wie die Wiedererinnerung an frühe Kindheitserlebnisse oder um die Herstellung voller Entspannung handelt.

Eine zum Zwecke voller Entspannung systematisch entwickelte und besonders in Europa außerordentlich verbreitete Methode ist das *autogene Training* von J. H. Schultz. Es ist dies eine Technik der Selbsthypnose, die in Übungen erlernt wird.

Schultz grenzt seine Methode gegenüber den die Persönlichkeit umgestalteten psychotherapeutischen Systemen in der Weise ab, daß er die sogenannte ›Unterstufe‹ des autogenen Trainings als ein *Übungs- und Umstellungsverfahren* bezeichnet, die ›von Körperkultur bis zu Fieberbehandlung und Leukotomie‹ reicht (wobei hier unter ›Leukotomie‹ die einem hirnchirurgischen Eingriff analoge psychische Trennung zwischen den höheren motorischen und geistigen Leistungen und den aus den tieferen Schichten des Gehirns kommenden Affekten verstanden wird). Die ›Oberstufe‹ nennt er eine *Versenkung*, die eine unmittelbare Konfrontation mit der Innenwelt bringt. In dieser Versenkung lehrt er eine ›Haltungsanweisung‹, die auf Grund seiner Erfahrungen geeignet ist, Menschen vom Selbstverstehen bis zur Selbstverwirklichung sich entwickeln zu lassen.

Dr. Schultz formulierte freundlicherweise selbst die mit seiner Methode erzielten Erfolge in folgenden Worten:

»In der Unterstufe vermittelt das autogene Training dem regelmäßig Übenden Ruhe (so melden viele aus anderen Gründen Trainierte nach einigen Monaten, daß sie sich nicht mehr ärgern können); schnelle Erholungsmöglichkeit (so konnte Dr. Hannes Lindemann, ein junger Arzt, mit ihrer Hilfe in 72 Tagen und Nächten allein im Serienfaltboot den Atlantik überqueren); Beherrschung sonst ›unwillkürlicher‹ Funktionen (so bewahrte sich ein bei −30° C unter einer Schneelawine verschütteter Sportsmann mit Hilfe der Unterstufe durch selbsttätige stärkere Durchblutung von Ohren, Nase, Zehen und Fingern vor den alle seine Kameraden betreffenden Erfrierungen); erhöhte Widerstandsfähigkeit gegen Erkältungen wird oft berichtet (so zum Beispiel aus Ernst Kretschmers Klinik); automatische Selbstbestimmung durch ›formelhafte Vorsatzbildungen‹ (eine wegen schwerer Wechseljahrwallungen erfolgreich trainierte 46jährige Lehrerin mit schwersten berechtigten Minderwertigkeitsgefühlen auf allen wesentlichen Lebensgebieten und entsprechender mutloser Unterdrückungshaltung erreichte durch die Formel ›Ich vertrete mein Recht‹ eine völlige Änderung ihrer Haltung zu Leben und Umwelt).

Die erhebliche psychisch-hygienische Bedeutung des autogenen Trainings wurde außerhalb unseres Arbeitskreises besonders von Professor Heinrich Meng, Basel, dem ersten Universitätslehrer für dieses Fach, gewürdigt.«

Schultz ist der Ansicht, daß seine Methode nur von Ärzten und auf der Oberstufe nur von psychoanalytisch geschulten Psychiatern verwendet werden kann.

Eine mit dem autogenen Training verbundene Methode ist die von Hildebrand Teirich entwickelte ›Musiktherapie‹, die übrigens auch andernorts ohne diese Kuppelung mit einer Hypnosetechnik angewandt wird. Auch Dr. Teirich übermittelte mir in liebenswürdiger Weise eine kurze Zusammenfassung seines Verfahrens.

Die von ihm entwickelte Methode verbindet das autogene Training mit Musik: »Nach Beendigung des gemeinsam durchgeführten autogenen Trainings bleibt der Patient auf der Couch entspannt liegen und bekommt nun Musik vermittelt. Dies geschieht in einer besonderen Weise: Der Patient hört nicht nur die Musik, sondern er spürt sie auch, da die Schallvibrationen durch eine besondere Anlage aus der Couch in die Gegend des ›Plexus solaris‹ – es ist dies das Bauch-

höhlen- oder Sonnengeflecht, die mächtigste netzartige Verflechtung des vegetativen Nervensystems – ausstrahlen, wodurch es zu einer im autogenen Training durchaus erwünschten verstärkten Durchblutung und Erwärmung kommt und sich ein ungewöhnlich angenehmer Zustand einstellt, der bis zur Trance führen kann.

Aus wissenschaftlichen Gründen werden nur folgende Schallplatten vermittelt: die Toccata und Fuge in d-Moll von Bach (Orgelaufnahme), da hier die Bässe, die eine besondere Wirkung auf das vegetative System ausüben, besonders betont sind und Musik dieser Art Assoziationen und innere Bilder stark fördert. – Bei eidetisch begabten Menschen, das heißt bei jenen, die in Bildern denken, hat sich die Moldau von Smetana bewährt, da hier das Gefühl des ›Strömens‹, das bekanntlich auch im Entspannungserlebnis auftritt, besonders zum Ausdruck kommt.

Ein Beiprodukt der Methode sind Bilder, die von den Patienten unter dem Einfluß von Musik gemalt werden. Der Patient hat die Möglichkeit, im Anschluß an das musikalische autogene Training noch im Wartezimmer (in dem er sich allein befindet) jene inneren Bilder zu gestalten, die ihm während des Entspannungserlebnisses aufgetaucht sind, oder er kann die gehörte Platte und Fipsfarben« – es sind dies Farbtöpfchen, die ein Malen unmittelbar mit den Fingern möglich machen – »oder Ölkreiden oder ähnliches mit nach Hause nehmen, um dort bildhaft zu gestalten.«

Psychopharmakologie und Schocktherapie

Während Hypnose-Techniken heute vielfach von Psychologen angewendet werden, sind Schock- und pharmakologische Therapien ausschließlich Sache des Arztes. Vielfach jedoch, in zahlreichen Kliniken sowie in privater Praxis, finden wir Ärzte und Psychologen in enger Zusammenarbeit, wobei der Arzt die medizinische, der Psychologe die psychotherapeutische Behandlung eines Falles übernimmt.

Bei der Schocktherapie wird entweder Insulin bzw. Cardiazol in hohen Dosen verabreicht, oder man läßt elektrische Ströme auf das Gehirn einwirken (Elektroschock). Die pharmakologische Therapie arbeitet mit Arzneimitteln, die man Psychopharmaka nennt.

Die Frage, ob die Anwendung solcher physischer Behandlungsmittel bei seelischen beziehungsweise geistigen Krankheiten ratsam erscheint, ist allerdings noch weitgehend umstritten. Einerseits hängt ihre Beantwortung zu einem sehr großen Teil von der theoretischen Auffassung des Zustandekommens seelischer Krankheiten ab. In besonders ausgesprochenem Gegensatz stehen hier die von der vorwiegenden Rolle der Vererbung überzeugten Fachleute denen gegenüber, die psycho-

genen Ursachen den Vorrang geben. Ein hervorragender Vertreter der ersten Gruppe ist der norwegische Psychiater Gabriel Langfeldt, der die Prinzipien der skandinavischen Psychiatrie dargestellt hat. Er betont in seinem Bericht das weitgehende Interesse für konstitutionelle Faktoren bei Geisteskrankheiten und hebt hervor, daß eine langdauernde Psychotherapie in Skandinavien nicht häufig zur Anwendung gelangt.

Umgekehrt spricht der bekannte Psychoanalytiker Lawrence S. Kubie sich ziemlich skeptisch über den Wert der Psychopharmakologie aus. Es geschieht dies im Zusammenhang eines hervorragenden Forschungsberichtes über ›Arzneimittel und Verhalten‹ (Drugs and Behavior), der von L. Uhr und J. G. Miller herausgegeben wurde. Kubie sieht nur einen eng begrenzten Nutzen in der Anwendung von Drogen, die zwar unmittelbare Wirkungen hervorbringen, wo solche dringend erwünscht sind, deren Fähigkeit, die menschliche Persönlichkeit tatsächlich zu verändern, jedoch vorläufig zu bestreiten ist.

Dies ist denn auch das eigentliche Problem: Worin bestehen die tatsächlichen Wirkungen solcher Arzneimittel? »Nervös«, sagt F. Bello 1957 in einer Studie über ›Tranquilizer‹ (man nennt diese dämpfend und entspannen wirkenden Beruhigungsmittel auch *Ataractica)*, »nervös treten die Vereinigten Staaten in eine neue Ära ein, in die Ära einer Veränderung der menschlichen Persönlichkeit durch chemische Mittel.« In dem von Uhr und Miller herausgegebenen Band untersucht eine große Anzahl von Mitarbeitern die von Drogen hervorgebrachten Wirkungen; diese umfassende Arbeit über die erst seit etwa zwanzig Jahren in der Psychiatrie ständig zunehmend verwendeten pharmakologischen Mittel läßt die ungeheure Reichweite wie die große Komplexität der Vorgänge, um die es sich hier handelt, klarwerden.

Gruppentherapie

Zu den erfolgreichsten und populärsten Spezialmethoden gehört heute die Gruppentherapie. In der Tat entwickelt sie sich in solchem Maße zu einer Hauptmethode, daß viele Therapeuten sie gleichzeitig mit der individuellen Therapie verwenden oder überhaupt mehr oder weniger ausschließlich Gruppentherapie betreiben.

Obwohl die modernste Form der psychotherapeutischen Behandlung, hat die Gruppentherapie doch eine lange und interessante Vorgeschichte, die G. Bach und H. Illing kürzlich dargestellt haben. In ihren heutigen zwei Hauptformen wurde die Gruppentherapie einerseits von J. Moreno schon 1923, andererseits von P. Schilder und L. Wender ins Leben gerufen. Ein erstes Lehrbuch hat S. R. Slavson 1937 publiziert. Bevor wir auf diese Varianten eingehen, müssen wir zunächst feststellen, was unter *Gruppentherapie* zu verstehen ist. Wie der Name besagt, wird bei diesem Verfahren die Therapie *in* der Gruppe und zum großen Teil *von* der Gruppe vorgenommen. Vielen, die das hören, erscheint besonders das letztere absurd. Wie können Laien, wie können Patienten einander behandeln? Sie können das natürlich nur innerhalb gewisser Grenzen und innerhalb konstruktiv zusammenwirkender Gruppen. Deshalb ist die Leitung durch einen geschulten Fachmann Voraussetzung für ein systematisches tieferes Vordringen in die Probleme der einzelnen Gruppenmitglieder. Die heute vielerorts gebildeten Gruppen von Alkoholikern, Pillen- und Rauschgiftsüchtigen und anderen, die sich zur Selbsthilfe zusammengeschlossen haben, berichten über günstige Resultate, die sich jedoch im wesentlichen auf die Beherrschung spezifischer Süchte oder Zwänge beschränken.

Die normale, unter einem Psychologen oder Psychiater arbeitende Gruppe besteht aus *sechs bis zwölf Mitgliedern,* die in einem Kreis zusammensitzen und in freier Aussprache Probleme diskutieren. Manche Therapeuten ziehen es vor, in sehr kleinen Gruppen von drei oder vier Patienten zu arbeiten, andere mit sehr großen Gruppen, die bis 60 Patienten umfassen können.

Die Auswahl der Mitglieder für die eine oder andere Gruppe oder überhaupt für die Teilnahme an der Gruppentherapie wird von den einzelnen Therapeuten nach unterschiedlichen Gesichtspunkten vorgenommen. Außer der Schwere der vorliegenden Störung werden von vielen auch die Art der Probleme der Patienten sowie Alter und Berufszugehörigkeit bis zu verschiedenem Grade berücksichtigt.

Die Diskussion, die meistens von den Mitgliedern angeregt wird, entwickelt sich zwanglos. Der Charakter der Leitung variiert mit der theoretischen Orientierung sowie der Persönlichkeit des Therapeuten. Analytiker und Nichtanalytiker mögen die Vorgänge in ihren Gruppen in verschiedener Weise beeinflussen entsprechend den Prinzipien, die sie auch in der Individualtherapie zur Anwendung bringen.

Der Natur der Sache nach eignen sich Gruppen am besten für das Durcharbeiten solcher Probleme, die mit wechselseitigen *menschlichen Beziehungen* zu tun haben. Im Unterschied zur Individualtherapie, in welcher der Patient über seine Beziehungen zu anderen nur berichten kann, bietet die Gruppe dem Patienten sowie dem Therapeuten Gelegenheit, die soziale Persönlichkeit aller in Aktion zu sehen. Die wechselseitige freimütige Aussprache, die Reaktion jedes einzelnen auf andere Individuen sowohl wie auf die Gruppe als ganze bringen soziale und vielfach auch sexuelle Einstellungen ans Licht, wie das in keiner anderen Situation möglich ist. Die gegenseitige Toleranz, die die Gruppenmitglieder deshalb walten lassen, weil jeder weiß, daß auch er Fehler hat, die Wahrung der Geheimnisse der Mitglieder als

Gruppengeheimnis, die wiederum dadurch garantiert ist, daß jeder in gleicher Weise an der Diskretion interessiert ist – all dies macht die Gruppe zu einem einzigartigen Instrument gegenseitiger Hilfe.

Die folgenden Beispiele können ein Bild geben von dem, was bei der Gruppentherapie vor sich geht.

Die erste Gruppe beginnt mit dem akuten Problem von Alfred, dem wir schon wiederholt begegnet sind, ein arbeitsamer und übergewissenhafter junger Ingenieur, im Begriff, seinen Doktor zu machen.

ALFRED: *Ich habe ein Problem. Ich mache mir ewig übermäßige Sorgen. Ich bin ein richtiger Sorgenmacher. Ich weiß nicht, wann und wie es anfing. Aber im Augenblick wird es unerträglich. Es zermürbt mich. Ich habe mir immer Sorgen gemacht, in der Schule und im College. Zur Zeit ist es schlimmer als je zuvor. Und jetzt bin ich in unnötiger Angst, daß ich für mein Examen nicht fertig werde.*

JOHN: *Arbeiten Sie auf Vollkommenheit hin?*

ALFRED: *Ja, immer.*

GRACE: *Fühlen Sie, daß Sie weniger leisten, als es Ihren Fähigkeiten entspricht?*

ALFRED: *Ja, jedenfalls kritisiere ich mich dauernd und sage mir, daß ich es besser machen könnte.*

JOHN: *Ist Ihre Familie hinter ihnen her oder ist es der Druck der Gesellschaft?*

ALFRED: *Nein, es ist mein eigener Druck. Vielleicht liegt es daran, daß ich erwarte und hoffe, durch Leistungen mich selbst zu finden, wie wir das früher schon einmal besprachen.*

MARK: *Sie erwarten eben zu viel von sich. Ich tue das auch oft. Oder vielleicht sind Sie überhaupt im falschen Fach?*

ALFRED: *Nein, ich glaube nicht. Ich hätte für andere Berufe nicht gepaßt. – Aber ich sorge mich ja auch dauernd um andere Sachen. Zum Beispiel um mein Auto. Und um finanzielle Dinge. Und um soziale Probleme.*

BARBARA: *Was ist Ihre Sorge im sozialen Leben?*

ALFRED: *Ach, ich eigne mich überhaupt nicht für irgendwelche Geselligkeit. Ich habe das einfach beiseite geschoben.*

PHYLLIS: *Fürchten Sie, daß Mädchen nicht mit Ihnen ausgehen wollen?*

ALFRED: *Ich gehe manchmal aus. Aber ich fühle mich nicht wohl dabei. Vor meiner Therapie ging ich überhaupt nicht aus. Jetzt tue ich es, aber ich fürchte mich, zurückgewiesen zu werden.*

In dieser Stunde, die weitgehend Alfred gewidmet wird, arbeitet der größte Teil der Gruppenmitglieder mit. Das spätere Eingreifen der Therapeutin führt Alfred auf den Zusammenhang seiner ewigen Besorgnisse mit seiner bereits dargestellten Beziehung zu seiner Mutter zurück. Sein früher Entschluß, ›nie einen Fehler zu begehen‹, macht ihm das Leben zunehmend unerträglich. Die Frage der Überwindung dieses Perfektionismus' wird diskutiert.

Im Durcharbeiten akuter oder auch chronischer Probleme, die den Menschen gemeinsam sind oder in denen sie sich gegenseitig verstehen können, helfen sie sich zu besseren Lösungen oder wenigstens zu erleichternden Gefühlen über ihre Sorgen und Gewissensbisse.

Viele Therapeuten haben *kontinuierliche Gruppen*, die durch Jahre fortlaufen; aus ihnen scheiden diejenigen aus, die ihre Therapie beendet haben, und an ihrer Stelle werden neue Mitglieder aufgenommen. Manchmal wird eine Gruppe mit ausschließlich neuen Teilnehmern begonnen; hierbei zeigen sich dann am Anfang oft Hemmungen. Diese Ängste des in neue soziale Beziehungen Eintretenden werden von einem geschickten Therapeuten sofort durch Interpretationen zugunsten des Prozesses genutzt. Ein gutes Beispiel gibt Raymond Corsini in seinem wertvollen Buch ›Methoden der Gruppentherapie‹.

Der Therapeut erklärt einleitend das Ziel und die Arbeitsweise der Gruppentherapie. Dann fordert er die aus drei männlichen und drei weiblichen Mitgliedern bestehende Gruppe auf, die Diskussion zu beginnen.

THERAPEUT : *Wer will anfangen?*

A : *Niemand, scheint's, will anfangen.*

THERAPEUT : *Es ist schwer anzufangen. Jeder hofft, einer der anderen wird es tun. Das lehrt uns, daß wir alle darin gleich sind, uns vor neuen Situationen zu fürchten. Aber vielleicht ist es kein Zufall, daß Sie, Herr A., zuerst sprachen. Was kann es bedeuten?*

A : *Ich bin etwas impulsiv. Es ist typisch für mich, daß ich die Initiative ergreife. Tatsächlich ist das eines meiner Probleme ... Ich glaube, die Leute mögen es nicht, daß ich so aggressiv bin.*

X : *Ich glaube jedoch, daß Sie hier ganz richtig reagiert haben. Niemand wollte etwas sagen, und die Tatsache, daß Sie angefangen haben, gab mir ein angenehmes Gefühl. Sie haben das Eis gebrochen.*

A : *Aber ein Eisbrecher leidet viel Schaden, und manchmal bleibt er im Eis stecken.*

Die Bemerkung des Therapeuten ist so gefaßt, daß einer der Teilnehmer sofort Gelegenheit zu einer Selbstbeobachtung gewinnt. Dies ist natürlich nur eine der möglichen Techniken, die der Therapeut wählen kann. In diesem Fall handelt es sich um einen sehr *aktiven* Therapeuten.

Bisher behandelten wir nur die Diskussionsform der Gruppentherapie.

Das von J. Moreno in genialer Weise eingeführte *Psychodrama* stellt eine zweite Form dar, die von einigen Therapeuten in die Diskussion eingeflochten, von anderen als ausschließliche Methode verwendet wird.

Das Psychodrama, auch Rollenspiel genannt, besteht darin, daß Gruppenteilnehmer gewisse Szenen spielen, in denen sie ihre Probleme darstellen. Moreno baute in New York ein eigenes Theater für die psychodramatische Therapie. Er verwendet Assistenten, die er ›das andere Ich‹ (alter ego) nennt und die daraufhin trainiert werden, andere Seiten des Ichs und der Konflikte herauszubringen. Die Erfahrung zeigt, daß bei diesen Spielen die Emotionen stärker belebt werden als durch bloße Diskussion, und daß vielfach Dinge deutlich werden, die vorher niemandem klar waren.

So wurde zum Beispiel in einer meiner Gruppen einem jungen Mann, der darüber klagte, daß Mädchen nach ein, zwei Verabredungen nicht mehr mit ihm ausgehen wollten, der Grund dieser Ablehnungen klar, als die Szenen in der Gruppe gespielt wurden: Es zeigte sich, daß er sich niemals darum kümmerte, was die Wünsche des Mädchens waren, sondern er bestimmte selbst alles, was sie zusammen unternehmen, wo sie essen wollten und ähnliches mehr.

Die Methode des Psychodramas ist ganz besonders geeignet für *Kinder und Jugendliche,* deren Behandlung in Gruppen allgemein für überaus erfolgreich gehalten wird.

Eine dramatische Szene, zu deren Darstellung die Diskussion einer Gruppe von Zwölf- bis Sechzehnjährigen führte, wurde mir von der erfahrenen Kinderpsychologin Dr. Zelda Wolpe liebenswürdigerweise zur Verfügung gestellt.

Serena, eines der ältesten Mitglieder der Gruppe, sprach von der Art, in der ihr Vater sie oft unglücklich macht. Sie erklärt ihren Konflikt, daß sie einerseits ihren Vater sehr liebt und ihn für einen prachtvollen Mann hält, aber andererseits läßt er seine eigenen Frustrationen an der Familie aus, besonders wenn er verärgert und müde aus seinem Geschäft nach Hause kommt.

THERAPEUT: *Laßt uns die Szene spielen. Serena spielt sich selbst, und Joan ist die Mutter, Bruce der Vater. (Die drei ziehen sich einen Augenblick zurück, um die Szene zu besprechen.)*

›VATER‹ *(kommt herein): Serena, du hast das Papier auf dem Gras liegen lassen. Das sieht nicht gut aus, vorn vorm Haus. Wenn ich das noch einmal sehe, werde ich sehr böse. Vielleicht denkst du, dir wird zuviel zugemutet.*

SERENA: *Also das ist wieder eine von deinen freundlichen Bemerkungen. Ich selbst habe es gern, wenn alles hübsch aussieht, und ich glaube gar nicht, daß mir zuviel zugemutet wird. Warum mußt du immer solche unangenehmen Dinge sagen, Daddy? – Dann wirft er mir so ein Stück Papier ins Gesicht. – Also so ist es immer, ich kann nicht mal mit dir reden, sage ich.*

›VATER‹: *Halt deinen Mund.*

SERENA: *Ich kann nie irgend etwas sagen. Es ist, als wenn ich gar nichts wäre.*

›MUTTER‹: *Du solltest nicht nach Hause kommen, Greg, und deinen Ärger an deiner Tochter auslassen.*

SERENA: *Also dann fang' ich an zu weinen und geh' auf mein Zimmer ... Ich weine über meine eigene Hilflosigkeit gegenüber dieser Tyrannei ...*

CHRISSIE: *Das ist genau wie mein Vater ist, nur daß er mir nichts ins Gesicht wirft. Er macht sich lustig über mich, ist sarkastisch. Manchmal könnte ich ihn umbringen.*

SERENA: *Ich schreie: »Ich hasse Dich.« Und trotzdem verstehe ich, warum er sich so benimmt – er hat eben viele Probleme im Augenblick ...*

Ursprünglich bestand bei den Gruppentherapeuten vielfach die Vorstellung, daß diese Methode deswegen empfehlenswert sei, weil sie die Teilnahme an der Therapie für eine große Zahl von Menschen zugänglich mache. Heute jedoch weiß jeder, daß – ganz unabhängig von wirtschaftlichen Fragen – die Gruppentherapie von unersetzbarem Wert ist.

Die Methode verbreitet sich in einer wachsenden Zahl von Variationen. Sie wird in der Eheberatung und Familienberatung angewandt, unter Angestellten und Managern, in Kliniken, Gefängnissen und anderen Anstalten.

In Europa dürfte das stärkste Interesse für Gruppentherapie in England bestehen. Bekannt sind die Werke von W. R. Bion, H. Ezriel, H. S. Foulkes. An der Tavistock-Klinik in London wird mit verschiedenen Gruppenmethoden experimentiert. Im deutschen Sprachkreis dürfte H. Teirich der bekannteste Vertreter der Methode sein. Auch in anderen europäischen Ländern wird die Gruppentherapie zunehmend praktiziert.

Wie alle Zweige der Psychologie, so hat sich auch die Wirtschaftspsychologie außerordentlich stark entfaltet. Im folgenden sei ein
kurzer Bericht über zwei der wichtigsten Gebiete gegeben, über die
Betriebspsychologie und die *Marktpsychologie*. Wenn dieses Kapitel
im Gegensatz zu dem umfangreichen vorangehenden Kapitel ›Die
helfenden Professionen‹ verhältnismäßig kurz ist, so erklärt sich das
aus dem Zweck dieses Buches: Es will zwar soviel wie möglich die
Aufmerksamkeit auf die eminente Bedeutung der Psychologie im
Rahmen aller Lebensgebiete unserer Zeit lenken, doch besteht seine
ganz besondere Aufgabe darin, herauszuarbeiten, was wir für unser
persönliches Leben aus der modernen Psychologie gewinnen können.
In diesem Sinne ist die Wirtschaftspsychologie mehr von spezialisti-
schem Interesse als von allgemein menschlichem. Es ist die *Einstellung
auf den Menschen als Menschen* bei vollkommener Ablehnung der
ursprünglich im industriellen Zeitalter aufkommenden Behandlung des
Menschen als eine Arbeitsmaschine.

1. Die Betriebspsychologie

›Am Anfang‹, so sagt Arthur Mayer in seinem einführenden Kapitel
zu dem großangelegten, von ihm und B. Herwig herausgegebenen
Werk ›Betriebspsychologie‹, ›hatte die Technik ein solch unerschütter-
liches Ansehen gewonnen, daß man glaubte, durch die Anwendung
ihrer Gesetze und Ordnungen auch alle wirtschaftlichen, sozialen und
menschlichen Probleme lösen ... zu können.‹
So sprach man denn am Beginn unseres Jahrhunderts von der im
Betriebswesen zur Anwendung gelangenden Psychologie als von der
Wissenschaft der *Psychotechnik*. Die Theorie und Praxis jener Zeit ging
unter der Flagge dessen, was man *›Taylorismus‹* nannte, das heißt der
von Frederick W. Taylor konzipierten Idee einer ›wissenschaftlichen
Arbeitsorganisation‹ und ›wissenschaftlichen Betriebsführung‹. Diese
war bestrebt, die Arbeitnehmer als ›separate Individuen‹ vor die ihnen
angemessenste Aufgabe zu stellen unter dem Gesichtspunkt, ihre best-
möglichste Leistung zu erzielen. Was Taylor, dessen Hauptwerke 1903
und 1911 erschienen, jedoch übersah, sind die sozialen Aspekte der
menschlichen Arbeit. Die Leistung und die aus ihr resultierende Befriedigung wurden von ihm ohne Verständnis für die wichtigsten menschlichen Motive angesehen.
Mayer weist darauf hin, daß die schon zu Beginn der Industrialisie-

rung entstandenen sozialen Probleme lange als ›Fragen sozialpolitischer Fürsorge und Wohltätigkeit‹ betrachtet wurden. Erst allmählich kam man darauf, daß die Beziehungen des arbeitenden Menschen zu seinen Mitarbeitern und zu dem Betrieb, dem er angehört, außerordentlich wichtig sind. Besonders die berühmten Hawthorne-Studien, die an der Western Electric Company in Chikago durchgeführt und deren Befunde von Elton Mayo, Roethlisberger und anderen gedeutet wurden, lehrten, daß am entscheidendsten für das Arbeitsverhalten *die zwischenmenschlichen Beziehungen* in ›formalen‹ und noch mehr in ›informellen‹ Gruppen sind. Während die materielle Leistungsfähigkeit der Menschheit seit 200 Jahren ständig zugenommen hat, so stellte Mayo fest, daß sich gleichzeitig die menschliche Fähigkeit der Zusammenarbeit in derselben Periode dauernd verminderte.

Diese und weitere Forschungen lenkten das Augenmerk der Psychologen auf die *Sozialstruktur des Betriebes*. Als entscheidende Faktoren sind vor allem die Arbeitsgruppe und die Betriebsführung zu nennen. Die kleinen *informellen Arbeitsgruppen* stellen, wie gesagt wurde, ›menschliche Inseln‹ in dem technisch-formalen Organisationsgefüge des Industriebetriebes dar. Wie schon die Hawthorne-Studien und später weitere Untersuchungen erwiesen, ist die informelle Arbeitsgruppe von entscheidendem Einfluß auf Arbeitsmoral, Produktivität und individuelle Zufriedenheit. Verhaltensnormen und Arbeitspraxis hängen gleichfalls von Art und Grad der Zusammenarbeit in diesen Gruppen ab. Die Arbeitsgruppen sind ein wichtiger, wenn auch nicht der einzige Faktor, der für günstige Arbeitsverhältnisse maßgebend ist. Über den Einfluß des Gruppenlebens hinaus ist die gesamte Organisation eines Betriebes von Bedeutung, und insbesondere die *Art der Führung* stellt einen zweiten Faktor von großem Einfluß dar.

Wie E. Lößl in einem der ›Personalorganisation‹ im Betrieb gewidmeten Kapitel des erwähnten Handbuches schreibt, schien ehemals eine ›spontane Kooperation‹ als hinreichend zur Bewältigung der beschränkten organisatorischen Notwendigkeiten. Heute ist an ihre Stelle das *Management* getreten. Mechler nennt als Aufgabe des Managements ›Planung, Kontrolle, Vorausdenken, Koordinierung, Realisierung von Ideen, Schulung, Anleitung und Begeisterung von Menschen‹. Bei der Personalorganisation sowie bei der Leitung der Gruppenarbeit gibt es nun verschiedene *Führungsstile*. In Experimenten wurden ›demokratische‹ Führung und ›arbeitnehmerorientierte‹ Vorgesetzte hinsichtlich ihres Gesamterfolges mit ›autoritärer‹ Führung und ›produktionsorientierten‹ Vorgesetzten verglichen und die ersteren als erfolgreicher befunden.

In der Ausbildung des amerikanischen Managements schenkt man neben dem Faktor der Organisation besondere Beachtung dem Faktor der persönlichen Beziehung zwischen Vorgesetzten und Angestellten, beziehungsweise Arbeitern. Viele Betriebsleiter lassen sich heute in psychologischen Kursen für *soziale Sensitivität* ausbilden. In diesem *Sensitivitätstraining* wird, gewöhnlich in Form von psychodramatischen Rollenspielen, die Wirkung der eigenen Persönlichkeit auf andere studiert, und die Wechselwirkungen verschiedener Menschen aufeinander werden analysiert. So läßt sich praktisch demonstrieren, welche Art der Führung die tatsächlich wirksamste ist.

Versucht so die moderne Betriebsleitung die sozialen Faktoren der Arbeit im Rahmen von Organisationen menschlich befriedigend zu gestalten, so ist andererseits die *Arbeitspsychologie* bestrebt, die Arbeitsgestaltung durch günstige Arbeitsbedingungen und Arbeitsmethoden sowie durch Hilfe bei der Berufswahl und Berufsausbildung zu einer das Individuum befriedigenden Beschäftigung zu entwickeln. Die Frage ist, was die ausgedehnten Forschungen für das Leben des modernen Menschen bedeuten. Offenbar sieht und studiert die heutige Wirtschaftspsychologie die Arbeit in ihren zwei Hauptbelangen: in ihrer Bedeutung für die *persönliche Entwicklung* des Individuums und die Gestaltung seines Lebenslaufs sowie in ihrer Bedeutung für die *soziale Rolle* des einzelnen und die Gestaltung seiner gesellschaftlichen Zugehörigkeit. Das vorläufige Resultat scheint mir zu sein, daß zunehmende Kenntnisse es uns ermöglichen, der individuellen Motivation im Hinblick auf die Arbeit besser Rechnung zu tragen, daß wir Fähigkeiten zu bestimmten Tätigkeiten und deren Bedingungen besser zu beurteilen imstande sind und daß wir den Faktoren sozialer Befriedigung wie sozialen Druckes besser gerecht werden können. Die zunehmende Einbeziehung klinisch-psychologischer Behandlung von Problemen und Konflikten arbeitender Individuen und Gruppen ist ein weiterer Fortschritt. So können wir bei anhaltender Entwicklung der noch sehr jungen Betriebspsychologie hoffen, daß wir die Arbeit zunehmend zu einem positiver erlebten und konstruktiveren Lebensfaktor auch für die großen Massen der heute noch vielfach Unbefriedigten zu gestalten vermögen.

2. Die berufliche Persönlichkeitsprägung im Rahmen der Wirtschaft

Zu den psychologisch interessantesten modernen Studien gehören meines Erachtens die, in denen die durch die Berufstätigkeit zustande kommende Persönlichkeitsprägung untersucht wird. Den Begriff der *Prägung* hatten wir schon im Zusammenhang mit dem Problem der menschlichen Entwicklung kennengelernt. H. Thomae wie auch P. Hofstätter betrachten die Prägung vor allem als Resultat eines natürlichen

Lernprozesses, durch den das Individuum im Laufe seines Lebens sich allmählich auf bestimmte Verhaltensmuster festlegt.

In den modernen *Berufsstudien* wird nun gezeigt, wie der arbeitende Mensch – und zwar der in den Organisationen von Wirtschaft und Verwaltung arbeitende ebenso wie der freiberuflich schaffende – durch die Bedingungen und Anforderungen seines Berufes geprägt wird.

Den ursprünglichen Anlaß zu diesen Untersuchungen gab das Problem des *Fabrikarbeiters*, dessen Tätigkeit durch ihre Monotonie und infolge ihrer Belanglosigkeit im ganzen des Produktionsprozesses als besonders unbefriedigend angesehen wurde.

Chris Argyris diskutiert die Tatsachen, daß der Arbeiter keine Kontrolle seiner Arbeitsumgebung hat und daß er keine Pläne für die Zukunft seiner Arbeit machen kann, weil er hinsichtlich dieser Zukunft keinen Einfluß und keine Informationen hat, und führt aus, daß diese Umstände die Persönlichkeitsentwicklung so hindern müssen, daß sie zu Passivität, Unterwürfigkeit, mangelnder Kontrolle über die eigenen Handlungen und kurzer Zeitperspektive führen – alles Kennzeichen der Unreife.

Wir haben die verschiedenen Entwicklungen in den modernen Betrieben kennengelernt, die diesen Faktoren entgegenzuwirken suchen, indem sie das Zusammenkommen kleiner informeller Gruppen und die Teilnahme an der Betriebsführung begünstigen. Als vielleicht wichtigsten Faktor für das gewöhnliche Leben des Arbeiters am Fließband und an der Taktstraße betrachten einige Forscher den guten Vorarbeiter; dieser kann, wie insbesondere Studien von Walker, Guest und Turner zeigen, durch die Herstellung persönlicher Beziehungen zu seinen Männern und durch die Art, wie er sie behandelt, die anonyme und unpersönliche Arbeitssituation in eine individuelle umgestalten.

Bürokratische Organisationen sind im Hinblick auf die Art, wie sie die Angestellten bzw. Beamten in ihrer Persönlichkeitsentwicklung beeinflussen, von Robert K. Merton und auch von Arthur K. Davis studiert worden. Merton betont, wie der Druck, der auf methodisches, diszipliniertes, politisch vorsichtiges Verhalten abzielt, der Persönlichkeit des *Beamten* den Stempel aufprägt. Die Befolgung von Regeln, sagt Merton, die ursprünglich nur als Mittel zum Zweck von Verläßlichkeit, Verschwiegenheit usw. aufgestellt wurden, wird allmählich zum Selbstzweck; hinzu kommt auch hier eine Depersonalisation, eine Entpersönlichung persönlicher Beziehungen.

Viele Arbeiten befassen sich mit der Persönlichkeitsstruktur des *leitenden Angestellten*. In der Tat schwebt vielen die Vorstellung von dem zum ›Abteilungsleiter‹ und ›Direktor‹ aufstrebenden jungen Kaufmann als eine Art Wunschbild vor. In einer geistreichen Studie über kulturelle Werte führt Donald A. Bloch aus, wie diese Vorstellung von der sympathischen, selbstbeherrschten, gemessenen Persönlichkeit des erfolgreichen jungen ›executive‹ das Ideal für den amerikanischen Mittelstand darstellt, aber vielfach auch das Idealbild ist, das die Therapeuten für ihre Patienten vor sich sehen.

Andere Untersuchungen hingegen zeigen den Druck, unter dem der steht, der im Wirtschaftsleben leitende Positionen einnimmt. William E. Henry diskutiert die Ansprüche, denen er genügen muß: Er hat genau entsprechend den Normen der ›Vorgesetzten-Welt‹ zu leben und den ›richtigen‹ Klubs, Parteien und sonstigen Gruppen anzugehören; er muß dauernd aktiv sein, muß dauernd fürchten, überholt und beiseite geschoben zu werden, darf nie einen Fehler machen und kann sich niemals als völlig sicher in seiner Position fühlen.

Weitere Untersuchungen befassen sich mit der Prägung der Persönlichkeit des Arztes, der Krankenpflegerin, der Telefonistin, des Eisenbahnbeamten und anderer. Diese Studien lassen den Beginn einer aus der Wirtschaftspsychologie hervorgehenden *neuen Art der Persönlichkeitserfassung* erkennen. Besonders interessant wird dies dann werden, wenn wir erst einmal die berufliche Prägung der Persönlichkeit in verschiedenen Kulturen vergleichen können. Das methodisch Neue ist hier, daß durch Anwendung einer klinisch orientierten Interview-Technik ein tieferes Eindringen ermöglicht wird, als es frühere Beobachtungs- oder Fragemethoden erlaubten.

3. Produzent und Konsument in der Marktpsychologie

Die junge Wissenschaft der Marktpsychologie diente in ihren Anfängen der Erforschung des Verhaltens von Käufern hauptsächlich im Interesse des Geschäftsmannes, der verkaufen wollte. Heute ist, wie Paul Lazarsfeld, einer der ersten und führenden Marktpsychologen sagt, die *Marktpsychologie* ein Teil der Soziologie. Diese sozialpsychologischen Belange der Untersuchung des Handels wurden von uns schon im dritten Teil unseres Buches erwähnt; hier sollen sie nun unter der anderen Perspektive des praktischen Handelns gesehen werden.

Lazarsfeld geht in seiner theoretischen Diskussion des Verkaufsgeschäfts als eines Systems ineinandergreifender Handlungen auf Max Weber zurück. Dieser hat die ›Marktlage‹ und ihre Regulierungen vom soziologischen Standpunkt aus untersucht. Der Markt ist offenbar eine Situation des Kaufens und Verkaufens verkäuflicher Waren. Bei diesem Vorgang findet ein *Austausch* von Gütern statt, wobei jeder Beteiligte etwas gibt und etwas erwirbt. Der Erwerb von *Besitz* irgendeiner Art ist das Ziel dieser Handlungen, und der Besitz ist der *Wert,* auf den sie abzielen.

Idealerweise besteht das Hergeben und Erwerben im Austausch äquivalenter Güter. Der Käufer braucht die Ware, der Verkäufer bzw. Produzent braucht das Geld. Das jeweils erworbene Gut stellt für beide einen *Gewinn* dar insofern, als es ihren Besitz bereichert. Es bedeutet jedoch dann einen Verlust für den einen, wenn der andere über einen *ehrlichen* Gewinn hinaus das gemacht hat, was man Profit nennt.

Profit im Sinne eines unehrlichen oder doch dem tatsächlichen Austauschwert nicht entsprechenden Gewinns repräsentiert, wie Max Weber im Zusammenhang seiner Analyse des Kapitalismus ausführt, eine *Ausbeutung* des Partners im Verkaufsvorgang.

Häufiger als die Neigung zu wirklicher Ausbeutung dürfte bei vielen Menschen die Tendenz bestehen, einen *Vorteil* zu gewinnen. Auf diesem Prinzip scheinbarer Vorteile für den Käufer beruht offenbar der ungeheure Erfolg von Ausverkäufen ›zu herabgesetzten Preisen‹ und von Waren, die für Rabattmarken gegeben werden, weil man mit diesen – wie man sich einbildet – ›mehr‹ kaufen kann.

Dieses Moment des von so vielen erhofften Vorteils beim Kaufen und Verkaufen ist es meines Erachtens, was den Handel in den Augen des nicht kommerziell Eingestellten irgendwie unsympathisch oder gar verdächtig macht. Es ist dies, glaube ich, auch die Ursache dafür, daß, wie Lazarsfeld bemerkt, die Soziologen sich weniger mit den Problemen des Handels befassen als man erwarten könnte.

In der Tat wurden die frühen Marktuntersuchungen im Sinne des Vorteils für den Händler durchgeführt – nicht eines unehrlichen Vorteils, aber doch im Sinne einer für den Verkäufer vorteilhaften Situation.

Besonders irritierend ist für viele die moderne *Werbung.* Ihr gegenüber fühlt sich der Verbraucher ebenso wie der ihr anderwärts im öffentlichen Leben, zum Beispiel in der Politik, Ausgesetzte in einer hilflosen Rolle: Selbst wenn er versucht, sie nicht zu beachten, drängt sie sich ihm auf, und ihre Anpreisungen werden gelegentlich zu dem, was man die ›geheimen Verführer‹ (hidden persuaders) genannt hat.

›Und deshalb wissen wir, daß wir recht haben‹, sagt Martin Mayer als einleitende Überschrift zu seinem teils amüsanten, teils informativen, teils etwas erschreckenden Buch ›Madison Avenue, USA‹ in bezug auf die Wirkung der Reklame. Mayer diskutiert die unfehlbar wirkende Werbung. Jedoch muß zugestanden werden, daß heute die verfeinerten Techniken der Werbung weit mehr auf *legitime Vorteile* eingestellt sind, die sich daraus ergeben, daß Vorzüge der Ware in berechtigter Weise mit psychologischem Scharfsinn hervorgehoben werden.

›Was ist neu an Colgate? Was fehlt – fehlt – fehlt in jeder anderen führenden Zahnpasta?‹ Über diese Werbung, eine von denen, die den Absatz von Colgate um mehr als das Dreißigfache steigen ließ, hat sich Rosser Reeves geäußert, der Leiter des Werbeunternehmens, dessen Reklame diesen Erfolg für Colgate erzielte.

Seine Werbung folgt dem Prinzip der ›Unique Selling Proposition‹ (USP), des ›einzigartigen Verkaufsarguments‹. »Zunächst«, sagt Reeves, »brauchen wir ein gutes Produkt. Wir können ein Produkt nur verkaufen, wenn es gut ist, und selbst dann brauchen wir eine einzigartige USP.« Für diese bestehen drei Regeln: Erstens muß eine einzigartige Eigenschaft hervorgehoben werden, zweitens muß ein spezifischer Gewinn oder Nutzen versprochen werden, drittens muß es eine Eigenschaft sein, die sich verkauft.

Reeves erzählt, daß der Werbetext: ›Colgate kommt wie ein Band heraus und liegt flach auf Ihrer Bürste‹ ohne Erfolg blieb, da niemandem an dem flachen Band etwas lag. Als es aber hieß: ›Colgate reinigt Ihren Atem, während es Ihre Zähne reinigt‹ (in der deutschsprachigen Werbung: ›Colgate macht den Atem rein – gesunde Zähne obendrein‹), stieg der Absatz außerordentlich an.

In Wirklichkeit, sagt er, vereinigt jede gute Zahnpasta die beiden angepriesenen Vorteile, aber keine Firma hatte es bis dahin in ihrer Werbung hervorgehoben.

Damit zeigt sich aber nun bereits eine wichtige positive Funktion guter Werbung: Sie belehrt das Publikum zum Teil über Qualitäten, von denen es nichts wußte, und vergrößert allmählich die Kenntnis über das zu Erwerbende.

Dies ist es wohl, was Peter Hofstätter im Auge hat, wenn er darauf hinweist, daß der Verbraucher sich wesentlich besser in seiner Rolle als Käufer fühlen könnte, wenn er ein ›gelernter Verbraucher‹ wäre. Er meint damit, daß der Käufer weniger das Gefühl hätte, ein ›Verführter‹ zu sein, wenn er sich mehr und mehr Kenntnisse über die von ihm benötigten Gegenstände verschaffen würde, so daß er mit zunehmend besserem Urteil einkauft.

Hofstätter meint, der ›gelernte Verbraucher‹ werde ohne ›schlechtes Gewissen‹ kaufen können. Ich fürchte, diese Hoffnung ist vergeblich. Mir scheint, das ›schlechte Gewissen‹ hat seinen tieferen Ursprung darin, daß wir bei allem Einkaufen, außer dem des Notwendigen, uns nicht von der – unserer moralischen Erziehung zuwiderlaufenden – Vorstellung befreien können, daß wir uns Genüsse leisten, die uns nicht erlaubt sind.

Die Anpreisung des Genußwertes von Waren, die ein Großteil der Werbung betreibt, leistet diesen Schuldgefühlen Vorschub. Zwar gibt es Reklame, die den außerordentlichen Nutzwert eines Gegenstandes hervorhebt. Die Mehrzahl der Werbung ist meinem Eindruck nach jedoch auf Betonung von Genußwerten eingestellt. Die deutsche ›Coca Cola‹-Reklame ist verbunden mit dem Schlagwort ›Mach mal Pause‹.

Dem Deutschen ist die Vorstellung der Pause erfreulich genug. Dem Amerikaner genügt es nicht, weil er ohnehin immer, wenn er Lust hat, eine Pause macht. Ihm muß etwas Ungewöhnlicheres geboten werden. Deshalb stellt alle ›Coke‹-Reklame in amerikanischen Zeitschriften oder im Fernsehen die außerordentliche Erfrischung dar, die dieses – ›Zing!‹ – sprühende Getränk während großer Aktivität bringt.

4. Die Wahlhandlung im politischen und kommerziellen Geschehen

In einer heute als klassisch geltenden Studie von Lazarsfeld, Berelson und Gaudet aus dem Jahre 1948 wurden die Wahlvorgänge bei der amerikanischen Präsidentenwahl in einem Bezirk des Bundesstaates Ohio psychologisch analysiert. Die Fragen, die die Autoren sich stellten, bezogen sich auf die *Gesichtspunkte,* unter denen die Bevölkerung ihre Wahl vornimmt, und auf die *Einflüsse,* unter denen die Wahlen erfolgen. Es handelte sich um die Wahlen von 1940, bei denen sich der Demokrat Roosevelt und der Republikaner Willkie gegenüberstanden. Die Gesichtspunkte der Wähler waren sozial-wirtschaftliche, ideelle, schließlich aber auch persönliche Faktoren.

Die Gesichtspunkte sozialer und wirtschaftlicher Art zeigten sich darin, daß bestimmte soziale Gruppen und bestimmte Einkommensgruppen die Republikanische oder die Demokratische Partei und den einen oder den anderen Kandidaten vorzogen: Die Mehrzahl der Wohlhabenden, die wirtschaftliche Interessen hatten und die höhergestellten Berufsgruppen angehörten, waren Republikaner; die Mehrzahl der Besitzlosen und Angehörigen niedrigerer Berufskategorien wählten demokratisch. Aus Gründen, die Lazarsfeld zum Teil für örtlich bedingt hält, stimmte die Mehrzahl der Katholiken aus der untersuchten Wählerschaft demokratisch, während die Protestanten mehr republikanisch wählten. Junge Angehörige beider Glaubensgemeinschaften wählen weniger republikanisch als ältere.

Wie Lazarsfeld selbst sagt, sind jüngere Menschen mehr der fortschrittlichen demokratischen Ideologie zugeneigt als ältere, die sich häufig der konservativen Ideologie zuwenden. Das heißt, daß der Altersfaktor zu den ideologisch mitbestimmenden gehört.

Der ideologische Parteiunterschied zeigt sich darin, daß die demokratischen Wähler betonten, sie wollten einen Präsidenten mit Regierungserfahrung, während die Republikaner wünschen, daß der Präsident Erfahrung im Wirtschaftsleben hat.

Wenn wir diese Ergebnisse weiter interpretieren, so zeigt sich, daß *fortschrittliche Ideen* mehr von den noch nicht Arrivierten begünstigt werden, sei es, daß ihre soziale und wirtschaftliche Lage oder ihre Jugend sie auf neue Entwicklungen hoffen läßt. Die Arrivierten andererseits sind *konservativ*.

Auf Grund dieser psychologischen Gruppendeterminiertheit der Wahleinstellung wird eines der interessantesten Hauptresultate von Lazarsfeld und seinen Mitarbeitern verständlich. Es ist der Befund, daß die Öffentlichkeit in ihrer politischen Meinungsbildung *bemerkenswert wenig von der Wahlpropaganda* beeinflußt wird. Dieser unerwartete Befund erklärt sich dadurch, daß die Mehrzahl der Wähler hinsichtlich ihrer politischen Orientierung bereits ihre Meinung gebildet hat. Sie benutzt die Propaganda in erster Linie zur Verstärkung ihrer eigenen Argumente.

Dies scheint überall dort der Fall zu sein, wo Menschen bereits vorgefaßte Meinungen haben. In einem interessanten Buch über die Effekte der Massenkommunikation kommt Joseph T. Klapper auf Grund der vorliegenden Literatur zu dem Ergebnis, daß *Meinungsänderungen* hauptsächlich unter zwei Umständen erzielt werden: Erstens dann, wenn eine Angelegenheit völlig *neu* ist und der, der sie vertritt, noch keine vorgefaßten Meinungen vorfindet, und zweitens, wenn eine Angelegenheit von jemandem *persönlich* verfochten und der Einfluß persönlich ausgeübt wird.

Dies letztere war eins der Hauptergebnisse der Studie von Lazarsfeld und seinen Mitarbeitern hinsichtlich der *individuellen Meinungsbildung* derer, die sich zu keiner der bestehenden Gruppen bekannten und die unentschieden waren. Bei ihnen war persönlicher Einfluß oft von großer Bedeutung; genannt wurden in diesem Zusammenhang Freunde und Familienmitglieder. Oft gehörten sie einem Kreis an, in dem ein ›Meinungsführer‹ wirksam war. Durch diese findet das statt, was Lazarsfeld die ›Zwei-Schritt-Bewegung‹ von Kommunikationen nannte: Der erste Schritt besteht darin, daß der Meinungsführer sich irgendwelche Informationen beschafft, aus der Lektüre von Zeitungen und Zeitschriften, dem Rundfunk oder dergleichen. Beim zweiten Schritt gibt er seine Meinungsbildung auf Grund dieser Informationen in seinem Kreis kund.

Die kleinen Gruppen erweisen sich hier als ebenso bedeutsam, wie wir das in den Betrieben fanden. Unter Umständen wird auch eine Meinung aus persönlichem Kontakt in der kleinen Gruppe bezogen, ohne daß ein Meinungsführer auftritt: »Da haben einige in der Fabrik gesagt...« oder »Mein Mann hörte im Büro darüber sprechen...«, oder eine Kellnerin erklärt: »Viele Gäste waren gegen Willkie.«
Sehr wichtig sind Familiengruppen. Eine Frau sagt: »Ich war immer

demokratisch, und ich glaube, Roosevelt war gut. Aber meine ganze Familie ist für Willkie. Sie behaupten, er würde der beste Präsident werden, und drangen in mich, so daß ich schließlich für Willkie stimmte.« Und ein junger Mann erklärte: »Mein Großvater würde mir die Haut abziehen, wenn ich nicht Roosevelt wählte.«

Diese Studien zeigen uns, daß Menschen politische Wahlen teilweise unter dem Einfluß von Gruppengesichtspunkten treffen. Selbst die individuell Wählenden unterliegen vielfach den Einflüssen gewisser Gruppen. Im politischen Geschehen ist dies ja verständlich, da infolge der Komplexität dieser Dinge der einzelne sich fast unmöglich selbständig eine Meinung bilden kann. Er ist angewiesen auf die, deren Urteil oder deren Kenntnissen er vertraut.

Aber wie steht es nun bei der *Wahlhandlung im Wirtschaftsleben?* Was sind zum Beispiel die Gesichtspunkte, unter denen ein Verbraucher einkauft?

Das *Kaufen* wurde in den letzten dreißig Jahren psychologisch außerordentlich eingehend studiert. Paul Lazarsfeld hat dazu eine Zusammenfassung mit faszinierenden Details herausgegeben. Tatsache ist aber, daß die Gesichtspunkte, unter denen die Käufer diese oder jene Ware wählen, vorläufig nur teilweise durchsichtig und jedenfalls viel komplizierter sind, als man annehmen möchte.

Auch hier machen sich jedenfalls Gruppeneinflüsse stark geltend. Wir erwähnten diese Vorgänge im Kapitel ›Gruppe und Individuum‹ im Zusammenhang mit der Ausbreitung einer Mode. Hier ist die Tyrannei der die Mode vorschreibenden und der sie unterschreibenden Gruppen exzessiv. Der Geschmack wird überhaupt vielfach von Gruppen diktiert, zum Beispiel der Geschmack für bestimmte Kunststile, Musikprogramme, Bücher und Theaterstücke, der Geschmack für bestimmte Marken von Autos, für Eßwaren und Getränke, für bestimmte Typen von Häusern und Inneneinrichtungen; der Geschmack für die Lebensweise, die man führt, die Dinge, die man besitzen oder nicht besitzen will, das Aussehen, das man erzielen will.

Noch immer leben wir im Zeitalter der ›Gentlemen‹, die ›Blonde bevorzugen, aber Brünette heiraten‹. Andererseits bestehen für die Figur und das Aussehen der Frau in verschiedenen Kulturen und Subkulturen verschiedene Idealvorstellungen, die sich wiederum direkt oder indirekt bei den Wahlhandlungen im Wirtschaftsleben auswirken. Letzten Endes wird die psychologische Analyse der wirtschaftlichen Wahlhandlung wie der wirtschaftlichen Vorgänge überhaupt uns wieder auf Fragen der Kulturpsychologie und der Grundfragen der Motivationen des Menschen zurückführen.

Die Grundthese unseres Buches war von Anfang an, daß die moderne Psychologie uns viel für unser persönliches Leben zu geben vermag. Fragen wir uns nun am Ende in einer zusammenfassenden Überlegung, nach welchen Richtungen hin die Psychologie uns Lebensweisheiten vermittelt, die über die bloße Kenntnisnahme interessanter Informationen hinausgehen. Vorausschicken müssen wir allerdings die einschränkende Bemerkung, daß Psychologie und Philosophie natürlich nicht dasselbe sind und daß wir als Psychologen uns nicht für berufen halten, der Menschheit eine Lebens- oder gar Weltanschauung vorzuschlagen. Was wir tun können, ist lediglich, das Augenmerk auf diejenigen Befunde der modernen Lebenspsychologie zu lenken, aus denen sich gewisse Folgerungen für eine Lebensphilosophie einschließlich einiger weltanschaulicher Gesichtspunkte ergeben.

Um zunächst kurz diese Begriffe klarzustellen, wollen wir *Lebensphilosophie* definieren als ein so weit wie möglich integriertes System von *Richtlinien* für unser praktisches Leben im einzelnen und als Ganzem. Unter *Weltanschauung* verstehen wir darüber hinaus ein mehr oder weniger geschlossenes Gedankengebäude, das den Ablauf und eventuell auch den Beginn sowie das Ziel und den Zweck der Ereignisse im Universum zu erklären versucht.

Religionen und *Philosophien* der Völker haben durch die Jahrtausende sich um diese Fragen bemüht und die verschiedensten Lehrgebäude und Dogmen aufgestellt. Gewöhnlich vertraten sie in geschlossenen Systemen Auffassungen über das Weltall und von ihrer Kosmologie leiten sie Grundsätze für das menschliche Handeln ab.

Die Mehrzahl der Menschen auf der Welt dürfte auch heute noch, wie von jeher, innerhalb bestimmter Religionen leben und deren auf das Prinzip der Offenbarung gegründeten Lehren über die Schöpfung und die Ordnung des Weltalls akzeptieren. Auch wissenschaftlich Orientierte geben zum Teil den Religionen das Primat, wenn es auf letzte Fragen ankommt, für die uns die Forschung vorläufig keine befriedigenden Erklärungen zu geben vermag. Andere stehen heute vielfach auf dem Standpunkt, daß wir den Versuch, das Weltall in einem geschlossenen System zu erfassen, aufgeben sollen, da wir dieser Aufgabe mit den uns zur Verfügung stehenden gedanklichen Mitteln, wenigstens bis heute, nicht gewachsen sind.

Infolge dieser ungelösten Problematik wird in zunehmendem Maße die Meinung vertreten, daß Fragen der angemessenen und sittlichen Lebensführung unabhängig von religiösen Dogmen und philosophischen Theorien über das Weltall behandelt werden sollen und können.

Schon Immanuel Kant hat den Grundsatz aufgestellt, daß die ›praktische Vernunft‹, wie er es nannte, das heißt die Ethik, von der Erkenntnistheorie getrennt werden müsse.

Viel gelesen und in vielen Auflagen immer wieder gedruckt wurde eine 1935 von dem berühmten Physiker und Nobelpreisträger Max Planck gehaltene Rede über ›Die Physik im Kampf um die Weltanschauung‹. Er kommt, ähnlich wie Kant zwei Jahrhunderte früher, zu dem Resultat, daß Richtlinien für das menschliche Handeln nicht wissenschaftlich abgeleitet werden können, sondern daß ›reine Gesinnung und ein guter Wille‹ die Gewißheit geben, auf dem richtigen Weg zu sein.

Vielleicht bringen eine reine Gesinnung und ein guter Wille eine subjektive Gewißheit. Aber leider haben die Ergebnisse moderner Wissenschaften wie die Psychologie, Psychiatrie und Soziologie gezeigt, daß reine Gesinnung und guter Wille allein nicht ausreichen, eine adäquate Gestaltung des menschlichen Lebens herbeizuführen. Außer Ehrlichkeit und guten Absichten sind *Kenntnisse* und *Einsichten* vonnöten, die uns zeigen, *wie* der gute Wille in wahrhaft *konstruktives Handeln* umgesetzt werden kann.

In einer seiner brillanten Studien über ›Die Richtung der menschlichen Entwicklung‹ weist Ashley Montagu darauf hin, daß man, um zu wissen, *wofür* der Mensch geboren ist, zunächst wissen muß, *als was* er geboren ist, das heißt, man muß sich über die Natur des Menschen klar sein, bevor man ihm ethische Richtlinien geben kann. Und dies ist genau das, was mit unserer vorangehenden Untersuchung beabsichtigt war; wir vergegenwärtigen uns alle wesentlichen Kenntnisse und Einsichten, die uns in der heutigen Psychologie zur Verfügung stehen, um uns daraus soweit wie möglich Richtlinien für ein möglichst *konstruktives Handeln* abzuleiten. Unter ›konstruktiv‹ verstehe ich, wie ich bereits an früherer Stelle definierte, ein Handeln, das dem Wohl des Handelnden wie auch dem aller anderen Menschen auf lange Sicht am zuträglichsten ist – ein Handeln, das zum erfüllenden Aufbau der menschlichen Existenz beiträgt.

Was also ist es, in kurzer *zusammenfassender Betrachtung*, das wir gelernt haben und verwerten können für ein konstruktives Handeln mit dem Ziel erfüllenden Aufbaus unserer menschlichen Existenz?

Am wichtigsten scheint mir, daß wir uns über das Ziel selbst klargeworden sind. Dem Erreichen des Lebenszieles, das wir als Erfüllung bezeichneten, kommen offenbar die am nächsten, die *Selbstverwirklichung in schaffender Hingabe* an andere finden. Im Lebenslauf von Anna Sethne, in dessen Darstellung unser erster Hauptteil gipfelte, sahen wir menschliche Lebenserfüllung sich vor unseren Augen ereignen und gestalten: »Jeder Tag ist wunderbar durch die Arbeit, nur hat keiner Stunden genug. Aber das ist auch die Freude daran. Ich bin eine glückliche Frau gewesen«, sagt Anna Sethne gegen Ende ihres langen, erfolgreichen Lebens.

Dieses Resultat kommt aber offenbar nicht ohne Schwierigkeiten und Kämpfe zustande. Unser Zielstreben ist von Anbeginn an vor die Aufgabe der Integration von Antrieben gestellt, die unsere *Motivation* unter ständiger innerer Spannung in verschiedene Richtungen lenken. In ständig erneuten Entscheidungen müssen wir zwischen Bedürfnisbefriedigung, selbstbeschränkender Anpassung, schöpferischer Expansion und der Erhaltung unserer inneren Ordnung wählen, deren Balance nur im *dynamischen Wechselspiel* erhalten werden kann.

Um dem Hauptmotiv der Selbstverwirklichung in schaffender Hingabe gerecht werden zu können, bedürfen wir der *Befreiung unserer besten Potentialitäten.* Hierbei hängen wir in bedauerlicher Weise von unseren erblichen Gegebenheiten ebenso ab wie auch von unserer Umgebung, die uns beide gleichfalls von allem Anfang an durch unser ganzes Leben hindurch fortlaufend bedingen. Unter dem unvermeidlichen Druck all dieser Gegebenheiten verlieren wir oft unsere innere Freiheit und entwickeln neurotische Handikaps in der Bemeisterung der Aufgaben des Lebens.

Hierbei erweisen sich als besonders nachteilig die Anfangsbedingungen mangelnder *Liebe* und fehlerhafter *Erziehung.* Die ungeheure Bedeutung der Liebe, des gelingenden Kontaktes zwischen Eltern und Kindern und der günstige Einfluß demokratischer Handhabung der Erziehung auf Selbständigkeit, Initiative, Furchtlosigkeit und planmäßiges Handeln der Heranwachsenden wird uns in rückschauender Betrachtung unserer eigenen Entwicklung ebenso klar, wie wir sie als wichtig für unsere Kinder erkennen.

Grundlegend erscheinen mir weiterhin die Einsichten der modernen Sozialpsychologie, Soziologie und Kulturanthropologie für das Verständnis der Probleme *sozialer Einordnung* unserer selbst und anderer. Für die Entwicklung unserer sozialen Rolle, für die Erkenntnis unserer Vorurteile, für das Verständnis sozialer und kultureller Bedingtheiten unseres Denkens und Handelns gewannen wir Einsichten von weittragender Bedeutung. Die von mir nicht behandelten Fragen der *Menschheitszukunft,* der Erzielung friedlicher Beziehungen zwischen Gruppen und Völkern scheinen mir nur lösbar, wenn es gelingt, sozial einsichtigere und persönlich gefestigtere Menschen zu erziehen.

Dies bringt mich zum letzten und wichtigsten Punkt, der *Rolle eines psychologisch durchdachten Erziehungssystems* und einer systematisch in die Erziehung eingebauten Psychotherapie, wobei ich vor allem an die Gruppentherapie denke. Realistischer wäre es vielleicht, klinisch orientierte Gruppendiskussionen in den letzten Klassen der höheren Schulen und in den Fortbildungs- und Berufsschulen zu planen, für die psychologisch interessierte Lehrer ausgebildet werden könnten, die sich vorher selbst ähnlicher Gruppenarbeit unterziehen würden.

Wie wir auf Schritt und Tritt erkannten, ist das, was uns am meisten fehlt, die Schulung in den *Methoden des Durchdenkens von Lebenszusammenhängen*. Unzählige Dinge lernen wir in und außerhalb der Schule, aber nur nebenbei und unzulänglich erwerben wir die Fähigkeit, uns selbst und andere zu sehen, wie wir und sie sind. Wahrhaftiges und durch keine Illusionen getrübtes Verstehen und Selbstverstehen sind heute, ein halbes Jahrhundert, nachdem Freud das Tor zu diesen Wahrheiten aufriß, zu praktisch handzuhabenden Methoden entwickelt worden. Unser Erziehungssystem in Haus und Schule sollte sie einbeziehen bis zu dem Grade, daß schon der Heranwachsende klar über sich, seine Mitmenschen und die Welt denken lernt.

Und nun, nach alledem, die Frage: Wie steht es um das Erlangen des Glücks, nach dem wir alle uns sehnen?

Das Glück, sagt R. M. MacIver, ein englischer Lebensphilosoph unserer Zeit, bekommst du, wenn du dich selbst vergißt und die Suche nach Glück vergißt und etwas ganz anderes gesucht und gefunden hast. Gemeint ist die gleiche schaffende Hingabe, von der wir als Hauptbedingung der Lebenserfüllung sprachen. Alles andere scheint sich als weniger dauerhaft zu erweisen.

Eine letzte Bemerkung sei dem Problem des *Glaubens* gewidmet, von dem wir wiederholt im Zusammenhang mit den Werten sprachen.

Um uns für Werte einzusetzen und schaffend hinzugeben, müssen wir an irgend etwas glauben. Für den religiös Verankerten besteht hier kein Problem. Der, der im früher besprochenen Sinne die Frage der Weltordnung offenzulassen für nötig hält, muß sich selbst klarmachen, woran er glauben kann. ›Es ist notwendig, an irgend etwas zu glauben‹, sagt der bekannte Biologe Julian Huxley. Denn: ›Wenn wir nichts glaubten, würden wir überhaupt nicht handeln.‹ Das heißt, daß alles menschliche Handeln im Hinblick auf Ziele erfolgt, die Werte für uns darstellen, an die wir glauben – glauben, daß sie uns oder anderen irgendeine Erfüllung geben. »Der Grad der inneren Kraft und Integrität eines Individuums«, so sagt Rollo May, ein tiefschürfender Psychologe unserer Zeit, »hängt davon ab, wie sehr er selbst an die Werte glaubt, nach denen er sich richtet.«

Um ein Leben planmäßig aufzubauen, bedarf der Mensch eines tieferen Glaubens als den an einzelne Werte. Er muß, wie Huxley, wie Montagu, wie MacIver und viele andere es heute sehen, daran glauben, für eine bessere seelische Zukunft der Menschheit zu wirken.

Darüber hinaus ist es dann für viele auch notwendig, an ein Weltall zu glauben, das von einem konstruktiv schaffenden und Sinn gebenden Geist durchwaltet ist, dem wir uns – hoffnungsvoll – einordnen.

Bibliographie

TEIL A EINLEITUNG

Allgemeinverständliche Darstellungen und Nachschlagewerke

Dirks, Heinz, *Psychologie, eine moderne Seelenkunde*. C. Bertelsmann, Gütersloh 1960

Hehlmann, Wilhelm, *Wörterbuch der Psychologie*. Alfred Kröner, Stuttgart 1959

Hofstätter, Peter R., *Psychologie* (Fischer-Lexikon 6). Fischer-Bücherei, Frankfurt a. Main 1957

—, *Die Psychologie und das Leben*. Humboldt-Verlag, Wien und Stuttgart 1951

Rohracher, Hubert, *Einführung in die Psychologie*. 6. Aufl. Urban & Schwarzenberg, München und Wien 1958

Geschichte der Psychologie des Individuums

Boring, E., *A History of Experimental Psychology*. 2. Aufl. Appleton Century Co., New York

Bühler, Karl, *Die Krise der Psychologie*. 2. Aufl. Gustav Fischer, Jena 1929

Höhn, Elfriede, *Geschichte der Entwicklungspsychologie und ihrer wesentlichen Ansätze*. In: Handbuch der Psychologie, 3. Bd.: Entwicklungspsychologie, hrsg. von H. Thomae, 2. Aufl. Verlag für Psychologie, Göttingen 1959

Flugel, J. C., *Probleme und Ergebnisse der Psychologie*. Ernst Klett, Stuttgart o. J.

Wiener, P. P. und A. Noland, *Roots of Scientific Thought*. Basic Books, New York 1957

Geschichte der Sozialpsychologie und Kulturanthropologie

Hellpach, Willy, *Sozialpsychologie*. 3. Aufl. Ferdinand Enke, Stuttgart 1951

Herskovits, Melville, *Cultural Anthropology*. Alfred A. Knopf, New York 1955

Karpf, Fay B., *American Social Psychology*. McGraw-Hill Book Co. Inc., New York 1932

Linton, Ralph, *The Study of Man*. Appleton-Century Co., New York 1936

Merton, R. K., L. Broom, L. S. Cottrell jun., *Sociology Today*. 2. Aufl. Basic Books, New York 1960

Parsons, T., E. Shils, K. D. Naegele, J. R. Pitts, *Theories of Society*. 2. Aufl. The Free Press of Glencoe, New York 1961

Sargent, S. S. und R. C. Williamson, *Social Psychology*. 2. Aufl. Ronald Press Co., New York 1958

Geschichte der angewandten Psychologie

Bang, R., *Psychologische und methodische Grundlagen der Einzelfallhilfe*. Verlag für Jugendpflege und Gruppenschrifttum, Wiesbaden 1958

Berelson, B. und M. Janowitz, *Public Opinion and Communication*. The Free Press of Glencoe, New York 1953

Bühler, Charlotte und Hildegard Hetzer, *Zur Geschichte der Kinderpsychologie*. In: Beiträge zur Problemgeschichte der Psychologie. Gustav Fischer, Jena 1929

Daniel, S. und C. M. Louttit, *Professional Problems in Psychology*. Prentice Hall Inc., New York 1953

Hall, J. K., G. Zilboorg und H. A. Bunker, *One hundred Years of American Psychiatry*. Columbia University Press, New York 1944

Hetzer, Hildegard, *Kindheit und Armut*. S. Hirzel, Leipzig 1929

Mayer, A. und B. Herwig, *Arbeits- und Betriebspsychologie* (Handbuch der Psychologie). Verlag für Psychologie, Bd. 9, Göttingen 1961

Pumphrey, R. E. und M. W. Pumphrey, *The Heritage of American Social Work*. Columbia University Press, New York 1961

Rieger, L., *Das öffentliche Armenwesen in Wien*. Verlag für Jugend und Volk, Wien 1946

Shakow, D., *Psychology and Psychiatry: A Dialogue*. American Journal of Orthopsychiatry, New York 1949: 19

TEIL B   DAS INDIVIDUUM

I Die biologischen Wurzeln

Bühler, Charlotte, *Der menschliche Lebenslauf als psychologisches Problem*. 2. Aufl. Verlag für Psychologie, Göttingen 1959

Honegger-Lavater, Warja und Hans Burla, *Vererbung — Erbgut, Umwelt, Persönlichkeit*. Knaur-Visuell Bd. 3. Droemersche Verlagsanstalt Th. Knaur Nachf., München und Zürich 1962

Kretschmer, Ernst, *Körperbau und Charakter*. Springer, Berlin 1961

Scheinfeld, A., *The New You and Heredity*. J. B. Lippincott Co., Phil. 1950

Weiser, Eric, *So entsteht der Mensch*. Ullstein, Darmstadt 1959

II Die Funktionen

Goldstein, K., *Der Aufbau des Organismus*. Nijhoff, Haag 1934

Hofstätter, Peter R., *Einführung in die quantitativen Methoden der Psychologie*. Joh. Barth, München 1953

Köhler, W., *Intelligenzprüfungen an Menschenaffen*. Springer, Berlin 1924

Krech, D. und R. S. Crutchfield, *Elements of Psychology*. Alfred A. Knopf, New York 1959

Metzger, Wolfg., *Gesetze des Sehens*. Waldemar Kramer, Frankfurt a. Main 1953

Rohracher, Hub., *Die Arbeitsweise des Gehirns und die psychischen Vorgänge*. 3. Aufl. Joh. A. Barth, München 1953

–, *Einführung in die Psychologie*. 6. Aufl. Urban und Schwarzenberg, München und Wien 1958

Ruch, F., *Psychology and Life*. 5. Aufl. Scott, Foresman and Co., Chicago 1958

Steinbuch, Karl, *Automat und Mensch*. Springer, Berlin 1961

Thorpe, W. H., *Learning and Instinct in Animals*. Harvard University Press, Cambridge, Mass. 1956

Tinbergen, Nik., *Instinktlehre*. 2. Aufl. Parey, Berlin und Hamburg 1956

Wieser, Wolfg., *Organismen, Strukturen, Maschinen*. Fischer-Bücherei, Frankfurt a. Main 1959

III Die Motivation

Brill, A. A., *Freud's Contribution to Psychiatry*. W. W. Norton & Co. Inc., New York 1944

Bühler, Charlotte, *Der menschliche Lebenslauf als psychologisches Problem*. 2. Aufl. Verlag für Psychology, Göttingen 1959

Freud, Sigmund, *Drei Abhandlungen zur Sexualtheorie*. 1. Aufl. Franz Deuticke, Leipzig und Wien 1904

Fromm, Erich, *Man for himself*. Rinehart & Co., New York 1947

Horney, Karen, *Der neurotische Mensch unserer Zeit*. Gustav Kilpper, Stuttgart 1951

—, *Neue Wege in der Psychoanalyse*. J. G. Cotta Nachf., Stuttgart 1951

Maslow, Abraham, *Motivation and Personality*. Harper & Bros., New York 1954

IV Die Entwicklung

Bergius, Rudolf, *Entwicklung als Stufenfolge*. In: Handbuch der Psychologie, 3. Bd.: Entwicklungspsychologie, hrsg. von H. Thomae. Verlag Psychologie, Göttingen 1959

Bowlby, John, *Maternal Care and Mental Health*. World Health Organization, Genf 1952

Bühler, Charlotte, *Kindheit und Jugend*. 3. Aufl. S. Hirzel, Leipzig 1928

—, *Der menschliche Lebenslauf als psychologisches Problem*. Verlag für Psychologie, Göttingen 1959

Freud, Sigmund, *Drei Abhandlungen zur Sexualtheorie*. 1. Aufl. Franz Deuticke, Leipzig und Wien 1904

Gesell, Arnold, *Körperseelische Entwicklung in der frühen Kindheit*. Marhold, Halle 1931

Gesell, Arnold und Frances L. Ilg, *Child Development*. Harper & Bros., New York 1949

—, Jugend. *Die Jahre von zehn bis sechzehn*. Christian-Verlag, Bad Nauheim 1958

Hetzer, Hildegard, *Gutes Spielzeug*. Arbeitsausschuß Gutes Spielzeug e. V. Ulm, 4. Aufl. Otto Maier, Ravensburg 1960

Höhn, Elfriede, *Geschichte der Entwicklungspsychologie und ihrer wesentlichsten Ansätze*. In: Handbuch der Psychologie, 3. Bd.: Entwicklungspsychologie. Verlag für Psychologie, Göttingen 1959

Kaila, Eino, *Die Reaktionen des Säuglings auf das menschliche Gesicht*. Annales Universitalis Aboensis. 13. VII. Turku 1932

McCarthy, Dorothea, *Language Development in Children*. Manual of Child Psychology, hrsg. von L. Carmichael. 5. Aufl. John Wiley & Sons Inc., New York 1950

Piaget, Jean, *La Construction du Réel chez l'Enfant*. Delachaux & Niestlé S. A., Paris 1937

—, *Play, Dreams and Imitation in Childhood*. W. W. Norton & Co. Inc., New York 1951

Schenk-Danzinger, Lotte, *Begabung und Entwicklung*. In: Handbuch der Psychologie, 3. Bd.: Entwicklungspsychologie, hrsg. von H. Thomae. Verlag für Psychologie, Göttingen 1959

Spitz, René, *Die Entstehung der ersten Objektbeziehungen*. 2. Aufl. Ernst Klett, Stuttgart 1960

Thomae, Hans, *Entwicklung und Prägung*. In: Handbuch der Psychologie, 3. Bd.: Entwicklungspsychologie, hrsg. von H. Thomae. Verlag für Psychologie, Göttingen 1959

V Die Persönlichkeit

Allport, Gordon W., *Werden der Persönlichkeit*. (Enzyklopädie der Psychologie in Einzeldarstellungen) Hans Huber, Bd. 1. Bern und Stuttgart 1958

David, H. P. und J. C. Brengelmann, *Perspektiven der Persönlichkeitsforschung*. Hans Huber, Bern und Stuttgart 1961

Hall, C. und G. Lindzey, *Theories of Personality*. John Wiley & Sons Inc., New York 1957

Heiss, Robert, *Die Lehre vom Charakter*. Walter de Gruyter, Berlin 1949

Kretschmer, Ernst, *Körperbau und Charakter*. Springer, Berlin 1961

Lersch, Philipp und Hans Thomae, *Persönlichkeitsforschung und Persönlichkeitstheorie* (Handbuch der Psychologie). Verlag für Psychologie, 4. Bd., Göttingen 1960

Murphy, G., *Personality*. Harper & Bros., New York 1947

Rothacker, Erich, *Die Schichten der Persönlichkeit*. 5. Aufl. H. Bouvier, Bonn 1952

VI Der menschliche Lebenslauf

Allport, Gordon W., *The Use of Personal Documents in Psychological Science*. Social Science Research Council, Bulletin 49, New York 1942

Anonym, *Streetwalker*. Dell Publishing Co. Inc., New York 1959

Binswanger, Ludwig, *Drei Formen mißglückten Daseins*. Max Niemeyer, Tübingen 1956

Bühler, Charlotte, *Der menschliche Lebenslauf als psychologisches Problem*. 2. Aufl. Verlag für Psychologie, Göttingen 1959

Chasins, Abram, *The Van Cliburn Legend*. Doubleday & Co. Inc., New York 1959

Dublin, Louis I., *The Facts of Life*. The Macmillan Company, New York 1951

Erikson, Erik H., *Young Man Luther*. W. W. Norton & Co. Inc., New York 1958

Feifel, Herman, *The Meaning of Death*. McGraw-Hill Book Co. Inc., New York 1959

Fröhner, Rolf, Maria von Stackelberg und Wolfgang Eser, *Familie und Ehe*. Maria von Stackelberg, München 1956

Goode, William J., *After Divorce*. The Free Press, Glencoe, Ill. 1956

Herzberg, Mausner und Snyderman, *The Motivation to Work*. John Wiley & Sons Inc., New York 1959

Kleemeier, Robert W., *Aging and Leisure*. Oxford University Press, New York 1961

Künkel, Hans, *Die Lebensalter*. Friedrich Bahn, Konstanz 1957

Lewin, Kurt, *Wille, Vorsatz und Bedürfnis*. Springer, Berlin 1926.

Miller, Arthur, *Der Tod des Handlungsreisenden*. Fischer-Bücherei, Frankfurt a. Main 1959

Moers, Martha, *Die Entwicklungsphasen des menschlichen Lebens*. Aloys Henn, Ratingen 1953

Mohr, George J. und Marian A. Despres, *The Stormy Decade: Adolescence*. Random House Inc., New York 1958

Moses, Grandma, *My Life's History*. 4. Aufl. Harper & Bros., New York 1952

Pfahler, Gerhard, *Der Mensch und seine Vergangenheit*. 4. Aufl. Ernst Klett, Stuttgart 1957

Pressey und Kuhlen, *Psychological Development through the Life Span*. Harper & Bros., New York 1957

Riesman, David, Reuel Denney und Nath. Glazer, *Die einsame Masse*. Hermann Luchterhand, Neuwied/Rh. 1956

Roe, Anne, *The Psychology of Occupations*. John Wiley & Sons Inc., New York 1956

Schelsky, Helmut, *Die skeptische Generation*. 3. Aufl. Eugen Diederichs, Düsseldorf 1958

Stern, Erich, *Der Mensch in der zweiten Lebenshälfte*. Rascher, Zürich 1955

Symonds, Percival M., *From Adolescent to Adult*. Columbia University Press, New York 1961

Vischer, A. L., *Seelische Wandlungen beim alternden Menschen*. 2. Aufl. Benno Schwabe und Co., Basel und Stuttgart 1961

TEIL C   DIE GESELLSCHAFT

VII Das Individuum und die Gesellschaft

Adorno, T. W., E. Frenkel-Brunswik, D. J. Levinson und R. N. Sanford, *The Authoritarian Personality*. Harper & Bros., New York 1950

Beck, Walter, *Grundzüge der Sozialpsychologie*. 3. Aufl. Joh. A. Barth, München 1960

Elkin, Frederick, *The Child and Society*. The Process of Socialization. Random House Inc., New York 1960

Erikson, Erik H., *Kindheit und Gesellschaft*. Ernst Klett, Stuttgart 1961

Hofstätter, Peter R., *Die Psychologie der öffentlichen Meinung*. Braumüller, Wien 1949

—, *Einführung in die Sozialpsychologie*. Alfred Kröner, Stuttgart 1959

—, *Sozialpsychologie* (Sammlung Göschen, Bd. 104/104 a). Walter de Gruyter, Berlin 1956

Klineberg, O., *Social Psychology*. Henry Holt, New York 1940

Lazarsfeld, P. F., B. Berelson und H. Gaudet, *The People's Choice*. Columbia University Press, New York 1944

Lewin, Kurt, *Field Theory in Social Science*. Harper & Bros., New York 1951

Lindzey, Gardner (Hrsg.), *Handbook of Social Psychology*, 2 Bde. Addison-Wesley Publishing Co., Reading, Mass., 1954

Lippitt, R., *An experimental Study of the Effect of Democratic and Authoritarian Group Atmosphere*. Univ. Iowa, Stud. in Child Welfare, 16, 1940

McDougall, William, *An Introduction to Social Psychology*. Methuen, London 1908

Murphy, G., L. B. Murphy und T. M. Newcomb, *Experimental Social Psychology*. Harper & Bros., New York 1937

Newcomb, T. H. und E. L. Hartley, *Readings in Social Psychology*. Henry Holt, New York 1947

Packard, Vance, *Die geheimen Verführer*. Econ, Düsseldorf 1958

Parsons, Talcott, *Systematic Theory in Sociology*. The Free Press of Glencoe, Ill., 1949

Sargent, S. S. und R. C. Williamson, *Social Psychology*. Ronald Press Co., New York 1958

Wundt, Wilhelm, *Völkerpsychologie*, 10 Bde. Alfred Kröner, Leipzig 1900 bis 1920

VIII Die Gruppe und das Individuum

Berelson, B. und M. Janowitz, *Reader in Public Opinion and Communication*. The Free Press of Glencoe Inc., New York 1953

Cartwright, D. und A. Zander, *Group Dynamics*. 2. Aufl. Row, Peterson and Co., Evanston, Ill., 1960

Cooley, C. H., *Human Nature and the Social Order*. Scribner's, New York 1902

Dinesen, Isak, *Shadows on the Grass*. Random House Inc., New York 1961

Fromm, Erich, *Die Furcht vor der Freiheit*. Steinberg, Zürich 1945

Geiger, Theodor, *Aufgaben und Stellung der Intelligenz in der Gesellschaft*. Ferdinand Enke, Stuttgart 1949

Gouldner, A. W., *Studies in Leadership*. Harper & Bros., New York 1950

Homans, J. C., *The Human Group*. Harcourt, Brace & Co., New York 1950

Kardiner, A. und R. Linton, *The Individual and his Society*. Columbia University Press, New York 1939

Katz, E. und P. F. Lazarsfeld, *Personal Influence*. 2. Aufl. The Free Press, Glencoe, Ill., 1960

Mannheim, Karl, *Diagnosis of Our Time*. Oxford University Press, New York 1944

Moreno, J. L., *Who Shall Survive?* Nervous and Mental Disease Publishing Co., Washington D. C. 1934

Parsons, T. und E. A. Shils, *Toward a General Theory of Action*. Harvard Univ. Press, Cambridge, Mass., 1951

Schelsky, Helmut, *Die skeptische Generation*. 3. Aufl. Eugen Diederichs, Düsseldorf 1958

Seward, G. H., *Sex and the Social Order*. McGraw-Hill Book Co. Inc., New York 1946

Sherif, M. und C. W. Sherif, *An Outline of Social Psychology*. Harper & Bros., New York 1953

Simmel, Georg, *Die Philosophie des Geldes*. 4. Aufl. Duncker & Humblot, München 1922

Tannenbaum, R., I. R. Wechsler, F. Massarik, *Leadership and Organisation*. McGraw-Hill Book Co. Inc., New York 1961

Tönnies, Ferdinand, *Gemeinschaft und Gesellschaft*. 6. Aufl. Curtius, Berlin 1926

Weber, Max, *Wirtschaft und Gesellschaft. Grundriß der verstehenden Soziologie*. 4. Aufl. J. C. B. Mohr, Tübingen 1956

Hhyte, W. F., *Street-Corner Society*. University of Chicago Press, Chicago 1955

IX Beispiele gesellschaftlicher Strukturen

Anshen, Ruth N., *The Family, its Function and Destiny*. Harper & Bros., New York 1949

Burgess, E. W. und H. J. Locke, *The Family*. 2. Aufl. American Book Co., New York 1960

Fröhner, Rolf, Maria von Stackelberg und Wolfgang Eser, *Familie und Ehe*. Maria von Stackelberg, München 1956.

Goode, William J., *Die Struktur der Familie*. Westdeutscher Verlag, Köln 1960

Kracauer, S., *Die Angestellten*. Verlag für Demoskopie, Bonn 1959

Mayer, A. und B. Herwig, *Arbeits- und Betriebspsychologie* (Handbuch der Psychologie). Verlag für Psychologie, Bd. 9, Göttingen 1961

X Die Kulturen

Beals, Ralph und Harry Hoyer, *Introduction to Anthropology*. McMillan, New York 1953

Benedict, Ruth, *Urformen der Kultur* (RdE, Bd. 7). Rowohlt, Reinbek 1960

Goldschmidt, Walter *Exploring the Ways of Mankind*. Holt, Rinehart & Winston Inc., New York 1960

Die Großen Religionen der Welt. Droemersche Verlagsanstalt Th. Knaur Nachf. München und Zürich 1962

Hallowell, A. Irving, *Culture and Experience*. University of Pennsylvania Press, 1955

Herskovits, Melville, J., *Cultural Anthropology*. Alfred A. Knopf, New York 1953

Kluckhohn, Florence und Fred L. Strodtbeck, *Variations in Value Orientations*. Row, Peterson & Co., Elmsford, New York 1961

Linton, Ralph, *The Tree of Culture*. Alfred A. Knopf, New York 1955

—, *The Cultural Background of Personality*. Appleton-Century-Crofts, New York 1945

Mead, Margaret, *Growing up in New Guinea*. New American Library, New York 1953

—, *Coming of Age in Samoa*. Modern Library, New York 1953

—, *Growth and Culture*. G. P. Putnam's Sons, New York 1951

Mead, Margaret und M. Wolfenstein, *Childhood in Contemporary Cultures*. University of Chicago Press 1955

Schröder, M. (Herausg.), *Die Religionen der Menschheit*. 36 Bde., bisher erschienen 3 Bde. W. Kohlhammer, Stuttgart 1960 ff.

Weigel, Hans, *O du mein Österreich*. 4. Aufl. Steingrüben, Stuttgart 1959

Weyer, Edward, jun., *Primitive Völker heute*. C. Bertelsmann, Gütersloh/ Westf. 1959

TEIL D   DIE PRAXIS

XII *Die Psychologie in Erziehung und Berufsberatung*

Arnold, Wilhelm, *Begabungswandel und Erziehungsfragen*. Juventa, München 1960

Baumgarten, Franziska, *Die Charakterprüfung der Berufsanwärter*. Rascher, Zürich 1945

Bühler, Charlotte und Hildegard Hetzer, *Kleinkindertests*. 3. Aufl., Joh. Barth, München 1961

Bühler, Charlotte, Lotte Schenk-Danzinger und Faith Smitter, *Kindheitsprobleme und der Lehrer*. Verlag für Jugend und Volk, Wien 1958

Goodenough, Florence, *Mental Testing*. 2. Aufl. Rinehart & Co., New York 1950

Hetzer, Hildegard, *Pädagogische Psychologie* (Handbuch der Psychologie). Verlag für Psychologie, Bd. 10, Göttingen 1959

Hetzer, Hildegard und Lothar Tent, *Der Schulreifetest*. Poirkowski, Lindau 1958

Lazarsfeld, P. F., *Jugend und Beruf* (Quellen und Studien zur Jugendkunde 8), Gustav Fischer, Jena 1931

Lefever, D. W., A. M. Turrell und H. C. Weitzel, *Principles and Techniques for Guidance*. 2. Aufl. Ronald Press Co., New York 1950

Mayer, A. und B. Herwig, *Arbeits- und Betriebspsychologie* (Handbuch der Psychologie). Verlag für Psychologie, Bd. 9, Göttingen 1961

McDonald, Frederick J., *Educational Psychology*. Wadsworth Publishing Co., San Francisco 1959

Schenk-Danzinger, Lotte, *Entwicklungstests für das Schulalter*. Verlag für Jugend und Volk, Wien 1953

Super, Donald, *Vocational Development*. Career Pattern Study I and II, Teachers College, Columbia University, New York 1957 und 1960

XIII Die Psychologie in den helfenden Professionen

Alexander, Franz, Thomas Morton French und Mitarbeiter, *Psychoanalytic Therapy*. The Ronald Press Co., New York 1946

Anderson, Harold H. und Gladys L. Anderson, *An Introduction to Projective Techniques*. Prentice Hall Inc., Englewood Cliffs, New York 1951

Bach, George R., *Intensive Group Psychotherapy*. Ronald Press Co., New York 1954

Baumgarten, Franziska, *Die Regulierungskräfte im Seelenleben*. A. Francke, Bern 1955

Beller, E. Kuno, *Clinical Process*. The Free Press of Glencoe Inc., New York 1962

Bender, Lauretta, *Child Psychiatric Techniques*. C. C. Thomas, Springfield, Ill., 1952

Blanck, Gertrude, *Education for Psychotherapy*. The Institute for Psychoanalytic. Training and Research Inc., New York 1962

Brammer, Lawrence M. und Everett L. Shostrom, *Therapeutic Psychology*. Prentice-Hall Inc., Englewood Cliffs, New Jersey 1960

Bühler, Charlotte, *Values in Psychotherapy*. The Free Press of Glencoe Inc., New York 1962

Corsini, Raymond J., *Methods of Group Psychotherapy*. McGraw-Hill Book Co. Inc., New York 1957

Frankl, Viktor E., *Ärztliche Seelsorge*. 6. Aufl. Franz Deuticke, Wien 1952

Freud, Anna, *Einführung in die Technik der Kinderanalyse*. Internationaler Psychoanalytischer Verlag, Wien 1927

—, *Das Ich und die Abwehrmechanismen*. Internat. Psychoanalytischer Verlag, Wien 1936

Freud, Sigmund, *Die Traumdeutung*. Franz Deuticke, Wien 1922

—, *Drei Abhandlungen zur Sexualtheorie*. 6. Aufl. Franz Deuticke, Wien 1926

—, *Gesammelte Werke*. Chronolog. geordnet. 17 Bde. S. Fischer, Frankfurt a. Main 1948—1961

Grinker, Roy R. und Mitarbeiter, *Psychiatric Social Work*. Basis Books, New York 1961

Grotjahn, Martin, *Psychoanalysis and the Family Neurosis*. W. W. Norton & Co. Inc., New York 1960

Horney, Karen, *Neurosis and Human Growth*. W. W. Norton & Co. Inc., New York 1950

Karpf, Fay, *The Psychology and Psychotherapy of Otto Rank*. Philosophical Library, New York 1953

Leighton, Alexander, John A. Clausen und Robert N. Wilson, *Explorations in Social Psychiatry*. Basic Books, New York 1957

Meili, Richard, *Lehrbuch der Psychologischen Diagnostik*. 4. Aufl. Hans Huber, Bern 1961

Menninger, William C. und Munroe Leaf, *Psychotherapie für jedermann*. Ernst Reinhardt, München 1954

Meyer, Henriette H., *Das Weltspiel*. Hans Huber, Bern 1957

Moreno, J. L., *Das Stegreif-Theater*. G. Kiepenheuer, Potsdam 1923

Moustakas, Clark E., *Psychotherapy with Children*. Harper & Bros., New York 1959

Mudd, Emily H., Maurice J. Karpf, Abraham Stone und Janet Fowler Nelson, *Marriage Counseling: A Casebook*. Association Press, New York 1958

Rogers, Carl R., *On Becoming a Person*. Houghton Mifflin Co., Boston 1961

Schultz, J. H., *Das autogene Training*. 10. Aufl. George Thieme, Stuttgart 1960

Strupp, Hans H., *Psychotherapists in Action*. Grune & Stratton, New York 1960

Uhr, Leonard und James G. Miller, *Drugs and Behavior*. John Wiley & Sons Inc., New York 1960

Watson, R. I., *The Clinical Method in Psychology*. Harper & Bros., New York 1951

XIV Die Wirtschaftspsychologie

Henry, Harry, *Was der Verbraucher wünscht*. Die Praxis der Motivforschung. Econ, Düsseldorf 1960

Hofstätter, Peter R., *Der gelernte Verbraucher*. In: Verbraucher und Werbung heute und morgen. Wirtschaft und Werbung Verlagsgesellschaft, Essen 1960

Klapper, Joseph T., *The Effects of Mass Communication*. The Free Press of Glencoe Inc., New York 1960

Lazarsfeld, Paul, *Reflections on Business*. In: The American Journal of Sociology Vol. LXV No. 1, Juli 1959. Columbia University, Bureau of Applied Social Research

Lazarsfeld, Paul, Bernard Berelson und Hazel Gaudet, *The People's Choice*. Columbia University Press, New York 1944, 1949, 1952

Mayer, A. und B. Herwig, *Arbeits- und Betriebspsychologie* (Handbuch der Psychologie). Verlag für Psychologie, Bd. 9, Göttingen 1961

Mayer, Martin, *Madison Avenue — Verführung durch Werbung*. Verlag für Politik und Wirtschaft, Köln 1959

Merton, Robert K., *Social Theory and Social Structure*. The Free Press of Glencoe Inc., New York 1949

Tannenbaum, Robert, Irving R. Wechsler und Fred Massarik, *Leadership and Organization*. McGraw-Hill Book Co. Inc., New York 1961

XV Psychologie und Lebensphilosophie

Cole, Stewart G., *This is my Faith*. Harper & Bros., New York 1956

Huxley, Julian, *Religion without Revelation*. Harper & Bros., New York 1957

Mac Iver, R. M., *The Pursuit of Happiness*. Simon & Schuster, New York 1955

May, Rollo, *Man's Search for Himself*. W. W. Norton & Co. Inc., New York 1953

Montagu, Ashley, *The Direction of Human Development*. Harper & Bros., New York 1955

Planck, Max, *Die Physik im Kampf um die Weltanschauung*. 9. Aufl. Joh. A. Barth, Leipzig 1958

Bildquellennachweis

1 T. I. Storer, General Zoology. Mc-Graw-Hill Book, New York 1951

3—4 Nach Keller-Wiskott, Lehrbuch der Kinderheilkunde. G. Thieme, Stuttgart 1961

5 Nach C. Bühler, Der menschliche Lebenslauf als psychologisches Problem, Verlag für Psychologie, Göttingen 1959

6—8 Nach Wirtschaft und Statistik, 1961

9—12 Foto Stefan Moses, München, nach A. Gesell, The First Five Years of Life. Harper Bros., New York 1940

13 M. Oldenburg, Kleine Methodik der physikal. Therapie und Diagnostik. de Gruyter, Berlin 1954

14 Nach Peter R. Hofstätter, Psychologie (Fischer-Lexikon 6). Fischer-Bücherei, Frankfurt am Main 1957

15 Nach F. Ruch, Psychology and Life, Scott, Foresman and Co., Chicago 1958

16 Nach E. Brunswik, Bericht über den 11. Kongreß für Psychologie. Fischer, Jena 1930

17—21 Zeichnungen Barbara von Damnitz, München

22—24 Nach Krech und Crutchfield, Elements of Psychology. Alfred A. Knopf, New York 1959

25—27 J. v. Uexküll und F. Brock, Atlas zur Bestimmung der Orte in den Sehräumen der Tiere, in Ztscht. für vergleichende Physiologie, Bd. 5. Springer, Berlin 1927

28 Nach Peter R. Hofstätter, Psychologie (Fischer-Lexikon 6). Fischer-Bücherei, Fr. a. M. 1957

29 Ilse Collignon, München

30 Nach Alexander und French, Psychoanalytic Therapy. Ronald Press Co., New York 1946

31—35 Fotos Stefan Moses, München, nach Hetzer, Kind und Schaffen in Quellen und Studien zur Jugendkunde, Heft 7. Fischer, Jena 1931

36 Halverson, The Development of Prehension. Genetic Psychology. Monographs. Journal Press, Provincetown 1931

37 Nach Coleman, Abnormal, Psychology and Modern Life. Scott, Foresman and Co., Chicago 1956

38 Paul Steinemann, Zoolog. Garten, Basel

39—40 Stefan Moses, München

41 Nach Thorndike, Adult Learning. Macmillan, New York 1928

42 Nach Jones, Conrad, Horn, Psychological Studies of Motion Pictures II. University of California. Publ. Psychol. 1928

43 Nach Welford, Skill and Age. New York 1951

44 Nach F. Ruch, Psychology and Life. Scott, Foresman and Co., Chicago 1958

45 Nach Schenk-Danzinger, Hb. für Psychologie, Bd. 3, Verlag für Psychologie, Göttingen 1939

46—55 Goodenough, Measurement of Intelligence by Drawings. World Book, New York 1926

56 Aus privater Praxis von Ilse Pichottka, München

57 Aus privater Praxis von L. Welty

58 Bühler, Schenk-Danzinger, Smitter, Kindheitsprobleme und der Lehrer. Verlag für Jugend und Volk, Wien 1958

59 A. van Krevelen, De tekening. Kroese N. V., Leiden 1953

60 Nach C. Bühler, Der menschliche Lebenslauf als psychologisches

Problem. Verlag für Psychologie, Göttingen 1959

61–64 E. Kaila, Die Reaktionen des Säuglings auf das menschliche Gesicht. Annales universitatis aboensis, Turku 1952

65–66 Spitz und Wolf, The Smiling Response. Genetic Psych. Monogr., 1946

67–71 Fotos Stefan Moses, München, nach C. Bühler. Soz. und psycholog. Studien über das 1. Lebensjahr. Fischer, Jena 1927

72 Nach Solberg und Zubek, Human Development. McGraw-Hill Book Co., New York 1954

73 Nach Kurt Lewin

74–76 Kretschmer, Körperbau und Charakter. Springer, Berlin 1961

77 Nach Healy, Bronner, Bowers, The Structure and Meaning of Psychoanalysis. Alfred A. Knopf, New York 1931

78 Nach Kinsey, Pomeroy, Martin, Sexual Behavior in the Human Male. Saunders Co., Philad. 1948

79 Nach Kinsey, Pomeroy, Martin, Gebhard, Sexual Behavior in the Human Female

80 Nach C. Bühler, Der menschliche Lebenslauf als psychologisches Problem. Verlag für Psychologie, Göttingen 1959

81 Charlotte Bühler

82 Nach Pressey und Kuhlen, Psychological Development through the Life Span. Harper & Bros., New York 1957

83 Nach C. Bühler, Der menschliche Lebenslauf als psychologisches Problem. Verlag für Psychologie, Göttingen 1959

84 Nach C. Bühler, Der menschliche Lebenslauf als psychologisches Problem. Verlag für Psychologie, Göttingen 1959

85 Nach Peter R. Hofstätter, Die Psychologie der öffentlichen Meinung. Wien 1949

86 Süddeutscher Verlag, München

87 Nach R. F. Bales, Interaction Process Analysis. Addison-Wesley, 1950

88 Nach W. F. Whyte, Street-Corner Society. University of Chicago Press, Chicago 1955

89–90 Nach R. Lippitt und R. K. White, An experimental Study of Leadership and Group Life. Henry Holt & Co., 1952

91 Nach F. Fürstenberg, Handbuch der Psychologie, 9. Band. Verlag für Psychologie, Göttingen 1959

92–93 Josef Muench, Santa Barbara, Calif.

94 Allen C. Read, Phoenix, Ariz. Unter Hinweis auf Edward Weyer, Primitive Peoples Today. Chanticleer Press, New York 1959

95–96 M. Mead, Growth and Culture. Putnam's Sons, N.-Y. 1951

97–103 Margaret Mead und M. Wolfenstein, Childhood in Contemporary Cultures. University of Chicago Press 1955

104–105 Edward Weyer, Primitive Peoples Today. Chanticleers Press, New York 1959

106 Eliot Elisofon, New York

107 Ilse Collignon, München

108 Nach Baldwin, Kalhorn und Breese, Patterns of Parents Behavior. Psych. Mon. 1945

109 Nach H. Heinis

110 H. Rorschach, Psychodiagnostik. Hans Huber, Bern

111 Nach M. Löwenfeld

112 Nach M. van Wylick, Wien

113 Nach Gayle Kelly, USA

114 Nach C. Bühler, USA

115 Nach H. M. Meyer, England

116 Nach Roger Mucchieli, Frankreich

Register

449

Ich 79, 179, 188 f., *189
–, soziales 244
Ich-Entwicklung 90 f., 351
Ich-Ideale 192
Ich-Stärke 174
Idealbildung 78
Identifikation 78, 90, 205, 255, 339, 352
Identische Zwillinge 101
Identität 78, 168, 193
Ideologie u. Kultur 323
Individualerziehung 347
Individualpsychologie 11 ff.
Individuelle Unterschiede 55
Individuum 11 ff., 158
– u. Gesellschaft 248 ff.
–, gesellschaftl. Bedingtheit 249
– u. Gruppe 249, 271 ff.
–, Identität 78, 168, 193
– u. Kultur 193, 328, 338 ff.
Industrielle Gesellschaft 299 ff., 308
Informationstheorie 33
Informelle Gruppe 271, 275
Initiative 254
Inkulkation 263
Innengruppe 264
Innere Freiheit 63, 368, 391, 432
Innere Organisation 160
Innere Regulationen 367
Innere Reifung 407
Instinkte 24, 48 f., 55, 118, 190
–, soziale 249
Instinktgebundenheit 49
Instinktverlust 130
Insulinschock 414
Intellektuelle Leistung 355 ff.
Intellektueller Fortschritt 355 ff.
Intelligenz 50 f., 106 ff., 110, 115, 179, 182, 242
–, allgemeiner Faktor 51
–, Alterskurve 115, *116
–, Entwicklung 121
–, Geschlechtsunterschiede 260
–, Vererbung 14
–, Wachstum 358, *359
Intelligenzquotient 359
Intelligenztest 115, 358, 382
Interaktion 135 f.
Interaktionsprofil 277, *277

Interaktionsprozeß-Analyse 276, *277
Interesse 127 ff., 357, 359, 363
Interessengruppen 290
Interpretation 61, 376 ff., 392, 398
– i. d. Kinderpsychotherapie 409
– u. Projektion 378
– u. Wandel 394
Intervention, führende 388
– d. Therapeuten 393, 394 ff.
Intimbindung 228 f.
Introversion 183, 239, 293
Intuition 58 f.
Inzest 336
Iokaste 89
Isoliertheit 309

job analysis 362
Jugend 236
Jugendalter, s. Adoleszenz
Jugendbewegung 210, 331
Jugendhomosexualität 230
Jugendirresein 98
–, Geschichte 102 f.
Jung, C. G. 62, 67, 183, 191, 239, 247, 398

Kant, I. 246, 432, *246
Kastrationskomplex 141
Katastrophenreaktion 34
Katharsis 392
Kernfamilie 306
Kerschensteiner, G. 103
Kierkegaard, S. 65, 368
Kind, Abhängigkeit 264
–, Aggressivität 252
–, Behandlung 347 ff.
–, Bestrafung 253
– u. Ehescheidung 229
–, Eifersucht 349
–, Gehorsam 348
– u. Geschwister 349 f.
–, Gruppenzugehörigkeit 139 f.
–, Haß 208, 352
–, Kommunikationsbedürfnis 250 f.
–, Kritzelstadium 172
– u. Kult 229 f., *329
–, Leistung 120, 124
–, magisches Denken 114
–, Malereien 124, *122–123, 329, *331
–, Mitleben mit den Erwachsenen 329 f.
–, Motivationsstruktur 71 f.

Kind, Mutter-Kind-Beziehung 15, 97, 117, 130 ff., 327 f., *327, *328
–, Nachahmung 119
–, Pflicht 125
–, Phantasie 115, 119
–, Psychoanalyse 410
–, Psychotherapie 409
–, schwieriges 348
–, Sexualität 141
–, Spiel 115 ff., 329, *329, *330
–, Spieltherapie 409
–, Symboldenken 113 f.
–, Wortschatz 111
–, Zeichnungen 121 ff., 329, *120–123, *331
Kinder, hirnverletzte 34
Kinderbehandlung 347 ff.
Kinderkunst 121 ff., 329, *120–123, *331
– u. Psychotherapie 409
–, Geschichte 102 f.
Kinderpsychotherapie 409 ff.
Kindersprache 110 ff., 251
Kindertests 379, *380, *381
Kinderzahl u. Erziehung 349
Kinderzeichnungen 121 ff., 329, *120–123, *331
Kindheit 154, 219
–, Sexualität 82 f.
Kindheitserlebnisse 26, 50, 64, 81, 85, 176, 204 ff.
Kindheitsprobleme 361
Kindheitspsychosen 99 f.
–, Faktorenanalyse 99 f., *100
Kindheits-Schizophrenie 99, 166, 177
Kinsey, A. 216 f., 230
Kippfiguren 40 f., *40–41
Klassensystem 296
Kleinkindertest 360
Klimakterium 24, 75, 146, 156, 208, 235 f.
Klinische Bestandsaufnahme 369
Klinische Methode 197, 360
Klinische Psychologie 9
Kluckhohn, C. 315, 316, 338
Kluckhohn, F. 321 ff., 324
Kognitive Entwicklung 147
Kognitive Prozesse 28
Kognitiver Sektor 182
Köhler, W. 33, 53, 81, 82, 102, 106, 130, 156
Kohäsion 273
Kollektives Verhalten 288

452

Inhaltsverzeichnis